D1666805

Terwiesche / Becker / Prechtel

TVgG–Kommentar

TVgG Kommentar
– TVgG der Länder –

Mindestlohn, Sozialstandards, Rechtsverordnungen

Kommentar

Herausgegeben von

Dr. Michael Terwiesche, LL.M.

Michael Becker

Ulf Prechtel

2018

C.H.BECK

www.beck.de

ISBN 978 3 406 71321 7

© 2018 Verlag C. H. Beck oHG
Wilhelmstraße 9, 80801 München

Druck und Bindung: Friedrich Pustet
Gutenbergstraße 8, 93051 Regensburg

Satz: Jung Crossmedia Publishing GmbH
Gewerbestraße 17, 35633 Lahnau
Umschlaggestaltung: Druckerei C. H. Beck Nördlingen

Gedruckt auf säurefreiem, alterungsbeständigem Papier
(hergestellt aus chlorfrei gebleichtem Zellstoff)

Bearbeiterverzeichnis

Frank Albrecht
Ministerialrat
Ministerium für Innovation,
Wissenschaft und Forschung
des Landes Nordrhein-Westfalen
Düsseldorf

Michael Becker
Referatsleiter Vergaberecht und TVgG
beim Städte- und Gemeindebund NRW
Düsseldorf

Carsten Böke
Rechtsanwalt
Böke Rechtsanwälte

Dr. Markus Faber
Hauptreferent für Wirtschaft und Verkehr beim Landkreistag NRW
Düsseldorf

Dr. Till Kemper M.A.
Rechtsanwalt

Barbara Meißner
Deutscher Städtetag
Köln

Dr. Johannes Osing
Städte- und Gemeindebund
Nordrhein-Westfalen
Düsseldorf

Ulf Prechtel
Fachanwalt für Verwaltungsrecht
Grote-Terwiesche Rechtsanwälte PartGmbB
Düssedorf

Frank Rumpp
Stadt Rheinberg

André Siedenberg
Rechtsanwalt
Düsseldorf

Bearbeiterverzeichnis

Hermann Summa
Richter am Oberlandesgericht Düsseldorf

Dr. Michael Terwiesche LL.M.
Rechtsanwalt
Grote-Terwiesche Rechtsanwälte PartGmbB
Düsseldorf

Dr. Tobias Traupel
Leitender Ministerialdirigent
Ministerium für Wirtschaft, Innovation, Digitalisierung und Energie
des Landes Nordrhein-Westfalen

Inhaltsverzeichnis

Inhaltsverzeichnis

Abkürzungsverzeichnis

Abkürzungsverzeichnis

Abkürzungsverzeichnis

Abkürzungsverzeichnis

Abkürzungsverzeichnis

Literaturverzeichnis

Ax/Schneider/Schmidt/Baumann, Ax/Schneider/Schmidt/Baumann, Sektorenverordnung (SektVO) 2. Auflage 2010

Bechtold, Bechtold, GWB, 8. Auflage 2015

BeckOK Vergaberecht, Beck'scher Online-Kommentar Vergaberecht, Stand: 31.1.2017

Burgi, VergabeR, Burgi, Vergaberecht, 2016

Byok/Jaeger, Byok/Jaeger, Kommentar zum Vergaberecht, 3. Auflage 2011

Calliess/Ruffert, Calliess/Ruffert, EUV, AEUV: Das Verfassungsrecht der Europäischen Union mit Europäischer Grundrechtecharta, 5. Auflage 2016

Dieckert/Osseforth/Steck, Dieckert/Osseforth/Steck Praxiskommentar Vergaberecht, 2016

Egger, Egger, Europäisches Vergaberecht, 2008

Eschenbruch/Opitz, Eschenbruch/Opitz, Sektorenverordnung, 2012

Gabriel/Krohn/Neun, Handbuch, Gabriel/Krohn/Neun, Handbuch des Vergaberechts, 2017

Hertwig, Hertwig, Praxis der öffentlichen Auftragsvergabe, 6. Auflage 2016

jurisPK, Heiermann/Summa/Zeiss, juris Praxiskommentar Vergaberecht, 5. Auflage 2016

Klingner, Klingner, Die Vorabinformationspflicht des öffentlichen Auftraggebers, 2005

Leinemann, Aufträge, Leinemann, Die Vergabe öffentlicher Aufträge, 6. Auflage 2016

Ley/Wankmüller, Ley/Wankmüller, Das neue Vergaberecht 2016, 3. Auflage 2016

Müller-Wrede, GWB, Müller-Wrede, GWB Vergaberecht, 2016

Noch, Noch, Vergaberecht kompakt, 7. Auflage 2016

Pünder/Schellenberg, Pünder/Schellenberg, Vergaberecht, 2. Auflage 2015

I. Einführung

1. Nachhaltige Beschaffung als Ziel des Vergaberechts

Ursprüngliches Ziel des Vergaberechts war die wirtschaftliche Beschaffung **1** von Leistungen jeglicher Art (Bau-, Liefer- und Dienstleistungen) durch den öffentlichen Auftraggeber. Die Berücksichtigung von politischen Zielen, wie Umweltschutz, Soziales oder Innovation wurde als „vergabefremd" und damit unzulässig angesehen.

2. Europäisches Vergaberecht

Diese Rechtsauffassung hat sich aber mit dem immer größer werdenden **2** Einfluss des europäischen Vergaberechts geändert, bis hin zu der Tatsache, dass diese Ziele mit der Novelle des Vergaberechts im Jahr 2016 ausdrücklich als Zweck der Beschaffungstätigkeit hervorgehoben und manifestiert wurden, § 97 Abs. 3 GWB. Aufgrund der Strategie Europa 2020 für intelligentes, nachhaltiges und integratives Wachstum hatte sich die EU-Kommission in der europäischen Vergaberechtlinie RL 2014/24 EU, der sog. „klassischen" Vergaberichtlinie und RL 2014/25 EU, der sog." Sektorenrichtlinie" die bessere Nutzung der öffentlichen Auftragsvergabe zur Erzielung gesellschaftlicher Ziele, wie Umweltschutz, Energieeffizienz, Innovationsförderung sowie soziale Ziele unter dem Stichwort „Umsetzung strategischer Ziele" auf die Fahnen geschrieben.

3. Vergaberecht unterhalb der Schwellenwerte der europaweiten Ausschreibung

Das Vergaberecht unterhalb der Schwellenwerte der europaweiten Aus- **3** schreibung ist dem Haushaltsrecht und damit u. a. auch der Kompetenz der Länder zugeordnet. Das Haushaltsgrundsätzegesetz, die Bundeshaushaushaltsordnung sowie die Länder-und Gemeindehaushaltsordnungen legen die Regeln fest, nach denen die öffentlichen Auftraggeber sparsam und mittelschonend einkaufen sollen.

Um der nachhaltigen Beschaffung eine größere Bedeutung zukommen zu **4** lassen, haben sich die Länder bereits mit Beginn des neuen Jahrtausends dazu entschlossen, eigene Vergabegesetze zu erlassen. Waren es am Anfang nur einige wenige Länder, wie Berlin, Hamburg oder Niedersachsen, verfügen mittlerweile alle Länder, mit Ausnahme von Bayern, über derartige Gesetze mit mehr oder weniger detaillierten Regelungen. Insofern hat die Zersplitterung der Vergabelandschaft im Bereich der nationalen Vergaben erheblich zugenommen, was auch Anlass zu Kritik bot beim Erlass der Gesetze.

Obwohl einige Länder, wie die oben genannten, vor NRW Landesvergabe- **5** gesetze erlassen hatten, war NRW im Jahr 2012 der Vorreiter mit dem detailreichsten und weitestgehenden Tariftreue- und Vergabegesetz (TVgG NRW). Weitestgehend deshalb, da es die Berücksichtigung von Umwelt- und Sozialkriterien verpflichtend regelt.

II. Gesetzgebungskompetenz

6   Fragen ergeben sich im Hinblick auf die Gesetzgebungskompetenz seitens der Länder für den Erlass der Landesvergabegesetze. Zum Zeitpunkt des Erlasses der Landesvergabegesetze hatte der Bund im Hinblick auf seine Kompetenz zur Verfolgung ökologischer und sozialer Zwecke davon nicht vollständig Gebrauch gemacht (Art. 74 Abs. 1 Nr. 11 GG), sondern in § 97 Abs. 4 Satz 3 GWB a.F die Formulierung gewählt „andere oder weitergehendere Anforderungen können nur durch ein Bundes- oder Landesgesetz gestellt werden". Damit wurde der Erlass derartiger Gesetze sowie der Regelungsinhalt in das Ermessen des Landesgesetzgebers gelegt.

7   Mit der Neuregelung des GWB im Jahre 2016 hat der Bund von seiner Gesetzgebungskompetenz allerdings in weit größerem Umfang Gebrauch gemacht. Dieses bedeutet, dass die Länder künftig in dem Bereich keine Regelungen zum Vergaberecht treffen können, wo der Bund Regelungen über die „strategische Beschaffung" getroffen hat.

8   Abweichend vom alten Recht bezieht sich deshalb die Ermächtigung des Landesgesetzgebers nur noch auf die „Ausführungsbedingungen", § 129 GWB. Nach neuem Recht können die Landesvergabegesetze zwar weiterhin als konkretisierender Rechtsrahmen für die ökologische und soziale Nutzung der staatlichen Beschaffung dienen und damit auch das Ziel der „Nachhaltigkeit der Beschaffung" näher ausgestalten (das betrifft z. B. die Bestimmung des Auftragsgegenstandes sowie die Leistungsbeschreibung). Allerdings wird sich der Schwerpunkt auf die Verfahrensphase der „Ausführungsbedingungen" verschieben. Dieses hat zur Folge, dass die Landesvergabegesetze keine Verpflichtung zur Berücksichtigung ökologischer bzw. sozialer Aspekte innerhalb der Zuschlagskriterien – und damit innerhalb der Prüfung der Wirtschaftlichkeit der Angebote – nach § 127 Abs. 1 GWB begründen dürfen.

9   Die Landesvergabegesetze haben dieses bereits berücksichtigt bzw. werden zur Zeit in diesem Sinn novelliert. Das am 1.4.2017 in Kraft getretene TVgG NRW hat diese Anforderungen sowie die Entscheidungen des Europäischen Gerichtshofs (EuGH) zum vergabespezifischen Mindestlohn bereits berücksichtigt.

III. Kritik an den Zielen des TVgG NRW sowie der Landesvergabegesetze insgesamt

10   Die Verabschiedung des alten TVgG NRW im Jahr 2012 war von einigen kritischen Stimmen begleitet. Alle Kritiker haben die Ziele, die unzweifelhaft wichtig in gesellschaftspolitischer Art waren, nicht in Zweifel gestellt. Sowohl das bis zum 1.4.2017 geltende und nunmehr auch das neue Gesetz verfolgen in arbeitsmarktpolitischer, wirtschaftlicher und sozialer Hinsicht Ziele, die auch im Interesse der Kommunen und aller öffentlichen Auftraggeber liegen. Insbesondere die mit dem Gesetz verfolgten Ziele, mit einer differenzierten Tariftreuepflicht und einer Mindestlohnregelung, einen Verdrängungswettbewerb über Lohnkosten zu verhindern und das Tarifvertragssystem insgesamt zu schützen, wird ausdrücklich auch von den kommunalen Spitzenverbände begrüßt. Allerdings handelt es sich bei diesen Zielen um allgemeinpolitische, die alle Wirtschaftsteilnehmer gleichermaßen betreffen und daher auch für alle Auftraggeber gleichermaßen gelten sollten.

Kritische Stimmen gaben auch zu bedenken, ob das Vergaberecht das richtige Instrument dafür sei, um grundlegende soziale und umweltpolitische Problemstellungen zu lösen. Zum einen wurde befürchtet, was auch eingetroffen ist, dass durch das Gesetz die Handhabung des Vergaberechts noch komplexer werde und bürokratische Hürden aufgebaut würden. Zudem wurde angemerkt, dass in Bezug auf die Beachtung der ILO-Kernarbeitsnormen und der vorgesehenen Nachweispflicht der Einhaltung der einschlägigen Bestimmungen im Hinblick auf die gesamte Produktionskette Schwierigkeiten bestehen, diesen Bestimmungen nachkommen zu können. Auch diese Befürchtung hat sich in der Praxis realisiert. **11**

Ebenso wurde die Sorge geäußert, dass durch die Aufnahme weiterer politischer Ziele eine Verteuerung der Aufträge eintrete. Dieses insbesondere durch die Pflicht zur Vorgabe höherer Löhne für die Beschaffung durch den Auftraggeber (vergabespezifischer Mindestlohn). Zudem wurde die Sorge geäußert, die erhöhten Nachweis- und Erklärungspflichten der Bieter führten zu einem erhöhten Aufwand bei der Angebotserstellung. Andererseits aber auch zu einer erhöhten Bürokratie für die Vergabevorbereitung sowie Angebotsprüfung. **12**

Stimmen in der Literatur[1] kritisierten ebenfalls die Abkehr des Vergaberechts von den ursprünglichen Zielen hin zu Sekundärzielen. Die Kritiker befürchteten eine mit den Landesvergabegesetzen einhergehende Rechtszersplitterung, die nicht von der Hand zu weisen ist. Die geltenden Landesvergabegesetze ähneln sich zwar, weichen aber in Teilen voneinander ab. Damit müssen sich Unternehmen, die bundesweit agieren, in jedes einzelne Landesvergabegesetz einarbeiten. Hinzu kommt, dass die Vergabegesetze in den vergangenen Jahren, ebenso wie das TVgG NRW, ständig überarbeitet wurden. **13**

Die geäußerte Kritik und die befürchteten Folgen wurden durch die Evaluation des TVgG NRW (a. F.) bestätigt. Bei der Evaluation wurden u. a. die unterschiedlichen Schwellenwerte sowie die zahlreichen Nachweispflichten der Bieter als Vollzugsprobleme verifiziert. **14**

IV. Historische Entwicklung des TVgG-NRW

Das TVgG NRW hat bereits eine wechselvolle Geschichte hinter sich. Wurde es im Dezember 2002 erstmals in Kraft gesetzt, hob es der Landtag NRW mit Wirkung zum 21.11.2006 wieder auf. Als Begründung wurde genannt, dass das Gesetz die gewünschten Ziele nicht erreicht habe. Ein vom Landtag in Auftrag gegebenes Gutachten kam zu dem Schluss, dass erhebliche Umsetzungsschwierigkeiten in der Praxis bezüglich der Kalkulationsüberprüfung und den Kontrollen vorlägen. **15**

---

[1] Summa, Festschrift für Fridhelm Marx, 2013, Seite 763 ff.

16 Mit dem Regierungswechsel in NRW im Jahr 2010 wurde der politische Wille zum Erlass eines Landesvergabegesetzes wieder laut. Nach langen Beratungen im Landtag NRW sowie zahlreichen Gesprächen und Stellungnahmen der öffentlichen Auftraggeber, die sich auf die o. g. Kritik bezogen, wurde das Gesetz am 10.1.2012 verkündet und trat entsprechend der Vorgabe in § 22 Abs. 1 TVgG-NRW (a. F.) zum 1.5.2012 in Kraft.[2] Da sich der Landtag vor dem Inkrafttreten des TVgG NRW (a. F.) am 14.3.2012 auflöste, konnte die notwendige konkretisierende Rechtsverordnung (RVO) zur Umsetzung des TVgG NRW nicht mehr bis zum Inkrafttreten verabschiedet werden. Eine Lösung wurde zunächst darin gesehen, dass am 17.4.2012 ein gemeinsamer Runderlass als Übergangslösung veröffentlicht wurde, der auf fünf Seiten grundlegende Fragen beantwortete.[3]

17 Da dieser Runderlass nicht alle bestehenden Rechtsunsicherheiten lösen konnte, wurden anschließend häufig gestellte Fragen in einem Fragen- und Antwortkatalog (FAQ-Liste) seitens der Landesregierung beantwortet. Nach zahlreichen Diskussionen in der Politik trat zum 1.6.2013 die Verordnung zur Regelung von Verfahrensanforderungen in den Bereichen umweltfreundlicher und energieeffizienter Beschaffung, Berücksichtigung sozialer Kriterien und Frauenförderung sowie Förderung der Vereinbarung von Beruf und Familie bei der Anwendung des Tariftreue- und Vergabegesetzes Nordrhein-Westfalen (Verordnung Tariftreue- und Vergabegesetz Nordrhein-Westfalen – RVO TVgG NRW) in Kraft, die vorrangig die Vorgaben der §§ 17 bis 19 TVgG NRW (a. F.) konkretisierte.[4]

18 Da die RVO aus sich heraus wenig verständlich war, wurde ein zusätzlicher Praxisleitfaden erarbeitet.

19 Mit Inkrafttreten des TVgG NRW wurde gleichzeitig in § 22 Abs. 2 TVgG NRW (a. F.) die Verpflichtung der Landesregierung vorgesehen, dem Landtag NRW eine wissenschaftliche Evaluierung der Wirkung des Gesetzes, insbesondere hinsichtlich Effizienz und Zielerreichung vier Jahre nach Inkrafttreten dieses Gesetzes vorzulegen, was 2016 bedeutet hätte. Aufgrund der von den öffentlichen Auftraggebern beklagten Vollzugsprobleme hat die Landesregierung die Evaluierung vorgezogen und bereits im Jahr 2014 damit begonnen. Als Gutachter wurde die Kienbaum Management Consulting GmbH beauftragt.

20 Die Landesregierung hat am 18.3.2015 den 297 Seiten umfassenden Endbericht „Konnexitätsfolgenausgleich und Evaluierung TVgG NRW – Teilbereich Evaluierung" – dem Landtag vorgelegt. Der Bericht stellte fest, dass zwei Drittel der Vergabestellen die Ziele des TVgG NRW unterstützen und die Be-

---

[2] GV.NRW.2012 Nr. 2, Seite 17–25.

[3] Übergangsregeln für die Vergabe öffentlicher Aufträge nach Inkrafttreten des Tariftreue- und Vergabegesetzes Nordrhein-Westfalen (TVgG-NRW) gemäß Runderlass des Ministeriums für Wirtschaft, Energie, Bauen, Wohnen und Verkehr (AZ: I I B 2-81-00/2-2), des Finanzministeriums, des Ministeriums für Arbeit, Integration und Soziales, des Ministeriums für Inneres und Kommunales, des Ministeriums für Klimaschutz, Umwelt, Landwirtschaft, Natur- und Verbraucherschutz sowie des Ministeriums für Gesundheit, Emanzipation, Pflege und Alter vom 17.4.2012.

[4] GV.NRW. Nr. 16 vom 31.5.2013.

achtung von Nachhaltigkeitsaspekten in der öffentlichen Auftragsvergabe für sinnvoll hielten. Ein Drittel war der Auffassung, dass das TVgG NRW (a.F) zur Sicherung eines Mindestentgelts bei Arbeitnehmern von Bietern beiträgt.

Ein weiteres Ergebnis der Evaluierung war, dass es seit Inkrafttreten des **21** TVgG NRW (a. F.) schwieriger geworden war, geeignete Bieter zu finden. Die Anzahl der Bieter hatte sich seitdem nach Einschätzung der kommunalen Vergabestellen verringert. Dieses Ergebnis deckte sich mit der Aussage der Unternehmen, wonach sie sich nun in geringerem Ausmaß bei öffentlichen Ausschreibungen beteiligten.

Das Gutachten gelangte auch zu dem Ergebnis, dass nahezu alle kommuna- **22** len Vergabestellen durch das TVgG NRW (a. F.) mit einem mitunter erheblichen bürokratischen Mehraufwand belastet worden waren. Zudem wurde deutlich, dass sich die Auftragsvergaben seit dem Inkrafttreten des TVgG NRW (a. F.) in dem Zeitraum von 2,5 Jahren, den die Umfrage umfasste, inflationsbereinigt 12% verteuert hatten.

1. Empfehlung des Gutachters

Vor diesem Hintergrund empfahl der Gutachter folgende Maßnahmen und **23** Ansatzpunkte für die künftige Ausgestaltung des TVgG NRW durch die Landesregierung:
- Umsetzung und strukturelle Anpassungen in Gesetz und RVO
- Vereinheitlichung der Bagatellgrenzen bzw. der Schwellenwerte
- Überprüfung der Anforderungen im Bereich der ILO-Kernarbeitsnormen
- Überprüfung der Anforderungen im Bereich der Maßnahmen zur Frauenförderung/Vereinbarkeit von Beruf und Familie: Sicherstellung des Auftragsbezugs, Überprüfung hinsichtlich der Anwendung bei reinen Lieferleistungen und spezifischen Branchen
- Ausbau von Angeboten der Präqualifikation: Klarstellungen, ob und wie die einzelnen auftragsbezogenen Verpflichtungserklärungen bereits im Rahmen eines Präqualifikationsverfahrens abgegeben werden können, Entwicklung von Hilfestellungen für die Auswahl von Zertifizierungsstellen
- Abbau bürokratischer Regelungen: Vereinfachung der Vordrucke, Reduzierung der Verpflichtungs- bzw. Eigenerklärungen auf das notwendige Minimum, stärkere Anknüpfung an existierende Zertifizierungen
- Überprüfung der Anwendbarkeit des NWO-Tarifvertrags
- Verbesserungen bei den Kontrollen zur Erfüllung der Anforderungen des TVgG NRW: Entwicklung verlässlicherer und umfassenderer Stichprobenlösungen, weitere Stärkung der Prüfbehörde – personell und im Verantwortungsbereich, Verknüpfung von zentralen und dezentralen Elementen in der Prüf- und Kontrollstruktur (insoweit Ablehnung einer zentralen Prüfbehörde mit umfassender Prüfungskompetenz)
- Entwicklung eines Kommunikationsansatzes für einen „Imagewandel" des Gesetzes
- Verbesserung bestehender und Entwicklung neuer Informationsangebote, u. a. Schaffung einer Servicestelle, die an die Prüfbehörde angegliedert werden soll
- Förderung des Austauschs von Vergabestellen untereinander

24   Die Ergebnisse des Gutachtens hatten die kommunalen Spitzenverbände ge-
meinsam mit dem Verband kommunaler Unternehmen (VkU), Landesgruppe
NRW, zum Anlass genommen, Eckpunkte zur Novelle des TVgG NRW zu er-
arbeiten, die in weiten Teilen auch in die vom ehemaligen Ministerium für
Wirtschaft, Energie, Industrie, Mittelstand und Handwerk (MWEIMH) zur
Vorbereitung der Novelle veröffentlichten Eckpunkte eingeflossen sind.

25   Nach Diskussion zahlreicher Referentenentwürfe hat die Landesregierung
den Entwurf des novellierten TVgG NRW am 21.3.2016 in den Landtag ein-
gebracht. Der Ausschuss für Wirtschaft, Energie, Industrie, Mittelstand und
Handwerk führte am 2.11.2016 eine öffentliche Anhörung durch.

26   Mit dem Inkrafttreten des TVgG NRW zum 1.4.2017[5] hat die Novelle
ihren Abschluss gefunden. Zeitgleich ist damit die Verordnung zur Durchführung des Tariftreue- und Vergabegesetzes Nordrhein-Westfalen (Verordnung
Tariftreue- und Vergabegesetz Nordrhein-Westfalen – RVO TVgG NRW)
zum 3.3.2017 in Kraft getreten[6]. Diese wurde gegenüber der alten gekürzt
(von 22 auf 14 Paragraphen) und gestrafft, was der Verbesserung der Lesbarkeit
und des Vollzugs dienen soll.

27   Die RVO regelt im Wesentlichen die Anforderung an die Beachtung der
Aspekte des Umweltschutzes und der Energieeffizienz; die Produkte, Nachweiserbringung und Kontrollen im Rahmen der ILO-Kernarbeitsnormen sowie die Maßnahmen und Nachweise im Bereich der Frauenförderung.

Details zu den Inhalten des TVgG NRW und der RVO werden bei der
Kommentierung der jeweiligen Vorschriften des TVgG NRW erläutert.

V. Änderungen des TVgG NRW 2017 gegenüber dem TVgG NRW 2012

1. Allgemeines

28   Der Umfang der gesetzlichen Regelungen hat sich nur marginal verringert
(von 22 auf 18). Insofern ist auf den ersten Blick noch keine wesentliche Vereinfachung für den Gesetzesvollzug festzustellen.

29   **a) Anwendungsbereich.** Gemäß § 2 Abs. 4 TVgG NRW wurde eine Bagatellgrenze für die Bereiche der umweltfreundlichen Beschaffung und der
Beachtung der ILO-Kernarbeitsnormen in Höhe von 5.000 € ohne Umsatzsteuer eingeführt. Für die übrigen Bereiche des TVgG NRW gilt weiter der
bekannte Schwellenwert von 20.000 €, für den Bereich der Frauenförderung
der gesonderte Schwellenwert von 50.000/150.000 €.

Die kommunalen Spitzenverbände hatten einen einheitlichen Schwellenwert von 50.000 € gefordert. Die unterschiedlichen Schwellenwerte für die
verschiedenen Bereiche des Gesetzes sowie der neu eingeführte geringe
Schwellenwert für die umweltfreundliche Beschaffung und die Beachtung der
ILO-Kernarbeitsnormen dürften die Vollziehbarkeit des Gesetzes nicht wesentlich erleichtern.

---

[5] GV.NRW vom 17.2.2017.
[6] GV.NRW vom 3.3.2017.

b) Verpflichtende Regelungen. Nicht berücksichtigt wurden die Forde- **30** rungen, die Berücksichtigung von Umweltkriterien, die Beachtung der ILO-Kernarbeitsnormen und die Frauenförderung nicht mehr verpflichtend zu regeln. Insofern ist es bei der alten Rechtslage geblieben.

2. Wichtige Regelungen im Einzelnen

a) Tariftreue, Mindestlohn. Die Regelung zum tariftreue- und vergabe- **31** spezifischen Mindestlohn wurde in § 4 Abs. 3 TVgG NRW auf die im Mindestlohngesetz des Bundes (MiLoG) geltende Höhe von 8,84 € angepasst. Der Gesetzentwurf sah noch eine Höhe von 8,85 € vor. Dieses war allerdings der Tatsache geschuldet, dass dieser vor der Erhöhung des bundesweiten Mindestlohns vorgelegt wurde.

In § 4 Abs. 2 i.V. m. § 16 Abs. 1, 2 TVgG NRW wird geregelt, dass „einer" oder „mehrere" Tarifverträge im Öffentlichen Personennahverkehr (ÖPNV) repräsentativ sein können. Diese Formulierung soll die von der Rechtsprechung geforderte Pluralität von Tarifverträgen im ÖPNV gewährleisten. Ob diese Formulierung hinreichend ist, muss sich in der Praxis erweisen. Im ungünstigsten Fall könnte man diese Formulierung auch so auslegen, dass damit unterschiedliche Tarifverträge im straßengebundenen und schienengebundenen gemeint sind, nicht eine Mehrzahl von Tarifverträgen in einzelnen Teilsektoren, also jeweils im straßengebundenen und schienengebundenen ÖPNV.

b) Berücksichtigung von Aspekten des Umweltschutzes und der **32** **Energieeffizienz.** Die Regelungen zu Aspekten des Umweltschutzes und der Energieeffizienz in § 6 TVgG NRW wurden im Vergleich zum alten Recht verschärft, da nunmehr auch Lebenszykluskosten, das Ziel einer möglichst hohen Energieeffizienz sowie Leistungs- oder Funktionsanforderungen zur Berücksichtigung von Umweltaspekten und/oder Umweltzeichen in Zukunft als Regel (ab dem Schwellenwert von 5.000 € ohne Umsatzsteuer) verpflichtend berücksichtigt werden sollen. Nach altem Recht konnte von der Pflicht, Lebenszykluskosten zu berücksichtigen, abgesehen werden, wenn die Verhältnismäßigkeit zwischen Aufwand und Nutzen nicht gegeben war. Dies kommt in der Praxis z. B. in den Fällen vor, in denen bzgl. des Energieverbrauchs eines Gerätes so enge Vorgaben gemacht werden, dass die Analyse der Lebenszykluskosten zu keinem Unterschied führen würde.

c) Beachtung von Mindestanforderungen der Internationalen Ar- **33** **beitsorganisation an die Arbeitsbedingungen.** Die Regelung zur Einhaltung der ILO-Kernarbeitsnormen in § 7 TVgG NRW ist nahezu unverändert geblieben. Allerdings mit der Besonderheit, dass es in Zukunft ausreichen soll, wenn nachgewiesen wird, dass der Auftragnehmer dafür Sorge trägt, dass die im konkreten Auftrag beschafften Waren unter Einhaltung der ILO-Kernarbeitsnormen gewonnen worden sind. Damit wird die im neuen, ab dem 18.4.2016 geltenden Vergaberecht bestehende Möglichkeit der öffentlichen Auftraggeber umgesetzt, zum Nachweis Siegel zu verlangen. Bisher war dieses nicht ausreichend.

Nach § 7 Abs. 1 der RVO TVgG NRW kann der Nachweis durch Zertifi- **34** kate, Mitgliedschaften in einer Initiative, die sich für die Beachtung der ILO-

Kernarbeitsnormen einsetzt oder durch gleichwertige Erklärungen Dritter erbracht werden. Auf die Vorlage dieser Nachweise kann der öffentliche Auftraggeber nach § 7 Abs. 5 RVO TVgG NRW ausnahmsweise verzichten, wenn die Voraussetzungen für eine Ausnahme vom Bestbieterprinzip nach § 9 Abs. 6 TVgG NRW, ein Marktversagen in der relevanten Produktgruppe oder andere vergleichbare Ausnahmegründe vorliegen, die es aus objektiv belegbaren Gründen unmöglich machen, ein geeignetes Produkt mit den o. g. Nachweisen zu beschaffen.

35   **d) Verfahrensanforderungen zu den Erklärungen und Bestbieterprinzip.** Eine wesentliche Verfahrenserleichterung soll § 9 TVgG NRW bieten, der die Bestbietererklärung regelt. Danach sollen nicht mehr alle Bieter bei der Abgabe ihres Angebots die Verpflichtungserklärungen nach dem TVgG abgeben müssen, sondern es soll der „Bestbieter" nach Angebotsabgabe die nach dem TVgG erforderlichen Nachweise und Erklärungen innerhalb von max. fünf Werktagen vorlegen, § 9 Abs. 3 TVgG NRW. Hinsichtlich der Frist konnte nach der Landtagsanhörung eine Verlängerung der Vorlagefrist erreicht werden. Diese wird allerdings für die Praxis immer noch zu kurz sein.

36   Das Bestbieterprinzip soll die Unternehmen bei der Angebotsabgabe und die Auftraggeber bei der Prüfung der Angebote entlasten. Damit verfolgt es zunächst ein richtiges Ziel. Andererseits bedeutet dies jedoch auch einen Mehraufwand, da der erfolgreiche Bieter nachträglich aufgefordert werden muss, die erforderlichen Nachweiserklärungen innerhalb von max. fünf Werktagen vorzulegen. Zudem müsste, wenn der Bieter der Aufforderung nicht nachkommt, der Vorgang nach § 9 Abs. 5 TVgG NRW ggf. mehrmals wiederholt werden.

37   **e) Überwachungs- und Kontrollpflichten.** Die bisher geltenden Überwachungs- und Kontrollpflichten sind bestehen geblieben. Ursprüngliche Planungen, die Kompetenzen der Prüfbehörde auf alle Bereiche des TVgG-NRW auszudehnen, Ordnungswidrigkeiten und rechtliche Sanktionen auch auf Erklärungen hinsichtlich Umweltschutz und ILO-Kernarbeitsnormen auszudehnen oder sogar Mitarbeiterinnen und Mitarbeiter in den Vergabestellen dem Ordnungswidrigkeitenrecht zu unterwerfen, sind nicht umgesetzt worden,. Die Aufgabe der Prüfbehörde hat nach § 14 TVgG NRW nunmehr das für Arbeit zuständige Landesministerium übernommen.

38   Im Gegenzug übernahm das MWEIMH die Funktion der Servicestelle, die über die praktische Anwendung des Gesetzes informiert, § 17 TVgG NRW. Diese gibt auch Auskünfte zu Zertifikaten und Siegeln.

VI. Europarechtskonformität des TVgG NRW

1. Vergabespezifischer Mindestlohn

39   Mit der Novelle des TVgG NRW wurde die Rechtsprechung des EuGH zum Mindestentgelt berücksichtigt. Es wurde hinsichtlich der Höhe des vergabespezifischen Mindestlohns ein Verweis auf das MILOG des Bundes vorgenommen und damit ein vergabespezifischer Mindestlohn von 8,84 € vorgesehen (s.o).

Mit der aktuellen Rechtsprechung des EuGH[7] ist die Vereinbarung der ei- **40** genständigen Verpflichtung zur Zahlung eines – teilweise höheren – Mindestlohns mit den Vorgaben des Europarechts (EU-Vergaberichtlinie 2004/18 EG bzw. der neuen Vergaberichtlinie 2014/24/EU) geklärt. Der EuGH vertritt die Auffassung, dass die zusätzliche Anforderung des Mindestlohns nur anhand primärrechtlicher Vorschriften, insbesondere der Dienstleistungsfreiheit des Art. 56 des Vertrags über die Arbeitsweise der EU (AEUV) zu messen ist.

2. Verpflichtende Vorgaben zur Beachtung von Umwelt- und Sozialkriterien

Das TVgG NRW sieht eine Verpflichtung zur Beachtung von Umweltkri- **41** terien sowie ILO-Kernarbeitsnormen und Frauenförderung vor. § 128 Abs. 2 GWB sieht lediglich eine Option vor. Hier gibt § 129 GWB die Antwort. Danach dürfen Ausführungsbedingungen, die der öffentliche Auftraggeber dem beauftragten Unternehmen verbindlich vorzugeben hat, nur aufgrund eines Bundes- oder Landesgesetzes festgelegt werden. Damit greift § 129 GWB die Vorgängerregelung des § 97 Abs. 4 Satz 3 GWB a. F. auf und präzisiert diese (s. o).

VII. Die Tariftreue-und Vergabegesetze im Überblick

Wie bereits erwähnt, verfügen – mit Ausnahme des Landes Bayern – alle **42** Länder über Landesvergabegesetze. Nachfolgend sollen kurz die gleichen und unterschiedlichen Regelungen dargestellt werden.

1. Gleiche Regelungen

Mit Ausnahme von Sachsen, dessen Vergabegesetz fast keinen Regelungs- **43** gehalt hat, enthalten alle Vergabegesetze Kontrollpflichten sowie die Pflicht, die Nachunternehmer zur Einhaltung der Vorschriften des Vergaberechts sowie der Tariftreue anzuhalten. Die Nachweise zur Einhaltung des Mindestentgeltes und der Umwelt-und Sozialkriterien sind in der Regel durch Verpflichtungserklärungen zu erbringen.

Damit enden allerdings bereits die Gemeinsamkeiten. Die Unterschiede **44** sind erheblich größer.

2. Unterschiedliche Regelungen

a) Bestbieterprinzip. Das Bestbieterprinzip gilt nur in NRW. **45**

b) Einrichtung einer Servicestelle. Die Servicestelle kennen lediglich **46** Baden-Württemberg, Niedersachsen, NRW und Rheinland-Pfalz.

c) Anwendungsbereich. Wesentliche Unterschiede bestehen in den An- **47** wendungsbereichen der Landesvergabegesetze.
Hier insbesondere bei den Schwellenwerten und ihrer Differenzierung.

---

[7] EuGH Urteil vom 17.11.2015 – Rechtssache C-115/14 (Regiopost), Randnr. 68 ff; Urteil vom 18.9.2014 – Rechtssache C-549/13 (Bundesdruckerei), Randnr. 28 ff.

48   **aa) Keine Differenzierung.** Die Vergabegesetze von Bremen, Hamburg, Mecklenburg-Vorpommern und Sachsen haben keine Schwellenwerte. Die Vergabegesetze von Hessen und Niedersachsen gelten ab einem Schwellenwert von 10.000 €. Das Vergabegesetz von Schleswig-Holstein ab 15.000 €. Die Vergabegesetze von Baden-Württemberg und Rheinland-Pfalz ab 20.000 €. Das Vergabegesetz des Saarlands gilt ab 25.000 €. Diese Gesetze differenzieren bei den Schwellenwerten nicht nach der Art der Leistung oder den zu beachtenden Kriterien.

49   **bb) Differenzierung nach Art der erbrachten Leistungen.** Anders dagegen ist es in den nachfolgend aufgezählten Ländern.

50   Die Vergabegesetze von Sachsen-Anhalt und Thüringen unterscheiden den Anwendungsbereich und damit die Schwellenwerte nach der Art der zu erbringenden Leistungen. Beide Länder gehen von einem Schwellenwert von 50.000 € bei Bauleistungen aus. Thüringen hat den Schwellenwert bei Liefer- und Dienstleistungen bei 20.000 €; Sachsen-Anhalt bei 25.000 € festgelegt.

51   **cc) Differenzierung nach den Kriterien.** Die übrigen Länder differenzieren nach den einzelnen Kriterien.
– Vergabespezifischer Mindestlohn
52   Das Vergabegesetz von Berlin sieht die Verpflichtung zur Anwendung des vergabespezifischen Mindestlohns ab 500 €; das Vergabegesetz von Brandenburg ab 3000 € und das TVgG NRW ab 20.000 € vor.
– Umweltkriterien
53   Einen besonderen Schwellenwert zur Anwendung der Umweltkriterien sieht lediglich das TVgG NRW mit 5000 € vor.
– Soziale Kriterien
54   Hier differenzieren auch nur wenige Länder, unter anderem auch NRW. Im Vergabegesetz von Berlin sind diese ab einem Schwellenwert von 10000 € zu berücksichtigen. Im TvgG NRW wird zwischen den einzelnen Kriterien differenziert. Die ILO-Kernarbeitsnormen sind ab einem Schwellenwert von 5000 € zu berücksichtigen. Die Kriterien der Frauenförderung bei Liefer- und Dienstleistungen ab einem Schwellenwert von 50000 € sowie bei Bauleistungen ab einem Schwellenwert von 150000 €.

VIII. TVgG NRW und das Verhältnis zum EU–Beihilferecht

55   Das Vergaberecht und damit auch das TVgG NRW sowie die anderen Vergabegesetze müssen auch im Verhältnis zu anderen Rechtsgebieten betrachtet werden. Immer wieder wird die Diskussion geführt, dass das Vergaberecht auch in Wechselwirkungen zu anderen Rechtsgebieten steht. Dabei ist zum einen das Beihilferecht zu nennen.

In Bezug auf die Berücksichtigung der sog. strategischen Aspekte bei der Vergabe nach dem TVgG NRW sowie den anderen Landesvergabegesetzen könnte an das Vorliegen einer Beihilfe gedacht werden. Dieses wird durchaus für den Bereich der Verfolgung politischer Zwecke diskutiert. Dann könnte eine „Begünstigung" im Sinne von Art. 107 Abs. 1 AEUV vorliegen. Wird hierdurch der Markt verfälscht und der Handel zwischen den Mitgliedstaaten beeinträchtigt, ist das gemäß Art. 108 Abs. 3 AEUV der EU-Kommission mitzuteilen (sog. Notifizierung). Dieses vor dem Hintergrund, dass mit der Verfolgung sozialer oder ökologischer Zwecke regelmäßig eine Verteuerung des Einkaufs verbunden ist. Dabei ist die Differenz zwischen der Höhe bis zu einem Angebot, welches derartige Aspekte nicht berücksichtigt, als möglicherweise wirtschaftlich günstiger anzusehen.

Wäre diese Auffassung zutreffend, würden die öffentlichen Auftraggeber **56** vor die Entscheidung gestellt, Notifizierungsverfahren durchzuführen. Hier muss allerdings von einer Ausschlusswirkung ausgegangen werden. Das Vergaberecht verpflichtet durch die EU-Vergaberichtlinien und die Rechtsprechung des EuGH die öffentlichen Auftraggeber, derartige Ziele zu verfolgen. Wie bereits erwähnt, ist die Strategie 2020 ein vorrangiges Handlungsziel der EU. Die den öffentlichen Auftraggeber kennzeichnende Pflicht zur Erbringung einer Leistung wird für Fälle dieser Art das Beihilfemerkmal der „Begünstigung" ausschließen. Die Auftragnehmer werden nicht begünstigt, weil sie eine Leistung erbringen müssen.

IX. Verhältnis TVgG NRW und Zuwendungsrecht

Da das TVgG NRW gemäß § 2 Abs. 3 TVgG NRW nur für öffentliche **57** Auftraggeber gemäß § 99 GWB gilt, findet es in Fällen von NRW-Landesfördervorhaben für Zuwendungsempfänger als Vergabeauftraggeber grundsätzlich keine Anwendung, ANBest-I bzw. -P zu Nr. 5.1 zu § 44 LHO NRW[8]. Der Zuwendungsempfänger ist (ab einem Auftragswert von 100.000 €) gemäß Nr. 3.1 ANBest-I bzw. -P zu Nr. 5.1 zu § 44 LHO NRW lediglich zur Anwendung der Unterschwellenvergabeordnung (UVgO) (vorher: VOL/A 1. Abschnitt bzw. der VOB/A 1. Abschnitt) verpflichtet. Denkbar ist es, im Einzelfall durch ausdrückliche Regelung im Zuwendungsbescheid selbst eine Anwendungspflicht des Zuwendungsempfängers zu statuieren[9].

Nur falls der Zuwendungsempfänger gleichzeitig öffentlicher Auftraggeber **58** i. S. d. § 99 GWB ist (z. B. Hochschule, kommunale Gesellschaft), dürfte über Nr. 3.2 ANBest-I bzw. -P zu Nr. 5.1 zu § 44 LHO NRW (Verpflichtungen der Zuwendungsempfänger, aufgrund § 98 GWB als öffentlicher Auftraggeber die VgV bzw. VOB/A Abschnitt 2 oder andere Vergabebestimmungen einzuhalten, bleiben unberührt) die generelle Pflicht bestehen, das TVgG NRW anzuwenden[10]. Bei Kommunen als Zuwendungsempfänger ergibt sich bereits über Nr. 3.1 ANBest-G zu Nr. 5.1 zu § 44 LHO NRW („kommunale Vergabegrundsätze", dort unter Nr. 2.2 Erwähnung des TVgG NRW) die Pflicht zur Anwendung[11]. Ein Verstoß des Zuwendungsempfängers gegen Bestimmungen des TVgG NRW dürfte indes wohl regelmäßig i. S. d. Runderlasses des Finanzministeriums NRW zur Rückforderung von Zuwendungen wegen

---

[8] So auch Zeiss Landesvergaberecht NRW, S. 269.

[9] Zeiss aaO; Dietlein/Fandrey in Gabriel u. a., Handbuch des Vergaberechts, § 8 Rn. 14; Fandrey/Grüner Der Gemeindehaushalt 2014, 15, 16.

[10] Kritisch indes: Zeiss aaO; Fandrey/Grüner aaO.

[11] Allgemeine Auffassung: Zeiss aaO, S. 270; im Ergebnis wohl auch Fandrey/Grüner aaO, S. 16f.

Nichtbeachtung von Vergabevorschriften vom 18.12.2003 − I 1 − 0044 −
3/8 −[12] mangels Aufzählung bzw. jedenfalls mangels Bezug zu Wirtschaftlichkeit und Sparsamkeit keinen schweren Vergabeverstoß darstellen und vermag
somit grundsätzlich keinen Widerruf der Zuwendung gemäß § 49 VwVfG
NRW zu begründen[13].

59   In Bezug auf die Landesvergabe- und Tariftreuegesetze in den anderen Ländern ist die Rechtslage weitgehend ähnlich. Eine Ausnahme bildet Brandenburg (§ 2 Abs. 4 Bbg VergG): Alle Zuwendungsempfänger werden (unabhängig vom Rechtsstatus) direkt verpflichtet, die dortigen Landesvergabe- und
Tariftreueregelungen anzuwenden.

X. Bieterschutz im TVgG NRW

60   Auf Ebene des Rechtsschutzes führt ein Verstoß gegen bieterschützende
Vorschriften dazu, dass im Bereich der Oberschwellenvergabe das Nachprüfungsverfahren gemäß §§ 155 ff GWB statthaft ist. Die Darlegung der Verletzung einer bieterschützenden Vorschrift begründet dabei einerseits die erforderliche Antragsbefugnis gemäß § 160 Abs. 2 GWB, wobei die Feststellung
des Verstoßes gegen die bieterschützende Vorschrift auf Rechtsfolgenseite
zum „Treffen der geeigneten Maßnahmen" (§ 168 Abs. 1 GWB) durch die
Vergabekammer führt. Dies kann beispielsweise die Überarbeitung der Vergabeunterlagen, eine erneute Wertung der abgegebenen Angebote, in Ausnahmefällen die Zuschlagserteilung oder − aber nur als ultima ratio bei gravie-
rendsten Mängeln − die Aufhebung der Ausschreibung sein. Eine Aufhebung
der bereits erfolgten Zuschlagserteilung durch die Vergabekammern ist gesetzlich ausgeschlossen, § 168 Abs. 2 S. 1 GWB.

61   Im Bereich der Unterschwellenvergabe kann durch benachteiligte Bieter
lediglich Schadensersatz verlang werden.

62   Ob und wie weit jedoch die Tariftreue- und Vergabegesetze der Länder
bieterschützend sind, lässt sich den Gesetzen selbst nicht direkt entnehmen. Es
gilt entsprechend zum Vergaberecht des GWB der Grundsatz, dass eine Vorschrift nur dann bieterschützend ist, wenn sie der Sicherstellung grundlegen-
der Verfahrensprinzipien dient, wie beispielsweise dem Gleichbehandlungsge-
bot oder dem Wettbewerbsgebot. Allerdings ist in dem Zusammenhang zu
berücksichtigen, dass die Tariftreuegesetze der Länder übergeordneten Zielen
dienen. So möchten die Landesgesetzgeber die Vergabe öffentlicher Aufträge
dahingehend steuern, dass die staatspolitischen Ziele der Sozialverträglichkeit
(z. B. Einhaltung von Lohn- und Arbeitsstandards/Frauenförderung), des Umweltschutzes und der Nachhaltigkeit sowie der Innovation der Angebote berücksichtigt werden (vgl. § 1 TVgG NRW), wobei sogar mögliche Kollisionen
mit Landesverfassungen oder dem Europarecht in Kauf genommen wurden.

63   Da diese *öffentlichen* Interessen den Regelungszweck der Tariftreuegesetze
bilden, sind die Vergabekammern und Beschwerdegerichte mit der Annahme
von Bieterschutz aus den Gesetzen konsequenterweise zurückhaltend. Ledig-

---

[12] MBl. NRW. 2005, S. 1310.
[13] Ähnlich Dietlein/Fandrey aaO, Rn. 27; Fandrey/Grüner aaO, S. 17 f.

lich das Oberlandesgericht Düsseldorf hat angenommen, dass § 10 Abs. 1 TVgG NRW drittschützend sei, da die Prüfungspflicht zur Einhaltung der Lohnstandards gewährleiste, dass sich einzelne Bieter nicht Wettbewerbsvorteile durch das Unterschreiten von Lohnvorgaben verschaffen können. Nach den allgemeinen Grundsätzen des Bieterschutzes sei damit ein grundlegendes Verfahrensprinzip der Vergabe öffentlicher Aufträge sachlich zu Lasten der Mitbewerber betroffen, sodass Bieterschutz anzunehmen sei (Oberlandesgericht Düsseldorf, Beschluss vom 9. 1. 2013, Az. VK-29/2012-L).

XI. Hinweise und Merkblätter

Die Servicestelle zum TVgG NRW hat diverse Merkblätter veröffentlicht, **64** die die praktische Handhabung der neuen Fassung des TVgG NRW erleichtern sollen. Dies betrifft insbesondere die Anforderungen an den Umweltschutz und die Vorgaben zur Beachtung der ILO-Kernarbeitsnormen. Die Merkblätter können auf der Website der Servicestelle unter https://www.vergabe.nrw.de/servicestelle-tvgg-nrw heruntergeladen werden.

Tariftreue- und Vergabegesetz Nordrhein-Westfalen – TVgG – NRW

§ 1 Zweck des Gesetzes

Zweck dieses Gesetzes ist es, einen fairen Wettbewerb um das wirtschaftlichste Angebot bei der Vergabe öffentlicher Aufträge unter gleichzeitiger Berücksichtigung von Sozialverträglichkeit, Umweltschutz und Energieeffizienz (Nachhaltigkeitskriterien) sowie Qualität und Innovation der Angebote zu fördern und zu unterstützen.

Baden-Württemberg: § 1 LTMG; **Brandenburg:** § 1 Vergabegesetz, **Bremen:** § 1TtVG; **Mecklenburg-Vorpommern** § 1 VgG M-V); **Niedersachsen:** § 1 NTVergG; **Rheinland-Pfalz**, § 1 LTTG; **Schleswig-Holstein:** § 1 TTG.

Literatur: Brackmann, Nachhaltige Beschaffung in der Vergabepraxis, VergabeR 2014, 310; Bungenberg, Die Berücksichtigung des Umweltschutzes bei der Vergabe öffentlicher Aufträge; NVwZ 2003, 314; Diemon-Wies, Soziale und ökologische Kriterien in der Vergabepraxis, VergabeR 2010, 317; Krönke, Sozial verantwortliche Beschaffung nach dem neuen Vergaberecht, VergabeR 2017, 101; Ollmann, Von der VOL zur UVgO, VergabeR 2016, 687; Rosenkötter, Die Innovationspartnerschaft, VergabeR 2016, 196

Übersicht

I. Allgemeines

§ 1 definiert den Gesetzeszweck. Das TVgG NRW soll einerseits einen fairen Wettbewerb um das wirtschaftlichste Angebot bei der Vergabe öffentlicher Aufträge fördern und unterstützen. Andererseits ist Zweck des TVgG NRW, die Berücksichtigung von Sozialverträglichkeit, Umweltschutz und Energieeffizienz **(Nachhaltigkeitskriterien)** sowie Qualität und Innovation der Angebote zu fördern. § 1 TVgG NRW n. F. entspricht bis auf das Wort **1**

„Nachhaltigkeitskriterien" § 1 TVgG NRW a. F. Bei dem Wort „Nachhaltig-keitskriterien" handelt es sich um eine **Legaldefinition** für die Begriffe So-zialverträglichkeit, Umweltschutz sowie Energieeffizienz.[1]

II. Bundesrechtliche Regelungen der Nachhaltigkeit, Qualität und Innovation

2   Ein zentraler Begriff des Vergaberechts ist der des wirtschaftlichen Ange-bots. War er früher ausschließlich das Maß der Dinge, so wird dieser Begriff nunmehr durch Aspekte der Nachhaltigkeit beeinflusst.

3   Der Auftraggeber kann diese Nachhaltigkeitskriterien bereits bei der Erstel-lung der **Leistungsbeschreibung** gemäß § 31 Abs. 3 VgV; § 23 UVgO; § 7a Abs. 5 VOB/A berücksichtigen.[2]

4   Der Begriff **„wirtschaftlichstes Angebot"** in § 1 TVgG NRW ist auch in §§ 127 GWB; 58 Abs. 1 VgV; 43 Abs. 1 UVgO enthalten. Das wirtschaft-lichste Angebot bestimmt sich nach dem besten Preis-Leistungs-Verhältnis, § 127 Abs. 1 S. 3 GWB; § 43 Abs. 2 UVgO. Zu dessen Ermittlung können gem. §§ 127 Abs. 1 S. 4 GWB; 58 Abs. 2 S. 2 VgV; 52 Abs. 2 SektVO 16d Abs. 1 Nr. 3 VOB/A; 43 Abs. 2 Nr. 1 UVgO neben dem Preis oder den Kos-ten auch qualitative, umweltbezogene oder soziale Kriterien berücksichtigt werden.

5   Die **Qualität** der Leistung kann gem. § 58 Abs. 2 S. 2 Nr. 1 VgV; § 43 Abs. 2 S. 2 Nr. 1 UVgO Zuschlagskriterium sein.

6   **Beispiel:** Der öffentliche Auftraggeber wählt bei der Vergabe eines Rahmenvertrags über die Veröffentlichung von Stellenanzeigen in dafür geeigneten Medien. Der Auftragneh-mer soll die textliche Abfassung und die Erstellung der erforderlichen Druckunterlagen vornehmen. Der Auftraggeber gibt als 3. Zuschlagskriterium an: „3. Qualitative Krite-rien: Das am besten bewertete Angebot erhält 100 Punkte. Das am schlechtesten bewer-tete Angebot erhält 0 Punkte. Die anderen Angebote werden zu gleichen Abständen in die Skala eingetragen. Unterkriterien: Qualität des erstellten Textes der Stellenanzeige."[3]

7   Der öffentliche Auftraggeber darf bei der Bewertung der Angebote und dem Gesichtspunkt der Qualität nicht anhand „absolut" *eines* Maßstabs, son-dern in einer durch Vergleich untereinander gewonnenen Reihenfolge ein-ordnen. Eine abgestufte Punktwertung anhand einer abgestuften Matrix wäre zwar zulässig, ist aber nicht notwendig.[4]

8   § 58 Abs. 2 S. 2 Nr. 1 VgV nennt ebenso wie die „Innovation der Ange-bote" in § 1 TVgG NRW **„innovative Eigenschaften"** als Zuschlagskrite-rium. Die **Innovationspartnerschaft** ist in § 119 Abs. 7 GWB; § 19 VgV ge-regelt.[5]

---

[1] LT-Drs. NRW 16/12265, S. 17.
[2] Krönke Sozial verantwortliche Beschaffung nach dem neuen Vergaberecht, Verga-beR 2017, 101 (106).
[3] OLG Düsseldorf Beschluss vom 3. 3. 2010 – Verg 48/09, BeckRS 2010, 15890.
[4] OLG Düsseldorf Beschluss vom 3. 3. 2010 – Verg 48/09, BeckRS 2010, 15890.
[5] Rosenkötter Die Innovationspartnerschaft, VergabeR 2016, 196.

Der Begriff „**Innovation**" ist in Art. 2 Abs. 1 Nr. 22 Richtlinie 2014/24/ **9** EU definiert:

> „,Innovation' [ist] die Realisierung von neuen oder deutlich verbesserten Waren, Dienstleistungen oder Verfahren, einschließlich – aber nicht beschränkt auf – Produktions-, Bau- oder Konstruktionsverfahren, eine neue Vermarktungsmethode oder ein neues Organisationsverfahren in Bezug auf Geschäftspraxis, Abläufe am Arbeitsplatz oder externe Beziehungen, u. a. mit dem Ziel, zur Bewältigung gesellschaftlicher Herausforderungen beizutragen oder die Strategie Europa 2020 für intelligentes, nachhaltiges und integratives Wachstum zu unterstützen. "

Beispiel: Die Entwicklung eines Wärmedurchgangskoeffizienten (U-Wert) für Fenster **10** bei der Sanierung eines Landratsamtes, der bisher noch nicht auf dem Markt ist.[6]

Damit schlägt § 1 TVgG NRW einen Bogen zu §§ 127 Abs. 1 S. 4 GWB, 58 **11** Abs. 2 S. 2 VgV über die **EU-Oberschwellenvergaben** sowie zu §§ 16 d Abs. 1 Nr. 3 VOB/A; 43 Abs. 2 UVgO für die **EU-Unterschwellenvergaben.** So bezieht 43 Abs. 2 Nr. 1 UVgO als Zuschlagskriterien die Zugänglichkeit einer Leistung für Menschen mit Behinderungen sowie soziale, umweltbezogene und innovative Eigenschaften ein.

Daraus folgt, dass § 1 TVgG ebenso wie das bundesweit geltende, im GWB, **12** der VgG, der SektVO, der VOB/A und in der UVgO normierte Vergaberecht zur Berücksichtigung von sogenannten Nachhaltigkeitskriterien verpflichtet. Der **Unterschied** zu den *allgemein* gehaltenen, bundesweit geltenden Vorschriften über die Nachhaltigkeitskriterien liegt darin, dass das TVgG NRW *konkrete* Vorgaben macht, z. B. in § 4 Abs. 3 über die Höhe des bei der Ausführung des Auftrags zu zahlenden Mindeststundenentgelt von € 8,84.

III. Nachhaltigkeit und Ermessen

Die §§ 127 Abs. 1 S. 4 GWB; 58 Abs. 2 S. 2 VgV; 52 SektVO; 16 d Abs. 1 Nr. 3 **13** VOB/A; 43 Abs. 2 Nr. 1 UVgO stellen die Berücksichtigung der Nachhaltigkeitskriterien Sozialverträglichkeit, Umweltschutz und Energieeffizienz als **Zuschlagskriterien** in das **Ermessen** des öffentlichen Auftraggebers („können").

Dem öffentlichen Auftraggeber steht bei der Auswahl der Zuschlagskriterien **14** rien ein weites Auswahlermessen zu.[7] Es ist Sache des Auftraggebers, die Kriterien für die Erteilung des Zuschlags zu bestimmen. Darin spiegelt sich sein Bestimmungsrecht darüber wieder, worauf es ihm bei dem beabsichtigten Auftrag ankommt und was er als „wirtschaftlich" ansieht. Die Festlegung der auftragsbezogenen Kriterien für die Bestimmung des wirtschaftlichsten Angebotes unterliegt einem **weiten Spielraum** des Auftraggebers. Bei der Bestimmung der Kriterien für das wirtschaftlichste Angebot ist er weitgehend ungebunden, bestimmten Faktoren eine Bedeutung zuzumessen. Die Kontrolle durch die Vergabenachprüfungsinstanzen hat sich dabei ähnlich wie bei der

---

[6] Siehe dazu VK Nordbayern Beschluss vom 13. 12. 2016 – 21. VK – 3194 – 36/16.
[7] EuGH Urteil vom 26. 3. 2015 – C-601/13, NZBau 2015, 312; BGH, Beschluss vom 4. 4. 2017 – XB 3/17 NZBau 2017, 366 Nr. 34; Wiedemann in Kulartz/Kus/Marx/ Portz/Prieß, Kommentar zur VgV, 2017, § 58 Rn. 7, 11.

Ermessenskontrolle darauf zu beschränken, ob ein Zusammenhang mit dem Gegenstand des Auftrags gegeben ist (§ 127 Abs. 3 GWB) und kein offensichtlicher Beurteilungsfehler oder ein Ermessensfehlgebrauch vorliegt. Das Bestimmungsrecht des Auftraggebers unterliegt nur den Schranken, die sich – unmittelbar oder mittelbar – aus den vergaberechtlichen Prinzipien sowie aus dem Zweck, dem die Festlegung von Wertungskriterien dient, ergeben. Dabei ist – sofern der Zuschlag auf das wirtschaftlichste Angebot ergehen soll – für die Kontrolle von folgenden **Orientierungssätzen** auszugehen:

– Der Auftraggeber hat für eine Gleichbehandlung und Transparenz Sorge zu tragen. Er muss nach § 127 GWB Zuschlagskriterien festlegen, diese ordnungsgemäß bekannt geben und die Bewertung anhand aller bekannt gegebenen Kriterien vornehmen.
– Die Festlegungen und die Gewichtungen dürfen nicht dazu führen, dass Kriterien faktisch keine Rolle mehr spielen (keine Nivellierung, Aushöhlung der Angebotswertung).
– Die Kriterien dürfen dem Zweck der Ermittlung des wirtschaftlichsten Angebots nicht zuwiderlaufen.
– Darüber hinaus dürfen die festgelegten Kriterien nicht willkürlich gesetzt oder sachfremd sein.[8]

15   Demgegenüber sind öffentliche Auftraggeber nach dem Wortlaut von § 4 Abs. 1, 2, 3 und 4 TVgG NRW („dürfen nur an Unternehmen vergeben werden"), § 5 Abs. 1 TVgG NRW („hat sich der Bieter in der Verpflichtungserklärung nach § 4 zu verpflichten, …"), § 6 Abs. 1 TVgG NRW („ist verpflichtend folgendes zu berücksichtigen") und § 6 Abs. 2 Nr. 1 TVgG NRW („sind neben dem Preis auch die Betriebs- und Wartungs- und Entsorgungskosten zu berücksichtigen") **verpflichtet,** eine entsprechende Verpflichtung dem Bestbieter bei der **Ausführung des Auftrags** bzw. bei der Konzeption des Bedarfs (§ 6 Abs. 1 TVgG NRW) aufzuerlegen. Ein Ermessen steht ihnen nicht zu.

16   Im Gegensatz zu den zuvor genannten Vorschriften des TVgG NRW enthält § 8 TVgG NRW über die Frauenförderung sowie die Vereinbarkeit von Beruf und Familie eine **„soll"-Vorschrift.** Wenn eine Behörde unter bestimmten Voraussetzungen tätig werden „soll", ist sie dazu in der Regel verpflichtet. Nur in Ausnahmefällen, in atypischen Situationen, kann sie davon absehen.[9] Ob diese Uneinheitlichkeit entweder ein redaktionelles Versehen oder gewollt war, ist aus der amtlichen Begründung des Gesetzesentwurfs nicht zu entnehmen.

IV. Verhältnis zum Bundesrecht

17   § 122 Abs. 2 S. 2 GWB enthält einen abschließenden Katalog der zulässigen **Eignungskriterien.**
Die Ermessenvorschriften der §§ 127 Abs. 1 S. 3 GWB; 58 Abs. 2 VgV; 52 Abs. 2 S. 2 SektVO; 16d Abs. 2 Nr. 1 S. 3 VOB/A-EU über die **Zuschlags-**

---

[8] OLG Düsseldorf, Beschluss vom 3.3.2010 – Verg 48/09, BeckRS 2010, 15890.
[9] BVerwG Urteil vom 17.3.1992 – 1 C 31/89, NVwZ 1993, 675 (676); Maurer Allgemeines Verwaltungsrecht, 15. Aufl. 2004, § 7 Rn.

kriterien stellen die Auswahl der Zuschlagskriterien in das Ermessen des öffentlichen Auftraggebers (s. o. Nr. III).

Soweit die entsprechenden Vorschriften des TVgG NRW andere Eignungs- **18** kriterien als die in § 122 Abs. 2 S. 2 GWB vorsehen bzw. eine gebundene Entscheidung („muss") beinhalten, stellt sich daher die Frage, ob sie gegen den Grundsatz in § 31 GG verstoßen: **„Bundesrecht bricht Landesrecht".**

Voraussetzung für die Anwendbarkeit des Art. 31 GG ist, dass zwei Normen **19** kollidieren, d. h. die Kollisionsvorschrift des Art. 31 GG hinweggedacht, müssen beide Normen auf denselben Sachverhalt anwendbar sein und bei ihrer Anwendung zu verschiedenen Ergebnissen führen können.[10] Weiterhin ist zu prüfen, ob die speziellere landesrechtliche Regelung wirklich durch das Bundesrecht ausgeschlossen sein soll. Bei umfassender und erschöpfender Regelung eines Gegenstands der konkurrierenden Gesetzgebungskompetenz durch den Bund sind landesrechtliche Regelungen insoweit zulässig, als das Bundesrecht Vorbehalte zugunsten des Landesgesetzgebers enthält.[11]

Daraus folgt:

1. Eignungskriterien, § 7 TVgG

Soweit eine Bestimmung des TVgG NRW ein Eignungskriterium enthält, **20** ist § 122 Abs. 2 S. 2 GWB Prüfungsmaßstab und entfaltet Sperrwirkung gegenüber entgegenstehendem Landesrecht.

Beispiel: § 7 TVgG NRW enthält Eignungskriterien, keine Ausführungsbedingung. Damit verstößt er gegen den abschließenden Katalog der Eignungskriterien in § 122 Abs. 2 S. 2 GWB (vgl. Kommentierung zu § 7 Rn. 15f).[12] Gemäß Art. 31 GG ist § 7 TVgG NRW damit unwirksam.[13]

2. Zuschlagskriterien, §§ 3 Abs. 2; 6 TVgG

Enthält eine Bestimmung des TVgG NRW Zuschlagskriterien, ist zu prü- **21** fen, ob diese Bestimmungen mit § 127 Abs. 1 GWB; § 58 VgV; § 52 Abs. 2 S. 2 SektVO; § 16d Abs. 2 VOB/A-EU übereinstimmt.

Beispiel: §§ 3 Abs. 2 S. 1; 6 Abs. 2 Nr. 1 TVgG NRW enthalten zwar Zuschlagskriterien. Diese Bestimmungen gelten aber nur für Vergaben unterhalb der EU-Schwellenwerte. Eine Kollision mit § 127 Abs. 1 GWB; § 58 VgV; § 52 SektVO; § 16d Abs. 2 VOB/A-EU ist daher ausgeschlossen, weil diese Vorschriften gem. § 106 GWB nur für Vergaben oberhalb der EU-Schwellenwerte gelten.

---

[10] BVerfG Beschluss vom 29.1.1974 – 2 BvN 1/69, BVerfGE 36, 342 (363) = NJW 1974, 1181.

[11] Schmidt-Bleibtreu/Hofmann/Henneke Grundgesetz-Kommentar, 13. Aufl. 2014, Art. 31 Rn. 34 mwN aus der Rechtsprechung des Bundesverfassungsgerichts.

[12] Ebenso OLG Düsseldorf Beschluss vom 29.1.2014 – Verg 28/13; BeckRS 2014, 04285; Beschlüsse vom 25.6.2014 – Verg 38/13 und 39/13; VK Westfalen, Beschluss vom 25.1.2015 – VK 18/14, IBRRS 2015, 0372 Seiten 10 – 11 im Falle der (rechtswidrigen) Verwendung von Verpflichtungserklärungen, die nach §§ 4; 8; 18 TVgG NRW a. F. gefordert werden mussten, als Eignungsnachweise.

[13] Zur Rechtsfolge, wenn bestehendes Bundesrecht eine Sperrwirkung gegenüber neu erlassenem Landesrecht begründet, vgl. Schmidt-Bleibtreu/Hofmann/Henneke Grundgesetz-Kommentar, 13. Aufl. 2014, Art. 31 Rn. 23 und 32.

Praxistipp: § 6 Abs. 1 TVgG NRW gilt auch für Vergaben oberhalb der EU-Schwellenwerte. Diese Bestimmung muss verfassungskonform so ausgelegt werden, dass sie keine *Verpflichtung* des öffentlichen Auftraggebers für die Anwendung von etwaigen Zuschlagskriterien „Lebenszykluskosten", „möglichst hohe Energieeffizienz", „Leistungs- und Funktionsanforderungen sowie technische Spezifikationen zur Berücksichtigung von Umweltaspekten und Umweltzeichen" enthält.[14]

22   Denn der **Preis darf alleiniges Zuschlagskriterium** sein, wenn das beste Preis-Leistungs-Verhältnis nach dem Gegenstand des Auftrags und der Gesamtheit der Vergabeunterlagen erreicht werden kann (vgl. § 35 Abs. 2 S. 3 VgV; § 8 Abs. 2 Nr. 3b Satz 2 VOB/A-EU).[15] Auch in der Rechtsprechung der Vergabesenate sowie in der Literatur ist anerkannt, dass der niedrigste Preis alleiniges Zuschlagskriterium sein darf.[16] Das ergab sich aus einer unmittelbaren Anwendung von Art. 53 Abs. 1 b i. V. m. Erwägungsgrund 46 der Richtlinie 2004/18/EG.[17] Dasselbe ergibt sich nun aus Art. 67 Abs. 2 S. 1 RL 2014/24/EU. Dort heißt es „… auf der Grundlage des Preises oder der Kosten …" (Unterstreichung durch die Verfasser).

23   Ebenso heißt es wörtlich im Erwägungsgrund 90 der RL 2014/24/EU:

> *„Es sollte ferner klargestellt werden, dass eine solche Bewertung des wirtschaftlich günstigsten Angebots allein auf der Grundlage entweder des Preises oder der Kostenwirksamkeit durchgeführt werden kann. "*

Der Preis als alleiniges Zuschlagskriterium ist jedenfalls rechtmäßig, wenn die auszuführenden Leistungen in allen für die Zuschlagserteilung in Betracht kommenden Punkten in der Leistungsbeschreibung und/oder in den übrigen Ausschreibungsunterlagen vom Auftraggeber hinreichend genau definiert worden sind.[18]

3. Ausführungsbedingungen, §§ 4, 5 und 8 TVgG NRW

24   Darunter verstehen § 128 Abs. 2 S. 1 GWB; § 3 Abs. 2 S. 3 TVgG NRW besondere Bedingungen für die Ausführung eines Auftrags. Bei **Bauaufträgen**

---

[14] Zum Vorrang verfassungskonformer Auslegung bei der Kollision von Landes- mit Bundesrecht vgl. Schmidt-Bleibtreu/Hofmann/Henneke Grundgesetz-Kommentar, 13. Aufl. 2014, Art. 31 Rn. 23.

[15] BGH Beschluss vom 10.5.2016 – X ZR 66/15, VergabeR 2016, 747 Nr. 10.

[16] OLG Düsseldorf Beschluss vom 24.9.2013 – VII-Verg 17/14, NZBau 2015, 314 (315); Beschluss vom 11.12.2013 – VII-Verg 22/13, VergabeR 2014, 401 (406); OLG Frankfurt Beschluss vom 5.6.2012 – 11 Verg 4/12, NZBau 2012, 719; OLG Schleswig Beschluss vom 15.4.2011 – 1 Verg 10/10, VergabeR 2011, 586 (590); OLG Naumburg Beschluss vom 5.12.2008- 1 Verg 9/08, VergabeR 2009, 486; Stolz in Willenbruch/Wieddekind (Hrsg.), Vergaberecht Kompaktkommentar, 2. Aufl. 2011, § 16 VOB/A Rn. 157.

[17] OLG Düsseldorf Beschluss vom 24.9.2014 – VII Verg 17/14, VergabeR 2015, 443 (446); OLG Frankfurt Beschluss vom 5.6.2012 – 11 Verg 4/12, BeckRS 2012, 15338.

[18] OLG Düsseldorf Beschluss vom 24.9.2014 – VII Verg 17/14, VergabeR 2015, 443 (446).

können sie nach Maßgabe von § 8a Abs. 2 Nr. 2 VOB/A; § 8a Abs. 2 Nr. 2 VOB/A-EU Besondere Vertragsbedingungen darstellen.

Der **Unterschied zwischen Zuschlagskriterien und Ausführungsbe-** 25 **dingungen** ist im Erwägungsgrund 104 der RL 2014/24/EU dargestellt: Die Bedingungen für die Auftragsausführung dienen der Festlegung konkreter Anforderungen bezüglich der Ausführung des Auftrags. Anders als Zuschlagskriterien, die die Grundlage für die vergleichende Bewertung der Qualität der Angebote bilden, sind Bedingungen für die Auftragsausführung festgelegte, objektive Anforderungen, von denen die Bewertung der Angebote unberührt bleibt.

Sie können gem. § 128 Abs. 2 S. 3 GWB insbesondere umweltbezogene, 26 soziale oder beschäftigungspolitische Belange umfassen. § 129 GWB enthält insoweit eine Ermächtigung für den Landesgesetzgeber. Soweit es sich bei den Vorgaben des TVgG NRW also um Ausführungsbedingungen handelt (z.B. §§ 4;[19] 5 und 8 TVgG), haben sie in § 129 GWB ihre Ermächtigungsgrundlage.

V. Strategische Vergabeziele

Bereits mit der Altfassung des TVgG NRW wollte der Landesgesetzgeber 27 die Berücksichtigung „strategischer Vergabeziele" umfassend regeln.[20] Diese Zielsetzung verfolgt auch das TVgG NRW in der Fassung vom 26.1.2017.[21] Maßstab bei der Vergabe öffentlicher Aufträge – umzusetzen als Zuschlagskriterium oder als Bedingung bei der Ausführung des Auftrags – ist daher nicht mehr nur die Wirtschaftlichkeit und Sparsamkeit der öffentlichen Auftragsausführung („wirtschaftlichstes Angebot"), sondern darüber hinaus die sozialverträgliche, umweltschützende sowie energieeffiziente Beschaffung.

Mittels des Tariftreue- und Vergabegesetzes versucht also der NRW-Land- 28 tag, diesen Nachhaltigkeitskriterien Geltung zu verschaffen, „[o]bwohl sich bislang nur wenige konkret messbare Wirkungen für die Erreichung der einzelnen Ziele des TVgG a.F. feststellen lassen".[22] Vielmehr wird dort als tragender Grund für die novellierte Beibehaltung des Gesetzes die Akzeptanz der Ziele des Gesetzes genannt – ein politisch durchaus kritisch hinterfragbarer Ansatz.

VI. Europäische Regelungen der Nachhaltigkeit, Qualität und Innovation

Die strategischen Vergabeziele, die die NRW-Landesregierung mit der 29 Neufassung des TVgG zu erreichen versucht, also insbesondere die in § 1 TVgG NRW genannten Nachhaltigkeitsaspekte, waren bereits in der Neufas-

---

[19] EuGH Urteil vom 18.9.2014 – C-549/13, Bundesdruckerei, NZA 2014, 1129 Nr. 28.
[20] LT-Drs. NRW 16/12265, S. 1.
[21] LT-Drs. NRW 16/12265, S. 2.
[22] LT-Drs. NRW 16/12265, S. 5.

sung der EU-Vergaberichtlinien vom 26.2.2014 enthalten. Mehrere Erwägungsgründe der Richtlinie 2014/24/EU befassen sich mit diesen Aspekten, und zwar

- Erwägungsgrund 2: „nachhaltiges … Wachstum"
- Erwägungsgrund 2: „Unterstützung gemeinsamer gesellschaftlicher Ziel"
- Erwägungsgrund 37: „angemessene Einbeziehung umweltbezogener, sozialer und arbeitsrechtlicher Erfordernisse"
- Erwägungsgrund 39: „Klauseln zur Sicherstellung der Einhaltung von Tarifverträgen"
- Erwägungsgrund 97: „bessere Einbeziehung sozialer und ökologischer Überlegungen in die Vergabeverfahren"
- Erwägungsgrund 98: „Zuschlagskriterien oder Bedingungen für die Auftragsausführung, die soziale Aspekte des Produktionsprozesses betreffen"
- Erwägungsgrund 98: „Umsetzung von Maßnahmen zur Förderung der Gleichstellung von Frauen und Männern am Arbeitsplatz, die verstärkte Beteiligung von Frauen am Erwerbsleben" und
- Erwägungsgrund 99: „Maßnahmen zum Schutz der Gesundheit der am Produktionsprozess beteiligten Arbeitskräfte, zur Förderung der sozialen Integration von benachteiligten Personen oder Angehörigen sozial schwacher Gruppen unter den für die Ausführung des Auftrags eingesetzten Personen"

30   Gemäß Art. 67 Abs. 2; 70 RL 2014/24/EU können öffentliche Auftraggeber Zuschlagskriterien bzw. besondere Bedingungen für die Ausführung eines Auftrags festlegen, die umweltbezogene, soziale oder beschäftigungspolitische Belange umfassen.

31   Die „**Qualität** der Angebote" als Zuschlagskriterium ist in Art. 67 Abs. 2 RL 2014/24/EU vorgesehen.

32   Hinsichtlich der „**Innovation** der Angebote" ist auf die Erwägungsgründe 47, 48, 49, 74, 84 und 124 sowie auf die **Innovationspartnerschaft** im Sinne von Art. 31 RL 2014/24/EU hinzuweisen.

VII. Landesregelung NRW

33   Die Vorschrift des § 1 TVgG NRW betont das Ziel, durch den Einsatz von Arbeitskräften zu **sozialverträglichen Arbeitsbedingungen** einen fairen Wettbewerb um das wirtschaftlichste Angebot zu gewährleisten und durch die Berücksichtigung qualitativer Anforderungen hochwertige, nachhaltige und gemeinwohlorientierte Leistungen für die öffentliche Hand zu generieren. Die Zielsetzung verdeutlicht, dass Vergabeentscheidungen öffentlicher Auftraggeber für die Berücksichtigung verschiedenster gesellschaftlicher und politischer Aspekte offen sind und damit der **Vorbildfunktion** der öffentlichen Hand für die gesellschaftliche Entwicklung entsprechen sollen.[23]

34   Galt früher der Grundsatz des weitgehenden Verbots sog. **vergabefremder Aspekte,** hat sich dies seit längerer Zeit deutlich geändert. Vielmehr werden diese nunmehr z.B. als strategische Ziele betitelt.[24] Auch die kommunalen

---

[23] LT-Drs. NRW 15/2379, S. 39ff.; LT-Drs. NRW 16/12265, S. 1.
[24] LT-Drs. NRW 16/12265, S. 1.

Spitzenverbände von Nordrhein-Westfalen tragen die Ziele des Gesetzes mit. Aufgrund der **Marktmacht** der öffentlichen Auftraggeber hat sich sowohl auf europäischer Ebene aber auch auf Bundes- und Landesebene die Erkenntnis durchgesetzt, dass der vermeintlich wirtschaftlichste Preis nicht immer mit sonstigen staatlichen Zielen vereinbar sein muss. Dies gilt insbesondere durch die Beauftragung von Auftragnehmern, welche ihren Arbeitnehmer aber auch denen ihrer Subunternehmer bei weitem nicht auskömmliche Löhne zahlen. Die Beauftragung solcher Auftragnehmer kann eine negative Lohnspirale in Gang setzen – nämlich dann, wenn durch deren Beauftragung sich andere Bieter künftig veranlasst sehen müssen, ihrerseits gerade bei diesem Kostenfaktor zulasten der Arbeitnehmer zu kürzen. Daher dient die Tariftreue nicht nur dem **Arbeitnehmerschutz** (so ausdrücklich die Gesetzesbegründung für das TVgG NRW), sondern will auch solchen **Wettbewerbsverzerrungen** (so ausdrücklich z. B. die Regelungen in Baden-Württemberg und Bremen) vorbeugen.

Darüber hinaus hat sich auch die Erkenntnis durchgesetzt, dass sich aufgrund **35** dieser Marktmacht aber auch der Vorbildfunktion des öffentlichen Auftraggebers andere **gesellschaftspolitische Ziele** durchsetzen oder zumindest verbessern lassen. Das gilt namentlich für die Nachhaltigkeitskriterien der **Sozialverträglichkeit,** des **Umweltschutzes** und der **Energieeffizienz.** Allerdings ist stets erforderlich, dass ein vergabespezifischer Zusammenhang besteht. Die Mittel zur Erreichung dieser gesetzlichen Zwecke werden sodann in den nachfolgenden Regelungen der jeweiligen Gesetze konkretisiert.

Eine andere Frage ist sicherlich, ob und wann diese gesetzgeberischen Ziele **36** auch tatsächlich erreicht werden. Dies ist naturgemäß auch eine Frage der Betrachtung und der entsprechenden Fragestellung einer nachfolgenden **Evaluierung** des jeweiligen Gesetzes und soll an dieser Stelle nicht vertieft werden. Die Ergebnisse der Evaluierung des zum 1.5.2012 in Kraft getretenen TVgG NRW sind unter www.landtag.nrw.de abrufbar[25].

VIII. Zweck des Gesetzes in anderen Bundesländern im Überblick

Nach dem LTMG **Baden-Württemberg** (§ 1) soll das Gesetz Verzerrun- **37** gen im Wettbewerb um öffentliche Aufträge entgegenwirken, die durch den Einsatz von Niedriglohnkräften entstehen, und mildert Belastungen für die sozialen Sicherungssysteme. Es bestimmt zu diesem Zweck, dass öffentliche Auftraggeber öffentliche Aufträge nach Maßgabe dieses Gesetzes nur an Unternehmen vergeben dürfen, die ihren Beschäftigten das in diesem Gesetz festgesetzte Mindestentgelt bezahlen und sich tariftreu verhalten. Nach der amtlichen Gesetzesbegründung „sollen mit diesem Gesetz **Wettbewerbsverzerrungen** bei der Vergabe öffentlicher Aufträge unterbunden werden.[26] Das Gebot der Wirtschaftlichkeit zwingt den öffentlichen Auftraggeber, den Zuschlag auf das wirtschaftlich günstigste Angebot zu erteilen. Erzielt dieses An-

---

[25] LT- NRW, Vorlage 16/2771.
[26] LT-Drs. Baden-Württemberg 15/2742, S. 1.

gebot seine Position dadurch, dass das anbietende Unternehmen untertariflich entlohnte Beschäftigte einsetzt, führt dies zu einer Wettbewerbsverzerrung. Sie schadet Unternehmen, die ihren Mitarbeitern Tariflöhne bezahlen und ebenfalls um den Auftrag konkurrieren. In der Folge sind tarifgebundene Arbeitsplätze, insbesondere in mittelständischen Unternehmen, in beträchtlichem Maße gefährdet. Um derartige Wettbewerbsverzerrungen zu verhindern, bedarf es hinsichtlich der Lohn- und Gehaltstarife der Unternehmen, die sich um einen öffentlichen Auftrag bewerben, einer Angleichung ihrer Ausgangslage … Die Verhinderung von Wettbewerbsverzerrungen bei der Vergabe von öffentlichen Aufträgen soll in beschäftigungspolitisch sensiblen Bereichen zudem den Erhalt von Arbeitsplätzen gewährleisten, die einen ausreichenden **sozialen Schutz** und ein **angemessenes Einkommensniveau** garantieren. Hinsichtlich dieses Ziels flankiert das vorliegende Gesetz das Gesetz zur Mittelstandsförderung des Landes".

38   Nach dem neuen Vergabegesetz **Brandenburg** (§ 1) ist Zweck des Gesetzes, einen fairen Wettbewerb um das wirtschaftlichste Angebot bei der Vergabe öffentlicher Aufträge unter gleichzeitiger Berücksichtigung sozialer Aspekte zu fördern. Mit der nachträglichen Aufnahme des Gesetzeszwecks soll so dem Rechtsanwender eine Auslegungshilfe geboten werden. Der Beschaffungspraxis soll so die rechtssystematisch richtige Anwendung des BbgVergG im Zusammenhang mit dem neuen GWB ermöglicht werden und soll auch – so die amtliche Gesetzesbegründung – die Rechtssicherheit der Tariftreue und Mindestlohnregelung im Hinblick auf das EU-Recht erhöhen.[27]

39   Nach dem Tariftreue- und Vergabegesetz **Bremen** (§ 1) regelt es die Vergabe von öffentlichen Aufträgen und wirkt Verzerrungen im Wettbewerb um öffentliche Aufträge entgegen, die durch den Einsatz von Niedriglohnkräften entstehen.

40   In **Mecklenburg-Vorpommern** soll das Gesetz (§ 1) die Praxis der öffentlichen Auftragsvergabe in Mecklenburg-Vorpommern und die Rahmenbedingungen für mittelständische Unternehmen im Bereich der öffentlichen Auftragsvergabe verbessern. Es dient einem gerechten Interessenausgleich zwischen Auftraggebern und Auftragnehmern sowie zwischen Arbeitgebern und Arbeitnehmern.

41   In **Niedersachsen** (§ 1) soll das Gesetz einen fairen Wettbewerb bei der Vergabe öffentlicher Aufträge gewährleisten sowie die umwelt- und sozialverträgliche Beschaffung durch die öffentliche Hand fördern und erfasst somit auch Nachhaltigkeitskriterien. Die Beachtung sozialer Kriterien sowie Aspekte des Umweltschutzes stehen dort – anders als z. B. in NRW – im Ermessen des öffentlichen Auftraggebers (§§ 10 f. NTVergG).

42   **Rheinland-Pfalz** hat ein mit Baden-Württemberg weit vergleichbaren Zweck. Auch dort soll das Gesetz Verzerrungen im Wettbewerb um öffentliche Aufträge entgegenwirken, die durch den Einsatz von Niedriglohnkräften entstehen, und mildert Belastungen für die sozialen Sicherungssysteme. Auch hier stellt das Gesetz einige der Regelungen in das Ermessen des öffentlichen Auftraggebers (vgl. § 1 Abs. 3 LTTG).

---

[27] LT-Drs. Brandenburg 6/4245.

Schleswig-Holstein (§ 1) benennt ebenfalls den fairen Wettbewerb sowie **43** Nachhaltigkeitszwecke. Zweck dieses Gesetzes ist es nämlich, einen fairen Wettbewerb um das wirtschaftlichste Angebot bei der Vergabe öffentlicher Aufträge unter gleichzeitiger Berücksichtigung von Sozialverträglichkeit, Umweltschutz und Energieeffizienz sowie Qualität und Innovation der Angebote zu fördern und zu unterstützen. Das Gesetz verhindert den Einsatz von Niedriglohnkräften und entlastet damit die sozialen Sicherungssysteme. Entsprechend der Gesetzesbegründung[28] soll die Vorschrift das Ziel betonen, durch den Einsatz von Arbeitskräften zu **sozialverträglichen Arbeitsbedingungen** einen **fairen Wettbewerb** zu gewährleisten und durch die Berücksichtigung qualitativer Anforderungen hochwertige, nachhaltige und gemeinwohlorientierte Leistungen für die öffentliche Hand zu generieren. Die Zielsetzung verdeutlicht, dass Vergabeentscheidungen öffentlicher Auftraggeber für die Berücksichtigung verschiedenster gesellschaftlicher und politischer Aspekte offen sind und damit der Vorbildfunktion der öffentlichen Hand für die gesellschaftliche Entwicklung entsprechen sollen.

Die anderen Bundesländer verzichten hingegen in ihren vergleichbaren ver- **44** gabegesetzlichen Regelungen auf die ausdrückliche normative Darlegung des Gesetzeszwecks. Gleichwohl erschließt sich der Gesetzeszweck auch in diesen Ländern insbesondere aus den amtlichen Gesetzesbegründungen.

§2 Anwendungsbereich, Begriffsbestimmungen

(1) **Dieses Gesetz gilt für die Vergabe öffentlicher Aufträge über die Beschaffung von Leistungen, die die Ausführung von Bauleistungen oder die Erbringung von Dienstleistungen im Sinne des § 103 Absatz 1 des Gesetzes gegen Wettbewerbsbeschränkungen in der Fassung der Bekanntmachung vom 26. Juni 2013 (BGBl. I S. 1750, 3245), das zuletzt durch Artikel 1 des Gesetzes vom 17. Februar 2016 (BGBl. I S. 203) geändert worden ist, zum Gegenstand haben. Die §§ 3 und 6 bis 8 gelten auch für Verträge im Sinne des § 103 Absatz 1 des Gesetzes gegen Wettbewerbsbeschränkungen, die die Lieferung von Waren zum Gegenstand haben. Das Gesetz gilt nicht für öffentliche Aufträge, die im Namen oder im Auftrag des Bundes ausgeführt werden.**

(2) **Im Bereich des öffentlichen Personenverkehrs gelten die Regelungen dieses Gesetzes für alle öffentlichen Aufträge im Sinne des Absatzes 1, die Dienstleistungsaufträge im Sinne der Verordnung (EG) Nr. 1370/2007 des Europäischen Parlaments und des Rates vom 23. Oktober 2007 über öffentliche Personenverkehrsdienste auf Schiene und Straße und zur Aufhebung der Verordnungen (EWG) Nr. 1191/69 und (EWG) Nr. 1107/70 des Rates (ABl. L 315 vom 3.12.2007, S. 1) sind. Dieses Gesetz gilt auch für Verkehre im Sinne von § 1 Freistellungs-Verordnung in der im Bundesgesetzblatt Teil III, Gliederungsnummer 9240-1-1, veröffentlichten bereinigten**

---

[28] LT-SH 18/187 S. 19 f.)

Fassung, die zuletzt durch Artikel 1 der Verordnung vom 4. Mai 2012 (BGBl. I S. 1037) geändert worden ist.

(3) **Öffentliche Auftraggeber im Sinne dieses Gesetzes sind die nordrhein-westfälischen Auftraggeber nach § 99 des Gesetzes gegen Wettbewerbsbeschränkungen.**

(4) **Dieses Gesetz gilt ab einem geschätzten Auftragswert von 20 000 Euro (ohne Umsatzsteuer). Die §§ 6 und 7 gelten bereits ab einem geschätzten Auftragswert von 5 000 Euro (ohne Umsatzsteuer). Für die Schätzung des Auftragswerts gilt § 3 der Vergabeverordnung vom 12. April 2016 (BGBl. I S. 624).**

(5) **Für Verträge von Sektoren- und Konzessionsauftraggebern im Sinne der §§ 100 und 101, für verteidigungs- und sicherheitsspezifische öffentliche Aufträge im Sinne des § 104, für Konzessionen im Sinne des § 105, für Vergaben im Sinne der §§ 107, 108, 109, 110, 111, 112, 116 und 117 jeweils des Gesetzes gegen Wettbewerbsbeschränkungen gilt dieses Gesetz nicht.**

(6) **Sollen öffentliche Aufträge gemeinsam mit Auftraggebern anderer Bundesländer oder mit Nachbarstaaten der Bundesrepublik Deutschland vergeben werden, soll mit diesen eine Einigung über die Einhaltung der Bestimmungen dieses Gesetzes angestrebt werden. Kommt keine Einigung zustande, kann von den Bestimmungen dieses Gesetzes abgewichen werden.**

Landesgesetze:
§ 2 LTMG Ba-Wü, § 1 BerlAVG, § 1 BgB VerG, § 2 Brem TtVG, §§ 1, 2 HmbVgV, § 1 HVTG, § 1 VgV M-V, § 2 NTVergG, § 1, 2 LTTG R-P, § 1 STTG Saarland, § 1 SächsVerG, §§ 1, 2 LVG-LSA, § 2 TTG S-H, §§ 1, 2 ThürVG.

Literatur: Burgi, Ökologische und soziale Beschaffung im künftigen Vergaberecht: Kompetenzen, Inhalte, Verhältnismäßigkeit, NZBau 2015, 597; Däubler, Der vergaberechtliche Mindestlohn im Fadenkreuz des EuGH – Auf dem Weg zu Rüffert II?, NZA 2014, 694; Faber, Die verfassungs- und europarechtliche Bewertung von Tariftreue- und Mindestentgeltregelungen in Landesvergabegesetzen, NVwZ 2015, 257; Hertwig, Praxis der öffentlichen Auftragsvergabe, 6. Auflage 2016; Krohn, Künftiger Umgang mit Wertgrenzen: Erfahrungen aus dem Konjunkturpaket II, NZBau 2014, 20; Meißner, Landesvergabegesetze und (k)ein Ende?, ZfBR 2014, 453; Ziekow/Völlink, Vergaberecht, 2. Auflage 2013

Übersicht

I. Allgemeines

§ 2 TVgG NRW regelt den **Anwendungsbereich** des Gesetzes. Die **1**
Norm ist im Vergleich zur vorangegangenen Fassung des Gesetzes inhaltlich
überarbeitet worden, in den wesentlichen Strukturen jedoch gleich geblieben.
Dabei knüpft die Norm für den sachlichen Anwendungsbereich des Gesetzes
zunächst an den Leistungsgegenstand an (Abs. 1), wobei für den öffentlichen
Personenverkehr eine gesonderte Definition des Leistungsgegenstandes erfolgt
(Abs. 2). Weiterhin muss für die Anwendbarkeit die besondere Auftraggebereigenschaft des nordrhein-westfälischen Auftraggebers vorliegen (Abs. 3) und
spezifische Auftragswerte überschritten werden (Abs. 4). Anhand dieser Auftragswerte bestimmt sich auch, welche Vorgaben des Gesetzes einzuhalten
sind. Ferner werden bestimmte Arten der öffentlichen Beschaffung und bestimmte öffentliche Auftraggeber vom Geltungsbereich des Gesetzes ausgenommen (Abs. 5) bzw. unter den Vorbehalt einer Einigung über die Bestimmungen dieses Gesetzes gestellt (Abs. 6).

II. Sachlicher Anwendungsbereich (Abs. 1 und 2)

Das TVgG NRW unterwirft zunächst alle öffentliche Aufträge im Sinne des **2**
§ 103 Abs. 1 GWB seinem sachlichen Anwendungsbereich, wobei **Einschränkungen** gelten: Grundsätzlich unterfallen alle öffentlichen Aufträge
über die Beschaffung von Bauleistungen und Dienstleistungen sämtlichen Regelungen des TVgG NRW, während Lieferleistungen nur einem reduzierten
Katalog an Anforderungen unterliegen. Dabei knüpft § 2 Abs. 1 S. 1 TVgG
NRW an die Definition des öffentlichen Auftrags nach § 103 Abs. 1 GWB an.
Nicht genannt, aber nach dem Sinn des Gesetzes ebenfalls einbezogen sind dabei die Definitionen des § 103 Abs. 2–4 GWB für die Bestimmung des Vorlie-

gens einer Bau-, Dienst- oder Lieferleistung, da das Gesetz ebenfalls mit diesen Begrifflichkeiten operiert.

1. Öffentliche Aufträge

3   Mit Absatz 1 Satz 1 wird der **sachliche Anwendungsbereich** des Gesetzes unter Bezugnahme auf § 103 Abs. 1 GWB für öffentliche Aufträge definiert. Demnach unterfallen öffentliche Aufträge über die Beschaffung von Leistungen, die die Ausführung von Bauleistungen oder die Erbringung von Dienstleistungen zum Gegenstand haben, dem Geltungsbereich des Gesetzes.

In Ermangelung einer eigenen **Definition** greift das TVgG NRW für die Bestimmung, ob ein Bau-, Liefer- oder Dienstleistungsauftrag vorliegt, auf die Abgrenzungen des § 103 Abs. 2–4 GWB zurück. Das Gesetz rekurriert bei der Definition des Anwendungsbereiches des Gesetzes (auch ohne eine entsprechende direkte Verweisung) in diesen wie auch weiteren Fällen auf die Begrifflichkeiten des GWB und der VgV und verzichtet insoweit auf die Festlegung eigener Definitionen, die vom bundesrechtlich Vergaberecht abweichen.

4   Soweit nach diesen Definitionen ein **Bau- oder Dienstleistungsauftrag** vorliegt, ist nach § 2 Abs. 1 S.1 TVgG NRW das gesamte Gesetz anzuwenden. Für Leistungen, welche die Lieferung von Waren (also **Lieferaufträge** i. S. d. § 103 Abs. 2 GWB) umfassen, sind hingegen nur die §§ 3 und 6 bis 8 TVgG NRW anzuwenden. Eine entsprechende Regelung war bereits in § 2 Abs. 1 S.2 der vorangegangen Fassung des Gesetzes enthalten. Die §§ 3 und 6 bis 8 TVgG NRW betreffen die allgemeinen vergaberechtlichen Grundsätze (§ 3), die Vorgaben zum Umweltschutz (§ 6), zur Einhaltung der ILO-Kernarbeitsnormen (§ 7) und zur Frauenförderung (§ 8). Damit verbleibt von den wesentlichen Vorgaben, die das TVgG NRW öffentlichen Auftraggebern bei Lieferleistungen auferlegt, nur noch ein Verzicht auf den vergabespezifischen Mindestlohn nach § 4 TVgG NRW als Ausnahme. Dies ist vor allem dem Umstand geschuldet, dass es einem Auftragnehmer bei einer Lieferleistung regelmäßig nicht möglich ist, die Leistung seiner Beschäftigten so zu erfassen, dass eine hinreichend genaue Trennung zwischen Leistungen für öffentliche Auftraggeber und Leistungen für private Auftraggeber hinsichtlich der Arbeitszeit und damit der Entlohnung erfolgen kann.

Auch wenn nicht ausdrücklich in Abs. 1 als anwendbare Vorschriften aufgezählt, stellen die Verfahrensregelungen des TVgG NRW auch bei **Lieferleistungen** ebenfalls zu beachtende Regelungen dar. Dies bedeutet insbesondere, dass auch bei der Beschaffung von Lieferleistungen das **Bestbieterprinzip** nach § 9 TVgG NRW zu beachten ist. Aus dieser Erweiterung des Geltungsbereichs des Gesetzes ergibt sich damit, dass der Anforderungskatalog des TVgG NRW für Lieferleistungen im Wesentlichen nur hinsichtlich des vergabespezifischen Mindestlohns eingeschränkt wird und im Übrigen die Vorgaben des Gesetzes vollumfänglich gelten.

2. Leistungen des öffentlichen Personenverkehrs

5   Für die Erbringung von Leistungen des öffentlichen Personenverkehrs, welche der Verordnung (EG) 1370/2007 unterfallen, d. h. für öffentliche Dienstleistungsaufträge i. S.d Richtlinie 2004/17/EG und 2004/18/EG, durch die

ein Betreiber betraut wird, eine Verkehrsleistung nach bestimmten Vorgaben zu erbringen[1], gelten ebenfalls die Vorgaben des Gesetzes. Angesichts des Leistungszuschnittes dieser öffentlichen Aufträge sind vor allem die **Tariftreueregelungen** und die Vorschriften zur Förderung der **Vereinbarkeit von Beruf und Familie** bei der Auftragsvergabe in diesem Bereich zu berücksichtigen. Hinsichtlich des vergabespezifischen **Mindestlohns** enthält § 4 Abs. 2 TVgG NRW eine Sonderregelung, welche auf durch Rechtsverordnung[2] für repräsentativ erklärte **Tarifverträge** verweist. Inwieweit eine solche Verbindlichkeit einzelner Tarifverträge im Rahmen des § 2 Abs. 2 TVgG NRW durch den Landesgesetzgeber einseitig festgelegt werden kann, ist umstritten[3].

Nach dem Willen des Gesetzgebers ist auch die **Direktvergabe**, welche **6** nach der Verordnung (EG) Nr. 1370/2007 unter bestimmten Voraussetzungen zulässig ist, dem Anwendungsbereich des TVgG NRW unterworfen. Abweichend vom Ausnahmetatbestand des § 2 Abs. 5 TVgG NRW werden im Bereich des öffentlichen Personenverkehrs auch Dienstleistungskonzessionen erfasst, da die Norm des § 2 Abs. 2 TVgG NRW nach Ansicht des Gesetzgebers die speziellere Regelung darstellt[4].

3. Ausnahme: Maßnahmen, die im Auftrag des Bundes ausgeführt werden

Für Maßnahmen, die im Auftrag des Bundes ausgeführt werden sollen, gilt **7** das TVgG NRW nach Abs. 1 S.3 nicht. Dies betrifft im Wesentlichen Maßnahmen des **Bau- und Liegenschaftsbetriebes Nordrhein-Westfalen** und des Landesstraßenbetriebes Nordrhein-Westfalen, soweit die Aufträge im Rahmen der Bundesauftragsverwaltung umgesetzt werden.[5] Dies ist nur dann der Fall, wenn die Bundesauftragsverwaltung ausdrücklich angeordnet ist (z. B. Art. 90 Abs. 2 GG). In der Regel führen die Länder die Bundesgesetze als eigene Angelegenheiten aus (Art. 83 GG). Zweck dieser Regelung ist es, etwaige Schwierigkeiten bei der Abgrenzung der Kompetenzbereiche für die Festlegung vergaberechtlichen Vorschriften mit dem Bund zu vermeiden.

4. Keine Einschränkung des Geltungsbereiches für den Bieter/ Auftragnehmer

Das TVgG NRW nimmt keine Einschränkung hinsichtlich des **räum-** **8** **lichen Geltungsbereiches** für die Auftragnehmer vor. Soweit ein Beschaffungsvorhaben dem Gesetz unterfällt, ist der obsiegende Bieter an die im Verfahren abgegebenen Verpflichtungserklärungen und Vorschriften auf der Grundlage dieses Gesetzes gebunden. Dies gilt unabhängig vom Sitz des Bie-

---

[1] Vgl. LT-Drs.16-12265, S.17.
[2] Verordnung zur Feststellung der Repräsentativität von Tarifverträgen im Bereich des öffentlichen Personennahverkehrs (Repräsentative Tarifverträge Verordnung – RepTVVO) vom 5. April 2016.
[3] OLG Düsseldorf Beschl. v. 19.10.2015 – VII-Verg 30/13.
[4] Vgl. LT-Drs.16-12265, S.17.
[5] Vgl. LT-Drs.16-12265, S.18.

ters/Auftragnehmers oder vom Ort der Leistungserbringung[6]. Lediglich der vergabespezifische Mindestlohn nach § 4 TVgG NRW ist in seinem Geltungsbereich auf das Staatsgebiet der Bundesrepublik Deutschland beschränkt (vgl. § 4 Abs. 3 Satz 3), was eine direkte Folge der Entscheidung des EuGH in der Sache „Bundesdruckerei" ist[7]. Für die übrigen Vorgaben des Gesetzes findet hingegen keine **Einschränkung des Geltungsbereiches** statt, ungeachtet sich möglicherweise ergebender Nachweisschwierigkeiten bei globalen Leistungs-/Lieferketten und Konflikten mit dem Europarecht[8].

III. Persönlicher Anwendungsbereich (Abs. 3)

9   Gemäß Abs. 3 gilt das Gesetz für alle nordrhein-westfälischen Auftraggeber i. S. d. § 99 GWB. Damit hat der **persönliche Anwendungsbereich** des Gesetzes zwei Voraussetzungen, die kumulativ vorliegen müssen: Es muss sich zum einen um einen Auftraggeber i. S. d. § 99 GWB handeln, zum anderen muss der Auftraggeber „nordrhein-westfälisch" sein.

1. Öffentlicher Auftraggeber

10   § 2 Abs. 3 TVgG NRW normiert den subjektiven Anwendungsbereich des Gesetzes, indem er den gesamten **Auftraggeberbegriff** des § 99 GWB in dessen Geltungsbereich einbezieht, wobei für die Vergabeverfahren von Sektorenauftraggebern und von Konzessionsgebern Ausnahmen gelten. Damit unterfallen sowohl institutionelle wie auch funktionelle öffentliche Auftraggeber dem Anwendungsbereich des Gesetzes. Der Landesgesetzgeber hat folglich darauf verzichtet, einen vom Bundesrecht abweichenden Auftraggeberbegriff einzuführen.

§ 2 Abs. 4 der vorangegangenen Fassung des Gesetzes nahm öffentliche Auftraggeber vom Geltungsbereich dieses Gesetzes aus, wenn diese im Namen und **im Auftrag des Bundes** oder eines anderen Bundeslandes tätig wurden. Diese Ausnahme ist nicht weggefallen, sondern in den sachlichen Anwendungsbereich § 2 Abs. 1 Satz 3 TVgG NRW verschoben worden[9].

Durch den direkten Verweis auf § 103 Abs. 1 GWB werden auch solche öffentlichen Auftraggeber an die Vorschriften des TVgG NRW gebunden, die aufgrund **besonderer gesellschaftsrechtlicher Strukturen** (z. B. einer Organisation als AG oder GmbH) oder aus anderen Gründen im Bereich unterhalb der Schwellenwerte keinen vergaberechtlichen Regelungen, mit Ausnahme der allgemeinen vergaberechtlichen Grundsätze[10], unterfallen, da für sie das Haushaltsrecht nicht gilt[11].

---

  [6] Anders: § 2 LTTG Rheinland-Pfalz.
  [7] EuGH Urt. v. 18.9.2014, Rs. C-549/13, ECLI:EU:C:2014:2235, – Bundesdruckerei.
  [8] Vgl. hierzu Däubler NZA 2014, 694, 695 ff.
  [9] Vgl. hierzu auch Rn. 7.
  [10] Dies gilt allerdings auch in dem Fall, dass keine Binnenmarktrelevanz vorliegt.
  [11] Hertwig Praxis der öffentlichen Auftragsvergabe, 6. Auflage 2016, 1. Teil, Rn. 25.

2. Nordrhein-westfälisch

Die Einschränkung des persönlichen Anwendungsbereiches des Gesetzes **11** auf öffentliche Auftraggeber, die einen besonderen Bezug zum jeweiligen **Bundesland** haben, folgt (unabhängig vom Gesetzeswortlaut) schon aus der Abgrenzung der Gesetzgebungskompetenzen zwischen Bund und Ländern[12]. Trotzdem hat sich der Landesgesetzgeber entschlossen, diesen Bezug zum Land Nordrhein-Westfalen ausdrücklich im Gesetz zu verankern.

Im Gegensatz zum TVgG NRW alter Fassung, welches noch direkt an die geographische Verortung des Auftraggebers (nämlich den Sitz in Nordrhein-Westfalen) anknüpfte, benennt der Gesetzgeber in der Neufassung des TVgG das Adjektiv „**nordrhein-westfälisch**" als zweite Voraussetzung des persönlichen Anwendungsbereichs.

Damit geht er über die ursprüngliche Fassung insoweit hinaus, als auch öffentliche Auftraggeber erfasst werden, die ihren Sitz zwar außerhalb von Nordrhein-Westfalen haben, aber trotzdem als **nordrhein-westfälisch** gelten können (z. B. die Landesvertretung in Berlin). Für die meisten vom Gesetz betroffenen öffentlichen Auftraggeber ergibt sich hierdurch aber keine Änderung, da sie sowohl ihren Sitz in Nordrhein-Westfalen haben, als auch als nordrhein-westfälische Auftraggeber angesehen werden können.

3. Zuwendungsempfänger

Eine automatische Anwendung der Vorschriften des TVgG NRW auf **Zu-** **12** **wendungsempfänger** in Nordrhein-Westfalen oder auf solche, die Zuwendungen vom Land Nordrhein-Westfalen erhalten, findet zwar durch die Regelungen in § 2 TVgG NRW nicht statt[13]. Die Anwendungspflicht für einzelne Vorschriften des Gesetzes oder auch das Gesetz als Ganzes kann sich aber durch Nebenbestimmungen zu Zuwendungsbescheiden i. S. d. § 36 VwVfG.NRW ergeben. Ebenfalls kann sich für Zuwendungsempfänger eine Pflicht zur Anwendung des TVgG NRW ergeben, wenn diese aufgrund des besonderen Leistungsgegenstandes und einer überwiegenden Finanzierung nach § 99 Nr. 4 GWB als öffentlicher Auftraggeber anzusehen sind[14].

IV. Schwellenwerte (Abs. 4)

Mit Absatz 4 wird für den Anwendungsbereich des Gesetzes eine „**Baga-** **13** **tellgrenze**" von 20.000 € eingeführt. Diese soll der Vereinfachung, Vereinheitlichung und Entbürokratisierung dienen[15] Vor allem die Beschaffung geringwertiger Wirtschaftsgüter soll auf diese Weise beschleunigt werden. Die Wertgrenzen in § 8 TVgG NRW bleiben von der Regelung des Abs. 4 unberührt[16].

---

[12] Vgl. hierzu auch: Burgi NZBau 2015, 597, 599; Faber NVwZ 2015, 257, 258 f.
[13] Anders: § 2 Abs. 2 SächsVergabeG.
[14] Vgl. hierzu auch Rn. 10.
[15] Vgl. LT-Drs.16-12265, S.17.
[16] Vgl. LT-Drs.16-12265, S.17.

14   Allerdings gilt, entgegen des Wortlautes des S.1 des § 2 Abs. 4 TVgG NRW, das Gesetz nicht erst ab einem Auftragswert von 20.000 €. Vielmehr stellt dieser Auftragswert lediglich die Grenze für die Anwendung der Vorschriften über den **vergabespezifischen Mindestlohns** dar. Sowohl unterhalb dieses Auftragswerts finden die Vorschriften zu Umweltschutz und sozialer Nachhaltigkeit Anwendung, während die Maßnahmen zur besseren Vereinbarkeit von Beruf und Familie erst ab einem höheren Auftragswert (50.000 € für Dienst- und Lieferleistungen, bzw. 150.000 € für Bauleistungen) zu beachten sind.

Die §§ 6 und 7 sollen bereits ab einem **Auftragswert** von 5.000 € Anwendung finden. Dies stellt eine deutliche Reduzierung des Anwendungsbereiches im Vergleich zur vorangegangenen Fassung des Gesetzes dar. In der vorangegangenen Fassung des TVgG NRW waren noch alle Beschaffungen von Lieferleistungen ab einem Auftragswert von 500 € den Vorgaben zur sozialen Nachhaltigkeit und der umweltfreundlichen Beschaffung unterworfen.

Diese ursprüngliche Ausnahme vom Geltungsbereich des Gesetzes wurde aus § 3 Abs. 6 VOL/A 1. Abschnitt abgeleitet. Durch die Erhöhung des **Schwellenwertes** für den Anwendungsbereich des Gesetzes besteht keine Notwendigkeit mehr für die Nutzung dieser Ausnahmevorschrift, die im Übrigen im Bereich der Vergabe von Bauleistungen kein entsprechendes Äquivalent findet.

Auch unterhalb dieser Schwellenwerte sind die durch den persönlichen Anwendungsbereich verpflichteten öffentlichen Auftraggeber dazu berechtigt, freiwillig die Regelungen des Gesetzes anzuwenden, sofern sie dies wünschen[17]. In diesem Fall werden öffentliche Auftraggeber dies regelmäßig durch entsprechende Regelungen in ihren **Dienstvereinbarungen** tun.

15   Für die **Berechnung des Schwellenwertes** verweist das TVgG NRW auf § 3 VgV. Das Gesetz legt insoweit keine vom Bundesrecht abweichenden Regelungen zur Berechnung des Auftragswertes fest. Dies bedeutet, dass das Verbot der Umgehung des Erreichens der maßgeblichen Schwellenwerte des § 3 Abs. 2 VgV für die Schwellenwerte des TVgG NRW gleichermaßen gilt, auch wenn die Schwellenwerte hier deutlich niedriger liegen als die der VgV und des GWB. Im Gegenzug kann der durch das TVgG NRW verpflichtete Auftraggeber die Erleichterungen der VgV bei der Berechnung des Schwellenwertes, wie sie z. B. in § 3 Abs. 9 VgV geregelt sind, für sich nutzen.

Mit Ausnahme der Vorschriften zu § 8 TVgG NRW gelten diese **Wertgrenzen** unabhängig vom Leistungsgegenstand. Ihre Höhe ist, wie auch die übrigen vergaberechtlichen Schwellenwerte, als das Ergebnis eines politischen Abstimmungsprozesses zu sehen[18].

V. Ausgenommene Beschaffungsvorhaben und Auftraggeber (Abs. 5)

16   Vom Geltungsbereich des TVgG NRW sind eine Reihe von Beschaffungsvorhaben bzw. öffentlichen Auftraggebern ausgenommen. Davon folgt der

---

[17] Vgl. LT-Drs.16-12265, S.17
[18] Krohn NZBau 2014, 20, 21.

Großteil der Ausnahmen den **Ausnahmetatbeständen,** welche für den 4. Abschnitt des GWB gelten. Hierzu gehören die §§ 107, 108, 109, 116, und 117 GWB. Diese Beschaffungsvorhaben, sind entweder aufgrund ihres besonders gelagerten Leistungsgegenstandes (z. B. Arbeitsverträge oder auch die Miete und der Erwerb von Immobilien), der besonderen Art des Beschaffungsvorgangs, (z. B. der In-House-Beschaffung oder der interkommunalen Zusammenarbeit), oder aber besonderen Geheimhaltungsinteressen vom Anwendungsbereich des (Bundes-) Vergaberechtes ausgenommen. Das TVgG NRW folgt damit den maßgeblichen Ausnahmevorschriften des Oberschwellenbereichs, die auch durch § 1 Abs. 2 UVgO im Bereich unterhalb der Schwellenwerte gelten, sofern die UVgO anwendbar ist[19]. Von den nach dieser Norm ausgenommenen Beschaffungsgegenständen fehlt lediglich die Regelung des § 145 GWB. Das ist dem Umstand geschuldet, dass die nordrhein-westfälischen öffentlichen Auftraggeber voraussichtlich keine Beschaffungsvorhaben im Bereich der durch die Norm beschriebenen verteidigungs- und sicherheitsspezifischen Aufträge durchführen.

Mit der Einbeziehung der Ausnahmetatbestände des § 107 GWB ist auch **17** dessen Abs. 2 Nr. 1 und damit die ausgesprochen streitbefangene Bereichsausnahme[20] für Leistungen des **Rettungsdienstes** und Katastrophenschutzes vom Anwendungsbereich des Gesetzes ausgenommen. Diese Bereichsausnahme ist europarechtlich umstritten[21]. Sollte der EuGH der Ansicht sein, dass eine solche mit europäischem Primärrecht unvereinbar sei, müssten die nordrhein-westfälischen öffentlichen Auftraggeber die Vorschriften des TVgG NRW auch auf diese Beschaffungsvorgänge anwenden.

Mit dem TVgG NRW ist folglich eine Abweichung vom **Anwendungsbereich** des Bundesvergaberechts bezweckt, sofern bestimmte Beschaffungsvorhaben von diesem ausgenommen sind. Damit besteht, auch im Geltungsbereich des TVgG NRW, keine Pflicht, die Vorschriften des Gesetzes auf Beschaffungsvorhaben anzuwenden, welche nicht dem (Bundes-) Vergaberecht unterliegen.

Davon unabhängig werden auch **verteidigungs- und sicherheitsspezifi- 18 sche öffentliche Aufträge** i.d.S des § 104 GWB vollständig vom Geltungsbereich des TVgG NRW ausgenommen. Für diese Aufträge liegt nach den bundesrechtlichen Regelungen keine vollständige Ausnahme vom Vergaberecht vor, sondern sie verfügen mit der VSVgV über ein eigenes Regelwerk.

1. Ausnahme für Sektorenauftraggeber

Für Verträge welche von **Sektorenauftraggebern** i. S. d. § 100 GWB ver- **19** geben werden, gilt das Gesetz ebenfalls nicht. Dabei gilt es zu berücksichtigen, dass Sektorenauftraggeber auch dann Sektorenauftraggeber bleiben, wenn

---

[19] Derzeit (Stand Juli 2017) empfiehlt Ziffer 5 des RdErl. d. Ministeriums für Inneres und Kommunales – 34–48.07.01/01-169/12 – v. 6.12.2012 noch den nordrhein-westfälischen Gemeinden die VOL/A im Unterschwellenbereich zur Anwendung.
[20] Vgl. VK Rheinland Beschl. v. 19.8.2016 – VK D – 14/2016–L.
[21] Die Frage nach Zulässigkeit und Umfang der Bereichsausnahme werden derzeit (Stand Juli 2017) durch das OLG Düsseldorf dem EuGH zur Entscheidung vorgelegt (Az: VII Verg 34/16).

diese Waren und Dienstleistungen nicht zum Zwecke ihrer Sektorentätigkeit beschaffen. Sie unterfallen dann zwar nicht der SektVO, da der notwendige Zusammenhang mit der Sektorentätigkeit nicht gegeben ist[22], sind aber nach wie vor vom Anwendungsbereich des TVgG NRW freigestellt. Dies ergibt sich aus dem ausdrücklichen Wortlaut des Gesetzes, mit dem der Landesgesetzgeber nicht etwa an eine Sektorentätigkeit anknüpft, sondern an die Eigenschaft als Sektorenauftraggeber.

2. Ausnahme für Konzessionsauftraggeber

20   Nach dem Wortlaut des Gesetzes sind auch **Konzessionsauftraggeber** vom Anwendungsbereich des Gesetzes ausgenommen. Die Definition, die eine leicht abweichende Formulierung als der § 101 GWB (dieser spricht von „Konzessionsgebern") verwendet, hat dabei keine Auswirkungen auf den Anwendungsbereich. Vielmehr sind die Begriffe Konzessionsauftraggeber und Konzessionsgeber hier synonym zu verstehen. Dabei ist ein öffentlicher Auftraggeber jedoch nur dann als Konzessions(auftrag)geber zu verstehen, wenn er eine Konzession vergibt. Nur in diesem Fall ist sein Beschaffungsvorhaben (also das Konzessionsvergabeverfahren) nicht dem TVgG NRW unterworfen. Hierin unterscheidet sich dieser Ausnahmetatbestand deutlich von der Ausnahme für Sektorenauftraggeber, die allein die entsprechende Auftraggebereigenschaft genügen lässt.

Eine Ausnahme hierzu gilt allerdings für Vergaben von **Konzessionen im ÖPNV-Bereich.** Diese sollen nach dem Willen des Gesetzgebers trotzdem den Vorschriften des TVgG NRW, insbesondere der besonderen Vorschriften über den vergabespezifischen Mindestlohn nach § 4 Abs. unterfallen, da Abs. 2 im Verhältnis zu Abs. 5 die speziellere Norm darstellt.[23]

3. Ausnahme für gemischte Aufträge

21   Eine Besonderheit stellen die Ausnahmen für die §§ 110, 111 und 112 GWB dar. Im Gegensatz zu den vorangegangenen Ausnahmetatbeständen legen diese Vorschriften nicht fest, dass der 4. Teil des GWB überhaupt keine Anwendung finden soll oder bestimmen eine Ausnahme für einen besonderen Auftraggeber. Sie regeln vielmehr den Umgang mit **Aufträgen, die verschiedene Leistungen zum Gegenstand haben,** welche unterschiedlichen rechtlichen Regelungen unterliegen oder die verschiedene Tätigkeiten umfassen. Der Wortlaut des § 2 Abs. 5 TVgG NRW nimmt auch diese „gemischten" Aufträge vom Anwendungsbereich des Gesetzes aus.

22   Dies wird man vor dem Hintergrund der Intention des Gesetzgebers, möglichst viele Beschaffungsvorgänge in den Geltungsbereich des Gesetzes einzubeziehen, jedoch teleologisch reduzieren müssen: Nur die Beschaffungsvorhaben, welche nach den Vorschriften der §§ 110, 111 und 112 GWB den Regelungen über Konzessionsvergaben oder einem anderen vom Anwendungsbereich des TVgG NRW ausgenommenen Beschaffungsbereich unterfallen, sollen auch vom **Anwendungsbereich des Gesetzes** ausgenommen

---

[22] Debus in Ziekow/Völlink SektVO § 1 Rn. 8.
[23] Vgl. LT-Drs.16-12265, S.17.

werden. Ergibt sich hingegen, dass nach den vorgenannten Vorschriften auf einen gemischten Auftrag, die „normalen" Vorschriften des Vergaberechts Anwendung finden müssen, verbleibt es bei der Anwendbarkeit des TVgG NRW.

VI. Beschaffung zusammen mit Auftraggebern anderer Bundesländer (Abs. 6)

Wie schon in der vorangegangenen Fassung des Gesetzes vorgesehen, enthält **23** Abs. 6 eine Ausnahme vom Anwendungsbereich des Gesetzes für Ausschreibungen, die zusammen mit **öffentlichen Auftraggebern anderer Bundesländer** oder mit Nachbarstaaten der Bundesrepublik Deutschland durchgeführt werden. Nicht erfasst werden von diesem Absatz Vergaben, die im Auftrag des Bundes durchgeführt werden. Diese werden bereits durch § 2 Abs. 1 S. 3 TVgG NRW vom sachlichen Anwendungsbereich des Gesetzes ausgenommen[24].

Werden hingegen Aufträge in **Kooperation mit öffentlichen Auftraggebern** aus anderen Bundesländern oder Nachbarstaaten vergeben, soll mit diesen eine Einigung über die Einhaltung der Bestimmungen des TVgG NRW angestrebt werden. Ist dies nicht erfolgreich, kann von den Bestimmungen abgewichen werden. Die Vorgabe, auf eine Einigung über die Bestimmungen des Gesetzes hinzuwirken, ist eine Soll-Vorgabe. Von ihr sollte daher nur mit einer guten Begründung abgewichen werden. Wird auf den Versuch, eine Einigung zu erzielen verzichtet, so sind die Gründe hierfür im Vergabevermerk hinreichend zu dokumentieren. Selbiges gilt, wenn keine Einigung erzielt werden konnte und daher von den Vorgaben des TVgG NRW abgewichen werden soll.

VII. Anwendungsbereich und Begriffsbestimmungen in anderen Bundesländern im Überblick

Aus den mittlerweile in einer Vielzahl von Bundesländern verabschiedeten **24** **Tariftreuegesetzen**[25] ergibt sich, dass diese jeweils über einen spezifischen sachlichen und persönlichen Anwendungsbereich als auch über eigene Schwellenwerte verfügen.

1. Sachlicher Anwendungsbereich

Alle Landesvergabegesetze beziehen sich in ihrem sachlichen Anwendungs- **25** bereich auf **öffentliche Aufträge.** Die meisten Gesetze beziehen sich (noch) auf die alte Fassung des GWB und den § 99 GWB a. F., welcher die Definition des öffentlichen Auftrags enthielt. Dies ist in den Vergabegesetzen der Länder Baden-Württemberg (§ 2 Abs. 1 LTMG), Hamburg (§ 1 Abs. 1 HmbVgG), Sachsen (§ 1 Abs. 1 SächsVergabeG), Sachsen-Anhalt (§ 1 Abs 1 LVG LSA) und Thüringen (§ 1 Abs. 1 ThürVgG) der Fall. Die beiden letztgenannten

---

[24] Vgl. hierzu auch Rn. 7.
[25] Vgl. nur: Meißner ZfBR 2014, 453.

Bundesländer knüpfen den Landesbezug des jeweiligen Anwendungsbereichs ferner nicht an den persönlichen Anwendungsbereich, sondern an die Vergabe öffentlicher Aufträge im jeweiligen Land und damit an den sachlichen Anwendungsbereich.

Einige Länder stellen, wie auch Nordrhein-Westfalen, bereits auf die neuere Fassung des GWB und den damit maßgeblichen § 103 GWB ab. Hierzu gehören sowohl **Brandenburg** (§ 2 Abs. 2 BbGVerG), welches im Gegensatz zu Nordrhein-Westfalen auch verteidigungs- und sicherheitsspezifische Aufträge, wie auch Konzessionen in den Geltungsbereich des Gesetzes mit einbezieht, als auch **Niedersachsen** (§ 2 Abs. 1 S.1 NTVergG).

Daneben findet zum Teil eine pauschale Verweisung auf öffentliche Aufträge ohne ein entsprechendes Normzitat statt. Dies ist der Fall in **Bremen** (§ 1 Abs. 1 BremTtVG), **Hessen** (§ 1 Abs. 1 HTVG), **Mecklenburg-Vorpommern** (§ 2 Abs. 1 VgG M-V), **Rheinland-Pfalz** (§ 1 Abs. 2 LTTG) und **Schleswig-Holstein** (§ 2 Abs. 6 TTG).

Zuletzt haben einige Länder keinen ausdrücklichen sachlichen Anwendungsbereich für ihr Landesvergabegesetz festgelegt. Dies gilt für die Vergabegesetze von **Berlin** (§ 1 Abs. 1 BerlAVG) und das **Saarlandes**, welches insoweit nur von „Aufträgen" spricht (§ 1 Abs. 1 STTG) Die Festlegung auf öffentliche Aufträge ergibt sich für diese Gesetze aus dem allgemeinen Regelungszweck und der auf diesen Regelungsgegenstand beschränkten Gesetzgebungskompetenz der Länder.

2. Sonderregelungen für den öffentlichen Personenverkehr

26   Die Vermeidung von Lohndumping und prekären Arbeitsverhältnissen im Bereich des **öffentlichen Personenverkehrs** ist Regelungsziel verschiedener Landesvergabegesetze. Keine diesbezüglichen Regelungen finden sich lediglich in den Vergabegesetzen der Stadt **Hamburg** und des Freistaats **Sachsen**. Da diese Regelungen neben ihrem Anwendungsbereich in der Regel auch bereits konkrete materielle Vorschriften zur Auftragsvergabe in diesem Bereich enthalten, kann auf die Kommentierung von § 4 TVgG NRW zu den Vorgaben, hinsichtlich des vergabespezifischen Mindestlohns im Bereich des öffentlichen Personenverkehrs, verwiesen werden.

3. Persönlicher Anwendungsbereich

27   Wie auch im sachlichen Anwendungsbereich zeigen alle Landesvergabegesetze eine klare Fokussierung auf **öffentliche Auftraggeber,** mit einem Bezug zu dem jeweiligen Bundesland. Die Art und Weise, wie und in welchem Umfang diese Auftraggeber durch das jeweilige Gesetz verpflichtet werden, ist fast in jedem Bundesland unterschiedlich geregelt.

28   Das Land **Baden-Württemberg** verweist in § 2 Abs. 4 LTMG auf öffentliche Auftraggeber in Baden-Württemberg. Der Bezug zum Bundesland erfolgt hier folglich über den **Sitz des jeweiligen öffentlichen Auftraggebers.** Dabei verweist die Norm auf die alten Definitionen des öffentlichen Auftraggebers nach § 98 Nr. 1–5 GWB a. F., die sich jetzt in § 99 GWB finden. Ebenfalls aus dem persönlichen Anwendungsbereich des Landesvergabesetzes ausgenommen sind Aufträge, die im Auftrag des Bundes- oder eines anderen Bundeslandes durchgeführt werden.

Auch das Land **Berlin** stellt noch auf die alte Norm des § 98 GWB ab (§ 1 **29** Abs. 1 BerlAVG). Die öffentlichen Auftraggeber werden hier als „Berliner Vergabestellen" bezeichnet.

Wie Berlin verweist auch die Freie Hansestadt **Bremen** auf den § 98 GWB **30** (§ 2 Abs. 1 BremTtVG), ohne jedoch einen konkreten Bezug zum Land zu fordern. Allein schon aus der fehlenden Kompetenz zur Gesetzgebung in anderen Bundesländern ist der persönliche Anwendungsbereich des Gesetzes dennoch auf bremische öffentliche Auftraggeber einzuschränken.

Das Land **Brandenburg** verweist in § 2 Abs. 3 BbGVerG mit den §§ 99, **31** 100 Abs. 1 Nr. 1, 2, lit. b) 101 Abs. 1 Nr. 1, 2 und 101 Abs. 1 Nr. 3 i. V. m. § 100 Abs. 1 Nr. 2 lit. b) GWB auf die aktuelle Fassung des GWB. Nach diesen Normen mit einbezogen in den Anwendungsbereich des Gesetzes sind damit, sowohl die **institutionellen** wie auch **funktionalen öffentlichen Auftraggeber** nach § 99 GWB, die **Sektorenauftraggeber,** sofern sie nicht allein aufgrund besonderer oder ausschließlicher Rechte als solche zu klassifizieren sind und Konzessionsgeber, wobei auch hier die vorgenannte Ausnahme für Sektorenauftraggeber gilt. Ebenfalls mit einbezogen werden Zuwendungsempfänger, die Mittel des Landes Brandenburg erhalten und gegenüber denen die Anwendbarkeit des Gesetzes ausdrücklich angeordnet wurde (§ 2 Abs. 4 BbGVerG). Wie auch in **Baden–Württemberg** sind Aufträge, die im Auftrag des Bundes oder eines anderen Bundeslandes durchgeführt werden, vom persönlichen Anwendungsbereich des Gesetzes ausgenommen.

Die Freie und Hansestadt **Hamburg** verpflichtet sich selbst, sowie die ihr **32** unterstehenden juristischen Personen des öffentlichen Rechts (§ 2 Abs. 1 HmbVgG). Für **funktionale öffentliche Auftraggeber** nach § 98 Nr. 2 GWB a. F. ordnet das Gesetz an, dass die nach § 2 Abs. 1 HmbVgG verpflichteten Auftraggeber ihre Gesellschafterrechte dergestalt ausüben müssen, dass diese das Gesetz anwenden. Dies gilt allerdings nicht, wenn die juristische Person (vom Gesetz als „Unternehmen" bezeichnet) mit mindestens 80% ihres Umsatzes im entwickelten Wettbewerb zu anderen Unternehmen steht, soweit diese Aufträge in diesem Bereich vergibt (§ 2 Abs. 2 HmbVgG).

Das Land **Hessen** zählt die durch das HVTG verpflichteten öffentlichen **33** Auftraggeber ausdrücklich auf. Nach § 1 Abs. 1 HVTG unterfallen dem persönlichen Anwendungsbereich des Gesetzes das Land Hessen, die Gemeinden, Gemeindeverbände und ihre Eigenbetriebe, ihre Anstalten des öffentlichen Rechts nach § 2c OFFENSIVG, sowie kommunale Arbeitsgemeinschaften und Zweckverbände. Darüber hinaus legt das HVTG noch für Vergaben im **ÖPNV-Bereich** einen eigenen persönlichen Anwendungsbereich fest. Demnach werden die Aufgabenträger nach § 5 Abs. 1 S. 1 ÖPNVG, die kreisangehörigen Gemeinden, welche freiwillig Aufgaben des ÖPNV in eigener Verantwortung wahrnehmen nach § 5 Abs. 3 S. 1 ÖPNVG und die Aufgabenträgerorganisationen, die nach § 2 Abs. 6 ÖPNVG verpflichtet sind, die Bestimmungen des Gesetzes zu Vergaben im ÖPNV-Bereich einzuhalten, in den persönlichen Anwendungsbereich des Gesetzes mit einbezogen.

Auch das Land **Mecklenburg-Vorpommern** zählt ausdrücklich die durch **34** das Gesetz verpflichteten öffentlichen Auftraggeber auf. Dies sind nach § 1

Abs. 2 VgG M-V das Land, die Kommunen, sowie sonstige Körperschaften, Anstalten und Stiftungen des öffentlichen Rechts, die der Aufsicht des Landes unterstehen. Ausdrücklich ausgenommen sind hingegen Sparkassen nach § 1 Abs. 1 SpkG.

35 Das NTVergG stellt in § 2 Abs. 5 (ähnlich der Regelung des TVgG NRW) auf die **niedersächsischen** öffentlichen Auftraggeber nach § 99 Nr. 1 bis 4 GWB ab. Im Gegensatz zum TVgG NRW werden auch Konzessionsgeber in den Anwendungsbereich des Gesetzes mit einbezogen.

36 In **Rheinland-Pfalz** werden nach § 2 LTTG mit dem Land, den Gemeinden und den Gemeindeverbänden, die wesentlichen institutionellen öffentlichen Auftraggeber verpflichtet. Durch den Verweis auf § 98 Nr. 2, 3, 4 und 5 GWB a. F. werden darüber hinaus die übrigen öffentlichen Auftraggeber, in den persönlichen Anwendungsbereich des Gesetzes einbezogen. Im Gegensatz zu den übrigen Landesvergabegesetzen knüpft das LTTG an eine Auftragsvergabe in Rheinland-Pfalz an. Diese Anknüpfung an den **Leistungsort** schränkt zwar den persönlichen Anwendungsbereich nicht weiter ein, hat aber Auswirkungen auf den räumlichen Geltungsbereich. Denn während nach den anderen Landesvergabegesetzen eine Geltung der darin enthaltenen Vorgaben auch für einen außerhalb des jeweiligen Landes durchzuführender Auftrag besteht, ist dies nach dem Wortlaut des Gesetzes in Rheinland-Pfalz nicht der Fall.

37 § 1 Abs. 1 STTG verweist für das **Saarland** auf den § 98 GWB a. F. und damit auf den persönlichen Anwendungsbereich des GWB. Eine Einbeziehung von Sektorenauftraggebern findet nicht statt. Das Gesetz fordert zwar keinen ausdrücklichen Bezug der öffentlichen Auftraggeber zum Saarland. dennoch lässt sich aus dem Anwendungsbereich zum öffentlichen Personenverkehr (§ 1 Abs. 3 STTG) und den Vorschriften zur länderübergreifenden Vergabe (§ 1 Abs. 4 STTG) ableiten, dass der Landesgesetzgeber den Anwendungsbereich auf das Saarland beschränken wollte.

38 Das Vergabegesetz des Freistaats **Sachsen** bestimmt für den persönlichen Anwendungsbereich des SächsVergabeG, dass diesem alle staatlichen und kommunalen Auftraggeber unterfallen. Dabei werden die Gemeinden, Landkreise, Verwaltungsverbände, Zweckverbände und sonstige juristische Personen des öffentlichen Rechts und deren Sondervermögen, auf welche das Gemeindewirtschaftsrecht Anwendung findet, als kommunale Auftraggeber definiert (§ 2 Abs. 2 SächsVergabeG). Zudem gilt das Gesetz auch für sonstige Körperschaften, Anstalten und Stiftungen des öffentlichen Rechts, die § 55 der SäHO zu beachten haben. Zuletzt haben auch diejenigen Zuwendungsempfänger das Gesetz einzuhalten, die nach den allgemeinen Nebenbestimmungen für Zuwendungen die Vergabevorschriften anzuwenden haben (§ 2 Abs. 1 SächsVergabeG). Die Verpflichtung für Zuwendungsempfänger, das Gesetz anzuwenden, erfordert nicht, dass der Zuwendungsbescheid die Anwendung des SächsVergabeG ausdrücklich anordnet. Vielmehr genügt die allgemeine Verpflichtung des Zuwendungsempfängers, die Vergabevorschriften einzuhalten. Das SächsVergabeG verpflichtet die in den persönlichen Anwendungsbereich des Gesetzes fallenden Auftraggeber dazu, in **Unternehmen, an denen sie beteiligt sind,** darauf hinzuwirken, dass diese die Bestimmungen des SächsVergabeG in gleicher Weise beachten (§ 2 Abs. 3 SächsVergabeG). Diese Verpflichtung gilt nicht für Auftraggeber nach § 98 Nr. 4 GWB

a. F. und geförderte Vergaben durch Dritte i. S. d. § 98 Nr. 5 GWB a. F. Ebenfalls ausgenommen von der Einwirkungsverpflichtung sind **Unternehmen, die mit Gewinnerzielungsabsicht** tätig sind, im Wettbewerb mit anderen Unternehmen stehen und ihre Aufwendungen ohne Zuwendungen aus öffentlichen Haushalten decken. Im Gegensatz zum HmbVgG ist für diese Ausnahme nicht erforderlich, dass eine bestimmte Quote des Umsatzes im entwickelten Wettbewerb erwirtschaftet wird.

Das Landesvergabegesetz von **Sachsen-Anhalt** zählt die in den **persön- 39 lichen Anwendungsbereich** des Gesetzes fallenden Auftraggeber auf. Dies sind das Land, die Kommunen, die Verbandsgemeinden und der Aufsicht des Landes unterstehenden anderen Körperschaften, Anstalten und Stiftungen des öffentlichen Rechts (§ 2 Abs. 1 LVG LSA). Nach § 2 Abs. 2 LVG LSA sind funktionale Auftraggeber nach § 98 Nr. 2 GWB a. F. (jetzt § 99 Nr. 2 GWB) in den persönlichen Anwendungsbereich des Gesetzes mit einbezogen. Neben der ausdrücklichen Aufzählung des Landes und den seiner Aufsicht unterstehenden Körperschaften ergibt sich der Landesbezug nicht aus dem persönlichen, sondern aus dem sachlichen Anwendungsbereich (§ 1 Abs. 1 LVG LSA) des Gesetzes, welcher die Geltung des Gesetzes für öffentliche Aufträge in Sachsen-Anhalt anordnet.

Das Vergabegesetz des Landes **Schleswig-Holstein** nennt ebenfalls in § 2 **40** Abs. 1 TTG ausdrücklich die in den persönlichen Anwendungsbereich des Gesetzes fallenden Auftraggeber. Dies sind zunächst das Land, die Kreise, Gemeinden und Gemeindeverbände. Der Bezug zum Bundesland wird hier (auch ohne eine ausdrückliche Nennung) durch den Sitz in Schleswig-Holstein hergestellt. Zudem sind die übrigen öffentlichen Auftraggeber im Sinne des § 98 Nr. 1–5 GWB a. F. in den persönlichen Anwendungsbereich einbezogen, soweit sie in Schleswig-Holstein öffentliche Aufträge vergeben. Die Geltung des Gesetzes für die dadurch betroffenen Unternehmen und Nachunternehmen in § 2 Abs. 1 Nr. 4 TTG ist eher deklaratorisch zu sehen und erweitert den persönlichen Anwendungsbereich des Gesetzes nicht.

Für den Freistaat **Thüringen** legt § 2 Abs. 1 ThürVgG einen persönlichen **41** Anwendungsbereich fest, der in wesentlichen Punkten denen des SächsVergabeG ähnelt. Das Gesetz gilt zunächst für alle staatlichen und kommunalen Auftraggeber. Dabei werden letztere nach § 2 Abs. 2 ThürVgG als die Gemeinden, die Landkreise, die gemeinsamen kommunalen Anstalten und die Verwaltungsgemeinschaften definiert. Weiterhin gilt das Gesetz für sonstige Körperschaften, Anstalten und Stiftungen des öffentlichen Rechts, für die § 55 ThürLHO oder § 31 ThürGemHV, beziehungsweise § 24 ThürGemHV-Doppik gilt. Der Landesbezug wird hier folglich über den Anwendungsbereich weiterer Landesgesetze hergestellt und nicht etwa für das ThürVgG autonom definiert. Für Zuwendungsempfänger gelten die Vorschriften des ThürVgG nur dann, wenn sie durch allgemeine Nebenbestimmungen hierzu verpflichtet werden (§ 2 Abs. 1 S.1 ThürVgG).

4. Schwellenwerte

Von den existierenden Landesvergabegesetzen haben lediglich die beiden **42** Hansestädte **Bremen** und **Hamburg,** sowie der Freistaat **Sachsen** sich dagegen entschieden, das jeweilige Gesetz erst ab Erreichen bestimmter **Schwellenwerte** gelten zu lassen. Zwar legen auch diese Gesetze hinsichtlich einzelner Verfahrensregeln, z.B. der Grenzen für bestimmte Verfahrensarten nach Abschnitt 2 BremTtVG bzw. § 4 SächsVergabeG oder der Sicherheitsleistungen bei Bauleistungen nach § 9 HmbVgG, verschiedene Schwellenwerte fest. Diese Grenzen betreffen aber nicht den Anwendungsbereich des Gesetzes in seiner Gesamtheit oder einzelne Aspekte wie beispielsweise die Tariftreue. Das **HmbVgG** ordnet seine Unabhängigkeit in Bezug auf die Schwellenwerte nach § 100 GWB a. F. darüber hinaus ausdrücklich an (§ 1 Abs. 1 HmbVgG). Der Anwendungsbereich des **SächsVergabeG** wird „nach oben" durch die geltenden EU-Schwellenwerte begrenzt (§ 1 Abs. 1 SächsVergabeG).

43   Alle anderen Länder, die über ein Vergabegesetz verfügen, haben in diesem auch (Mindest-) Schwellenwerte für deren Geltung festgelegt.

Als einziges Bundesland legt **Brandenburg** einen Schwellenwert von **3.000 €** einheitlich für alle Vergabeverfahren fest (§ 2 Abs. 1 BbgVergG).

Eine häufig verwendete Grenze für die Anwendbarkeit des jeweiligen Landesvergabegesetzes liegt bei einem geschätzten Auftragswert von **10.000 €.** Diesen Schwellenwert nutzt unter anderem das Land **Niedersachsen** (§ 2 Abs. 1 NTVerG). Auch das Land **Hessen** verweist auf diesen Schwellenwert (§ 1 Abs. 5 HVTG). Allerdings gelten in Hessen unterhalb dieser Grenze dennoch die Vorgaben bezüglich Tariftreue und Mindestlohn (§ 1 Abs. 6 HVTG).

Das Land **Berlin** legt für die Anwendbarkeit seines Vergabegesetzes ebenfalls eine Wertgrenze von **10.000 €** fest. Abweichend von dieser Vorgabe findet der vergabespezifische Mindestlohn, bereits ab einem Auftragswert von **500 €,** Anwendung (§ 1 Abs. 6 S.4 BerlAVG).

Das Land **Mecklenburg-Vorpommern** verwendet den Schwellenwert von **10.000 €.** Dieser gilt jedoch nur für Liefer- und Dienstleistungen (§ 1 Abs. 3 VgG M-V).

In **Schleswig-Holstein** gelten die Vorschriften des TTG erst ab einem geschätzten Auftragswert von **15.000 €,** mit Ausnahme der allgemeinen durch das Gesetz festgelegten Grundsätze und der Vorschriften über Tariftreue und Mindestlohn (§ 1 Abs. 6 TTG)

Ein Schwellenwert von **20.000 €** findet sich in den Landesvergabegesetzen von **Baden-Württemberg** (§ 2 Abs. 3 LTMG), **Rheinland-Pfalz** (§ 2 LTTG) und für Dienst- und Lieferaufträge, die dem Landesvergabegesetz des Freistaates **Thüringen** (§ 1 Abs. 1 ThürVgG) unterliegen.

Ab einem geschätzten Auftragswert von **25.000 €** findet das **Saarländische** Tariftreuegesetz Anwendung (§ 1 Abs. 5 STTG). Derselbe Schwellenwert gilt auch für die Beschaffung von Dienst- und Lieferleistungen im Geltungsbereich des Landesvergabegesetzes **Sachsen-Anhalt** (§ 1 Abs. 1 Nr. 2 LVG LSA).

Zuletzt gilt ein Schwellenwert von **50.000 €** für die Beschaffung von Bauleistungen in **Mecklenburg-Vorpommern** (§ 1 Abs. 3 VgG M-V), **Sachsen-Anhalt** (§ 1 Abs. 1 Nr. 1 LVG LSA) und **Thüringen** (§ 1 Abs. 1 ThürVgG).

44   Für alle Landesvergabegesetze gilt, dass die **Schätzung des Auftragswertes** nach den Regelungen des § 3 VgV erfolgt. Eine Reihe von Landesvergabegesetzen verweist ausdrücklich auf diese Norm. Aber auch die Gesetze, die nicht auf § 3 VgV verweisen, treffen keine von dieser Norm abweichende Re-

gelung, weswegen auch für diese § 3 VgV zur Schätzung des Auftragswertes herangezogen werden kann.

5. Ausnahmeregelungen

Fast alle Landesvergabegesetze nehmen bestimmte Beschaffungsvorhaben **45** oder Auftraggeber vom Geltungsbereich des jeweiligen Gesetzes aus. Die jeweiligen **Ausnahmen** ergeben sich für Baden-Württemberg aus § 2 Abs. 4 LTMG, für Brandenburg aus § 2 Abs. 2 und 3 BbgVergG, für Bremen aus § 2 Abs. 1 BremTtVG, für Hessen aus § 1 Abs. 7 HVTG, für Niedersachsen aus § 2 Abs. 2 S.2 NTVerG und § 3 Abs. 1 NTVerG, für das Saarland aus § 1 Abs. 1 STTG, für den Freistaat Sachsen aus § 1 Abs. 3 SächsVergabeG, für das Land Sachsen-Anhalt aus § 1 Abs. 3 LVG LSA, für Schleswig-Holstein aus § 1 Abs. 1 TTG und § 2 Abs. 2 TTG.

Der Großteil der **Ausnahmen** ergibt sich allerdings in Abgrenzung zu den in den jeweiligen Geltungsbereich einbezogenen Beschaffungsvorgängen und nicht aus ausdrücklich genannten Ausnahmetatbeständen. Das BerlAVG nimmt für das Land Berlin in Ermangelung einer anderslautenden Regelung keine Beschaffungsvorhaben vom Geltungsbereich des Gesetzes aus. Selbiges gilt für das Land Mecklenburg-Vorpommern mit Ausnahme der aus dem persönlichen Anwendungsbereich des Gesetzes ausgenommen Sparkassen (§ 2 Abs. 1 VgG M-V) und den Freistaat Thüringen.

Mehrere Landesgesetzgeber nehmen **Vergabeverfahren, die im Namen oder im Auftrag des Bundes oder eines anderen Bundeslandes** durchgeführt werden, ausdrücklich vom Anwendungsbereich des jeweiligen Gesetzes aus. Dies ist der Fall in **Baden-Württemberg** (§ 2 Abs. 4 LTMG), **Brandenburg** (§ 2 Abs. 3 BbgVergG), **Hessen** (§ 1 Abs. 7 HVTG), **Niedersachsen** (§ 2 Abs. 2 S.2 NTVerG) und **Schleswig-Holstein** (§ 1 Abs. 1 TTG).

Daneben schließt eine Reihe von Landesvergabegesetzen ihre Anwendung auf Beschaffungsvorgänge aus, die **vom Anwendungsbereich des GWB ausgenommen** sind. Mehrere Gesetze stützen sich dabei auf § 100 Abs. 2 GWB a. F. Dies gilt für **Bremen** (§ 2 Abs. 1 BremTtVG), **Niedersachsen** (§ 3 Abs. 1 NTVerG), das **Saarland** (§ 1 Abs. 1 STTG), **Sachsen** (§ 1 Abs. 3 SächsVergabeG) und **Schleswig-Holstein** (§ 2 Abs. 2 TTG). Diese entsprechen im Wesentlichen den Ausnahmetatbeständen der §§ 107, 116, und 117 GWB. Durch den Verweis in § 100 Abs. 2 GWB a. F. auf die §§ 100a und 100b GWB a. F. werden auch bestimmte **Sektorenauftraggeber** bzw. Beschaffungsvorhaben von den Bestimmungen der jeweiligen Landesvergabegesetze ausgenommen.

Der Ausnahmetatbestand für Leistungen des **Katastrophenschutzes,** des **Zivilschutzes** und der **Gefahrenabwehr** nach § 107 Abs. 1 Nr. 4 GWB n. F. ist bei dieser Verweisung auf die alte Fassung des GWB nicht einbezogen. Diese Ausnahme ist, wie auch die neuen Regelungen zur Inhouse-Beschaffung und interkommunalen Zusammenarbeit in den Vergabegesetzen, die bereits auf die novellierte Fassung des GWB verweisen, in den darin aufgezählten Ausnahmevorschriften enthalten (z. B. für Brandenburg § 2 Abs. 2 BbGVerG).

Ein besonderer Ausnahmetatbestand, der in den übrigen Landesvergabegesetzen keine Entsprechung findet, ist in § 1 Abs. 3 LVG LSA für das Land **Sachsen-Anhalt** enthalten. Nach dieser Vorschrift sind vom Anwendungsbereich des Gesetzes öffentliche Aufträge ausgenommen, die in unmittelbarem Zusammenhang mit der Abwehr oder Eindämmung eines **Katastrophenfalls** stehen oder im räumlichen und sachlichen Zusammenhang mit der Erstaufnahme oder Unterbringung und Versorgung von **Flüchtlingen** und **Asylbewerbern** stehen. Außerdem müssen dringliche und zwingende Gründe der Vergabe unter Anwendung des Gesetzes entgegenstehen.

6. Regelungen für die länderübergreifende Vergabe

46   Nicht alle Landesvergabegesetze treffen Regelungen über ihre Geltung bei der Vergabe von Aufträgen, welche zusammen mit öffentlichen Auftraggebern vergeben werden, die sich außerhalb des räumlichen Anwendungsbereichs des jeweiligen Gesetzes befinden. Eine solche Regelung ist nicht enthalten in den Landesvergabegesetzen von **Hessen, Rheinland-Pfalz, Sachsen, Sachsen-Anhalt** und **Thüringen**.

Eine Vielzahl weiterer Bundesländer (darunter auch Nordrhein-Westfalen) stellt für einen solchen Fall die Soll-Vorgabe auf, eine Einigung über die Bestimmungen des jeweiligen Gesetzes zu erzielen. Wenn dies nicht gelingt, kann von den Vorschriften des jeweiligen Gesetzes auch abgewichen werden. Dies ist der Fall in **Baden-Württemberg** (§ 2 Abs. 6 LTMG), **Niedersachsen** (§ 2 Abs. 6 NTVerG), **Schleswig-Holstein** (§ 2 Abs. 5 TTG) und dem **Saarland** (§ 1 Abs. 4 STTG). Allerdings beinhalten diese Vorschriften keine Regelung, was beim Scheitern einer Einigung erfolgen soll.

Abweichend hiervon legt das Land **Berlin** fest, dass bei einer länderübergreifenden Vergabe lediglich eine Einigung hinsichtlich der Mindestlohnvorschriften nach § 1 Abs. 3 und 4 BerlAVG angestrebt werden soll (§ 1 Abs. 5 BerlAVG). Eine vergleichbare Regelung findet sich für **Mecklenburg-Vorpommern** in § 9 Abs. 7 VgG M-V.

§3   Grundsätze für die Vergabe öffentlicher Aufträge

(1) Die vergaberechtlichen Regelungen und Erfordernisse des primären und sekundären Unionsrechts, der bundeseinheitlichen Regelungen sowie des Landeshaushaltsrechts bleiben unberührt. Ebenfalls unberührt bleiben die Haushaltsgrundsätze und der Verhältnismäßigkeitsgrundsatz.

(2) Auch unterhalb der Schwellenwerte nach § 106 des Gesetzes gegen Wettbewerbsbeschränkungen sowie § 2 Absatz 4 dieses Gesetzes können öffentliche Auftraggeber zur Ermittlung des wirtschaftlichsten Angebots neben dem Preis oder den Kosten auch qualitative, umweltbezogene, innovative oder soziale Aspekte berücksichtigen. Dabei müssen die Zuschlagskriterien mit dem Auftragsgegenstand in Verbindung stehen. Die öffentlichen Auftraggeber können über die in den §§ 6 und 7 festgelegten Mindeststandards hinausgehende besondere Bedingungen für die Ausführung eines Auftrags (Ausführungs-

bedingungen) festlegen, wie z. B. Kriterien des Fairen Handels und weitergehende Regelungen zur Arbeitsorganisation (beispielsweise zu Gesundheits- und Sozialstandards), sofern diese mit dem Auftragsgegenstand in Verbindung stehen. Die Ausführungsbedingungen müssen sich aus der Auftragsbekanntmachung oder den Vergabeunterlagen ergeben. Sie können wirtschaftliche, innovationsbezogene, umweltbezogene, soziale oder beschäftigungspolitische Belange umfassen.

§ 3 TVgG – NRW, § 3 NTVergG NS, § 3 TTG SH, § 1 Abs. 2 bis 4 LTTG RLP, § 3 BbgVergG Bbg, §§ 2 Abs. 1, 2 und 3 Abs. 1, 2 HVTG H, § 2 VgV M-V, § 2 STTG S, § 4 LVG LSA, § 4 ThürVgG Thür

Literatur: Brackmann, Nachhaltige Beschaffung in der Vergabepraxis, VergabeR 2014, 310; Burgi, Ökologische und soziale Beschaffung im künftigen Vergaberecht, NZBau 2015, 597; Faber, Die verfassungs- und europarechtliche Bewertung von Tariftreue- und Mindestentgeltregelungen in Landesvergabegesetzen, NVwZ 2015, 257; ders., „Nur noch kurz die Welt retten": Das Tariftreue- und Vergabegesetz NRW und die rechtspolitische Überfrachtung des Vergaberechts, Gemeindehaushalt 2014, 283; ders., Rechtsfragen zum Tariftreue- und Vergabegesetz NRW unter Berücksichtigung des verfassungs- und europarechtlichen Rahmens und des Rechtsschutzes, NWVBl. 2012, 249; Figgen, Familienfördernde Auftragsausführung kann man wollen, familienfördernde Bieter nicht, IBR 2014, 618; Halm, Das Tariftreue- und Vergabegesetz Nordrhein-Westfalen (TVgG NW) – Überblick und Kritik, GewArch 2013, 63; Herbert/Schrag, Steine statt Brot, ZTR 2015, 691; Heyne, Ökologische Vergabekriterien im neuen Landesvergabegesetz Sachsen-Anhalt, LKV 2013, 158; Koch, Frauenquote und Vergaberecht, ZIP 2012, 1695; Köster, Das Tariftreue- und Vergabegesetz Nordrhein-Westfalen, DÖV 2012, 474; Liebschwager, Das neue Tariftreue- und Vergabegesetz NRW, NWVBl. 2012, 249; Meißner, Landesvergabegesetze – Besonderheiten, Innovationen, Schwierigkeiten, ZfBR 2013, 20; Meißner, Landesvergabegesetze und (k)ein Ende?, ZfBR 2014, 453; Simon, Verstößt das Tariftreue- und Vergabegesetz Nordrhein-Westfalen gegen EU-Recht?, RdA 2014, 165; VergabeR 2015, 136; Schneider, EG-Vergaberecht zwischen Ökonomisierung und umweltpolitischer Instrumentalisierung, DVBl. 2003, 1186; Schnieders, EuGH „Bundesdruckerei" – Vorbote neuen Ungemachs für die sinnlose Tariftreuegesetzgebung?", VergabeR 2015, 136; Schröder, Die Frauen- und Familienförderung bei der Vergabe öffentlicher Aufträge in NRW, NWVBl. 2013, 48; Summa, Vergaberecht und ILO-Kernarbeitsnormen, VergabeR 2016, 147; Windeln/Schäffer, Arbeitsrechtliche Verpflichtungen in den Tariftreuegesetzen der Länder, ArbRB 2013, 279

Übersicht

I. Allgemeines

1   § 3 TVgG NRW regelt die **allgemeinen Grundsätze für die Vergabe öffentlicher Aufträge.** Die Norm hat in erster Linie klarstellende Bedeutung.

Abs. 1 enthält Aussagen in Bezug zum primären und sekundären Unionsrecht, zum Bundesrecht und zum Landeshaushaltsrecht sowie zu den Haushaltsgrundsätzen und zum Verhältnismäßigkeitsgrundsatz. Die in § 3 Abs. 1 S. 1 TVgG NRW genannte „Unberührtheit" des Unionsrechts ergibt sich bereits aus Art. 4 Abs. 3 UA 2 EGV, soweit es sich bei den bundeseinheitlichen Regelungen um formelles oder materielles Bundesrecht handelt aus Art. 31 GG. Hinsichtlich des Verhältnisses zum Landeshaushaltsrechts (§ 3 Abs. 1 S. 1 3. Alt TVgG NRW) und der Haushaltsgrundsätze (§ 3 Abs. 1 S. 2 1. Alt TVgG NRW) dient die Erwähnung in § 3 Abs. 1 TVgG NRW der Klarstellung, dass das TVgG NRW diese Grundsätze nicht verdrängt, sondern neben sie tritt (zu dem Verhältnis im Einzelnen → Rn. 31 ff.). Mit dem Verhältnismäßigkeitsgrundsatz wiederum wird an die Formulierung in § 97 Abs. 1 GWB angeknüpft. Demnach müssen öffentliche Auftraggeber bei ihren Beschaffungsaktivitäten auf allen Stufen des Vergabeverfahrens den Grundsatz der Verhältnismäßigkeit wahren. Bei der Übernahme des Begriffs der Verhältnismäßigkeit handelt es sich um den direkten Ausfluss aus Art. 18 Abs. 1 der RL 2014/24/EU[1].

Abs. 2 normiert, dass öffentliche Auftraggeber auch unterhalb der Schwellenwerte nach § 106 GWB sowie nach § 2 Abs. 4 TVgG NRW zur Ermittlung des wirtschaftlichsten Angebots neben dem Preis oder den Kosten auch qualitative, umweltbezogene, innovative oder soziale Aspekte berücksichtigen können. Zudem wird klargestellt, dass die §§ 6 und 7 TVgG NRW in Bezug auf

---

[1] Vgl. LT-Drs. 16/12265.

die Vorgabe sekundärer Vergabeziele nur Mindeststandards im Hinblick auf die Bedingungen für die Ausführung eines Auftrags (Ausführungsbedingungen) darstellen sollen.

1. Bedeutung der Vorschrift.

§ 3 Abs. 1 TVgG NRW enthält eine in erster Linie **klarstellende Aussage** 2 zum Verhältnis des TVgG NRW zu den vergaberechtlichen Regelungen und Erfordernisse des europäischen Rechts, den bundeseinheitlichen Regelungen und das Landeshaushaltsrecht sowie den Haushaltsgrundsätzen und dem Verhältnismäßigkeitsgrundsatz. § 3 Abs. 1 TVgG NRW spricht allerdings nicht von einem bestimmten Anwendungs- oder Geltungsvorrang, sondern will die aufgeführten Regelungen und Erfordernisse unberührt lassen. Damit bleibt es insoweit bei den allgemein anerkannten Grundsätzen für das Rangverhältnis verschiedenstufiger Normen. Auch ist damit impliziert, dass das TVgG NRW bei Gleichrangigkeit der Normen nicht generell als das speziellere Gesetz anzusehen ist. Vielmehr ist das Verhältnis der anzuwendenden Normen im Konkurrenzfall durch Auslegung zu ermitteln (das betrifft insb. das Verhältnis zu den Grundsätzen der Wirtschaftlichkeit und Sparsamkeit im Haushaltsrecht → Rn. 37 ff.).

In Teilen ist die Norm des § 3 Abs. 1 TVgG NRW ein politischer Kompromiss hinsichtlich des Umfangs der Normierung des Tariftreue- und Vergaberechts unterhalb der Schwellenwerte gem. § 106 GWB gewesen (vgl. zur viel detaillierteren Vorgängernorm → Rn. 7 ff.). Zum Teil enthält die Norm Selbstverständlichkeiten. Der Vorrang des primären und sekundären Unionsrechts ergibt sich bereits aus Art. 4 Abs. 3 UA 2 EGV sowie dem Grundsatz des effet utile. Der Vorrang des materiellen Bundesrechts ergibt sich bereits aus Art. 31 GG.

Mit dem Verweis darauf, dass die Regelungen und Erfordernisse des primä- 4 ren und sekundären Unionsrecht unberührt bleiben, wollte der Gesetzgeber nicht nur den eigentlich selbstverständlichen Vorrang des Unionsrechts herausstellen, sondern den öffentlichen Auftraggebern verdeutlichen, dass auch bei Vergaben unterhalb der Schwellenwerte gem. § 106 GWB allgemeine unionsrechtliche Rechtsgrundsätze zu prüfen und ggf. zu berücksichtigen sind. Dies bezieht sich besonders auf die Rechtsgrundsätze der Transparenz, der Nichtdiskriminierung und der Verhältnismäßigkeit.

Hinsichtlich des Bundesrechts ist **oberhalb der Schwellenwerte** gem. 5 § 106 GWB das Vergaberecht des GWB und der VgV grundsätzlich vorrangig vor dem Landesvergaberecht (soweit das Bundesrecht eine abschließende Regelung trifft). Beim Verhältnis zum Bundesrecht ist zu berücksichtigen, dass nach der Auffassung des BVerfGE[2] der Bundesgesetzgeber mit den bundesrechtlichen Normen des GWB und der VgV keine abschließende Regelung für die Materie des Vergaberechts getroffen hat. Seit der Novellierung des GWB-Vergaberechts sind jedoch verschiedene Normen des GWB als abschließend anzusehen (so §§ 122–124, 127, 128 Abs. 1 GWB). Aber auch unterhalb der Schwellenwerte gem. § 106 GWB sind bei Vergaben im Anwen-

---

[2] BVerfG NJW 2007, 51 (52 f.).

dungsbereich des TVgG NRW umfassend sämtliche bundesrechtliche Normen mit vergaberechtlichem Bezug zu berücksichtigen, z. B. §§ 1 Abs. 1, 2 und 19 MiLoG, § 21 SchwarzArbG.

6   Hinsichtlich des Landeshaushaltsrechts und der Haushaltsgrundsätze bedeutet diese Klarstellung in § 3 Abs. 1 TVgG NRW insbesondere, dass grundsätzlich auch bei der Anwendung der Regeln des TVgG NRW die Grundsätze der Wirtschaftlichkeit und Sparsamkeit zu beachten sind. Auch der Verhältnismäßigkeitsgrundsatz wird nicht durch die Spezialmaterie des TVgG NRW verdrängt.

2. Rechtsentwicklung

7   § 3 TVgG NRW in seiner Fassung durch Gesetz vom 31.1.2017 ist **deutlich kürzer gehalten als die Vorgängernorm des § 3 TVgG NRW** in der Fassung durch Gesetz vom 10.1.2012. Die Vorgängernorm enthielt noch acht Absätze mit z. T. umfangreichen Regelungen, insb. zur Umsetzung der Anforderungen des primären Unionsrechts bei Vergaben unterhalb der Schwellenwerte gem. § 106 GWB. Zudem waren in der Vorgängernorm weitere, materielle Grundsatzfragen des Vergaberechts mit Wirkung auch für den Unterschwellenbereich geregelt, wie z. B. die Förderung der Teilnahme von kleinen und mittleren Unternehmen an Vergabeverfahren sowie die Verpflichtung zur Aufteilung in Fach- und Teillose.

8   Die frühere Regelungsintention findet sich in Teilen in der Regelung des § 3 Abs. 1 S. 1 TVgG NRW wieder. Die Bezugnahme auf die (eigentlich selbstverständliche) Unberührtheit des primären und sekundären Unionsrecht soll die frühere Regelung für eine grenzüberschreitende Transparenz in § 3 Abs. 3 TVgG NRW i.d.F vom 10.1.2012 abbilden, ohne die früheren detaillierten Regelungen insgesamt zu übernehmen.

9   Die Verschlankung des § 3 TVgG NRW als Grundsatznorm für die Vergabe von öffentlichen Aufträgen ist zu begrüßen. Die Vorgängernorm enthielt viele Regelungen, die aufgrund unionsrechtlicher Vorgaben sowieso anzuwenden waren und hatte in Teilen den fehlgeleiteten Anspruch, die Rolle eines Landesvergabegesetzes für Vergaben unterhalb der Schwellenwerte gem. § 106 GWB einzunehmen.

II. Inhalt des Abs. 1

10   § 3 Abs. 1 TVgG NRW normiert, dass die vergaberechtlichen Regelungen und Erfordernisse des primären und sekundären Unionsrechts, der bundeseinheitlichen Regelungen sowie des Landeshaushaltsrechts unberührt bleiben; gleiches gilt für die Haushaltsgrundsätze und den Verhältnismäßigkeitsgrundsatz.

1. Vergaberechtlichen Regelungen und Erfordernisse des Primären und Sekundären Unionsrechts

11   Die **vergaberechtlichen Regelungen und Erfordernisse des primären und sekundären Unionsrechts** sind bei Vergaben im Anwendungsbe-

reich des TVgG NRW sowohl oberhalb der Schwellenwerte gem. § 106 GWB als auch unterhalb dieser Schwellenwerte zu berücksichtigen.

Oberhalb der Schwellenwerte gem. § 106 GWB wird das Vergaberecht **12** im Wesentlichen durch die Normen der §§ 97 – 184 GWB und der VgV, der VSVgV und der SektVO bestimmt. Diese sind insoweit vorrangig (vor einen Rückgriff auf das Unionsrechts) anzuwenden. Dennoch ist auch hier das Unionsrecht, insbesondere die RL 2014/24/EU, bei Auslegungsfragen als Maßstab einer richtlinienkonformen Auslegung mit heranzuziehen, soweit das nationale Recht auslegungsbedürftig ist. Es besteht eine Verpflichtung sämtlicher Behörden und Gerichte der Mitgliedstaaten, das nationale Recht richtlinienkonform auszulegen, d. h. so, dass das Ziel der Richtlinie nicht durch die Auslegung des nationalen Rechts gefährdet wird[3]. Dies gilt auch für mögliche Auslegungsfragen zum landesrechtlichen TVgG NRW; die Pflicht zur richtlinienkonformen Auslegung trifft hier neben den Gerichten auch jeden öffentlichen Auftraggeber. Nachrangig ist auch im Oberschwellenbereich schließlich ein Rückgriff auf die vergaberechtlichen Grundsätze des primären Unionsrechts (ins. Transparenz, Nichtdiskriminierung und Verhältnismäßigkeit) als Auslegungsmaßstab geboten, wenn ansonsten die Ziele des primären Unionsrechts durch das nationale Recht (einschl. anwendbarer landesrechtlicher Reglungen wie dem TVgG NRW) gefährdet wären, und auch das Richtlinienrecht insoweit keine abschließende Regelung enthält. In dem Sinne hat der EuGH zuletzt wiederholt bei der Prüfung der Vereinbarkeit vergabespezifischer Mindestlohnregelungen im Landesrecht das primäre Unionsrecht als Prüfungsmaßstab herangezogen[4].

Dagegen ist dort, wo das sekundäre Unionsrecht und in Umsetzung dessen **13** das nationale Vergaberecht der §§ 97-184 GWB bewusste Regelungslücken in einer bestimmten Sachmaterie enthält (z. B. bei der Vergabe von bestimmten Leistungen auf dem Gebiet des Rettungsdienstes gem. § 107 Abs. 1 Nr. 4 GWB, Art. 10 lit. h RL 2014/24/EU), davon auszugehen, dass grundsätzlich kein Rückgriff auf die vergaberechtlichen Grundsätze des primären Unionsrecht, insb. Transparenz, Nichtdiskriminierung, Verhältnismäßigkeit, zulässig ist. In diesen Fällen hat der Sekundärrechtsgeber unter Auslegung des primären Unionsrechts eine bewusste Regelung für die Nichtanwendung des Vergaberechts getroffen (in diesem Fall wegen des Schutzes des speziellen Charakters von gemeinnützigen Organisationen oder Vereinigungen, die bestimmte Notfalldienste erbringen[5]). Hierin unterscheiden sich solche sachbereichsbezogenen Ausnahmen von reinen Schwellenwertregelungen, unterhalb derer bei grenzüberschreitendem Interesse ein Rückgriff auf die Grundsätze des primären Unionsrechts i. d. R. geboten ist.

Eine besondere Bedeutung gewinnt der Rückgriff auf das primäre Unions- **14** recht bei **Vergaben unterhalb der Schwellenwerte** gem. § 106 GWB. Das primäre Unionsrecht kann einen öffentlichen Auftraggeber auch unterhalb der Schwellenwerte nach § 106 GWB dazu verpflichten, Aufträge nach den

---

[3] EuGH Slg. 1984, 1891; vgl. Geismann in von der Groben/Schwarze/Hatje Art. 288 AEUV Rn. 55.

[4] Vgl. EuGH NJW 2014, 3769 (3770); EuGH NVwZ 2016, 212 (215f.).

[5] Vgl. Erwägungsgrund 28 zu RL 2014/24/EU.

Grundsätzen von Transparenz, Nichtdiskriminierung und Verhältnismäßigkeit zu vergeben. Von besonderer Relevanz sind in diesem Kontext die primärrechtliche Warenverkehrsfreiheit (Art. 34 AEUV), die Dienstleistungsfreiheit (Art. 56 ff. AEUV) und die Niederlassungsfreiheit (Art. 49 ff. AEUV). Diese Grundfreiheiten sind bei der Vergabe öffentlicher Aufträge in ihrem Schutzbereich betroffen, wenn eine „**grenzüberschreitende Wirkung**" bejaht werden kann. Seit der Entscheidung des EuGH „Irische Post"[6] sind in der Judikatur des EuGH drei Kriterien für das Bejahen einer „grenzüberschreitenden Wirkung" eines öffentlichen Auftrags auch im Unterschwellenvergaberecht anerkannt: Es besteht ein eindeutig grenzüberschreitendes Interesse an dem Auftrag, es sind weitere objektive Kriterien wie ein gewisses Volumen in Relation zu dem Leistungsort gegeben und der fragliche Auftrag muss aus tatsächlichen Gründen für ein in einem anderen Mitgliedstaat niedergelassenes Unternehmen von Interesse sein. Grundsätzlich ist hierfür eine eingehende Betrachtung aller maßgeblichen Gegebenheiten notwendig. Ein eindeutiges grenzüberschreitendes Interesse muss sich aber positiv aus einer konkreten Beurteilung der Umstände des zu vergebenden Auftrages belegen lassen. Es genügt daher nicht, dass sich ein eindeutiges grenzüberschreitendes Interesse nicht ausschließen lässt oder sich hypothetisch ergeben könnte[7]. In mittlerweile gefestigter Rechtsprechung sieht der EuGH den geschätzten Wert des Auftrags, seine technischen Merkmale, den für die Durchführung der Arbeiten vorgesehenen Ort sowie ernst gemeinte Beschwerden von Konkurrenten als Anhaltspunkte für die Annahme eines grenzüberschreitenden Interesses an[8].

15   Im Hinblick auf das **Auftragsvolumen** kann man in dem rechnerischen Verhältnis zum jeweils einschlägigen Schwellenwert nach § 106 GWB einen **ersten Anhaltspunkt für ein grenzüberschreitendes Interesse** sehen. So hat der EuGH bei einem Bauauftrag mit einem Auftragswert von knapp mehr als 1 Millionen Euro trotz einer Nähe zur nächsten EU-Binnengrenze von rund 200 km ein grenzüberschreitendes Interesse verneint, und dabei insbesondere betont, dass ein solches Auftragsvolumen weniger als ein Viertel des Schwellenwertes zur Oberschwellenvergabe bei Bauleistungen betrage[9]. Andererseits indizieren grenzüberschreitend leicht vergleichbare Spezifikationen und ein international vergleichbarer Anbietermarkt (z. B. bei der Beschaffung von EDV-Hardware) ein stärkeres grenzüberschreitendes Interesse; hier hat der EuGH in der Vergangenheit bereits bei einem Auftragsvolumen von rund 58.000 Euro ein grenzüberschreitendes Interesse angenommen[10]. Ähnlich wird man bei sehr grenznahen Leistungsorten und binnengrenzüberschreitend vergleichbaren Dienstleistungen schon bei recht geringeren Auftragsvolumina von einem grenzüberschreitenden Interesse ausgehen können.

16   Dagegen ist bei Aufträgen, die besondere, i. d. R. auf den inländischen Markt zugeschnittene Spezifikationen erfordern (z. B. besondere Anforderungen bei technischen oder sozialen Dienstleistungen), ein **grenzüberschrei-**

---

[6] EuGH Slg 2007, I-9777; ebenso EuGH Slg 2010, I-11807.
[7] EuGH NZBau 2016, 781.
[8] EuGH NVwZ 2008, 766 (768 f.); EuGH NZBau 2015, 383 (385).
[9] EuGH NZBau 2016, 781 (782 f.).
[10] EuGH NZBau 2015, 383 (385).

tendes Interesse auch bei höheren Auftragsvolumina meist zu verneinen. Für Rechtsberatungen hat das OLG Düsseldorf z. B. ein grenzüberschreitendes Interesse verneint, da praktisch ausgeschlossen sei, dass in anderen Mitgliedstaaten ansässige Rechtsanwälte ein Interesse an einem derartigen Beratungsauftrag hätten, weil sie nicht über die geforderte spezifische und auf das Inland bezogene Sachkompetenz und Erfahrung verfügten[11]. Auch erforderliche Sprachkenntnisse bei der Leistungserbringung stellen einen Anhaltspunkt gegen eine grenzüberschreitende Bedeutung dar, insbesondere wenn die EU-Binnengrenze zugleich regelmäßige Sprachgrenze ist. In Sektoren, in denen bereits das vergaberechtliche Richtlinienrecht von einer geringeren Binnenmarktrelevanz ausgeht und entsprechend höhere Schwellenwerte respektive erleichterte Verfahrensanforderungen oberhalb dieser Schwellenwerte vorsieht (so z. B. bei der Vergabe von sozialen und besonderen Dienstleistungen nach §§ 130 Abs. 1, 106 GWB, Art. 74, 4 lit. d RL 2014/24/EU), wird man im Zweifel – wenn keine besonderen Umstände vorliegen, die eine EU-binnenländische Relevanz indizieren – ein grenzüberschreitendes Interesse bis zum Erreichen dieser Schwellenwerte verneinen können.

Konsequenz aus der Annahme eines „grenzüberschreitenden Interesses" ist, **17** dass die Gestaltung eines Vergabeverfahrens auch jenseits des sekundären Vergaberecht (und in dessen nationaler Umsetzung der §§ 97-184 GWB) nach den Grundsätzen der Transparenz, der Nichtdiskriminierung und des Verhältnismäßigkeitsgrundsatzes auszugestalten sind:

Transparenz: Transparenz bedeutet in diesem Kontext, dass der öffent- **18** liche Auftraggeber verpflichtet ist, gegenüber potentiellen Bietern einen angemessenen Grad von Öffentlichkeit sicherzustellen, der den Dienstleistungsmarkt dem Wettbewerb öffnet und die Nachprüfung ermöglicht, ob die Vergabeverfahren unparteiisch durchgeführt wurden[12]. Primär hat der öffentliche Auftraggeber dabei die Kriterien für das Vergabeverfahren dergestalt anzugeben, dass sich der potentielle Bieter entscheiden kann, ob er in dem betreffenden Vergabeverfahren ein Angebot abgibt. Im Gegensatz zum TVgG NRW i.d.F 10.1.2012 werden in § 3 keine Vorgaben mehr zu einem entsprechenden Publikationsmedium gemacht. Für Vergaben öffentlicher Auftraggeber in NRW dürften die in § 3 Abs. 3 TVgG NRW i. d. F. vom 10.1.2012 genannten Bedingungen einer Veröffentlichung der Beschaffungsabsicht in deutscher Sprache, die Angaben der wesentlichen Punkte des Auftrags und des Vergabeverfahrens sowie die Publikation in einem geeigneten Medium, insbesondere dem Vergabeportal des Landes (www.vergabe.nrw.de), nach wie vor dem Transparenzgebot Genüge tun.

Nichtdiskriminierung: Der primärrechtliche Grundsatz der Nichtdiskri- **19** minierung verpflichtet den öffentlichen Auftraggeber, sämtliche (potentiellen) Bieter gleich zu behandeln, soweit kein sachlicher Grund für eine Ungleichbehandlung vorliegt. Der Grundsatz greift bereits ein, sobald ein öffentlicher Auftraggeber in einem materiellen Sinne einen Beschaffungsbedarf dem Markt zugänglich gemacht hat[13]. Alle an dem Auftrag interessierten Unter-

---

[11] OLG Düsseldorf NZBau 2010, 390 (392).
[12] EuZW 2001, 90 (93f.).
[13] Ziekow in Ziekow/Völling § 97 GWB.

nehmen müssen dieselben Chancen haben, den Zuschlag zu erhalten. Dies bedingt einerseits, bei der Auswahl des Vergabeverfahrens und auf allen Stufen des Vergabeverfahrens bestimmte Bieter oder Bietergruppe nicht zu diskriminieren, und andererseits die Gleichheit in der Rechtsanwendung durch den öffentlichen Auftraggeber zu gewährleisten.

20 **Verhältnismäßigkeitsgrundsatz:** Der Verhältnismäßigkeitsgrundsatz zählt zu den allgemeinen Grundsätzen des Unionsrechts. Nach dem Verhältnismäßigkeitsgrundsatz dürfen nur diejenigen Maßnahmen ergriffen werden, die zur Erreichung des verfolgten Ziels sowohl erforderlich als auch angemessen im engeren Sinne sind. Insbesondere dürfen nur die Maßnahmen im Rahmen eines Vergabeverfahrens ergriffen werden, die eine grenzüberschreitende Wirtschaftstätigkeit am wenigsten erschweren. Für den Bereich des TVgG NRW dürfte der Verhältnismäßigkeitsgrundsatz vor allem dort von Relevanz sein, wo dem öffentlichen Auftraggeber Ermessen bei der Umsetzung sekundärer Vergabeziele im Bereich der Tariftreue, der Sozialstandards und der Standards des Umweltschutzes und der Energieeffizienz eingeräumt wird; dies betrifft dabei alle Wertungsstufen des Vergabeverfahrens.

2. Vergaberechtliche Regelungen und Erfordernisse der bundeseinheitlichen Regelungen

21 Der Begriff der **bundeseinheitlichen Regelungen** ist in diesem Zusammenhang unscharf und wenig gelungen. Grundsätzlich fällt hierunter das geltende Bundesrecht, gleich ob in der Form eines formellen Gesetzes oder einer Rechtsverordnung. Daneben dürfte der Begriff auch solche vergaberechtlichen Regelungen umfassen, die aufgrund eines bundeseinheitlichen (aber nicht zwingend bundesrechtlichen) Normierungsaktes Regelungen für das Vergabeverfahren vorgeben; darunter können z.B. die Vergabe- und Vertragsordnungen (VOL/A, VOB/A und VOF) fallen, zukünftig auch die Unterschwellenvergabeordnung (UVgO). Notwendig ist aber, dass solche Regelungen, die kein Bundesrecht im formellen oder materiellen Sinne darstellen, im Landesrecht NRW durch eine entsprechende Rechtsnorm zur Anwendung kommen (z.B. in NRW durch § 25 GemHVO i.V.m Kommunale Vergabegrundsätze NRW[14]). § 3 Abs. 1 S. 1 TVgG NRW selbst führt bundeseinheitlichen Regelungen nicht ex lege in das Landesrecht ein, sondern es bedarf eines entsprechenden ausdrücklich Rechtssetzungs- oder Normierungsaktes; für mehr wäre § 3 Abs. 1 S. 1 TVgG NRW auch zu unbestimmt.

22 **a) Bundesrecht (insb. das GWB-Vergaberecht und die VgV).** Grundsätzlich bleiben bundesrechtliche Regelungen vom TVgG NRW unberührt, was sich unabhängig von § 3 Abs. 1 S. 1 TVgG NRW bereits aus Art. 31 GG ergibt. Bedeutung hat dies insbesondere für Vergaben oberhalb der Schwellenwerte gem. § 106 GWB, die durch das **GWB-Vergaberecht** umfassend geregelt werden. Im Zuge der Novelle des GWB-Vergaberechts vom 17.2.2016, in Kraft getreten am 18.4.2016, wurde das GWB-Vergaberecht der §§ 97–184 GWB umfassend neu geregelt. Insbesondere für den Bereich

---

[14] RdErl. d. Ministeriums für Inneres und Kommunales – 34–48.07.01/01-169/12 – v. 6.12.2012.

der mit dem TVgG NRW weitreichend geregelten sekundären Vergabeziele (Tariftreue, Umweltaspekte und Aspekte der Energieeffizienz, Sozialstandards, Frauenförderung sowie Förderung der Vereinbarkeit von Familie und Beruf) hat es durch die GWB-Reform einige bedeutsame Änderungen des bundesrechtlichen Rahmens gegeben.

Gem. § 97 Abs. 3 GWB können bei der Vergabe Aspekte der Qualität und **23** der Innovation sowie soziale und umweltbezogene Aspekte nach Maßgabe des 4. Teils des GWB berücksichtigt werden. Durch die Richtlinien RL 2014/23/ EU, RL 2014/24/EU und RL 2014/25/EU wurde die Einbeziehung strategischer Ziele bei der Beschaffung umfassend gestärkt. Dem will nun § 97 Abs. 3 GWB Rechnung tragen, indem bereits bei der Regelung der vergaberechtlichen Grundsätze auf diese Möglichkeit für den Auftraggeber hingewiesen wird.

Die bundesrechtlich weiteste Möglichkeit zur **Umsetzung sekundärer 24 Vergabeziele** ergibt sich auf der **Ebene der Leistungsbeschreibung** (vgl. § 121 GWB). Hier können grundsätzlich umfassend sekundäre Vergabeziele vorgegeben werden, soweit diese einen Bezug zu dem zu beschaffenden Gegenstand aufweisen. Dabei manifestiert sich das grundsätzlich weitreichende Leistungsbestimmungsrecht des öffentlichen Auftraggebers. Praktisch bedeutsam wird dies vor allem bei Gesichtspunkten des Umweltschutzes und der Energieeffizienz. Bundesrechtliche Grenzen ergeben sich dort, wo eine entsprechende Umsetzung auf der Ebene der Leistungsbeschreibung gegen ausdrückliche bundesrechtliche Regelungen verstößt oder wo entsprechende bundesrechtliche Regelungen abschließende Vorgaben enthalten (z. B. bei der Beschaffung energieverbrauchsrelevanter Liefer- oder Dienstleistungen oder Vorgaben für die Fahrzeugbeschaffung, vgl. §§ 67, 68 VgV).

Dagegen ist der bundesrechtliche Rahmen für die Umsetzung sekundärer **25** Vergabeziele auf der Ebene der Eignungskriterien unter dem novellierten GWB enger geworden. Die grundsätzlich zulässigen Eignungskriterien sind in § 122 Abs. 2 GWB abschließend aufgeführt: Dies sind die Befähigung und Erlaubnis zur Berufsausübung, die wirtschaftliche und finanzielle Leistungsfähigkeit sowie die technische und berufliche Leistungsfähigkeit. Auch die zwingenden und fakultativen Ausschlussgründe sind nunmehr in den §§ 123, 124 GWB abschließend geregelt, was sich im Umkehrschluss aus § 122 Abs. 1 GWB ergibt. Im Oberschwellenbereich kann der Landesgesetzgeber nunmehr keine weiteren Eignungskriterien und Ausschlussgründe normieren, die nicht unter die entsprechenden Tatbestände in § 122 Abs. 2 GWB und §§ 123, 124 subsummiert werden können.

Die Berücksichtigung sekundärer Vergabeziele auf der **Wertungsstufe 26** (Zuschlagskriterien) ist in § 127 Abs. 1 S. 3 GWB normiert. Danach können zur Ermittlung des wirtschaftlichsten Angebotes neben dem Preis oder den Kosten auch qualitative, umweltbezogene oder soziale Aspekte berücksichtigt werden. Die Regelung des § 127 GWB ist für den Oberschwellenbereich abschließend[15]. Nach § 127 Abs. 3 S. 1 GWB müssen Zuschlagskriterien mit dem Auftragsgegenstand in Verbindung stehen; diese Verbindung soll nach dem Gesetzeswortlaut des § 127 Abs. 3 S. 2 GWB auch dann anzunehmen

---

[15] Vgl. Burgi NZBau 2015, 597 (602).

sein, wenn sich ein Zuschlagskriterium auf Prozesse im Zusammenhang mit der Herstellung, Bereitstellung oder Entsorgung der Leistung, auf den Handel mit der Leistung oder auf ein anderes Stadium im Lebenszyklus der Leistung bezieht, auch wenn sich diese Faktoren nicht auf die materiellen Eigenschaften des Auftragsgegenstandes auswirken. Damit hat der bundesrechtliche Gesetzgeber im Einklang mit der RL 2014/24/EU die Möglichkeit für sekundäre Vergabeziele auf der Ebene der Eignungskriterien erweitert, letztlich aber – was unionsrechtlich auch gar nicht anders möglich wäre – an der Notwendigkeit einer grundsätzlichen funktionalen Verbindung zwischen Zuschlagskriterien und Auftragsgegenstand festgehalten.

27   Ob daneben auf der Ebene der Zuschlagskriterien noch ein materieller Bezug der sekundären Vergabeziele zur Wirtschaftlichkeit des Angebotes erforderlich ist, wird in der Literatur unterschiedlich diskutiert[16]. Letztlich reicht es jedoch aus, dass die zu berücksichtigenden sekundären Vergabeziele zur Ermittlung des wirtschaftlichen Angebotes einen wirtschaftlichen Vorteil des Auftraggebers im weitesten Sinne darstellen (die RL 2014/24/EU spricht in Art. 67 Abs. 2 S. 1 von dem aus Sicht des öffentlichen Auftraggebers wirtschaftlich günstigsten Angebotes): Das muss konsequenter Weise auch solche sekundären Vergabeziele mit einschließen, die einen volkswirtschaftlichen, arbeitsmarktbezogenen oder gesamthaushalterischen Bezug zu den Aufgaben der vergebenden öffentlichen Körperschaft haben (z.B. soziale oder arbeitsmarktbezogene Aspekte[17] in Bezug auf den Sozialhaushalt einer Kommune, Umweltaspekte[18] in Bezug auf die volkswirtschaftlichen Schäden durch negative Umweltauswirkungen). Im Ergebnis steht den öffentlichen Auftraggebern hierbei ein weiter Beurteilungsspielraum zu.

28   Schließlich sind bundesrechtlich in §§ 128, 129 GWB auch erstmals Regelungen für die **Bedingungen zur Ausführung eines Auftrages** (Ausführungsbedingungen) normiert worden. Nach § 128 Abs. 1 S. 1 GWB haben die Unternehmen bei der Ausführung eines Auftrags alle für sie geltenden rechtlichen Verpflichtungen einzuhalten. Nach § 128 Abs. 2 S. 1 GWB können öffentliche Auftraggeber darüber hinaus besondere Bedingungen für die Ausführung eines Auftrags (Ausführungsbedingungen) festlegen, sofern diese mit dem Auftragsgegenstand entsprechend § 127 Abs. 3 GWB in Verbindung stehen. Damit ist für den Oberschwellenbereich bereits auf der Ebene des GWB festgelegt, dass die Einhaltung der für die Auftragnehmer geltenden rechtlichen Verpflichtungen Gegenstand des Rechtsverhältnisses zwischen den öffentlichen Auftraggebern und den Auftragnehmern ist. Entsprechende landesrechtliche Regelungen, die ihrerseits auf die Einhaltung der genannten, bestehenden rechtlichen Verpflichtungen ausgerichtet sind, sind damit im Hinblick auf den insoweit abschließenden Vorrang des Bundesrechtes nach Art. 72 Abs. 1, Art. 74 Abs. 1 Nr. 11 GG nicht mehr statthaft. Dies dürfte auch für die Formulierung einer bloßen wiederholenden Regelung mit demselben Regelungsziel wie § 128 Abs. 1 GWB gelten[19]. Auch bei den besonderen Be-

---

[16] Vgl. zur Diskussion ausführlich Fehling in Pünder/Schellenberg § 97 GWB Rn. 171 ff.; siehe auch Schneider DVBl. 2003, 1186 (1190 f.).

[17] Im Grundsatz anerkannt seit EuGH NVwZ 1990, 353.

[18] Dies i. E. ohne Weiteres bejahend EuGH NVwZ 2002, 1356.

dingungen für die Ausführung eines Auftrags gem. § 128 Abs. 2 S. 1 GWB muss entsprechend § 127 Abs. 3 GWB eine funktionale Verbindung zum Auftragsgegenstand bestehen; dabei braucht auch hier keine Auswirkung auf die materiellen Eigenschaften des Auftragsgegenstandes bestehen.

Ausführungsbedingungen, die der öffentliche Auftraggeber dem beauftrag- **29** ten Unternehmen verbindlich vorzugeben hat, dürfen gem. § 129 GWB nur aufgrund eines Bundes- oder Landesgesetzes festgelegt werden. Umstritten ist und war bereits unter der Vorgängernorm des § Abs. 4 Satz 3 GWB a. F., ob hierunter nur Gesetze im formellen Sinne[20] oder umfassend Gesetze im materiellen Sinne fallen[21]. Auch die Gesetzesbegründung zur Novellierung des GWB bringt insoweit keine Klarheit[22]. Für eine Auslegung im Sinne von Gesetzen im materiellen Sinne spricht indes zum einen im Hinblick auf das verfassungsrechtliche Bund-Länder-Verhältnis, dass der Bundesgesetzgeber auf der Ebene des einfachen Rechts nicht befugt sein dürfte, Vorgaben mit Bezug zum Organisationsrecht der Bundesländer zu machen (wozu auch die Frage gehört, mit welchen gesetzgeberischen Instrumenten ein Bundesland Regelungen mit Rechtswirkung nach außen treffen darf). Zum anderen dürfte dem Bundesgesetzgeber zumindest bei der Novellierung des GWB-Vergaberecht auch bewusst gewesen sein, dass es in vielen landesrechtlichen Tariftreue- und Vergaberegelungen Verordnungsermächtigungen zum Erlass ausführender Rechtsverordnungen (auch für die Regelung von Ausführungsbedingungen) gibt und solche Verordnungen damit insoweit rechtswidrig geworden wären; dass der Bundesgesetzgeber dies bei der GWB-Novellierung intendiert hatte, ist aber aus den Gesetzgebungsmaterialien nicht erkennbar. Daher ist i. E. davon auszugehen, dass mit Bundes- oder Landesgesetzen i. S. d. § 129 GWB Gesetze im materiellen Sinne gemeint sind, also auch Rechtsverordnungen; dagegen würde eine Verwaltungsvorschrift oder eine ministerielle Weisung nicht ausreichen können, Ausführungsbedingungen festzulegen, die der öffentliche Auftraggeber verbindlich umzusetzen hat.

b) Sonstige bundeseinheitliche Regelungen. Soweit im Landesrecht **30** die **Vergabe- und Vertragsordnungen** (VOL/A, VOB/A, VOF) durch einen landesrechtlichen Anwendungsbefehl Geltung finden, bleiben auch diese nach § 3 Abs. 1 Satz TVgG NRW vom TVgG NRW unberührt. Entsprechendes dürfte zukünftig auch für die bundeseinheitlich normierte Unterschwellenvergabeordnung gelten. Letztlich dürfte auch dies in erster Linie klarstellende Funktion haben. Grundsätzlich stehen die Vergabe- und Vertragsordnungen im Unterschwellenbereich einer Berücksichtigung sekundärer Vergabeziele nicht entgegen. Allerdings hat sich die Umsetzung der im TVgG NRW geregelten sekundären Vergabeziele grundsätzlich auch im Unterschwellenbereich nach den Regelungen der geltenden Vergabe- und Vertragsordnungen (und zukünftig ggf. der UVgO) zu richten. Die Regelungen des

---

[19] Burgi NZBau 2015, 597 (599).
[20] So OLG Düsseldorf ZfBR 2009, 824 und OLG Koblenz VergabeR 2013, 229 (234).
[21] Vgl. statt vieler zum Streitstand: Fehling in Pünder/Schellenberg § 97 GWB Rn. 166.
[22] Vgl. BT-Drs. 18/6281, S. 114.

TVgG NRW verdrängen insoweit nicht das Unterschwellenvergaberecht, soweit anwendbar, der geltenden Vergabe- und Vertragsordnungen (und zukünftig ggf. der UVgO). Für die kommunalen öffentlichen Auftraggeber in NRW ist zudem zu berücksichtigen, dass das Unterschwellenvergaberecht der Vergabe- und Vertragsordnungen gem. § 25 GemHVO i.V.m den Kommunalen Vergabegrundsätzen NRW[23] nur zur Anwendung empfohlen wird (vgl. → Rn. 33 ff.).

3. Vergaberechtliche Regelungen und Erfordernisse des Landeshaushaltsrechts

31   § 3 Abs. 1 S. 1 TVgG NRW stellt darüber hinaus klar, dass die **vergaberechtlichen Regelungen und Erfordernisse des Landeshaushaltsrechts** durch die Regelungen des TVgG NRW unberührt bleiben. Wie sich aus der Regierungsbegründung zu dem Gesetzentwurf[24] ergibt, ist damit in erster Linie der haushaltsrechtliche Verweis auf das **Unterschwellenvergaberecht** gemeint. Unterhalb der Schwellenwerte gem. § 106 GWB ist Grundlage für die Vergabe öffentlicher Aufträge das Haushaltsrecht der jeweiligen Körperschaft[25].

32   § 55 LHO NRW normiert für den Bereich des **Landeshaushalts NRW,** dass dem Abschluss von Verträgen über Lieferungen und Leistungen eine öffentliche Ausschreibung vorausgehen muss, sofern nicht die Natur des Geschäfts oder besondere Umstände eine Ausnahme rechtfertigen. Öffentliche Ausschreibung bedeutet, dass Leistungen nach öffentlicher Aufforderung einer unbeschränkten Zahl von Unternehmen zur Einreichung von Angeboten vergeben werden. Über § 55 LHO Ziff. 2.1.1 bis 2.1.3 VV zur LHO erfolgen dann entsprechende Verweise auf die Geltung der Vergabe- und Vertragsordnungen (Kaskadenprinzip im Unterschwellenbereich). Der Verweis in 3 Abs. 1 S. 1 TVgG NRW auf das Landeshaushaltsrecht umfasst – was sich aus dem gesetzgeberischen Willen ergibt[26] – die gesamte Kaskadenstruktur einschließlich der Verweise auf die Vergabe- und Vertragsordnungen. Das TVgG NRW verdrängt nicht die vergaberechtlichen Regelungen auf der Ebene des Landeshaushaltsrechts, sondern es stehen beide Materien nebeneinander. Das Verhältnis beider Rechtsmaterien muss durch Auslegung ermittelt werden.

33   Für die **kommunale Ebene** ergibt sich die Anwendung vergaberechtlicher Vorschriften im Unterschwellenbereich aus § 25 Abs. 1, 2 GemHVO i. V. m. den Kommunalen Vergabegrundsätzen NRW[27]. Zwar verweist § 3 Abs. 1 S. 1 TVgG NRW explizit nur auf das Landeshaushaltsrecht, da es sich bei dem Verweis in § 3 Abs. 1 S. 1 TVgG NRW insoweit um eine Klarstellung handelt, dass insb. das haushaltsrechtliche Vergaberecht vom TVgG NRW unberührt bleiben soll, kann dieser Verweis auch auf das Gemeindehaushaltsrecht mit der

[23] RdErl. d. Ministeriums für Inneres und Kommunales NRW – 34−48.07.01/01-169/12 – v. 6.12.2012.
[24] LT-Drs. 16/12265, S. 18.
[25] Ziekow in Ziekow/Völling Einl. GWB Rn. 21.
[26] Vgl. LT-Drucks. 16/12265, S. 18.
[27] RdErl. d. Ministeriums für Inneres und Kommunales NRW – 34−48.07.01/01-169/12 – v. 6.12.2012.

entsprechenden haushaltsrechtlichen Vergabekaskade im Unterschwellenbereich erstreckt werden.

§ 25 Abs. 1, 2 GemHVO i. V. m. den Kommunalen Vergabegrundsätzen **34** NRW stellt eine nordrhein-westfälische Besonderheit dar. Diese Normenkette verpflichtet die Städte, Kreise und Gemeinden sowie die sonstigen Gemeindeverbände (Gemeinden und Gemeindeverbände) nicht zur Anwendung der Vergabe- und Vertragsordnungen im Unterschwellenbereich, sondern empfiehlt nur die Anwendung der Vergabe- und Vertragsordnung (VOL/A und VOB/A). Gem. § 25 Abs. 1 GemHVO muss der Vergabe von Aufträgen auch auf Ebene der Gemeinden und Gemeindeverbände eine öffentliche Ausschreibung vorausgehen, sofern nicht die Natur des Geschäfts oder besondere Umstände eine beschränkte Ausschreibung oder eine freihändige Vergabe rechtfertigen. Bei Vergaben unterhalb der Schwellenwerte sind die Vergabebestimmungen anzuwenden, die das Innenministerium bekannt gibt (§ 25 Abs. 2 GemHVO). Zur Umsetzung hat das Innenministerium NRW die sog. Kommunale Vergabegrundsätze NRW in Form eines Erlasses geregelt, die die Norm des § 25 Abs. 1 GemHVO konkretisieren. Dabei empfiehlt das Innenministerium NRW nur die Anwendung der VOB in Ziff. 4 und der VOL in Ziff. 5 der Kommunalen Vergabegrundsätze NRW[28]. Die VOF wird nicht zur Anwendung empfohlen (vgl. Ziff. 6 der Kommunalen Vergabegrundsätze NRW); sollte eine freiberufliche Leistung eindeutig und erschöpfend beschreibbar sein, gelten die Regelungen für die Vergabe von Liefer- und Dienstleistungsaufträgen (die dann wiederum die Anwendung der VOL empfehlen). In Ziff. 7 der Kommunalen Vergabegrundsätze NRW werden zudem Schwellenwerte bezüglich der einzelnen Vergabearten geregelt[29].

Im Ergebnis gibt es in Nordrhein-Westfalen keine durch Landesrecht ver- **35** bindlich vorgegebenen Vorschriften für das Vergabeverfahren der Gemeinden und Gemeindeverbände im Unterschwellenbereich; die kommunalen Vergabegrundsätze NRW stellen als Erlass des Innenministeriums NRW gegenüber den Gemeinden und Gemeindeverbänden nur eine verwaltungsinterne Regelung ohne Gesetzesrang (im formellen oder materiellen Sinne) dar. Rechtlich verbindlich ist also nur das von den Gemeinden und Gemeindeverbänden in der Bekanntmachung und den Vergabeunterlagen selbst vorgegebene Vergaberecht für die Unterschwellenvergabe.

Grundsätzlich können die Gemeinden und Gemeindeverbände auch ei- **36** gene Vergaberegelungen erlassen oder einzelne Teilbereiche der Vergabe- und Vertragsordnung VOB/A und VOL/A nicht zur Anwendung bringen: Dabei müssten die Gemeinden und Gemeindeverbände aber stets die Anforderung des § 25 Abs. 1 GemHVO einhalten, zudem sind bei einer Binnenmarktrelevanz des jeweils zu vergebenden Auftrag die Grundsätze des primären Unionsrecht zu beachten. Schließlich müssen die in Ziff. 7 genannten Wertgrenzen

---

[28] Bei Redaktionsschluss war noch nicht bekannt, wie die Unterschwellenvergabeordnung (UVgO) in NRW umgesetzt werden soll. Auch diesbezüglich haben sich die Kommunalen Spitzenverbände in NRW für eine grundsätzliche Beibehaltung des Kaskadensystems mit einer reinen Anwendungsempfehlung ausgesprochen.

[29] Im Einzelnen kann hier auf den Text der Ziff. 7 der Kommunalen Vergabegrundsätze NRW verwiesen werden.

für die einzelnen Vergabearten in jedem Fall entsprechend Berücksichtigung
finden.

4. Unberührtheit der Haushaltsgrundsätze

37   Nach § 3 Abs. 1 S. 2 TVgG NRW bleiben ebenfalls die Haushaltsgrundsätze
unberührt. Ausweislich der Begründung zum TVgG NRW sind damit in erster Linie die haushaltsrechtlichen **Grundsätze der Wirtschaftlichkeit und
Sparsamkeit** gemeint[30]. Die haushaltsrechtlichen Grundsätze der Wirtschaftlichkeit und Sparsamkeit durchziehen das gesamte Haushaltsrecht von Bund,
Ländern und Kommunen und haben ihre Grundlage bereits in § 6 Abs. 1
HGrG. Im Landesrecht NRW ist dieser Grundsatz in § 7 Abs. 1 LHO zu finden, für die gemeindliche Ebene in § 75 Abs. 1 S. 2 GO NRW (für die Kreise
i. V. m. § 53 Abs. 1 KrO NRW).

38   Die Grundsätze der Wirtschaftlichkeit und Sparsamkeit liegen inhaltlich
zwar eng beieinander, haben jedoch durchaus unterschiedliche Zielrichtun-
gen. Der Grundsatz der Sparsamkeit stellt insoweit auf den, i.d.R. monetären,
Mitteleinsatz ab, der Grundsatz der Wirtschaftlichkeit berücksichtigt hingegen
bereits begrifflich den Mitteleinsatz im Verhältnis zum jeweiligen Ergebnis[31].

39   Durch die Regelung in § 3 Abs. 1 S. 2 TVgG NRW hat der Gesetzgeber
klargestellt, dass das TVgG NRW die Grundsätze der Wirtschaftlichkeit und
Sparsamkeit nicht verdrängt. Vielmehr ist eine Auslegung des Verhältnisses
zwischen den haushaltsrechtlichen Grundsätzen der Wirtschaftlichkeit und
Sparsamkeit einerseits und den Regelungen des TVgG NRW andererseits erforderlich. Zum einen ist im Haushaltsrecht anerkannt, dass die Regelungen
der Wirtschaftlichkeit und Sparsamkeit nicht vom Vollzug gesetzlich auferleg-
ter Aufgaben entbindet, selbst wenn deren Sinnhaftigkeit in wirtschaftlicher
Hinsicht in Zweifel gezogen würde. Der Vorrang des Gesetzes ist auch vor
dem Hintergrund des haushaltsrechtlichen Grundsatzes der Wirtschaftlichkeit
und Sparsamkeit nicht disponibel, selbst wenn es sich unter Umgehung des jeweiligen Fachgesetzes wirtschaftlicher handeln ließe. Daraus folgt, dass gesetzlich bindende Vorgaben des TVgG NRW, die den öffentlichen Auftraggebern
keinen Ermessens- oder Beurteilungsspielraum eröffnen, grundsätzlich auch
vor dem Hintergrund der Wirtschaftlichkeit und Sparsamkeit zu vollziehen
sind.

40   Komplexer wird das Verhältnis dort, wo das TVgG NRW Ermessens- oder
Beurteilungsspielräume eröffnet. Dies betrifft alle Stufen des Vergabeverfahrens und insbesondere die Stufe der Erstellung der Leistungsbeschreibung, wo
das grundsätzliche Leistungsbestimmungsrecht der öffentlichen Auftraggeber
einen besonderen Stellenwert besitzt. Der öffentliche Auftraggeber hat regelmäßig eine Abwägung zwischen den Zielen des TVgG NRW einerseits und
den haushaltsrechtlichen Grundsätzen der Wirtschaftlichkeit und Sparsamkeit
andererseits vorzunehmen. Grundsätzlich gibt es im Rahmen einer solchen
Abwägung keinen gesetzlich intendierten Vorrang der einen oder anderen
Zielsetzung. So würden die Normen des TVgG NRW vielfach keinen Sinn

---

[30] Vgl. LT-Drs. 16/12265, S. 18.
[31] Klieve in Held/Winkel § 75 GO NRW Ziff. 1.

ergeben, wenn den öffentlichen Auftraggebern aus haushaltsrechtlichen Gründen die Möglichkeit versperrt bliebe, für die Umsetzung eines bestimmten sozialpolitischen oder umweltbezogenen Aspektes einen – auch unter Berücksichtigung des Lebenszykluskostenprinzips – höheren Preis in Kauf zu nehmen. Ein generalisierter Vorrang der Regelungen des TVgG NRW wiederum würde den Verweis auf die Unbeschadetheit der Haushaltsgrundsätze leerlaufen lassen. Der öffentliche Auftraggeber muss daher eine Abwägung mit den Grundsätzen der Wirtschaftlichkeit und Sparsamkeit auf allen Stufen des Vergabeverfahrens vorzunehmen. Bei dieser Abwägung kommt den öffentlichen Auftraggebern ein weiter Beurteilungs- und Entscheidungsspielraum zu. Grundsätzlich kann bei entsprechender Begründung im Einzelfall auch ein vollständiges Überwiegen der Ziele des TVgG NRW einerseits oder der Grundsätze der Wirtschaftlichkeit- und Sparsamkeit andererseits Ergebnis eines solchen Abwägungsvorganges sein.

5. Unberührtheit des Verhältnismäßigkeitsgrundsatz

Gem. § 3 Abs. 1 S. 2 TVgG NRW soll auch der **Verhältnismäßigkeits-** **41** **grundsatz** unberührt bleiben. Im Zuge der Novelle des GWB-Vergaberechts vom 17.2.2016, in Kraft getreten am 18.4.2016, ist bereits in § 97 Abs. 1 S. 2 GWB der Grundsatz der Verhältnismäßigkeit ausdrücklich in das GWB-Vergaberecht aufgenommen worden. Durch die landesrechtliche Erwähnung in § 3 Abs. 1 Satz 2 TVgG NRW stellt der Landesgesetzgeber nunmehr klar, dass der Verhältnismäßigkeitsgrundsatz auch bei Vergaben unterhalb der Schwellenwerte gem. § 106 GWB Anwendung finden soll. Der Verhältnismäßigkeitsgrundsatz ist eines der tragenden Prinzipien des primären Unionsrecht und des unionsrechtlichen Vergaberechts[32]. Er ergibt sich bereits unmittelbar aus dem primären Unionsrecht, zudem ist er in Art. 18 Abs. 1 der RL 2014/24/EU geregelt.

Der Verhältnismäßigkeitsgrundsatz verpflichtet die öffentlichen Auftragge- **42** ber die primärrechtlichen Grundfreiheiten des Unionsrechts, aber auch die Rechte der (potentiellen) Bieter aus Art. 12 Abs. 1 GG, Art. 2 Abs. 1 GG und Art. 3 Abs. 1 GG, nicht stärker zu beeinträchtigen, als für die Erfüllung der primären und ggf. sekundären Vergabezwecke erforderlich[33]. Gerade bei der Vorgabe sekundärer Vergabeziele in den Bereichen Umweltschutz, sozialer Standards sowie der Frauenförderung und der Vereinbarkeit von Familie und Beruf sind die öffentlichen Auftraggeber gehalten, auf allen Stufen des Vergabeverfahrens zu prüfen, ob solche Vorgaben in Anbetracht ihrer Auswirkungen auf die Warenverkehrs- bzw. Dienstleistungsfreiheit sowie die Rechte der (potentiellen) Bieter erforderlich und angemessen sind.

Hauptanwendungsfälle für die Prüfung des Verhältnismäßigkeitsgrundsatzes **43** durch die öffentlichen Auftraggeber dürften dort bestehen, wo den öffentlichen Auftraggebern eigene Beurteilungs- und Ermessensspielräume zuste-

---

[32] EuGH Slg. 1982, 681 (695); EuGH EuZW 1996, 112.; vgl. Ziekow in Ziekow/Völlink Vergaberecht, § 97 GWB Rn. 47.

[33] Zur unionsrechtlichen Perspektive z. B. EuGH Slg. 2001, I-2189; EuGH NVwZ 2009, 833 (834); EuGH EuZW 2010, 150 (150).

hen. Hier sind vor der Festlegung sekundärer Vergabeziele durch die öffentlichen Auftraggeber vor dem Hintergrund des Verhältnismäßigkeitsgrundsatzes grundsätzlich das „Ob" und der „Umfang" der Festlegung eines sekundären Vergabeziels zu prüfen; dies betrifft alle Stufen des Vergabeverfahrens.

44 Aber auch dort, wo das TVgG NRW und die aufgrund dieses Gesetzes erlassenen Rechtsverordnungen keine Spielräume für die Festlegung eines sekundären Vergabezieles belassen, ist ein Rückgriff auf den Grundsatz der Verhältnismäßigkeit nicht ausgeschlossen. Der Grundsatz der Verhältnismäßigkeit hat, wie oben betont, im Vergaberecht seine Verankerung insbesondere im primären Unionsrecht und geht somit dem landesrechtlichen TVgG NRW vor. Daher setzt auch hier das unionsrechtlich begründete Verhältnismäßigkeitsprinzip Grenzen. Bei der Umsetzung der Prüfung des Verhältnismäßigkeitsprinzips bei gebundenen Entscheidungen ist zu berücksichtigen, dass bei einem unionsrechtswidrigen formellen Gesetz grundsätzlich jeder Rechtsanwender auch auf Ebene der vollziehenden Gewalt eine Überprüfungs- und Verwerfungskompetenz. Dies berechtigt den rechtsanwendenden öffentlichen Auftraggeber, auch eine bindende gesetzliche Regelung auf einen Verstoß gegen unionsrechtliche Vorgaben zu überprüfen und diese ggf. nicht anzuwenden. Allerdings dürfte der Rückgriff auf das Verhältnismäßigkeitsprinzip bei Vorliegen einer die öffentlichen Auftraggeber bindenden gesetzlichen Regelung auf Fälle evidenter Unverhältnismäßigkeit beschränkt bleiben.

III. Inhalt des Abs. 2

45 In Anbetracht der rechtspolitischen Ziele des TVgG NRW hat § 3 Abs. 2 TVgG NRW eine sehr grundsätzliche Stellung im Hinblick auf die **Eröffnung des Vergaberechts in NRW** für **sekundäre Vergabeziele.** Mit der umfassenden Eröffnung der Möglichkeit zur Verfolgung sekundärer Vergabeziele korreliert das TVgG NRW sowohl mit den Bestrebungen im Richtlinienpaket des europäischen Vergaberechts als auch mit Bestrebungen im novellierten GWB, in deutlich weiterem Umfang als in der Vergangenheit die Berücksichtigung sekundärer Vergabeziele zu ermöglichen.

46 § 3 Abs. 2 S. 1 TVgG NRW stellt klar, dass die öffentlichen Auftraggeber in NRW auch **unterhalb der Schwellenwerte** nach § 106 GWB auf der Ebene der Zuschlagskriterien und der Ebene der besonderen Bedingungen für die Ausführung eines Auftrags (Ausführungsbedingungen) bestimmte, über dem Auftragsgegenstand hinausgehende Aspekte vorgeben können. Diese Regelung mit der Beschränkung auf den Unterschwellenbereich im Wortlaut war erforderlich, da der Bundesgesetzgeber im Oberschwellenbereich mit den §§ 127 und 128 Abs. 2 GWB bereits abschließende Regelungen getroffen hat. Aus kompetenzrechtlichen Gründen bestand für den Landesgesetzgeber vor diesem Hintergrund nur Raum für die Schaffung entsprechender Regelungen im Unterschwellenbereich[34].

47 In § 3 Abs. 2 S. 3 TVgG NRW wird zudem geregelt, dass die Vorgaben des TVgG NRW in den § § 6 und 7 nur Mindeststandards sind, über die die öf-

---

[34] Siehe dazu auch Begründung LT-Drs. 16/12265, S. 19.

fentlichen Auftraggeber hinausgehen können. Auch wenn insoweit nur die §§ 6 und 7 TVgG NRW genannt werden, sind auch die anderen Vorgaben zu sekundären Vergabezielen im TVgG NRW (wie z. B. die Vorgaben zur Frauenförderung und der Förderung der Vereinbarkeit von Familie und Beruf in § 8 TVgG NRW) grundsätzlich nur als Mindeststandards anzusehen, über die die öffentlichen Auftraggeber auch hinausgehen können. Dabei müssen natürlich auch solche, über die Mindeststandards hinausgehende Vorgaben mit den übrigen vergaberechtlichen Regelungen und insbesondere – bei Vorliegen einer Binnenmarktrelevanz – mit dem primären und sekundären Unionsrecht vereinbar sein; dies gilt auch für den Verhältnismäßigkeitsgrundsatz. Ebenfalls mit Abs. 2 intendiert ist, dass öffentliche Auftraggeber freiwillig auch unterhalb der Schwellenwerte des § 2 Abs. 4 TVgG NRW Regelungen bzw. Vorgaben dieses Gesetzes anwenden können[35].

1. Qualitative, umweltbezogene, innovative oder soziale Aspekte bei der Ermittlung des wirtschaftlichsten Angebotes (Zuschlagskriterien)

§ 3 Abs. 2 S. 1 TVgG NRW eröffnet den öffentlichen Auftraggebern auch **48** unterhalb der Schwellenwerte nach § 106 GWB die Möglichkeit, neben dem Preis oder den Kosten auch **qualitative, umweltbezogene, innovative** oder **soziale** Aspekte bei der Ermittlung des wirtschaftlichsten Angebotes zu berücksichtigen.

Qualitative Aspekte können materielle Anforderungen an den Leistungsge- **49** genstand oder die Art und Weise der Leistungserbringung sein, z. B. die Bewertung der Leistungserbringung durch Benchmarks (Vergleichswerte), die Vorlage eines Qualitätsmanagementkonzeptes (z. B. ein Konzept zur Sicherung der Pünktlichkeit bei ÖPNV-Leistungen) oder die Vorgabe spezifisch auf den jeweiligen Auftrag bezogener Qualitätsanforderungen. Umweltbezogene Aspekte können sich insb. auf den Schutz von Umweltmedien, die Ressourcen- und Energieeinsparung, den Immissionsschutz oder die Abfallvermeidung beziehen. Innovative Aspekte in diesem Sinne umfassen vor allem solche technischen und prozessbezogenen Anforderungen, die über die eigentlichen Anforderungen in der Leistungsbeschreibung hinausgehen und zugleich einen innovativen Mehrstandard im Vergleich zu den bestehenden verkehrs- oder marktüblichen Standards darstellen. Am weitesten wird in diesem Kontext der Begriff der sozialen Aspekte zu verstehen sein; der Begriff dürfte im Hinblick auf den Willen des Gesetzgebers umfassend zu verstehen sein und mögliche sozialpolitische, tarifvertragliche sowie arbeitsmarktbezogene Aspekte umfassen, aber auch gesundheitsrelevante und gesellschaftsbezogene Aspekte, solange diesen zumindest auch eine soziale Dimension zukommt. Grundsätzlich kommt den öffentlichen Auftraggebern bei der Definition und Festlegung solcher Aspekte auf der Ebene der Zuschlagskriterien ein weiter Beurteilungsspielraum zu (zur Frage, ob auf der Ebene der Zuschlagskriterien noch ein Bezug der sekundären Vergabeziele zur Wirtschaftlichkeit des Angebotes erforderlich ist → Rn. 27).

---

[35] LT-Drs. 16/12265, S. 19.

50 Soweit bei einer Vergabe **unterhalb der Schwellenwerte** gem. § 106 GWB eine Binnenmarktrelevanz bejaht wird, müssen die primärrechtlichen Grundsätze der Transparenz, der Nichtdiskriminierung und der Verhältnismäßigkeit insbesondere auch in Bezug zu den jeweiligen qualitativen, umweltbezogenen, sozialen oder innovativen Zuschlagskriterien eingehalten werden. Das setzt bei solchen Kriterien – auch im Unterschwellenbereich – zumindest voraus, dass die Kriterien vorab bekannt gemacht werden[36], dass diese Kriterien bestimmte Bietergruppen nicht benachteiligen und dass die Berücksichtigung solcher Kriterien keine unverhältnismäßige Beeinträchtigung des Binnenmarktes und binnenländischer Bieter darstellt. In der Bekanntmachung des Auftrags und in den Vergabeunterlagen sind der Umfang der Vorgaben und ihre Gewichtung hinreichend deutlich zu dokumentieren, eine Benennung in Betracht kommender Unterkriterien und der umfassenden Bewertungsmatrix ist im Unterschwellenbereich i. d. R. nicht erforderlich, aber auch nicht schädlich[37].

51 Darüber hinaus müssen die qualitativen, umweltbezogenen, innovativen oder sozialen Zuschlagskriterien gem. § 3 Abs. 2 S. 2 TvgG NRW mit dem Auftragsgegenstand **in Verbindung stehen**. Für die Auslegung des geforderten Auftragsbezugs im Unterschwellenvergaberecht kann auf die Normierung des novellierten GWB-Vergaberechts im Sinne eines argumentum a maiore ad minus zurückgegriffen werden: Entsprechend zum novellierten § 127 Abs. 3 GWB im Oberschwellenbereich setzt die notwendige Verbindung mit dem Auftragsgegenstand keine materielle Verbindung mit der erbrachten Leistung voraus. Die geforderte Verbindung ist entsprechend § 127 Abs. 3 S. 2 GWB vielmehr auch dann anzunehmen, wenn sich ein Zuschlagskriterium auf Prozesse im Zusammenhang mit der Herstellung, Bereitstellung oder Entsorgung der Leistung, auf den Handel mit der Leistung oder auf ein anderes Stadium im Lebenszyklus der Leistung bezieht.

52 Durch diese Ausweitung der geforderten Verbindung mit dem Auftragsgegenstand ist ein praktisch größeres Anwendungsfeld für die Umsetzung sekundärer Vergabeziele eröffnet worden. So können z. B. Umweltkriterien bei der Produktion eines zu beschaffenden Gegenstandes, Aspekte des fairen Handels oder soziale Vorgaben wie die anteilige Beschäftigung von Langzeitarbeitslosen bei der Auftragsabwicklung vor dem Hintergrund des § 3 Abs. 2 S. 2 TVgG NRW als Zuschlagskriterium Berücksichtigung finden. Eine Grenze ist jedoch dann erreicht, wenn ein qualitatives, umweltbezogenes, innovatives oder soziales Zuschlagskriterium nur noch rein schematisch einen Zusammenhang mit den Herstellung-, Handels- oder Entsorgungsprozessen aufweist, ohne dass ein echter, materieller Zusammenhang mit den konkreten Herstellungs-, Handels- oder Entsorgungsprozessen der jeweiligen Leistung besteht: So ist z. B. bei rein unternehmensweit wirkenden Maßnahmen wie die Förderung von Frauen in Führungspositionen oder eine Werbekampagne für die

---

[36] So ausdrücklich für den Unterschwellenbereich EuGH NZBau 2015, 383 (385); vgl. auch § 16 Abs. 7 VOL/A und (soweit anwendbar) §§ 21 Abs. 1 Nr. 2, 28 Abs. 2 Nr. 13 UVgO.
[37] Instruktiv hierzu, aber bezogen auf das Oberschwellenvergaberecht, EuGH NVwZ 2008, 400 (401).

Gewinnung von Personen mit Migrationshintergrund für das Unternehmen kein Bezug zu dem jeweiligen Auftragsgegenstand mehr zu erkennen, selbst wenn in den Vergabeunterlagen die Formulierung „… bei Ausführung des Auftrages …" Verwendung findet (zur entsprechenden Frage bei den ergänzenden Ausführungsbedingungen vgl. → Rn. 55).

2. Ausführungsbedingungen über die in §§ 6 und 7 TVgG NRW festgelegten Mindeststandards hinaus

§ 3 Abs. 2 S. 3 TVgG NRW regelt, dass über die in den §§ 6 und 7 TVgG **53** NRW festgelegten Mindeststandards hinausgehende **besondere Bedingungen für die Ausführung eines Auftrags** (Ausführungsbedingungen) festgelegt werden können. Die Regelungen des TVgG NRW sind also ex lege nicht als abschließend anzusehen. Dies dürfte ebenfalls für besondere Ausführungsbedingungen nach § 8 TVgG NRW gelten, da auch insoweit der Gesetzgeber weitergehende Vorgaben zur Frauenförderung oder zur Förderung der Vereinbarkeit von Familie und Beruf nicht ausschließen wollte. Allerdings ist zu berücksichtigen, dass für die gesetzliche Verpflichtung zur Festlegung besonderer Ausführungsbedingungen i. S. d. § 8 TVgG NRW eine ausführende Rechtsverordnung erforderlich ist (über deren Standards die öffentlichen Auftraggeber dann aber hinausgehen können).

Exemplarisch nennt § 3 Abs. 2 S. 3 TVgG NRW für die hinausgehenden **54** Standards Kriterien des fairen Handels und weitergehende Regelungen zur Arbeitsorganisation (beispielsweise zu Gesundheits- und Sozialstandards). Diese Aufführung ist nicht abschließend. § 3 Abs. 2 S. 5 TVgG NRW nennt ebenfalls weitere, in Betracht kommende ergänzende Ausführungsbedingungen (vgl. → Rn. 56 ff.).

Die Ausführungsbedingungen müssen mit dem Auftragsgegenstand in Ver- **55** bindung stehen (§ 3 Abs. 2 S. 3 am Satzende TVgG NRW). Auch hier kann auf die Legaldefinition des Oberschwellenvergaberechts nach §§ 128 Abs. 2 S. 1 i. V. m. 127 GWB Bezug genommen werden (vgl. → Rn. 51 f.). Schließlich müssen sich die Ausführungsbedingungen aus der Auftragsbekanntmachung oder den Vergabeunterlagen ergeben (§ 3 Abs. 2 S. 4 TVgG NRW). Dies gilt umfassend auch im Bereich unterhalb der Schwellenwerte gem. § 106 GWB. Die Teilnehmer an einem Vergabeverfahren müssen erkennen können, was von ihnen verlangt wird und zu welchen Ausführungsbedingungen sie verpflichtet werden sollen.

3. Weitere Ausführungsbedingungen

§ 3 Abs. 2 S. 5 TVgG NRW nennt noch **wirtschaftliche, innovationsbe-** **56** **zogene, umweltbezogene, soziale** oder **beschäftigungspolitische** Belange als in Betracht kommende zusätzliche Ausführungsbedingungen. Dieser S. 5 ist im Zusammenhang mit dem vorherigen S. 3 und 4 zu verstehen und stellt klar, dass unbeschadet der Regelungen des TVgG NRW eben auch solche Belange über die bereits im TVgG NRW vorgesehenen Standards hinaus von den öffentlichen Auftraggebern als Ausführungsbedingungen festgelegt werden können (zu den Begriffen innovationsbezogen, umweltbezogen und sozial vgl.→ 49). Der Begriff der beschäftigungspolitischen Belange ist in ersten Linie als Unterbegriff zu den sozialen Belangen zu verstehen und bezieht sich vor allem auf Vorgaben zu den Arbeitsverhältnissen bei Ausführung des jeweiligen Auftrags (z. B. Beschäftigung von Langzeitarbeitslosen bei Ausführung des Auftrags). Grundsätzlich sind die in § 3 Abs. 2 S. 5 TVgG NRW genannten Belange als nicht abschließend anzusehen.

57   Die Ausführungsbedingungen müssen auch im Falle des § 3 Abs. 2 S. 5 TVgG NRW mit dem Auftragsgegenstand in Verbindung stehen; § 3 Abs. 2 S. 3 am Satzende TVgG NRW gilt auch für die Fälle des § 3 Abs. 2 S. 5 TVgG NRW. Zudem müssen sich auch hier die Ausführungsbedingungen aus der Auftragsbekanntmachung und den Vergabeunterlagen ergeben.

4. Exkurs: Nicht in § 3 Abs. 2 TVgG NRW geregelte Stufen des Vergabeverfahrens

58   § 3 Abs. 2 TVgG NRW regelt nur die Festlegung sekundärer Vergabeziele auf der Stufe der Zuschlagskriterien und der ergänzenden Ausführungsbedingungen. Dagegen kann auch die Festlegung sekundärer Vergabeziele auf den Stufen der **Leistungsbeschreibung** und der **Eignungskriterien** erfolgen. Dass § 3 TVgG NRW hierzu keine Ausführung enthält, bedeutet nicht, das der Landesgesetzgeber sekundäre Vergabeziele auf diesen Stufen ausschließen wollte; vielmehr richtet sich die Festlegung sekundärer Vergabeziele auf diesen Stufen nach den allgemeinen Regeln des Vergaberechts.

59   **a) Sekundäre Vergabeziele auf der Ebene der Leistungsbeschreibung.** Im Rahmen der **Leistungsbeschreibung** besitzen die öffentlichen Auftraggeber den weitesten Spielraum für die Festlegung **sekundärer Vergabeziele.** Hier kommt grundsätzlich das Leistungsbestimmungsrecht der öffentlichen Auftraggeber zu tragen, nach dem die Auftraggeber bestimmen können, was sie einkaufen und welche Eigenschaften die zu beschaffende Leistung haben soll[38]. Grenzen werden hier durch das Willkürverbot sowie durch explizit entgegenstehende Regelungen der nationalen Rechtsordnung und der Rechtsordnung der Union gesetzt.

60   Eine spezialgesetzliche Ausnahme gibt es beispielsweise für energieverbrauchsrelevante Liefer- oder Dienstleistungen und die Beschaffung von Fahrzeugen im Oberschwellenbereich (§§ 67, 68 VgV). Zudem sind in allen Fällen die primärrechtlichen Grundsätze der Transparenz, der Nichtdiskriminierung und der Verhältnismäßigkeit zu berücksichtigen. Insbesondere darf die Leistungsbeschreibung nicht so gestaltet werden, dass von vornherein bestimmte Bieter von der Teilnahme ausgeschlossen werden oder die Teilnahme an Vergabeverfahren unverhältnismäßig erschwert wird[39]. Ein Beispiel hierfür sind nationale Klassifizierungen oder Standards. Im Rahmen einer Verhältnismäßigkeitsprüfung ist zu prüfen, ob es gleich gut geeignete Lösungen gibt, die bestimmten Bietern oder Bietergruppen eine Teilnahme am Vergabeverfahren weniger erschweren könnte. Dass bestimmte Vorgaben auf der Ebene der Leis-

---

[38] Fehling in Pünder/Schellenberg § 97 GWB Rn. 169 ff.; Ziekow in Ziekow/Völlink Vergaberecht, § 97 GWB Rn. 114 ff.
[39] Ziekow in Ziekow/Völlink Vergaberecht, § 97 GWB Rn. 114.

tungsbeschreibung von Bietern aus bestimmten Mitgliedstaaten der EU ggf. besser erfüllt werden können als von anderen (z. B. die Beschaffung von Elektrofahrzeugen mit dem neuesten technischen Entwicklungsstand) ist im Hinblick auf das damit verfolgte Ziel als gerechtfertigt anzusehen, solange es keine gleichwertige technische Lösung gibt und die Leistungsbeschreibung unterschiedslos in- und ausländische Bieter betrifft.

In Betracht kommt die Festlegung von Aspekten der Nachhaltigkeit auf der **61** Ebene der Leistungsbeschreibung vor allem bei Umweltanforderungen (z. B. Vorgabe bestimmter Höchstverbräuche bei Elektrogeräten, die Entscheidung zur Beschaffung von Elektrofahrzeugen oder spezifische Anforderungen zur Wärmedämmung bei Gebäuden) sowie im Bereich der Barrierefreiheit (z. B. bauliche Anforderungen für die Barrierefreiheit oder Anforderungen an ein „Design für alle"). Es liegt in der Natur der Sache, dass Festlegung auf der Ebene der Leistungsbeschreibung sich unmittelbar auf den zu beschaffenden Gegenstand selbst oder den Gebrauch des zu beschaffenden Gegenstandes (z. B. Forderungen eines schnell erreichbaren Kundendienstes mit Beratung zur energiesparenden Bedienung) auswirken müssen.

b) Sekundäre Vergabeziele auf der Ebene der Eignungskriterien. 62 Für den **Oberschwellenbereich** ist die Frage, inwieweit **sekundäre Vergabeziele im Rahmen der Eignungskriterien** berücksichtigt werden können, durch die §§ 122–124 GWB mittlerweile abschließend geregelt. Die novellierte Regelung zu den Eignungskriterien in § 122 Abs. 1 GWB orientiert sich an den Vorgaben des Art. 58 Abs. 1 RL 2014/24/EU[40]. Dabei bleiben die Begriffe der Fachkunde und Leistungsfähigkeit zwar als zentrale Komponenten der Eignung erhalten, das Begriffspaar der Fachkunde und Leistungsfähigkeit wird jedoch vollständig (und abschließend) durch die in § 122 Abs. 2 GWB genannten 3 Kategorien ausgefüllt: Befähigung und Erlaubnis zur Berufsausübung, wirtschaftliche und finanzielle Leistungsfähigkeit, technische und berufliche Leistungsfähigkeit. Soweit öffentliche Auftraggeber auf der Ebene der Eignungskriterien sekundäre Vergabeziele als Kriterien der Eignung berücksichtigen wollen, müssen diese unter einer der genannten Kategorien subsumierbar sein. Dies wird in vielen Fällen, insbesondere bei Umweltaspekten und sozialen Aspekten, unter dem mit Wirkung zum 18.4.2016 novellierten GWB-Vergaberecht[41] nur noch selten praktisch möglich sein. Die Rechtsfolgen für gesetzeswidriges Verhalten eines Bieters sind für den Oberschwellenbereich nunmehr in den §§ 123, 124 GWB abschließend geregelt; eine Erweiterung dieses Katalogs durch die öffentlichen Auftraggeber ist nicht statthaft und in Anbetracht der zahlreichen obligatorischen und fakultativen Ausschließungsgründe in den §§ 123, 124 GWB i. d. R. auch nicht erforderlich.

Im Bereich der Vergaben **unterhalb der Schwellenwerte** gem. § 106 **63** GWB bleiben mit der Fachkunde, der Leistungsfähigkeit und der Zuverlässigkeit die klassischen drei Elemente der Eignung in den §§ 2 Abs. 1 VOB/A und 2 Abs. 1 VOL/A bestehen. Die Prüfung bestehender Verletzungen gesetzlicher

---

[40] Vgl. Gesetzesbegründung BT-Drs. 18/6281.
[41] Gesetz zur Modernisierung des Vergaberechts vom 17.2.2016, BGBl. I S. 206.

Regelungen durch den Bieter, insbesondere im Umweltbereich und bei arbeits- und sozialversicherungsrechtlichen Regelungen, kommt primär beim Kriterium der Zuverlässigkeit (Gesetzestreue) in Betracht. Offen gelassen ist im TVgG NRW, ob die öffentlichen Auftraggeber zumindest im Unterschwellenbereich darüber hinaus weitere sekundäre Vergabeziele als Eignungskriterien festlegen können. Teilweise wird der Bedarf nach einer Erklärung der Nichtmitgliedschaft des Unternehmers in Sekten („Scientology-Erklärung") oder eine Erklärung zur Verfassungstreue, z. B. bei der Vergabe sozialer Dienstleistungen, gesehen. Grundsätzlich ist jedoch eine solche Ausweitung der Eignungskriterien kritisch zu bewerten. Soweit die VOB/A oder die VOL/A verpflichtend Anwendung findet, dürften die Regelungen der §§ 2 Abs. 1 VOB/A und 2 Abs. 1 VOL/A den abschließenden Rahmen vorgeben. Aber auch darüber hinaus (z. B. für die kommunalen öffentlichen Auftraggeber in NRW) sind öffentliche Auftraggeber über die Grundrechte an das Willkürverbot und den Grundsatz der Verhältnismäßigkeit gebunden; dies erfordert, Ausschlüsse von Vergabeverfahren auf der Ebene der Eignung nur in engen Grenzen zuzulassen. Insoweit dürfte auch hier ein Abstellen auf die Kriterien der Fachkunde, der Leistungsfähigkeit und Zuverlässigkeit (und damit implizit der Gesetzestreue) der Bieter abschließend sein. Nur soweit sich weitere Anforderungen an die Eignung unter diese Trias subsumieren lassen, ist eine Berücksichtigung solcher Anforderungen als Eignungskriterium zulässig.

IV. Grundsätze für die Vergabe öffentlicher Aufträge in anderen Bundesländern im Überblick

64   In immerhin acht Bundesländern mit einer Tariftreue- und Vergaberegelung gibt es eine dem § 3 TVgG NRW vergleichbare Grundsatznorm.

In **Brandenburg** gibt es mit § 3 Brandenburgisches Vergabegesetz vom 29. 9. 2016 (BbgVergG) eine umfangreiche Grundsatznorm, die im Wesentlichen dem § 3 des TVgG NRW in der früheren Fassung vom 10. 2. 2012 entspricht; in diesem Paragraphen werden neben der allgemeinen Möglichkeit zur Berücksichtigung sekundärer Vergabeziele auch allgemeine Vergabegrundsätze geregelt. Bemerkenswert ist an § 3 BbgVergG, dass diese Regelung ausdrücklich auch für Konzessionen (auch im Unterschwellenbereich) gilt.

65   Im **Hessischen** Vergabe- und Tariftreuegesetz vom 19. 12. 2014 (HVTG) werden in § 2 Abs. 1 die allgemeinen Vergabegrundsätze geregelt, § 2 Abs. 2 HVTG stellt für Vergaben des Landes Hessen klar, dass Aspekte einer nachhaltigen Entwicklung in Bezug auf den Beschaffungsgegenstand und dessen Auswirkungen auf das ökologische, soziale und wirtschaftliche Gefüge zu berücksichtigen sind. Für die kommunale Ebene wird dies in § 2 Abs. 2 S. 2 HVTG als „Kann-Vorgabe" vorgesehen. § 3 Abs. 1, 2 HVTG stellt den öffentlichen Auftraggebern frei, soziale, ökologische, umweltbezogene und innovative Anforderung zu berücksichtigen, die mit dem Auftragsgegenstand in Verbindung stehen oder Aspekte des Produktionsprozesses betreffen und sich aus der Leistungsbeschreibung ergeben. Solche Anforderungen sowie alle anderen Zuschlagskriterien und deren Gewichtung müssen in der Bekanntmachung und in den Vergabeunterlagen genannt werden. § 3 Abs. 2 HVTG nennt dann verschiedene berücksichtigungsfähige Aspekte in den Bereichen der sozialen, ökologischen, umweltbezogenen und innovativen Anforderungen, die öffentliche Auftraggeber i. S. d. Abs. 1 vorgeben können. Nach dem Willen des hessischen Landesgesetzgebers soll dieser Katalog in Abs. 2 abschließend sein[42]; für den Oberschwellenbereich dürfte auch hier der abschließende Vorrang der §§ 121–129 GWB gelten.

Das Vergabegesetz **Mecklenburg-Vorpommern** vom 7.7.2011 (VgG M-V) gibt in § 2 VgG M-V die anzuwendenden vergaberechtlichen Regelungen im Land Mecklenburg-Vorpommern vor. § 2 Abs. 3 VgG M-V stellt in vergleichbarer Weise zu § 3 Abs. 1 TVgG NRW klar, dass höherrangiges Recht auf europäischer Ebene und auf Bundesebene unberührt bleibt. § 3 VgG M-V regelt zudem noch zu berücksichtigende allgemeine Vergabegrundsätze im Lande Mecklenburg-Vorpommern. **66**

In **Rheinland-Pfalz** regelt das Landestariftreuegesetz vom 1.12.10 (LTTG) in § 1 Abs. 2 die allgemeinen Vergabegrundsätze (Öffentliche Aufträge dürfen nur an fachkundige, leistungsfähige sowie gesetzestreue und zuverlässige Unternehmen vergeben werden). § 1 Abs. 3 gibt vor, dass für die Auftragsausführung zusätzliche Anforderungen an Auftragnehmer gestellt werden können, die insbesondere soziale, umweltbezogene oder innovative Aspekte betreffen, wenn sie im sachlichen Zusammenhang mit dem Auftragsgegenstand stehen und sich aus der Leistungsbeschreibung ergeben. § 1 Abs. 3 S. 2 nennt dann 3 Beispiele möglicher sozialer Aspekte (Beschäftigung von Auszubildenden, Beschäftigung von Langzeitarbeitslosen und die Sicherstellung der Entgeltgleichheit von Frauen und Männer). Im Gegensatz zu beispielsweise § 3 Abs. 2 des hessischen HVTG ist diese Aufzählung nicht abschließend, d. h. öffentliche Auftraggeber können (auch im Unterschwellenbereich) weitere soziale sowie umweltbezogene oder innovative Aspekte kreieren und diese vorgeben. **67**

Im **Saarländischen** Tariftreuegesetz vom 6.2.2013 (STTG) regelt § 2 Abs. 1 die allgemeinen Vergabegrundsätze (Aufträge dürfen nur an fachkundige, leistungsfähige sowie gesetzestreue und zuverlässige Unternehmen vergeben werden) und § 2 Abs. 3 grundsätzlich die Verpflichtung zur Transparenz und Nichtdiskriminierung. Hinsichtlich möglicher zusätzlicher Anforderungen an Auftragnehmer (gemeint offensichtlich insbesondere sekundäre Vergabeziele im Bereich sozialer Aspekte sowie Aspekte des Umweltschutzes) verweist § 2 Abs. 2 auf § 97 Abs. 4 GWB a. F. sowie im Bereich des ÖPNV auf Art. 4 VO (EG) Nr. 1370/2007; letzteres hat insoweit nur klarstellende Wirkung, da die VO (EG) Nr. 1370/2007 grundsätzlich auch bei Vergaben unterhalb der Schwellenwerte gem. § 106 GWB Anwendung findet. **68**

Eine bemerkenswerte Besonderheit enthält das Landesvergabegesetz von **Sachsen-Anhalt** vom 19.11.12 (LVG LSA). Nach § 4 Abs. 1 S. 2 LVG LSA dürfen zusätzliche Anforderungen i. S. v. § 97 Abs. 4 Satz 2 GWB a. F. nur an Auftragnehmer mit mindestens 25 Arbeitnehmern gestellt werden. Damit sind die öffentlichen Auftraggeber in Sachsen-Anhalt hinsichtlich ihrer Kompetenzen, bestimmte sekundäre Vergabeziele vorzugehen, deutlich beschränkt. Für Vergaben oberhalb der Schwellenwerte gem. § 106 GWB dürfte eine solche Beschränkung auf Auftragnehmer mit mindestens 25 Arbeitneh- **69**

---

[42] Vgl. LT-Drucks. 19/401, S. 17.

mern unter dem seit dem 18. 2. 2016 novellierten GWB-Vergaberecht mit seinem abschließenden Charakter der §§ 121–129 GWB nicht mehr zulässig sein.

70   Im Tariftreue- und Vergabegesetz **Schleswig-Holstein** vom 31.5.13 (TTG) werden in § 3 allgemeine Grundsätze für die Vergabe von öffentlichen Aufträgen geregelt. § 3 Abs. 1 TTG normiert dabei die Geltung der Vergabe- und Vertragsordnungen, § 3 Abs. 2 TTG den Grundsatz der Nichtdiskriminierung, § 3 Abs. 3 TTG den Transparenzgrundsatz. Eine Besonderheit der Rechtslage in Schleswig-Holstein sind die recht umfangreichen vergaberechtlichen Bestimmungen zur Korruptionsbekämpfung in § 3 Abs. 4 TTG; im förmlichen Vergabeverfahren von Bauleistungen hat der öffentliche Auftraggeber danach durch interne organisatorische Maßnahmen eine unabhängige rechnerische Prüfung der Angebote sicherzustellen oder eine Zweitausfertigung des Angebotes zu verlangen, die Zweitausfertigung ist dem Angebot gesondert verschlossen beizufügen; sie dient als Prüfungsunterlage in Zweifelsfällen. § 3 Abs. 5 TTG gibt vor, dass in jeder Phase des Vergabeverfahrens (Ermittlung des Beschaffungsbedarfes, Festlegung des Auftragsgegenstandes einschließlich Leistungsbeschreibung, Eignungsprüfung und Ermittlung des wirtschaftlichsten Angebotes) ökologische und soziale Aspekte angemessen berücksichtigt werden sollten: Ob durch die Verwendung des für einen Normtext ungewöhnlichen Verbs „sollten" eine schwächere Verbindlichkeit als durch das Wort „sollen" impliziert wird, ist nicht ganz klar; einiges spricht jedoch für die Annahme, dass hier der Gesetzgeber zumindest kein intendiertes Ermessen im Sinne einer klassischen „Soll-Vorgabe" regeln wollte. § 3 Abs. 6 TTG stellt zudem die Möglichkeit klar, zusätzliche Anforderungen an den Auftragnehmer zu stellen, die soziale, umweltbezogene oder innovative Aspekte betreffen. Schließlich regeln die § 3 Abs. 7–9 TTG Vorgaben zur Förderung der Beteiligung kleiner und mittlerer Unternehmen an der Auftragsvergabe sowie die Pflicht zur Bildung von Teil- und Fachlosen.

71   Eine dem § 3 TVgG NRW vergleichbare Grundsatznorm gibt es in **Thüringen** mit § 4 des Thüringer Vergabegesetz vom 18. 4. 2011 (ThürVgG). § 4 ThürVgG beschränkt sich darauf zu regeln, dass ökologische und soziale Belange auf allen Stufen des Vergabeverfahrens berücksichtigt werden können, wenn sie im sachlichen Zusammenhang mit der Auftragsleistung stehen und in der Bekanntmachung oder den Vergabeunterlagen angegeben sind. Eine verpflichtende Vorgabe zur Berücksichtigung ökologischer und sozialer Kriterien gibt es genauso wenig wie eine nähere Definition der in Betracht kommenden ökologischen oder sozialen Belangen; insoweit wird hier den öffentlichen Auftraggebern ein weiter Gestaltungs- und Ermessensspielraum zuerkannt.

§ 4   Tariftreuepflicht, Mindestlohn

(1) **Öffentliche Aufträge für Leistungen, deren Erbringung dem Geltungsbereich**
1. **eines nach dem Tarifvertragsgesetz in der Fassung der Bekanntmachung vom 25. August 1969 (BGBl. I S.1323) in der jeweils geltenden Fassung für allgemein verbindlich erklärten Tarifvertrages,**

2. eines nach dem Tarifvertragsgesetz mit den Wirkungen des Arbeitnehmer-Entsendegesetzes vom 20. April 2009 (BGBl. I S. 799) in der jeweils geltenden Fassung für allgemein verbindlich erklärten Tarifvertrages oder

3. einer nach den §§ 7, 7 a oder 1 des Arbeitnehmer- Entsendegesetzes oder nach § 3 a des Arbeitnehmerüberlassungsgesetzes in der Fassung der Bekanntmachung vom 3. Februar 1995 (BGBl. S. 158) in der jeweils geltenden Fassung erlassenden Rechtsverordnung unterfällt,

dürfen nur an ein Unternehmen vergeben werden, wenn sich dieses gegenüber dem öffentlichen Auftraggeber schriftlich verpflichtet hat, seinen Beschäftigten (ohne Auszubildende) bei der Ausführung des Auftrags wenigstens diejenigen Mindestarbeitsbedingungen einschließlich des Mindestentgelts zu gewähren, die in dem Tarifvertrag oder der Rechtsverordnung verbindlich vorgegeben werden.

(2) Öffentliche Aufträge im Sinne des § 2 Absatz 2 Satz 1 im Bereich des öffentlichen Personenverkehrs auf Straße und Schiene dürfen nur an ein Unternehmen vergeben werden, wenn sich dieses gegenüber dem öffentlichen Auftraggeber schriftlich verpflichtet hat, seinen Beschäftigten (ohne Auszubildende) bei der Ausführung des Auftrags wenigstens das in Nordrhein-Westfalen für diese Leistung in einem einschlägigen und repräsentativen mit einer tariffähigen Gewerkschaft vereinbarten Tarifvertrag vorgesehene Entgelt nach den tarifvertraglich festgelegten Modalitäten zu zahlen und während der Ausführungslaufzeit Änderungen nachzuvollziehen. Das für Arbeit zuständige Ministerium bestimmt durch Rechtsverordnung gemäß § 16 Absatz 1, welcher Tarifvertrag, beziehungsweise welche Tarifverträge als repräsentativ im Sinne des Satzes 1 anzusehen sind. Der öffentliche Auftraggeber führt diese in der Bekanntmachung und den Vergabeunterlagen des öffentlichen Auftrags auf.

(3) Öffentliche Aufträge über Leistungen dürfen nur an ein Unternehmen vergeben werden, wenn sich dieses durch Erklärung gegenüber dem öffentlichen Auftraggeber schriftlich verpflichtet hat, seinen Beschäftigten (ohne Auszubildende) bei der Ausführung der Leistung wenigstens ein Entgelt zu zahlen, dass den Vorgaben des Mindestlohngesetzes vom 11. August 2014 (BGBl. I S. 1348) in der jeweils geltenden Fassung entspricht, mindestens aber ein Mindeststundenentgelt von 8,84 Euro. Das Unternehmen muss im Rahmen der Verpflichtungserklärung die Art der tariflichen Bindung sowie die Höhe der gezahlten Mindeststundenentgelte für die im Rahmen der Leistungserbringung eingesetzten Beschäftigten angeben. Die Sätze 1 und 2 gelten nur, sofern die ausgeschriebene Leistung im Hoheitsgebiet der Bundesrepublik Deutschland erbracht wird.

(4) Öffentliche Aufträge und Leistungen im Sinne der Absätze 1 bis 3 dürfen nur an Unternehmen vergeben werden, wenn sich diese gegenüber dem öffentlichen Auftraggeber vor Zuschlagserteilung schriftlich verpflichtet haben, dafür zu sorgen, dass Leih-

arbeitnehmerinnen und Leiharbeitnehmer im Sinne des Arbeitnehmerüberlassungsgesetzes bei der Ausführung der Leistung für die
gleiche Tätigkeit ebenso belohnt werden wie ihre regulär Beschäftigten.

(5) Auf bevorzugte Bieter gemäß den § 224 Absatz 1 Satz 1 und Absatz 2 sowie § 226 des Neunten Buches Sozialgesetzbuch – Rehabilitation und Teilhabe behinderter Menschen (Artikel 1 des Gesetzes vom
23. Dezember 2016, BGBl. I S. 3234) finden die Absätze 3 und 4 keine
Anwendung.

(6) Erscheint ein Angebotspreis ungewöhnlich niedrig, so dass begründete Zweifel an der Einhaltung der Vorgaben der vorstehenden
Absätze bestehen, kann sich der öffentliche Auftraggeber die Kalkulationsgrundlagen des Bieters innerhalb einer von ihm zu bestimmenden angemessenen Frist vorlegen lassen. Begründete Zweifel können
vorliegen, wenn der Angebotspreis (netto) mehr als 10 Prozent unter
dem nächsthöheren Angebotspreis (netto) liegt. Legt der Bieter die
Kalkulationsgrundlagen nicht fristgerecht vor oder werden die Zweifel aufgrund der vorgelegten Unterlagen nicht ausgeräumt, muss das
Angebot von der Wertung ausgeschlossen werden.

(7) Erfüllt die Vergabe eines öffentlichen Auftrages die Voraussetzungen von mehr als einer der in den Absätzen 1 bis 3 getroffenen Regelungen, so gilt die für die Beschäftigten jeweils günstigste Regelung.
Absatz 3 Satz 2 gilt entsprechend.

§§ 3,4,5,6 LTMG Ba-Wü; §§ 1,3 Berl AVG; §§ 4,5,6,8 Bbeg VergG;
§§ 9,10,11,12,14, Brem TtVG; §§ 3,6 HmbVgV; §§ 4,6,7,8 HVTG;
§§ 6, 9 VgV M-V; §§ 4,5,7 NTVergG NS; §§ 3,4, 5 LTTG R-P;
§§ 3,4,5, STTG Saarland; § 5 SächsVerG; §§ 10,13,14 LVG- LSA;
§§ 4,7,9,10 TTG S-H; §§ 10,14 Thür VgG

Literatur: Barczak/Pieroth, Tariftreueregelungen am Maßstab der Koalitionsfreiheit,
RdA 2016, 209; Dieterich/Ulber, Zur Verfassungsmäßigkeit von Tariftreuepflicht und
Repräsentativerfordernis, ZTR 2013, 179; Faber, Die Reichweite der Tariftreuepflichten
im öffentlichen Personennahverkehr – Eine Untersuchung vor dem Hintergrund der Ta-
riftreue- und Vergabegesetze in den Bundesländern, DVBl. 2015, 149; Faber, Die verfas-
sungs- und europarechtliche Bewertung von Tariftreue- und Mindestentgeltregelungen
in Landesvergabegesetzen, NVwZ 2015, 257; Faber, Rechtsfragen zum Tariftreue- und
Vergabegesetz NRW unter Berücksichtigung des verfassungs- und europarechtlichen
Rahmens und des Rechtsschutzes, NWVBl. 2012, 249; Gabriel, Verpflichtungserklärungen zum Arbeitnehmerschutz sind keine Eignungsanforderungen, IBR 2014, 226; Gla-
ser/Kahl, Zur Europarechtskonformität kombinierter Tariftreue- und Mindestlohnklauseln, ZHR 177 (2013), 643; Greiner/Kleiner, Entgeltuntergrenze – Tariftreueregelung,
RdA 2016, 229; Greiner, Repräsentativität des Tarifvertrags als Vergabekriterium?, ZfA
2012, 483; Greiner, Vergaberegeln im öffentlichen Personennahverkehr – ein Angriff
auf die Tarifautonomie, ZTR 2013, 647; Halm, Das Tariftreue- und Vergabegesetz
Nordrhein-Westfalen (TVgG NW) – Überblick und Kritik, Langenbrinck, Tariftreuegesetze erfordern Augenmaß, ZTR 2013, 411; Rohrmann/Eiserloh, Update Tariftreue,
AuA 2014, 720; Simon, Verstößt das Tariftreue- und Vergabegesetz Nordrhein-Westfalen
gegen EU-Recht?, RdA 2014, 165; Schnieders, EuGH „Bundesdruckerei" – Vorbote

neuen Ungemachs für die deutsche Tariftreuegesetzgebung?, VergabeR 2015, 136; Tugendreich, Mindestlohnvorgaben im Kontext des Vergaberechts, NZBau 2015, 395; Windeln/Schäffer, Arbeitsrechtliche Verpflichtungen in den Tariftreuegesetzen der Länder, ArbRB 2013, 279; Barczak, Mindestlohngesetz und Verfassung, in RdA 2014, S. 290 ff.; Bayreuther, Der gesetzliche Mindestlohn, in NZA 2014, S. 865 ff.; Boemke, Lohnanspruch (§ 611 I BGB) und Mindestlohn (§ 1 MiLoG), in JuS 2015, S. 385 ff; Calliess/Ruffert (Hrsg)., EUV/AEUV – Kommentar, 5. Aufl. 2016; Müller-Glöge/Preis/Schmidt (Hrsg.), Erfurter Kommentar zum Arbeitsrecht, 17. Aufl. 2017; Giesen, Reform der Leiharbeit, in ZRP 2016, S. 130 ff.; Kulartz/Kus/Portz/Prieß, Kommentar zum GWB-Vergaberecht, 4. Aufl. 2016; Lembke, Das Mindestlohngesetz und seine Auswirkungen auf die arbeitsrechtliche Praxis, in NZA 2015, S. 70 ff.; Maunz/Dürig/Scholz, Grundgesetz-Kommentar, 78. EL September 2016; Säcker/Rixecker/Oetker/Limperg (Hrsg.), Münchener Kommentar zum Bürgerlichen Gesetzbuch, 7. Aufl. 2016; Picker, Niedriglohn und Mindestlohn, in RdA 2014, S. 25 ff.; Simon, Verstößt das Tariftreue- und Vergabegesetz Nordrhein-Westfalen gegen EU-Recht? – Zur Inkohärenz von Tariftreuepflichten und Mindestlohnklauseln im Vergaberecht, in RdA 2014, S. 165 ff.; Sittard/Sassen, Ein Jahr Mindestlohn – ein Update; in NJW 2016, S. 64 ff.; Thüsing/Granetzny, Noch einmal: Was folgt aus Rüffert?, in NZA 2009, S. 183 ff.; Tugendreich, Mindestlohnvorgaben im Kontext des Vergaberechts; in NZBau 2015, S. 395 ff.; Gabriel/Krohn/Neun (Hrsg.), Handbuch des Vergaberechts, München 2014

Übersicht

I. Allgemeine Tariftreuepflicht nach § 4 Abs. 1 TVgG NRW

1. Allgemeines

Abs. 1 ist, im Vergleich zu § 4 Abs. 1 TVgG NRW in der Fassung vom **1**
10.1.2012, **sprachlich neu gefasst** worden. Damit wollte der Gesetzgeber
diese Norm übersichtlicher gestalten[1].

Abs. 1 nimmt im Wesentlichen Bezug auf arbeits- und tarifvertragsrechtliche Normen, die aufgrund bundesrechtlicher Vorgaben bereits anzuwenden
sind. Die Norm des Abs. 1 ist im Hinblick auf die einzuhaltenden Pflichten in
erster Linie **deklaratorischer Natur**[2]. Darüber hinaus wird durch die geforderten Verpflichtungserklärungen die Einhaltung der Gewährung der Mindestarbeitsbedingungen einschließlich des Mindestentgelts zu einer besonderen Ausführungsbedingung bei Ausführung des jeweiligen Auftrags.

Im Bereich von **Vergaben oberhalb der Schwellenwerte** gem. § 106 des **2**
Gesetzes gegen Wettbewerbsbeschränkungen (GWB) besitzt die Norm des § 4
Abs. 1 TVgG NRW allerdings keinen eigenen Regelungsgehalt mehr. Mit
§ 128 Abs. 1 GWB des novellierten GWB-Vergaberecht ist bereits bundesrechtlich die Einhaltung sämtlicher bei der Ausführung des Auftrages geltender rechtlicher Verpflichtungen und insbesondere die Gewährung der Mindestarbeitsbedingungen einschließlich des Mindestentgelts nach einem nach
dem Tarifvertragsgesetz mit den Wirkungen des Arbeitnehmer-Entsendegesetzes (AEntG) für allgemein verbindlich erklärten Tarifvertrag oder einer
nach §§ 7, 7a oder 11 des AEntG oder einer nach § 3a AÜG erlassenen
Rechtsverordnung ex lege zur vergaberechtlichen Ausführungsbedingung geworden; ein Verstoß hiergegen stellt insbesondere nach § 124 Abs. 1 Nr. 1
GWB einen fakultativen Ausschlussgrund da.

Im Bereich von **Vergaben unterhalb der Schwellenwerte** gem. § 106 **3**
GWB besitzt die Norm des § 4 Abs. 1 TVgG NRW jedoch nach wie vor einen
eigenständigen, vergaberechtlichen Regelungsgehalt; dies bezieht sich insbesondere auf die Sanktionsmöglichkeiten nach den §§ 10–12 TVgG NRW
und auf den Verweis auf die §§ 123, 124 GWB in § 12 Abs. 1 TVgG NRW
für Vergaben unterhalb der Schwellenwerte nach § 106 GWB.

Die Norm des § 4 Abs. 1 TVgG NRW ist grundsätzlich als europarechts- **4**
konform anzusehen. § 4 Abs. 1 TVgG NRW stellt keine originäre, materiell
eigenständige Tariftreueregelung dar, sondern knüpft an bestehende gesetzliche Regelungen über die Allgemeinverbindlichkeit von Tarifverträgen bzw.
an Rechtsverordnungen im Bereich des AEntG und des Arbeitnehmerüberlassungsgesetzes (AÜG) an. Daher ist § 4 Abs. 1 TVgG NRW keine besondere
Schutzregelung alleinig für die Arbeitnehmer des Auftragnehmers bei Ausführung eines öffentlichen Auftrags, was nach der Rechtsprechung des EuGH
(„Rüffert-Urteil")[3] als Verstoß gegen die Dienstleistungsfreiheit anzusehen
wäre. Vielmehr knüpft § 4 Abs. 1 TVgG NRW an bestehende Regelungen in

---

[1] Vgl. LT-Drs. 16/12265, S. 19.
[2] Faber NWVBl. 2012, 255.
[3] EuGH NJW 2008, 3485 (3487 f.).

Bezug auf die Allgemeinverbindlichkeit von Tarifverträgen und Rechtsverordnungen an und gibt dabei ein Schutzniveau vor, das für alle Arbeitnehmer im Anwendungsbereich der für allgemeinverbindlich erklärten Tarifverträge und Rechtsverordnungen gleichermaßen gilt.

2. Inhalt des § 4 Abs. 1 TVgG NRW

5   **a) Gewährung der Mindestarbeitsbedingungen einschließlich des Mindestentgelts.** Die Unternehmen müssen sich gegenüber den öffentlichen Auftraggebern schriftlich verpflichten, ihren Beschäftigten (ohne Auszubildenden) bei Ausführung des Auftrags wenigstens diejenigen **Mindestarbeitsbedingungen einschließlich des Mindestentgeltes zu gewähren,** die in einem **entsprechenden Tarifvertrag** oder einer **Rechtsverordnung** verbindlich vorgegeben werden. Der Umfang der Mindestarbeitsbedingungen einschließlich des Mindestentgeltes richtet sich dabei nach den jeweiligen, in den Nr. 1–3 des § 4 Abs. 1 TVgG NRW genannten Normen (Tarifvertragsgesetz, AEntG, AÜG). Dies sind im Wesentlichen (vgl. § 5 AEntG) Regelungen über das Mindestentgelt, Regelungen über Überstundensätze, die Urlaubsdauer, das Urlaubsentgelt, ggf. Regelungen über ein zusätzliches Urlaubsgeld sowie Regelungen über allgemeine Arbeitsbedingungen nach § 2 Nr. 3–7 AEntG.

6   Zu den Begünstigten, denen die entsprechenden Mindestarbeitsbedingungen einschließlich des Mindestentgeltes zu gewähren ist, gehören grundsätzlich alle Beschäftigten des Unternehmens ohne die Auszubildenden. Die Reichweite des Begriffs der Beschäftigten des Unternehmens richtet sich dabei nach dem jeweiligen persönlichen Geltungsbereich der für allgemeinverbindlich erklärten Tarifverträge nach den Nr. 1 und 2 sowie den Rechtsverordnungen nach der Nr. 3. Eine weitergehende Tariftreueregelung lässt sich aus § 4 Abs. 1 TVgG NRW nicht herleiten (was auch europarechtlich in Ansehung des „Rüffert-Urteils"[4] nicht zulässig wäre).

7   Die Ausnahme des Anwendungsbereiches für Auszubildenden soll offensichtlich verhindern, dass auch Auszubildende nach den Mindestarbeitsbedingungen für die übrigen Beschäftigten bezahlt werden, und so eine unverhältnismäßige Verteuerung des dualen Berufsausbildungssystems bewirkt wird; konsequent ist die Regelung an dieser Stelle nicht, da auch die für allgemeinverbindlich erklärten Tarifverträge nach den Nr. 1 und 2 sowie die Rechtsverordnungen nach der Nr. 3 zumeist bereits eigene, tarifvertragliche Regelungen für die Entgeltbedingungen für Auszubildende enthalten.

8   **b) Allgemeinverbindlich erklärte Tarifverträge nach dem Tarifvertragsgesetz (§ 4 Abs. 1 Nr. 1 TVgG NRW).** Die Regelung in Nr. 1 des § 4 Abs. 1 TVgG NRW stellt darauf ab, dass öffentliche Aufträge für Leistungen, deren **Erbringung dem Geltungsbereich eines nach dem TVG für allgemein verbindlich erklärten Tarifvertrages** unterfällt, nur an Unternehmen vergeben werden, die sich gegenüber dem öffentlichen Auftraggeber verpflichten, den Beschäftigten (ohne Auszubildende) bei der Ausführung des Auftrags wenigstens diejenigen Mindestarbeitsbedingungen einschließlich des

---

[4] EuGH NJW 2008, 3485 (3487 f.).

Mindestentgelts zu gewähren, die in dem Tarifvertrag verbindlich vorgegeben werden. Das Verfahren für die Feststellung der Allgemeinverbindlichkeit eines Tarifvertrages ist in § 5 TVG geregelt, die materiellen Voraussetzungen für die Allgemeinverbindlichkeitserklärung sind in § 5 Abs. 1, 1a TVG geregelt.

Für die Anwendbarkeit des § 4 Abs. 1 TVgG NRW ist es ausreichend, wenn **9** die Erbringung der zu vergebenden Leistung einem allgemeinverbindlich erklärten Tarifvertrag unterfällt. Dies gilt auch für den Ort der Erbringung der zu vergebenden Leistung; werden Leistungen außerhalb des Landes Nordrhein-Westfalen für einen nordrhein-westfälischen Auftraggeber im Sinne des § 2 Abs. 3 TVgG NRW erbracht, ist darauf abzustellen, ob am Ort der Leistungserbringung für die entsprechende Leistung ein allgemeinverbindlich erklärter Tarifvertrag besteht.

c) Nach dem Tarifvertragsgesetz mit den Wirkungen des Arbeit- 10 nehmer-Entsendegesetzes für allgemeinverbindlich erklärte Tarifverträge (§ 4 Abs. 1 Nr. 2 TVgG NRW). Nach § 3 AEntG in der Fassung vom 20.4.2009 finden die **Rechtsnormen eines bundesweiten Tarifvertrages** für verschiedene, in § 4 Abs. 1 AEntG genannte Branchen auch auf Arbeitsverhältnisse zwischen einem Arbeitgeber mit Sitz im Ausland und seinen im räumlichen Geltungsbereich des Tarifvertrages Beschäftigten zwingend Anwendung, wenn er für allgemeinverbindlich erklärt ist (oder durch Rechtsverordnung erstreckt ist, vgl. hierzu Nr. 3 → Rn. 12); eines bundesweiten Tarifvertrages bedarf es nicht, soweit Arbeitsbedingungen im Sinne des § 5 Nr. 2 oder 3 AEntG Gegenstand tarifvertraglicher Regelungen sind, die zusammengefasst räumlich den gesamten Geltungsbereich des AEntG abdecken. Die Vorschrift erweitert die Anwendbarkeit von nationalen Bestimmungen aus Arbeitsverhältnisse zwischen einem im Ausland (nicht nur EU-Ausland) ansässigen Arbeitgeber und seinem im Inland beschäftigten Arbeitnehmern.

Tarifvertragliche Mindestlöhne nach dem AEntG gibt es in den Branchen **11** (Stand 1.12.2016): Abfallwirtschaft einschließlich Straßenreinigung und Winterdienst, Aus- und Weiterbildungsdienstleistungen nach dem Zweiten oder Dritten Buch Sozialgesetzbuch, Baugewerbe, Dachdeckerhandwerk, Elektrohandwerk, Fleischwirtschaft, Gebäudereinigerhandwerk, Geld und Wertdienste, Gerüstbauerhandwerk, Land- und Forstwirtschaft sowie im Gartenbau, Maler- und Lackiererhandwerk, Pflegebranche, Steinmetz- und Steinbildhauerhandwerk, Textil- und Bekleidungsindustrie und Wäschereidienstleistungen In der Sache schließt damit die Regelung in § 4 Abs. 1 Nr. 2 TVgG NRW die Schutzlücke für den Fall, dass der Auftragnehmer seinen Sitz im Ausland hat und die Beschäftigten dieses Unternehmens im räumlichen Geltungsbereich eines für allgemeinverbindlich erklärten Tarifvertrages tätig sind.

d) Eine nach den §§ 7, 7a oder 11 des Arbeitnehmer-Entsendeset- 12 zes oder nach § 3a des Arbeitnehmerüberlassungsgesetzes erlassene Rechtsverordnung (§ 4 Abs. 1 Nr. 3 TVgG NRW). Mit den **Normen der §§ 7, 7a AEntG** kann das Bundesministerium für Arbeit und Soziales durch Rechtsverordnung die Mindestarbeitsbedingungen eines Tarifvertrages, insbesondere einen Mindestlohn, auch im Inland durchzusetzen, ohne dass hierfür die Voraussetzungen für die Allgemeinverbindlichkeitserklärung nach § 5 TVG vorliegen müssen. Hierzu ist ein gemeinsamer Antrag der Parteien eines Tarifvertrages erforderlich. Die Rechtsnormen eines Tarifvertrages finden dann auf alle unter seinen Geltungsbereich fallenden und nicht an ihn gebundenen Arbeitgeber sowie Arbeitnehmer Anwendung. Die gilt sowohl für ortsansässige tätige Arbeitnehmer, für verliehene oder entsandte Arbeitnehmer und Arbeitsmigranten[5].

13   Nach **§ 11 AEntG** kann das Bundesministerium für Arbeit und Soziales durch Rechtsverordnung ohne Zustimmung des Bundesrates bestimmen, dass die von einer nach § 12 AEntG errichteten Kommission vorgeschlagenen Arbeitsbedingungen im Pflegebereich auf alle Arbeitgeber sowie Arbeitnehmer, die unter den Geltungsbereich einer Empfehlung nach § 12 Abs. 4 AEntG fallen, Anwendung finden; § 11 AEntG ist somit eine Spezialregelungen für Pflegedienstleistungen, bei denen gerade im Bereich kirchlicher Arbeitgeber häufig keine Tarifvertragsbindung besteht.

14   **§ 3a AÜG** ist eine spezielle Norm zur Regelung allgemeiner Lohnuntergrenzen im Bereich der Arbeitnehmerüberlassung durch Rechtsverordnung. Im Bereich der Arbeitnehmerüberlassung können nach § 3a AÜG Gewerkschaften und Vereinigungen von Arbeitgebern, die zumindest auch für ihre jeweiligen in der Arbeitnehmerüberlassung tätigen Mitglieder zuständig sind und bundesweit tarifliche Mindeststundenentgelte miteinander vereinbart haben, dem Bundesministerium für Arbeit und Soziales gemeinsam vorschlagen, diese Mindeststundenentgelte als Lohnuntergrenze in einer Rechtsverordnung verbindlich festzusetzen. § 3a AÜG kann nicht dazu verwendet werden, Lohnuntergrenzen für andere Bereiche als der Arbeitnehmerüberlassung zu regeln.

15   **e) Verfahrensfragen.** Die für allgemeinverbindlich erklärten Tarifverträge können im Tarifregister auf der Internetseite des Bundesministeriums für Arbeit und Soziales eingesehen werden, allgemeinverbindlich erklärten Tarifverträge, die in Nordrhein-Westfalen gelten, können zudem im **Tarifregister Nordrhein-Westfalen** (www.tarifregister.nrw.de) eingesehen werden.

16   Die öffentlichen Auftraggeber sind nicht verpflichtet, die einzuhaltenden für allgemeinverbindlich erklärten Tarifverträge oder die einschlägigen Rechtsverordnungen nach §§ 7, 7a, 11 AEntG oder § 3a AÜG in der Vergabebekanntmachung oder den Vergabeunterlagen zu benennen. Vielmehr reicht insoweit ein Hinweis auf die Norm des § 4 Abs. 1 TVgG NRW. In der Anlage 1 zur RVO TVgG NRW ist insoweit ein Mustervordruck vorgesehen, der eine entsprechende Erklärung der Bieter unter Verweis auf den § 4 Abs. 1 TVgG NRW umfasst.

17   Aus der Norm des § 4 Abs. 1 TVgG NRW sowie der abzugebenden Verpflichtungserklärung ergibt sich auch, ohne dass dies ausdrücklich benannt wird, dass die Unternehmen Änderungen bei den für allgemeinverbindlich erklärten Tarifverträgen oder den einschlägigen Rechtsverordnungen nach §§ 7, 7a AentG nachzuvollziehen haben (dynamische Verweisung). Dies folgt bereits aus der unmittelbaren Geltung des § 5 TVG, der §§ 3, 7, 7a AEntG und

---

[5] Vgl. Schlachter in Erfurter Kommentar, § 7 AEntG Rn. 1.

§ 3a des Arbeitnehmerüberlassungsgesetzes, so dass es hier zu einer entsprechenden ausdrücklichen Verweisung in § 4 Abs. 1 TVgG NRW nicht bedarf.

II. Tariftreuepflicht im Bereich des öffentlichen Personenverkehrs, § 4 Abs. 2 TVgG NRW

1. Allgemeines

Gem. § 4 Abs. 2 TVgG NRW dürfen öffentliche Aufträge im Sinne des § 2 **18** Abs. 2 TVgG NRW im Bereich des öffentlichen Personenverkehrs auf Straße und Schiene nur an Unternehmen vergeben werden, die sich verpflichten, ihren Beschäftigten (ohne Auszubildende) mindestens das in Nordrhein-Westfalen für diese Leistung in einem der **einschlägigen repräsentativen** mit einer **tariffähigen Gewerkschaft vereinbarten Tarifverträge vorgesehene Entgelt** nach dem **tarifvertraglich festgelegten** Modalitäten zu zahlen und während der **Ausführungslaufzeit Änderungen** nachzuvollziehen.

§ 4 Abs. 2 TVgG NRW war die von Seiten der Gewerkschaften vielleicht **19** am stärksten begrüßte Norm des TVgG NRW insgesamt, befürchtete man doch von Seiten der Arbeitnehmervertretungen bei Vergaben im Bereich des traditionell zuschussbedürftigen öffentlichen Personenverkehrs einen starken Wettbewerbsdruck auf das Lohnniveau. § 4 Abs. 2 TVgG NRW enthält die einzige **echte (konstitutionelle) Tariftreueregelung** im TVgG NRW.

Eine Bindung an einen repräsentativen Tarifvertrag im Bereich des öffent- **20** lichen Personenverkehrs dürfte unionsrechtlich grundsätzlich (aber mit Einschränkungen für die Auswahl der repräsentativen Tarifverträge, vgl. → Rn. 21 ff.) zulässig sein, weil mit Art. 4 Abs. 5 VO (EG) Nr. 1370/2007 eine europarechtliche Sonderregelung besteht, die eine solche tarifvertragliche Bindung entgegen der grundsätzlichen Unzulässigkeit einer originären Tariftreueregelung im Oberschwellenvergaberecht in Folge der „Rüffert-Entscheidung"[6] ausdrücklich zulässt. Unionsrechtlich wird dieses Ergebnis dadurch gestützt, dass der Verkehrssektor von der unmittelbaren Geltung der primärrechtlichen Dienstleistungsfreiheit gem. Art. 58 Abs. 1 AEUV ausgenommen ist. Einschlägig ist hier unmittelbar nur die Niederlassungsfreiheit nach Art 49 AEUV. Aber selbst wenn aufgrund von Artikel 58 Abs. 1 AEUV die Art. 56 ff. AEUV auf Verkehrsdienstleistungen keine Anwendung finden, kann der Grundsatz des freien Dienstleistungsverkehrs dennoch mittelbar Anwendung finden[7]. Besteht nämlich eine sekundärrechtliche Regelung, die gerade darauf gerichtet, auf einen bestimmten Teilbereich des Verkehrssektors die Bedingungen für die Anwendung des Grundsatzes des freien Dienstleistungsverkehrs festzulegen (wie es gerade durch die der VO (EG) Nr. 1370/2007 der Fall ist), sind die Grundsätze des freien Dienstleistungsverkehrs zumindest als Auslegungsmaßstab heranzuziehen. Daher ist die Dienstleistungsfreiheit hier im Rahmen des § 4 Abs. 2 TVgG NRW insoweit zu beachten, als bei dem Vollzug dieser Norm und insbesondere dem Erlass einer Rechtsverordnung nach §§ 4

---

[6] EuGH NJW 2008, 3485 (3487 f.).
[7] EuGH Slg. 2003, I-1291 (1303).

Abs. 2 S. 2, 16 Abs. 1, 2 TVgG NRW die Ziele der Dienstleistungsfreiheit in der Abwägungsentscheidung (vgl. → Rn. 21 ff.) zu berücksichtigen sind; dies betrifft vor allem die Entscheidung zur Auswahl des repräsentativen Tarifvertrages oder der repräsentativen Tarifverträge.

2. Inhalt des § 4 Abs. 2 TVgG NRW

21   **a) Die Bindung an einen oder mehrere repräsentative Tarifverträge.** Gem. § 4 Abs. 2 S. 2 TVgG NRW bestimmt das für Arbeit zuständige Ministerium durch Rechtsverordnung gemäß § 16 Abs. 1 TVgG NRW, **welcher Tarifvertrag** bzw. **welche Tarifverträge** als repräsentativ anzusehen sind. Die materiellen Voraussetzungen für eine Repräsentativität werden in § 16 Abs. 2 TVgG NRW näher bestimmt. Bei der Entscheidung, welcher Tarifvertrag bzw. welche Tarifverträge als repräsentativ anzusehen sind, sind neben der Ausstrahlungswirkung der unionsrechtlichen Niederlassungsfreiheit gem. Art 49 AEUV sowie nach hier vertretener Auffassung (vgl. → Rn. 20) der unionsrechtlichen Dienstleistungsfreiheit gem. Art. 56 AEUV insb. auch die vom OLG Düsseldorf[8] aufgestellten Rechtsgrundsätze zur Auswahl repräsentativer Tarifverträge maßgeblich zu berücksichtigen (vgl. zur umfänglichen Kommentierung → § 16 Rn. 11 ff.).

22   Eine Verpflichtung zur Bindung an einen repräsentativen Tarifvertrag ist nur statthaft, wenn das für Arbeit zuständige Ministerium einen oder mehrere einschlägige Tarifverträge in einer Rechtsverordnung für repräsentativ erklärt hat. Der öffentliche Auftraggeber kann nicht selbst festlegen, welchen Tarifvertrag oder welche Tarifverträge er als repräsentativ definiert. Auch ein Gericht kann diese Entscheidung nicht ersetzen. Besteht keine wirksame Rechtsverordnung gem. § 4 Abs. 2 S. 2 TVgG NRW, ist keine Verpflichtung der Unternehmen nach § 4 Abs. 2 TVgG NRW statthaft; dann kommt im Verkehrssektor regelmäßig nur eine Bindung nach § 4 Abs. 3 TVgG NRW in Betracht.

23   Das Gesetz spricht in § 4 Abs. 2 S. 2 TVgG NRW sowohl von „Tarifvertrag" als auch von „Tarifverträgen". Damit soll klargestellt werden, dass grundsätzlich auch mehrere Tarifverträge repräsentativ sein können; dies gilt auch jeweils für sich betrachtet in den Teilmärkten des öffentlichen Schienenpersonenverkehrs und des öffentlichen Personenverkehrs auf der Straße. Es ist im Rahmen der Entscheidung nach § 4 Abs. 2 S. 2 TVgG NRW daher nicht zulässig, ohne weitere Abwägungsentscheidung nur den Tarifvertrag mit der quantitativ höchsten Geltungsmacht für repräsentativ zu erklären (im Einzelnen → § 16 Rn. 11 ff.).

24   **b) Reichweite der Bindung des § 4 Abs. 2 TVgG NRW. aa) Reichweite im Hinblick auf die betroffenen Arbeitnehmer.** Eine Frage von erheblicher Bedeutung ist, für **welche Arbeitnehmer im Rahmen der Erbringung einer Verkehrsleistung** die Bindung an einen repräsentativen Tarifvertrag gem. § 4 Abs. 2 TVgG NRW gilt. Diese Frage ist deshalb bedeutsam, weil im Rahmen von Aufträgen mit Bezug zum öffentlichen Personen-

---

[8] OLG Düsseldorf NZBau 2016, 50.

verkehr sehr unterschiedliche Tätigkeit, vom Fahrdienst über Werkstatttätigkeiten bis zu Managementtätigkeiten, erbracht werden können.

Die Frage der Reichweite der Bindungswirkung muss sich ausschließlich **25** nach der Reichweite der gesetzlichen Regelung in § 4 Abs. 2 TVgG NRW richten. Nicht maßgeblich können die Formulierungen im repräsentativen Tarifvertrag selbst sein, da es sonst die Tarifvertragsparteien des für repräsentativ erklärten Tarifvertrags selbst in der Hand hätten, die Reichweite der gesetzlichen Bindung für das Vergabeverfahren aus § 4 Abs. 2 TVgG NRW zu erweitern oder verkürzen[9].

Entscheidend ist für die Einordnung einer Leistung in den Bereich des öf- **26** fentlichen Personenverkehrs, ob die jeweiligen Tätigkeiten in funktionaler Betrachtungsweise ihrem wesentlichen Gehalt nach als Teil der „Beförderung von Personen" anzusehen sind. Insbesondere ist dabei von Relevanz, ob eine innere Kohärenz mit der Erbringung einer Leistung des öffentlichen Personennahverkehrs – also der Beförderung von Personen – besteht[10].

Bejahen wird man eine solche innere Kohärenz für alle Tätigkeiten in un- **27** mittelbaren funktionellen Bezug zur Verkehrsleitungserbringung selbst und auch für solche Tätigkeiten, die man in wertender Betrachtung in einer engen Kohärenzbeziehung zur Leistungserbringung anzusehen hat. Die erstgenannte Kategorie trifft im Wesentlichen für das **Fahrpersonal** selbst zu, die zweitgenannte Kategorie insb. für **das Personal in der Leitstelle** oder eingesetzte **Schaffner.** Dagegen wird man ergänzenden Tätigkeiten oder reinen Verwaltungsaufgaben keine solche enge, innere Kohärenz mit der Erbringung von Leistungen des öffentlichen Personenverkehrs zuerkennen können (Reinigungsdienste, allgemeine Vertriebstätigkeiten, allgemeine Verwaltungstätigkeiten, Wachdienste, Sicherheitsdienstleistungen sowie Reparatur- und Werkstattdienstleistungen); letztgenannte Tätigkeiten fallen daher nicht unter die Bindungswirkung nach § 4 Abs. 2 TVgG NRW[11].

bb) Reichweite im Hinblick auf die tariflichen Entgeltbestandteile. 28 Des Weiteren ist fraglich, welche entgeltrelevanten Bestandteile des repräsentativen Tarifvertrags oder der repräsentativen Tarifverträge ein Unternehmen nach einer Verpflichtungserklärung gem. § 4 Abs. 2 TVgG NRW zu zahlen hat. § 4 Abs. 2 TVgG NRW spricht insoweit von dem „vorgesehenen Entgelt", das nach „tarifvertraglich festgelegten Modalitäten zu zahlen" ist.

Vorgesehenes Entgelt bedeutet, dass die Bestandteile des repräsentativen Ta- **29** rifvertrags, die einen Entgeltcharakter haben, Gegenstand der Regelung des § 4 Abs. 2 TVgG NRW sind. Nach der gängigen arbeitsrechtlichen Rechtsprechung und Literatur ist der Begriff „Entgelt" vergleichbar dem Begriff „Vergütung" zu verwenden und inhaltlich relativ weit zu verstehen. Damit fallen unter den Begriff des Entgeltes die Bestandteile des repräsentativen Tarifvertrages, die von den Tarifvertragsparteien als Gegenleistung für die Erbringung der Arbeitsleistung vereinbart worden sind. Solche Leistungen mit Entgeltcharakter dürften im Wesentlichen das Tabellenentgelt einschl. der

---

[9] Faber DVBl. 2015, 149 (152).
[10] Faber DVBl. 2015, 149 (153).
[11] Vgl. hierzu insgesamt Faber DVBl. 2015, 149 (153).

dazu gehörigen Eingruppierungsregelungen, mögliche Zulagenregelungen sowie die tarifvertraglich vorgesehenen Sonderzahlungen sein[12].

30   Zweites Merkmal für eine Verpflichtung nach § 4 Abs. 2 TVgG NRW ist das Merkmal „nach tarifvertraglich vorgesehenen Modalitäten zu zahlen". Eingrenzenden Charakter hinsichtlich der Auslegung der Reichweite dürfte hier in erster Linie dem Wortlaut „zu zahlen" beigemessen werden. Der Begriff „zahlen" findet seine Verwendung als Rechtsbegriff im Wesentlichen dort, wo es um eine mittelbare oder unmittelbare Geldleistung geht. Der Begriff „zu zahlen" in § 4 Abs. 2 S. 1 TVgG NRW besagt daher folgerichtig, dass eine Bindung des Auftragnehmers an einen repräsentativen Tarifvertrag **nur bezüglich einer Geldleistungspflicht** besteht, wobei die Art und die Modalitäten der Zahlung (Bargeld, Überweisung, Scheck) keine Rolle spielt. Gezahlt werden können also insbesondere das monatliche Entgelt einschl. möglicher Zuschläge oder auch Sonderzahlungen[13]. Umgekehrt bedeutet dies, dass Regelungen, die nicht auf eine Geldzahlung gerichtet sind, nicht Gegenstand der Verpflichtung aus § 4 Abs. 2 S. 1 TVgG NRW sein können; dies betrifft insbesondere die Regelungen zur Zusatzversorgung (in anderen Bundesländern, z. B. § 3 Abs. 3 LTMG Baden-Württemberg oder § 3 Abs. 2 STTG Saarland, sind dagegen Leistungen aus einer tarifvertraglich vereinbarten Zusatzversorgung z. T. ausdrücklich Bestandteil eines repräsentativen Tarifvertrages).

3. Nicht in den Anwendungsbereich des § 4 Abs. 2 TVgG NRW fallende Verkehre und Vergaben

31   **a) Eigenwirtschaftliche Verkehre und Zuwendungen an Verkehrsunternehmen. Eigenwirtschaftliche Verkehre** nach § 8 Abs. 4 PBefG fallen **nicht in den Anwendungsbereich** des TVgG NRW[14]. Das ergibt sich daraus, dass für solche Verkehre nach h. M. kein öffentlicher Dienstleistungsauftrag im Sinne des Art. 2 lit. i VO (EG) Nr. 1370/2007 und auch kein öffentlicher Auftrag über Dienstleistungen i. S. d. § 103 GWB erforderlich ist. Es fehlt bei eigenwirtschaftlichen Verkehren an einer vergaberechtlichen Beziehung zwischen einem öffentlichen Auftraggeber und einem Auftragnehmer. Das gilt selbst dann, wenn solche Verkehre durch Mittel nach einer allgemeinen Vorschrift nach Art. 3 Abs. 2 VO (EG) Nr. 1370/2007 finanziert werden.

Auch sonstige Formen der Zuwendung an öffentliche Verkehrsunternehmen, wie sie im Bereich der Erbringung öffentlicher Personenverkehrsdienste häufig vorkommen, begründen keine Bindung nach § 4 Abs. 2 TVgG NRW, solange diese Zuwendungen keine Dienstleistungsaufträge i. S. d. VO (EG) Nr. 1370/2007 darstellen (arg. e § 2 Abs. 2 S. 1 TVgG NRW).

32   **b) In-House-Vergaben/Direktvergaben.** In-House-Vergaben fallen grundsätzlich nicht in den Anwendungsbereich des TVgG NRW. Dies folgt daraus, dass nach § 108 Abs. 1, 4, 6 GWB des novellierten GWB-Vergaberechts und Art. 12 Abs. 1–4 RL 2014/24/EU (entspricht im Wesentlichen der

---

[12] Faber DVBl. 2015, 149 (153).
[13] Faber DVBl. 2015, 149 (154).
[14] Vgl. Faber DVBl. 2015, 149 (150).

früheren sog. Teckal-Rechtsprechung des EuGH) Aufträge an eigene, beherrschte Unternehmen **keine Vergaben im Sinne der §§ 99 ff. GWB und der RL 2014/24/EU** darstellen, sondern mangels Rechtswirkung auch unter dem novellierten GWB-Vergaberecht wie eigene, innerbehördliche Angelegenheiten zu behandeln sind[15]. Dieses Ergebnis gilt auch, wenn bei einer Auftragserteilung im Bereich des öffentlichen Personenverkehrs eine Überschneidung der Anwendungsbereiche zwischen einer In-House-Vergabe und einer Direktvergabe nach Maßgabe der VO (EG) Nr. 1370/2007 vorliegt[16]. Art. 5 Abs. 1 S. 2 VO (EG) Nr. 1370/2007 normiert für diesen Fall selbst expressis legis einen Vorrang der Verfahren nach den RL 2004/17/EG oder 2004/18/EG (jetzt RL 2014/24/EU und 2014/25/EU), also dem allgemeinen Vergaberecht.

c) Freigestellte Verkehre, insb. freigestellte Schülerverkehre. Freigestellte Verkehre im Sinne § 1 Freistellungs-Verordnung **(freigestellte Schülerverkehre, Behindertentransporte zu Einrichtungen etc.)** werden nicht von § 4 Abs. 2 TVgG NRW und der Bindung an einen repräsentativen Tarifvertrag erfasst (die anderen Vorschriften des TVgG NRW bleiben unberührt). § 2 Abs. 2 S. 2 TVgG NRW stellt zunächst insoweit nur eine Klarstellung dar, dass freigestellte Verkehre i. S. d. § 1 Freistellungs-Verordnung – auch wenn sie nicht zum öffentlichen Personenverkehr zählen – grundsätzlich in den Anwendungsbereich des TVgG-NRW fallen. § 4 Abs. 2 TVgG NRW selbst gilt aber ausdrücklich nur für Aufträge im Bereich des „öffentlichen Personenverkehrs auf Straße und Schiene". Freigestellte Verkehre i. S. d. § 1 Freistellungs-Verordnung sind aber gerade keine öffentlichen Verkehre, da sie nicht allgemein für eine unbestimmte Zahl von Fahrgästen zur Benutzung zur Verfügung stehen. Daher kommt man im Ergebnis dazu, dass auf freigestellte Verkehre zwar das TVgG NRW im Grundsatz anzuwenden ist – sofern die Voraussetzungen im Übrigen erfüllt sind –, nicht jedoch die spezielle Regelung für den ÖPNV nach § 4 Abs. 2 TVgG NRW[17]. 33

In anderen Bundesländern sind z. T. auch ausdrücklich Verkehre nach der Freistellungs-Verordnung in die Verpflichtung zur Anwendung eines repräsentativen Tarifvertrages einbezogen (vgl. § 4 Abs. 3 LTTG Rheinland-Pfalz) worden. Dies dürfte allerdings als unionsrechtswidrig anzusehen sein, weil die besondere Regelung zur Vorgabe von sozialen Standards für Vergaben von öffentlichen Dienstleistungsaufträgen in Art. 4 Abs. 5 VO (Nr.) 1370/2007 nur im Bereich der Erbringung öffentlicher Personenverkehrsdienste gilt; diese müssen aber gem. Art. 2 lit. a VO (EG) Nr. 1370/2007 für die „Allgemeinheit diskriminierungsfrei und fortlaufend" erbracht werden, was auf Freistellungsverkehre gerade nicht zutrifft[18]. Ohne die besondere Regelung des Art. 4 Abs. 5 VO (Nr.) 1370/2007 ist aber eine Tariftreueregelung im Vergaberecht als unionsrechtswidrig anzusehen[19]. 34

---

[15] Zu dem Gesamtkomplex vgl. Faber DVBl. 2015, 149 (150).
[16] Faber DVBl. 2015, 149 (150).
[17] Faber DVBl. 2015, 149 (150).
[18] So i. E. auch VK Niedersachsen Beschl. vom 4.8.2016 – VgK-26/2015.
[19] Vgl. EuGH NJW 2008, 3485 (3487 f.).

4. Nachvollziehen von Änderungen während der Ausführungslaufzeit

35   Die Unternehmen müssen sich gem. § 4 Abs. 2 S. 1 TVgG NRW verpflichten, **Änderungen während der Ausführungslaufzeit des repräsentativen Tarifvertrages nachzuvollziehen.** Die Bindung an einen durch Rechtsverordnung festgestellten repräsentativen Tarifvertrag ist eine **dynamische Bindung.** Die Änderungen eines für repräsentativ erklärten Tarifvertrages sind während der Laufzeit des Auftrags als Entgeltuntergrenze nachzuvollziehen. Hierfür ist nicht erforderlich, dass der Verordnungsgeber in eine Rechtsverordnung nach §§ 4 Abs. 2, 16 Abs. 1, 2 TVgG NRW ausdrücklich eine dynamische Verweisung auf einen bestimmten Tarifvertrag aufnimmt („in seiner jeweils gültigen Fassung"): Vielmehr ergibt sich die dynamische Geltung bereits aus § 4 Abs. 2 S. 1 TVgG NRW selbst; notwendig ist allerdings, dass hinsichtlich der Tarifparteien und des Anwendungsbereiches noch eine Identität zu dem Tarifvertrag besteht, wie er ursprünglich im Zeitpunkt der Repräsentativerklärung in der Rechtsverordnung bestanden hat.

36   Für die Unternehmen ist eine solche dynamische Verweisung nicht unproblematisch, da sie zum Zeitpunkt der Angebotsabgabe nicht wissen und (soweit sie nicht selbst Mitglied einer Tarifvertragspartei sind) keinen Einfluss darauf haben, wie sich die tariflichen Löhne in einem repräsentativen Tarifvertrag entwickeln. Dies ist aber grundsätzlich als unternehmerisches Risiko anzusehen und wirtschaftlich in das abzugebende Angebot im Rahmen des Vergabeverfahrens einzukalkulieren.

5. Personalübergang im Falle des Betreiberwechsels

37   Im novellierten TVgG NRW **fehlt eine ausdrückliche Regelung zum Personalübergang im Falle des Betreiberwechsels** im Bereich der öffentlichen Personenverkehrsdienste. Eine solche Regelung war in § 5 TVgG NRW in der Fassung vom 10.1.2012 noch enthalten. Der Wegfall einer solchen landesrechtlichen Regelung ist jedoch konsequent, da mit Art. 4 Abs. 5 VO (EG) Nr. 1370/2007 bereits unionsrechtlich die Möglichkeit vorgesehen ist, dass die Auftraggeber („zuständige Behörde") im Falle eines Betreiberwechsels den neuen Betreiber verpflichten können, das Personal des bisherigen Betreibers im Rahmen eines öffentlichen Dienstleistungsauftrags zu übernehmen. Im Bereich der Personenverkehrsleistungen im Eisenbahnverkehr ist dies in § 131 Abs. 3 GWB sogar als „Soll-Vorgabe" vorgesehen.

38   Der Personalübergang nach Art. 4 Abs. 5 VO (EG) Nr. 1370/2007 ist ein **eigenständiges, vergaberechtliches Instrument,** das nicht mit dem gesetzlich geregelten Personalübergang nach § 613a BGB identisch ist. Bei einem Betreiberwechsel nach Beendigung der Laufzeit eines öffentlichen Dienstleistungsauftrages und dem Beginn eines neuen öffentlichen Dienstleistungsauftrags, bei dem keine Betriebsmittel (Fahrzeuge, Betriebshöfe, Werkstätten) auf den neuen Betreiber übergehen, liegt **i. d. R. kein Betriebsübergang nach § 613a BGB** vor. Nach der Rechtsprechung des BAG[20] ist insb.

---

[20] Vgl. BAG NZA 2012, 1161; BAG NZA 2008, 1130; BAG NZA 2006, 115.

bei betriebsmittelgeprägten Tätigkeitsbereichen der Übergang von Betriebs-mitteln vom alten auf den neuen Betreiber als ein maßgebliches Indiz für die Annahme eines Betriebsübergangs gem. § 613a BGB anzusehen. Alleine die Funktionsnachfolge und der Betrieb unter einer (im Wesentlichen) inhaltsglei-chen personenbeförderungsrechtlichen Genehmigung reichen nicht aus, einen Betriebsübergang nach § 613a BGB zu begründen.

Bei einem durch den Auftraggeber vorgesehenen Personalübergang nach **39** Art. 4 Abs. 5 VO (EG) Nr. 1370/2007 ist der neue Auftragnehmer regelmäßig verpflichtet, das bisherige Personal unter Berücksichtigung der bisherigen in-dividual- und kollektivrechtlichen Arbeitsbedingungen zu übernehmen und den Beschäftigten neue Arbeitsverträge anzubieten; im Rahmen des Art. 4 Abs. 5 VO (EG) Nr. 1370/2007 findet kein gesetzlicher Vertragsübergang statt. Art. 4 Abs. 5 VO (EG) Nr. 1370/2007 stellt dabei auf die Rechte ab, auf die die Arbeitnehmer Anspruch hätten, wenn ein Übergang im Sinne der RL 2001/23/EG (die dem § 613a BGB zu Grunde liegt) erfolgt wäre. Letztlich kommt es aber auf die inhaltliche Ausgestaltung des angeordneten Personalübergangs durch den öffentlichen Auftraggeber an; nach Art. 4 Abs. 5 Satz. 2 VO (EG) Nr. 1370/2007 kann der öffentliche Auftraggeber weitere Sozialstandards vor-geben[21]. Diese Vorgaben müssen dann aber verhältnismäßig und diskriminie-rungsfrei sein.

Sollte im Einzelfall neben dem durch den Auftraggeber angeordneten Per- **40** sonalübergang nach Art. 4 Abs. 5 VO (EG) Nr. 1370/2007 zugleich ein Be-triebsübergang nach § 613a BGB vorliegen (weil Betriebsmittel, z. B. Fahr-zeuge, übernommen werden), richtet sich der gesetzliche Personalübergang grundsätzlich nach § 613a BGB, die Arbeitnehmer dürfen dabei nicht schlech-ter gestellt werden als bei der durch den öffentlichen Auftraggeber vorgege-ben Verpflichtung zur Übernahme des Personal nach Art. 4 Abs. 5 VO (EG) Nr. 1370/2007 (dies betrifft z. B. den Fall, dass der öffentlichen Auftraggeber den neuen Betreiber zur Wahrung zusätzlicher – über die RL 2001/23/EG und § 613a BGB – hinausgehender sozialer Rechte verpflichtet).

6. Verfahrensfragen

Die öffentlichen Auftraggeber führen gem. § 4 Abs. 2 S. 3 TVgG NRW die **41** in der Rechtsverordnung gem. § 16 Abs. 1 TVgG NRW genannten Tarifver-träge in der **Bekanntmachung** und den **Vergabeunterlagen** auf. Die reprä-sentativen Tarifverträge selbst müssen die öffentlichen Auftraggeber nicht den Vergabeunterlagen beifügen. Es obliegt den Bietern selbst, bei Bedarf entspre-chende Informationen einzuholen. Empfehlenswert ist eine Suche im **Tarif-register NRW** (www.tarifregister.nrw.de).

Die Auftragnehmer müssen ihrerseits nicht erklären, nach welchem reprä- **42** sentativen Tarifvertrag sie mindestens die Entgelte zahlt. Dies gilt insbesondere dann, wenn es mehrere für sie einschlägige repräsentative Tarifverträge gibt. Notwendig ist allerdings nach Anlage 1 der novellierten RVO TVgG-NRW die Angabe der Mindeststundenentgelte, die der Auftragnehmer seinen Be-schäftigten bei Ausführung des Auftrags zahlt.

---

[21] Kaufmann in Kaufmann/Lübbig/Prieß/Pünder VO 1370 Art. 4 Rn. 56.

43   Bei mehreren einschlägigen repräsentativen Tarifverträgen kann sich der
Auftragnehmer – soweit er nicht an einen dieser Tarifverträge tarifvertrags-
rechtlich gebunden ist – aussuchen, nach welchen Tarifvertrag er mindestens
die Entgelte für die Beschäftigten zahlt. Allerdings gilt hier der im Arbeitsrecht[22] anerkannte Grundsatz entsprechend, dass die Regelungen und Vertragsbestimmungen, die in einem inneren Zusammenhang zueinander stehen,
als Regelungsgruppen miteinander zu vergleichen sind (Sachgruppenver-
gleich); dem Auftragnehmer ist es insoweit **verwehrt,** sich die „**Rosinen**"
aus verschiedenen Tarifverträgen **herauszusuchen.**

44   Maßgeblich ist der repräsentative Tarifvertrag oder sind die repräsentativen
Tarifverträge, die im Zeitpunkt des Vergabeverfahrens in einer Rechtsverordnung nach § 4 Abs. 2 S. 2 TVgG NRW aufgeführt sind und die der öffentliche
Auftraggeber in der Bekanntmachung und den Vergabeunterlagen aufgeführt
hat. Dies folgt sowohl aus der Formulierung in § 4 Abs. 2 Satz 3 TVgG NRW
als auch aus dem allgemeinen vergaberechtlichen Transparenzgrundsatz.

III. Vergabespezifischer Mindestlohn
nach § 4 Abs. 3 TVgG NRW

1. Allgemeines

45   Mindestlöhne schützen Arbeitnehmerinnen und Arbeitnehmer, für die
kein Tarifvertrag gilt, vor Niedriglöhnen, sog. „Lohndumping". Die meisten
Vergabegesetze der Länder sahen die Zahlung eines bestimmten Stundensat-
zes – wohlgemerkt beschränkt auf die konkrete Auftragsausführung – bereits
vor der Einführung eines generellen Mindestlohns auf Bundesebene vor. Dies
auch vor dem Hintergrund, dass andernfalls bei der Verlagerung von Tätigkeiten der öffentlichen Auftraggeber auf Unternehmen die Gefahr eines Lohnge-
fälles zwischen Angestellten in der Privatwirtschaft und Angestellten im öffentlichen Dienst bestanden hätte. Gerade in Anbetracht der Tatsache, dass
einige Länder schon vor Inkrafttreten des MiLoG eigene Mindestlohngesetze
für die Mitarbeiter der Landesverwaltung hatten, wie etwa Berlin, Bremen,
Hamburg und Schleswig-Holstein, dient ein Mindestlohn bei der Ausführung
von öffentlichen Aufträgen der Verwirklichung des staatlichen Schutzauftrags,
geeignete Maßnahmen zu treffen, damit jeder, der auf Arbeit angewiesen ist,
durch Arbeit seinen Lebensunterhalt erwerben kann. Teilweise ist ein solcher
Schutzauftrag in den Länderverfassungen explizit festgeschrieben.[23] Ein solcher, vergabespezifischer Mindestlohn ist heute in allen Ländern mit Ausnahme von Bayern, Sachsen, Sachsen-Anhalt und Thüringen verankert.

46   **a) Unionsrechtliche Vorgaben.** Nach Art. 153 Abs. 5 AEUV steht der
Union keine Kompetenz für Regelungen über Arbeitsentgelte zu. Der Begriff
„Arbeitsentgelt" dürfte zwar enger zu interpretieren sein als die Legaldefini-
tion des „Entgelts" nach Art. 157 Abs. 2 AEUV und nicht auch mittelbare Ver-

---

[22] Vgl. BAG NJW 2002, 1363; BAG MDR 2013, 1288; BAG NJW 2015, 3392.
[23] Art. 49 Abs. 2 BremVerf, ähnlich Art. 169 BayVerf, Art. 22 Abs. 1 BLNVerf, Art. 24
Abs. 2 S. 1 NRW Verf.

gütungen und Sachleistungen, sondern nur das eigentliche Gehalt erfassen.[24] Vorgaben für eine bestimmte Lohnhöhe ergeben sich aus dem Unionsrecht aber in jedem Falle nicht.

Art. 70 der **EU-Vergaberichtlinie** sieht vor, dass öffentliche Auftraggeber **47** besondere Bedingungen zur **Förderung sozialer oder beschäftigungspolitischer Belange** für die Ausführung eines Auftrags festlegen können, sofern diese gemäß Art. 67 Absatz 3 der Richtlinie mit dem Auftragsgegenstand in Verbindung stehen und im Aufruf zum Wettbewerb oder in den Auftragsunterlagen angegeben werden. Die weite Formulierung des Art. 67 Absatz 3 der EU-Vergaberichtlinie umfasst auch ein an Arbeitnehmer zu zahlendes Mindestentgelt. Laut Erwägungsgrund 98 der EU-Vergaberichtlinie sollten Anforderungen hinsichtlich der in der Richtlinie 96/71/EG geregelten grundlegenden Arbeitsbedingungen, wie Mindestlöhne, auf dem Niveau bleiben, das durch einzelstaatliche Rechtsvorschriften oder durch Tarifverträge, die im Einklang mit dem Unionsrecht im Kontext der genannten Richtlinie angewandt werden, festgelegt wurde.

Im Bereich des Unionsrechts ist außerdem von Bedeutung, ob ein gesetz- **48** lich vorgebebenes Mindestentgelt **nur im Bereich der öffentlichen Auftragsvergabe oder auch im privaten Sektor** Anwendung findet. Hierbei muss nach der Rechtsprechung des EuGH zwischen Tariftreueregelungen und gesetzlich festgelegten Mindestlöhnen unterschieden werden. Für den Bereich der Bauwirtschaft hat der EuGH entschieden, dass bei einer landesvergaberechtlichen **Tariftreueregelung** die Richtlinie 96/71/EG (Entsenderichtlinie) beachtet werden muss.[25] Der Fall Rüffert betraf die entsprechende Regelung zum Niedersächsischen Landesvergabegesetz.[26] Voraussetzung ist grundsätzlich, dass der jeweilige Tarifvertrag allgemein wirksam ist.[27] Die Einhaltung nicht für allgemeinverbindlich erklärter Tarifverträge kann danach nicht als Anforderung in Vergabeverfahren aufgenommen werden, weil es den Bietern aus anderen Mitgliedstaaten aus Gründen der Transparenz nicht zugemutet werden kann, sich über den Inhalt der am Ort der Leistungserbringung geltenden Vereinbarung von Tarifvertragsparteien informieren zu müssen.[28] Für **gesetzliche Mindestlohnpflichten** nahm der EuGH dagegen in einem Vorabentscheidungsverfahren über die Unionsrechtskonformität des rheinland-pfälzischen vergabespezifischen Mindestlohns nach § 3 LTTG an, dass diese Norm als „Rechtsvorschrift" im Sinne von Art. 3 Abs. 1 erster Gedankenstrich der Entsenderichtlinie einzustufen sei, die einen „Mindestlohnsatz" im Sinne von Art. 3 Abs. 1 Unterabs. 1 Buchst. c dieser Richtlinie vorsieht. Im Gegensatz zum Niedersächsischen Landesvergabegesetz, um das es in der Rechtssache Rüffert ging, wurde der Mindestlohnsatz in § 3

---

[24] Calliess/Ruffert/Krebber AEUV Art. 153 Rn. 11.

[25] EuGH Urt. v. 3.4.2008, Rs. C-346/06, ECLI:EU:C:2008:189 – Rüffert.

[26] Zu den Folgen des Urteils siehe Thüsing/Granetzny NZA 2009, 183.

[27] EuGH Urt. v. 3.4.2008, Rs. C-346/06, ECLI:EU:C:2008:189, Rn. 21 ff. – Rüffert.

[28] Vgl. auch EuGH Rs. C-341/05, ECLI:EU:C:2007:809, Rn. 110 – Laval; zur möglichen Unvereinbarkeit des früheren § 4 Abs. 3 TVgG NRW mit der Entsenderichtlinie siehe Simon RdA 2014, 165 [168 ff.].

LTTG selbst festgelegt. Die Zulässigkeit einer solchen Regelung lasse sich auch nicht dadurch in Frage stellen, dass die betreffende nationale Maßnahme nur auf öffentliche Aufträge und nicht auf private Aufträge anwendbar war, da die in Art. 3 Abs. 8 Unterabs. 1 der Entsenderichtlinie aufgestellte Voraussetzung der Allgemeinverbindlichkeit nur für Tarifverträge oder Schiedssprüche im Sinne von Art. 3 Abs. 1 Unterabs. 1 zweiter Gedankenstrich dieser Richtlinie gelte.[29]

49   Die Sache RegioPost betraf auch die generelle Vereinbarkeit einer landesspezifischen Regelung für einen Mindestlohn im Vergaberecht mit den **Europäischen Grundfreiheiten,** insbesondere der Dienstleistungsfreiheit nach Art. 56 AEUV. Der EuGH entschied, dass Art. 26 der Richtlinie 2004/18/EG des Europäischen Parlaments und des Rates vom 31. März 2004 über die Koordinierung der Verfahren zur Vergabe öffentlicher Bauaufträge, Lieferaufträge und Dienstleistungsaufträge einer solchen Mindestlohnregelung nicht entgegensteht. Zwar könne eine solche Maßnahme eine Beschränkung der Dienstleistungsfreiheit nach Art. 56 AEUV darstellen.[30] Eine solche nationale Maßnahme könne aber grundsätzlich durch das **Ziel des Arbeitnehmerschutzes** gerechtfertigt sein.[31] Darüber hinaus gewähre diese Rechtsvorschrift ein **Mindestmaß an sozialem Schutz,** da in dem im Ausgangsverfahren maßgebenden Zeitraum weder das Arbeitnehmer-Entsendegesetz (AEntG) noch eine andere nationale Regelung einen niedrigeren Mindestlohn für die Branche der Postdienstleistungen vorsah.[32]

50   Der vergabespezifische Mindestlohn nach § 3 LTTG betrug zur Zeit des dem Urteil zugrundeliegenden Sachverhalts 8,70 Euro pro Stunde. Da die erst seit dem 1.1.2015 geltende bundesrechtliche Regelung (8,50 Euro pro Stunde) nach dem **Mindestlohngesetz (MiLoG)** zur Zeit des streitgegenständlichen Sachverhalts noch nicht in Kraft war, stellt sich die Frage, ob eine vergabespezifische Mindestlohnregelung im Landesrecht auch bei – was wegen der konkurrierenden Gesetzgebungskompetenz auf nationaler Ebene an sich möglich ist (siehe b. bb.) – gleichzeitiger Geltung eines flächendeckenden gesetzlichen Mindestlohns gerechtfertigt werden kann (hierzu auch b. aa.). Es erscheint jedenfalls, in Anwendung der Entscheidungsgründe des EuGH in der Sache RegioPost, aus der Perspektive des Unionsrechts naheliegend, nunmehr für eine über das Schutzniveau des MiLoG hinausgehende Regelung die **Rechtfertigung abzulehnen,** da sich das die Beschränkung der Dienstleistungsfreiheit rechtfertigende „Mindestmaß an sozialem Schutz" bei mehreren auf einen Sachverhalt anwendbaren Gesetzen, jedenfalls in Bezug auf das Stundenentgelt, denknotwendig nur aus der Rechtsgrundlage mit dem niedrigeren Wert ergeben kann. Der Gesetzgeber in NRW ging zwar bei der Neufassung

---

[29] EuGH Urt. v. 17.11.2015, Rs. C-115/14, ECLI:EU:C:2015:760, Rn. 62f. – RegioPost.

[30] EuGH Urt. v. 17.11.2015, Rs. C-115/14, ECLI:EU:C:2015:760, Rn. 69 – RegioPost.

[31] Vgl. in diesem Sinne EuGH Urt. v. 18.9.2014, Rs. C-549/13, ECLI:EU:C:2014:2235, Rn. 31 – Bundesdruckerei.

[32] EuGH Urt. v. 17.11.2015, Rs. C-115/14, ECLI:EU:C:2015:760, Rn. 76 – RegioPost.

des § 4 Abs. 3 TVgG NRW davon aus, dass sich dem RegioPost-Urteil nicht entnehmen lasse, dass ein vergabespezifischer Mindestlohn vor dem Hintergrund des MiLoG per se nicht mehr unionsrechtskonform sei. Es sei nicht ersichtlich, ob der EuGH im Rahmen einer neu anzustellenden Prüfung eine nationale flächendeckende Mindestlohnregelung überhaupt berücksichtigen würde, bzw. welche Bedeutung er einer solchen Regelung beimessen würde.[33] Letztere Argumentation erscheint aber höchst zweifelhaft, da der EuGH in der Sache RegioPost auch ausdrücklich das – wie das MiLoG bundesweit geltende – AEntG in den Blick genommen hatte, welchem für den Streitgegenstand indes nichts entnommen werden konnte. Für die Neufassung des § 4 Abs. 3 TVgG NRW dürfte die Frage der Unionsrechtskonformität wohlgemerkt keine große Rolle mehr spielen, da die Regelung zumindest materiellrechtlich nicht über die Vorgaben des MiLoG hinausgeht und in Fällen, in denen das MiLoG nicht gilt (hierzu 2. f.), aus unionsrechtlicher Sicht keine Konkurrenz zwischen bundes- und landesrechtlichen Vorgaben besteht.

b) Bundesrechtliche Vorgaben. aa) Verfassungsrecht. Im Grundge- **51** setz ist zunächst die Festlegung der Bundesrepublik als sozialen Bundesstaat zu beachten, Art. 20 Abs. 1 GG. Dem **Sozialstaatsprinzip** lassen sich aufgrund seiner Weite und Unbestimmtheit aber regelmäßig keine unmittelbaren Handlungsanweisungen entnehmen, es zu verwirklichen ist in erster Linie Aufgabe des Gesetzgebers.[34] Eine konkrete, verfassungsrechtliche Vorgabe in Richtung eines Mindestarbeitsentgelts besteht damit nicht. Anders ist dies in den Bundesländern, in deren Verfassungen sich zum Teil ein entsprechender **Schutzauftrag zur Gewährleistung eines angemessenen Lebensunterhalts** findet.[35] Die Regelung von Mindestlöhnen unterfällt der konkurrierenden Gesetzgebung.[36] Für den Bund ergibt sich ein Kompetenztitel aus Art. 74 Abs. 1 Nr. 12 GG (Arbeitsrecht). Die Landestariftreuegesetze sind der Gesetzgebungskompetenz des Art. 74 Abs. 1 Nr. 11 GG (Recht der Wirtschaft) zuzuordnen. Arbeitsentgelte sind Bestandteil von privatautonom geschlossenen Verträgen und sind damit grundsätzlich Teil der wirtschaftlichen Betätigungsfreiheit. Bei einer Festlegung von Mindestlöhnen hat der Gesetzgeber daher insbesondere auch den Schutz der Grundrechte der Arbeitgeber (Art. 12 Abs. 1 GG) und der Tarifvertragsparteien zu beachten. Art. 9 Abs. 3 GG schützt die **Koalitionsfreiheit**. Geschützt wird hierdurch auch die **Tarifautonomie,** also das Recht der Tarifvertragsparteien, die Arbeits- und Wirtschaftsbedingungen ihrer Mitglieder zu wahren und zu fördern.[37] Dies gilt insbesondere hinsichtlich der Regelungen zu Löhnen und Gehältern.[38] Dem Gesetzgeber ist aber dadurch die Regelungsbefugnis hinsichtlich solcher Fragen, die Gegenstand von Tarifverträgen sein können, nicht von vornherein entzogen. Art. 9 Abs. 3 GG verleiht den Tarifvertragsparteien in diesem Be-

---

[33] LT-Drs. 16/12265, S. 21.
[34] BVerfGE 65, 182 [193].
[35] Vgl. etwa Art. 24 Abs. 2 S. 1 NRW Verf, ähnlich Art. 49 Abs. 2 BremVerf, Art. 169 BayVerf, Art. 22 Abs. 1 BLNVerf.
[36] Bayreuther NZA 2014, 865 [867].
[37] Vgl. BVerfGE 18, 18 [26]; 20, 312 [319f.]; 44, 322 [344].
[38] BVerfGE 18, 18 [26].

reich zwar ein Normsetzungsrecht, aber kein Normsetzungsmonopol.[39] Die Rechtfertigung für den Eingriff in die Tarifautonomie in Form einer staatlich vorgegebenen Mindestlohnhöhe ist vor allem in kollidierendem Verfassungsrecht, wie dem Sozialstaatsprinzip des Art. 20 Abs. 1 GG, zu erkennen.[40] Hinzu kommen die Grundrechte aus Art. 1 Abs. 1 und Art. 2 Abs. 1 GG. Das BVerfG führte hierzu explizit aus: „Durch Arbeit erfährt der Einzelne Achtung und Selbstachtung. Gesetzliche Entgeltvorgaben können damit auch dem Ziel von Art. 1 Abs. 1 und 2 Abs. 1 GG Rechnung tragen"[41]. Die Festsetzung von Mindestlöhnen durch den Staat kann deshalb durchaus verfassungskonform sein.[42] Das BVerfG hielt außerdem die Tariftreueregelung des früheren § 1 Abs. 1 Satz 2 VgG Bln für mit der Koalitionsfreiheit vereinbar.[43]

52　　Für landesrechtliche Vorgaben zu vergabespezifischen Mindestlöhnen stellt sich allerdings vor dem Hintergrund des MiLoG mittlerweile die Frage nach der **Erforderlichkeit** einer solchen Regelung. Die entsprechenden Vergabegesetze der Länder kompensierten ursprünglich das Fehlen einer Regelung auf Bundesebene zum Schutz vor zu niedrigen Löhnen, ehe es durch das MiLoG zu einer flächendecken Mindestlohnhöhe kam (ausführlich hierzu bb.). Es stellt sich deshalb die Frage nach der Legitimität des Ziels, über diese Lohnhöhe zwingend hinauszugehen. Das **OLG Koblenz** tendierte im Anschluss an das EuGH-Urteil in Sachen RegioPost mit knapper Begründung dazu, das Nebeneinander von § 3 LTTG als wirtschaftsrechtliche Regelung auf Landesebene und dem MiLoG als arbeitsrechtliche Regelung auf Bundesebene als zulässig anzusehen.[44] Hingegen kam das **VG Düsseldorf**[45] in seiner Vorlage an den VerfGH NRW bei der Beurteilung der Verfassungskonformität von § 4 Abs. 2 TVgG NRW zu einer gegenteiligen Schlussfolgerung. Es vertritt die Auffassung, dass der Arbeitnehmerschutz den Grundrechtseingriff durch die Tariftreueregelung nicht rechtfertige. Vielmehr sei mit der Einführung des bundesweiten Mindestlohns zum 1.1.2015 „ein Absinken des Lohns auf ein prekäres Niveau bundesgesetzlich ausgeschlossen"[46]. Das Gericht zieht daraus den Schluss, dass der Bundesgesetzgeber mit dem MiLoG die bundesweit verbindliche Wertung vorgegeben hat, ab welchem Betrag das vom TVgG NRW vorgeblich bekämpfte „Lohndumping" beginnt. Die Kammer konnte auch nicht feststellen, dass die Tariftreueregelung, wie sie im TVgG NRW Gesetz geworden ist, nach dem Inkrafttreten des MiLoG noch einem legitimen verfassungsrechtlichen Zweck dient.[47] Der Vorlagebeschluss wurde aber wieder aufgehoben, nachdem die Beteiligten den Rechtsstreit in der Hauptsache übereinstimmend für erledigt erklärt hatten.

---

[39] BVerfGE 94, 268 [284].
[40] Barczak, RdA 2014, 290.
[41] BVerfG NJW 2002, 2023 [2024].
[42] Kritisch aber Maunz/Dürig/Scholz GG Art. 9 Rn. 263.
[43] BVerfGE 116, 202 [217 f.].
[44] OLG Koblenz Beschl. v. 24.3.2015 – Verg 1/15, Rn. 25.
[45] VG Düsseldorf Beschl. v. 27.8.2015 – 6 K 2793/13.
[46] VG Düsseldorf Beschl. v. 27.8.2015 – 6 K 2793/13, Rn. 67.
[47] VG Düsseldorf Beschl. v. 27.8.2015 – 6 K 2793/13, Rn. 228.

bb) Mindestlohngesetz. Mit dem Gesetz zur Regelung eines allgemei- 53
nen Mindestlohns **(Mindestlohngesetz – MiLoG)** wurde in Deutschland ab
dem 1.1.2015 erstmalig ein flächendeckender gesetzlicher Mindestlohn für
Arbeitnehmerinnen und Arbeitnehmer festgesetzt. Das MiLoG ist der zentrale
Bestandteil des sog. Gesetzes zur Stärkung der Tarifautonomie, das am
16.8.2014 in Kraft getreten ist.[48] Durch die Einführung eines allgemeinen
Mindestlohns sollen insbesondere Arbeitnehmerinnen und Arbeitnehmer vor
Niedrigstlöhnen geschützt werden, die branchenübergreifend als generell unangemessen anzusehen sind und den Unternehmen ein Anreiz genommen
werden, einen Lohnunterbietungswettbewerb auch zu Lasten der sozialen Sicherungssysteme zu führen.[49]

Arbeitgeber mit Sitz im In- oder Ausland sind seitdem gemäß § 20 MiLoG 54
verpflichtet, ihren im Inland beschäftigten Arbeitnehmerinnen und Arbeitnehmern ein **Arbeitsentgelt mindestens in Höhe des Mindestlohns
nach § 1 Abs. 2 MiLoG** spätestens zu dem in § 2 Abs. 1 S. 1 Nr. 2 MiLoG genannten Zeitpunkt zu zahlen. Der Mindestlohn wird in § 1 Abs. 2 S. 1 MiLoG
brutto 8,50 Euro je Zeitstunde festgelegt, er kann aber gem. § 1 Abs. 2 S. 2
MiLoG auf Vorschlag einer ständigen Kommission der Tarifpartner (Mindest-
lohnkommission) durch Rechtsverordnung der Bundesregierung geändert
werden. Dies geschah erstmalig im Jahr 2016. Mit der Verordnung zur Anpassung der Höhe des Mindestlohns **(Mindestlohnanpassungsverordnung –
MiLoV)** vom 15.11.2016[50] ist die Bundesregierung dem Beschluss der Min-
destlohnkommission vom 28.6.2016 gefolgt, den gesetzlichen Mindestlohn ab
1.1.2017 auf 8,84 Euro festzusetzen. Landesrechtliche Regelungen dürfen
hiervon jedoch mit einer höheren Mindestlohnpflicht abweichen, wie sich
auch aus §§ 1 Abs. 3, 3 MiLoG ergibt. Aus diesen Vorschriften folgt, dass für
die Arbeitnehmer günstigere Entgeltvorgaben dem MiLoG vorgehen sollen.[51]
Zur Unionsrechtskonformität siehe a., zur Verfassungsmäßigkeit siehe b. aa.

Für Vergabeverfahren ferner beachtlich ist die Regelung des § 19 MiLoG, 55
der einen eigenen **Ausschlussgrund von der Vergabe öffentlicher Aufträge** für den Fall eines Verstoßes gegen das MiLoG statuiert, sofern gegen
das Unternehmen nach § 21 MiLoG eine Geldbuße von wenigstens zweitau-
sendfünfhundert Euro verhängt worden ist.

cc) Gesetz gegen Wettbewerbsbeschränkungen. Nach § 128 Abs. 1 56
GWB haben Unternehmen bei der Ausführung des öffentlichen Auftrags alle
für sie geltenden rechtlichen Verpflichtungen einzuhalten, unter anderem
auch den Arbeitnehmerinnen und Arbeitnehmern wenigstens diejenigen
Mindestarbeitsbedingungen einschließlich des Mindestentgelts zu gewähren,
die nach dem Mindestlohngesetz, einem nach dem Tarifvertragsgesetz mit den
Wirkungen des Arbeitnehmer-Entsendegesetzes für allgemein verbindlich
erklärten Tarifvertrag oder einer nach § 7, § 7a oder § 11 des AEntG oder
einer nach § 3a des AÜG erlassenen Rechtsverordnung für die betreffende

---

[48] BGBl. I S. 1348.
[49] BT-Drs. 18/1558, S. 28; zum Effekt des Lohndumping siehe auch Picker RdA
2014, 25 [30].
[50] BGBl. I S. 2530.
[51] Tugendreich, NZBau 2015, 395, [397].

Leistung verbindlich vorgegeben werden. Da die genannten gesetzlichen Vorgaben vom Auftragnehmer ohnehin einzuhalten sind, hat der Verweis auf die rechtlichen Pflichten für die Auftragsausführung vor Ort nur eine **deklaratorische Bedeutung.** § 128 Abs. 1 GWB schafft aber für den Auftraggeber auch bundesrechtlich eine Rechtfertigung, von dem Auftragnehmer die Einhaltung vertraglicher Ausführungsbedingungen hinsichtlich der Entlohnung verlangen zu können.[52]

2. Inhalt des § 4 Abs. 3 TVgG NRW

57   **a) Entstehungsgeschichte.** Mit dem ursprünglichen § 4 Abs. 3 TVgG wurde festgelegt, dass öffentliche Aufträge über Leistungen, die nicht den Vorgaben der Absätze 1 und 2 des § 4 unterliegen, nur an Unternehmen vergeben werden durften, die sich bei der Angebotsabgabe durch Erklärung gegenüber dem öffentlichen Auftraggeber schriftlich verpflichtet haben, ihren Beschäftigten (ohne Auszubildende) bei der Ausführung der Leistung wenigstens ein Mindeststundenentgelt von 8,62 Euro zu zahlen. Dieses Entgelt entsprach der bei Inkrafttreten des Gesetzes untersten besetzten Entgeltgruppe des in Nordrhein-Westfalen gültigen Tarifvertrags für den öffentlichen Dienst **(TV-Land-West).** Dieser Wert wurde gewählt, da mit der Anforderung einer Verpflichtung des Auftragnehmers durch Verpflichtungserklärung auf diese Mindeststundenentgelte durch den Gesetzgeber das Ziel verfolgt wurde, dass sich die öffentliche Hand nicht durch Auslagerung von Aufgaben auf private Auftragnehmer ihrer Verantwortung für eine angemessene Vergütung der Beschäftigten entziehen kann, derer sie sich, wenn sie die beauftragte Leistung selbst erbringen würde, bedienen müsste.[53]

58   Die Höhe des Mindeststundenentgeltes konnte nach dem ursprünglichen § 4 Abs. 3 TVgG durch Rechtsverordnung des für Arbeit zuständigen Ministeriums angepasst werden. Dieses hatte in § 1 der Verordnung zur Anpassung des Mindeststundenentgelts **(Vergabe-Mindestentgelt-Verordnung – VgMinVO)** vom 19. 11. 2014[54] auf 8,85 Euro angehoben.

59   In der neuen Fassung des § 4 Abs. 3 TVgG wird nunmehr geregelt, dass bei der Ausführung der Leistung wenigstens ein Entgelt zu zahlen ist, dass den **Vorgaben des MiLoG in der jeweils geltenden Fassung** entspricht, mindestens aber ein Mindeststundenentgelt von 8,84 Euro. Entsprechend enthält § 4 Abs. 3 TVgG NRW keine Ermächtigung mehr, per Rechtsverordnung den vergabespezifischen Mindestlohn zu erhöhen. Im Regierungsentwurf[55] war zunächst noch die Übernahme des bis dahin geltenden Mindestbetrags von 8,85 Euro vorgesehen. Mit der Verordnung zur Anpassung der Höhe des Mindestlohns (Mindestlohnanpassungsverordnung – MiLoV) vom 15. 11. 2016[56] wurde jedoch der gesetzliche Mindestlohn ab 1. 1. 2017 auf

---

[52] Wiedemann in Kulartz/Kus/Portz/Prieß Kommentar zum GWB-Vergaberecht, 4. Aufl. 2016, § 128 GWB Rn. 4.
[53] LT-Drs. 15/2379, S. 43 f.
[54] GV. NRW. 2014 S. 927.
[55] LT-Drs. 16/12265.
[56] BGBl. I S. 2530.

8,84 Euro festgesetzt. Daraufhin ist § 4 Abs. 3 TVgG diesem Wert angeglichen worden.[57]

b) Anwendungsbereich. aa) Sachlicher Anwendungsbereich. Abs. 3 **60** und 4 gelten wegen § 2 Abs. 4 TVgG NRW erst ab einem geschätzten **Auftragswert von 20.000 Euro (ohne Umsatzsteuer).** Gleichwohl gelten auch bei Aufträgen unterhalb dieser Schwelle für den Auftragnehmer die Vorgaben des MiLoG. Die Wertgrenze für die Anwendbarkeit des vergabespezifischen Mindestlohns stellt deshalb in erster Linie eine **Verfahrenserleichterung** dar, da die diesbezügliche Verpflichtung des Auftragnehmers in diesen Fällen nicht explizit erklärt zu werden braucht und Vorgaben in Nachunternehmerfällen (§ 5 TVgG NRW) oder Sanktionen durch den öffentlichen Auftraggeber (§ 11 TVgG NRW) entbehrlich sind. Auf die tatsächliche Entlohnung der Beschäftigten wirkt sich die Regelung – wenn überhaupt – nur noch für einen begrenzten Zeitraum aus, da ab dem 1. Januar 2018 für die Beschäftigten in allen Branchen ein Anspruch auf das Mindeststundenentgelt von 8,84 Euro besteht (siehe im Einzelnen c.).

bb) Persönlicher Anwendungsbereich. Absatz 3 gilt grundsätzlich **für 61 alle Unternehmen ungeachtet ihrer Branche.** Lediglich auf bevorzugte Bieter gemäß den § 224 Absatz 1 Satz 1 und Absatz 2 sowie § 226 des Neunten Buches Sozialgesetzbuch – Rehabilitation und Teilhabe behinderter Menschen[58] findet Absatz 3 gemäß § 4 Abs. 5 TVgG NRW keine Anwendung. Anders als noch § 4 Abs. 3 TVgG NRW a. F. erfasst der jetzige Absatz 3 grundsätzlich auch Fallkonstellationen, in denen die Vergütung der Beschäftigten tarifvertraglich geregelt ist (siehe auch das Muster der Verpflichtungserklärung, Anlage 1 zur RVO TVgG NRW, Ziffer 1.1. a. E.). Dies ist aber letztlich ohne Bedeutung, da bereits das MiLoG die gesetzliche Lohnuntergrenze bildet, die auch Tarifverträgen vorgeht, soweit sie die Höhe des § 1 Abs. 2 MiLoG unterschreiten (§ 1 Abs. 3 MiLoG). Liegt die Vergütung nach dem Tarifvertrag über dem maßgeblichen Wert des Absatz 3, ist nach dem Günstigkeitsprinzip (§ 4 Abs. 7 TVgG NRW) die Regelung des § 4 Abs. 1 TVgG NRW maßgeblich.

c) Entgelthöhe, Art der Vergütung (Satz 1). Das **Entgelt** muss den **62** Vorgaben des MiLoG in der jeweils geltenden Fassung entsprechen. Anders als in anderen Bundesländern handelt es sich um keinen pauschalen Verweis auf die Anwendbarkeit des MiLoG, sondern weiterhin eine **eigene, landesspezifische Mindestlohnpflicht,** die sich lediglich an den Bestimmungen des MiLoG orientiert und daher in bestimmten Fällen auch über das Schutzniveau des MiLoG hinausgehen kann.[59] Nach Absatz 3 Satz 1 ist mindestens ein **Stundenentgelt von 8,84 Euro** zu zahlen, was der generellen Höhe des Mindestlohns nach dem MiLoG zum Zeitpunkt des Inkrafttretens des neuen TVgG NRW entspricht (siehe oben Rn. 54). Obwohl der Wert in Abs. 3 S. 1 also – anders als in Brandenburg, Rheinland-Pfalz und Schleswig-Holstein – nicht über das gegenwärtige Niveau des MiLoG hinausgeht, war es dem Ge-

---

[57] LT-Drs. 16/14037, S. 26.
[58] Artikel 1 des Gesetzes vom 23. Dezember 2016, BGBl. I S. 3234.
[59] Vgl. LT-Drs. 16/12265, S. 20.

setzgeber dennoch wichtig, die Mindestlohnhöhe von 8,84 € im TVgG NRW festzuschreiben. Hintergrund ist, dass die Übergangsregelung in § 24 MiLoG bis zum 31.12.2017 vorsieht, dass **abweichende tarifvertragliche Regelungen** dem Mindestlohn vorgehen. Dabei müssen die Tarifvertragsparteien repräsentativ sein und der Tarifvertrag für alle Arbeitgeber und Beschäftigten in der Branche verbindlich gelten. Das betrifft die Fleischwirtschaft, die Branche Land- und Forstwirtschaft, Gartenbau, die ostdeutsche Textil- und Bekleidungsindustrie sowie Großwäschereien. Seit dem 1.1.2017 müssen diese Tarifverträge mindestens ein Stundenentgelt von 8,50 Euro vorsehen. Für Zeitungszusteller gilt seit dem 1. Januar 2017 ebenfalls ein Mindestlohn von 8,50 Euro. Ab dem 1.1.2018 müssen alle Beschäftigten dann mindestens den erhöhten gesetzlichen Mindestlohn von 8,84 Euro erhalten. Im Anwendungsbereich des TVgG NRW ist also wegen § 4 Abs. 3 S. 1 TVgG NRW für die genannten Branchen schon vor dem genannten Stichtag dieser Stundenlohn zu zahlen.

63   Wie schon für § 4 Abs. 3 TVgG NRW a. F. dürfte es dabei bleiben, dass die für das Arbeitsverhältnis **festen Gehaltsbestandteile** den Maßstab für das Mindestentgelt bilden. Dies schließt **Urlaubs-** oder **Weihnachtsgeld** mit ein, sofern auf dieses tatsächlich ein Anspruch besteht, dieses also nicht unter Freiwilligkeitsvorbehalt gestellt ist, während Boni und leistungsbezogene Gehaltsbestandteile nicht in den Lohn einzuberechnen sind.[60] Diese Grundsätze gelten wohl auch für das MiLoG.[61] Die Entwicklung in der Rechtsprechung bleibt jedoch abzuwarten. Zu beachten ist ferner § 3 S. 1 MiLoG, wonach Vereinbarungen, die den Anspruch auf Mindestlohn unterschreiten oder seine Geltendmachung beschränken oder ausschließen, insoweit unwirksam sind. Dies gilt insbesondere für Entgeltabreden, die darauf abzielen, den Mindestlohn zu unterschreiten.[62]

64   Für die **Art der Vergütung** kann auf die Regelungen des MiLoG abgestellt werden, da das Entgelt den Vorgaben des MiLoG entsprechen muss. Arbeitsentgelt ist gem. § 107 GewO grundsätzlich in Euro zu berechnen und auszuzahlen. Die Auszahlung kann auch bargeldlos geschehen.[63] § 1 und 2 MiLoG verlangen mit dem Begriff der „Zahlung" und der Nennung eines Eurobetrags in „brutto" ebenfalls eine **Entgeltleistung in Form von Geld,** so dass die Empfängerin oder der Empfänger den Geldbetrag, den er oder sie beanspruchen kann, endgültig zur freien Verfügung übereignet oder überwiesen erhält.[64] Die Anrechenbarkeit von **Sachbezügen** auf den Mindestlohn ist strittig. Nach einer Auffassung ist dies zulässig, soweit Arbeitgeber und Arbeitnehmer nach § 107 Abs. 2 GewO Sachbezüge als Teil des Arbeitsentgelts vereinbaren dürfen.[65] Eine andere Auffassung lehnt dies unter Verweis auf den

---

[60] FAQ der Landesregierung NRW zu § 4 NRW a. F., abrufbar unter https://www.vergabe.nrw.de/faq/tariftreue-und-vergabegesetz-nrw (Stand: 1.2.2015; abgerufen am 9.3.2017).
[61] ErfK/Franzen MiLoG § 1 Rn. 11 ff.
[62] Zu den Einzelheiten siehe ErfK/Franzen MiLoG § 3 Rn. 1 f.
[63] ErfK/Preis GewO § 107 Rn. 2.
[64] BAG Urt. v. 25.5.2016 – 5 AZR 135/16.
[65] ErfK/Franzen MiLoG § 1 Rn. 6; Boemke JuS 2015, 385 [390].

ggü. § 107 Abs. 1 GewO abweichend formulierten Wortlaut in § 1 Abs. 2 MiLoG und den Schutzzweck des MiLoG ab.[66] Zu beachten ist aber in jedem Fall, dass nach § 107 Abs. 2 S. 5 GewO der Wert der vereinbarten Sachbezüge oder die Anrechnung der überlassenen Waren auf das Arbeitsentgelt nicht die Höhe des **pfändbaren Teils** des Arbeitsentgelts übersteigen darf, dieser ist aber bei einem reinen MiLoG-Entgelt sehr gering. Für die Anrechnung von Sachbezügen besteht daher ohnehin nur ein begrenzter Spielraum.

d) Beschäftigte. Der Auftragnehmer muss sich verpflichten, seinen Beschäftigten bei der Ausführung der Leistung das in Satz 1 genannte Mindestentgelt zu zahlen. Wie durch den Bezug auf die Ausführung der Leistung bereits in Satz 1 angedeutet und im Wortlaut von Satz 2 explizit ausgeführt wird, gilt diese Pflicht nur gegenüber den **im Rahmen der Leistungserbringung eingesetzten Beschäftigten.** Als „Beschäftigte" im Sinne des Satzes 1 gelten daher diejenigen Personen, derer sich der Auftragnehmer konkret für die Auftragserfüllung bedient (zu ausländischen Arbeitnehmern siehe f.). Ausdrücklich hiervon **ausgenommen sind allein Auszubildende**[67], um nicht die Berufsausbildung zu verteuern (vgl. auch § 22 Abs. 3 MiLoG). Absatz 3 differenziert hingegen nicht danach, ob es sich um **450-Euro-Kräfte** oder **Praktikantinnen und Praktikanten** handelt. Letztere sind nach § 22 Abs. 1 S. 2 Nr. 1 bis 4 MiLoG unter bestimmten Bedingungen vom gesetzlichen Mindestlohn ausgenommen. Fraglich ist, ob diese Einschränkung auch im Kontext von Absatz 3 gilt. Hierfür könnte die Herausnahme von Auszubildenden sprechen, die andernfalls sogar schlechter gestellt würden als Praktikantinnen und Praktikanten. Letztere werden in den Unternehmen zudem für gewöhnlich kürzer eingesetzt. Die FAQ zum früheren § 4 Abs. 3 TVgG NRW führte aus, bei einem echten Praktikantenverhältnis überwiege der Ausbildungszweck, weshalb kein Arbeitsverhältnis vorliege.[68] Allerdings können Praktikantinnen und Praktikanten im Rahmen öffentlicher Aufträge vergleichbare oder wenigstens annähernd vergleichbare Leistungen wie reguläre Beschäftigte erbringen. Insofern besteht auch eine gewisse Parallele zu Leiharbeitnehmerinnen und Leiharbeitern, die nach Absatz 4 für gleiche oder gleichwertige Arbeit ebenso entlohnt werden müssen wie die regulär Beschäftigten. **Entscheidend gegen** die Erstreckung des § 22 MiLoG auf den Anwendungsbereich des TVgG NRW spricht außerdem, dass in § 4 Abs. 3 TVgG NRW vom Wortlaut her keine Rechtsgrundverweisung auf das MiLoG erfolgt, sondern eine **eigene landesrechtliche Pflicht** bezogen auf die Entlohnung an sich festgelegt wird, auch wenn sie sich inhaltlich am Bundesrecht orientiert („ein Entgelt zu zahlen, dass den Vorgaben des Mindestlohngesetzes […] entspricht"). Der Beschäftigtenbegriff des § 22 MiLoG muss aber deshalb nicht deckungsgleich sein mit demjenigen des § 4 Abs. 3 TVgG NRW, nach dem es – mit Ausnahme von Auszubildenden – ungeachtet ihres Anstellungsverhältnisses allein auf die Beschäftigung der fraglichen Person im konkreten Auftrag ankom-

---

[66] MüKoBGB/Müller-Glöge MiLoG § 1 Rn. 20; Lembke NZA 2015, 70 [75].
[67] Zur Kritik vgl. auch oben Rn. 7.
[68] FAQ der Landesregierung NRW zu § 4 NRW a. F., abrufbar unter https://www.vergabe.nrw.de/faq/tariftreue-und-vergabegesetz-nrw (Stand: 1.2.2015; abgerufen am 9.3.2017).

men soll. Außerdem könnte der Auftragnehmer andernfalls einen Anreiz haben, vom MiLoG ausgenommene Personen einzusetzen, um die vergabespezifische Mindestlohnpflicht zu umgehen. Damit gilt die Verpflichtung zur Zahlung des Mindestlohns nach Satz 1 auch für Praktikantinnen und Praktikanten, denen aufgrund des MiLoG kein Mindestlohn zusteht. Anders ist dies in **Niedersachsen,** das in § 4 Abs. 1 Nr. 1 explizit nur Arbeitnehmerinnen und Arbeitnehmer im Sinne des § 22 MiLoG erfasst.

66   **e) Verfahren (Satz 1 und 2).** Das Unternehmen muss sich durch **Erklärung** gegenüber dem öffentlichen Auftraggeber schriftlich zur Zahlung des oben genannten Mindestlohns verpflichten, wobei „schriftlich" wegen § 9 Abs. 4 S. 2 TVgG NRW so auszulegen ist, dass Textform genügt. Das Unternehmen muss nach Satz 2 im Rahmen der Verpflichtungserklärung die Art der tariflichen Bindung sowie die Höhe der gezahlten Mindeststundenentgelte für die im Rahmen der Leistungserbringung eingesetzten Beschäftigten angeben. In der **Muster-Verpflichtungserklärung** (Anlage 1 zur RVO TVgG NRW) erfolgen die Angaben unter Ziffer 1.3 (Verpflichtung nach § 4 Abs. 3 S. 1 TVgG NRW) bzw. unter Ziffern 1.3.1 und 1.3.2 (Verpflichtung nach § 4 Abs. 3 S. 2 TVgG NRW). Gleichwohl handelt es sich bei der Erklärung über die Einhaltung der Mindestlohnverpflichtung weder um ein Eignungs- noch ein Zuschlagskriterium, sondern um eine reine Ausführungsbedingung.[69] Zur Kontrolle und zu möglichen Sanktionen siehe §§ 10 und 11 TVgG NRW.

67   Der Mindestlohnanspruch aus § 1 Abs. 1 MiLoG schafft in seinem Geltungsbereich eine eigenständige Anspruchsgrundlage.[70] Die Mindestlohnregelung in § 4 Abs. 3 S. 1 TVgG NRW führt hingegen nicht dazu, dass sie von sich aus Inhalt der Arbeitsverträge wird, auch stellt sie **keine unmittelbare Anspruchsgrundlage** für die Arbeitnehmerinnen und Arbeitnehmer dar. Vielmehr ist der Auftragnehmer als Arbeitgeber aufgrund der durch Angebot und Zuschlag entstehenden einzelvertraglichen Bindung – wie es die Gesetzesbegründung zum ursprünglichen TVgG NRW formuliert: „im Sinne einer Drittwirkung"[71] – verpflichtet, den bei der Auftragsausführung eingesetzten Beschäftigten ein Mindeststundenentgelt in der gesetzlich bestimmten Höhe zu zahlen. Der Verweis „im Sinne einer Drittwirkung" dürfte andeuten, dass der Arbeitnehmer oder die Arbeitnehmerin ab der Auftragsausführung wegen § 4 Abs. 3 S. 1 TVgG NRW – nach dem Modell der sog. mittelbaren Drittwirkung – gegenüber dem Arbeitgeber einen entsprechenden Entgeltanspruch geltend machen kann, in dem die Vorgabe des TVgG NRW in den Arbeitsvertrag hineingelesen wird.

68   Mit der Erstreckung des Mindestlohns von 8,84 Euro auf sämtliche Branchen entfällt der Schutzzweck des § 4 Abs. 3 S. 1 TVgG NRW in weiten Teilen, da er Beschäftigten von Arbeitgebern, die ohnehin § 20 MiLoG unterfallen, keinen darüber hinaus gehenden Vorteil gewährt. Eine eigenständige Bedeutung dürfte die Norm aber weiterhin bei **ausländischen Arbeitnehmern** aufweisen, die zur Auftragserbringung in Deutschland eingesetzt werden, da für solche Arbeitnehmer das MiLoG nicht zwingend gilt (siehe hierzu unter f.).

---

[69] Simon RdA 2014, 165 [167].
[70] BAG Urt. v. 25.5.2016 – 5 AZR 135/16.
[71] LT-Drs. 15/2379, S. 43.

f) Leistungserbringung im Ausland und ausländische Arbeitneh- 69
mer (Satz 3). Absatz 3 Satz 3 bestimmt, dass die Pflicht zur Zahlung eines
Mindestlohnes nach dem TVgG nur für ausgeschriebene Leistungen gilt, die
im Hoheitsgebiet der Bundesrepublik Deutschland erbracht werden.
Die Regelung geht auf die Rechtsprechung des EuGH in der Rechtssache
Bundesdruckerei[72] zurück. Der EuGH hatte festgestellt, dass es mit der in
Art. 56 AEUV niedergelegten Dienstleistungsfreiheit nicht vereinbar ist,
wenn Rechtsvorschriften eines Mitgliedsstaates, dem der öffentliche Auftraggeber angehört, den Nachunternehmer eines Bieters, der beabsichtigt, einen
öffentlichen Auftrag ausschließlich durch Inanspruchnahme von Arbeitnehmern auszuführen, die bei einem **Nachunternehmer mit Sitz in einem**
anderen Mitgliedstaat als dem, dem der öffentliche Auftraggeber angehört,
beschäftigt sind, verpflichten, den genannten Arbeitnehmern ein mit diesen
Rechtsvorschriften festgelegtes Mindestentgelt zu zahlen.[73] Um diesen Vorgaben gerecht zu werden, wird in Satz 3 bestimmt, dass die Pflicht, eine entsprechende Verpflichtungserklärung hinsichtlich des Mindestlohns bei der Vergabestelle vorzulegen, nur dann gilt, wenn die ausgeschriebene Leistung im
Hoheitsgebiet der Bundesrepublik Deutschland erbracht wird. Die Herausnahme nur der Nachunternehmer im Ausland bedeutet im Umkehrschluss
auch, dass der Mindestlohn bei der Leistungserbringung im Inland für die gesamte Auftragsdauer, also **unabhängig von der Beschäftigungsdauer aus-**
ländischer Arbeitnehmer im Hoheitsgebiet der Bundesrepublik Deutschland gilt. § 20 MiLoG erfasst dem Wortlaut nach hingegen nur im Inland
beschäftigte Arbeitnehmer. In diesem Zusammenhang ist strittig, ob auch
eine sehr kurze, vom ausländischen Arbeitgeber veranlasste Beschäftigungsdauer im Gebiet der Bundesrepublik für das Tatbestandsmerkmal „im Inland
beschäftigt" ausreicht.[74] Im Anwendungsbereich des TVgG NRW kommt es
hierauf hingegen nicht an.

IV. Leiharbeit nach § 4 Abs. 4 TVgG NRW

1. Allgemeines

Die **Zulässigkeit von Leiharbeit** an sich richtet sich nach dem **Arbeit-** 70
nehmerüberlassungsgesetz (AÜG), das der Umsetzung der Leiharbeits-
richtlinie (RL 2008/104/EG über Leiharbeit v. 19.11.2008, ABl. L 327, 9)
dient. Nach der Legaldefinition der Leiharbeit in der Leiharbeits-RL liegt
eine solche vor bei einer **vorübergehenden Überlassung von Arbeitneh-**
mern an den Entleiher (vgl. auch § 1 Abs. 1 S. 2 AÜG). Im Baugewerbe ist
dabei insbesondere § 1b AÜG zu beachten. Arbeitnehmerüberlassung in Betriebe des Baugewerbes ist gemäß § 1b S. 1 AÜG für Arbeiten, die üblicher-

---

[72] EuGH Urt. v. 18.9.2014, Rs. C-549/13, ECLI:EU:C:2014:2235 – Bundesdruckerei.

[73] EuGH Urt. v. 18.9.2014, Rs. C-549/13, ECLI:EU:C:2014:2235, Rn. 36 – Bundesdruckerei.

[74] Eher ablehnend ErfK/Franzen 17. Aufl. 2017, MiLoG § 20 Rn. 2; Sittard/Sassen
NJW 2016, 364.

weise von Arbeitern verrichtet werden, generell unzulässig. Gestattet ist sie dagegen nach § 1 b S. 2 lit. a) AÜG zwischen Betrieben des Baugewerbes und anderen Betrieben, wenn diese Betriebe erfassende, für allgemeinverbindlich erklärte Tarifverträge dies bestimmen, sowie gemäß § 1 b S. 2 lit. b) AÜG zwischen Betrieben des Baugewerbes, wenn der verleihende Betrieb nachweislich seit mindestens drei Jahren von denselben Rahmen- und Sozialkassentarifverträgen oder von deren Allgemeinverbindlichkeit erfasst wird.

71   Mittels Leiharbeit können Unternehmen insbesondere mittelfristige Produktionsrisiken abfangen, ohne die Größe der Stammbelegschaft anpassen zu müssen. (Langzeit-)Arbeitslose können durch Leiharbeit mitunter leichter in den Arbeitsmarkt zurückfinden. Allerdings ist in den letzten Jahren teilweise eine Tendenz zu erkennen, wonach Unternehmen aus Gründen höherer Flexibilität die Stammbelegschaft dauerhaft durch Leiharbeitnehmerinnen und – arbeitnehmer ersetzen.[75] Aus diesem Grund ist das AÜG auf Initiative der Bundesregierung zum 1.4.2017 geändert worden.[76] Neu geregelt wurde insbesondere eine regelmäßige, 18-monatige Höchstüberlassungsfrist (§ 1 Abs. 1 S. 4, Abs. 1 b AÜG). Von der Novellierung betroffen ist auch der unter anderem das Arbeitsentgelt betreffende **Gleichstellungsgrundsatz** in § 10 Abs. 4 AÜG a. F., der sich nunmehr in § 8 AÜG wiederfindet.

2. Inhalt des § 4 Abs. 4 TVgG NRW

72   § 4 Abs. 4 TVgG NRW sieht vor, dass Aufträge nur an solche Unternehmen vergeben werden, die sich schriftlich verpflichten, dafür zu sorgen, dass **Leiharbeitnehmerinnen und Leiharbeiter** für gleiche oder gleichwertige Arbeit ebenso entlohnt werden wie die regulär beschäftigten Arbeitnehmerinnen und Arbeitnehmer des Auftragnehmers sowie des Nachunternehmers oder Verleihers von Arbeitskräften (sog. **Equal-Pay**). Absatz 4 entspricht § 4 Abs. 5 TVgG NRW alter Fassung. Damit wird unter anderem sichergestellt, dass der Auftragnehmer die Tariftreuepflicht nicht durch Zuhilfenahme von Leiharbeit umgehen kann. Daneben dient die Norm der effektiven Gleichstellung von privat Beschäftigten mit den Angestellten des Auftraggebers bei der Ausführung von öffentlichen Aufträgen, da über Absatz 4 Verpflichtungen zur Zahlung von Equal-Pay begründet werden, die über das AÜG hinausgehen. Danach gilt zwar der in § 8 Abs. 1 AÜG (bis zum 1.4.2017: § 10 Abs. 4 S. 1 AÜG) normierte **Grundsatz der Gleichbehandlung,** wonach der Verleiher verpflichtet ist, dem Leiharbeitnehmer für die Zeit der Überlassung an den Entleiher die im Betrieb des Entleihers für einen vergleichbaren Arbeitnehmer des Entleihers geltenden wesentlichen Arbeitsbedingungen einschließlich des Arbeitsentgelts zu gewähren. Die Höhe des Arbeitsentgelts kann jedoch nach § 8 Abs. 2 AÜG (§ 10 Abs. 4 S. 2 AÜG a. F.) niedriger ausfallen, wenn dies tarifvertraglich vorgesehen ist und nicht das Mindestentgelt nach der Rechtsverordnung zu § 3a AÜG unterschritten wird.[77] Die danach geltenden Lohn-

---

[75] Giesen ZRP 2016, 130.

[76] Gesetz zur Änderung des Arbeitnehmerüberlassungsgesetzes und anderer Gesetze vom 21.2.2017, BGBl I 2017, 258.

[77] Zuletzt die Dritte Verordnung über eine Lohnuntergrenze in der Arbeitnehmerüberlassung vom 26.5.2017, BAnz v. 31.5.2017.

untergrenzen sind gestaffelt und liegen vollständig über dem seit 1.1.2017 bundesweit geltenden Niveau des MiLoG von 8,84 Euro. Nach dem neuen § 8 Abs. 4 AÜG-E darf eine tarifvertragliche Regelung hinsichtlich des Arbeitsentgelts vom Gleichstellungsgrundsatz zudem nur noch für die ersten neun Monate einer Überlassung an einen Entleiher abweichen.[78] Über § 4 Abs. 4 TVgG NRW ist aber auch schon innerhalb des Übergangszeitraums für die zur Auftragsausführung eingesetzten Beschäftigten ein **echtes Equal-Pay** herzustellen. Wegen des Wortlauts „ebenso entlohnt" beinhaltet dies neben dem monatlichen Entgelt bzw. dem Stundenentgelt auch die weiteren finanziellen Vergütungsbestandteile, wie zum Beispiel Urlaubsgeld, Sonderzahlungen und Erschwerniszuschläge.[79]

V. Bevorzugte Bieter nach § 4 Abs. 5 TVgG NRW

1. Allgemeines

Ziel und Zweck des Vergaberechts ist die Gleichbehandlung aller Bieter. **73** Eine Ausnahme wird allerdings für rechtlich zulässig in den Fällen angesehen, in denen sich Werkstätten für Menschen mit Behinderungen oder Unternehmen bewerben, deren Hauptzweck die soziale und berufliche Integration von Menschen mit Behinderungen oder von benachteiligten Personen ist.

Da Beschäftigung und Beruf wesentlich zur Integration von Menschen mit **74** Behinderung und benachteiligten Personen in der Gesellschaft beitragen, sind diese Einrichtungen zu fördern. Würden sie sich dem Wettbewerb unter „normalen" Bedingungen stellen, ist davon auszugehen, dass sie keine Ausschreibung gewinnen würden bzw. nur unter erschwerten Bedingungen. Ihre Tätigkeitsfelder und Mitarbeiterstruktur orientieren sich allein am Hauptzweck der sozialen und beruflichen Integration unter Zahlung eines angemessenen Arbeitsentgeltes.

Insofern bestehen Fragen im Hinblick auf die Anwendung des MiLoG **75** durch diese sog. „bevorzugten Bieter". Davon wird allerdings in der Regel nicht auszugehen sein. So hat das Arbeitsgericht Kiel[80] zutreffend entschieden, dass behinderte Menschen, die in einer Werkstatt für behinderte Menschen (WfB) iSd § 136 Abs. 1 SGB IX tätig sind, in der Regel keinen Anspruch auf den Mindestlohn nach MiLoG haben. Die betroffenen Einrichtungen können damit auch nicht zur Vorlage einer Erklärung über die Zahlung von Tariflöhnen nach dem MiLoG im Rahmen eines Vergabeverfahrens verpflichtet werden.

---

[78] Zu Verlängerungsmöglichkeiten und den weiteren Einzelheiten der Novelle ausführlich Giesen ZRP 2016, 130.

[79] FAQ der Landesregierung NRW zu § 4 NRW a. F., abrufbar unter https://www.vergabe.nrw.de/faq/tariftreue-und-vergabegesetz-nrw (Stand: 1.2.2015; abgerufen am 9.3.2017).

[80] Urt. vom 19.5.2015- 2 Ca 165a/15

2. Inhalt von § 4 Abs. 5 TVgG NRW

76   § 4 Abs. 5 TVgG NRW, der im wesentlichen § 4 Abs. 6 TVgG NRW a. F. entspricht, greift diese Rechtslage auf.

77   Anders als die erwähnte Vorgängerregelung, die die nach SGB-IX bevorzugten Bieter lediglich von den Angaben zur Zahlung des vergabespezifischen Mindestlohns freistellte (wie es aktuell auch das TTG Schleswig-Holstein vorsieht), sieht die aktuelle Regelung zu Recht auch die Befreiung von den Angaben zur entgeltlichen Gleichstellung von Leiharbeiterinnen und Leiharbeitern vor.

78   Danach hat der Landesgesetzgeber auf die Kritik an dem alten TVgG NRW reagiert. Allerdings hatte man bereits bei dem alten Gesetz in der Weise Korrekturen vorgenommen, dass die nicht im Gesetz geregelte Befreiung durch eine textliche Anpassung in der RVO zum TVgG NRW mit allen möglichen rechtlichen Risiken erfolgte.

79   **a) Definition der bevorzugten Bieter.** Zur Definition der bevorzugten Bieter greift das Gesetz auf die neuen Begrifflichkeiten des SGB IX zurück. Am 29.12.2016 wurde das Bundesteilhabegesetz im Bundesgesetzblatt (BGBl. I. S. 3234) veröffentlicht. Mit dem Gesetz wird die gesellschaftliche Teilhabe und Selbstbestimmung von Menschen mit Behinderungen gestärkt.

80   Die Regelung des § 141 SGB IX geltender Fassung wird nunmehr § 224 SGB IX. Die wesentliche Änderung besteht aber darin, dass durch § 224 Abs. 2 SGB IX n. F. die Regelungen zu Werkstätten mit Behinderungen auf Inklusionsbetriebe, die nun in § 215 SGB IX geregelt sind, ausgeweitet werden.

81   Artikel 26 des Bundesteilhabegesetzes, der diese Änderungen regelt, tritt zwar erst am 1.1.2018 in Kraft. Durch den Verweis auf die neue bundesweite Rechtslage in § 4 Abs. 5 TVgG NRW gilt diese Rechtslage im Anwendungsbereich des TVgV NRW bereits ab dem 1.4.2017. Als bevorzugte Bieter gelten damit neben den **Werkstätten für behinderte Menschen** und den **Blindenwerkstätten** auch die **Inklusionsbetriebe.**

82   **b) Erlass zur Berücksichtigung von Werkstätten für behinderte Menschen und Blindenwerkstätten in NRW.** In NRW gilt der Erlass zur Berücksichtigung von Werkstätten für behinderte Menschen und Blindenwerkstätten bereits seit dem Jahr 2011[81]. Auf ihn soll kurz wegen der thematischen Nähe zum TVgG NRW eingegangen werden. Der Erlass greift die noch geltende bundesgesetzliche Regelung in §§ 141,143 SGB IX auf, nach der diese Werkstätten bei öffentlichen Auftragsvergaben bevorzugt zu behandeln sind, und soll den öffentlichen Auftraggebern in NRW (der Erlass ist Gemeinden und Gemeindeverbänden zur Anwendung empfohlen) die Entscheidungsspielräume aufzeigen. Hierdurch sollen die Werkstätten in die Lage versetzt werden, ihren Beschäftigten adäquate Tätigkeiten zu bieten und aus ihrem Arbeitsergebnis ein angemessenes Entgelt zu zahlen.

---

[81] Gemeinsamer Runderlass „Berücksichtigung von Werkstätten für behinderte Menschen und Blindenwerkstätten bei der Vergabe öffentlicher Aufträge" des Ministeriums für Wirtschaft, Energie, Bauen, Wohnen und Verkehr, u. a. vom 22.3.2011

Der Wettbewerb kann auf Werkstätten für behinderte Menschen und Blin- **83** denwerkstätten beschränkt werden. Nehmen nur diese am Wettbewerb teil, kann bei Vergaben oberhalb der Schwellenwerte ein nicht offenes Verfahren, bei Vergaben unterhalb der Schwellenwerte eine beschränkte Ausschreibung oder–abhängig von den haushaltsrechtlichen Wertgrenzen–ein freihändiges Verfahren durchgeführt werden. Sofern keine Beschränkung des Bieterkreises auf bevorzugte Bieter erfolgt, sind diese gleichwohl in angemessenem Umfang zur Angebotsabgabe aufzufordern.

Unabhängig vom Bieterkreis ist der Zuschlag auf das Angebot eines bevor- **84** zugten Bieters zu erteilen, wenn es ebenso wirtschaftlich wie das ansonsten wirtschaftlichste Angebot eines nicht bevorzugten Bieters ist. Da ein absoluter Gleichstand bei der Wirtschaftlichkeitsbewertung in der Praxis höchstselten und allenfalls bei Verfahren vorkommt, in denen der Preis durch gesetzliche Rahmenbedingungen fixiert ist, sieht der Erlass eine rechnerische Privilegie- rung der bevorzugten Bieter vor: Deren Preis wird bei der Beurteilung der Wirtschaftlichkeit mit einem Abschlag von 15% berücksichtigt. Vertrags- grundlage bleibt der angebotene Preis.

3. Bieterschützende Wirkung

Da die Regelung bieterschützende Wirkung hat, kann ihre Einhaltung im **85** Wege des Vergaberechtsschutzes geltend gemacht werden.

VI. Umgang mit ungewöhnlich niedrigen Angeboten nach § 4 Abs. 6 TVgG NRW

1. Allgemeines

§ 4 Abs. 6 TVgG NRW regelt den Umgang mit ungewöhnlich niedrigen **86** Angeboten. Die Regelung wurde mit der Novelle des TVgG NRW in das Ge- setz aufgenommen. Danach kann der öffentliche Auftraggeber bei begründe- ten Zweifeln an der Tariftreue des Bieters die Kalkulation prüfen. Die Rege- lung greift den Gedanken der mit der Novelle des Vergaberechts im Jahr 2016 neu eingeführten Vorschriften zum Umgang mit **ungewöhnlich niedrigen Angeboten** (§§ 60 Vergabeverordnung (VgV); 16d Abs. 1 Vergabe-und Vertragsordnung für Bauleistungen Teil A (VOB/A) 1. Abschnitt sowie 44 Unterschwellenvergabeordnung (UVgO)) auf. Danach ist der öffentliche Auf- traggeber für den Fall, dass ihm ein Angebot besonders niedrig erscheint, ver- pflichtet, vom Bieter Aufklärung zu verlangen. Er kann das Angebot damit nicht von vornherein ablehnen.

Der Prüfungsauftrag erstreckt sich u. a. auf die Einhaltung arbeitsrechtlicher **87** Vorschriften. In diesen und auch in anderen Fällen entsteht der Anfangsver- dacht, dass ein Verstoß gegen die genannten Bestimmungen den Grund für das ungewöhnlich niedrige Angebot bildet[82]. Eine Aufgreifschwelle dergestalt, dass der Preis mehr als 50% unter dem Durchschnitt der übrigen Angebote

---

[82] Zur bisherigen Rspr.: Gabriel VergabeR 2013; 300
Paradigmatisch: OLG Düsseldorf VergabeR 2014; 726 mit Anm. Gulick

oder mehr als 20 % unter dem zweitniedrigsten Angebot liegt[83], ist in den o. g. Regelungen nicht verankert worden, was zu begrüßen ist.

2. Inhalt des § 4 Abs. 6 TVgG NRW

88   § 4 Abs. 6 TVgG NRW begrenzt den Prüfungsumfang und die Prüfungspflicht im Anwendungsbereich des TVgG. Die Pflichten nach den o. g. Vorschriften bleiben aber unberührt.

89   **a) Vorliegen begründeter Zweifel.** Nach § 4 Abs. 6 Satz 2 TVgG NRW kann der öffentliche Auftraggeber den Bieter auffordern, seine Kalkulation vorzulegen, wenn er begründete Zweifel an der Tariftreue des Bieters hat. Die Vorschrift gibt zugleich einen Hinweis, wann vom Vorliegen dieser Voraussetzung auszugehen ist. Begründete Zweifel können dann vorliegen, wenn der Bruttoangebotspreis mehr als 10 % vom nächst höheren Angebot abweicht. Da es sich um eine „Kann–Vorschrift" handelt, obliegt es dem öffentlichen Auftraggeber, im Einzelfall sein Ermessen auszuüben, ob bei Erreichung der Grenze von 10 % tatsächlich begründete Zweifel vorliegen oder nicht. Damit ist nicht von einem Automatismus auszugehen, nach dem bei Erreichen oder Überschreiten dieser Grenze regelmäßig von begründeten Zweifeln auszugehen wäre.

90   **b) Ausschluss des Angebots von der Wertung.** Wenn der jeweilige Bieter der Aufforderung der Vergabestelle nicht innerhalb der von ihr gesetzten Frist nachkommt, ist das Angebot von der Wertung auszuschließen, § 4 Abs. 6 Satz 3 TVgG NRW.

91   **c) Ordnungsgemäße Kalkulationsgrundlage.** Die Kalkulationsgrundlage muss ordnungsgemäß sein. Diese Voraussetzung ist dann erfüllt, wenn jede Einzelposition dargelegt und begründet werden kann. Lässt sich der öffentliche Auftraggeber die Kalkulationsgrundlage vorlegen, hat er diese auf Ordnungsmäßigkeit und Auskömmlichkeit zu überprüfen. Gelangt er zu dem Ergebnis, dass der Bieter dem nicht nachgekommen ist, hat dieser die Pflicht der Vorlage der Kalkulationsgrundlagen nicht erfüllt. Für diesen Fall kann der Bieter innerhalb der von der Vergabestelle gesetzten Frist die weiteren notwendigen Unterlagen einreichen. Kommt er dem nicht nach, ist das Angebot auszuschließen.

3. Bieterschützende Wirkung

92   Der Bundesgerichtshof (BGH) hat Ende Januar 2017[84] den Streit um die **bieterschützende Wirkung** der Vorschriften über die Aufklärung ungewöhnlich niedriger Angebote beendet und diese bejaht, ohne dass es hierzu des Vorliegens weiterer Vorschriften bedürfte. Mit dieser Divergenzvorlage entfernt sich der BGH von der bisher herrschenden Rspr, wonach den Rege-

---

[83] Dieser Wert entspricht der von einigen deutschen Vergabesenaten gezogenen Grenze und der alten Rechtslage, vgl. OLG Frankfurt a. M., IBR 2004; 452; OLG Düsseldorf, Bau RB 2005: 237.

[84] BGH Beschluss vom 31. 1. 2017; X ZB 10/16.

lungen über die Aufklärung ungewöhnlich niedriger Angebote nur dann bieterschützende Wirkung zukommen soll, soweit das ungewöhnlich günstig erscheinende Angebot Ausdruck wettbewerbswidriger Praktiken ist. Diese Regelungen legt der BGH als Ausdruck des Wettbewerbsgrundsatzes aus, sodass Mitbewerber einen Anspruch auf die Prüfung des Angebotspreises durch den Auftraggeber haben können. Für die Schlüssigkeit eines möglichen Nachprüfungsauftrags soll es ausreichen, wenn der Bieter Umstände darlegt, welche die Unangemessenheit des Preises indizieren. Für die Ablehnung des Zuschlags soll es grundsätzlich geboten sein, dass dem Auftraggeber keine zufriedenstellende Aufklärung der geringen Höhe des angebotenen Preises gelingt.

VII. Günstigkeitsprinzip nach § 4 Abs. 7 TVgG NRW

1. Allgemeines

Das im Arbeitsrecht geltende **Günstigkeitsprinzip** ist ein im Tarifvertragsrecht verankerter Schutz der Arbeitnehmerinnen und Arbeitnehmer vor dem Verlust der Absicherung durch einen Tarifvertrag nach § 4 Abs. 3 TVG Bund. Nach diesem Prinzip dürfen tarifgebundene Betriebe und Arbeitnehmerinnen und Arbeitnehmer vom Tarifvertrag abweichen, wenn das für die Arbeitnehmerin bzw. den Arbeitnehmer günstiger ist als die tarifvertragliche Regelung. **93**

2. Inhalt von § 4 Abs. 7 TVgG NRW

§ 4 Abs. 7 TVgG NRW wendet dieses Prinzip (wie auch § 4 Abs. 4 TVgG NRW a. F.) auf die Klärung der Rangfolge verschiedener Tarifverträge an. Mit dieser Regelung will der Gesetzgeber eine vorrangige Geltung desjenigen Tarifvertrags einräumen, der für die Arbeitnehmerinnen und Arbeitnehmer das höchste Entgelt gewährt. **94**

Damit ist die Frage, welche Branchen betroffen sein können – also nach dem AEntG, dem ÖPNV oder dem MiLOG bzw. vergabespezifischen Mindestlohns – genauso zu prüfen wie die Frage, ob es Branchen gibt, die unter dem MiLOG liegen. Die Frage, welche Branchen dieses sein können und ob die Voraussetzungen mehrerer Absätze des § 4 auf die konkrete Ausschreibung tatsächlich zutreffen, ist deshalb von dem Unternehmen im Einzelfall zu prüfen und zu entscheiden und bei dem Ausfüllen der entsprechenden Formblätter zu berücksichtigen. **95**

VIII. Besonderheiten der anderen Bundesländer

1. Allgemeine Tariftreuepflicht

Deklaratorische Regelungen vergleichbar dem § 4 Abs. 1 TVgG NRW gibt es in den meisten Tariftreue- und Vergaberegelungen der verschiedenen Bundesländer. Dabei wird in den meisten Fällen in erster Linie auf das Arbeitnehmer-Entsendegesetz abgestellt. Im Landesrecht **Berlin** wird in § 1 Abs. 2 S. 1 BerlAVG auf die einzuhaltenden Tarifverträge nach dem AEntG verwiesen, darüber hinaus in § 1 Abs. 2 S. 3 BerlAVG auf andere gesetzliche Mindestent- **96** gelte; unter diesen Wortlaut fallen dann auch (wie in § 4 Abs. 1 Satz 1 Nr. 1 und Nr. 3 2. Alt. TVgG NRW) Entgeltregelungen aufgrund eines allgemeinverbindlichen Tarifvertrages nach § 5 Abs. 1 TVG und aufgrund einer Rechtsverordnung nach dem AÜG. Eine entsprechende Regelung gibt es in **Bremen** mit § 11 TVgG Brem, in **Hamburg** mit § 3 Abs. 1 HmbVgG, in **Sachen-Anhalt** mit § 10 Abs. 1 LVG LSA und in **Thüringen** mit § 10 Abs. 1 ThürVgG.

97   In Landesrecht **Baden-Württemberg** werden mit § 3 Abs. 1 LTMG Bindungen aufgrund der Vorgaben eines Tarifvertrages aufgrund des AEntG erfasst (was allgemeinverbindliche Tarifverträge und Tarifvertragsbindungen aufgrund von Rechtsverordnungen nach dem AEntG umfasst), ebenso im Landesrecht **Rheinland-Pfalz** in § 4 Abs. 1 LTTG, in § 3 Abs. 1 STTG des **Saarlandes** sowie in § 4 Abs. 1 TTG in **Schleswig-Holstein;** in diesen Landesgesetzen fehlen entsprechende Verweise auf Mindestentgeltbedingungen nach dem TVG und nach dem AÜG. Dagegen gibt es in § 3 Abs. 2 LTMG BW, in § 3 Abs. 3 FTTG S und in § 4 Abs. 1 S. 2 TTG SchlH noch Verweise auf das Mindestarbeitsbedingungengesetz, das jedoch auf Bundesebene im Zuge der Einführung des MiLoG zum 16.8.2014 abgeschafft worden ist; diese landesrechtlichen Normen sind insoweit gegenstandslos.

98   In **Niedersachsen** existiert mit § 4 Abs. 1 Nr. 2 NTVergG eine Regelung, die eine Bindung insbesondere an den Vorgaben des AEntG im Anwendungsbereich des § 1 Abs. 3 MiLoG anordnet. § 1 Abs. 3 MiLoG wiederum stellt auf Regelungen des AEntG, des AÜG und der auf ihrer Grundlage erlassenen Rechtsverordnungen ab; dieser Vorrang gilt nach § 1 Abs. 3 S. 2 MiLoG entsprechend für einen auf der Grundlage von § 5 TVG für allgemeinverbindlich erklärten Tarifvertrag.

99   In **Hessen** wird mit § 4 Abs. 2 HTVG ebenfalls auf allgemeinverbindliche Tarifverträge nach dem AEntG verwiesen, in § 4 Abs. 1 HTVG gibt es daneben noch die formulierungstechnische Besonderheit, dass auf die geltenden gesetzlichen, aufgrund eines Gesetzes festgesetzten und unmittelbar geltenden tarifvertraglichen Leistungen verwiesen wird; dies dürfte in erster Linie allgemeinverbindlich erklärte Tarifverträge nach § 5 Abs. 1 TVG betreffen.

100   In **Brandenburg** hingegen beschränkt sich das Landesrecht in § 2 Abs. 6 BbgVergG darauf zu regeln, dass andere gesetzliche Regelungen (über Mindestentgelte) unberührt bleiben. In **Mecklenburg-Vorpommern** gibt es hingegen keine expliziten Regelungen bezüglich deklaratorischer Tariftreuepflichten nach dem TVG, dem AEntG oder dem AÜG.

2. Tariftreuepflicht im Bereich des öffentlichen Personenverkehrs

101   Die meisten Bundesländer mit einem Tariftreue- und Vergabegesetz haben **besondere Regelungen zur Tariftreue im Bereich des öffentlichen Personennahverkehrs** in ihre Gesetze aufgenommen (was insb. aufgrund des Art. 4 Abs. 5 VO (EG) Nr. 1370/2007 in diesem Sektor zulässig ist). Einige Bundesländer haben Regelungen mit materiellen Anforderungen zur Repräsentativität von Tarifverträgen im öffentlichen Personennahverkehr vergleichbar dem §§ 4 Abs. 2 i.V.m. 16 Abs. 1, 2 TVgG NRW in das Landesrecht aufgenommen, andere Bundesländer haben indes auf die Regelung weitreichender materieller Kriterien für den anzuwendenden Tarifvertrag respektive die anzuwendenden Tarifverträge verzichtet. Im Einzelnen zeigt sich im Bereich der Tariftreuepflichten für die Vergabe öffentlicher Aufträge im öffentlichen Personennahverkehr bundesweit ein heterogenes Bild.

a) Landesregelungen mit dem § 16 Abs. 1, 2 TVgG NRW vergleichbaren materiellen Kriterien. Eine Regelung vergleichbar dem § 4 Abs. 2 102 TVgG-NRW i. V. m. § 16 Abs. 1, 2 TVgG NRW mit **im Gesetz genannten materiellen Kriterien für die Repräsentativität eines Tarifvertrages** gibt es in **Baden-Württemberg** (§ 3 Abs. 3, 4 LTNG), **in Niedersachsen** (§ 5 Abs. 1, 4 NTVergG), in **Rheinland-Pfalz** (§ 4 Abs. 3, 4 LTTG), in **Sachsen-Anhalt** (§ 10 Abs. 2 LVG LSA) und in **Schleswig-Holstein** (§§ 4 Abs. 2 i. V. m. 20 Abs. 2 Nr. 1 TTG). In Rheinland-Pfalz[85], Sachsen-Anhalt[86] und Schleswig-Holstein[87] werden dabei die repräsentativen Tarifverträge ebenfalls durch eine Rechtsverordnung festgelegt, wobei z. T. dort wiederum die Möglichkeit zur Festlegung der einzelnen Tarifverträge durch ministerielle Anordnung bzw. Verwaltungsvorschrift eröffnet wird. In Baden-Württemberg[88] und Niedersachsen[89] erfolgt die Feststellung der repräsentativen Tarifverträge nur durch ministerielle Anordnung bzw. Verwaltungsvorschrift (ob eine solche Festlegung unterhalb der Ebene eines materiellen Gesetzes im Oberschwellenbereich vor dem Hintergrund des novellierten § 129 GWB ausreichend ist, ist zweifelhaft → § 3 Rn. 29).

In Baden-Württemberg wird ausdrücklich auch die Altersversorgung mit in 103 die Repräsentativität eines Tarifvertrages einbezogen. In Rheinland-Pfalz wird die Anwendung der repräsentativen Tarifverträge vom Wortlaut her auch auf freigestellte Schülerverkehre erstreckt (was nach zutreffender Auffassung rechtswidrig ist, vgl. → Rn. 33). Die materiellen Kriterien für eine Repräsentativität eines Tarifvertrages entsprechen in diesen genannten fünf Landesgesetzen im Wesentlichen den in § 16 Abs. 2 TVgG-NRW genannten Regelbeispielen für die besondere Bedeutung eines Tarifvertrages; im Einzelnen kann auf die Kommentierung dort (→ § 16 Rn. 11 ff.) verwiesen werden.

---

[85] § 1 Satz 1 der Landesverordnung zur Durchführung des § 4 Abs. 4 des Landestariftreuegesetz vom 4.2.2011 (GVBl. S. 36) i. V. m. Verwaltungsvorschrift des Ministeriums für Arbeit, Soziales, Gesundheit, Familien und Frauen vom 16.3.2011, Az. 622-1 25816, (MinBl. 2011, S. 58), zuletzt geändert durch Verwaltungsvorschrift vom 11.10.2016 (MinBl. 2016, S. 235).

[86] Verordnung zur Bestimmung des Verfahrens zur Feststellung der Repräsentativität von Tarifverträgen im Bereich des öffentlichen Personennahverkehrs (Repräsentative-Tarifverträge-Verordnung – RepTVVO) vom 6.5.2013 (GVBl. LSA S. 204) i. V. m. Liste der als repräsentativ festgestellten Tarifverträge; Bek. des MS vom 27.8.2014, Az. 51-01404.

[87] Landesverordnung zur Feststellung der repräsentativen Tarifverträge im Bereich des öffentlichen Personenverkehrs auf Straße und Schiene (ReprTVVO) vom 4.Juni 2015 (GVOBl. 2015, 144).

[88] Verwaltungsvorschrift des Sozialministeriums vom 30.6.2016, Az. 43-5620.13.

[89] Liste der repräsentativen Tarifverträge des öffentlichen Personenverkehrs gemäß § 4 Abs. 3 Niedersächsisches Tariftreue- und Vergabegesetz (NTVergG) vom 16.4.2015, Az. 12 – 45481/0030.

b) Landesregelungen ohne dem § 16 Abs. 1, 2 TVgG NRW vergleichbare materielle Kriterien. Bei den übrigen Bundesländern ergibt sich folgendes Bild:

104   In **Berlin** haben die bietenden Unternehmen gem. § 1 Abs. 3 BerlAVG bei der Vergabe von Leistungen im ÖPNV zu erklären, dass sie ihre Arbeitskräfte bei der Ausführung dieser Aufträge mindestens nach den hierfür jeweils geltenden Entgelttarifen entlohnen. Nach § 1 Abs. 3 Satz 2 BerlAVG bestimmt der öffentliche Auftraggeber den oder die einschlägigen Tarifverträge nach billigem Ermessen; besondere Kriterien für die anwendbaren Tarifverträge (z. B. eine Repräsentativität) sind nicht geregelt.

105   In **Brandenburg** müssen sich gem. § 4 Abs. 1 S. 1 BbgVergG die Bieter bei der Vergabe von öffentlichen Aufträgen im öffentlichen Personennahverkehr verpflichten, ein Entgelt nach einem einschlägigen und repräsentativen Tarifvertrag zu zahlen. In § 4 Abs. 1 S. 3 BbgVergG wird grundsätzlich den öffentlichen Auftraggebern das billige Ermessen eingeräumt, zu bestimmen, welcher Tarifvertrag einschlägig und repräsentativ sein soll. Nach § 4 Abs. 1 S. 6 BbgVergG wird die Landesregierung ermächtigt, durch Rechtsverordnung festzulegen, in welchem Verfahren festgestellt wird, welche Tarifverträge als repräsentativ anzusehen sind; hiervon hat die Landesregierung Gebrauch gemacht[90]. Macht die Landesregierung von diesem Recht Gebrauch, geht eine solche Verordnungsregelung der Ermessensentscheidung des Auftraggebers vor.

106   In **Bremen** können gem. § 10 Abs. 1 S. 1 TVgG Brem öffentliche Aufträge für Dienstleistungen oder Genehmigungen im Bereich des öffentlichen Personennahverkehrs auf Straße und Schiene nur an Unternehmen vergeben oder erteilt werden, die sich schriftlich verpflichten, ihren Beschäftigten bei Ausführung der Leistungen mindestens das am Ort der Ausführung tarifvertraglich vorgesehene Entgelt einschließlich Überstundenzuschläge zu bezahlen. Gem. § 10 Abs. 3 TVgG Brem kann der öffentliche Auftraggeber für den Fall, dass am Ort der Leistung mehrerer Tarifverträge gelten, einen repräsentativen Tarifvertrag zugrunde legen, der mit einer tariffähigen Gewerkschaft vereinbart wurde. Haustarifverträge sind davon ausgenommen. Der Senat bestimmt durch Rechtsverordnung, in welchem Verfahren festgestellt wird, welche Tarifverträge in dem genannten Sinne als repräsentativ anzusehen sind; hiervon ist in Bremen Gebrauch gemacht worden[91], die Regelung geht dann insoweit dem Ermessen des öffentlichen Auftraggebers vor. Ob eine solche landesrechtliche Erstreckung der Tariftreueregelung auf Genehmigungen im öffentlichen

---

[90] Aufgrund von § 3 Abs. 2 S. 1 BbgVergG, i. V. m. § 7 S. 1 der Brandenburgischen Vergabegesetz-ÖPNV-Verfahrensverordnung vom 19.7.2013 (GVBl. II Nr. 58) führt das für Arbeit zuständige Ministerium eine Liste der Entgelttarifverträge, die als repräsentativ anzusehen sind. Die Liste wird gemäß § 7 S. 2 der Brandenburgischen Vergabegesetz-ÖPNV-Verfahrensverordnung als Anlage im Amtsblatt veröffentlicht (vgl. Amtsblatt vom 28.5.2014 (Abl./14, (Nr. 24), S. 790).

[91] Vgl. § 1 Abs. 1, 2 der Bremischen Vergabeverordnung (der darauf abstellt, dass ein Tarifvertrag für mehr als 25 Prozent der am Ort der Leistung tätigen Arbeitnehmerinnen und Arbeitnehmer aufgrund seines räumlichen, fachlichen und persönlichen Geltungsbereichs Anwendung findet.) Umgesetzt ist dies in der Anlage des Senators für Wirtschaft, Arbeit und Häfen zu § 1 der Bremischen Vergabeverordnung.

Personennahverkehr überhaupt zulässig ist, ist unklar. Bei der Erteilung der Genehmigung handelt es sich gerade nicht um ein öffentliches Auftragsverhältnis zwischen Auftraggeber und Unternehmen, sondern vielmehr um eine wirtschaftsrechtliche Genehmigung nach Maßstab des Personenbeförderungsgesetzes; dort (vgl. § 13 PBefG) sind jedoch die Voraussetzungen für die Erteilung einer personenbeförderungsrechtlichen Genehmigung abschließend geregelt. Raum für eine mögliche Vorgabe einer Tariftreueregelung im Bereich der personenbeförderungsrechtlichen Genehmigung kann überhaupt nur dort angenommen werden, wo dies für eine ausreichende Verkehrsbedienung erforderlich ist (vgl. § 13 Abs. 2a PBefG). Die Genehmigung wird dann durch die Genehmigungsbehörde für personenbeförderungsrechtlichen Genehmigung erteilt, die nicht mit dem Auftraggeber identisch sein muss (und dies in der Regel auch nicht ist). Die Erteilung der Genehmigung und ein möglicher Rechtsschutz hiergegen richten sich nach dem PBefG sowie dem VwVfG sowie der VwGO, nicht nach vergaberechtlichen Grundsätzen.

In **Hessen** dürfen nach § 4 Abs. 4 HVTG öffentliche Aufträge über Verkehrsdienstleistungen und freigestellte Schülerverkehre nur an Unternehmen vergeben werden, die sich bei Angebotsabgabe verpflichten, ihren Beschäftigten das maßgebliche Entgelt zu zahlen, dass mindestens dem in Hessen für diese Leistung in einem der einschlägigen und repräsentativen mit einer tariffähigen Gewerkschaft vereinbarten Tarifverträge vorgesehenen Entgelt entspricht (zur Frage der nach hier vertretener Auffassung für unzulässig erachteten Bindung bei freigestellten Schülerverkehren → Rn. 33). Nach § 4 Abs. 6 HVTG gibt das für Tarifwesen zuständige Ministerium im Einvernehmen mit dem für den öffentlichen Personennahverkehr zuständige Ministerium die anzuwendenden Tarifverträge sowie die entgeltrelevanten Bestandteile bekannt[92]; nähere materielle Kriterien für die Annahme der Repräsentativität sind im HVTG nicht enthalten. Bei mehreren festgestellten Tarifverträgen darf die Wahlmöglichkeit des sich bewerbenden Unternehmens durch den öffentlichen Auftraggeber nicht beschränkt werden (§ 4 Abs. 6 S. 4 HVTG). **107**

In **Mecklenburg-Vorpommern** dürfen gem. 9 Abs. 1 VgG M-V Aufträge im Bereich des öffentlichen Personennahverkehrs nur an Unternehmen vergeben werden, die sich bei Angebotsabgabe verpflichten, ihren Beschäftigten bei Ausführung der Leistung mindestens nach den Vorgaben eines im Bundesgebiet oder einem Teil davon für ihre Branche einschlägigen und repräsentativen Tarifvertrags zu entlohnen. Damit ist Mecklenburg-Vorpommern das einzige Bundesland, in dem auch auf repräsentative Tarifverträge imübrigen Bundesgebiet (also außerhalb von Mecklenburg-Vorpommern) abgestellt wird. Gem. § 9 Abs. 2 VgG M-V ist ein Tarifvertrag dann repräsentativ in diesem Sinne, wenn er im Zeitpunkt der Angebotsabgabe angewendet wird und wettbewerblich relevant ist, indem er eine erhebliche Zahl von Beschäftigten in der betreffenden Branche umfasst. Diese Betrachtung kann bundesweit bezogen sein oder auf die betreffende Branche in Mecklenburg-Vorpommern. Nach § 9 Abs. 2 Satz 3 VgG M-V entscheidet die Landesregierung über die an- **108**

---

[92] Liste der als repräsentativ festgestellten Tarifverträge, entgeltrelevanten Bestandteile und Altersversorgung des öffentlichen Personenverkehrs auf Straße und Schiene (ÖPNV) gem. § 4 Abs. 4 bis 6 des HVTG.

zuwendenden repräsentativen Tarifverträge unter Berücksichtigung aller Umstände nach billigem Ermessen[93].

109   Im **Saarland** dürfen gem. § 3 Abs. 1 STTG Aufträge über Leistungen oder Genehmigungen im öffentlichen Personennahverkehr nur an Auftragnehmer vergeben bzw. erteilt werden, die sich bei der Angebotsabgabe oder Antrag auf Erteilung einer Genehmigung verpflichten, ihren Arbeitnehmern bei Ausführung dieser Leistung mindestens das Entgelt nach den tarifvertraglich festgelegten Modalitäten zu zahlen, das in einem im Saarland für diesen Bereich geltenden Tarifvertrag vorgesehen ist. Dies umfasst auch die Einhaltung der sonstigen tarifvertraglichen Regelungen, insb. zum Urlaubsgeld, zur vermögenswirksamen Leistung, zu Zuschlagsregelungen und zur Altersversorgung. Damit sind grundsätzlich alle im Saarland für diesen Bereich geltenden Tarifverträge anwendbar; eine Reduzierung auf repräsentative Tarifverträge ist nicht vorgesehen. Die Erstreckung auf Genehmigungen im öffentlichen Personennahverkehr ist personenbeförderungsrechtlich kritisch zu sehen (vgl. die Ausführungen zum Landesrecht Bremen → Rn. 106). Gem. § 6 Abs. 1 STTG gibt das für das Tarifvertragsrecht zuständige Ministerium die nach diesem Gesetz anzuwendenden Tarifentgelte öffentlich bekannt[94]; da im saarländischen Recht grundsätzlich alle anwendbare Tarifverträge bereits aus dem Gesetzeswortlaut heraus anwendbar sind, kommt dem nur (noch) deklaratorische Bedeutung zu.

110   In **Thüringen** dürfen gem. § 10 Abs. 2 ThürVgG öffentliche Aufträge für die allgemein zugängliche Beförderung von Personen im öffentlichen Personennahverkehr nur an Unternehmen vergeben werden, die sich bei Angebotsabgabe verpflichtet haben, ihren Arbeitnehmern bei der Ausführung der Leistung mindestens den am Orte der Leistungserbringung für das jeweilige Gewerbe geltenden Lohn- und Gehaltstarif zu zahlen. Weitergehende materielle Anforderungen enthält das Thüringer Landesrecht nicht. Das für das öffentliche Auftragswesen zuständige Ministerium gibt im Einvernehmen mit dem für das Tarifrecht zuständigen Ministerium und dem für das Verkehrswesen zuständigen Ministerium die geltenden Lohn- und Gehaltstarife im Thüringer Staatsanzeiger bekannt; dieser Bekanntgabe dürfte damit, wie im Saarland, in erster Linie deklaratorische Bedeutung zukommen.

111   **c) Problematik der Vorgaben der anzuwendenden Tarifverträge durch ministerielle Festlegung/Verwaltungsvorschrift.** Ein nach der Novellierung des GWB-Vergaberechts **generelles Problem** besteht darin, dass in vielen Bundesländern (s. o.) die anzuwendenden Tarifverträge im Bereich des öffentlichen Personennahverkehrs erst durch eine Festlegung eines Ministeriums oder der Landesregierung insgesamt (z. B. durch eine Verwaltungsvorschrift) angeordnet werden. Bei den entsprechenden Vorgaben für eine Entlohnung nach Maßgabe eines vorgegebenen Tarifvertrages im Bereich des öffentlichen Personennahverkehrs handelt es sich, wie bei den übrigen Ta-

---

[93] Umgesetzt im Verzeichnis der repräsentativen Tarifverträge: Tarifvertragliche Regelungen im Bereich des Öffentlichen Personennahverkehrs (ÖPNV), einsehbar unter www.abst-mv.de.

[94] Vgl. Tarifregister-Tariftreue: www.saarland.de/tarifregister.htm.

riftreueregelungen auch, um besondere Ausführungsbedingungen. Im Oberschwellenbereich ist jedoch in § 129 GWB angeordnet, dass die verpflichtende Vorgabe von besonderen Ausführungsbedingungen durch den Auftraggeber nur durch Bundes- oder Landesgesetzes geregelt werden kann (vgl. hierzu → § 3 Rn. 29). Regelungen unterhalb eines Gesetzes im materiellen Sinne sind jedoch auch bei weiter Auslegung nicht von § 129 GWB erfasst. Solange die Regelungen auf Ebene des formellen Landesrechts oder einer Rechtsverordnung bereits abschließend regelt, welche Tarifverträge im öffentlichen Personennahverkehr anzuwenden sind, kann man einer ausführenden untergesetzlichen Regelung einen (nur) feststellenden oder deklaratorischen Charakter zuerkennen, so dass den Anforderungen des § 129 GWB Genüge getan ist. Besteht jedoch ein eigener (Entscheidungs-)Spielraum bei der Festlegung der anzuwendenden Tarifverträge auf der Ebene unterhalb des materiellen Rechts (Anordnung, ministerielle Festlegung, Verwaltungsvorschrift), ist zweifelhaft, ob dies im Oberschwellenbereich den Anforderungen des § 129 GWB noch entspricht.

3. Vergabespezifischer Mindestlohn

Im Hinblick auf die Festlegung eines Mindestlohns sind die Länderregelungen sehr unterschiedlich. Einig sind sich die Regelungen insoweit, dass die Zahlung der jeweils geforderten Mindestentgelte durch eine Erklärung der Bieter bestätigt werden muss. Bei der Mindestlohnhöhe gilt in den meisten Ländern im Ergebnis die Lohnhöhe nach dem MiLoG, während in anderen Ländern höhere Mindestentgelte festgelegt werden. Im Einzelnen: **112**

In **Hamburg** (§ 3 Abs. 2 HmbVgG), **Hessen** (§ 6 HTVG), **Mecklenburg-Vorpommern** (§ 9 Abs. 5 VgG M-V) und **Niedersachsen** (§ 4 Abs. 1 Nr. 1 NTVergG) wird auf die Entgelthöhe des MiLoG verwiesen. **113**

In **Baden-Württemberg, Berlin** und dem **Saarland** war ursprünglich mindestens ein Entgelt von 8,50 Euro brutto je Stunde zu zahlen (§ 4 Abs. 1 LTMG, § 1 Abs. 4 BerlAVG, § 3 STTG). In Baden-Württemberg wird zusätzlich konkret festgelegt, dass das Mindestentgelt als Bruttoarbeitsentgelt für eine Zeitstunde ohne Zuschläge festgesetzt wird. Darüber hinausgehende Entgeltbestandteile, wie zusätzliches Monatsgehalt, Urlaubsgeld, vermögenswirksame Leistungen oder Aufwendungen des Arbeitgebers zur Altersversorgung, sind neben dem Mindestentgelt zu zahlen. Aufwendungsersatzleistungen dürfen nicht angerechnet werden. Gemäß § 4 Abs. 2 LTMG bzw. § 3 Abs. 5 STTG wird das jeweils zuständige Ministerium (Baden-Württemberg: Sozialministerium; Saarland: Arbeitsministerium) ermächtigt, die Höhe des Mindestentgelts unter Berücksichtigung der wirtschaftlichen und sozialen Entwicklung unter Zuhilfenahme einer Kommission mit Vertretern der Sozialpartner in regelmäßigen Abständen durch Rechtsverordnung zu erhöhen. Während im **Saarland** hiervon Gebrauch gemacht und der Mindestlohn zum 1.1.2017 auf 8,84 Euro brutto pro Stunde und damit dem MiLoG angeglichen wurde, ist bei der Vergabe öffentlicher Aufträge in **Baden-Württemberg** seit dem 1.1.2017 übergangsweise der bundesgesetzliche Mindestlohn von 8,84 Euro brutto je Zeitstunde anzuwenden. Es wird angestrebt, durch eine Änderung des LTMG das vergabespezifische Mindestentgelt im LTMG dauerhaft an die **114**

Vorgaben und Höhe des bundesgesetzlichen Mindestlohns nach dem Mindestlohngesetz zu koppeln. In **Berlin** werden gemäß § 1 Abs. 2 S. 2 BerlAVG Aufträge u. a. nur an Unternehmen vergeben, die sich bei der Angebotsabgabe schriftlich verpflichten, ihren Arbeitnehmerinnen und Arbeitnehmern bei der Ausführung mindestens diejenigen Arbeitsbedingungen einschließlich des Entgelts zu gewähren, die die gesetzlichen Bestimmungen über Mindestentgelte vorgeben, folglich nunmehr auch das MiLoG. Daher muss nur dann das in § 1 Abs. 4 BerlAVG genannte Stundenentgelt gezahlt werden, wenn sich nicht aus einem geltenden für allgemeinverbindlich erklärten Tarifvertrag, dem MiLoG oder einer anderen gesetzlichen Bestimmung ein höheres Stundenentgelt ergibt.[95]

115   Einen höheren Mindestlohn als 8,84 Euro sehen **Brandenburg, Bremen, Rheinland-Pfalz** und **Schleswig-Holstein** vor: In **Brandenburg** gilt ein Mindestlohn von 9 Euro (§ 6 Abs. 2 S. 1 BbgVergG). Das MiLoG ist erst bei Erreichen oder Übersteigen dieses Werts maßgeblich, § 6 Abs. 1 BbgVergG. Zu beachten sind die Ausnahmen nach § 6 Abs. 5 BbgVergG. In **Bremen** verweist § 9 Abs. 1 TtVG auf das Landesmindestlohngesetz. Der Mindestlohn beträgt abweichend von § 9 Abs. 3 des Landesmindestlohngesetzes (8,50 Euro brutto) 8,80 Euro brutto je Zeitstunde (§ 1 MindLohnVO Bremen). In **Rheinland-Pfalz** dürfen nach § 3 LTTG öffentliche Aufträge nur an Unternehmen vergeben werden, die sich bei Angebotsabgabe schriftlich verpflichten, ihren Beschäftigten (ohne Auszubildende) bei der Ausführung der Leistung ein Entgelt von mindestens 8,90 Euro (brutto) pro Stunde zu zahlen (Mindestentgelt), soweit nicht nach § 4 LTTG Mindestentgelt- oder Tariftreueerklärungen gefordert werden können. In **Schleswig-Holstein** dürfen nach § 4 Abs. 3 TTG öffentliche Aufträge über Leistungen, die nicht den Vorgaben der Absätze 1 und 2 unterliegen, nur an Unternehmen vergeben werden, die sich bei der Angebotsabgabe durch Erklärung gegenüber dem öffentlichen Auftraggeber schriftlich verpflichtet haben, ihren Beschäftigten (ohne Auszubildende, Praktikantinnen und Praktikanten, Hilfskräfte und Teilnehmende an Bundesfreiwilligendiensten) bei der Ausführung der Leistung wenigstens ein Mindeststundenentgelt von 9,18 Euro (brutto) zu zahlen. Die Unternehmen müssen im Rahmen der Verpflichtungserklärung die Art der tariflichen Bindung ihres Unternehmens sowie die gezahlte Höhe der Mindeststundenentgelte für die im Rahmen der Leistungserbringung eingesetzten Beschäftigten angeben. Die Höhe des Mindeststundenentgeltes kann nach Maßgabe des § 20 TTG durch Rechtsverordnung des für Arbeit zuständigen Ministeriums angepasst werden. Zuletzt wurde das Mindestentgelt nach § 1 TTG-MinAVO[96] auf 9,99 Euro pro Stunde erhöht.

---

[95] Rundschreiben Nr. 1/2017 vom 31.1.2017 der Senatsverwaltung für Wirtschaft, Technologie und Forschung.
[96] Landesverordnung über die Anpassung des Mindeststundenentgelts nach dem Tariftreue- und Vergabegesetz Schleswig-Holstein – TTG-Mindestentgelt-Anpassungsverordnung – TTG-MinAVO vom 17.1.2017, GVOBl. Schl.-H. 2017 S. 25.

4. Leiharbeit

Die Regelungen über die grundsätzliche Erstreckung auf Leiharbeitsver- **116** hältnisse sind in allen Ländern mehr oder weniger deckungsgleich. Im Hinblick auf das konkrete Entgelt verfolgen aber nur **Hamburg,** das **Saarland** und **Schleswig–Holstein** wie Nordrhein-Westfalen eine echte Equal-Pay-Vorgabe. Alle anderen Länder sehen in Bezug auf Leiharbeit Mindestlöhne, aber kein Equal-Pay vor.

5. Bevorzugte Bieter

Wie bereits erwähnt, gibt es die Regelung zur Bevorzugung von Bietern **117** außer in NRW nur noch in Schleswig-Holstein. Allerdings hat das Schleswig-Holsteinische Landesgesetz die ab dem 1.1.2018 nach dem Bundesteilhabegesetz geltende neue Rechtslage, was auch nicht erforderlich ist, bisher nicht nachvollzogen. Das TTG wurde allerdings einer Evaluierung unterzogen mit der Absicht, eine Novelle des Gesetzes für die kommende Legislaturperiode nach der Landtagswahl am 7.5.2017 vorzubereiten.

Das Wirtschaftsministerium Schleswig-Holstein hat den Vergabestellen des **118** Landes aktuell Hinweise zur Berücksichtigung der Belange von Menschen mit Behinderungen im Vergaberecht gegeben[97]. Anlass für diese Hinweise ist der Entwurf des Landesaktionsplans zur Umsetzung der UN-Behindertenrechtskonvention.

Die Hinweise decken sich weitgehend mit dem Inhalt des Erlasses aus **119** NRW. Aufgrund des erheblich aktuelleren Datums enthalten diese noch den Verweis auf die nach dem neuen Vergaberecht vorhandene Pflicht zur Diskriminierungsfreiheit der elektronischen Mittel. Zudem wird bestimmt, dass sowohl für Vergaben ober-als auch unterhalb der Schwellenwerte in der Leistungsbeschreibung grundsätzlich Zugänglichkeitskriterien für Menschen mit Behinderungen oder die Konzeption für alle Nutzer ("Design for all") zu berücksichtigen sind, sofern der Beschaffungsgegenstand zur Nutzung durch natürliche Personen vorgesehen ist. Auch dieses eine Neuerung seit der Vergaberechtsnovelle.

6. Umgang mit ungewöhnlich niedrigen Angeboten

Neben NRW sehen noch zehn weitere Bundesländer in ihren Vergabege- **120** setzen Vorschriften zum Umgang mit ungewöhnlich niedrigen Angeboten vor. Alle haben das Gebot des Ausschlusses vom Verfahren bei Verstoß der Bieter gegen die Aufforderung zur Vorlage der Kalkulation als Sanktion vorgesehen. Unterschiede bestehen allerdings im Hinblick auf die Verpflichtung zur Prüfung der Kalkulation durch den öffentlichen Auftraggeber sowie hinsichtlich einer Aufgreifschwelle.

Eine nahezu wortgleiche Regelung wie das TVgG NRW sieht das Berliner **121** Ausschreibungs-und Vergabegesetz (Berl AVG) in § 3 vor. Ebenfalls in das Ermessen des öffentlichen Auftraggebers wird die Prüfung der Kalkulation im

---

[97] Schreiben vom 13.1.2017 des Ministeriums für Wirtschaft, Arbeit, Verkehr und Technologie des Landes S-H

Saarländischen Tariftreuegesetz (TTG), § 5, gestellt. Anders als im TVgG NRW gibt es keine Hinweise, wann von begründeten Zweifeln auszugehen ist. Eine Aufgreifschwelle wird nicht festgelegt. Auch das Sächsische Vergabegesetz (SächsVerg G) ist von seinem Regelungszweck dem TVgG NRW ähnlich, § 5 Abs. 2. Danach soll der öffentliche Auftraggeber Zweifel an der Angemessenheit des Preises haben, wenn die Differenz in der Angebotshöhe (nach oben und unten) mehr als 10 % beträgt.

122   Die übrigen Landesvergabegesetze sehen eine Verpflichtung des öffentlichen Auftraggebers zur Überprüfung der Kalkulation bei ungewöhnlich niedrigen Preisen vor.

123   Das Brandenburgische Vergabegesetz (Bbg VergG) sieht in § 7 eine sehr detaillierte Regelung vor. Die Pflicht zur vertieften Prüfung unangemessen niedriger Angebote ergibt sich entsprechend der Anforderungen der Vergabe-und Vertragsordnungen, § 3 Abs. 1. Anlass bei Bauleistungen soll ein Preisabstand von 10 % auf zuschlagsfähige Angebote oder mangels anderer Angebote zur Kostenberechnung nach DIN 276 sein, soweit eine solche vorhanden ist, Abs. 2. Der genannte Prozentsatz ist für einige Dienstleistungen mit hohem Personalkostenanteil ein ebenfalls geeignetes Aufgreifkriterium.

124   Nach § 14 des Bremischen Tariftreue-und Vergabegesetzes (Brem TtVG) ist ebenfalls eine Prüfungspflicht vorgesehen. Hier sind allerdings Aufgreifschwellen vorgesehen, die in Anbetracht der neuen Rechtslage rechtlichen Bedenken begegnen. Danach ist eine vertiefte Prüfung durchzuführen, wenn die Lohnkalkulation der rechnerisch geprüften Angebotssumme um mindestens 20 % unter der Kostenschätzung des öffentlichen Auftraggebers liegt oder um mehr als 10 % von der des nächsten Angebots abweicht.

125   § 6 des Hamburgischen Vergabegesetzes (HmbVgV) sieht eine Pflicht zur Überprüfung der Kalkulation lediglich bei Bauleistungen vor, wenn das Angebot um mindestens 10 % vom nächsthöheren Angebot abweicht.

126   § 6 des Vergabegesetzes Mecklenburg-Vorpommern (VgV M-V) geht von berechtigten Zweifeln an der Angemessenheit der Preise aus, wenn die Differenz zwischen den Auftragssummen mehr als 20 § beträgt.

127   Das Niedersächsische Tariftreue-und Vergabegesetz (NT VergG) enthält in § 7 eine nahezu wortgleiche Regelung wie das Hamburgische Vergabegesetz.

128   § 14 des Landesvergabegesetzes Sachsen-Anhalt (LVG LSA) sieht eine Überprüfungspflicht der Kalkulation durch den öffentlichen Auftraggeber bei einer Differenz von 10 % der Auftragssummen vor.

7. Günstigkeitsprinzip

129   Mit Ausnahme von Schleswig-Holstein findet sich in keinem Landesvergabe -und Tariftreuegesetz eine entsprechende Regelung. § 4 Abs. 6 TTG ist wortgleich mit § 4 Abs. 7 TVgG NRW. Anders als NRW hat Schleswig-Holstein seit dem 1.1.2017 einen vergabespezifischen Mindestlohn von 9,99 € im TTG geregelt, so dass zusätzlich zu prüfen ist, ob Branchen betroffen sind, die unter diesem vergabespezifischen Mindestlohn liegen.

§5 Nachunternehmer und Verleiher von Arbeitskräften

(1) Für den Fall der Ausführung übernommener Leistungen durch Nachunternehmer oder bei Beschäftigung von entliehenen Arbeitskräften hat sich der Bieter in der Verpflichtungserklärung nach § 4 zu verpflichten, auch von seinen Nachunternehmern und den Verleihern von Arbeitskräften eine Verpflichtungserklärung nach § 4 ihm gegenüber abgeben zu lassen. § 4 Absatz 3 Satz 2 und 3 gelten für Nachunternehmer und Verleiher von Arbeitskräften entsprechend. Die Sätze 1 und 2 gelten entsprechend für alle weiteren Nachunternehmer des Nachunternehmers.

(2) Die Unternehmen haben ihre Nachunternehmer und Verleiher von Arbeitskräften sorgfältig auszuwählen. Dies schließt die Pflicht ein, die Angebote der Nachunternehmer und Verleiher von Arbeitskräften daraufhin zu überprüfen, ob die Kalkulation unter Beachtung der Vorgaben des § 4 zustande gekommen sein kann.

Baden-Württemberg: § 6 LTMG Ba-Wü, **Berlin** § 1 Berl AVG, **Brandenburg:** § 8 Bbg VergG, **Bremen:** § 13 Brem TtVG, **Hamburg:** § 5 HmbVgG, **Hessen:** § 8 HVTG, **Mecklenburg-Vorpommern:** § 9 VgV M-V, **Niedersachsen:** § 13 NTVergG NS, **Rheinland-Pfalz:** § 5 LTTG R-P, **Saarland:** § 4 STTG Saarland, **Sachsen:** § 6 SächsVerG, **Sachsen-Anhalt:** § 13 LVG-LSA, **Schleswig-Holstein:** § 9 TTG S-H, **Thüringen:** § 12 Thür VgG.

Literatur: Bissels, Alexander/Falter, Kira, Gesetzlicher Mindestlohn – Fallstricke bei der Haftung für Subunternehmer nach dem MiLog, Der Betrieb 2015, 65 ff.; Fandrey, Alexander, Tariftreue- und Vergabegesetz, Erläuterungen für die Praxis, 2014; Glaser, Andreas, Zwingende soziale Mindeststandards bei der Vergabe öffentlicher Aufträge, 2015; Köster, Bernd, Das Tariftreue- und Vergabegesetz Nordrhein-Westfalen – Wird die Wirtschaftlichkeit der Beschaffung nun zum „vergabefremden Kriterium"?, DÖV 2012, 474 ff.; Kulartz/Kus/Marx/Portz/Prieß, Kommentar zur VgV, 1. Aufl. 2017; Kulartz/Kus/Portz/Prieß, Kommentar zum GWB-Vergaberecht, 4. Aufl. 2016; Reidt, Olaf, Tariftreue- und Mindestentgeltpflichten von Auftragnehmern und Nachunternehmern im Öffentlichen Personenverkehr – beispielhaft dargestellt anhand des niedersächsischen Tariftreue- und Vergabegesetzes, VergabeR 2015, 641 ff.; Siegel, Thorsten, Mindestlöhne im Vergaberecht und der EuGH, EuZW 2016, 101 ff.; Simon/Stefan, Verstößt das Tariftreue- und Vergabegesetz Nordrhein-Westfalen gegen EU-Recht? – Zur Inkohärenz von Tariftreuepflichten und Mindestlohnklauseln im Vergaberecht; RdA 2014, 165 ff.

Übersicht

1   § 5 TVgG NRW normiert Verpflichtungen des Bieters und der Vergabestelle, wenn ein Bieter Nachunternehmer oder Leiharbeitnehmer einsetzt. Eine solche Aufgabenteilung bei der Durchführung eines Auftrags soll keine Umgehung der Regelungen des § 4 TVgG NRW ermöglichen (→ Rn. I.1). Die Vorschrift folgt im Wesentlichen § 9 Abs. 1 und 2 TVgG NRW a. F. (→ Rn. I.2) im Rahmen ihres Anwendungsbereiches (→ Rn. I.3). Die Vereinbarkeit der Vorschriften mit höherrangigem Recht (→ Rn. I.4) beurteilt sich weitgehend analog zu § 4 TVgG NRW. Nach § 5 Abs. 1 TVgG NRW (→ Rn. II.) ist der Bieter verpflichtet, auch die Nachunternehmer (→ Rn. II.1.) bzw. die von ihm eingesetzten Verleiher von Arbeitskräften (→ Rn. II.2.) entsprechend zu binden. Der Bieter bestätigt dies durch die Abgabe einer Erklärung gegenüber dem Auftraggeber (→ Rn. II.3.) in Textform (→ Rn. II.4.) im relevanten Zeitpunkt (→ Rn. II.5.). Ausnahmen nach § 4 Absatz 3 Satz 2 und 3 TVgG NRW gelten auch hier (→ Rn. II.6.). Die Verpflichtung besteht für Nachunternehmer der Nachunternehmer ebenfalls, also für die gesamte auf Bieterseite zum Einsatz kommende Leistungskette (→ Rn. II.7.). Verstöße gegen § 5 Abs. 1 TVgG NRW können erhebliche Rechtsfolgen haben, die im Rahmen des laufenden Vergabeverfahrens beachtlich sind, aber auch in der Vertragsabwicklung relevant sein können (→ Rn. II.8.). § 5 Abs. 2 TVgG NRW verpflichtet Unternehmen zur sorgfältigen Auswahl ihrer Nachunternehmer und Verleiher von Arbeitskräften (→ Rn. III.1.). Dabei sind sie insbesondere verpflichtet, die Angebotskalkulation der Nachunternehmer und Verleiher von Arbeitskräften auf Beachtung der Vorgaben des § 4 zu überprüfen (→ Rn. III.2.). Die Regelung hat weitgehend bieterschützende Wirkung (→ Rn. IV.). Die Vergabegesetze anderer Bundesländer haben zum Teil vergleichbare Vorschriften, gehen aber teilweise auch über diese hinaus (→ Rn. V.).

I. Allgemeines

1. Normzweck

Die **Vorschrift wirkt Lohndumping entgegen.**[1] Bedient sich der Bieter 2
bei der Ausführung von Leistungen eines Nachunternehmers oder eines Verleihers von Arbeitskräften, so hat er sich in der Verpflichtungserklärung nach § 4 TVgG NRW auch zu verpflichten, seinerseits von dem Nachunternehmer oder Verleiher eine Erklärung nach § 4 TVgG NRW einzuholen. Dabei verwenden Nachunternehmer und Verleiher von Arbeitskräften wie auch der Bieter die Vordrucke gemäß RVO TVgG NRW. Auf diesem Weg soll sichergestellt werden, dass auch bei arbeitsteiliger Leistungserbringung auf Bieterseite **keine Umgehung der Vorgaben** zur Tariftreue und zum Mindestlohn nach § 4 TVgG NRW möglich ist.[2] Ohne die Regelung könnten Bieter durch den Einsatz einer Leistungskette die Vorgaben aushebeln.

Durch den Verweis auf § 4 Abs. 3 Sätze 2 und 3 TVgG NRW müssen auch 3
Nachunternehmer oder Verleiher im Rahmen der Verpflichtungserklärung – wenn einschlägig – die Art der tariflichen Bindung sowie die Höhe der gezahlten Mindeststundenentgelte für die im Rahmen der Leistungserbringung eingesetzten Beschäftigten angeben. Ferner werden die Nachunternehmer an die Vorgaben des MiLoG[3] in der jeweils geltenden Fassung gebunden. Auch für sie gilt der Mindestlohn. Weiter sind Leiharbeitnehmerinnen und Leiharbeitnehmer bei der Ausführung der Leistung, die Gegenstand des Vergabeverfahrens ist, für die gleiche Tätigkeit genauso zu entlohnen wie reguläre Beschäftigte.

§ 5 Abs. 2 TVgG NRW sieht für den Bieter eine **Verpflichtung zur sorg- 4
fältigen Auswahl** der Nachunternehmer und Verleiher von Arbeitskräften vor. Der Bieter muss ferner bestätigen, die Angebote der Nachunternehmer und Verleiher von Arbeitskräften daraufhin zu überprüfen, ob die **Kalkulation unter Beachtung der Vorgaben des § 4 TVgG NRW** zustande gekommen sein kann. Dies delegiert einen Teil der Überprüfung der Vorgaben des TVgG NRW von der Vergabestelle auf den Bieter, der Nachunternehmer und Verleiher von Arbeitskräften einsetzt. Bei Bauvergaben oder Dienstleistungsaufträgen werden nicht selten Nachunternehmer und teilweise auf weiteren Ebenen Unterauftragnehmer eingesetzt. Eine Überprüfung der gesamten Leistungskette durch die Vergabestelle hätte einen erheblichen Aufwand zur Folge. Diesen begrenzt § 5 TVgG NRW. Die Vergabestelle prüft die Einhaltung der Vorgaben des § 4 TVgG NRW anhand der abgegebenen Verpflichtungserklärung des Bieters. Bei Einsatz von Nachunternehmern oder entliehenen Arbeitnehmerinnen und Arbeitnehmern prüft primär der Bieter die Einhaltung der Vorgaben durch die von ihm Beauftragten. Das geschieht durch die Abgabe einer Verpflichtungserklärung nach § 4 TVgG NRW durch

---

[1] Begründung zur Vorgängervorschrift § 9 TVgG NRW a. F., auf welche die Entwurfsbegründung unter § 5 TVgG – E – NRW Bezug nimmt, LT-Drs. 16/12265, S. 23.
[2] Reidt/Glahs Tariftreue und Mindestentgeltpflichten im öffentlichen Personenverkehr, VergabeR 2015, 641, 646.
[3] Mindestlohngesetz vom 11.8.2014, BGBl. I S. 1348.

den Nachunternehmer oder den Verleiher von Arbeitskräften gegenüber dem Bieter (also grundsätzlich zunächst einmal nicht gegenüber der Vergabestelle).

2. Entstehungsgeschichte

5   Die Vorschrift übernimmt die Funktion von § 9 TVgG NRW a. F.,[4] der zum 31.3.2017 außer Kraft getreten ist. § 5 Abs. 1 S. 1 und 3 TVgG NRW entsprechen § 9 Abs. 1 TVgG NRW a. F., § 5 Abs. 2 TVgG NRW mit einer kleinen Änderung § 9 Abs. 2 TVgG NRW a. F.

6   **§ 9 Abs. 3 TVgG NRW a. F.** ist bei der Neufassung des Gesetzes entfallen. Der Auftraggeber musste danach für den Fall des Einsatzes von Nachunternehmern bzw. von Verleihern von Arbeitskräften verschiedene **Hinweise** erteilen. Dies umfasste nach § 9 Abs. 3 Nr. 1 TVgG NRW a. F. die Information, dass die Nachunternehmer und Verleiher von Arbeitskräften verpflichtet werden, dem öffentlichen Auftraggeber die Verpflichtungserklärungen vorzulegen. Bei Vertragslaufzeiten von mehr als drei Jahren mussten die Bieter von den Nachunternehmern und Verleihern von Arbeitskräften eine Eigenerklärung über die weitere Einhaltung der Vorgaben nach § 4 TVgG NRW a. F. verlangen.[5] Nachunternehmer waren davon in Kenntnis zu setzen, dass es sich um einen öffentlichen Auftrag handelt.[6] Bei der Weitergabe von Bauleistungen mussten Bieter die VOB/B, bei Weitergabe von Dienstleistungen die VOL/B zum Vertragsbestandteil machen.[7] Den Nachunternehmern durften keine, insbesondere hinsichtlich der Zahlungsweise, ungünstigeren Bedingungen auferlegt werden, als sie zwischen dem Auftragnehmer und dem öffentlichen Auftraggeber vereinbart wurden.[8] Grund für diese letztgenannte Vorgabe war die Feststellung, dass Nachunternehmer durch unberechtigte Zahlungsverzögerungen in finanzielle Schwierigkeiten kommen können, die z. B. die Entlohnung ihrer Beschäftigten erschweren oder die Auftragsdurchführung gefährden. Die genannten **Vorgaben aus § 9 Abs. 3 TVgG NRW a. F. wurden nicht in § 5 TVgG NRW übernommen.** Eine § 9 Abs. 3 Nr. 1 TVgG NRW a. F. vergleichbare Regelung findet sich nun in § 10 Abs. 1 Satz 4 TVgG NRW.

3. Anwendungsbereich

7   § 5 TVgG NRW gilt ab dem 1.4.2017 (§ 18 Abs. 1 Satz 2 TVgG NRW) für öffentliche Auftraggeber in Nordrhein-Westfalen (§ 2 Abs. 3 TVgG NRW) und gemäß § 2 Abs. 4 Satz 1 TVgG NRW erst ab einem **Auftragswert von EUR 20.000,00** (ohne Umsatzsteuer). Für die Schätzung des Auftragswerts ist § 3 der VgV anzuwenden (§ 2 Abs. 4 Satz 2 TVgG NRW). Die Vorschrift gilt im Rahmen ihres Anwendungsbereichs unterhalb und oberhalb der EU-Schwellenwerte.

---

[4] LT-Drs. 15/2379, S. 46.
[5] Vgl. § 9 Abs. 3 Nr. 2 TVgG NRW a. F.
[6] § 9 Abs. 3 Nr. 3 TVgG NRW a. F.
[7] Vgl. § 9 Abs. 3 Nr. 4 TVgG NRW a. F.
[8] § 9 Abs. 3 Nr. 5 TVgG NRW a. F.

Zum TVgG NRW a. F. war die Frage aufgeworfen worden, ob die **Ein-** 8 **gangsschwelle von EUR 20.000,00 auch für Aufträge an Nachunternehmer** anzuwenden ist oder diese immer erfasst werden, wenn der öffentliche Auftrag unter das TVgG NRW fällt.[9] Die Landesregierung beantwortete dies dahin, dass die Schwellenwerte nicht für Nachunternehmeraufträge gelten.[10] Diese Ansicht überzeugt. Ist der Gesamtauftragswert von EUR 20.000,00 überschritten, gilt das TVgG NRW. Es kommt dann nicht mehr darauf an, ob der jeweilige Unterauftrag mit dem Nachunternehmer oder dem Verleiher von Arbeitskräften EUR 20.000,00 übersteigt. Dies gilt auch für die weiteren Untervertragsverhältnisse. § 2 Abs. 4 Satz 1 TVgG NRW enthält keine Einschränkung dahin, dass das Gesetz „jeweils" ab einem geschätzten Auftragswert von EUR 20.000,00 gilt. Die Vorschrift bezieht sich auf den Leistungswert im Hauptauftragsverhältnis, also zwischen dem öffentlichen Auftraggeber und dem Auftragnehmer. Auch der Sinn und Zweck der Regelungen spricht für dieses Ergebnis, da anderenfalls durch Auftragssplitting in den Unterauftragsverhältnissen Umgehungen möglich wären.

Die Regelung greift nur bei der Ausführung von **Bauleistungen oder der** 9 **Erbringung von Dienstleistungen** ein, **nicht bei der Lieferung von Waren** (§ 2 Abs. 1 Satz 2 TVgG NRW). Auch bei öffentlichen Aufträgen, die im Namen oder im Auftrag des Bundes ausgeführt werden, gilt § 5 TVgG NRW nicht (§ 2 Abs. 1 Satz 3 TVgG NRW). Gleiches gilt für Sektorentätigkeiten, für verteidigungs- und sicherheitsspezifische öffentliche Aufträge, für Konzessionsvergaben und für Vergaben im Sinne der §§ 107, 108, 109, 110, 111, 112, 116 und 117 GWB (§ 2 Abs. 5 TVgG NRW). Sollen öffentliche Aufträge gemeinsam mit Auftraggebern anderer Bundesländer oder mit Nachbarstaaten der Bundesrepublik Deutschland vergeben werden, soll eine Einigung über die Einhaltung der Bestimmungen des TVgG NRW angestrebt werden. Falls dies nicht möglich ist, kann vom TVgG NRW und damit auch von § 5 TVgG NRW abgewichen werden (§ 2 Abs. 6 TVgG NRW). Zu Einzelheiten vgl. die Kommentierung zu → § 2 TVgG NRW.

Nach § 4 Abs. 3 Satz 3 TVgG NRW, der durch § 5 Abs. 1 Satz 2 TVgG 10 NRW für entsprechend anwendbar erklärt wird, gilt die Verpflichtung zur

---

[9] Vgl. FAQ Nr. 2 unter der Rubrik „Nachunternehmer und Leiharbeitnehmer" auf der Internet-Seite https://www.vergabe.nrw.de/faq/tariftreue-und-vergabegesetz-nrw, zuletzt abgerufen 22.3.2017.

[10] Antwort der Landesregierung zu FAQ Nr. 2 unter der Rubrik „Nachunternehmer und Leiharbeitnehmer" zur alten Fassung des TVgG NRW, https://www.vergabe.nrw. de/faq/tariftreue-und-vergabegesetz-nrw zuletzt abgerufen 22.3.2017: Ein solches Verständnis widerspreche dem Wortlaut und dem Sinn und Zweck der gesetzlichen Regelung. Die Schwellenwerte des § 2 Abs. 5 TVgG NRW bezögen sich inhaltlich auf den Wert des öffentlichen Auftrags. Zudem gehe aus § 9 TVgG NRW hervor, dass ein eventueller Nachunternehmer immer dann eine Verpflichtungserklärung nach § 4 TVgG NRW abgeben müsse, wenn auch der Bieter dazu verpflichtet sei. Vor allem ermögliche ein Schwellenwert im Kettenverhältnis auch eine Umgehung wesentlicher Regelungen des TVgG NRW. Der Auftragnehmer eines großen öffentlichen Auftrags könne durch den Einsatz von Subunternehmern mit entsprechend geringen Auftragswerten dafür sorgen, dass die eingesetzten Arbeitnehmer dem Schutz des TVgG NRW nicht in vollem Umfange unterfielen, insbesondere der einschlägige Mindestlohn nicht zu zahlen wäre.

Einhaltung der Vorgaben des MiLoG und zur Angabe der Mindeststundenentgelte für die Beschäftigten nur, sofern die ausgeschriebene **Leistung in der Bundesrepublik Deutschland erbracht** wird. Dies geht auf die Entscheidung des EuGH in der Rechtssache Bundesdruckerei zurück.[11]

11   § 5 TVgG NRW ist auch bei Beteiligung von **Bietergemeinschaften** (vgl. → § 13 TVgG NRW), also wenn eine Bietergemeinschaft Nachunternehmer oder entliehene Arbeitnehmerinnen und Arbeitnehmer einsetzt, anzuwenden.

4. Konformität mit Unions- und Verfassungsrecht

12   Die Tariftreue- und Mindestlohngesetze waren mehrfach Gegenstand der EuGH-Rechtsprechung. Als ersten Meilenstein[12] entschied der EuGH im **Rüffert-Urteil**[13] zum niedersächsischen Tariftreuegesetz, eine allgemeine Tariftreuepflicht verstoße gegen Gemeinschaftsrecht. Erforderlich sei entweder ein explizit gesetzlich normierter Mindestlohn oder ein für allgemeinverbindlich erklärter Tarifvertrag.[14] Prüfungsmaßstab waren sowohl die Arbeitnehmerentsenderichtlinie 96/71/EG[15] als auch die primärrechtliche Dienstleistungsfreiheit.

13   In der Rechtssache **Bundesdruckerei**[16] erkannte der EuGH im Jahre 2014 die Zahlung von Mindestlöhnen grundsätzlich als einen Rechtfertigungsgrund für eine Beschränkung der Dienstleistungsfreiheit an. Diese diene dem Arbeitnehmerschutz. Im konkreten Fall verstieß die Regelung aber gegen den Grundsatz der Verhältnismäßigkeit. Bei einer pauschalen Erstreckung der Mindestlohnpflichten auf Nachunternehmer anderer Mitgliedstaaten fänden die dort anfallenden Lebenshaltungskosten keine hinreichende Berücksichtigung.

14   In der **RegioPost**[17]**-Entscheidung** betonte der EuGH, gesetzliche Mindestlöhne sowie für verbindlich erklärte Tarifverträge seien im EU-Recht berücksichtigungsfähig.[18] Außerdem sei der Arbeitnehmerschutz eine unionsrechtskonforme Beschränkungsmöglichkeit der Dienstleistungsfreiheit. Wie auch in der Entscheidung Bundesdruckerei waren die Arbeitnehmerentsenderichtlinie sowie die Dienstleistungsfreiheit Prüfungsmaßstab. Mindestlöhne stellten zulässige Bedingungen für die Auftragsausführung im Sinne von Art. 26 der Richtlinie 2004/18/EG dar.[19] Die zusätzlichen Bedingungen seien in Art. 26 der Richtlinie nicht abschließend aufgelistet. Vielmehr verweise Er-

---

[11] EuGH Urt. v. 18.9.2014, Rs. C-549/13 – Bundesdruckerei.
[12] Siegel EuZW 2016, 101.
[13] EuGH NJW 2008, 3485ff.
[14] Siegel LKRZ 2011, 121, 123f.
[15] Richtlinie 96/71/EG des Europäischen Parlaments und des Rates vom 16.12.1996 über die Entsendung von Arbeitnehmern im Rahmen der Erbringung von Dienstleistungen, ABl. 1997 L 18, 1.
[16] EuGH Urt. v. 18.9.2014, Rs. C-549/13 – Bundesdruckerei, mit Anmerkungen Knauff EuZW 2014, 944.
[17] EuGH Rs. C-115/14 – RegioPost, EuZW 2014, 102, 104, Rn. 70.
[18] Siegel EuZW 2016, 101, 102.
[19] Richtlinie 2004/18/EG des Europäischen Parlaments und des Rates vom 31.3.2004 über die Koordinierung der Verfahren zur Vergabe öffentlicher Bauaufträge, Lieferaufträge und Dienstleistungsaufträge, ABl. 2004 L 134, 114.

wägungsgrund 34 explizit auf die Arbeitnehmerentsenderichtlinie und mache damit Mindestlöhne zu tauglichen Vergabekriterien.[20]

Anknüpfend an diese Vorgaben ist von der **Unionsrechtskonformität** 15 **von § 5 TVgG NRW** auszugehen, der im Wesentlichen Verpflichtungen nach § 4 TVgG NRW auch auf die Nachunternehmer überträgt. Dies ist konsequent und zur Schließung andernfalls bestehender Umgehungsmöglichkeiten erforderlich. Insbesondere bestehen gegen die Verpflichtungen aus § 4 Abs. 1 TVgG NRW keine europarechtlichen Bedenken mehr, weil es sich nicht um eine originäre, materiell eigenständige Tariftreueregelung handelt (vgl. zu weiteren Einzelheiten → Kommentierung bei § 2 Rn. I.1.). Auch § 4 Abs. 3 TVgG NRW ist unionsrechtskonform, weil die Regelung materiellrechtlich nicht mehr über die Vorgaben des MiLoG hinaus geht (→ § 2 Rn. III.1.a).

Im Ergebnis ist von einer Verfassungsmäßigkeit der Regelungen auszuge- 16 hen. Zu Einzelheiten vergleiche → § 2 Rn. III.1 b.aa..

II. § 5 Abs. 1 TVgG NRW

Absatz 1 der Regelung wirkt **Lohndumping** entgegen und stellt sicher, 17 dass sich der Bieter für den Fall beauftragter Nachunternehmer oder Verleiher von Arbeitskräften verpflichtet, auch von den Nachunternehmern und Verleihern von Arbeitskräften eine Verpflichtungserklärung gemäß § 4 TVgG NRW zu verlangen.[21] Diese ist ihm gegenüber abzugeben.

1. Nachunternehmer

EU-weit wird nunmehr in den EU-Richtlinien nicht mehr der Begriff des 18 Nachunternehmers verwendet, sondern der des **Unterauftragnehmers.** Regelungen finden sich in der EU-Vergaberichtlinie,[22] der Konzessionsrichtlinie[23] und der Sektorenrichtlinie.[24] Dies wurde oberhalb der Schwellenwerte umgesetzt (vgl. z. B. §§ 8 EU Abs. 2 Nr. 2 VOB/A, 36 Abs. 1 VgV). Der Begriff des **Nachunternehmers,** den das TVgG NRW benutzt, ist **inhaltsgleich.** Art. 1 Nr. 22 Richtlinie 2009/81/EG definiert den Unterauftrag als ein zwischen einem erfolgreichen Bieter und einem oder mehreren Wirtschaftsteilnehmern geschlossenen entgeltlichen Vertrag über die Ausführung des betreffenden Auftrags, dessen Gegenstand Bau-, Liefer- oder Dienstleistungen sind. Eine Nachunternehmerleistung im Sinne der VOB ist eine ausgekoppelte Bauleistung, die eigentlich der Bieter zu erbringen hat, diese aber

---

[20] EuGH Rs. C-115/14 – RegioPost, EuZW 2014, 104 ff., Rn. 58 ff.; Siegel EuZW 2016, 102.

[21] Wortlaut der Begründung zu § 9 TVgG NRW a. F., S. 46.

[22] 105. Erwägungsgrund und Art. 71 der Richtlinie 2014/24/EU, ABl. Nr. L 94 vom 28.3.2014, S. 21 und 71.

[23] 72. Erwägungsgrund und Art. 42 der Richtlinie 2014/23/EU, ABl. Nr. L 94, vom 28.3.2014, S. 1.

[24] 110. Erwägungsgrund und Art. 88 der Richtlinie 2014/25/EU, ABl. Nr. L 94 vom 28.3.2014, S. 243.

an einen Dritten überträgt.[25] Allgemein sind Nachunternehmerleistungen Tätigkeiten rechtlich selbständiger Dritter[26] im Auftrag und auf Rechnung des Auftragnehmers,[27] also ohne unmittelbares Vertragsverhältnis zum Auftraggeber.[28]

19   Abzugrenzen sind Nachunternehmer von **Zulieferern.** Nicht als Nachunternehmerleistungen sind Teilleistungen zu qualifizieren, die sich auf reine Hilfsfunktionen beschränken, wie Speditionsdienstleistungen, Gerätemiete, Baustoff- und Bauteillieferungen.[29] Ausnahmen können sich aus der Abgeschlossenheit und Eigenständigkeit der Teilleistung, der erforderlichen Qualifikation oder der Verfügbarkeit der zu liefernden Stoffe ergeben,[30] mit der Folge, dass Nachunternehmerleistungen vorliegen.

20   Wird für einen Teil der geschuldeten Leistungserbringung, also nicht für bloße Zulieferungen, ein Fremdunternehmen beauftragt, so handelt es sich nicht mehr um einen Zulieferer, sondern um einen Nachunternehmer im Sinne des TVgG NRW. Diese Einordnung trägt der Interessenlage des Auftraggebers Rechnung, der ein legitimes Interesse daran hat, zu wissen, ob die geschuldete Leistung vom Vertragspartner oder einem Dritten erbracht wird.[31] Anders könnte er auch keine vollständige Eignungsprüfung vornehmen. Hingegen sind bloße **Zuarbeiten,** auf deren Grundlage der Auftragnehmer die geschuldete Leistung selbst erbringt, **keine Nachunternehmerleistungen.**[32] Liegen Zuarbeiten oder Zulieferungen vor, ist für diese Leistungen keine Verpflichtungserklärung abzugeben. In der Regel überwiegen insoweit nicht die zu zahlenden Löhne, sondern die Materialkosten.

---

[25] VG Neustadt an der Weinstraße Beschl. v. 20.2.2006 – 4 L 210/06; VK Sachsen Beschl. v. 3.4.2002 – 1/SVK/020-02.

[26] Weyand ibr-online-Kommentar Vergaberecht, Stand: 14.9.2015, § 97 GWB Rn. 506.

[27] OLG Celle Beschl. v. 5.7.2007 – 13 Verg 8/07; OLG Düsseldorf Beschl. v. 25.6.2014 – VII-Verg 37/13; OLG München Beschl. v. 12.10.2012 – Verg 16/12; Beschl. v. 10.9.2009 – Verg 10/09; Beschl. v. 23.11.2006 – Verg 16/06; OLG Naumburg Beschl. v. 26.1.2005 – 1 Verg 21/04; Saarländisches OLG Beschl. v. 2.4.2013 – 1 Verg 1/13; 2. VK Bund Beschl. v. 26.5.2008 – VK 2 – 49/08; VK Lüneburg Beschl. v. 8.4.2005 – VgK-10/2005; Beschl. v. 31.1.2012 – VgK-58/2011; VK Baden-Württemberg Beschl. v. 7.12.2007 – VK 39/07; 2. VK Sachsen-Anhalt Beschl. v. 23.7.2008 – VK 2 LVwA LSA – 07/08.

[28] Weyand ibr-online-Kommentar Vergaberecht, Stand: 14.9.2015, § 97 GWB Rn. 596.

[29] OLG München Beschl. v. 12.10.2012 – Verg 16/12; OLG Naumburg Beschl. v. 4.9.2008 – 1 Verg 4/08; Saarländisches OLG Beschl. v. 2.4.2013 – 1 Verg 1/13; VK Arnsberg Beschl. v. 25.3.2009 – VK 04/09; VK Baden-Württemberg Beschl. v. 23.7.2014 – 1 VK 28/14; 1. VK Bund Beschl. v. 25.11.2011 – VK 1 – 138/11; 1. VK Sachsen Beschl. v. 10.3.2015 – 1/SVK/044-14; 2. VK Sachsen-Anhalt Beschl. v. 23.7.2008 – VK 2 LVwA LSA – 07/08.

[30] OLG Naumburg Beschl. v. 4.9.2008 – 1 Verg 4/08, zutreffend verneint bei Autowäschen im Rahmen eines Auftrags über Straßenbauleistungen.

[31] Weyand ibr-online-Kommentar Vergaberecht, Stand: 14.9.2015, § 97 GWB Rn. 600.

[32] VK Baden-Württemberg Beschl. v. 23.7.2014 – 1 VK 28/14; im Ergebnis ebenso OLG München Beschl. v. 10.9.2009 –Verg 10/09; OLG Naumburg Beschl. v. 26.1.2005 – 1 Verg 21/04; Beschl. v. 9.12.2004 – 1 Verg 21/04; 1. VK Bund Beschl. v. 14.2.2008 – VK 1 – 12/08.

Praxistipp: In Zweifelsfällen sollten Bieter den rechtssichersten Weg wäh- 21
len. Sie sollten bei Unsicherheit über den Charakter des Auftragsverhältnis-
ses von einer Nachunternehmerstellung ausgehen und sich eine Verpflichtungserklärung einholen.

2. Beschäftigung von entliehenen Arbeitskräften

Zweiter Anwendungsbereich von § 5 Abs. 1 TVgG NRW ist der **Einsatz** 22
von Verleihern von Arbeitskräften. Beabsichtigt der Auftragnehmer also
den Einsatz von Leiharbeiterinnen oder Leiharbeitern, muss er sich ebenfalls
eine Verpflichtungserklärung nach § 4 TVgG NRW abgeben lassen. Ferner
muss er die sorgfältige Auswahl nach § 5 Abs. 2 TVgG NRW und insbesondere
die Kalkulationsüberprüfung beachten. Beim Einsatz von Verleihern von Arbeitskräften soll dadurch wie bei der Beauftragung von Nachunternehmern
eine Umgehung der Tariftreue verhindert werden. Der öffentliche Auftraggeber muss die entsprechenden Verpflichtungserklärungen des Bieters abfragen.

Zum Begriff der Leiharbeit wird auf die Kommentierung zu § 4 Abs. 4
TVgG NRW verwiesen → § 2 Rn. IV.1.

3. Inhalt der Erklärung

Konkretisiert wird § 5 Abs. 1 TVgG NRW durch **§ 2 RVO TVgG NRW.** 23
Ermächtigungsgrundlage dafür ist § 16 Abs. 4 Nr. 1 TVgG NRW. Nach § 2
RVO TVgG NRW muss u. a. die Verpflichtungserklärung zu § 5 TVgG NRW
inhaltlich mindestens dem Formularvordruck entsprechen, der als **Anlage 1**
der RVO TVgG NRW beigefügt ist. Die **Musterformularvordrucke** formulieren jeweils die unbedingt einzuhaltenden gesetzlichen Mindeststandards.
Sie können in eigene Erklärungsvordrucke des Auftraggebers eingepflegt werden, soweit Regelungsinhalt und Regelungstiefe unangetastet bleiben. Weitergehende Anforderungen seitens des Auftraggebers sind grundsätzlich möglich,[33] solange Regelungsinhalt und Regelungstiefe nicht angetastet werden.

Der als Anlage 1 der RVO TVgG NRW beigefügte Formularvordruck sieht 24
für die **Muster-Verpflichtungserklärung des Bieters nach § 5 TVgG**
NRW unter Ziffer 3. folgenden **Wortlaut** vor: „Ich verpflichte mich/Wir verpflichten uns, auch von meinen/unseren Nachunternehmern und Verleihern
von Arbeitskräften eine gleichlautende Verpflichtungserklärung mir/uns gegenüber abgeben zu lassen, die Nachunternehmer und Verleiher von Arbeitskräften sorgfältig auszuwählen und ihre Angebote daraufhin zu überprüfen, ob
die Kalkulation unter Beachtung der Vorgaben des § 4 TVgG NRW zustande
gekommen sein kann. Diese Verpflichtung besteht nicht, sofern die von dem
Nachunternehmer oder entliehenen Leiharbeitnehmerinnen und Leiharbeitnehmern zu erbringende Leistung nicht im Hoheitsgebiet der Bundesrepublik
Deutschland erbracht wird."

---

[33] RVO TVgG NRW vom 5.10.2016, Begründung „Zu § 2", Seite 23.

4. Form der Erklärung

25   Nach § 9 Abs. 4 TVgG NRW hat die Vorlage der erforderlichen Nachweise und Erklärungen in geeigneter Form zu erfolgen. Hierfür ist es grundsätzlich ausreichend, die **Textform** im Sinne des § 126b BGB zu verwenden (§ 9 Abs. 4 Satz 2 TVgG NRW). Eine **mündliche Erklärung genügt nicht.**[34] Dies dient der Dokumentation und Beweisbarkeit. Zu den erforderlichen Erklärungen zählt auch die Verpflichtungserklärung gemäß § 2 RVO TVgG NRW.[35] Bei der Erklärung über die Einhaltung der Mindestlohnverpflichtung handelt es sich nicht um ein Eignungs- oder Zuschlagskriterium, sondern um eine Ausführungsbedingung.[36]

5. Zeitpunkt der Abgabe der Erklärung

26   Die Erklärung nach § 5 TVgG NRW ist nach dem neu eingeführten **Bestbieterprinzip** grundsätzlich nur von dem Bieter vorzulegen, der den Zuschlag erhalten soll (§ 9 Abs. 1 TVgG NRW). Der öffentliche **Auftraggeber fordert den Bestbieter auf, die Erklärung innerhalb von drei bis fünf Werktagen vorzulegen** (§ 9 Abs. 3 Satz 1 i. V. m. Abs. 2 Satz 2 TVgG NRW), worauf bereits in der **Bekanntmachung** hinzuweisen ist (§ 9 Abs. 2 Satz 1 TVgG NRW). Ausnahmen vom Bestbieterprinzip sind nur unter engen Voraussetzungen zulässig (§ 9 Abs. 6 TVgG NRW). Für weitere Einzelheiten vgl. die Kommentierung bei → § 9 TVgG NRW. Die **Frist beginnt am Tag nach der Absendung der Aufforderung** (§ 9 Abs. 3 Satz 1 TVgG NRW) und kann in Ausnahmefällen verlängert werden (§ 9 Abs. 3 Satz 3 TVgG NRW). Die Abfrage bei dem Bestbieter erfolgt nach der Wertung, also kurz vor der Zuschlagserteilung. Dem Bieter ist es zu diesem Zeitpunkt zumutbar, in Kenntnis der Angebote seiner Nachunternehmer bzw. der eingesetzten Verleiher von Arbeitskräften die geforderte Verpflichtungserklärung abzugeben.

27   **Praxistipp:** Wenn eine Vergabe besonders zeitkritisch ist, sollte die Vergabestelle prüfen, ob die Voraussetzungen für ein **Absehen vom Bestbieterprinzip** vorliegen (→ § 9 Abs. 6 TVgG NRW). Alternativ hierzu könnte die Vergabestelle **die erforderliche Verpflichtungserklärung direkt mit den Vergabeunterlagen bereitstellen** und den Bietern so die Möglichkeit eröffnen, diese unmittelbar mit dem Angebot einzureichen. Macht die Vergabestelle dabei deutlich, dass eine Einreichung mit dem Angebot nicht zwingend erforderlich ist und auch von der Vergabestelle nicht erwartet wird, bestehen gegen dieses Vorgehen keine rechtlichen Bedenken. Ein Bieter hat dann die Möglichkeit, sein Angebot „in einem Zug" zu erstellen und die Verpflichtungserklärungen direkt mit abzugeben. Dies könnte auf Seiten der Vergabestelle und des Bieters prozessökonomisch sein. Der Bieter ist dann auch nicht darauf angewiesen, innerhalb der kurzen Frist von drei bis fünf Werktagen nach § 9 Abs. 3 TVgG NRW zu reagieren, sondern kann „vorarbeiten". Kommt ein Bieter der freiwilligen Einreichung der

---

[34] RVO TVgG NRW vom 5.10.2016, Begründung „Zu § 2", Seite 23.
[35] RVO TVgG NRW vom 5.10.2016, Begründung „Zu § 2", Seite 24.
[36] Simon RdA 2014, 165, 167.

Verpflichtungserklärung mit dem Angebot nicht nach, darf die Nichtvorlage der Erklärung natürlich nicht unmittelbar zum Ausschluss führen. Vielmehr ist dann das Verfahren nach § 9 TVgG NRW einzuhalten.

6. Entsprechende Geltung von § 4 Abs. 3 Sätze 2 und 3 TVgG NRW

Der **Verweis auf § 4 Absatz 3 Sätze 2 und 3 TVgG NRW** in § 5 Abs. 1 **28**
Satz 2 TVgG NRW hat zur Folge, dass auch die Nachunternehmer sowie Verleiher von Arbeitskräften grundsätzlich im Rahmen der Verpflichtungserklärung die Art der tariflichen Bindung sowie die Höhe der gezahlten Mindeststundenentgelte für die im Rahmen der Leistungserbringung eingesetzten Beschäftigten angeben müssen.[37] Für Einzelheiten zu § 4 Abs. 3 TVgG NRW wird auf die dortige Kommentierung verwiesen (→ § 4 III.).

In der Bundesdruckerei-Entscheidung stellte der EuGH die Europarechts- **29**
widrigkeit einer Nachunternehmerbindung an vergabespezifische Mindestlöhne zumindest fest, wenn die Nachunternehmerleistungen vollumfänglich im Ausland erbracht werden.[38] § 5 Abs. 1 Satz 3 TVgG NRW in Verbindung mit § 4 Abs. 3 Satz 3 TVgG NRW nimmt folgerichtig die **Erbringung im Ausland** von den Vorgaben des § 4 Abs. 3 Sätze 1 und 2 TVgG NRW aus.

7. Nachunternehmer der Nachunternehmer (§ 5 Abs. 1 Satz 3 TVgG NRW)

§ 5 Absatz 1 Satz 3 TVgG NRW ordnet die Pflichten des § 5 Abs. 1 TVgG **30**
NRW für alle weiteren Nachunternehmer oder Verleiher von Arbeitskräften an.[39] Erfasst wird also die **vollständige Leistungskette** auf Seiten des Auftragnehmers. Dies ist zur Vermeidung von Umgehungsmöglichkeiten konsequent. Gerade bei größeren Aufträgen kann sich daraus allerdings auch erheblicher Aufwand für den Bieter ergeben. Dieser wird durch das neu eingeführte Bestbieterprinzip begrenzt.

8. Rechtsfolgen bei Verstoß

Die Vorgaben in § 5 Abs. 1 und Abs. 2 TVgG NRW sind **für den öffent- 31
lichen Auftraggeber verpflichtend.** Er muss die Verpflichtungserklärungen abfragen (§ 2 RVO TVgG NRW). **Unterbleibt die Abfrage, stellt dies einen Vergaberechtsverstoß dar.** Da § 5 TVgG NRW weitgehend Bieterschutz vermittelt (→ Rn. IV.), können sich andere Bieter auf einen Verstoß berufen und die Einhaltung der Vorgaben im Wege des Rechtsschutzes einfordern.

Kommt der Auftraggeber seiner Verpflichtung nach, fordert er gemäß § 9 **32**
Abs. 1 TVgG NRW den besten Bieter zur Vorlage aller erforderlichen Nachweise und Erklärungen auf. Hierzu zählen auch die Verpflichtungserklärungen im Sinne von § 5 TVgG NRW. Die Muster-Verpflichtungserklärung in der Anlage 1 zur RVO TVgG NRW enthält in Ziffer 3 die geforderten Verpflich-

---

[37] Wortlaut der Entwurfsbegründung zu § 5 TVgG – E – NRW, LT-Drs. 16/12265, S. 23.
[38] EuGH Urt. v. 18.9.2014, Rs. C-549/13, EuwZ 2014, 944 mit Anm. Knauff.
[39] Begründung zu § 5 TVgG – E – NRW, LT-Drs. 16/12265, S. 23.

tungserklärungen. Diese sind also vom Bieter abzugeben. Der **Bieter** verpflichtet sich dadurch, von seinen Nachunternehmern und Verleihern von Arbeitskräften eine gleichlautende **Verpflichtungserklärung** (also entsprechend Anlage 1 der RVO zum TVgG NRW) **sich gegenüber abgeben** zu lassen, die Nachunternehmer und Verleiher von Arbeitskräften sorgfältig auszuwählen und die Kalkulation der Angebote daraufhin zu überprüfen, ob sie unter Beachtung der Vorgaben des § 4 TVgG NRW zustande gekommen sein kann. Die Überprüfungsmöglichkeiten des Auftraggebers ergeben sich aus § 10 TVgG NRW.

33　　Die Vorlage hat gem. § 9 Abs. 2 und 3 TVgG NRW grundsätzlich binnen drei bis fünf Werktagen nach Aufforderung zu erfolgen. Auf diese Pflicht muss der öffentliche Auftraggeber bereits in der Auftragsbekanntmachung und auch in den Vergabeunterlagen hinweisen, § 9 Abs. 2 TVgG NRW. Ohne die rechtzeitige Einreichung der erforderlichen Nachweise und Erklärungen kann der Zuschlag nicht erteilt werden.[40] Legt der Bestbieter die (u. a.) nach § 5 TVgG NRW erforderlichen Erklärungen nicht innerhalb der nach § 9 Abs. 3 TVgG NRW bestimmten Frist vor, ist sein Angebot **zwingend auszuschließen,** § 9 Abs. 5 Satz 1 TVgG NRW. Das rangnächste Angebot ist heranzuziehen. Eine **Nachforderung** ist nach dem klaren Wortlaut von § 9 Abs. 5 TVgG NRW **nicht zulässig.** Nach § 8 Abs. 2 TVgG NRW a. F. konnte eine fehlende oder formal unzureichende Verpflichtungserklärung dagegen innerhalb einer angemessenen Frist nachgefordert werden.[41] Die Entscheidung oblag dem Auftraggeber nach pflichtgemäßem Ermessen.[42] Die Umstellung im Rahmen der Neufassung des Gesetzes trägt dem Bestbieterprinzip Rechnung.

34　　Der Ausschluss setzt voraus, dass der Hinweis auf die Abgabe sowohl in der Bekanntmachung als auch in den Vergabeunterlagen eindeutig und klar formuliert ist. Der Auftraggeber sollte daher eine nur noch auszufüllende und zu unterschreibende Mustererklärung beifügen.[43] Gefordert wird weiter, dass das **Muster verständlich, eindeutig und widerspruchsfrei** ist.[44] Bei Verwendung der Muster-Verpflichtungserklärung aus Anlage 1 zur RVO TVgG NRW bestehen dabei jedenfalls hinsichtlich Ziffer 3., die sich auf Nachunternehmer und Verleiher von Arbeitskräften bezieht, keine Bedenken.[45]

35　　Erkennt ein Auftraggeber bereits im Verfahren, dass die Erklärung des Bieters **falsche Angaben** enthält, kann er den Bieter bereits zu diesem Zeitpunkt **aus dem Verfahren ausschließen,** soweit der Verdacht nahe liegt, dass die Erklärung wissentlich falsch erfolgte, um hieraus einen Vorteil zu ziehen (§ 124 Abs. 1 Nr. 1 GWB[46], § 12 Abs. 1 TVgG NRW). Vor einem Ausschluss

---

[40] Begründung zu § 9 TVgG – E – NRW, LT-Drs. 16/12265, Seite 26.
[41] VK Arnsberg Beschl. v. 8.12.2014 – VK 21/14 – VPR 2015, 1004 mit Anm. Glaser-Lüß.
[42] Fandrey S. 98 Rn. 300, zum TVgG NRW a. F.
[43] Fandrey S. 98 Rn. 303, zum TVgG NRW a. F.
[44] Fandrey S. 98 Rn. 303, zum TVgG NRW a. F.
[45] Vgl. zur vorherigen Fassung des Musterformulars VK Arnsberg Beschl. v. 26.3.2013 – VK 4/13; VK Düsseldorf Beschl. v. 9.1.2013 – VK-29/2012-L.
[46] Vgl. Hausmann/von Hoff in Kulartz/Kus/Portz/Prieß GWB, § 124 Rn. 7, die einzelstaatliche Rechtsvorschriften und Tarifverträge nennen, aus denen sich die entsprechenden Verpflichtungen ergeben können.

wird der Bieter im Regelfall anzuhören sein.[47] Ein Ausschluss nach § 12 Abs. 1 TVgG NRW ist bei Vorliegen der weiteren Voraussetzungen dem Vergaberegister nach § 6 Korruptionsbekämpfungsgesetz NRW mitzuteilen, § 12 Abs. 2 TVgG NRW.

Das TVgG NRW sieht bei während der Vertragslaufzeit festgestellten Ver- **36** stößen verschiedene Ansprüche des Auftraggebers vor, die vertraglich zu vereinbaren sind. Nach § 10 Abs. 2 TVgG NRW hat der Auftragnehmer zur Prüfung der Einhaltung der Vorgaben nach § 4 TVgG NRW **vollständige und prüffähige Unterlagen** bereitzuhalten und binnen einer vertraglich zu vereinbarenden Frist vorzulegen (→ § 10). Der Auftragnehmer ist nach § 10 Abs. 2 Satz 2 TVgG NRW verpflichtet, die Einhaltung dieser Pflicht durch die Nachunternehmer und Verleiher von Arbeitskräften vertraglich sicher zu stellen. Diese Verpflichtung betrifft also die Vertragsabwicklung, nicht direkt das Vergabeverfahren. Sie muss vom Auftraggeber aber im Rahmen des Vergabeverfahrens vertraglich abgesichert werden.

§ 11 Abs. 1 Sätze 1, 2 TVgG NRW (→ § 11) verpflichten den öffentlichen **37** Auftraggeber zur Vereinbarung einer **Vertragsstrafe** in Höhe von 1% des Nettoauftragswertes für jeden schuldhaften Verstoß eines Nachunternehmers gegen die abgegebene Verpflichtungserklärung (§ 11 Abs. 1 Satz 1 TVgG NRW). Die Vertragsstrafe soll auf 5% des Auftragswertes netto begrenzt sein (§ 11 Abs. 1 Sätze 1 und 2 TVgG NRW). Dem Auftragnehmer wird dabei i. S. d. § 278 Satz 1 BGB das Verschulden seiner Erfüllungsgehilfen zugerechnet. Der Auftragnehmer kann sich durch den Nachweis exkulpieren, dass er bei Beauftragung den Verstoß seiner Nachunternehmer nicht kannte und auch bei Beachtung der Sorgfaltspflicht eines ordentlichen Kaufmannes nicht kennen musste. Maßstab hierfür ist § 347 HGB.[48]

Nach § 11 Abs. 2 TVgG NRW hat der Auftraggeber ein Recht zur **fristlo-** **38** **sen Kündigung** des Bau- und Dienstleistungsvertrages oder zur Auflösung des Dienstleistungsverhältnisses für den Fall des Verstoßes eines Nachunternehmers gegen seine Verpflichtungserklärung nach § 5 TVgG NRW zu vereinbaren.

Grundsätzlich ist für die Prüfung der Einhaltung der Pflichten nach § 4 **39** Abs. 2 und 4 TVgG NRW eines Auftragnehmers und der entsprechenden Pflichten nach § 5 TVgG NRW eines Nachunternehmers dass für Arbeit zuständige Ministerium zuständig (**„Prüfbehörde"**, → § 14 Abs. 1 TVgG NRW). Verstöße gegen Verpflichtungserklärungen oder die Abgabe einer unwahren Verpflichtungserklärung können ferner **Ordnungswidrigkeiten** darstellen (→ § 15 TVgG NRW). Im Hinblick auf Nachunternehmer und Verleiher von Arbeitskräften dürften insbesondere § 15 Abs. 1 Nr. 1 und Abs. 5 TVgG NRW, § 21 Abs. 2 Nr. 1 und Nr. 2 MiLoG und § 16 Abs. 1 Nr. 7a AÜG relevant sein. Das Gewerbezentralregister wird von der Prüfbehörde insbesondere über rechtskräftige Bußgeldbescheide nach § 15 Abs. 1 Satz 1 TVgG NRW informiert, sofern die Geldbuße mehr als EUR 200,00 beträgt,

---

[47] Fandrey S. 99, Rn. 305, zum TVgG NRW a. F.
[48] Gesetzesbegründung zur Vorgängervorschrift § 12 Abs. 1 TVgG NRW a. F. – LT-Drs. 15/2379, S. 48.

außerdem ist die Verfehlung an das Vergaberegister zu melden (§ 15 Abs. 4 Satz 2 TVgG NRW).

40   Die Reichweite des **Kontrollrechtes des Auftraggebers** ergibt sich aus § 10 TVgG NRW. Danach ist der Auftraggeber berechtigt, Kontrollen durchzuführen, um die Einhaltung der den Nachunternehmern und den Verleihern von Arbeitskräften auf Grund dieses Gesetzes auferlegten Verpflichtungen zu überprüfen. Er darf sich zu diesem Zweck die Entgeltabrechnungen, die Unterlagen über die Abführung von Steuern, Abgaben und Beiträgen gemäß § 10 Abs. 3 TVgG NRW sowie die abgeschlossenen Verträge in anonymisierter Form vorlegen lassen, diese prüfen und hierzu Auskünfte verlangen. Auftragnehmer, Nachunternehmer und Verleiher haben ihre Arbeitnehmer auf diese Kontrollmöglichkeit hinzuweisen. Das Prüfungsrecht des Auftraggebers ist durch Vertrag zwischen Auftragnehmer und Nachunternehmer auch auf den Nachunternehmer zu erstrecken, § 10 Abs. 2 Satz 2 TVgG NRW.

III. § 5 Abs. 2 TVgG NRW

41   § 5 Abs. 2 TVgG NRW soll die Notwendigkeit **sorgfältiger Auswahl der Unternehmer oder Verleiher** durch die Auftragnehmer betonen.[49] Insbesondere die Prüfung, ob die Kalkulation unter Beachtung der Vorgaben des § 4 TVgG NRW zustande gekommen sein könnte, soll sicherstellen, dass nicht auf der Stufe der Nachunternehmen Entgelte gezahlt werden, die nicht den einschlägigen Tarifen oder dem Mindestlohn entsprechen.

1. Sorgfältige Auswahl (§ 5 Abs. 2 Satz 1 TVgG NRW)

42   Der Bieter hat seine Nachunternehmer und Verleiher von Arbeitskräften **sorgfältig auszuwählen.** Auf den Inhalt der abgegebenen Verpflichtungserklärung darf der öffentliche Auftraggeber grundsätzlich vertrauen, sofern er keine Anhaltspunkte dafür hat, dass der Inhalt unrichtig ist oder von den Bietern, Nachunternehmern oder Verleihern von Arbeitskräften wider besseres Wissen wahrheitswidrig abgegeben wurde.[50] Hat er dagegen Anlass für Zweifel, muss er dies überprüfen.

2. Überprüfung der Kalkulation (§ 5 Abs. 2 Satz 2 TVgG NRW)

43   Vom Bieter wird zunächst eine **Plausibilitätsprüfung** verlangt, ob das Angebot eines Nachunternehmers bzw. Verleihers von Arbeitskräften unter Beachtung der Anforderungen aus § 4 TVgG NRW zustande gekommen sein kann. Sie soll sicherstellen, dass auch in der untergeordneten Leistungskette die Vorgaben des § 4 TVgG NRW beachtet werden.[51] Insbesondere soll die **Kalkulationsprüfung** verhindern, dass auf der Stufe der Nachunternehmer

---

[49] Gesetzesbegründung zu § 9 TVgG NRW a. F., LT-Drs. 15/2379, S. 46.

[50] RVO TVgG NRW vom 5.10.2016, „Zu § 2", Seite 23.

[51] Zur Vorgängervorschrift § 9 TVgG NRW a. F., LT-Drs. 15/2379, S. 46. Die Begründung zu § 5 TVgG NRW verweist insoweit.

Entgelte unterhalb des Mindestlohns gezahlt werden. Hierbei soll eine Verpflichtung des Bieters bzw. des Auftragnehmers zur Prüfung der Kalkulation des Nachunternehmers bzw. des Verleihers nur bestehen, wenn ihm Anhaltspunkte dafür vorliegen, dass die Verpflichtungserklärung nach § 5 Abs. 1 TVgG NRW vom Nachunternehmer oder Verleiher von Arbeitskräften unzutreffend abgegeben wurde. Als Maßstab wird hier die Einhaltung der üblichen Sorgfaltspflichten eines Kaufmannes gemäß § 347 HGB angelegt.[52] Die Beweislast soll gegenüber dem Auftraggeber beim Auftragnehmer bzw. im Verhältnis zwischen Auftragnehmer und den Nachunternehmern oder Verleihern von Arbeitskräften bei den Beauftragten liegen.[53]

Muss der Bieter Zweifel an der Beachtung der Vorgaben des § 4 TVgG **44** NRW bei dem Angebot eines Nachunternehmers oder eines Verleihers von Arbeitskräften haben, ist er verpflichtet, die **Kalkulation näher zu überprüfen.** Dies kann auch eine Vorlage der Kalkulationsgrundlagen nach § 4 Abs. 6 TVgG NRW umfassen. Zweifel an der Kalkulation wird ein Bieter dann haben müssen, wenn erhebliche Abweichungen von ihm bekannten Durchschnittspreisen (z.B. nach Baukostenindex) erkennbar sind. Legt der Nachunternehmer bzw. Verleiher von Arbeitskräften die Kalkulationsgrundlagen nicht fristgerecht vor oder werden die Zweifel aufgrund der vorgelegten Unterlagen nicht ausgeräumt, so muss der Bieter einen anderen Nachunternehmer bzw. Verleiher von Arbeitskräften einsetzen oder die Teilleistung selbst erbringen. Tut der Bieter dies nicht, kann er keine zutreffende Verpflichtungserklärung gegenüber der Vergabestelle abgeben.

Öffentliche Auftraggeber haben nach § 10 Abs. 1 Satz 4 TVgG NRW den **45** Auftragnehmer im Wege einer **vertraglichen Vereinbarung** zu verpflichten, ihm ein entsprechendes Auskunfts-und Prüfrecht bei der Beauftragung von Nachunternehmern und von Verleihern von Arbeitskräften einräumen zu lassen.

IV. Bieterschützende Wirkung

Die Frage nach der **bieterschützenden Wirkung** von § 5 TVgG NRW **46** stellt sich im Hinblick auf § 5 Abs. 1 TVgG NRW als Annex zur bieterschützenden Wirkung von § 4 TVgG NRW dar (vgl. Kommentierung dort, → § 4 Rn.). Die Vorgaben zur Tariftreue und zu Mindestentgelten schützen primär die Mitarbeiterinnen und Mitarbeiter sowie die Leiharbeitskräfte des erfolgreichen Bieters. Für Wettbewerber haben diese Vorgaben jedoch bieterschützenden Charakter. Die Höhe der zwingend zu zahlenden Mindestlöhne und der Grundsatz des „Equal-Pay" stellen bei Bau- und Dienstleistungen entscheidende Faktoren für die Kalkulation eines Bieters dar. Berücksichtigt ein Bieter diese Vorgaben, ein anderer dagegen nicht, hat der gesetzestreue Bieter einen erheblichen Kostennachteil. Dieser wird sich in der Regel auswirken, da der Preis üblicherweise ein gewichtiges Zuschlagskriterium ist. Dabei macht es keinen Unterschied, ob der Kalkulationsvorteil auf Bieter- oder Nachunter-

---

[52] Begründung zur Vorgängervorschrift § 9 TVgG NRW a. F., LT-Drs. 15/2379, S. 46.
[53] Begründung zur Vorgängervorschrift § 9 TVgG NRW a. F., LT-Drs. 15/2379, S. 46.

nehmerebene (bzw. bei entliehenen Mitarbeitern) besteht, denn der Vorteil beruht auf der Umgehung zwingender Vorgaben. Diese Argumentation wird von der Feststellung der bieterschützenden Wirkung der Regelungen über die Aufklärung ungewöhnlich niedriger Angebote durch den BGH gestützt. Zwar steht das haushaltsrechtlich begründete Interesse von Auftraggeber und Öffentlichkeit an der wirtschaftlichsten Beschaffung im Vordergrund.[54] Die Prüfung und der mögliche Ausschluss ungewöhnlich niedriger Angebote, die insbesondere die fehlende Einhaltung der Vorgaben der § 4 Abs. 1 bis 5 TVgG NRW befürchten lassen, sollen das Risiko einer mangelhaften Leistung, eines Ausfalls der Mängelhaftung und einer im Ergebnis unwirtschaftlichen Beschaffung vorbeugen. Zugleich schützt die Prüf- und Ausschlussfrist auch die Wettbewerber.[55] Soll ein an sich wegen zu niedrigen Preises auszuschließendes Angebot den Zuschlag erhalten, liegt ein Verstoß gegen eine den Wettbewerbsgrundsatz konkretisierende Regelung vor.[56] Die Berücksichtigung der Pflichten nach § 4 TVgG NRW wirkt sich auf die Preiskalkulation und damit auf die Zuschlagschancen aus. Insgesamt haben die Verpflichtungen nach **§ 5 Abs. 1 Sätze 1 und 3 TVgG NRW bieterschützende Wirkung.**

47 § 5 Abs. 1 Satz 2 TVgG NRW erklärt § 4 Abs. 3 Sätze 2 und 3 TVgG NRW für Nachunternehmer und Verleiher von Arbeitskräften für entsprechend anwendbar. **§ 4 Abs. 3 Satz 3 TVgG NRW** enthält keine bieterseitige Verpflichtung, sondern eine Ausnahme und vermittelt damit **keinen Bieterschutz.**

48 **§ 5 Abs. 2 TVgG NRW** ist **bieterschützend.** Insbesondere die Verpflichtung des Bieters, die Kalkulation der Nachunternehmer und Verleiher von Arbeitskräften daraufhin zu überprüfen, ob sie unter Beachtung der Vorgaben des § 4 TVgG NRW zustande gekommen sein kann, vermittelt Drittschutz. Insoweit wird eine Prüfungspflicht, die eigentlich der Vergabestelle obliegt, auf den Bieter übertragen, der Nachunternehmer oder Verleiher von Arbeitskräften einsetzt. Der Bieter ist primäre Prüfinstanz für die Kalkulationen der von ihm eingesetzten Nachunternehmer und Verleiher von Arbeitskräften. § 5 Abs. 2 TVgG NRW soll letztlich ebenfalls die Einhaltung der Vorgaben des § 4 TVgG NRW sichern. In der Praxis dürfte der bieterschützenden Wirkung von § 5 Abs. 2 TVgG NRW allerdings geringe Bedeutung zukommen. Wettbewerber werden in der Regel den Nachweis eines unverhältnismäßig niedrigen Preisangebots[57] oder der fehlenden Einhaltung der anderen Vorgaben des § 4 TVgG NRW mangels Kenntnis der jeweiligen Angebote kaum führen können.

---

[54] BGH Beschl. v. 31.1.2017 – X ZB 10/16, Rn. 21; Dicks in Kulartz/Kus/Marx/Portz/Prieß VgV, § 60 Rn. 36.

[55] Vergleichbare Prüf- und Ausschlusspflichten enthalten beispielsweise § 60 VgV und § 16 d EU Abs. 1 VOB/A.

[56] BGH Beschl. v. 31.1.2017 – X ZB 10/16, Rn. 23; OLG Celle Beschl. v. 30.4.1999 – 13 Verg 1/99; Beschl. v. 18.12.2003 – 13 Verg 22/03; OLG Saarbrücken Beschl. v. 29.10.2003 – 1 Verg 2/03; OLG Jena Beschl. v. 22.12.1999 – 6 Verg 3/99; Dicks in Kulartz/Kus/Marx/Portz/Prieß VgV, § 60 Rn. 38.

[57] Vgl. Dicks in Kulartz/Kus/Marx/Portz/Prieß VgV, § 60 Rn. 35.

V. Nachunternehmer und Verleiher von Arbeitskräften in anderen Bundesländern im Überblick

Abgesehen von Bayern bestehen in jedem Bundesland landesspezifische **49** Vergabegesetze. Die Pflicht des Auftragnehmers, von seinen Nachunternehmern eine **Verpflichtungserklärung entsprechend § 5 Abs. 1 Satz 1 TVgG NRW** einzuholen, ist in allen Landesvergabegesetzen vorgesehen, teilweise ohne Einbeziehung der Verleiher von Arbeitskräften (vgl. § 6 Abs. 2 Satz 1 LTMG Ba-Wü; § 1 Abs. 6 Satz 1 Berl AVG; § 8 Satz 1 BbegVergG; § 13 Satz 2 Brem TtVG; § 5 Abs. 1 Satz 3 HmbVgV; § 8 Abs. 2 Sätze 1 und 2 HVTG; § 9 Abs. 1 Sätze 1 und 2 VgV MV; § 13 Abs. 1 Sätze 1, 2 NTVergG NS; § 5 Abs. 2 Sätze 1 und 2 LTTG R-P; § 4 Abs. 1 Satz 1 STTG Saarland; § 6 Abs. 1 Satz 4 SächsVerG; § 13 Abs. 2 LVG LSA; § 9 Abs. 1 Satz 1 TTG SH; § 12 Abs. 2 Thür VgG).

Die meisten Landesvergabegesetze enthalten ferner eine mit **§ 5 Abs. 1** **50** **Satz 3 TVgG NRW vergleichbare Pflicht** der Nachunternehmer, ihrerseits von **Nachunternehmern Verpflichtungserklärungen** einzuholen (vgl. § 6 Abs. 2 Satz 3 LTMG Ba-Wü; § 1 Abs. 6 Satz 2 Berl AVG; § 8 Abs. 2 Bbeg VergG; § 13 Satz 2 Brem TtVG; § 5 Abs. 1 Satz 3 HmbVgV; § 8 Abs. 2 Satz 3 HVTG; § 9 Abs. 4 Nr. 1 Satz 3 VgV MV; § 13 Abs. 1 Satz 3 NTVergG NS; § 5 Abs. 2 Sätze 1 und 2 LTTG R-P; § 4 Abs. 1 Satz 2 STTG; § 6 Abs. 1 Satz 4 SächsVerG; § 9 Abs. 1 Satz 2 TTG SH; § 12 Abs. 2 Thür VgG). In einigen Bundesländern kann der Auftraggeber bis zum Erreichen eines Schwellenwertes auf eine entsprechende Verpflichtung verzichten (Baden-Württemberg: EUR 10.000,00, § 6 Abs. 2 Satz 4 LTMG Ba-Wü; Berlin EUR 10.000,00, § 1 Abs. 6 Satz 4 Berl AVG; Hessen: EUR 10.000,00, § 8 Abs. 2 Satz 4 HVTG; Niedersachsen: EUR 3.000,00, § 13 Abs. 3 NTVergG NS; Rheinland-Pfalz: EUR 10.000,00, § 5 Abs. 2 Satz 3 LTTG R-P; Saarland: EUR 5.000,00, § 4 Abs. 2 STTG Saarland). Im Saarland kann der Auftraggeber den Auftragnehmer verpflichten, ein vertragliches Nachweisrecht des Auftraggebers direkt gegenüber dem Nachunternehmer vertraglich abzusichern (§ 4 Abs. 1 Satz 6 STTG Saarland). Nach § 6 Abs. 1 Satz 4 SächsVerG können nur Bieter, die in der engeren Wahl sind, zur Einholung von Verpflichtungserklärungen ihrer Nachunternehmer verpflichtet werden. Diese Maßnahme steht im Ermessen des Auftraggebers.

Nach § 6 Abs. 1 Sätze 1 und 2 SächsVerG sind die vom Auftragnehmer an- **51** gebotenen Leistungen grundsätzlich im **eigenen Betrieb auszuführen.** Die Weitergabe von Leistungen an Nachunternehmer ist in der Regel nur bis zu einer Höhe von 50% des Auftragswertes zulässig.

Die meisten Bundesländer sehen eine Pflicht des Auftragnehmers vor, **seine** **52** **Nachunternehmer sorgfältig auszuwählen und die Einhaltung der Verpflichtungserklärung zu überwachen** (vgl. § 6 Abs. 1 LTMG Ba-Wü; § 13 Satz 3 Brem TTVG Hansestadt Bremen; § 5 Abs. 1 Satz 3 HmbVgV; § 8 Abs. 1 HVTG; § 5 Abs. 1 LTTG R-P; § 4 Abs. 1 Satz 4 STTG Saarland; § 9 Abs. 2 TTG SH; § 12 Abs. 2 Thür VgG). Keine Regelung hierzu haben die Länder Berlin, Brandenburg, Mecklenburg-Vorpommern, Niedersachsen, Sachsen und Sachsen-Anhalt.

53   Das niedersächsische Landesvergaberecht sieht in § 13 Abs. 2 Sätze 3 und 4 NTVergG vor, dass die Einschaltung oder der Wechsel eines Nachunternehmers oder eines Verleihunternehmers nach Zuschlagserteilung der Zustimmung des Auftraggebers bedarf.

§ 6 **Berücksichtigung von Aspekten des Umweltschutzes und der Energieeffizienz**

(1) **Bei der Konzeption des Bedarfs für die Beschaffung ist verpflichtend folgendes zu berücksichtigen:**
1. **Lebenszykluskosten; dazu gehören Betriebs- und Wartungskosten (insbesondere Energiekosten), Entsorgungskosten, Preis–Leistungs–Verhältnis über die Nutzungsdauer,**
2. **das Ziel einer möglichst hohen Energieeffizienz und**
3. **Leistungs- oder Funktionsanforderungen sowie technische Spezifikationen zur Berücksichtigung von Umweltaspekten und Umweltzeichen.**

(2) **Im Bereich unterhalb der Schwellenwerte nach § 106 des Gesetzes gegen Wettbewerbsbeschränkungen gilt:**
1. **Zur Bestimmung des wirtschaftlichsten Angebots sind neben dem Preis auch die Betriebs- und Wartungs- sowie die Entsorgungskosten zu berücksichtigen.**
2. **Im Leistungsverzeichnis oder in der Bekanntmachung sollen Leistungs- oder Funktionsanforderungen hinsichtlich des Umweltschutzes und der Energieeffizienz ausdrücklich genannt werden. Dabei kann auf geeignete Umweltzeichen wie „Blauer Engel" verwiesen werden. Der Nachweis kann durch das entsprechende Umweltzeichen, ein anderes gleichwertiges Siegel oder durch andere geeignete und gleichwertige Mittel erbracht werden. Beim Kauf, der Ersetzung oder der Nachrüstung technischer Geräte und Ausrüstungen sind mit der Leistungsbeschreibung im Rahmen der technischen Anforderungen von den Bietern Angaben zum Energieverbrauch von technischen Geräten und Ausrüstungen zu fordern. Dabei ist in geeigneten Fällen eine Analyse minimierter Lebenszykluskosten oder eine vergleichbare Methode zur Gewährleistung der Wirtschaftlichkeit vom Bieter zu fordern.**
3. **Im Rahmen der Eignungsprüfung soll der öffentliche Auftraggeber von den Bietern und Bewerbern zum Nachweis ihrer Leistungsfähigkeit in geeigneten Fällen verlangen, dass das zu beauftragende Unternehmen bestimmte Normen für das Umweltmanagement erfüllt. Diese können bei umweltrelevanten öffentlichen Bau- und Dienstleistungsaufträgen in der Angabe der Umweltmanagementmaßnahmen bestehen, die bei der Ausführung des Auftrags zur Anwendung kommen sollen. Zum Nachweis dafür, dass der Bieter bestimmte Normen für das Umweltmanagement erfüllt, kann der Auftraggeber die Vorlage von Bescheinigungen unabhängiger Stellen verlangen. Die Teilnahme am „Eco-Management and Audit**

Scheme (EMAS)" als europäische Auszeichnung für betriebliches Umweltmanagement ist einer der geeigneten Nachweise zur Erfüllung von bestimmten Normen für das Umweltmanagement.

Baden-Württemberg

Verwaltungsvorschrift der Landesregierung über die Vergabe öffentlicher Aufträge (VwV Beschaffung) vom 17. März 2015, – Az.: 5-0230.0/155

8.6.3 Umweltbezogene Aspekte
8.6.3.1 Energieeffizienz und Klimaschutz
8.6.3.2 Lärmschutz und Luftreinhaltung
8.6.3.3 Sonderregelungen für Papierprodukte
8.6.3.4 Sonderregelung für IT-Beschaffung
8.6.4 Innovative Aspekte

Berliner Ausschreibungs- und Vergabegesetz (BerlAVG) vom 8. Juli 2010 i. d. F. vom 5. 6. 2012

§ 7 Umweltverträgliche Beschaffung

Erste Verwaltungsvorschrift zur Änderung der Verwaltungsvorschrift für die Anwendung von Umweltschutzanforderungen bei der Beschaffung von Liefer-, Bau- und Dienstleistungen (Verwaltungsvorschrift Beschaffung und Umwelt– VwVBU) vom 23. Februar 2016 SenStadtUm IX B 12

Brandenburgisches Gesetz über Mindestanforderungen für die Vergabe von öffentlichen Aufträgen (Brandenburgisches Vergabegesetz – BbgVergG) vom 29. September 2016

§ 3 Grundsätze der Vergabe

Leitfaden:
natürlich. nachhaltig. Brandenburg – Nachhaltigkeitsstrategie für das Land Brandenburg

Bremisches Gesetz zur Sicherung von Tariftreue, Sozialstandards und Wettbewerb bei öffentlicher Auftragsvergabe (Tariftreue- und Vergabegesetz) vom 24. November 2009 i. d. F. vom 26. 4. 2016

§ 18 Berücksichtigung sozialer und weiterer Kriterien
§ 19 Umweltverträgliche Beschaffung

Hamburgisches Vergabegesetz (HmbVgG) vom 13. Februar 2006 i. d. F. vom 15. 12. 2015

§ 3 b Umweltverträgliche Beschaffung

Hamburgisches Klimaschutzgesetz (HmbKliSchG) vom 25. Juni 1997, zuletzt geändert am 17. Dezember 2013 (HmbGVBl. S. 503, 531)

§ 10 Beschaffungsanforderungen an Anlagen und Geräte

Leitfaden für umweltverträgliche Beschaffung der Freien und Hansestadt Hamburg (Umweltleitfaden)

http://www.hamburg.de/contentblob/6169280/183d1155e56bc482bca 60b69966819b6/data/d-umweltleitfaden.pdf

Hessisches Vergabe- und Tariftreuegesetz – (HVTG) vom 19. Dezember 2014

§ 2 Allgemeine Grundsätze, Verfahren
§ 3 Soziale, ökologische und innovative Anforderungen, Nachhaltigkeit

Richtlinie für das Verfahren bei Beschaffungen durch das Landesamt für innere Verwaltung – BeschaffRl M-V – (Amtsblatt M-V Nr. 14 vom 22. März 2013 S. 252 ff.)
3.4 Nachhaltige und innovative Beschaffung
3.5 Biodiversitätsstrategie des Landes Hessen

Niedersächsisches Gesetz zur Sicherung von Tariftreue und Wettbewerb bei der Vergabe öffentlicher Aufträge (Niedersächsisches Tariftreue- und Vergabegesetz – NTVergG) vom 31. Oktober 2013 (Nds. GVBl. S. 259) zuletzt geändert durch Artikel 6 des Haushaltsbegleitgesetzes 2017 vom 15. Dezember 2016 (Nds. GVBl. S. 301)

§ 10 Umweltverträgliche Beschaffung

Gesetz Nr. 1798 über die Sicherung von Sozialstandards, Tariftreue und Mindestlöhnen bei der Vergabe öffentlicher Aufträge im Saarland (Saarländisches Tariftreuegesetz – STTG) vom 6. Februar 2013

§ 12 Umweltverträgliche Beschaffung

Gesetz über die Vergabe öffentlicher Aufträge in Sachsen-Anhalt – (Landesvergabegesetz – LVG LSA) vom 19. November 2012 i. d. F. vom 27. 10. 2015

§ 4 Berücksichtigung sozialer, umweltbezogener und innovativer Kriterien im Vergabeverfahren, technische Spezifikation

Gesetz über die Sicherung von Tariftreue und Sozialstandards sowie fairen Wettbewerb bei der Vergabe öffentlicher Aufträge
(Tariftreue- und Vergabegesetz Schleswig-Holstein – TTG)
vom 31. Mai 2013 i. d. F. vom 16. 3. 2015

§ 3 Allgemeine Grundsätze für die Vergabe von öffentlichen Aufträgen
§ 17 Umweltfreundliche und energieeffiziente Beschaffung

Thüringer Gesetz über die Vergabe öffentlicher Aufträge (Thüringer Vergabegesetz – ThürVgG-) vom 18. April 2011 i. d. F. vom 23. 7. 2013

§ 4 Berücksichtigung ökologischer und sozialer Kriterien im Vergabeverfahren
§ 5 Definition des Auftragsgegenstands
§ 6 Technische Spezifikation
§ 7 Auswahl der Bieter
§ 8 Erteilung des Zuschlags
§ 9 Bedingungen für die Ausführung des Auftrags

Servicestelle TVgG NRW unter www.vergabe.nrw.de

Merkblatt allgemeine Vorgaben
Merkblatt Umweltschutz

Umweltbundesamt

Umweltfreundliche Beschaffung: Schulungsskript 1

http://www.umweltbundesamt.de/publikationen/umweltfreundliche-beschaffung-schulungsskript-1
Grundlagen der umweltfreundlichen Beschaffung

Umweltfreundliche Beschaffung: Schulungsskript 2

http://www.umweltbundesamt.de/publikationen/umweltfreundliche-beschaffung-schulungsskript-2

Rechtliche Grundlagen der umweltfreundlichen öffentlichen Beschaffung

Umweltfreundliche Beschaffung: Schulungsskript 4

http://www.umweltbundesamt.de/publikationen/umweltfreundliche-beschaffung-schulungsskript-4

Strategische Marktbeobachtung und -analyse

Themenportal zur umweltfreundlichen Beschaffung:
http://www.umweltbundesamt.de/themen/wirtschaft-konsum/umweltfreundliche-beschaffung

Bundesministerium für Wirtschaft und Energie
Allgemeine Verwaltungsvorschrift zur Beschaffung energieeffizienter Produkte und Dienstleistungen (AVV-EnEff) Fundstelle: Bundesanzeiger BAnz 24.1.2017 B1

Merkblatt der Servicestelle zum Tariftreue- und Vergabegesetz

Vorgaben zur Beachtung von Aspekten des Umweltschutzes und der Energieeffizienz im TVgG NRW und der RVO TVgG NRW
https://www.vergabe.nrw.de/servicestelle-TVgG NRW

Kompass Nachhaltigkeit: http://www.kompass-nachhaltigkeit.de

Kompetenzstelle für nachhaltige Beschaffung – Portal für nachhaltige Beschaffung des Beschaffungsamtes des Bundesministeriums des Innern: http://www.nachhaltige-beschaffung.info/DE/Home/home_node.html

Kompetenzzentrum innovative Beschaffung des Bundesverbandes Materialwirtschaft, Einkauf und Logistik e. V.: http://de.koinno-bmwi.de/

Informationsangebot der Europäischen Kommission zur umweltfreundlichen öffentlichen Beschaffung: http://ec.europa.eu/environment/gpp/in dex_en.htm

Literatur *Brackmann,* Nachhaltige Beschaffung in der Vergabepraxis, VergabeR 2014, 310; *Diemon-Wies,* Soziale und ökologische Kriterien in der Vergabepraxis, VergabeR 2010, 317.

Übersicht

I. Allgemeines

Das TVgG NRW führt die „Einschränkung" des Leistungsbestimmungs- **1**
rechtes fort. Ähnliche Regelungen finden sich in fast allen Bundesländern
(siehe unten Nr. IV.), wenn auch mit unterschiedlichem Verpflichtungsgrad.
Einige Länder gehen sogar noch weiter.

Die nachstehenden Ausführungen dürfen daher als eine grundsätzliche
Auseinandersetzung mit dem Leistungsbestimmungsrecht des öffentlichen
Auftraggebers (Auftraggeber) angesehen werden.

Die Auftraggeber in NRW werden durch § 6 TVgG **zwingend verpflich-** **2**
tet, sich mit Aspekten des Umweltschutzes und der Energieeffizienz auseinan-
derzusetzen. Allerdings mussten Auftraggeber auch schon vor dem Inkrafttreten des TVgG NRW a. F. Nachhaltigkeitsaspekte bei der Beschaffung
berücksichtigen[1].

Im Rechtsgutachten **„Umweltfreundliche öffentliche Beschaffung"**[2], **3**
das im Auftrag des Bundesumweltamtes erstellt wurde, kommen die Verfasser
zu dem Ergebnis, dass es auch unterhalb der Schwellenwerte einer gesetzlichen
Ermächtigung zur Berücksichtigung dieser Aspekte nicht bedarf. Der Auftraggeber kann die genannten Aspekte grundsätzlich bereits aufgrund seines
Leistungsbestimmungsrechtes, soweit er die Vergabegrundsätze hierbei
beachtet, berücksichtigen. Daher lassen sich die nachstehenden Ausführungen
auf andere Bundesländer übertragen, auch wenn sich die nachstehenden Ausführungen u. a. an der Gesetzgebung in NRW orientieren.

Der Gesetzgeber in NRW will zum Erreichen der **Klimaschutzziele**[3] bis **4**
zum Jahr 2020 – eine Minderung der Emissionen um mindestens 25 Prozent
und bis 2050 – um mindestens 80 Prozent die Beschaffungen der Auftraggeber
als Multiplikatoreffekt nutzen. Der Gesetzgeber führt aus, dass das TVgG u. a.
die Vorbildfunktion der öffentlichen Hand für eine sozialverträgliche, umweltfreundliche, energieeffiziente, gleichstellungs- und integrationsfördernde sowie mittelstandsfreundliche Ausgestaltung von Vertragsbeziehungen verdeutlichen und umsetzen soll.[4]

---

[1] EuGH Urteil v. 17.9.2002 – C-513/99 „Concordia Bus"; Urteil vom 4.12.2003 –
C-448/01 „Wienstrom", NZBau 2004, 105 = VergabeR 2004, 36
[2] Rechtsgutachten umweltfreundliche öffentliche Beschaffung, http://www.umwelt
bundesamt.de/publikationen
[3] Gesetz zur Förderung des Klimaschutzes in Nordrhein-Westfalen 23. Januar 2013,
(Artikel 1 des Gesetzes zur Förderung des Klimaschutzes in Nordrhein-Westfalen vom
29. Januar 2013 (GV. NRW. S. 33))

5   Nicht unerwähnt bleiben soll an dieser Stelle Art 29 a der Landesverfassung NRW. Danach stehen die natürlichen Lebensgrundlagen und die Tiere unter dem Schutz des Landes, der Gemeinden und Gemeindeverbände.

1. Gesetzgeberisches Mittel: Konzeption des Bedarfs

6   Die in § 1 TVgG NRW neu eingefügte Legaldefinition der „Nachhaltigkeitskriterien" beinhaltet die Begriffe Sozialverträglichkeit, Umweltschutz sowie Energieeffizienz. Der Wettbewerb um das wirtschaftlichste Angebot soll unter gleichzeitiger Berücksichtigung von Nachhaltigkeitskriterien erfolgen. Das Mittel zu diesem Zweck soll die Konzeption der Nachfrage der Auftraggeber sein. Daher setzt das TVgG bereits bei der Bestimmung des Bedarfs an.

2. Anwendungsbereich

7   Aspekte des Umweltschutzes und der Energieeffizienz sind ab einem geschätzten Auftragswert von 5.000,– Euro (ohne Umsatzsteuer), ermittelt nach § 3 VgV, bei der Bedarfsermittlung zu berücksichtigen.

8   Damit stellt § 2 Abs. 4 S. 2 TVgG NRW Beschaffungen bis zu diesem Wert von der Anwendung des § 6 TVgG NRW frei. Mit dieser Regelung definiert der Gesetzgeber gegenüber der bisherigen Regelung von 500 Euro (Direktkauf) eine neue **Bagatellgrenze.** Damit soll eine Vereinfachung, Vereinheitlichung und Entbürokratisierung erreicht werden[5].

9   Nach § 3 Abs. 2 TVgG NRW kann der Auftraggeber freiwillig die Regelungen des TVgG auch **unterhalb der Schwellenwerte** des § 106 GWB anwenden. Die Regelungen des § 6 Abs. 1 TVgG NRW sowie §§ 3 und 4 RVO TVgG NRW gelten oberhalb und unterhalb der Schwellenwerte nach § 106 GWB. Unterhalb der Schwellenwerte nach § 106 GWB gelten § 6 Abs. 2 TVgG NRW sowie § 5 RVO TVgG NRW.

10   Der Auftraggeber muss gemäß § 3 TVgG NRW ebenfalls die vergaberechtlichen Regelungen und Erfordernisse
a) des primären und sekundären Unionsrechts,
b) der bundeseinheitlichen Regelungen sowie
c) des Landeshaushaltsrechts
d) die Haushaltsgrundsätze und
d) der Verhältnismäßigkeitsgrundsatz, auf den später noch weiter eingegangen wird
beachten.

Beispiel: Für Kommunen ist die Beachtung der **Allgemeinen Haushaltsgrundsätze** nach § 75 Gemeindeordnung NW auch bei niedrigen Auftragswerten, also unterhalb von 5.000 Euro grundsätzlich notwendig. Neben der Sicherung der stetigen Erfüllung ihrer Aufgaben ist die Haushaltswirtschaft wirtschaftlich, effizient und sparsam zu führen.

---

[4] LT-Drucksache 16/12265 vom 15.6.2016 – Gesetzentwurf der Landesregierung Gesetz über die Sicherung von Tariftreue und Sozialstandards sowie fairen Wettbewerb bei der Vergabe öffentlicher Aufträge (Tariftreue- und Vergabegesetz Nordrhein-Westfalen – TVgG – NRW), S. 1.
[5] LT-Drucksache 16/12265 vom 15.6.2016, Seite 17, zu § 2.

Für **Investitionen** sieht § 14 GemHVO NRW besondere Anforderungen 11
vor. Danach ist bei Investitionen oberhalb einer vom Rat festgelegten Wertgrenze zunächst
a) ein Wirtschaftlichkeitsvergleich unter mehreren in Betracht kommenden
   Möglichkeiten, bzw.
b) mindestens durch einen Vergleich der Anschaffungs- oder Herstellungskos-
   ten und ein Folgekostenvergleich,
erforderlich, um die für die Gemeinde wirtschaftlichste Lösung zu ermitteln.

Vor der Aufnahme einer Baumaßnahme in den Haushaltsplan müssen 12
1. die Baupläne,
2. die Kostenberechnungen und
3. die Erläuterungen, aus denen sich ergeben:
   a) die Art der Ausführung,
   b) die Gesamtkosten der Maßnahme, getrennt nach Grunderwerb und
      Herstellungskosten, einschließlich der Einrichtungskosten sowie
   c) der **Folgekosten** und
   d) ein Bauzeitplan
   e) die voraussichtlichen Jahresauszahlungen unter Angabe der Kostenbetei-
      ligung Dritter und
   f) die für die **Dauer der Nutzung** entstehenden jährlichen Haushaltsbe-
      lastungen.
berücksichtigt werden.

Für eine Investition unterhalb der festgelegten Wertgrenzen muss min- 13
destens eine Kostenberechnung vorliegen. Eine **Folgekostenbetrachtung** ergibt sich also bereits aus dem Haushaltsrecht, z.B. nach § 6 Abs. 1
TVgG.

§ 14 GemHVO konkretisiert den wirtschaftlichen Teil der Bedarfsermitt- 14
lung. Es werden Ziele und Methoden vorgegeben und die zu erarbeitenden
Ergebnisse benannt. Ziel ist gem. § 6 Abs. 2 Nr. 1 TVgG NRW die **Bestimmung des wirtschaftlichsten Angebotes.**

Das Merkblatt der Servicestelle zum Tariftreue- und Vergabegesetz (§ 17 15
TVgG)[6] führt aus, dass der öffentliche Auftraggeber im Rahmen seines Ermes-
sens bei der Bedarfsermittlung entscheidet, wie und in welchem Umfang die
Umwelt- und Energieeffizienzaspekte in den verschiedenen Phasen oder bei
Auftragsausführungsbelangen festgelegt werden sollen.

II. Konzeption der Bedarfs (§ 6 Abs. 1)

Eine im Auftrag des Bundesumweltministeriums erstellte Studie kommt zu 16
dem Ergebnis, dass „ein Großteil von Anschaffungen, die zur Minderung des
Emissionsvolumens der öffentlichen Hand getätigt werden, über den Lebens-

---

[6] Merkblatt der Servicestelle zum Tariftreue- und Vergabegesetz Vorgaben zur Beachtung von Aspekten des Umweltschutzes und der Energieeffizienz im TVgG NRW und
der RVO TVgG NRW, Umwelt, Energieeffizienz/Stand: 17. März 2017

zyklus betrachtet, rentabel sind." Langfristig könnten mehr Kosten eingespart, werden als zusätzliche Investitionen nötig sein.[7]

17   Dies ist nur eine rein wirtschaftliche Betrachtung. Dem Schulungsskript 1 zur Nachhaltigen Beschaffung des Bundesumweltamtes[8] können auch die erheblichen Einflüsse auf die Umwelt und damit auf die Zukunft entnommen werden. Siehe im Schulungsskript 1 zur Nachhaltigen Beschaffung des Bundesumweltamtes auch den Abschnitt 4 Orientierungshilfe, Seite 30.

1. Betrachtung der Lebenszykluskosten, § 6 Abs. 1 Nr. 1

18   In § 6 Abs. 1 Nr. 1 TVgG NRW wird mit der Betrachtung der **Lebenszykluskosten** eine Betrachtung des **Zeitraums der Folgekosten** *zwingend* bei der Bedarfsermittlung vorgegeben.

Praxistipp: Der öffentliche Auftraggeber sollte bei Vergaben oberhalb der Schwellenwerte bei der Anwendung von § 6 Abs. 1 Nr. 1 TVgG NRW § 59 VgV heranziehen.

19   Der Begründung zum Gesetzesentwurf kann entnommen werden, dass § 6 Abs. 1 TVgG NRW die „wesentlichen und relevanten Ziele im Bereich der umweltfreundlichen und energieeffizienten Beschaffung …" zusammenfasst. Die „Intensität der Zielerreichung" wird im Vergleich zur Regelung des § 17 TVgG a. F. nicht verändert.[9]

20   Das **Leistungsbestimmungsrecht** des Auftraggebers wird durch § 6 Abs. 1 TVgG NRW u. a. dahingehend **eingeengt**, mögliche Lösungen nicht mehr nach dem Preis, sondern über die Nutzungsdauer unter Einbeziehung der nachstehenden Aspekte zu bewerten. Dazu gehören
a) die Betriebs- und Wartungskosten, insbesondere auch die Energiekosten,
b) die Entsorgungskosten und
c) das Preis-Leistungs-Verhältnis über die Nutzungsdauer.

21   Damit wird für die Planung ein Gleichklang zum **Haushaltsrecht** hergestellt. Insoweit korrespondiert diese Regelung mit § 14 Abs. 1 GemHVO NRW, der ebenfalls eine Folgekostenbetrachtung vorsieht.

22   Bei der Variantenauswahl/Lösungssuche wird der **Preis** nicht mehr genannt. Er bleibt gemäß § 6 Abs. 1 Nr. 1 TVgG NRW lediglich *ein* Bestandteil bei der Feststellung des **Preis-Leistungs-Verhältnisses.**

23   Ein Blick in § 59 VgV gibt weitere Hinweise für die **Berechnung der Kosten des Lebenszyklus,** auch zur Bewertung **externer Effekte.** Zu beachten ist jedoch, dass das TVgG diese externen Effekte im Sinne von § 59 Abs. 2 S. 1 Nr. 5 VgV nicht ausdrücklich nennt. Bei einer Nutzenbetrachtung im Rahmen der Planung wäre eine Einbeziehung dieser externen Effekte jedoch möglich, da § 6 TVgG NRW dem Auftraggeber nur vorgibt, was er *mindestens* zu betrachten hat. Denn das Leistungsbestimmungsrecht geht unter Beachtung der Vergabegrundsätze weiter darüber hinaus.

---

[7] Umweltbundesamt, Umweltfreundliche Beschaffung, RATGEBER, Schulungsskript 1, Stand Dezember 2016, Seite 13
[8] Umweltfreundliche Beschaffung – Schulungsskript-1, Seite 10 ff., Https://www.umweltbundesamt.de/publikationen/umweltfreundliche-beschaffung-schulungsskript-1
[9] LT-Drucksache 16/12265 vom 15.6.2016, S. 23

Das Prinzip der Betrachtung der Lebenszykluskosten oder „Life Cycle Cos- **24** ting" (LCC) ist seit langem etabliert. Es gibt viele **Handreichungen** dazu, z. B. vom Bundesumweltamt und anderen Stellen:
http://www.umweltbundesamt.de/themen/wirtschaft-konsum/umwelt freundliche-beschaffung/berechnung-der-lebenszykluskosten
http://de.koinno–bmwi.de/aktuelles/lebenszyklus-tool-picker-ist-online
http://www.smart-spp.eu/index.php?id=7633
Der Abschied von einer Zeitpunkt- zu einer Zeitraumbetrachtung ist somit **25** seit der Novellierung des Oberschwellenrechtes durchgängig umgesetzt.

2. Energieeffizienz, Leistungs- oder Funktionsanforderungen, technische Spezifikationen, § 6 Abs. 1 Nr. 2 und 3 mit Spezialregelungen

Eines der zentralen Ziele des Gesetzgebers ist der Schutz der Umwelt und **26** die Energieeffizienz, so die amtliche Begründung zu § 6 TVgG NRW.[10] Der Gesetzgeber bezeichnet die Aspekte des § 6 Abs. 1 TVgG NRW als die relevanten Umweltaspekte, die Berücksichtigung finden müssen.

Daher sollen diese bereits bei der **Konzeption der Bedarfs,** also der Planung, beachtet werden. So soll sichergestellt werden, dass „Aspekte des Umweltschutzes und der Energieeffizienz bereits zu Beginn bzw. vor Beginn des eigentlichen Vergabeverfahrens durchdacht und nachfolgend für das gesamte Vergabeverfahren festgelegt werden."

Daher ordnet § 6 Abs. 1 Nr. 2 und Nr. 3 TVgG NRW an, dass die Auftrag- **27** geber bereits bei der Planung (= der Konzeption des Beschaffungsbedarfs) neben den Lebenszykluskosten weitere Aspekte folgendes zu beachten hat:
− das Ziel einer möglichst hohen Energieeffizienz,
− die Leistungs- und Funktionsanforderungen hinsichtlich des Umweltschutzes,
− Nachweismöglichkeiten durch Umweltzeichen und
− Leistungs- und Funktionsanforderungen sowie technische Spezifikationen zur Berücksichtigung von Umweltaspekten

§ 6 Abs. 1 Nr. 2 und Nr. 3 TVgG NRW kann im Bereich des Umweltschut- **28** zes und der Energieeffizienz lediglich als **Auffangvorschrift** betrachtet werden, da Spezialvorschriften Teilbereiche konkret regeln. Im Rahmen der Haushaltskonsolidierung hat sich z. B. die KGSt (Kommunale Gemeinschaftsstelle für Verwaltungsmanagement), auch in Vergleichsringen, diesen Gestaltungsmöglichkeiten gewidmet.

Energieeinsparrecht

Der Energiebedarf eines Gebäudes ist in Teilen durch Spezialvorschriften gere- **29** gelt. Die Energieeinsparverordnung (EnEV) gibt dem Auftraggeber bautechnische Anforderungen zum Energiebedarf eines Gebäudes oder Bauprojektes vor.

Hier bleibt die weitere Entwicklung des Gesetzgebungsverfahrens für ein **30** **Gebäudeenergiegesetz**[11] abzuwarten. Den Erläuterungen zum Referentenentwurf können folgende Ausführungen entnommen werden:

---

[10] LT-Drs. 16/12265, S. 23.
[11] Gesetz zur Einsparung von Energie und zur Nutzung Erneuerbarer Energien zur Wärme- und Kälteerzeugung in Gebäuden (Gebäudeenergiegesetz – GEG)

„Die vorgesehene Anhebung der Energieeffizienzstandards für neue Nichtwohngebäude der öffentlichen Verwaltung ab 2019 kann eine Erhöhung der Errichtungskosten um durchschnittlich etwa 2,5 Prozent bewirken. Die Errichtungskosten für die öffentliche Verwaltung erhöhen sich somit um rund 112 Millionen Euro. Davon entfallen weniger als 5 Prozent auf den Bund, rund 10 Prozent auf die Länder, etwa drei Viertel auf die Gemeinden und etwa 10 Prozent auf Einrichtungen der mittelbaren Staatsverwaltung. Die Mehrkosten amortisieren sich durch Einsparungen bei den Energiekosten innerhalb angemessener Zeit. Das bedeutet, dass die Kosten, die den öffentlichen Bauherren durch erhöhte Neubaukosten auf Grund der gestiegenen energetischen Anforderungen, etwa an die Wärmedämmung, entstehen, sich für die Bauherren rechnen:"

31   Mit diesem Gesetz soll das Energieeinsparrecht vollständig neu strukturiert und das Nebeneinander von Energieeinspargesetz (EnEG), Energieeinsparverordnung (EnEV) und Erneuerbare-Energien-Wärmegesetz (EEWärmeG) beendet werden. Der Entwurf sieht das Anforderungsniveau für die Errichtung von Nichtwohngebäuden der öffentlichen Hand entsprechend dem KfW-Effizienzhausstandard 55 vor. Aus dem Energiesparrecht sind also bereits und werden weiterhin bau- und anlagentechnische Vorgaben und Regelungen zu einem festgelegten Umfang des Einsatzes erneuerbarer Energien zu Wärmezwecken zu beachten sein.

Abfallrecht

32   § 3 RVO TVgG weist auf eine weitere Spezialvorschrift zu abfallrechtlichen Vorgaben hin. Er greift die definierte Abfallhierarchie des Landesabfallgesetzes zur

– Abfallvermeidung,
– Wiederverwendung,
– dem Recycling und
– der sonstigen Verwertung sowie insbesondere
– bei Entsorgungsdienstleistungen die unionsrechtlichen Vorgaben der Grundsätze der Autarkie und Nähe auf.

33   Aus den Vorgaben des Landesabfallgesetzes leitet § 3 Abs. 2 S. 1 RVO TVgG die Anforderung ab, dass grundsätzlich nur **Papier und Karton** mit einem Altpapieranteil von 100 Prozent zu beschaffen sind. Als mögliche Ausnahmen werden z. B. Papiere mit einem repräsentativen Charakter genannt (Kopfbögen für besondere Anlässe, Urkunden, Zeugnisse, Bildbände etc.). Er verlangt jedoch, dass die Ausnahmen entsprechend zu begründen sind.

34   Beim Einsatz von **Holzprodukten** (einschließlich Papier und Karton) muss das verarbeitete Rohholz nachweislich aus legaler und nachhaltiger Waldbewirtschaftung stammen (§ 3 Abs. 2 S. 2 RVO TVgG). Der Bieter muss den **Nachweis** durch die Vorlage eines Zertifikates führen. Hier nennt § 3 Abs. 2 S. 3 RVO TVgG das PEFC (Programme for the Endorsement of Forest Certification Schemes) und das FSC (Forest Stewardship Council). Jedoch müssen auch andere gleichwertige Siegel, Zertifikate oder Nachweise wie technische Unterlagen des Herstellers oder Prüfberichte anerkannter Stellen akzeptiert werden.

Der Klammerhinweis in § 3 Abs. 2 S. 3 RVO TVgG auf Papier und Karton **35** muss sich auf Qualitäten beziehen, die nicht zu 100% aus Altpapier bestehen, also auf den Anteil an Rohholz, der dem zu beschaffenden Produkt beigemischt wird oder aus dem es im Wesentlichen besteht.

Der öffentliche Auftraggeber wird daher im Rahmen der Planung eruieren **36** müssen, aufgrund welcher Spezialvorschriften er konkrete Vorgaben beachten muss, z. B. im **Tief-/Straßenbau** die Verwendung von Sekundärstoffen durch das Landesabfallgesetz, soweit dies zulässig ist. Denn der Einsatz von Recyclingmaterial kann in Wasserschutzzonen unzulässig sein. Der Grundsatz „Sekundärstoffe vor Primärstoffen" kann also nur da umgesetzt werden, wo dies zulässig ist.

In § 4 Abs. 2 S. 4 RVO TVgG wird dieses Vorgehen in Form einer Soll–Regelung **37** abgebildet. Bei **Bauvorhaben** sind insbesondere die Vorgaben des § 2 des Landesabfallgesetzes zu beachten. Demnach soll der Auftraggeber Erzeugnissen den Vorzug geben, die mit rohstoffschonenden und abfallarmen Produktionsverfahren oder aus Abfällen hergestellt sind, sofern diese für den vorgesehenen Verwendungszweck geeignet sind und keine anderen Rechtsvorschriften entgegenstehen.

Beispiel: Entgegenstehende Vorschriften könnten Anforderungen aufgrund des **Denkmalschutzes** sein.

§ 4 Abs. 2 S. 5 RVO TVgG schreibt vor, dass **Ersatzbaustoffe** wie zum **38** Beispiel Recyclingbaustoffe und der Baustoff Holz „entsprechend ihrer jeweiligen technischen und ökologischen Eigenschaften" gleichberechtigt in die Planungsüberlegungen einzubeziehen sind.

Ein wesentlicher Bestandteil der Konzeption *soll* die **Umweltverträglichkeit** von Baustoffen sein (§ 4 Abs. 3 RVO TVgG).

Nach der Feststellung welche spezialgesetzlichen Vorgaben im Rahmen der **39** Bedarfsermittlung zu beachten sind, wird der Auftraggeber im Rahmen seines Leistungsbestimmungsrechtes entscheiden können, ob es unter den Regelungen des § 6 Abs. 1 TVgG NRW sinnvoll, wirtschaftlich und angemessen ist, **höhere Anforderungen** zu stellen.

3. Aspekte ohne Umwelt–Spezialgesetzgebung

Erkennt der Auftraggeber bei der Planung seiner Beschaffung Bereiche, in **40** denen es keine Spezialregelung gibt, verpflichtet ihn § 6 Abs. 1 Nr. 2 und Nr. 3 TVgG NRW zur Prüfung, ob Aspekte der Energieeffizienz sowie Leistungs- und Funktionsanforderungen sowie technische Spezifikationen zur Berücksichtigung von Umweltaspekten und Umweltzeichen bei der Konzeption des Bedarfs berücksichtigt werden können.

Die **„Konzeption des Bedarfs"** erfolgt in der **Leistungsbeschreibung. 41** So kann der öffentliche Auftraggeber bei Liefer- und Dienstleistungsaufträgen die Aspekte des Umweltschutzes und der Energieeffizienz gem. § 31 Abs. 3 VgV in der Leistungsbeschreibung darstellen.

a) Energieeffizienz, § 6 Abs. 1 Nr. 2. Zum Ziel einer möglichst hohen **42** **Energieeffizienz** im Sinne von § 6 Abs. 1 Nr. 2 TVgG NRW bei der Konzeption des Bedarfs, also beim Inhalt der **Leistungsbeschreibung,** sind die

Ausführungen in § 67 Abs. 2 VgV; § 5 Abs. 3 RVO TVgG zu beachten. Der Auftraggeber kann diese Instrumente bereits in der **Planungsphase** nutzen, um unter möglichen Lösungen eine Auswahl zu treffen und diese Auswahl dann in sein Leistungsverzeichnis aufnehmen

43   Der öffentliche Auftraggeber kann als Alternative zur Leistungsbeschreibung die Energieeffizienz auch als **Zuschlagskriterium** wählen. So kann der Auftraggeber im Rahmen der Wertung der Angebote gem. §§ 58 Abs. 2 S. 2; 59; 67 Abs. 5 VgV Instrumente wie den Kosten-Nutzen-Vergleich, die Lebenszykluskosten und die Energieeffizienz nutzen, um das wirtschaftlichste Angebot zu ermitteln.

44   Mit der **Wertungsmatrix** werden die Ziele der Beschaffung über die Mindestanforderungen des LV hinaus formuliert und priorisiert. Mit den Instrumenten Leistungs- und Funktionsanforderungen in der Leistungsbeschreibung, Zuschlagskriterien und deren Gewichtung kann der Auftraggeber im Rahmen der **Wertung** feststellen, inwieweit das jeweilige Angebot den Vorstellungen des Auftraggebers entspricht bzw. diese übertrifft.

Beispiel: Wurde im Rahmen der Planung für die Beschaffung von Geräten mindestens „A+++" vorgegeben, so kann, soweit die Matrix dies berücksichtigt, unter den vorliegenden Angeboten mit Geräten der Gruppe „A+++", eine weitere Differenzierung vorgenommen werden. Denn die fortschreitende technische Entwicklung bringt immer energieeffizientere Geräte auf den Markt.

45   Bei der Nutzung von Nachhaltigkeitsaspekten als Zuschlagskriterien ist grundsätzlich zu beachten, dass gem. § 127 Abs. 3 S. 1 GWB ein **Auftragsbezug** gegeben ist. Auch nach dem neuen TVgG NRW bleibt es beim Grundsatz der **produktneutralen Ausschreibung.** Das Gesetz greift in die hierzu geltenden Regelungen nicht ein.

46   Darüber hinaus müssen die Zuschlagskriterien grundsätzlich objektiv quantifizierbar (messbar) sein. Dies können monetäre, qualitative oder quantitative Merkmale sein. Besondere Anforderungen sind bei der Bewertung von Konzepten zu beachten. Die Abkehr von einer Zeitpunktbetrachtung (Kaufpreis) zu einer **Zeitraumbetrachtung** (Kosten im Lebenszyklus) ist dem Gesetzgeber wichtig, insbesondere bei der Beurteilung der Wirtschaftlichkeit einer Beschaffung.

47   Ein Blick in §§ 58; 59; 67 Abs. 5 VgV sowie § 43 UVgO verdeutlicht, dass bei der Ermittlung des wirtschaftlichsten Angebotes **kein Gleichklang** mit den TVgG-Regelungen besteht. Anders als bei der Planung des Bedarfs, bei dem § 6 Abs. 1 Nr. 2 TVgG NRW zwingend das Ziel einer möglichst hohen Energieeffizienz vorgibt, steht es dem Auftraggeber bei der Wertung frei, welche Aspekte er bei der Ermittlung des wirtschaftlichsten Angebotes neben dem Preis berücksichtigen will. Dies macht Sinn, da der Auftraggeber im Rahmen der **Planung seines Bedarfs** bereits durch die Auswahl besonderer Verfahren, Techniken usw. Grundlagen für eine nachhaltige Beschaffung gem. § 6 Abs. 1 TVgG NRW vorgeben musste.

Beispiel: Der Auftraggeber verfügt über eine eigene **Photovoltaik-Anlage.** Er möchte den Eigenverbrauch stärken und schreibt daher Fahrzeuge mit Elektroantrieb aus. Oder er beschafft im Bereich der Grünpflege Geräte für den Akku-Betrieb. Das primäre Ziel, einen Beitrag zum Klimaschutz zu leisten, wird also bereits bei der Variantenauswahl im

Planungsprozess getroffen. Über die Wertung kann eine weitere Optimierung z. B. über die Berücksichtigung der Energieeffizienz, Reichweiten, Akku-Laufzeiten oder, im schlechtesten Fall, der Leistungsaufnahme erreicht werden.

Beispiel: Beim Bau eines sogen. „Null-Energie-Gebäudes" hat der öffentliche Auftraggeber diese wesentlichen Anforderungen bereits bei der Planung vorgegeben. Alle Komponenten des Gebäudes einschl. der Ausrichtung müssen sich ggf. diesem Ziel unterordnen. Wenn man bedenkt, dass bereits Gebäude projektiert sind, die einen Energieüberschuss erwirtschaften, wird deutlich, welche Gestaltungsmöglichkeiten sich für den Auftraggeber bzgl. des Wettbewerbs durch die richtige Wahl von Zuschlagskriterien ergeben.

Die **Wertungsmatrix** ist daher die „Botschaft" an den Wettbewerb, was 48 der Auftraggeber mit der Beschaffung erreichen will.

Die Rechtsverordnung geht über die Festlegungen von Vorgaben zur Be- 49 stimmung des Beschaffungsbedarfs hinaus. Während § 3 RVO TVgG Vorgaben für die die Konzeption der Beschaffung macht, wird in § 4 Abs. 4 RVO TVgG ein System zur Bewertung von Lösungen vorgeschlagen. § 4 Abs. 4 RVO TVgG regt an, zur Bewertung der Umsetzung der Aspekte des Umweltschutzes und der Energieeffizienz bei Bauvorhaben das **Bewertungssystem Nachhaltiges Bauen** (BNB) für den Neubau von Büro- und Verwaltungsgebäuden sowie Außenanlagen oder ein gleichwertiges System zu nutzen.

Bei **Dienstleistungen** können gem. § 4 Abs. 2 S. 1 RVO TVgG die Art der 50 Durchführung und die zu verwendenden Stoffe unter Berücksichtigung von Aspekten des Umweltschutzes und der Energieeffizienz beeinflusst werden. § 5 Abs. 1 RVO TVgG verweist auf § 67 VgV. Zu beachten ist der **Auftragsbezug.** Er verbietet einen Einfluss auf die allgemeine Geschäftspolitik eines Bieters.[12]

Bei **Bauaufträgen** kann der Auftraggeber gem. § 4 Abs. 2 S. 2 RVO TVgG 51 Aspekte des nachhaltigen Bauens in die Bauplanungsphase einbeziehen bzw. ökologische und gesundheitsrelevante Anforderungen an Bauwerk und Materialien vorgeben.

§ 4 Abs. 3 RVO TVgG zeigt auf, dass dies die ökologische, gesundheitsrele- 52 vante, funktionale und technische **Bauwerksqualität** erhöhen kann. Wie weit die Spannbreite der Gestaltungsmöglichkeiten ist, zeigt die Aufzählung möglicher gewerkespezifischer Vorgaben hinsichtlich der
– Dauerhaftigkeit,
– Instandhaltungsfreundlichkeit,
– Rückbaufähigkeit,
– Reinigungsfreundlichkeit und der
– Gesundheits- und Umweltverträglichkeit.

Bei der Beschaffung **energieverbrauchsrelevanter Liefer- oder Dienst-** 53 **leistungen** ist § 67 VgV nach § 5 Abs. 1 RVO TVgG anzuwenden. Das gilt auch bei der Lieferung von energieverbrauchsrelevanten Waren, technischen Geräten oder Ausrüstungen, wenn diese wesentlicher Bestandteil einer **Bauleistung** sind. Es fehlt in § 5 Abs. 1 S. 2 RVO TVgG die nähere Bestimmung

---

[12] EuGH Urteil vom 4.12.2003 – C-448/01 Wienstrom NZBau 2004, 105 = VergabeR 2004, 36.

des Begriffs **„wesentlicher Bestandteil einer Bauleistung"**. § 2 Abs. 4 S. 2 TVgG NRW legt für die Anwendung des § 6 TVgG eine „Bagatellgrenze" von 5.000 Euro fest. Ist der Umkehrschluss zulässig und Bestandteile über 5.000 Euro sind nicht wesentlich? Greift man auf die bisherige Regelung zurück, dann sind bei der Bestimmung der „Wesentlichkeit" zunächst Funktionszusammenhänge zu beachten. Im Übrigen wurden Leistungen dann als „unwesentlich" betrachtet, wenn sie 20% des Auftragswertes entsprechend § 3 Abs. 9 VgV nicht überschreiten.

54   Es stellt sich die Frage, ob § 8 c Abs. 4 EU VOB/A ebenfalls unterhalb des Schwellenwertes zu beachten ist. Denn er ordnet an, dass wenn nicht nur geringfügige Unterschiede im Energieverbrauch zu erwarten sind, das **Zuschlagskriterium „Energieeffizienz"** zu berücksichtigen ist. Dem Wortlaut des § 5 RVO kann die Berücksichtigung des § 8 c Abs. 4 EU VOB/A nicht entnommen werden. Wenn man die Ziele des Gesetzgebers jedoch betrachtet, wäre dies sinnvoll.

55   § 5 Abs. 2 RVO TVgG enthält eine Definition des **„energieverbrauchsrelevanten Produktes"**.

Von einem „energieverbrauchsrelevanten Produkt" ist auszugehen, wenn ein Gegenstand, dessen Nutzung den Verbrauch an Energie beeinflusst und der in der Europäischen Union in Verkehr gebracht und/oder in Betrieb genommen wird, einschließlich Teilen, die zum Einbau in ein „energieverbrauchsrelevantes Produkt" bestimmt sind, als Einzelteil für Endverbraucher in Verkehr gebracht und/oder in Betrieb genommen werden und getrennt auf seine Umweltverträglichkeit geprüft werden kann. Damit werden auch **Ersatzteile** und **Zubehör** erfasst, soweit diese den Energieverbrauch beeinflussen.

56   In § 5 Abs. 3 S. 1 RVO TVgG wird das **„höchste Leistungsniveau an Energieeffizienz"** definiert. Es sind entweder, a) dass die „höchste auf dem Markt verfügbare Energieeffizienz" oder b) das Angebot mit dem niedrigsten auf dem Markt verfügbaren Energieverbrauch im Verhältnis zur Leistung.

57   § 5 Abs. 3 S. 2 RVO TVgG formuliert auch **Ausnahmen.** Sind unangemessene Leistungseinschränkungen oder Mehrkosten zu erwarten, kann ausnahmsweise vom Ziel des „höchsten Leistungsniveaus an Energieeffizienz" oder der höchsten Energieeffizienzklasse im Sinne der Energieverbrauchskennzeichnungsverordnung[13] abgewichen werden. Dann sind die höchstmöglichen Anforderungen anzustreben. Diese Ermessensentscheidung ist zu **dokumentieren.**

58   **b) Leistungs- und Funktionsanforderungen sowie technische Spezifikationen, § 6 Abs. 1 Nr. 3.** Für **Bauaufträge** verwendet § 6 Abs. 1 Nr. 3 TVgG NRW mit seinen Begriffen „Leistungs- oder Funktionsanforderungen sowie technische Spezifikationen" dieselben Worte wie § 7 a Abs. 2 Nr. 2 VOB/A sowie § 7 a Abs. 1 VOB/A. Dasselbe gilt für **Liefer- und**

---

[13] Energieverbrauchskennzeichnungsverordnung vom 30. Oktober 1997 (BGBl. I S. 2616), die zuletzt durch Artikel 1 der Verordnung vom 8. Juli 2016 (BGBl. I S. 1622)

Dienstleistungsaufträge in § 31 Abs. 2 S. 1 Nr. 1 VgV; § 23 Abs. 1 S. 2 UVgO.

§ 4 Abs. 3 RVO TVgG gibt in Form von „kann-Regelungen" einige An- **59** stöße. Im Übrigen wird auf die Kommentierung zu § 6 Abs. 2 Nr. 2 verwiesen.

4. Grenzen der Berücksichtigung von Umweltschutz und Energieeffizienz

Es stellt sich die Frage, wie weit der Auftraggeber gehen muss, wenn er im **60** Rahmen der Planung seines Bedarfs Möglichkeiten erkennt, für die durch Spezialvorschriften nicht bereits konkrete Anforderungen abgeleitet werden können. Denn lediglich bei der Energieeffizienz wird § 5 Abs. 3 RVO TVgG konkret, in dem er das höchstmögliche Maß an Effizienz verlangt.

Nach § 3 Abs. 1 S. 2 TVgG NRW muss der Auftraggeber neben § 6 TVgG **61** NRW die Haushaltsgrundsätze und den **Verhältnismäßigkeitsgrundsatz** beachten. Mit dem Verhältnismäßigkeitsgrundsatz wird an die Formulierung in § 97 Abs. 1 GWB angeknüpft. Demnach müssen öffentliche Auftraggeber bei ihren Beschaffungsaktivitäten auch den Grundsatz der Verhältnismäßigkeit wahren.[14]

Diese Grundsätze bleiben durch das TVgG unberührt. Im Wesentlichen **62** werden die Grundsätze der **Wirtschaftlichkeit** und **Sparsamkeit** bei der Entscheidung, welche Aspekte und in welchem Umfang sie berücksichtigt werden (können), limitierenden Einfluss auf die Planung nehmen.

Bei der Variantenprüfung wird das Ergebnis der Betrachtung der Lebenszykluskosten den Grad der Wirtschaftlichkeit von Investitionen/Beschaffungen offenlegen.

Die Frage der **Finanzierung** tritt bei der Variantenprüfung zunächst in den **63** Hintergrund. Doch bei der Wirtschaftlichkeitsprüfung werden die finanzielle Belastung des Auftraggebers, aber auch die Chancen für eine langfristige konsumtive Entlastung, einschließlich externer Effekte (oberhalb des Schwellenwertes) beurteilt werden können. Der Auftraggeber wird entscheiden müssen, ob ein zukünftig geringerer konsumtiver Aufwand u. U. hohe Investitionen und die daraus resultierenden Zinsbelastungen rechtfertigt.

Im Erwägungsgrund Nr. 37 zur Richtlinie 2014/24/EU wird eine „ange- **64** messene Einbeziehung umweltbezogener, …… Erfordernisse in den Verfahren zur Vergabe öffentlicher Aufträge" als besonders wichtig erachtet. Die Mitgliedstaaten und öffentliche Auftraggeber sollen „geeignete Maßnahmen ergreifen, um die Einhaltung der am Ort der Ausführung der Bauleistungen oder der Erbringung der Dienstleistungen geltenden Anforderungen auf dem Gebiet des Umwelt-, Sozial- und Arbeitsrechts zu gewährleisten, die sich aus auf nationaler und auf Unionsebene geltenden Rechts- und Verwaltungsvorschriften, Verfügungen und Beschlüssen sowie aus Tarifverträgen ergeben, sofern diese Regelungen und ihre Anwendung mit dem Unionsrecht vereinbar sind."

In § 5 Abs. 3 S. 2 RVO TVgG kann der Auftraggeber vom **höchsten Ener-** **65** **gieeffizienz-Niveau abweichen,** wenn unangemessene Leistungseinschrän-

---

[14] LT-Drs. 16/12265, S. 18.

kungen oder Mehrkosten zu erwarten sind. Eine eindeutige und abschließende Willensbildung im Planungsprozess ist daher vor der Erstellung eines Leistungsverzeichnisses und insbesondere einer Wertungsmatrix zwingend.

66   Hier soll an die Ausführungen der **Servicestelle zum Tariftreue- und Vergabegesetz** (§ 17 TVgG, www.vergabe.nrw.de/servicestelle-tvgg-nrw) erinnert werden. Das Merkblatt „Vorgaben zur Beachtung von Aspekten des Umweltschutzes und der Energieeffizienz im TVgG NRW und der RVO TVgG NRW" vom 4.4.2017 verdeutlicht in Nr. 2, dass das „wie" und „der Umfang" einer Berücksichtigung von Umweltschutz und Energieeffizienz in das **Ermessen** des Auftraggeber gestellt ist. Der Auftraggeber kann sich bei seinen Entscheidungen nach Auffassung der Servicestelle in Nr. 2 des Merkblattes z. B. von der Frage leiten lassen, „in welchem Verhältnis die Aspekte zu anderen Kriterien stehen (zum Beispiel das Verhältnis Energieeffizienz zu anderen Betriebskosten)." Dies zeigt, dass der Weg einer wirtschaftlichen Lösung unter Berücksichtigung der Folgekosten durch die Nutzung effizienter Technik eine mögliche Herangehensweise sein kann. Denkbare wäre auch eine Lösung, die ökologische Aspekte in den Vorgrund stellt, z. B. der Aufbau eines Fernwärme-Versorgungsnetzes zur CO_2-Reduzierung. Dabei wird die Amortisation der Investitionen erst nach einem vordefinierten „langen" Zeitraum erwartet.

67   **Checkliste**

Erst
a) die Variantenprüfung im Rahmen der Lebenszykluskostenbetrachtung,
b) eine Zieldefinition beim Grad der zu erreichenden Energieeffizienz und
c) der Wirtschaftlichkeitsprüfung sowie der Prüfung der Angemessenheit
werden es ermöglichen, ein Beschaffungsziel zu definieren und daraus Leistungs- oder Funktionsanforderungen sowie technische Spezifikationen zur Berücksichtigung von Umweltaspekten und Umweltzeichen im Vergabeverfahren zu formulieren.

III. Vorgaben für den Bereich unterhalb der Schwellenwerte nach § 106 GWB (§ 6 Abs. 2)

1. Zuschlagskriterium – Folgekosten, § 6 Abs. 2 Nr. 1

68   § 6 Abs. 2 Nr. 1 TVgG NRW erfasst die Wertung von Angeboten unterhalb der Schwellenwerte nach § 106 GWB. Er stellt also ein **Zuschlagskriterium** dar. Er steht damit im Zusammenhang mit § 127 Abs. 1 S. 3 GWB („umweltbezogener Aspekt") und § 43 Abs. 4 UVgO; § 59 VgV. § 5 RVO enthält die Konkretisierung für die Vergaben unterhalb der Schwellenwerte zur Berücksichtigung von Aspekten des Umweltschutzes und der Energieeffizienz.

69   Bei der Bestimmung des wirtschaftlichsten Angebots *sind* gem. § 6 Abs. 2 Nr. 1 TVgG NRW neben dem **Preis** auch die Betriebs- und Wartungs- sowie die Entsorgungskosten zu berücksichtigen. D. h., dort wo Betriebs- und Wartungs- sowie Entsorgungskosten anfallen, sind diese neben dem Preis zu werten. Anzumerken ist, dass der Gesetzgeber für den Bereich unterhalb des Schwellenwertes lediglich den „Preis" nennt, nicht aber das Preis-Leistungsverhältnis!

2. Leistungs- oder Funktionsanforderungen, § 6 Abs. 2 Nr. 2 S. 1 TVgG

Der Begriff „Leistungs- oder Funktionsanforderungen" ist auch bei den 70 Bestimmungen über den Inhalt der **Leistungsbeschreibung** in § 31 Abs. 2 S. 1 Nr. 1 VgV; § 7 a Abs. 2 Nr. 2 VOB/A enthalten. § 6 Abs. 2 Nr. 2 S. 1 TVgG NRW ist eine Konsequenz aus § 6 Abs. 1 Nr. 3 TVgG NRW.

Aufgrund des Transparenzgrundsatzes muss der Auftraggeber entweder im 71 Leistungsverzeichnis oder in der Bekanntmachung die Leistungs- oder Funktionsanforderungen hinsichtlich des Umweltschutzes und der Energieeffizienz ausdrücklich nennen.

In der Begründung der RVO, Seite 25, zu § 4 RVO TVgG wird darauf hin- 72 gewiesen, dass der Auftraggeber im Rahmen der Gewichtung der Wertungskriterien eine **Rangfolge** ökologischer und gesundheitsrelevanter Kriterien bei gleichen technisch-funktionalen Anforderungen vorgeben und diesen einen entsprechend hohen Rang einräumen kann. Nur so ist gewährleistet, dass der Wettbewerb die Ziele der Auftraggeber erkennen und seine Angebote/Nebenangebote darauf ausrichten kann. Die **Wertungsmatrix** verdeutlicht also abschließend die Prioritäten des Auftraggeber – siehe hierzu auch die Ausführungen zum sogen. Schulnotensystem.

3. Gütezeichen, § 6 Abs. 2 Nr. 2 S. 2

Gemäß § 6 Abs. 2 Nr. 2 S. 2 TVgG kann der Auftraggeber im Leistungsver- 73 zeichnis oder in der der Bekanntmachung zu den Leistungs- oder Funktionsanforderungen hinsichtlich des Umweltschutzes und der Energieeffizienz auf geeignete **Umweltzeichen** wie „Blauer Engel" verweisen.

Art. 43 Richtlinie 2014/24/EU, umgesetzt in § 34 VgV, § 24 UVgO, er- 74 möglicht es dem Auftraggeber, sogenannte **Gütezeichen** als Nachweis für das Erfüllen vorgegebener Leistungs- oder Funktionsanforderungen zu verlangen[15]. Die sog. „Max-Havelaar-Rechtsprechung" des EuGH[16] wurde aufgegriffen. Doch Güte- oder Umweltzeichen dienen ausschließlich der Nachweisführung. Der Transparenzgrundsatz zwingt den Auftraggeber im Leistungsverzeichnis, die Leistung eindeutig und erschöpfend zu beschreiben. Lediglich ein Verweis auf ein Güte- oder Umweltzeichen führt in der Regel zu einem Spannungsverhältnis mit dem Wettbewerbsgrundsatz, der Gleichbehandlung und Diskriminierungsverbot. Der Auftraggeber könnte den Wettbewerb durch die Vorgabe eines bestimmten Gütezeichens erheblich einschränken.

Artikel 43 Richtlinie 2014/24/EU sowie § 34 VgV; § 24 UVgO stellen da- 75 her strenge **Voraussetzungen an die Nachweisführung.** So gibt § 34 Abs. 2 VgV; § 24 Abs. 2 UVgO die Anforderungen vor, die ein gefordertes Umweltzeichen (bzw. Gütezeichen) erfüllen muss. Das Gütezeichen muss allen folgenden Bedingungen genügen:

---

[15] Zu Gütezeichen vgl. auch Krönke Sozial verantwortliche Beschaffung nach dem neuen Vergaberecht, VergabeR 2017, 101 (109 – 111)

[16] **EuGH, 10. 5. 2012 – C-368/10**

1. Alle Anforderungen des Gütezeichens sind für die Bestimmung der Merkmale der Leistung geeignet und stehen mit dem Auftragsgegenstand nach § 31 Absatz 3 VgV in Verbindung.
2. Die Anforderungen des Gütezeichens beruhen auf objektiv nachprüfbaren und nichtdiskriminierenden Kriterien.
3. Das Gütezeichen wurde im Rahmen eines offenen und transparenten Verfahrens entwickelt, an dem alle interessierten Kreise teilnehmen können.
4. Alle betroffenen Unternehmen haben Zugang zum Gütezeichen.
5. Die Anforderungen wurden von einem Dritten festgelegt, auf den das Unternehmen, das das Gütezeichen erwirbt, keinen maßgeblichen Einfluss ausüben konnte.

76 Für den Fall, dass die Leistung nicht allen Anforderungen des Gütezeichens entsprechen muss, hat der Auftraggeber die betreffenden Anforderungen anzugeben, § 34 Abs. 3 VgV; § 24 Abs. 3 UVgO. Diese Formulierung verdeutlicht, dass der Auftraggeber im Rahmen seines Leistungsbestimmungsrechtes grundsätzlich in der Leistungsbeschreibung konkret die Kriterien/Anforderungen beschreiben muss, deren Erfüllung er erwartet. Diese dürfen, und so ist § 6 Abs. 2 Nr. 2 S. 2 TVgG NRW zu verstehen, aus den Kriterien, die ein Gütezeichen abdeckt, generiert werden. Sie müssen jedoch konkret und vollständig in der Leistungsbeschreibung aufgeführt werden. Gütezeichen dienen auch unterhalb der Schwellenwerte lediglich der Nachweisführung.

77 Nach § 34 Abs. 4 VgG; § 24 Abs. 4 UVgO muss der Auftraggeber, wenn in den Vergabeunterlagen als Nachweis mögliche Gütezeichen namentlich genannt wurden, auch **andere Gütezeichen** akzeptieren, wenn diese gleichwertige Anforderungen nachweisen. An diesem Punkt wird deutlich, wie aufwendig die Nutzung dieses Instrumentes werden kann. Denn hat ein Unternehmen nachweislich aus Gründen, die ihm nicht zugerechnet werden können, keine Möglichkeit, das vom öffentlichen Auftraggeber angegebene oder ein gleichwertiges zu erlangen, müssen auch andere geeignete Belege akzeptiert werden. Das Unternehmen muss durch diese Belege nachweisen, dass die von ihm zu erbringende Leistung die Anforderungen des geforderten Gütezeichens oder die vom öffentlichen Auftraggeber angegebenen spezifischen Anforderungen erfüllt. Diese hohen Hürden und die ständig wachsende Anzahl an Gütezeichen – gerade im Umweltbereich – erleichtern eine Auswahl nicht.

78 § 16 Abs. 4 Nr. 5 TVgG sieht u. a. eine Ermächtigung für die Einführung eines **Siegelsystems** vor. An Stelle der nach diesem Gesetz erforderlichen Nachweise und Erklärungen kann durch den Bieter ein Siegel vorgelegt werden. Die Rechtsverordnung enthält momentan jedoch keine Ausführungen dazu. Die Regelungen der Landesgesetzgeber bleiben daher abzuwarten.

79 Siehe auch Seite 56 ff. des Rechtsgutachten umweltfreundliche öffentliche Beschaffung[17].

Auf der Internetseite www.vergabe.nrw.de ist unter der Bezeichnung **„Nachhaltigkeitssiegel"** der Praxisleitfaden des Landschaftsverbands Rhein-

---

[17] Rechtsgutachten umweltfreundliche öffentliche Beschaffung, http://www.umweltbundesamt.de/publikationen

land für eine „Bewertung ausgesuchter Warengruppen nach ökologischen und sozialen Kriterien für den Landschaftsverband Rheinland"[18] zu finden.

Da detaillierte Kenntnisse der einzelnen Gütesiegel und der zugrunde lie- **80** genden Kriterien für eine systematisch auf Nachhaltigkeit ausgerichtete Nutzung im Rahmen einer Beschaffung unabdingbar erforderlich sind (Transparenzgrundsatz/Diskriminierungsverbot), wird dort der Versuch unternommen, das Instrument Gütezeichen für das Vergabeverfahren zu erschließen.

4. Eignungsanforderungen – Umweltmanagementmaßnahmen, § 6 Abs. 2 Nr. 3

In geeigneten Fällen soll der Auftraggeber im Rahmen der Eignungsprü- **81** fung vom Bieter und Bewerber zum Nachweis ihrer Leistungsfähigkeit verlangen, dass das zu beauftragende Unternehmen bestimmte **Normen für das Umweltmanagement** erfüllt, § 6 Abs. 2 Nr. 3 TVgG NRW. Der Gesetzgeber nennt als Anwendungsbereich umweltrelevante öffentliche Bau- und Dienstleistungsaufträge. Zum **Nachweis** kann der Auftraggeber die Vorlage von Bescheinigungen unabhängiger Stellen verlangen. Im Gesetz werden exemplarisch, also nicht abschließend, die Teilnahme am „Eco-Management and Audit Scheme (EMAS)" als ein geeigneter Nachweise genannt. Es handelt sich dabei also um **Eignungsnachweise** im Sinne von § 122 GWB.

Der Auftraggeber kann die Umweltmanagementmaßnahmen angeben, die **82** bei der Ausführung des Auftrags zur Anwendung kommen sollen. Daran muss sich der Auftraggeber auch bei der Festlegung der zusätzlichen Anforderungen an die Eignung, auch unter Berücksichtigung des **Verhältnismäßigkeitsgrundsatzes,** orientieren. Er muss also die Frage beantworten, ob im konkreten Beschaffungsvorhaben derartige Anforderungen tatsächlich erforderlich sind oder nur zu einer sachlich nicht zu rechtfertigenden Einschränkung des Wettbewerbes führen.

Bei der Beurteilung der **„technischen" Leistungsfähigkeit** eines Bieters **83** können Nachhaltigkeitsaspekte z. B. in Bezug auf den Umweltschutz durch Abfrage eines im Unternehmen installierten Umweltmanagements zur Geltung gelangen. **Umweltmanagementsysteme** belegen umweltrelevantes Know-how im Unternehmen und den geschulten Umgang mit Umweltmedien durch das Personal. Zu erwähnen ist hier an erster Stelle eine Eintragung des Bieters in das EMAS-Register. Der Begriff EMAS steht für „Eco-Management and Audit Scheme"[19].

Der **„Umweltaspekt" nach EMAS**[20] wird wie folgt definiert: „Derjenige **84** Bestandteil der Tätigkeiten, Produkte oder Dienstleistungen einer Organisation, der Auswirkungen auf die Umwelt hat oder haben kann." Bei der Konzeption des Beschaffungsbedarfs/Planung kann für den Auftraggeber erkennbar werden, dass eine **besondere Qualifikation** im Umgang mit Um-

---

[18] https://www.vergabe.nrw.de/faq/tariftreue-und-vergabegesetz-nrw
[19] EMAS = eine europäische Auszeichnung für betriebliches Umweltmanagement. Grundlage: EG-Umwelt-Audit-Verordnung (Verordnung (EG) Nr. 761/2001. Auch: Umweltmanagementsystem nach ISO 14001 in Betracht. Fundstellen im Internet: http://www.emas.de und http://www.14001news.de.
[20] Art. 2 Nr. 4 der o. a. EG-Umwelt-Audit-Verordnung

weltaspekten für eine fachkundige Erledigung des Auftrages erforderlich oder wünschenswert ist. Wenn der Auftraggeber zum Erreichen seines strategischen Beschaffungszieles besondere Erfahrungen z. B. mit der umweltgerechten Beschaffung, Lagerung und Verwendung von Reinigungsmitteln für erforderlich hält und dies sachlich gerechtfertigt ist, kann er das Vorhandensein eines Umweltmanagementsystems im Unternehmen des Bieters fordern. Als **Nachweis** dafür, dass dieses Eignungskriterium als erfüllt angesehen werden kann, darf der Auftraggeber eine Zertifizierung z. B. nach dem Europäischen Umweltmanagementsystem **EMAS** in der Bekanntmachung vorgeben. EMAS ist weltweit das **anspruchsvollste System** für nachhaltiges Umweltmanagement.[21] Auch hier muss der Auftraggeber bedenken, wie hoch er die Latte für seine Forderung hängen will. Denn hohe Anforderungen werden den Kreis der möglicher Bewerber/Bieter u. U. deutlich einschränken. Im Rahmen der Marktanalyse müssen die Auswirkungen der gestellten Anforderungen auf den Wettbewerb unbedingt überprüft werden.

85   Öffentliche Auftraggeber müssen auch **andere Nachweise** für gleichwertige Umweltmanagementmaßnahmen anerkennen. Wenn insoweit ein Nachweis verlangt wird, reicht eine bloße **Eigenerklärung** nicht aus. Für einen Nachweis bedarf es immer einer unabhängigen Erklärung eines Dritten.

Beispiel: Praxisbeispiel 4 für die Berücksichtigung von Nachhaltigkeitsaspekten auf der Ebene der Eignung im Leitfaden zum TVgG NRW[22]: Vergabe der **Unterhaltsreinigung** von Schulen, Sporthallen, Kindertageseinrichtungen und sonstigen öffentlichen Gebäuden.

5. Wertung – Straßenfahrzeuge

86   § 5 Abs. 4 RVO überträgt für die Beschaffung von Straßenfahrzeugen § 68 VgV in den Unterschwellenbereich. § 68 VgV dient der Umsetzung der Richtlinie 2009/33/EG des Europäischen Parlaments und des Rates vom 23. April 2009 über die Förderung sauberer und energieeffizienter Straßenfahrzeuge (Abl. L 120 vom 15. 5. 2009, S. 5).

87   Mit dieser Richtlinie soll der Markt für saubere und energieeffiziente Straßenfahrzeuge belebt werden.[23] Der Markt für Fahrzeuge wie z. B. PKW, Omnibusse, Reisebusse und LKW soll durch eine Veränderung der Nachfrage beeinflusst werden. Ist also eine Nachfrage nach sauberen und energieeffizienten Straßenfahrzeugen groß genug, so wird erwartet, dass die Fahrzeughersteller zu Investitionen bewegt und zur Weiterentwicklungen im Hinblick mit niedrigem Energieverbrauch und geringen CO_2- und Schadstoffemissionen motiviert werden.

---

[21] http://www.emas.de/ueber-emas/
[22] Leitfaden zur Rechtsverordnung zum Tariftreue- und Vergabegesetz Nordrhein-Westfalen, https://www.vergabe.nrw.de/faq/tariftreue-und-vergabegesetz-nrw
[23] RICHTLINIE 2009/33/EG DES EUROPÄISCHEN PARLAMENTS UND DES RATES vom 23. April 2009 über die Förderung sauberer und energieeffizienter Straßenfahrzeuge, 5. 5. 2009 Amtsblatt der Europäischen Union L 120/5

Praxistipp: Zu § 68 VgV siehe die Anlagen 2 und 3 zur VgV. **88**
Der Auftraggeber hat bei der Beschaffung von Straßenfahrzeugen den Energieverbrauch und die Umweltauswirkungen zu berücksichtigen. Es folgt eine Aufzählung von Aspekten, die der Auftraggeber auf eine vorgegebene Gesamtkilometerleistung *mindestens* berücksichtigen muss:
1. Energieverbrauch,
2. Kohlendioxid-Emissionen,
3. Emissionen von Stickoxiden,
4. Emissionen von Nichtmethan-Kohlenwasserstoffen und
5. partikelförmige Abgasbestandteile.

Der Formulierung „mindestens" ist zu entnehmen, dass der Auftraggeber **89**
weitere Anforderungen gem. § 68 Abs. 2 VgV entweder in der Leistungsbeschreibung aufnehmen oder als Zuschlagskriterium verwenden darf.
Aus der Praxis sei auf die Zurückhaltung von Teilen der Bieter bei der Preisgabe dieser Werte hingewiesen. An der Belastbarkeit von einigen **Herstellerangaben** herrschen bereits seit einiger Zeit Zweifel. Diese betreffen insbesondere die Ziffern 1- 3.
Die Richtlinie 2009/33/EG sieht in Art. 6 Abs. 2 vor, **Kraftstoffverbrauch, CO_2-Emissionen** und **Schadstoffemissionen** je Kilometer sollen für Fahrzeuge basieren auf:
a) genormten gemeinschaftlichen Testverfahren, die in den Gemeinschafts- **90**
rechtsvorschriften über die Typgenehmigung festgelegt sind
b) Fahrzeuge, für die keine genormten gemeinschaftlichen Testverfahren be- **91**
stehen,
– allgemein anerkannte Verfahren oder
– die Angaben des Herstellers.

Je niedriger das Beschaffungsvolumen, um so geringer wird das Nachweis- **92**
niveau durch den Auftraggeber formuliert werden müssen, da er ansonsten den Wettbewerb wegen des Nachweisaufwandes möglicherweise gegen „null" reduziert oder die Leistung so verteuert, dass die Anforderungen nicht mehr angemessen sind.
Der Auftraggeber hat nach § 68 Abs. 2 VgV ein Wahlrecht, wie er die Verpflichtung nach Absatz 1 erfüllen will.
1. Er kann Vorgaben in der **Leistungsbeschreibung** machen oder/und
2. den Energieverbrauch und die Umweltauswirkungen durch entsprechende **Zuschlagskriterien berücksichtigen.**
Im LV könnten, so weit vorhanden, Energielabel oder gesetzlich normierte **93**
Klassifizierungen, z. B. E6, vorgegeben und Mindestanforderungen formuliert werden. Ungeachtet möglicher Nachweisprobleme ist auch die **Vorgabe von Grenzwerten** während der Nutzung des Fahrzeuges möglich.
Ob die Auftraggeber über bereits eingeführte Standards und Produkte weitere positive Effekte erreichen können, wird von ihrer Marktmacht/Nachfragekraft und deren Ausrichtung abhängen.
Andere Effekte, wie mögliche **Fahrverbote** aufgrund der **Feinstaub- 94
problematik,** werden u. U. eine schnellere Veränderung bewirken. Während im Segment der LKW bis 3,5 t fast ausschließlich Dieselaggregate angeboten wurden, verändern mögliche Fahrverbote das Angebot scheinbar kurzfristig.

Neben dem Elektroantrieb findet sich nun auch der „Benziner, mit **Autogas**" wieder.

95   Da der Schadstoffausstoß in der Regel auch vom Nutzerverhalten beeinflusst werden kann, wird ein **Maximalwert** nur dort hilfreich sein, wo durch ein vergabekonformes, standardisiertes Messverfahren die Unterschreitung festgestellt werden kann.

96   Sollen aus dem Energieverbrauch und den Umweltauswirkungen sowie dem Kaufpreis ein sogenannter Wertungspreis, also eine **finanzielle Bewertung** vorgenommen werden, ist die Anlage 3 zu § 68 Abs. 3 VgV anzuwenden. Dort ist eine Methode definiert, mit der der **Verbrauch** über eine vorgegebene Gesamtkilometerleistung durch Umrechnung des Energiegehaltes der verschiedenen Kraftstoffe in Megajoule vorgegeben wird. Es fehlt ein Wert für den Verbrauch eines **Elektrofahrzeuges.** Vergleicht man Fahrzeuge, die mit einem Brennstoff angetrieben werden, mit Elektrofahrzeugen, benötigt man einen Umrechnungsfaktor.
1 Kilowattstunde (kWh) = 3,6 MJ − Abrechnungseinheit für Energie wie Stromverbrauch

97   Bei einem Vergleich von Elektrofahrzeugen ist die Nutzung der Tabelle nicht erforderlich. Kaufpreis und Verbrauch (kWh/km × Strompreis × Gesamtkilometerleistung) ergeben den Wertungspreis, da Abgase bei der Nutzung nicht anfallen.
Darüber hinaus wird die Umrechnung der Mengen von Kohlendioxid-Emissionen, Emissionen von Stickoxiden, Nichtmethan-Kohlenwasserstoffen und partikelförmige Abgasbestandteilen über eine vorgegebene Gesamtkilometerleistung in einen finanziellen Wert geregelt.

98   Aus der Anlage 2 Tabelle 3 zu § 68 Abs. 1 und 3 VgV wird deutlich, dass davon nur Straßenfahrzeuge der Kategorien M und N gemäß der Richtlinie 2007/46/EG) von der Regelung des § 68 erfasst werden.

Kategorie	Gesamtkilometerleistung
Personenkraftwagen (M 1)	200 000 km
Leichte Nutzfahrzeuge (N 1)	250 000 km
Schwere Nutzfahrzeuge (N 2, N 3)	1 000 000 km
Busse (M 2, M 3)	800 000 km

In der Anlage 2 Tabelle 2 zu § 68 Abs. 1 und 3 VgV sind die Emissionskosten für

Kohlendioxid (CO_2)	0,03 − 0,04 Euro/kg
Stickoxide (NO x)	0,0044 Euro/g
Nichtmethan-Kohlenwasserstoffe	0,001 Euro/g
Partikelförmige Abgasbestandteile	0,087 Euro/g

vorgegeben.

99   Damit kann die Ausstoßmenge in einen finanziellen Wert umgerechnet werden.
Der Auftraggeber darf nach § 68 Abs. 3 VgV[24] − Anlage 3 Ziffer 1 Buchstabe d) bei den Berechnungen der **Emissionskosten** nach Buchstaben b

---

[24] Anlage 3 zu § 68 Absatz 3 − Methode zur Berechnung der über die Lebensdauer von Straßenfahrzeugen anfallenden Betriebskosten, Fundstelle: BGBl. I 2016, 656

und c höhere Werte als die aus der Tabelle 2 der Anlage zugrunde legen, soweit diese die o. a. Werte um nicht mehr als das Doppelte überschreiten. Diesen Spielraum bei der Beurteilung des Energiegehaltes oder der Emissionskosten kann der Auftraggeber nutzen, um den lokalen Bedingungen am Einsatzort des Fahrzeugs Rechnung zu tragen.

Bei der Beschaffung von **Einsatzfahrzeugen** im Sinne von § 68 Abs. 4 VgV sind die o. a. Anforderungen nur dann zu berücksichtigen, soweit es der Stand der Technik zulässt und hierdurch die Einsatzfähigkeit der Einsatzfahrzeuge nicht beeinträchtigt wird. Einsatzfahrzeuge sind Straßenfahrzeuge, die konstruiert und gebaut worden sind für den Einsatz im Rahmen des hoheitlichen Auftrags der Streitkräfte, des Katastrophenschutzes, der Feuerwehren und der Polizeien des Bundes und der Länder.

Hoheitliche Aufgaben der Kommunen wie z. B. die **Müllabfuhr,** werden **100** von der Ausnahmeregelung nicht erfasst, da die Aufstellung als abschließende Aufzählung angesehen werden muss.

6. Zuschlagskriterien und Bewertungsmethoden

Auch bei der Auswahl der Zuschlagskriterien und deren Bewertungs- **101** methoden kann der Auftraggeber sein Leistungsbestimmungsrecht ausüben.

Das OLG Düsseldorf hat in seinem Beschluss vom 19. 6. 2013 – VII-Verg 4/ **102** 13 in den Nummern Nr. 60 u. 61 eine differenzierte Betrachtung von Zuschlagskriterien, deren Definition und Bewertung aufgezeigt. Zum Zuschlagskriterium **Energieeffizienz** verlangt das Gericht, dass der Auftraggeber seine Anforderungen bestimmt, in dem er **Unterkriterien** festlegt. Erst die Vorgabe konkreter (messbarer) Anforderungen versetzen den Auftraggeber in die Lage, das „Leistungsniveau jedes einzelnen Angebots im Verhältnis zu dem in den technischen Spezifikationen beschriebenen Auftragsgegenstand zu bewerten".

Das OLG Düsseldorf hat sich in seinem Beschluss vom 7. 5. 2014 – VII-Verg **103** 46/13 mit der Abgrenzung von **Schadstoffvorgaben** und deren Zuordnung zu den Eignungs- bzw. Zuschlagskriterien sowie ergänzenden Ausführungsbestimmungen beschäftigt. Ein öffentlicher Auftraggeber hatte mit dem Angebot zum Zwecke der Eignungsprüfung die Vorlage der Kfz-Scheine der Fahrzeuge angefordert, die der Bieter einsetzen sollte. Eine der Anforderungen an die zu beschaffenden Fahrzeuge war, dass nur Fahrzeuge zur Erfüllung des Auftrages eingesetzt werden durften, die mindestens bestimmte Schadstoffvorgaben einhalten. Das Gericht hat Vorgaben gemacht, wie strikt ein Auftraggeber seine Überlegungen strukturieren und vor Beginn des formellen Vergabeverfahrens überprüfen muss. Danach muss der Auftraggeber festlegen, ob eine Anforderung entweder ein Eignungs- oder ein Zuschlagskriterium oder eine ergänzende Ausführungsbestimmung darstellt. Das OLG Düsseldorf kam in seinem Beschluss vom 7. 5. 2014 zu der Bewertung, dass es sich bei der Vorgabe um eine ergänzende **Ausführungsbestimmung** (jetzt § 128 GWB; § 61 VgV; § 3 Abs. 2 S. 3 TVgG NRW) handele. Die Kfz-Scheine dürften nicht mit dem Angebot gefordert werden, da der Bieter zum Zeitpunkt der Angebotsabgabe noch nicht über die Fahrzeuge verfügen müsse. Erst bei der Ausführung der Leistung müssten entsprechende Fahrzeuge eingesetzt werden. Und dies dürfte der Auftraggeber zu diesem Zeitpunkt dann auch prüfen.

104   Aus der jeweiligen Zuordnung zu den Eignungs- oder Zuschlagskriterien bzw. ergänzenden Ausführungsbestimmungen ergeben sich somit Begrenzungen der Gestaltungsspielräume, wie z. b. die abschließende Aufzählung der Eignungsnachweise für die technische und berufliche Leistungsfähigkeit nach § 46 VgV, die der Auftraggeber bei der Gestaltung der Vergabeunterlagen beachten muss.

105   **a) Grundsätzliches und Aktuelles.** Bei den Zuschlagskriterien ergeben sich zurzeit 3 Entwicklungen.
1. Preis kontra Kosten-Nutzen-Vergleich
2. Bewertungsmethode für den Nutzen
3. Bekanntgabe von Bewertungsmethoden

106   Die Rechtsprechung hat anhand u. a. des sogenannten **Flipping-Effektes** herausgearbeitet, wie konsequent ein Bewertungssystem durchdacht sein muss, um den Anforderungen der Vergabegrundsätze, hier insbesondere dem Diskriminierungsverbot, zu genügen. Das OLG Düsseldorf hat in seiner Entscheidung vom 22. 1. 2014 – VII-Verg 26/13 diesen Effekt herausgestellt. Bewertungssysteme, die den tatsächlichen Abstand der Angebote zueinander nicht abbilden, sind daher bedenklich. Es wurde eine Lösung kritisiert, die für das beste Angebot die volle Punktzahl, für das schlechteste Angebot jedoch 0 Punkte vorsah (**„Alles oder nichts"**).

Damit sind auch Lösungen erfasst, die feste Anschläge vorsehen. Niedrigstes Angebot (10.000 Euro) 100 Punkte, zweitbestes Angebot (10.500 Euro) 92,50 Punkte, drittbestes Angebot (10.550 Euro) 85 Punkte … Also immer ein fester Abschlag von z. B. 7,5 Punkten, nicht jedoch das tatsächliche Verhältnis zueinander im Wege einer **linearen Abstufung.** Besonders deutlich werden die Auswirkungen, wenn 2 Angebote miteinander verglichen werden.

Erhält ein Angebot bei einem Zuschlagskriterium 0 Punkte, dann können u. U. seine Vorteile bei anderen Zuschlagskriterien dies nicht mehr kompensieren.

107   Diese Rechtsprechung hat zu einer Änderung der UfAB VI – **Unterlage für Ausschreibung und Bewertung von IT-Leistungen**[25] geführt. Diese Ausarbeitung des Beschaffungsamtes des Bundesministeriums des Innern stellt unter Ziffer 4.20 – Modul 6 Methoden zur Bewertung der angebotenen Leistungen vor.

108   Dort wird auch der Schritt weg von der Betrachtung des Preises hin zu einer Bewertung der Leistung im Verhältnis zum Preis aufgezeigt und entsprechende Methoden dargestellt.

Praxistipp: Es empfiehlt sich, vor dem Erstellen der Wertungsmatrix auch die Frage zu entscheiden, welche Bedeutung der Preis bzw. der im Wettbewerb erreichbare Nutzen im Vergabeverfahren haben soll. Diese Entscheidung lässt sich jedoch nicht grundsätzlich treffen. Sie muss im jeweiligen Vergabeverfahren individuell entschieden werden.

---

[25] http://www.bescha.bund.de/SharedDocs/Aktuelles/Wissenswertes/2010/UfAB_2.html

Auffällig ist, dass der Gesetzgeber in § 6 Abs. 2 Nr. 1 TVgG NRW für den **109** Bereich unterhalb der Schwellenwerte nach § 106 GWB zur Bestimmung des wirtschaftlichsten Angebots neben dem Preis nur noch die Betriebs- und Wartungs- sowie die Entsorgungskosten nennt. In § 6 Abs. 1 Nr. 1 TVgG NRW sind bei der Konzeption des Bedarfs verpflichtend die Lebenszykluskosten zu beachten. Der Gesetzgeber legt fest, dass dazu mindestens die Betriebs- und Wartungskosten (insbesondere Energiekosten), Entsorgungskosten und das **Preis-Leistungs-Verhältnis** über die Nutzungsdauer gehören.

Ob dies den Schluss zulässt, dass durch eine so durchgeführte Bedarfsermitt- **110** lung über die Nutzungsdauer nur noch Varianten im Leistungsverzeichnis definiert werden, die eine Bewertung der Leistung nicht mehr erforderlich machen, muss offen bleiben. Dazu äußert sich der Gesetzgeber nicht. Die Schlussfolgerung wäre wohl unzutreffend, denn in § 6 Abs. 2 Nr. 2 TVgG NRW letzter Satz kann der Auftraggeber in geeigneten Fällen eine **minimierte Lebenszyklusanalyse** vom Bieter fordern.

Der Verzicht auf die Nennung des Kosten-Nutzung-Vergleichs eröffnet **111** dem Auftraggeber die Möglichkeit, bei der Wertung auf die Bewertung eines „Mehr" an Nutzen zu verzichten. Ob das wirtschaftlich sinnvoll ist, darf grundsätzlich bezweifelt werden. Der Aufwand einer Nutzenbetrachtung wird bei bestimmten Beschaffungen jedoch in keinem Verhältnis zum Aufwand stehen. Daher wird es auch weiterhin angemessen sein, neben nichtpreisgebunden Kriterien auch den Preis zu bewerten. Diese Abwägung sollte dokumentiert werden.

b) Veröffentlichungspflicht der Bewertungsmethoden und „Schul- **112** **notensystem".** Bis zur Entscheidung des OLG Düsseldorf vom 8. 3. 2017-VII-Verg 39/16 gab es eine Diskrepanz zwischen der TNS-Dimarso-Entscheidung des EuGH[26] und der Rechtsprechung des OLG Düsseldorf[27] zur **Veröffentlichungspflicht** der **Bewertungsmethode.** Der EuGH hat in seinem Urteil vom 14. 7. 2016 die Auffassung vertreten, dass der Auftraggeber *nicht* verpflichtet sei, die Bewertungsmethode den Bietern mitzuteilen. Der Gerichtshof hat aber auch verdeutlicht, dass die vom Auftraggeber gewählte Bewertungsmethode keine (nachträgliche) Veränderung der Zuschlagskriterien oder ihrer Gewichtung bewirken darf. Damit stellt der EuGH auf das Willkürverbot ab.

Das OLG Düsseldorf stellte bisher auch das Transparenzgebot heraus.[28] Der **113** Bieter muss durch die Bekanntgabe der Zuschlagskriterien, ihrer Gewichtung und der Bewertungsmethode erkennen können, welche Bewertung er bei der Nutzung eines sogen. *„Schulnotensystems"*[29] mit seinem Angebot erreichen kann. Eine Beurteilung mit diesem System wurde insbesondere auf Konzepte bzw. funktionelle Anforderungen angewandt. Daher sah das OLG Düsseldorf

---

[26] EuGH Urteil vom 14. 7. 2016 (C–6/15, TNS Dimarso)
[27] OLG Düsseldorf Beschl. v. 2. 11. 2016 – VII–Verg 25/16
[28] OLG Düsseldorf Beschluss vom 21. 10. 2015 – Verg 28/14; Beschluss vom 16. 12. 2015 – VII–Verg 25/15; Beschluss vom 1. 6. 2016 – VII Verg 6/16..
[29] Gaus Abschaffung der Schulnoten in der Angebotswertung?, NZBau 2017, 134; Rosenkötter Keine ausreichende Transparenz bei Verweis auf Schulnoten in Wikipedia, NZBau 2017, 208.

bei der Bewertung von Bieterkonzepten die Notwendigkeit einer *ausreichenden* Differenzierung der Zuschlagskriterien durch Unter-/Subkriterien und definierten Bewertungsmaßstäben. Diese müssten verdeutlichen, worauf es dem Auftraggeber vor allem ankomme. Die Bewertungsmaßstäbe müssten so transparent gefasst sein, dass der Bieter im Vorhinein bestimmen kann, welchen Erfüllungsgrad (Zielerreichungsgrad) er mit seinem Angebot erreichen kann.

114   Das OLG Düsseldorf hielt die nachstehenden Bewertungsmaßstäbe für intransparent:

Bewertungsmaßstab für die Konzepte (Kriterien 2 bis 4) bildet ein Notensystem von sehr gut bis mangelhaft. Den Noten werden folgende Punkte zugeordnet:

sehr gut	100 Punkte
gut	75 Punkte
befriedigend	50 Punkte
ausreichend	25 Punkte
mangelhaft	0 Punkte

Die Notenvergabe richtete sich nach folgender Vorgabe:

Sehr gut: Das Konzept ist von außerordentlich hoher Qualität und überzeugt in besonderem Maße.

Gut: das Konzept überzeugt uneingeschränkt.

Befriedigend: Das Konzept überzeugt überwiegend, weist aber kleine Schwächen auf.

Ausreichend: Das Konzept ist noch brauchbar, weist aber gewisse, nicht nur unerhebliche Schwächen auf.

Mangelhaft: Das Konzept ist ganz oder im Wesentlichen unbrauchbar.

115   Das OLG Düsseldorf führt unter Nr. 119 im Beschluss vom 1.6.2016 -VII-Verg 6/16 aus:

„Diese Bewertungsmaßstäbe lassen nicht zu, im Vorhinein zu bestimmen, welchen Erfüllungsgrad die Angebote bei den Umsetzungskonzepten aufweisen müssen, um mit den festgelegten Punktwerten bewertet zu werden. Für die Bieter ist nicht zu erkennen, wann das jeweilige Konzept mit welcher Schulnote bewertet wird. Sie können im Voraus nicht zuverlässig ermitteln, unter welchen Voraussetzungen ihr Konzept als mit „kleineren Schwächen", „ gewisse, nicht nur unerhebliche Schwächen" oder „ganz oder im Wesentlichen unbrauchbar" bewertet wird. Hierfür müsste der Bieter wissen, welche (funktional zu formulierenden) Erwartungen der Auftraggeber an das Konzept stellt und, wenn mehrere Anforderungen zu erfüllen sind, welche Wichtigkeit der Auftraggeber den Anforderungen im Verhältnis zueinander beimisst. Andernfalls lässt das Wertungssystem objektiv Raum für Manipulation und Willkür bei der Bewertung der Angebote (OLG Düsseldorf, Beschluss v. 21.10.2015, VII-Verg 28/14; OLG Düsseldorf, Beschluss v. 16.12.2015, VII-Verg 25/15, juris Rn. 40). "

Bei **teilfunktionalen** Ausschreibungen soll dagegen ein **Schulnotensys-** 116
tem zur Anwendung kommen können, wenn es der öffentliche Auftraggeber
durch funktionale Unterkriterien ausgefüllt hat.

Beispiel:
- 1 Punkt, wenn Art und Umfang der Zusammenarbeit regionaler Akteure nur allgemein und unkonkret beschrieben werden.
- 2 Punkte, wenn Art und Umfang dieser Zusammenarbeit konkret beschrieben werden.[30]

Demgegenüber hält das OLG Dresden in seinem Beschluss vom 2.2.2017 – **117**
Verg 7/16 das Schulnotensystem nicht von vornherein für intransparent. Aufgrund der Abweichung von der Entscheidung des OLG Düsseldorf vom
16.12.2015 – VII Verg 25/15 hat es die Sache dem BGH vorgelegt. Gute Idee!

Das OLG Dresden erläutert in seiner Entscheidung vom 26.1.2016 – Verg **118**
1/16 die Anforderungen praxisnäher. Es stellt darauf ab, dass der Auftraggeber
insbesondere bei der Bewertung von Konzepten bzw. nicht-preisorientierten
Kriterien im Vorfeld, also bei der Erstellung der Matrix, nicht alle denkbaren
Lösungen antizipieren könne. In der lesenswerten Entscheidung kommt das
Gericht zu der Erkenntnis, dass es „nur notwendig, aber auch ausreichend ist,
wenn der Bieter erkennen kann, worauf es dem Auftraggeber bei der Anwendung eines ausfüllungsbedürftigen Wertungsschemas inhaltlich ankomme."

Das OLG Düsseldorf hat in seiner Entscheidung vom 8.3.2017 – VII-Verg **119**
29/16 nun herausgestellt, dass es
a) die Prüfung von Bewertungsmethoden künftig nicht mehr als eine Frage
der Transparenz verstehen werde. Eine Veröffentlichung der Methode der
Bewertung in den Vergabeunterlagen sei nicht mehr notwendig. Damit
entfällt die Anforderung, dass es dem Bieter möglich sein muss, im Vorhinein erkennen zu können, welche Erfüllungsgrad sein Angebot erreichen
muss, um einen festgelegten Punktwert zu erreichen,
b) die Leistungsbeschreibung, die Formulierung der Zuschlagskriterien und
ihre Gewichtung darauf hin prüfen werde, ob für den Bieter erkennbar
war, auf welche Punkte der Auftraggeber Wert legt und welche Erwartun-

---

[30] OLG Düsseldorf Beschluss vom 2.11.2016 – VII-Verg 25/16, BeckRS 2016, 20503
= NZBau 2017, 116. Ähnlich OLG Dresden Beschluss vom 26.1.2016 – Verg 1/16.

gen den Auftraggeber bei der Bewertung der Angebote leiten. Hierzu stellt das OLG Düsseldorf in der o. a. Entscheidung heraus, dass die OLGe Frankfurt, Celle und Dresden ebenfalls auf diese Aspekte abgestellt haben.

c) der Auftraggeber unter Verweis auf das EuGH-Urteil vom 14.7.2016 – C-6/15 einen gewissen Freiraum bei der konkreten Ausgestaltung der Bewertungsmethode habe.

120   Zusammenfassend muss der Auftraggeber, wenn er ein sogenanntes „Schulnotensystem" nutzen möchte,

1. die Bewertungsmethode vor der Öffnung der Angebote festgelegt haben,
2. eine nachträgliche Änderung der Gewichtung der einzelnen Zuschlagskriterien und damit der u. U. auch der Methode vermeiden und
3. in der Bekanntmachung, der Leistungsbeschreibung, den Zuschlagskriterien und deren Gewichtung deutlich machen „ worauf es ihm im konkreten Beschaffungsverfahren ankommt".

121   **c) Wertung von Preisen.** Zulässig ist es, im Rahmen der Wertung von Angebotspreisen auf den (relativen) Abstand des Preises eines Bieters zum Angebotspreis des preisgünstigsten Anbieters abzustellen. Die Wertungspunkte müssen also die Abstände der Angebotspreise widerspiegeln. [31]

7. Orientierungshilfen

122   Die staatlichen Ziele zur Nachhaltigkeit finden sich in der Agenda 2030. Dort sind 17 Ziele für nachhaltige Entwicklung formuliert.
http://www.bmz.de/de/ministerium/ziele/2030_agenda/17_ziele/index.html
Deutsche Nachhaltigkeitsstrategie, Neuauflage 2016
https://www.bundesregierung.de/Content/DE/_Anlagen/2017/01/2017-01-11-nachhaltigkeitsstrategie.pdf?__blob=publicationFile&v=11

123   **Für NRW werden derzeit** folgende Schwerpunktfelder für die kommenden Jahren genannt[32]:

- **Klimaschutzplan**
  Beispielindikator: Treibhausgasemissionen; Ziel: Reduzierung der Treibhausgase bis 2020 um mindestens 25 Prozent, bis 2050 um 80 Prozent
- **Umweltwirtschaftsstrategie**
  Beispielindikator: Erwerbstätige in der Umweltwirtschaft; Ziel: bis 2025 substanzielle Steigerung auf mindestens 420.000
- **Biodiversitätsstrategie**
  Beispielindikator Artenvielfalt; Ziel: Verringerung des Anteils der Arten, die auf der Roten-Liste stehen, auf 40 Prozent bis 2030

---

[31] OLG Düsseldorf Beschluss vom 3. März 2010, VII -Verg 48/09; VK Niedersachen Beschluss vom 7. Februar 2014, VgK-51/2013; VK Südbayern Beschluss vom 22. April 2013, Z 3-3-3194-1-13–04/13; VK Bund Beschluss vom 30. März 2010, VK 3 -24/10, VK Baden-Württemberg Beschl. v. 18.10.2016 – 1 VK 41/16)
[32] Fundstelle: Nachhaltigkeit – NRW
https://www.nachhaltigkeit.nrw.de/themen/nachhaltigkeitsstrategie-fuer-nordrhein-westfalen/

- **Nachhaltige Finanzpolitik**
  Beispielindikator: Schuldenstandsquote; Ziel: Rückführung dieser Quote ab 2020
- **Nachhaltige Stadt- und Quartiersentwicklung/Nahmobilität**
  Beispielindikator: Größe der Siedlungs- und Verkehrsflächen; Ziel: bis 2020 Begrenzung der Flächeninanspruchnahme für Siedlung und Verkehr auf durchschnittlich fünf Hektar pro Tag)
- **Demografischer Wandel und altengerechte Quartiere**
  Beispielindikator: Erwerbstätigenquote von Älteren, insbesondere von älteren Frauen, Ziel: Steigerung dieser Quote
- **Landesinitiative „NRW hält zusammen … für ein Leben ohne Armut und Ausgrenzung".**
  Beispielindikator: Einkommensverteilung; Ziel: Verringerung der Einkommensunterschiede

Eine veränderte, nachhaltige Nachfrage der Auftraggeber kann das Erreichen dieser Ziele unterstützen. Viele Kommunen haben sich bereits eigene Klima- oder Umweltkonzepte auferlegt. **124**

Solche strategischen Entscheidungen unterstützen die Entscheider/Planer im Rahmen der Konzeption des Beschaffungsbedarfs durch eine strategische Ausrichtung bei der Lösungsauswahl.

Abschließend darf die Servicestelle TVgG (§ 17 TVgG NRW) zitiert werden: **125**

> „Der öffentliche Auftraggeber entscheidet in Ausübung seines Ermessens, wie und in welchem Umfang die Umwelt- und Energieeffizienzaspekte in den jeweiligen Stufen des Vergabeverfahrens gewertet/umgesetzt werden sollen und wie die Anforderungen der VgV im Einzelfall umgesetzt werden. Leitend bei der Ermessensausübung kann die Frage sein, in welchem Verhältnis die Umweltaspekte zu anderen Kriterien stehen."[33]

IV. Berücksichtigung von Aspekten des Umweltschutzes und der Energieeffizienz in anderen Bundesländern

1. Baden-Württemberg

Verwaltungsvorschrift der Landesregierung über die Vergabe öffentlicher Aufträge (VwV Beschaffung) vom 17. März 2015, – Az.: 5-0230.0/155

---

[33] Merkblatt der Servicestelle zum Tariftreue- und Vergabegesetz Vorgaben zur Beachtung von Aspekten des Umweltschutzes und der Energieeffizienz im TVgG NRW und der RVO TVgG NRW, Umwelt, Energieeffizienz/Stand: 17. März 2017

127   Die Vorschrift hebt das Ziel der „geringsten" Umweltbelastungen über den Lebenszyklus (einschl. Herstellung) hervor. Eine bewusste Auswahl durch ein Bevorzugen aus den „verfügbaren" gleichwertigen Lösungen (Erzeugnisse/ Dienstleistungen) ist das Handlungsmittel.

128   Auch hier wird auf die Vorschriften des § 2 LAbfG verwiesen. Wie in NRW sind die dort festgelegten Pflichten der öffentlichen Hand zur Verwendung von Sekundär- bzw. nachwachsenden Stoffen bei der Beschaffung zu berücksichtigen. Verfügen die Produkte über ein anerkanntes Gütezeichen, sind weitere Feststellungen nicht erforderlich.

129   Es werden Beispiele für eine auftragsbezogene notwendige umweltspezifische Eignung von Unternehmen angeführt und insbesondere Nachweise einer Zertifizierung nach EMAS, ISO 14001 oder einem anderen Umweltmanagementsystem genannt.

130   Bei der Beschaffung „Energieverbrauchsrelevante Produkte" (energieverbrauchsrelevante Waren, technische Geräte oder Ausrüstungen) als Gegenstand einer Lieferleistung oder wesentliche Voraussetzung zur Ausführung einer Dienstleistung wird auf die Vorgaben des § 4 Absatz 4 VgV a. F. verwiesen.

131   Konkreter als im TVgG NRW wird auf den Lärmschutz und die Luftreinhaltung eingegangen. Bei der Beschaffung von mobilen Maschinen und Geräten ist der neueste Stand der Technik bezüglich der Vermeidung von schädlichen Umwelteinwirkungen durch Schadstoff- und Lärmemissionen zu fordern, soweit diese in den Anwendungsbereich der Verordnungen des Bundesimmissionsrechtes (28. BImSchV u. 32. BimSchV) fallen.

132   Die Sonderregelungen für Papierprodukte präferieren Recyclingprodukte. Diese Eigenschaft gilt als erfüllt, wenn die Produkte mit Umweltzeichen wie dem „Blauer Engel" oder gleichwertig zertifiziert sind. Für registraturrelevantes Schriftgut wird auf die DIN 6738 verwiesen.

133   Bei der Beschaffung von IT-Produkten ist die jeweils aktuelle Fassung der e-Government-Standards und Nummer 14.5 zu berücksichtigen. Bei der Beschaffung von Software ist die Berücksichtigung von Open-Source-Produkten in Betracht zu ziehen.

134   Bei „Innovativen Aspekten", die noch nicht in einer kommerziell tragfähigen Lösung am Markt verfügbar oder die vorhandenen Lösungen noch Unzulänglichkeiten aufweisen, werden die funktionale Ausschreibung, bestimmte Vergabearten und die Zulassung vor Nebenangeboten vorgeschlagen. Verwiesen wird auch auf das Kompetenzzentrum Innovative Beschaffung, die Internetplattform www.koinno-bmwi.de.

2. Berlin

135   Berliner Ausschreibungs- und Vergabegesetz (BerlAVG)

§ 7 Umweltverträgliche Beschaffung

Die Auftraggeber werden verpflichtet, ökologische Kriterien zu berücksichtigen. Bereits bei der Planung soll umweltfreundlichen und energieeffizienten Produkten, Materialien und Verfahren der Vorzug gegeben werden.

136   Der Auftraggeber hat durch seine Anforderungen mögliche negative Umweltauswirkungen möglichst zu vermeiden. Er soll durch seine Planungsentscheidungen Einfluss (auch) auf die Herstellung, Verwendung und Entsorgung von Gütern sowie durch die Ausführung der Leistung nehmen und zwar auf allen Ebenen des Vergabeverfahrens, einschl. der Ergänzenden Ausführungsbestimmungen.

Daher sind laut Abs. 2 bei der Wertung der Wirtschaftlichkeit der Angebote, anders als in NRW, auch die vollständigen Lebenszykluskosten des Produkts bzw. der Dienstleistung zu berücksichtigen. **137**

In einer Verwaltungsvorschrift wird bestimmt, in welcher Weise die vollständigen Lebenszykluskosten eines Produkts oder einer Dienstleistung zu ermitteln sind. Außerdem enthält die Vorschrift Beschaffungsbeschränkungen! Wer eine konkrete Herangehensweise an die Leistungsbestimmung nachvollziehen will, kann hier viele Anregungen finden: **138**

Erste Verwaltungsvorschrift zur Änderung der Verwaltungsvorschrift für die Anwendung von Umweltschutzanforderungen bei der Beschaffung von Liefer-, Bau- und Dienstleistungen (Verwaltungsvorschrift Beschaffung und Umwelt – VwVBU) vom 23. Februar 2016 SenStadtUm IX B 12 **139**

3. Brandenburg

Brandenburgisches Gesetz über Mindestanforderungen für die Vergabe von öffentlichen Aufträgen (Brandenburgisches Vergabegesetz – BbgVergG) **140**
§ 3 Grundsätze der Vergabe
Diese Kann-Regelung stellt unter Berücksichtigung des Auftragsbezuges auf Aspekte der Qualität und der Innovation sowie soziale und umweltbezogene Aspekte ab.
Leitfaden: natürlich. nachhaltig. Brandenburg – Nachhaltigkeitsstrategie für das Land Brandenburg

4. Bremen

Bremisches Gesetz zur Sicherung von Tariftreue, Sozialstandards und Wettbewerb bei öffentlicher Auftragsvergabe (Tariftreue- und Vergabegesetz) **141**

§ 18 Berücksichtigung sozialer und weiterer Kriterien

Abs. 1 Eine Kann-Vorschrift zur Berücksichtigung zusätzlicher Anforderungen insbesondere sozialer, umweltbezogener und innovativer Aspekte bei der Auftragsausführung. Darüber hinaus können bei Lieferleistungen derartige Anforderungen auch an den Herstellungsprozess gestellt werden.

§ 19 Umweltverträgliche Beschaffung

Abs. 1: Als Muss-Vorschrift sind bei der Vergabe von Bau-, Liefer- oder Dienstleistungen die Umwelteigenschaften einer Ware, die Gegenstand der Leistung ist, zu berücksichtigen. Die Nutzung von Gütezeichen zur Beschreibung der Leistung und als Nachweis werden geregelt, wobei die o. a. Regelungen umgesetzt werden.

5. Hamburg

142   5.1 Hamburgisches Vergabegesetz (HmbVgG)

§ 3 b Umweltverträgliche Beschaffung

Der öffentliche Auftraggeber hat nach dieser Vorschrift dafür Sorge zu tragen, dass über den Lebenszyklus der zu beschaffenden Gegenstände oder Leistungen negative Umweltauswirkungen vermieden werden, soweit dies wirtschaftlich vertretbar ist. Daher sollen in geeigneten Fällen mittels einer Lebenszykluskosten-Betrachtung auch die voraussichtlichen Folgekosten berücksichtigt werden.

Daher wird für die vorangestellte Bedarfsanalyse vorgegeben, dass eine umweltfreundliche und energieeffiziente Gesamtlösung angestrebt werden soll. Im Rahmen des Leistungsbestimmungsrechtes ist daher über den konkreten Beschaffungsfall hinaus zu prüfen, ob durch ein konzeptionelles Handeln weitere positive Effekte erzielt werden können. Auch hier wird das Nutzen von Gütezeichen bzw. Umweltmanagementmaßnahmen geregelt.

Interessant ist die Vorgabe, dass bei Aufträgen, insbesondere von Transportdienstleistungen, darauf hingewirkt werden soll, dass bei der Auftragsdurchführung emissionsfreie Fahrzeuge zum Einsatz kommen.

5.2 Hamburgisches Klimaschutzgesetz (HmbKliSchG)
    § 9 – Energieeinsparung in öffentlichen Gebäuden
    § 10 – Beschaffungsanforderungen an Anlagen und Geräte
    § 11 – Wirtschaftlichkeitsmaßstab für Energiesparmaßnahmen
Mit den genannten Vorschriften werden Energieeinsparungen und Klimaschutz als Handlungsziele formuliert. Die Wirtschaftlichkeit von Investitionen zur Energieeinsparung oder zum Klimaschutz ist unter Beachtung des gesamtwirtschaftlichen Nutzens zu betrachten. Eine Kosten-Nutzen-Betrachtung wird als grundsätzliches Instrument verstanden.

5.3 Der Leitfaden für umweltverträgliche Beschaffung der Freien und Hansestadt Hamburg (Umweltleitfaden) setzt sich lesenswert mit dem gesamten Prozess auseinander.
    http://www.hamburg.de/contentblob/6169280/183d1155e56bc482bc
a60b69966819b6/data/d-umweltleitfaden.pdf

6. Hessen

143   Hessisches Vergabe- und Tariftreuegesetz (HVTG)
    § 2 Allgemeine Grundsätze, Verfahren
Das Land verpflichtet sich, bei seinen Beschaffungen grundsätzlich die Aspekte einer nachhaltigen Entwicklung in Bezug auf den Beschaffungsgegenstand und dessen Auswirkungen auf das ökologische, soziale und wirtschaftliche Gefüge zu berücksichtigen.

Für die Gemeinden und Gemeindeverbände und ihre Eigenbetriebe besteht eine Kann-Regelung.
    § 3 Soziale, ökologische und innovative Anforderungen, Nachhaltigkeit
Diese Vorschrift stellt es dem öffentlicher Auftraggeber frei, ob er soziale, ökologische, umweltbezogene und innovative Anforderungen berücksichtigen möchte. Dies gilt auch für Aspekte des Produktionsprozesses. Sie verweist jedoch auf den erforderlichen Auftragsbezug und den Transparenz-

grundsatz. Eine abschließende Aufzählung konkretisiert die Anforderungen und nennt unter Ziffer 8 – ökologisch nachhaltige Produkte bzw. 9 – innovativ orientierte Produkte und Dienstleistungen.

Umweltmanagementsysteme und Gütezeichen können vom öffentlichen Auftraggeber gefordert werden.

Das Leistungsbestimmungsrecht der kommunalen öffentlichen Auftraggeber bleibt uneingeschränkt.

7. Niedersachsen

Niedersächsisches Gesetz zur Sicherung von Tariftreue und Wettbewerb bei **144** der Vergabe öffentlicher Aufträge (Niedersächsisches Tariftreue- und Vergabegesetz – NTVergG)

§ 10 Umweltverträgliche Beschaffung

Der Gesetzgeber fokussiert im Rahmen einer Kann-Regelung auf die Umweltverträglichkeit während des gesamten Lebenszyklus einschl. der Erstellung/Herstellung.

Der öffentliche Auftraggeber kann daher unter Berücksichtigung des Auftragsbezuges bereits ab der Bedarfsermittlung der Anforderungen bei Leistungen bzw. Dienstleistungen festlegen, damit die Erstellung, Lieferung, Nutzung und Entsorgung umweltverträglich erfolgt.

8. Saarland

Gesetz über die Sicherung von Sozialstandards, Tariftreue und Mindestlöh- **145** nen bei der Vergabe öffentlicher Aufträge im Saarland (Saarländisches Tariftreuegesetz – STTG)

§ 12 Umweltverträgliche Beschaffung

Der saarländische Gesetzgeber hat sich für eine Soll-Vorschrift entschieden. Öffentliche Auftraggeber sollen bei Liefer-, Bau- und Dienstleistungsaufträgen dafür Sorge tragen, dass über den gesamten Lebenszyklus von Gütern sowie bei der Ausführung der Leistung negative Umweltauswirkungen gering gehalten werden.

Der öffentliche Auftraggeber soll dies durch Anforderungen, die er auf allen Ebenen des Vergabeverfahrens einschl. der Auftragsausführung vorgeben kann, bewirken.

Zur Bestimmung des Umfangs wird die Formulierung „angemessen zu berücksichtigen" durch den Gesetzgeber gewählt. Die o. a. Betrachtungen zur Wirtschaftlichkeit dürften daher auch hier Anwendung finden können.

9. Sachsen-Anhalt

Gesetz über die Vergabe öffentlicher Aufträge in Sachsen-Anhalt (Landes- **146** vergabegesetz – LVG LSA)

§ 4 Berücksichtigung sozialer, umweltbezogener und innovativer Kriterien im Vergabeverfahren, technische Spezifikation

In Abs. 4 wird die Zulässigkeit der Berücksichtigung von Umweltbelangen bestätigt – Kann-Vorschrift. Und zwar insbesondere dann, wenn diese zu zusätzlichen Energieeinsparungen führen.

Die Art der Formulierung darf als eine Priorisierung verstanden werden, jedoch nicht als Fokussierung auf diesen Effekt.

Im Weiteren wird die Nutzung von Umweltzeichen in bereits beschriebener Weise geregelt.

10. Schleswig-Holstein

147   Gesetz über die Sicherung von Tariftreue und Sozialstandards sowie fairen Wettbewerb bei der Vergabe öffentlicher Aufträge (Tariftreue- und Vergabegesetz Schleswig-Holstein – TTG)

§ 3 Allgemeine Grundsätze für die Vergabe von öffentlichen Aufträgen

In Abs. 5 wird der öffentliche Auftraggeber durch eine Soll-Regelung zur angemessenen Berücksichtigung ökologischer und sozialer Aspekte auf allen Ebenen des Vergabeverfahrens verpflichtet. Durch einen Klammerhinweis werden die einzelnen Phasen definiert. Die „Ermittlung des Beschaffungsbedarfes" ist Teil dieser Klammer.

Abs. 6 bezieht sich nur auf die Auftragsausführung, also im Gegensatz zu Abs. 5 nicht auch auf die anderen Phasen des Vergabeverfahrens.

§ 17 Umweltfreundliche und energieeffiziente Beschaffung

In dieser Regelung werden die Anforderungen hinsichtlich des Umweltschutzes und Energieeffizienz konkretisiert. Es wird auf die beschriebenen Instrumente wie den Lebenszyklus (ohne Herstellung), Gütezeichen usw. verwiesen.

Vor allem stellt die Regelung in Abs. 1 den Verpflichtungsgrad deutlich heraus.

11. Thüringen

148   Thüringer Gesetz über die Vergabe öffentlicher Aufträge (Thüringer Vergabegesetz – ThürVgG)

§ 4 Berücksichtigung ökologischer und sozialer Kriterien im Vergabeverfahren

Diese Kann-Regelung verdeutlicht, dass der öffentliche Auftraggeber auf allen Stufen des Vergabeverfahrens, insbesondere bei der Definition des Auftragsgegenstands, ökologische und soziale Belange berücksichtigen darf.

In § 5 wird das Spannungsverhältnis, innerhalb dessen der öffentliche Auftraggeber im Rahmen seines Leistungsbestimmungsrechtes Abwägungen vornehmen kann, beschrieben.

Bei der Bedarfsermittlung und der Berücksichtigung ökologischer sowie sozialer Belange dürfen auch haushaltsrechtliche Grundsätze wie die Wirtschaftlichkeit und Sparsamkeit, Vorgaben des Umweltrechts oder Unionsrecht, die Beeinträchtigung des Marktzugangs für ausländische Bieter in den Abwägungsprozess einbezogen werden.

In § 7 – Auswahl der Bieter – ist eine Ermächtigung angelegt, *neben Präqualifizierungsverfahren besondere Zertifizierungen in den Bereichen Ökologie, Chancengleichheit und Nachwuchsförderung durch Richtlinien zu regeln.*

§ 7 **Beachtung von Mindestanforderungen der Internationalen Arbeitsorganisation an die Arbeitsbedingungen**

Öffentliche Aufträge dürfen nur an Unternehmen vergeben werden, die nachweislich dafür Sorge tragen, dass die im konkreten Auftrag beschafften Waren unter Beachtung der in den Kernarbeitsnormen der Internationalen Arbeitsorganisation festgelegten Mindeststandards gewonnen oder hergestellt worden sind. [2]Diese Mindeststandards ergeben sich aus:

1. dem Übereinkommen Nr. 29 vom 28. Juni 1930 über Zwangs- oder Pflichtarbeit (BGBl. 1956 II S. 640, 641),
2. dem Übereinkommen Nr. 87 vom 9. Juli 1948 über die Vereinigungsfreiheit und den Schutz des Vereinigungsrechtes (BGBl. 1956 II S. 2072, 2073),
3. dem Übereinkommen Nr. 98 vom 1. Juli 1949 über die Anwendung der Grundsätze des Vereinigungsrechtes und des Rechtes zu Kollektivverhandlungen (BGBl. 1955 II S. 1122, 1123),
4. dem Übereinkommen Nr. 100 vom 29. Juni 1951 über die Gleichheit des Entgelts männlicher und weiblicher Arbeitskräfte für gleichwertige Arbeit (BGBl. 1956 II S. 23, 24),
5. dem Übereinkommen Nr. 105 vom 25. Juni 1957 über die Abschaffung der Zwangsarbeit (BGBl. 1959 II S. 441, 442),
6. dem Übereinkommen Nr. 111 vom 25. Juni 1958 über die Diskriminierung in Beschäftigung und Beruf (BGBl. 1961 II S. 97, 98),
7. dem Übereinkommen Nr. 138 vom 26. Juni 1973 über das Mindestalter für die Zulassung zur Beschäftigung (BGBl. 1976 II S. 201, 202) und
8. dem Übereinkommen Nr. 182 vom 17. Juni 1999 über das Verbot und unverzügliche Maßnahmen zur Beseitigung der schlimmsten Formen der Kinderarbeit (BGBl. 2001 II S. 1290, 1291).

§ 7 TVgG NRW, § 8 BerlAVG, § 18 Abs. 2 TariftVergabeG BR, § 3a HmbVgG, § 11 VgG M-V, § 12 NTVergG; § 2a LTTG RP; § 11 STTG, § 12 LVG LSA, § 18 Abs. 1 TTG SH, § 11ThürVgG[1]

Literatur: Summa, Vergaberecht und ILO-Kernarbeitsnormen, VergabeR 2016, 147–154 (Heft 2)

---

[1] Die Auflistung gibt den Stand des Rechts der Bundesländer am 28.2.2017 wieder. In Baden-Württemberg galt noch die VwV Beschaffung v. 17.3.2015, die unter 8.6.1.2 eine Bestimmung zu Berücksichtigung der ILO-Kernarbeitsnormen enthielt. In Brandenburg befasst(e) sich das VHB-VOL Bbg unter der Überschrift „Leistungsbeschreibung" mit diesem Thema. Bayern, Hessen und Sachsen hatten bis dahin von einer Verknüpfung des Vergaberechts mit den ILO-Kernarbeitsnormen abgesehen.

Übersicht

I. Allgemeines

1. Politischer Hintergrund

Die zunächst schleichende, inzwischen aber offen propagierte Umwand- **1** lung des Vergabeverfahrens in ein Instrument zur Umsetzung **allgemeinpolitischer Ziele** hat dazu geführt, dass Regelungswerke, die in Deutschland etwas irreführend als ILO-Kernarbeitsnormen[2] bezeichnet werden, zunehmend Eingang in Bestimmungen des Vergaberechts gefunden haben.

Mit Hilfe von Regelungen in Landesvergabegesetzen versucht die Politik zu **2** verhindern, dass bei der Ausführung öffentlicher Aufträge Waren verwendet werden, deren Gewinnung oder Produktion in einem anderen Teil der Welt im Inland als nicht sozialverträglich gilt. Dabei blendet sie die Realitäten in Afrika, Lateinamerika und Asien aus und delegiert zudem ihr soziales Gewissen auf Unternehmen, die sich um öffentliche Aufträge bewerben wollen. Der Nachweis, dass dieser nationale Aktionismus denjenigen, denen er angeblich nützen soll, wenigstens nicht schadet, steht noch aus und dürfte auch nicht zu führen sein. So ist **Kinderarbeit** in weiten Teilen der Welt nicht nur Realität, sondern leider oft auch eine Notwendigkeit für das Überleben ganzer Familien. Wer über das Vergaberecht Kinderarbeitsplätze gefährdet, ohne den Familien eine realistische Alternative zu bieten, hat ein egozentrisches Verständnis von Verantwortung.

Zudem widersprechen solche Regelungen dem **Grundprinzip der ILO-** **3** **Kernarbeitsnormen,** wonach jeder Mitgliedsstaat ausschließlich, aber auch allein dafür verantwortlich ist, was auf seinem Staatsgebiet geschieht. Mit § 7 TVgG NRW maßt sich ein Teilstaat der Bundesrepublik Deutschland an, souveräne Staaten (indirekt) dafür zu sanktionieren, dass sie nach Ansicht einer Kommune oder eines anderen öffentlichen Auftraggebers die ILO-Kernarbeitsnormen nicht oder nicht so umgesetzt haben, wie man es sich am grünen Tisch in Düsseldorf vorstellt.

Derzeit gibt es in **elf Bundesländern** gesetzliche Regelungen, die die **4** ILO – Kernarbeitsnormen mit dem Vergaberecht verknüpfen. Die doch sehr unterschiedlichen Ausgestaltungen zeigen eine gewisse Unsicherheit bei dem Versuch, politisch Gewolltes in praktikables Recht umzusetzen. Insbesondere das Bestreben, bereits in der Gegenwart den Nachweis eines in der Zukunft liegende Handlungserfolgs zu verlangen, ähnelt der Quadratur des Kreises. Leider verschließen sich einige Länder der naheliegenden Erkenntnis, dass es im Grunde genommen nur eine logische und praktikable Lösung gibt: Die Ausgestaltung eines sozialen Aspekts als Vertragsbedingung und deren Absicherung durch das Instrumentarium des Zivilrechts (insbesondere Vertragsstrafe) sowie Kontrollen/Nachweise in der Phase der Leistungserbringung.

---

[2] Weil der Begriff in Deutschland aber eingebürgert ist, wird er trotzdem auch in dieser Kommentierung verwendet.

2. Regelungszweck

5   Nach § 7 TVgG NRW dürfen öffentliche Aufträge nur an Unternehmen
     vergeben werden, die **nachweislich dafür Sorge tragen,** dass die im kon-
     kreten Auftrag beschafften Waren unter Beachtung der in den Kernarbeitsnor-
     men der Internationalen Arbeitsorganisation (ILO) festgelegten Mindeststan-
     dards gewonnen oder hergestellt worden sind.

6   Es ist nicht Sinn und Zweck der Norm, Unternehmen, die im Inland öf-
     fentliche Aufträge ausführen, zu einem bestimmten Tun oder Unterlassen ge-
     genüber den bei ihnen beschäftigten Personen zu veranlassen. Vielmehr geht
     es um Waren, die **in anderen Teilen der Welt** gewonnen oder hergestellt, le-
     gal nach Deutschland eingeführt und legal in Deutschland gehandelt werden,
     deren Verwendung im Inland aber als **politisch nicht korrekt** oder **nicht so-
     zialverträglich** gilt. Solche Waren sollen nach Möglichkeit vom Markt des
     öffentlichen Beschaffungswesens ferngehalten werden.

3. Regelungssystematik

7   § 7 TVgG NRW ist **nicht abschließend,** sondern wird ergänzt und kon-
     kretisiert durch die §§ 6 – 8 der Verordnung zur Durchführung des Tariftreue-
     und Vergabegesetzes (RVO TVgG NRW) – ein Regelungswerk, von dem die
     Landesregierung aus unerfindlichen Gründen behauptet, es sei anwender-
     freundlich und diene der Entbürokratisierung.

     In § 6 RVO TVgG NRW wird verbindlich festgelegt, welche Waren unter
     welchen Voraussetzungen unter den **Anwendungsbereich** des § 7 TVgG
     NRW fallen. Die Bestimmungen über die von Unternehmen vorzulegenden
     Nachweise finden sich in § 7 RVO TVgG NRW, während sich § 8 RVO
     TVgG NRW mit **Kontrollen und Sanktionen** befasst.

4. Einordnung in das bundesweite Vergaberecht

8   Das Vergaberecht unterliegt als Wirtschaftsrecht (Art. 74 Abs. 1 Nr. 11 GG)
     der konkurrierenden Gesetzgebung (Art. 72 GG). Die Länder haben somit die
     Gesetzgebungskompetenz, wenn und soweit es keine bundesgesetzliche Re-
     gelung gibt.

     Für **Oberschwellenwertvergaben** (§ 106 GWB) hat der Bund mit dem
     GWB, den verschiedenen Vergabeverordnungen sowie den Abschnitten 2
     und 3 der VOB/A ein weitgehend abschließendes Regelungswerk geschaffen.
     Die Länder haben noch eine Gesetzgebungskompetenz für zwingende **Aus-
     führungsbedingungen** im Sinne des § 129 GWB. Ob aber § 7 TVgG NRW
     eine Ausführungsbedingung regelt, ist angesichts des Wortlauts der Norm sehr
     fraglich[3].

     Für **Unterschwellenwertvergaben** gibt es kein Bundesrecht, folglich liegt
     die Gesetzgebungskompetenz bei den Ländern.

---

[3] Siehe dazu die nachfolgenden Ausführungen ab Rn. 9.

II. Rechtsnatur der Anforderung nach § 7 TVgG NRW

Die Beachtung von Mindeststandards, die sich aus den ILO-Kernarbeits- **9** normen ergeben (sollen), ist ein **sozialer Aspekt,** der nichts mit der materiellen Beschaffenheit einer Ware zu tun hat, sondern das frühe Lebenszyklusstadium Gewinnung oder Herstellung berührt.

Der Auftraggeber hat **drei Möglichkeiten,** diesem Aspekt im Rahmen eines Beschaffungsvorhabens Geltung zu verschaffen, nämlich durch dessen Ausgestaltung

- als Leistungsmerkmal[4]
- als Zuschlagskriterium[5]
- als Ausführungsbedingung.[6]

Grundsätzlich steht es dem Auftraggeber frei, ob und wie er von diesen Möglichkeiten Gebrauch macht. Im Rahmen seiner Gesetzgebungskompetenz kann ihm ein Landesgesetzgeber allerdings verbindliche Vorgaben machen. Man kann vermuten, dass das auch die Idee des Gesetzgebers in Düsseldorf war. Das Ergebnis ist allerdings ein Regelungswerk, das mehr Fragen aufwirft als es beantwortet.

Nach § 18 Abs. 1 Satz 1 TVgG NRW a. F. durften bei der Ausführung öf- **10** fentlicher Aufträge keine Waren verwendet werden, die unter Missachtung der in den ILO-Kernarbeitsnormen festgelegten Mindeststandards gewonnen oder hergestellt worden sind. Die vergaberechtliche Umsetzung erfolgte durch Vorgabe einer **Ausführungsbedingung** im Sinne des früheren § 97 Abs. 4 Satz 2 GWB[7], zu deren Erfüllung sich die am Auftrag interessierten Unternehmen schon bei der Angebotsabgabe schriftlich **verpflichten** sollten (§ 18 Abs. 2 TVgG NRW a. F.). Das war immerhin eine klare und eindeutige Regelung.

Die Neuregelung hat demgegenüber einen **völlig anderen Wortlaut.** **11** Eine dem früheren § 18 Abs. 2 TVgG NRW entsprechende Regelung gibt es nicht, von einer Ausführungsbedingung oder der für eine Ausführungsbedingung typischen Verpflichtungserklärung ist überhaupt keine Rede mehr. Die amtliche Begründung des Regierungsentwurfs vom 15. 6. 2016[8] schweigt zur Rechtsnatur der Anforderung nach § 7 TVgG NRW.

Klar ist lediglich, dass ein Unternehmen, das nicht den nach § 7 TVgG NRW notwendigen Nachweis führt, als Auftragnehmer nicht in Betracht kommt[9].

§ 7 TVgG NRW spricht von den *„im konkreten Auftrag beschafften Waren",* **12** die unter Beachtung der in den ILO-Kernarbeitsnormen festgelegten Min-

---

[4] Siehe z. B. § 31 Abs. 3 VgV.
[5] Siehe z. B. § 127 Abs. 1 Satz 3, Abs. 3 GWB
[6] Siehe § 128 Abs. 2 GWB.
[7] OLG Düsseldorf Beschl. v. 25. 6. 2014 – VII-Verg 39/13 – VergabeR 2014, 803.
[8] Landtagsdrucksache 16/12265 S. 23. Im Vorspann (S. 2) heißt es lediglich, mit der Änderung soll die *„Grundlage für eine Vereinfachung und Verbesserung der Nachweise bezüglich der Einhaltung der ILO-Kernarbeitsnormen"* geschaffen werden. Ob dies gelungen ist, muss bezweifelt werden.
[9] Zu den Einzelheiten siehe die Ausführungen ab Rn. 100.

deststandards *„gewonnen oder hergestellt worden sind".* Auch die Neuregelung
scheint das Ziel zu verfolgen, dass die Waren zum Zeitpunkt ihrer künftigen
Lieferung oder Verwendung, also **bei der Auftragsausführung** eine bestimmte Eigenschaft haben, nämlich in Einklang mit den ILO-Kernarbeitsnormen gewonnen oder herstellt wurden.

Dies könnte für die Annahme sprechen, dass der Gesetzgeber nichts an der
Rechtsnatur der ILO-Klausel ändern wollte, somit also der Auftraggeber auch
weiterhin verpflichtet sein soll, eine entsprechende **Ausführungsbedingung**
vorzugeben. In diese Richtung deutet auch § 6 Abs. 1 RVO TVgG NRW, wo
von *„vertraglichen Ausführungsbedingungen des § 7 des Tariftreue- und Vergabegesetzes Nordrhein-Westfalen"* die Rede ist.[10]

Andererseits soll die Regelung aber noch **im Vergabeverfahren** Anwendung finden, also wenn die Realisierung des Beschaffungsvorhabens noch an-
steht. Die Waren müssen zu diesem Zeitpunkt noch nicht einmal existieren;
deren Gewinnung oder Herstellung kann auch in mehr oder weniger ferner
Zukunft liegen. Gemeint sein können also nur Waren, die der Auftraggeber
beschaffen **will** und die dementsprechend ein Unternehmen liefern und verwenden **soll,** wenn es denn Auftragnehmer wird.

13   Hinzu kommt, dass der **Wortlaut der Neuregelung** mit dem des alten
§ 18 Abs. 1, 2 TVgG NRW nicht das Geringste gemein hat. Für diese tiefgrei-
fende sprachliche Änderung kann es eigentlich nur eine plausible Erklärung
geben[11]: Sie ist Ausdruck des Willens, auch die **Rechtslage grundlegend zu
ändern.** Andernfalls hätte nichts näher gelegen als die Übernahme des alten
Gesetzestextes.

Nach dem insoweit eindeutigen und keiner anderen Auslegung zugänglichen Wortlaut des § 7 TVgG NRW wird von einem am Auftrag interessierten
Unternehmen gerade nicht mehr die Erklärung verlangt, dass es sich vor Erteilung des Zuschlags **verpflichtet,** nach Erteilung des Zuschlags seinerseits nur
Waren zu beschaffen und bei der Auftragsausführung zu liefern bzw. zu verwenden, die den Mindeststandards genügen, die sich aus den ILO-Kernarbeitsnormen ergeben (sollen).

Nach neuem Recht soll ein Unternehmen **vor Zuschlagserteilung** vielmehr **nachweisen,** dass es zu diesem Zeitpunkt für etwas **„Sorge trägt".** Das
ist nach Wortlaut und Wortsinn etwas völlig anderes als die Verpflichtung zur
Einhaltung einer Ausführungsbedingung und bleibt dahinter zurück. § 7
TVgG NRW regelt keine über das Vergabeverfahren hinausreichende Verpflichtung eines Unternehmens, sondern eine **Obliegenheit,** deren Erfüllung
Voraussetzung für den Zuschlag ist und mit der Auftragserteilung jegliche Bedeutung verliert.[12]

---

[10] Da Gesetzgeber i. e. S. und Verordnungsgeber zwei verschiedene Organe des Landes
sind, ist es allerdings kaum möglich, aus einer Norm in einer Verordnung Schlüsse auf den
Willen des Parlaments zu ziehen.
[11] Wenn man die Möglichkeit ausklammert, dass die Verantwortlichen nicht wussten,
was sie taten.
[12] Der Auftraggeber ist auch nach neuem Recht nicht daran gehindert, die ILO-Klausel
als vertragliche Ausführungsbedingung auszugestalten. Dazu verpflichtet ist er nach der hier
vertreten Auffassung, die allerdings nicht die einzig richtige sein muss, jedoch nicht (mehr).

Der Begriff „Sorge tragen" ist ein Synonym für eine Anstrengung oder ein **ernsthaftes Bemühen** zur Erreichung eines bestimmten Ziels. Wer zusagt oder gar beweist, dass er für etwas „Sorge trägt", verspricht damit also ein Tätigwerden, nicht aber zugleich einen Erfolg.

Nach § 7 TVgG NRW soll ein Unternehmen also nachweisen, dass es sich ernsthaft bemüht oder bemühen will, *„dass die im konkreten Auftrag beschafften Waren unter Beachtung der in den Kernarbeitsnormen der Internationalen Arbeitsorganisation festgelegten Mindeststandards gewonnen oder hergestellt worden sind."* Das schließt die Möglichkeit ein, dass eine vertragsgemäße Ausführung auch dann vorliegt, wenn dieses Bemühen warum auch immer nicht zum Ziel führt.

Der Nachweis, dass das Bemühen tatsächlich von Erfolg gekrönt war, kann naturgemäß erst für die Waren geführt werden, die tatsächlich geliefert und/oder verwendet werden, also im Stadium der **Auftragsausführung.** Die Forderung nach dem Nachweis der Erfüllung einer (vertraglichen) Verpflichtung schon im Stadium vor Vertragsschluss wäre **abwegig.**

Der Gesetzgeber wäre gut beraten gewesen, in Zuge der angekündigten **14** Entbürokratisierung eine klare Regelung zu schaffen – die es in der Vergangenheit immerhin schon einmal gab. Es hätte sich insbesondere angeboten, **im Vergabeverfahren** die Ausführungsbedingung „Beachtung der ILO-Kernarbeitsnormen" vorzugeben und die Nachweisobliegenheit dort anzusiedeln, wo sie naturgemäß hingehört, nämlich in die Zeit der **Auftragsausführung.**

Statt einer klaren und sinnvollen Regelung hat der Gesetzgeber des Landes **15** Nordrhein-Westfalen dem Wortlaut nach etwas erfunden, was es in dieser Form bisher im Vergaberecht noch nicht gab: **Ein Zuschlagsverbot für Bieter, die im Vergabeverfahren ihren guten Willen nicht hinreichend unter Beweis stellen.**

Es versteht sich von selbst, dass der gute Wille eines Unternehmens keine Eigenschaft ist, die der Leistung selbst in irgendeinem Lebenszyklusstadium anhaftet. Folglich geht es weder um eine technische Spezifikation (Leistungsbeschreibung) noch um ein leistungsbezogenes soziales Zuschlagskriterium noch um eine Ausführungsbedingung.

Vielmehr ist die Bereitschaft, für etwas Sorge zu tragen, also sich ernsthaft zu bemühen, eine **unternehmensbezogene Eigenschaft.** Damit ist man in der Systematik des Vergaberechts aber zwangsläufig bei der **Eignung.** Ein Unternehmen, dem die von § 7 TVgG NRW geforderte Bereitschaft fehlt bzw. diese nach Ansicht des Auftraggebers nicht hinreichend unter Beweis stellt, kommt wegen fehlender Eignung (Unzuverlässigkeit?) als Auftragnehmer nicht in Betracht.

Wenn es aber um die Eignung geht, kollidiert § 7 TVgG NRW mit den **16** §§ 122f. GWB, was zur Folge hat, dass die Norm bei **Oberschwellenwertvergaben** nicht anwendbar ist.

§ 122 Abs. 2 GWB regelt für Oberschwellenwertvergaben **abschließend,** welche Anforderungen an die Eignung gestellt werden können. Der gute Wille im Sinne des § 7 TVgG NRW gehört nicht dazu. Ebenfalls abschließend ist die Liste der (zwingenden und fakultativen) Ausschlussgründe in den §§ 123, 124 GWB.

Der Landesgesetzgeber hätte die öffentlichen Auftraggeber in Nordrhein-Westfalen zwar gemäß § 129 GWB verpflichten können, die Beachtung der ILO-Kernarbeitsnormen als Ausführungsbedingung auszugestalten. Diesen in der Vergangenheit eingeschlagenen Weg hat er bei der Neufassung des TVgG NRW aber (bewusst oder unbewusst) verlassen.

17   Sollte es, was man mangels greifbarer Anhaltspunkte im Gesetzestext oder der Gesetzesbegründung aber allenfalls vermuten könnte, trotzdem der Wille des Gesetzgebers gewesen sein, nichts an der Rechtsnatur der ILO-Klausel zu ändern, hätte dies in der Norm selbst keinen erkennbaren Niederschlag gefunden und wäre deshalb unbeachtlich.[13]

Zu einem anderen Ergebnis könnte man nur kommen, wenn man in der Erklärung, für etwas Sorge zu tragen, die **Zusicherung** sähe, auch die Erreichung des angestrebten Ziels, nämlich die Beachtung der ILO-Kernarbeitsnormen bei der Gewinnung oder Herstellung der noch zu liefernden oder zu verwendenden Ware, zu gewährleisten. Dann könnte man § 7 TVgG NRW möglicherweise doch als eine Regelung über eine Ausführungsbedingung auslegen.

Dagegen spricht aber, dass § 7 TVgG NRW strenggenommen nicht einmal eine Erklärung verlangt, Aber selbst wenn man in der Vorlage eines geforderten Nachweises auch eine konkludente Erklärung sähe, handelte es sich um eine zukunftsorientierte **Absichtserklärung,** die anders als ein ernsthaftes Bemühen einem wie auch immer gearteten **Nachweis** schon im Vergabeverfahren überhaupt nicht zugänglich ist.

18   Der grundlegende **Konstruktionsfehler** des § 7 TVgG NRW besteht letztlich in dem untauglichen Versuch, den Nachweis eines angestrebten, in der Zukunft liegenden Erfolges in die Gegenwart vorzuverlegen. Diese merkwürdige Idee belegt lediglich ein tiefes und nicht gerechtfertigtes Misstrauen gegenüber heimischen Unternehmen und bringt zwangsläufig Probleme mit sich, die niemandem weiterhelfen. Der **Nachweis,** dass das geliefert oder verwendet wird, was (politisch) erwünscht ist, gehört naturgemäß in die **Leistungsphase.**

19   Unabhängig davon, wie man § 7 TVgG NRW versteht, gehört ein aus sich selbst heraus verständlicher Hinweis auf die Nachweisobliegenheit in die Vergabeunterlagen[14].

III. Rechtsnatur und Tragweite der ILO-Kernarbeitsnormen

1. Die Internationale Arbeitsorganisation

20   Die Internationale Arbeitsorganisation (engl. International Labour Organization; Abk.: ILO) wurde im Jahre 1919 gegründet. Seit 1949 ist sie eine Sonderorganisation der Vereinten Nationen mit Hauptsitz in Genf. Derzeit hat sie 185 Mitglieder. Die Mitgliedschaft ist freiwillig; ein Austritt ist jederzeit möglich. Jeder Mitgliedsstaat wird durch vier Repräsentanten vertreten,

---

[13] BGH Beschl. v. 8.2.2011 – X ZB 4/10 – VergabeR 2011, 452.
[14] Nach § 9 Abs. 2 TVgG NRW, der allerdings nur auf Unterschwellenwertvergaben anwendbar ist, ist auch ein Hinweis in der Bekanntmachung notwendig.

von denen zwei vom Staat und je einer von Arbeitnehmern und Arbeitgebern bestimmt werden.

Die ILO hat eine Verfassung, die ihre Ziele, Organe und Arbeitsweise regelt. Oberstes Ziel ist die Sicherung des Weltfriedens durch eine Verbesserung der Arbeits- und Lebensbedingungen aller Menschen. Zur Erreichung dieses Ziels soll auch verhindert werden, dass sich einzelne Staaten dadurch, dass sie auf die Einführung menschenwürdiger Arbeitsbedingungen verzichten, Vorteile im grenzüberschreitenden Wettbewerb verschaffen und auf diese Weise indirekt zugleich die Bemühungen anderer Länder um Verbesserung des Loses der Arbeitnehmer[15] hemmen.

2. Die Befugnisse der ILO

Die ILO hat **keine** wie auch immer geartete **Rechtssetzungsbefugnis.** 21
Entgegen eines weit verbreiteten Irrtums, die bis in Gesetzgebungsorgane reicht, sind die ILO-Kernarbeitsnormen deshalb keine Regelungswerke, die Rechte und/oder Pflichten von Bürgern, Unternehmen oder öffentlichen Auftraggebern begründen. Es handelt sich vielmehr um völkerrechtliche Verträge (Übereinkommen), die als **Völkervertragsrecht** auch nicht unter Art. 25 GG fallen und somit keine Gesetzeskraft haben.[16]

Entwürfe für Übereinkommen werden vom Internationalen Arbeitsamt, 22
der in Genf ansässigen Verwaltung der ILO, unter Mitwirkung der Mitgliedsstaaten bzw. der Organisationen der Arbeitnehmer und Arbeitgeber erarbeitet und müssen von der Allgemeinen Konferenz[17] (Vertreterversammlung) mit einer 2/3-Mehrheit beschlossen werden. Bei der Aufstellung eines Übereinkommens ist gemäß Art. 19 Abs. 3 der ILO-Verfassung *„auf diejenigen Länder Rücksicht zu nehmen, in denen das Klima, die unvollkommene Entwicklung der wirtschaftlichen Organisation oder andere besondere Umstände die Verhältnisse der Wirtschaft wesentlich abweichend gestalten".* Angesichts der Mehrheitsverhältnisse in der ILO versteht es sich von selbst, dass rein „westliche" Vorstellungen von der Gestaltung der Arbeitswelt eher selten mehrheitsfähig sind; Formelkompromisse sind oft unvermeidlich.

Von der Allgemeinen Konferenz beschlossene Übereinkommen werden 23
den Mitgliedsstaaten zur Ratifizierung vorgelegt. Jedes Mitglied kann frei darüber entscheiden, ob es einem Übereinkommen beitritt oder nicht. Der vollzogene Beitritt begründet die auf das eigene Staatsgebiet begrenzte völkerrechtliche Verpflichtung, **innerstaatlich** die erforderlichen Maßnahmen zur Umsetzung der Bestimmungen des Übereinkommens zu treffen (soweit dies nicht ohnehin schon geschehen ist). Erst die **nationalen Gesetze,** die zur Umsetzung eines ILO-Übereinkommens geschaffen werden (oder bereits bestehen), begründen Rechte und Pflichte von Staatsbürgern, den in dem jeweiligen Staat ansässigen oder tätigen Unternehmen sowie staatlichen Stellen. Anders als beispielsweise bei Richtlinien der EU gibt es

---

[15] Da der Plural in Deutschland bekanntlich geschlechtsneutral ist, wird auf als politisch korrekt geltende Schreibweisen wie „-innen" verzichtet.
[16] Ihre Bezeichnung als „quasigesetzgeberische Rechtsakte" ist irreführend und hat mit dem Rechtswirklichkeit nichts zu tun.
[17] Dieses Gremium wird auch als Internationale Arbeitskonferenz bezeichnet.

keine Umsetzungsfristen, sodass auch keine unmittelbaren Wirkungen infolge einer Fristversäumung oder eines anderen Umsetzungsdefizits eintreten können.

24   Die ILO-Kernarbeitsnormen enthalten keine wie auch immer geartete Berechtigung eines Mitglieds, einem anderen Mitglied irgendwelche Vorschriften zu machen oder die unzureichende Umsetzung von Übereinkommen zu sanktionieren. Für den Fall, dass ein Mitgliedsstaat, der einem Übereinkommen beigetreten ist, nichts oder zu wenig für dessen Umsetzung tut, sehen die Art. 24 f. der ILO-Verfassung Beschwerde- und Klagemöglichkeiten sowohl von Gewerkschaften und Arbeitgeberverbänden als auch von Mitgliedsstaaten vor; theoretisch kann es sogar zur Einschaltung des Internationalen Gerichtshofs in Den Haag kommen. Der ILO selbst stehen aber keine wirklich wirksamen Druckmittel zur Verfügung.[18]

25   1998 verabschiedete die Konferenz die *„Erklärung der ILO über grundlegende Prinzipien und Rechte bei der Arbeit und ihre Folgemaßnahmen".* Sie enthält u. a. die Feststellung, dass auch die Mitgliedsstaaten, die die in Deutschland als ILO-Kernarbeitsnormen bezeichneten Übereinkommen nicht ratifiziert haben, verpflichtet seien, die dort niedergelegten Grundsätze *„in gutem Glauben und gemäß der Verfassung einzuhalten, zu fördern und zu verwirklichen".* Es bleibt aber ihnen überlassen, ob sie es tatsächlich tun.

3. Einzelheiten zu den ILO-Kernarbeitsnormen

26   Als ILO-Kernarbeitsnormen werden die **acht Übereinkommen** bezeichnet, die in § 7 TVgG NRW aufgelistet sind. Sie befassen sind mit den Grundprinzipien
   – Vereinigungsfreiheit und Tarifautonomie (Übk. 87 und 98)
   – Abschaffung von Zwangsarbeit (Übk. 29 und 105)
   – Gleichheit aller Arbeitnehmer (Übk. 100 und 111)
   – Abschaffung der Kinderarbeit (Übk. 138 und 182).

27   138 Mitgliedsstaaten, darunter Deutschland, haben alle acht Übereinkommen ratifiziert. Diese Zahl darf aber nicht zu falschen Schlüssen verleiten. So hat beispielsweise in den USA, die bis heute den Übk. 87 und Nr. 98 aus innenpolitischen Gründen nicht beigetreten sind, die Tarifautonomie einen wesentlich höheren Stellenwert als in vielen Unterzeichnerstaaten.

28   Landesgesetzliche Regelungen wie 7 TVgG – NRW unterstellen, dass in den ILO-Kernarbeitsnormen arbeits- oder sozialrechtliche Mindeststandards definiert werden, die von den Normadressaten als solche erkannt und zudem auch noch auf ihre Einhaltung kontrolliert werden können. Diese Annahme ist nur bedingt richtig.

29   Ableiten lassen sich folgende **Mindeststandards:**
   – **Arbeitnehmer und Arbeitgeber** haben das nicht durch innerstaatliche Gesetzgebung einschränkbare Recht, ohne vorherige staatliche Geneh-

---

[18] Die ILO hält beispielsweise das in Deutschland geltende Streikverbot für alle Beamten für einen Verstoß gegen die Kernarbeitsnormen zur Vereinigungsfreiheit (Übereinkommen Nr. 87 und Nr. 98). Die zahlreichen Rügen, die Deutschland deshalb bisher erhalten hat, blieben ohne jede Wirkung.

migung Organisationen zu gründen bzw. Organisationen beizutreten, welche die Förderung und den Schutz der Interessen der Arbeitnehmer bzw. der Arbeitgeber zum Ziel haben. Diese Organisationen dürfen sich Satzungen und Geschäftsordnungen geben, ihre Vertreter frei wählen, ihre Geschäftsführung und Tätigkeit frei regeln und Programme aufzustellen. Sie haben das Recht, über den Abschluss von Gesamtarbeitsverträgen zur Regelung der Lohn- und Arbeitsbedingungen zu verhandeln. Gewerkschaftliche Betätigung darf keine Nachteile nach sich ziehen.

– Niemand darf im Arbeitsleben auf Grund der Rasse, der Hautfarbe, des Geschlechts, des Glaubensbekenntnisses, der politischen Meinung, der nationalen Abstammung oder der sozialen Herkunft bevorzugt oder benachteiligt werden.

– Männer und Frauen haben einen Anspruch auf gleiche Bezahlung für gleichwertige Arbeit.

– Grundsätzlich darf kein Mensch unter Androhung von Strafe gezwungen oder verpflichtet werden, bestimmte Arbeiten zu verrichten. Ausnahmen sind insbesondere für militärische Zwecke oder in Katastrophenfällen zulässig.

4. Problem Kinderarbeit

Zu den wichtigsten politischen Gründen für die Verknüpfung des Verga- **30** berechts mit den ILO-Kernarbeitsnormen gehört die Annahme, man könne dadurch etwas Sinnvolles gegen die leider immer noch in weiten Teilen der Welt vorkommende Kinderarbeit tun. Entgegen einer weitverbreiteten **Fehlvorstellung,** vor der auch ein Gesetzgeber nicht gefeit ist, kennen die ILO-Kernarbeitsnormen allerdings **kein generelles Verbot von Kinderarbeit.** Sie verfolgen vielmehr das Ziel der mittel- und langfristigen Abschaffung der Kinderarbeit **durch Maßnahmen der Unterzeichnerstaaten auf ihrem Staatsgebiet.** Folglich gibt es auch keinen aus den ILO-Kernarbeitsnormen ableitbaren Mindeststandard „Ohne Mitwirkung von Kindern hergestellt".

Das am 19. Juni 1976 in Kraft getretene **Übk. 138** enthält vielmehr eine **31** Verpflichtung eines Unterzeichnerstaats, eine **innerstaatliche Politik** zu verfolgen, die dazu bestimmt ist, auf seinem Staatsgebiet die tatsächliche Abschaffung der Kinderarbeit sicherzustellen das Mindestalter für die Zulassung zur Beschäftigung oder Arbeit **fortschreitend** bis auf einen Stand anzuheben, bei dem die volle körperliche und geistige Entwicklung junger Menschen gesichert ist. Vorgegeben wird also ein **Ziel,** das die Unterzeichnerstaaten anstreben sollen ohne dass ihnen zeitliche Vorgaben gemacht oder bestimmte Maßnahmen auferlegt werden.

Zwar soll jeder Unterzeichnerstaat ein **Mindestalter** für die Beschäftigung festlegen, das grundsätzlich **nicht unter 14 Jahren** liegen soll. Allerdings gibt Art. 4 Übk. 138 jedem Mitgliedsstaat das Recht, durch innerstaatliche Regelungen in eigener Verantwortung definierte Kategorien von Beschäftigung oder Arbeit **vom Anwendungsbereich des Übereinkommens auszunehmen.**

Daraus folgt, dass der richtige Umgang mit § 7 TVgG NRW bei allen Beteiligten auch die Kenntnis voraussetzt, welcher Staat in welchem Umfang von der Ermächtigung des Art. 4 Übk. 138 Gebrauch gemacht hat.

32   **Ergänzt** wird das Übk. 138 durch das am 19. November 2000 in Kraft getretene **Übk. 182.** Nach dessen Art. 1 verpflichtet sich ein Unterzeichnerstaat, durch unverzügliche und wirksame Maßnahmen dafür zu sorgen, dass die **schlimmsten Formen der Kinderarbeit** vordringlich verboten und beseitigt werden. Welche Tätigkeiten unter das Übereinkommen fallen, ist in Art. 3 geregelt. Die schlimmsten Formen der Kinderarbeit sind danach:

– alle Formen der Sklaverei oder alle sklavereiähnlichen Praktiken, wie den Verkauf von Kindern und den Kinderhandel, Schuldknechtschaft und Leibeigenschaft sowie Zwangs- oder Pflichtarbeit, einschließlich der Zwangs- oder Pflichtrekrutierung von Kindern für den Einsatz in bewaffneten Konflikten;

– das Heranziehen, Vermitteln oder Anbieten eines Kindes zur Prostitution, zur Herstellung von Pornographie oder zu pornographischen Darbietungen;

– das Heranziehen, Vermitteln oder Anbieten eines Kindes zu unerlaubten Tätigkeiten, insbesondere zur Gewinnung von und zum Handel mit Drogen, wie diese in den einschlägigen internationalen Übereinkünften definiert sind;

– Arbeit, die ihrer Natur nach oder aufgrund der Umstände, unter denen sie verrichtet wird, voraussichtlich für die Gesundheit, die Sicherheit oder die Sittlichkeit von Kindern schädlich ist.

33   Daraus folgt, dass Waren, die unter **schlimmen,** aber nicht unter eine der vier Alternativen zu subsumierenden Formen der Kinderarbeit gewonnen oder hergestellt wurden, nicht unter das Übk. 182 fallen – und damit auch nicht unter den Anwendungsbereich des § 7 TVgG NRW. Unternehmen und öffentliche Auftraggeber stehen somit vor der im Grunde genommen **unlösbaren Aufgabe,** schlimme, aber vergaberechtlich unbedenkliche Erscheinungsformen der Kinderarbeit von den schlimmsten abzugrenzen.

34   Erschwert wird dies insbesondere durch die Unbestimmtheit der vierten Alternative (Art. 3 d Übk. 182), die der Konkretisierung bedarf. Diese erfolgt allerdings nicht innerhalb des Textes des Übereinkommens. Vielmehr sind gemäß Art. 4 Übk. 182 die Unterzeichnerstaaten dazu berufen, in einem ersten Schritt durch **innerstaatliche Regelungen** die Arten von Arbeit zu bestimmen, die unter den **Anwendungsbereich des Übereinkommens** fallen und in einem zweiten Schritt zu ermitteln, ob und wo diese vorkommen. Dies schließt naturgemäß die Möglichkeit ein, dass das, was in einem Staat als besonders schlimm gilt, in einem anderen Staat „nur" als schlimm angesehen wird und deshalb in Deutschland als vergaberechtlich unbedenklich anzusehen wäre. Die richtige Anwendung des § 7 TVgG NRW setzt somit die Kenntnis der innerstaatlichen Regelungen zum Übk. 182 in allen Unterzeichnerstaaten voraus.

35   Eine **besondere Herausforderung** ist der Umgang mit Waren, die aus einem Staat wie Indien stammen, der diesem Übereinkommen ferngeblieben ist. Dort fehlt von vorn herein eine innerstaatliche Gesetzgebung, die zur Auslegung des § 7 TVgG NRW herangezogen werden könnte.

Es sollte sich eigentlich von selbst verstehen, dass weder ein inländisches KMU noch ein Mitarbeiter einer Vergabestelle dazu berufen oder gar in der Lage ist festzustellen, wo in welchem indischen Steinbruch die Grenze von schlimmer zu besonders schlimmer Kinderarbeit verläuft. Bereits an dieser Stelle sei darauf hingewiesen, dass die gängigen Zertifikate[19] diese Abgrenzung nicht hinreichend abbilden.

IV. Persönlicher Anwendungsbereich des § 7 TVgG NRW

§ 2 Abs. 3 TVgG NRW verweist unabhängig vom Auftragswert auf § 99 **36** GWB. Folglich haben grundsätzlich alle nordrhein-westfälischen **öffentlichen Auftraggeber im Sinne des § 99 GWB** die Regelung des § 7 TVgG NRW zu beachten. Zu den Normadressaten gehören sowohl der privatrechtlich organisierte „Ableger" einer Gebietskörperschaft (§ 99 Nr. 2 GWB) wie z. B. die Stadtwerke GmbH als auch der Sportverein, der gemäß § 99 Nr. 4 GWB nur deshalb im Einzelfall zu einem öffentlichen Auftraggeber wird, weil der geplante Neubau einer Sporthalle zu mehr als 50 Prozent subventioniert wird.

Sektorenauftraggeber (§ 100 GWB) und **Konzessionsgeber** (§ 101 **37** GWB) sind **unabhängig vom Auftragswert** gemäß § 2 Abs. 5 TVgG NRW von der Anwendung des § 7 TVgG NRW befreit. Gleiches gilt für öffentliche Auftraggeber, wenn und soweit sie VS-Aufträge im Sinne des § 104 GWB oder Aufträge vergeben wollen, die unter eine der Ausnahmebestimmung der §§ 107, 108, 109, 110, 111, 112, 116 und 117 GWB fallen.

Bei Sektorenauftraggebern ist allerdings zu beachten, dass diese zugleich **38** auch Auftraggeber im Sinne des § 99 Nrn. 2, 3 GWB sein können und als solche auch Tätigkeiten ausüben, die nicht unter § 102 GWB fallen. Die Befreiung von der Anwendbarkeit des § 7 TVgG NRW gilt dann nur für Beschaffungen, die der **Sektorentätigkeit** dienen.

Für **gemeinsame Auftragsvergaben** mit Auftraggebern aus anderen **39** Bundesländern oder Staaten gilt § 2 Abs. 6 TVgG NRW. Danach soll der nordrhein-westfälische Auftraggeber eine Vereinbarung anstreben, die auch die Anwendung des § 7 TVgG NRW vorsieht. Kommt eine solche Einigung nicht zustande, darf von den Bestimmungen des TVgG NRW abgewichen werden.

§ 7 TVgG NRW ist nicht anwendbar, wenn das Land im Rahmen der **40** **Bundesauftragsverwaltung** – wie derzeit noch im Fernstraßenbau – für den Bund tätig ist.

---

[19] Deren Tauglichkeit nach Ansicht des VGH Baden-Württemberg Beschl. v. 21.5.2015 – 1 S 383/14 – ZfBR 2015, 714 ohnehin sehr fragwürdig ist.

V. Sachlicher Anwendungsbereich des § 7 TVgG NRW

1. Auftragswert

41   § 7 TVgG NRW gilt für alle Oberschwellenwertvergaben; im Unterschwellenwertbereich ist die Norm ab einem geschätzten Auftragswert von **5.000 € netto** (§ 2 Abs. 4 Satz 2 TVgG NRW) anzuwenden.

2. Auftragsart

42   Nordrhein-westfälische Auftraggeber haben § 7 TVgG NRW bei allen öffentlichen Aufträgen im Sinne des § 103 Abs. 1 GWB anzuwenden, also bei **Liefer-, Bau- und Dienstleistungsaufträgen.**

Die Formulierung „beschaffte Waren" ist nicht dahingehend zu verstehen, dass die Beachtung der ILO-Kernarbeitsnormen nur bei Lieferaufträgen notwendig sein soll. § 7 TVgG NRW gilt grundsätzlich auch für Waren, die dem Auftraggeber im Rahmen eines Bau- oder Dienstleistungsauftrags zu Gute kommen wie etwa die Pflastersteine bei der Neugestaltung des Marktplatzes. Demzufolge ist die Beschränkung auf Liefer- und Dienstleistungen in § 7 Abs. 2, 4 RVO TVgG NRW eine **Fehlleistung des Verordnungsgebers.**

Erfasst werden allerdings nur Waren, die im Zuge der Auftragsausführung **dem Auftraggeber zufließen.** Werkzeuge, Maschinen und andere Gegenstände, die der Auftragnehmer bei der Auftragsausführung zwar verwendet, nicht aber auf den Auftraggeber übergehen, fallen nicht unter § 7 TVgG NRW.

43   Zudem ist immer der **Verhältnismäßigkeitsgrundsatz** zu beachten (§ 97 Abs. 1 Satz 2 GWB; § 3 Abs. 1 Satz 2 TVgG NRW). Dem hatte in der Vergangenheit § 1 Abs. 3 RVO TVgG NRW a. F. Rechnung getragen. Danach waren die gesetzlichen Regelungen zur Berücksichtigung von Nachhaltigkeitsaspekten nur dann zwingend anzuwenden, wenn der Bezug von Waren **wesentlicher Bestandteil einer Dienst- oder Bauleistung** war. Zwar fehlt eine entsprechende Regelung im neuen Recht. Der Verhältnismäßigkeitsgrundsatz gilt aber weiterhin.

Faustregel: § 7 TVgG NRW ist – innerhalb der sich aus § 6 RVO TVgG NRW ergebenden Grenzen[20] – anwendbar, wenn bei der Ausführung eines Bau- oder Dienstleistungsauftrags der Warenwert mindestens 20% des Auftragswerts beträgt.

Bau- und Dienstleistungskonzessionen fallen deshalb aus dem Anwendungsbereich, weil **Konzessionsgeber unabhängig vom Auftragswert** gemäß § 2 Abs. 5 TVgG NRW von der Anwendung des § 7 TVgG NRW befreit sind.

3. Betroffene Waren (§ 6 RVO TVgG NRW)

44   § 7 TVgG NRW erfasst nach seinem Wortlaut Waren aller Art. Allerdings hat der Landesgesetzgeber in § 16 Abs. 4 Nr. 3 TVgG NRW die Landesregierung ermächtigt, durch Rechtsverordnung festzulegen, auf welche Produktgruppen oder Herstellungsverfahren § 7 TVgG NRW überhaupt anzuwenden ist.

---

[20] Siehe dazu Rn. 44 f.

Die Landesregierung hat von dieser Ermächtigung Gebrauch gemacht und in § 6 RVO TVgG NRW eine Präzisierung nach Art und Herkunft vorgenommen.

§ 6 Abs. 2 TVgG NRW enthält eine abschließende Liste mit **„sensiblen Waren"**, die nach Ansicht des Verordnungsgebers unter dem Generalverdacht stehen, unter Verstoß gegen die sich aus den ILO-Kernarbeitsnormen (angeblich) ergebenden Mindeststandards gewonnen oder herstellet worden zu sein.

Vom Bann des § 7 TVgG NRW werden allerdings nur „sensible Waren aus **„bestimmten Herkunftsländern oder -gebieten** (§ 6 Abs. 3 RVO TVgG NRW) getroffen.

a) Sensible Waren (Abs. 2). § 6 Abs. 2 RVO TVgG NRW enthält eine **45** Liste mit 11 Waren bzw. Warengruppen, bei deren Beschaffung § 7 TVgG NRW einschlägig sein kann und die dessen Anwendungsbereich erheblich einschränken. Es handelt sich um

1. Bekleidung, insbesondere Arbeitsbekleidung und Uniformen sowie Stoffe und Textilwaren,
2. Naturkautschuk-Produkte (zum Beispiel Einmal- oder Arbeitshandschuhe, Reifen, Gummibänder),
3. Landwirtschaftliche Produkte (zum Beispiel Kaffee, Kakao, Orangensaft, Pflanzen, Tropenfrüchte wie Bananen und Ananas),
4. Büromaterialien, die die Rohstoffe Holz, Gesteinsmehl und Kautschuk enthalten,
5. Holz,
6. Lederwaren, Gerbprodukte,
7. Natursteine,
8. Spielwaren,
9. Sportartikel (Bekleidung, Geräte),
10. Teppiche
11. Informations- oder Kommunikationstechnik (Hardware).

Diese Liste ist nicht beispielhaft, sondern **abschließend.** Das bedeutet, dass **46** eine Ware, die nicht aufgeführt bzw. nicht unter eine der aufgeführten Warengruppen zu subsumieren ist, auch dann nicht als sensibel gilt, also vergaberechtlich unbedenklich ist, wenn sie von kindlichen Zwangsarbeitern gewonnen oder hergestellt wurde.

Die Liste ist eine wesentliche Grundlage für den Ausschluss eines Unternehmens. Der Ausschluss ist aber eine wettbewerbsbeschränkte Maßnahme, die nur zulässig ist, wenn sie auf **eindeutigen Vorgaben** beruht. Deshalb muss die Liste streng am Wortlaut orientiert ausgelegt und angewendet werden. Eine **analoge Anwendung** scheidet von vorn herein aus.

Büromaterialien (Nr. 4) sind abzugrenzen von der **Büroausstattung** und der **Bürotechnik.** Zu den Büromaterialien gehören Ge- und Verbrauchsgüter wie Aktenordner, Büroklammern, Hefter, Radiergummis, Kugelschreiber, Bleistifte, Textmarker, Briefpapier und Kopierpapier, **nicht** aber Schreibtische, Schreibtischstühle, Computer, Drucker oder Kopierer[21].

---

[21] Da Kopierer auch nicht zur Hardware gehören, fallen sie überhaupt nicht unter den Anwendungsbereich des § 7 TVgG-NRW.

Der Begriff „**Holz**" (Nr. 5) bezeichnet einen Roh-, Werk- und Baustoff, der aus Stämmen, Ästen und Zweigen von Bäumen und Sträuchern gewonnen wird. **Weiterverarbeitungsprodukte** wie Holzkohle, Sperrholz, Spanplatten, Möbel, Holzfenster und vieles mehr fallen nicht darunter. Dies ergibt sich auch aus einem Vergleich mit Nr. 2 der Liste, wo von Produkten die Rede ist, sowie aus Nr. 4 der Liste, wo Holz als Rohstoff bezeichnet wird.

Der Begriff „**landwirtschaftliche Produkte**" (Nr. 3) ist demgegenüber weiter als die Beispiele auf den ersten Blick nahelegen. Umfasst werden auch Produkte tierischer Herkunft. Zudem werden neben pflanzlichen und tierischen Nahrungsmitteln auch landwirtschaftliche Rohstoffe wie Baumwolle und Wolle erfasst.

47   Bei näherer Betrachtung erweist sich die Liste als **willkürlich,** was die – möglicherweise irgendwann einmal vom OLG Düsseldorf zu beantwortende – Frage aufwirft, ob ihre Anwendung immer mit dem Gebot der Verhältnismäßigkeit zu vereinbaren ist.

48   Es gibt überhaupt keinen sachlichen Grund, einerseits **Büromaterialien** deshalb auf die Liste zu setzen, weil sie unter Verwendung von Holz, Gesteinsmehl[22] oder Kautschuk hergestellt wurden, andererseits aber andere (Roh-)Stoffe wie Metall, Glas oder Kunststoff völlig auszuklammern. Wenn es aber so sein sollte, dass Gegenstände, die aus den gelisteten Ausgangsstoffen hergestellt wurden, als besonders sensibel gelten, ist es willkürlich, den Anwendungsbereich auf Büromaterialien zu beschränken und andere Waren wie etwa Waschbecken für die Toiletten des Verwaltungsgebäudes, die ebenfalls unter Verwendung Gesteinsmehl hergestellt wurden, nicht aufzuführen. Es ist auch durch nichts sachlich gerechtfertigt, allein auf einige Substanzen abzustellen und die Umstände, unter denen Büromaterialien aus anderen Materialien hergestellt wurden, für irrelevant zu erklären.

49   Ebenso **willkürlich** ist es, Holz in die Liste aufzunehmen, nicht aber Waren, die wie Möbel üblicherweise aus Holz hergestellt werden. Die Verwendung von Holz ist zudem in erster Linie aus ökologischen Gründen fragwürdig, weil es auf dem Markt immer noch sehr viel Holz gibt, das aus illegalem Raubbau stammt[23]. Mit Blick auf die ILO-Kernarbeitsnomen sind aber eher Weiterverarbeitungsprodukte wie Spanplatten „Made in China" als bedenklich anzusehen.

50   Merkwürdigerweise hat der Verordnungsgeber in Nr. 2 der Liste den umgekehrten Weg eingeschlagen. Dort werden, wie die angeführten Beispiele belegen, bestimmte gebrauchstaugliche **Endprodukte** für sensibel erklärt. Deren Herstellung ist aber mit Blick auf die ILO-Kernarbeitsnormen eher unproblematisch. Kinder werden nicht in Reifenfabriken ausgebeutet, sondern auf Kautschukplantagen in Afrika und Asien.

---

[22] Es gibt sog. Mineralwerkstoffe, die zu etwa 2/3 aus Gesteinsmehl und zu ca. 1/3 aus Kunstharz bestehen. Aus ihnen werden z. B. Einrichtungsgegenstände für Bäder hergestellt.
[23] Und trotzdem in einem südostasiatischen Land als aus nachhaltigen Anbau stammend zertifiziert wird.

c) Herkunft (Abs. 3). § 6 Abs. 3 **Satz 1** RVO TVgG NRW enthält eine **51**
weitere Konkretisierung des Anwendungsbereichs des § 7 TVgG NRW.
Danach muss eine sensible Ware (Listenware) aus einem Land oder Gebiet[24]
stammen, das zum Zeitpunkt der Angebotsabgabe auf **der DAC-Liste** steht
(Listenstaat).

Mit dem Verweis auf diese Liste hat sich die Landesregierung die Sache sehr
einfach gemacht. Die damit verbundene geografische Eingrenzung ist allerdings sehr fragwürdig, weil sie ausschließlich nach **makroökonomischen**
Gesichtspunkten erfolgt und recht wenig mit den ILO-Kernarbeitsnormen
zu tun hat.

Das Development Assistance Committee (DAC) ist ein Gremium der Orga- **52**
nisation für wirtschaftliche Zusammenarbeit und Entwicklung (OECD). Es
veröffentlicht in unregelmäßigen Abständen eine Liste mit Staaten, die
aufgrund ihres **Entwicklungsstands** und ihrer **Wirtschaftskraft** als ent-
wicklungsbedürftig eingeschätzt werden und deshalb im Rahmen der sog.
Entwicklungszusammenarbeit (früher als Entwicklungshilfe bezeichnet) unterstützt werden. Deutsche Unternehmen, die in einem dieser Länder aktiv
werden wollen, können dafür Fördermittel vom Bundesministerium für wirtschaftliche Zusammenarbeit und Entwicklung erhalten.

In der bei Redaktionsschluss für diesen Kommentar gültigen Liste waren
mit Albanien, Bosnien und Herzegowina, Kosovo, Mazedonien, Moldawien,
Montenegro, Serbien, Türkei, Ukraine und Weißrussland auch **10 europä-**
ische Staaten aufgeführt.

§ 6 Abs. 3 Satz 1 RVO TVgG NRW folgt somit der Gleichung „arm = ver- **53**
dächtig" bzw. „reich = unverdächtig" und stellt alle auf der DAC-Liste
aufgeführten Staaten unter einen Generalverdacht, den Unternehmen im Einzelfall entkräften sollen.

Diese Gleichung entspricht aber nicht der Lebenswirklichkeit. Ein Staat
wird von der Liste gestrichen, wenn dort ein bestimmtes Einkommensniveau
erreicht wird. Das allein besagt aber noch nichts darüber, ob dieser Staat auch
den ILO-Kernarbeitsnormen hinreichend Geltung verschafft hat.

So ist jüngst mit dem Sultanat Oman ein Staat aus der Liste rausgefallen, in
dem Gewerkschaften immer noch Beschränkungen unterliegen, die mit den
ILO-Kernarbeitsnormen zur Vereinigungsfreiheit nicht zu vereinbaren sind.
Zudem gibt es gerade in dem Teil der Welt, in der der Oman liegt, einige Staaten, in denen die ILO-Kernarbeitsnormen weniger Bedeutung haben als in
den ärmsten Entwicklungsländern, die aber wegen ihres Reichtums noch nie
auf der DAC-Liste standen.

Demgegenüber sind gelistete Staaten wie Uruguay, Argentinien, Serbien
oder die Ukraine[25] mit Blick auf die rechtliche und praktische Umsetzung der
ILO-Kernarbeitsnormen eher unverdächtig.[26]

---

[24] Gebiete sind der Gazastreifen und das inzwischen faktisch von Israel annektierte
Westjordanland.
[25] Zumindest in den nicht von Russland besetzten Landesteilen.
[26] In diesen Staaten mag es noch Kinderarbeit geben, aber das allein ist noch kein Verstoß gegen eine der ILO-Kernarbeitsnormen.

54   Für die Anwendbarkeit des § 7 TVgG NRW reicht es allerdings nicht aus, dass eine Listenware irgendeinen Bezug zu einem auf der DAC-Liste aufgeführten Staat oder Gebiet hat. Es muss sich vielmehr um eine **Ursprungsware** eines Listenstaats handeln (§ 6 Abs. 3 Satz 2 RVO TVgG NRW). Es gilt also das **Herkunftsprinzip,** wonach eine Ware als Ursprungsware des Landes gilt, in dem es gewonnen oder hergestellt wurde.

55   Unter **Gewinnung** versteht man die Herausnahme eines Materials oder einer Sache aus seiner natürlichen Umgebung, also beispielsweise durch den Abbau eines Rohstoffs oder durch die Ernte einer Frucht.

Herstellung ist der der Gewinnung nachfolgende, oft mehrstufige Verarbeitungsprozess, durch den etwas Andersartiges entsteht wie z. B. Schokolade aus Kakao.

56   Das **Herkunftsprinzip** wird in § 6 Abs. 3 Satz 2 RVO TVgG NRW unter Rückgriff auf die Definitionen in Art. 60 VO (EU) Nr. 952/2013 näher beschrieben.

Danach ist § 7 TVgG NRW zunächst auf Listenwaren anwendbar, die **vollständig** in einem Listenstaat gewonnen oder hergestellt wurden (Art. 60 Abs. 1 VO (EU) Nr. 952/2013). Dies sind
– organische und anorganische Rohstoffe;
– Waren, bei denen alle Herstellungsschritte in einem einzigen Staat/Gebiet erfolgen und die ge- oder verbrauchsfertig in einen anderen Staat exportiert werden.

Es gibt aber viele Waren, die das Ergebnis eines **mehrstufigen grenzüberschreitenden Weiterverarbeitungs- und Herstellungsprozesses** sind. Solche Waren gelten gemäß Art. 60 Abs. 2 VO (EU) Nr. 952/2013 rechtlich nur in dem Staat als hergestellt, in dem der **letzte** wesentliche, wirtschaftlich gerechtfertigte **Be- oder Verarbeitungsschritt** erfolgte, wenn dieser in einem **dazu eingerichteten Unternehmen** vorgenommen wurde und zur **Herstellung eines neuen Erzeugnisses** geführt hat oder eine bedeutende Herstellungsstufe darstellt.

Es ist also möglich und durchaus nicht selten, dass bei der Gewinnung Mindeststandards, die sich aus den ILO-Kernarbeitsnormen ergeben (sollen), missachtet werden, nicht aber im weiteren Verarbeitungsprozess bis zur Herstellung des Endprodukts.

57   Nach dem **Wortlaut** des § 6 Abs. 3 Satz 2 RVO TVgG NRW gelten z. B. Schokolade, Trinkschokolade, Kakaopulver und viele andere Waren, die im Inland aus importierten Kakaobohnen herstellt werden, ebenso als **Ursprungswaren der Bundesrepublik Deutschland** wie trinkfertiger Orangensaft, dessen Ausgangsprodukt importiertes Konzentrat ist oder Natursteinplatten, die in Deutschland aus tonnenschweren, aus Indien importierten Granitblöcken geschnitten werden.

58   Der Landesregierung scheint allerdings etwas anderes vorgeschwebt zu haben. In der amtlichen Begründung zu § 6 Abs. 3 Satz 2 RVO TVgG NRW ist zu lesen, das jeweilige sensible Produkt müsse *„in der Verarbeitungsstufe, in der es in die Europäische Union eingeführt wird, betrachtet werden".*[27] Damit ist wohl auch die Vorstellung verbunden, dass alle **Weiterverarbeitungsschritte in-**

---

[27] Vorlage 16/4298 S. 27.

nerhalb der EU außer Betracht bleiben müssen mit der Folge, dass es entgegen dem Wortlaut des § 7 TVgG NRW sowie des § 7 Abs. 1 RVO TVgG NRW nicht darauf ankäme, welche konkrete Ware der Auftraggeber – direkt oder indirekt im Rahmen eines Bau- oder Dienstleistungsauftrags – erhält. Eine Ware fiele danach auch dann unter den Anwendungsbereich des § 7 TVgG NRW, wenn sie zwar im Inland sozialpolitisch korrekt hergestellt wurde, aber auf einen Rohstoff oder ein Zwischenprodukt zurückgeht, das bei der Einfuhr in die Union noch als sensible Ware bestimmter Herkunft galt.[28]

Dieses Ziel hat die Landesregierung mit der gewählten Gesetzestechnik **59** aber nicht erreicht. Selbstverständlich gilt Art. 60 VO (EU) Nr. 952/2013 **unmittelbar** nur für zollrechtliche und andere Maßnahmen der Union, die im Zusammenhang mit dem Warenursprung stehen.[29] Da es innerhalb der Union keine Binnenzölle mehr gibt, ist der Anwendungsbereich der VO (EU) Nr. 952/2013, die auch als Zollkodex bezeichnet wird, zwangsläufig auf Waren beschränkt, die in das und aus dem **Zollgebiet der Union** verbracht werden.

Diese Einbettung in das Zollrecht ist aber durch die Übernahme der in Art. 60 VO (EU) Nr. 952/2013 enthaltenen Definitionen in das Vergaberecht völlig verlorengegangen. Greift der Gesetzgeber aber eine gesetzliche Definition auf und verwendet sie in einem anderen Regelungszusammenhang, muss sie auch in dem neuen Regelungszusammenhang gelesen werden. Dadurch, dass der Verordnungsgeber Art. 60 VO (EU) Nr. 952/2013 in ein vergaberechtliches Regelungswerk implantierte, verlor die Norm ihren Zusammenhang mit dem Zollkodex. Damit entfiel auch die dem Zollrecht geschuldete Beschränkung ihres Anwendungsbereichs auf Waren, die in die Union eingeführt werden.

Der Wortlaut des § 6 Abs. 3 Satz 2 RVO TVgG NRW, der die Grenze jeg- **60** licher Auslegung bildet, ist eindeutig. Maßgeblich ist allein die Definition in Art. 60 Abs. 2 VO (EU) Nr. 952/2013, die selbst keine Einschränkungen enthält, die Weiterverarbeitungsschritte innerhalb der EU ausschlösse.

Wenn der Verordnungsgeber ein anderes Ziel verfolgt, muss er eine entsprechende klare Regelung treffen – und sich der neuen Widersprüche annehmen, die dann aufträten.

4. Problem Arbeitnehmerrechte

Von 18. bis 26. April 2015 besuchten die Ministerpräsidentin und der Wirt- **61** schaftsminister des Landes Nordrhein-Westfalen die Volksrepublik China. Begleitet wurden sie von einer 40-köpfigen Delegation aus Unternehmern und Wissenschaftlern. Ziel der Reise war die Förderung der gegenseitigen Wirtschaftsbeziehungen.

---

[28] Was aber z. B. nicht auf im Inland unter Verwendung von importiertem Naturkautschuk hergestellte Produkte zuträfe, weil Kautschuk selbst nicht auf der Liste der sensiblen Waren steht.

[29] Siehe auch Art. 59 VO (EU) Nr. 952/2013.

Dies wäre in einem vergaberechtlichen Kommentar eigentlich nicht erwähnenswert, gäbe es nicht die in § 7 TVgG – NRW aufgeführten Übk. 87 und 98, die sich u. a. mit **Arbeitnehmerrechten** befassen. Weil dem Verfasser dieser Zeilen wegen seiner Kritik an der Verknüpfung des Vergaberecht mit den ILO-Kernarbeitsnormen oft der Schwarzmalerei geziehen wird, sei eine Quelle aufgeführt, die derartiger Machenschaften völlig unverdächtig ist. In einem Lagebericht des Auswärtigen Amts vom 15. Oktober 2014 ist zu lesen:

> *„China hat am 27. März 2001 den UN-Wirtschafts- und Sozialpakt ratifiziert. Es hat jedoch zu Art. 8 Abs. 1 (a), der das Streikrecht und das Recht auf Bildung freier Gewerkschaften beinhaltet, einen Vorbehalt eingelegt. Wichtige Übereinkommen der Internationalen Arbeitsorganisation (ILO) hat die Volksrepublik China nicht ratifiziert, darunter die ILO-Übereinkommen 87 und 98 zur Vereinigungsfreiheit und zum Recht auf Kollektiv- bzw. Tarifverhandlungen. Das gewerkschaftliche Organisationsmonopol liegt in China beim Allchinesischen Gewerkschaftsbund („All-China Federation of Trade Unions"), dessen Politik von der der Kommunistischen Partei nicht zu unterscheiden ist. "*

62   Man kann es auch weniger diplomatisch ausdrücken: Wer es in der Volksrepublik China[30] wagt, die Rechte einzufordern, die in den Übk. 87 und 98 aufgeführt sind, geht das hohe Risiko ein, in einem Verfahren ohne jedwede Wahrung rechtsstaatlicher Mindeststandards zu langjähriger Haft verurteilt zu werden.

63   Nach dem Wortlaut des § 7 TVgG NRW darf ein öffentlicher Auftrag aber nur an ein Unternehmen vergeben werden, das nachweislich dafür Sorge trägt, dass die Waren, die der Auftragsausführung dienen, *„unter Beachtung der in den Kernarbeitsnormen der Internationalen Arbeitsorganisation festgelegten Mindeststandards gewonnen oder hergestellt worden sind. "*

Da China (noch) auf der DAC-Liste steht, gibt es eine bizarre Situation: In Nordrhein-Westfalen ist im Rahmen öffentlicher Aufträge die Lieferung und Verwendung von Listenwaren verpönt, die aus einem Staat stammen, mit dem die Ministerpräsidentin desselben Landes im **Wissen um die Missachtung von Arbeitnehmerrechten** verbesserte Wirtschaftsbeziehungen anstrebt.[31]

64   Betroffen ist auch und vor allem die auf der Warenliste unter Nr. 11 aufgeführte **Informations- oder Kommunikationstechnik** (Hardware), weil die Fabriken von Lohnfertigern wie die Hon Hai Precision Industry Co. Ltd. („Foxconn"), die auch für namhafte IT-Marken produzieren, im südchinesischen Shenzhen oder einer anderen chinesischen Stadt stehen. Auch viele Netzwerkausrüster wie die Huawei Technologies Co. Ltd. sitzen und/oder produzieren in der Volksrepublik China. Die dort hergestellten Produkte werden in der Regel so nach Europa geliefert, dass weitere Verarbeitungsschritte im Sinne des Art. 60 Abs. 2 VO (EU) Nr. 952/2013 nicht mehr anfallen. Dies

---

[30] Die VR China ist nicht der einzige Staat, in dem Arbeitnehmerrechte mit Füßen getreten werden. Als wirtschaftliche Großmacht, die jährlich Waren im Wert von ca. 70 Milliarden Euro nach Deutschland exportiert, steht sie stellvertretend für viele Staaten, in denen es ähnlich ist.

[31] Was ja wohl auch Exporte nach Nordrhein-Westfalen einschließt.

bedeutet, dass ein sehr großer Teil der IT-Hardware, die auf dem europäischen Markt erhältlich ist, mit hoher Wahrscheinlichkeit nicht den Anforderungen des § 7 TVgG NRW genügt und deshalb nicht geliefert bzw. beschafft werden dürfte.

In diesem Zusammenhang ist es völlig unerheblich, wenn eine Listenware **65** in einem Listenstaat wie der Volksrepublik China in einem Unternehmen hergestellt wurde, das seinen Arbeitnehmern für dortige Verhältnisse vorbildliche **Arbeitsbedingungen** bietet. Auch wenn ein Acht-Stunden-Tag, eine 40-Stunden-Woche, angemessene Pausen, Tageslicht und Frischluft in den Produktionsstätten u. v. m. gewährleistet sind, hat dies alles nichts mit der Beachtung der sich aus den ILO-Kernarbeitsnormen ergebenden Mindeststandards zu tun.

Dazu gehören vielmehr insbesondere die Arbeitnehmerrechte im Sinne der ÜbK. 87 und 98, die dem Beschäftigten (nicht nur) in der Volksrepublik China unter Androhung schwerer staatlicher Sanktionen verweigert werden.

Folglich reicht es auch nicht aus, wenn ein Unternehmen selbst bereit wäre, Arbeitnehmervertreter als Gesprächspartner zu akzeptieren, wenn es sie denn gäbe, oder z. B. durch den Aushang der Übk. 87 und 98 die Arbeitnehmer auffordert, sich der Staatsmacht zu widersetzen.

5) Umsetzungsprobleme

Nach § 7 TVgG NRW muss der Auftraggeber zumindest prüfen, ob das für **66** den Zuschlag vorgesehene Unternehmen den **erforderlichen Nachweis** geführt hat. Ob aber überhaupt ein Nachweis erforderlich ist, ergibt sich erst aus § 6 RVO TVgG NRW. Danach besteht eine Nachweisobliegenheit für eine **Listenware aus einem Listenstaat.**

Der Auftraggeber weiß zwar aufgrund seiner eigenen Leistungsbeschreibung, ob eine Listenware geliefert werden soll oder ob die Verwendung einer solchen Ware wesentlich für die Ausführung eines Bau- oder Lieferauftrags ist. Er verfügt aber nicht über die hellseherischen Fähigkeiten die häufig notwendig wären um zu wissen, welcher Herkunft die in einer mehr oder weniger fernen Zukunft zu liefernden bzw. zu verwendenden Waren sein werden.

Deshalb müsste der Auftraggeber eigentlich in den Vergabeunterlagen auch fordern, dass die Unternehmen schon mit dem Angebot Angaben zur Herkunft machen. Das führt aber zu dem nächsten Problem. Ein Unternehmen, das sich um den Auftrag zur Neugestaltung des Platzes vor dem Rathaus bewirbt, wird zwar schon im Voraus wissen, dass Pflastersteine aus Granit eingebaut werden. Es kann zwar, muss aber im Stadium des Vergabeverfahrens noch nicht unbedingt wissen, ob der Granit aus der Eifel oder aus Indien stammen wird.

Noch fragwürdiger und letztlich **unzumutbar** wäre die Forderung nach einer Mitteilung der (vermutlichen) Herkunft bei Liefer- oder Dienstleistungsaufträgen mit mehrjähriger Laufzeit.

Teilt ein Bieter wahrheitsgemäß mit, er werde sich erst nach Auftragserteilung aufgrund der dann gegebenen Marktlage entscheiden, bei welchem Baustoffhändler er welche Pflastersteine erwerben werde, bleibt offen, ob § 7 TVgG NRW überhaupt anwendbar ist. Dann entfällt zwangsläufig die Nachweisobliegenheit.

V. Nachweise (§ 7 RVO TVgG NRW)

1. Überblick:

67   Gemäß § 7 TVgG NRW trifft die am Auftrag interessierten Unternehmen im Vergabeverfahren eine Nachweisobliegenheit. § 7 RVO TVgG NRW regelt, mit welchen Mitteln der Nachweis geführt werden kann und trifft nähere Bestimmungen zur Qualität der **Beweismittel.** Außerdem enthält er in Abs. 5 **Ausnahmen** von der Nachweisobliegenheit.[32]

    Den Unternehmen stehen nunmehr **drei** Beweismittel zur Verfügung, nämlich

1. Zertifikate,
2. Mitgliedschaft in einer Initiative, die sich für die Beachtung der ILO-Kernarbeitsnormen einsetzt,
3. gleichwertige Erklärungen Dritter.

68   Weitere Beweismittel sind **nicht mehr zugelassen;** insbesondere sind **Eigenerklärungen** – auch in Gestalt von Verpflichtungserklärungen – nach neuem Recht nicht mehr ausreichend.

    Die **abschließend** aufgeführten Beweismittel müssen bestimmte hohe Anforderungen erfüllen, die sich aus den Absätzen 2, 3 und 4 des § 7 RVO TVgG NRW ergeben.

69   Ein Unternehmen ist allerdings nicht gezwungen, den Nachweis mit einem einzigen der aufgeführten **Beweismittel** zu führen. Wenn z. B. ein Zertifikat nicht alle acht ILO-Kernarbeitsnormen abdeckt, könnte das Unternehmen auch ein zweites „Teilzertifikat" vorlegen oder versuchen, die Lücke mit einem der beiden anderen Beweismittel zu schließen.

    Stehen einem Unternehmen mehrere **vollständige** Beweismittel zur Verfügung, kann es **frei wählen,** welches es vorlegt.

    In vielen Fällen steht der Auftragnehmer an vorletzter Stelle einer mehr oder weniger langen Lieferkette. Es muss deshalb nicht unbedingt selbst ein Zertifikat erwerben bzw. die Ware zertifizieren lassen. Es reicht aus, wenn er z. B. das dem Importeur oder Großhändler erteilte Zertifikat (in Kopie) vorlegt.

70   Mit der Vorlage und dem Abheften bzw. Speichern eines Beweismittels ist es selbstverständlich nicht getan. Der Auftraggeber ist vielmehr **verpflichtet zu prüfen,** ob es auch den jeweiligen, in den Absätzen 2–4 des § 7 RVO TVgG NRW geregelten hohen Anforderungen genügt **und** die erforderliche Aussagekraft hat.

    Eine Möglichkeit ist die Überprüfung eines Zertifikats über die Webseite „http://www.kompass-nachhaltigkeit.de/".

71   Die bereits in § 7 TVgG NRW angelegten Ungereimtheiten finden nahezu zwangsläufig in der Ausführungsbestimmung ihre Fortsetzung. Insbesondere die Möglichkeit der Beweisführung mittels eines Zertifikats ist zumindest sehr fragwürdig. Ein Zertifikat, das den Anforderungen des § 7 Abs. 2 RVO TVgG

---

[32] Bei denen die Frage erlaubt sein muss, ob sie von der Verordnungsermächtigung des § 16 Abs. 4 Nr. 3 TVgG-NRW gedeckt sind.

NRW genügt, beweist, dass eine Ware zum Zeitpunkt der Zertifizierung bestimmte Merkmale aufweist. Damit könnte ein Bieter im Vergabeverfahren zwar belegen, dass es eine solche Ware auf dem Markt gibt. Zu einem weitergehenden Beweis taugt ein Zertifikat aber erst im Stadium der Auftragsausführung.

Der gute Wille, bei der Auftragsausführung nur sozialverträglich gewonnene oder hergestellte Waren zu verwenden, lässt sich im Grunde genommen nur mit der Mitgliedschaft in einer ILO-Initiative oder der Einrichtung eines zielorientierten Einkaufs- bzw. Lieferantenmanagements dokumentieren.

2. Zertifikate (Abs. 2)

Die Möglichkeit, den von § 7 TVgG NRW geforderten Nachweis mit **72** einem Zertifikat zu führen, hat der Verordnungsgeber auf **Liefer- und Dienstleistungen** beschränkt. Ein sachlicher Grund für diese Beschränkung ist nicht ersichtlich.

Als Beweismittel kommt nur ein Zertifikat in Betracht, das zugleich ein Gü- **73** tezeichen im Sinne des § 34 VgV ist. Allerdings kann § 34 VgV wegen der besonderen Zielrichtung des § 7 TVgG NRW nur entsprechend anwendbar sein. Deshalb muss ein ILO-Zertifikat folgende Voraussetzungen erfüllen:

– Alle Anforderungen des Gütezeichens stehen im Zusammenhang mit den sich aus den ILO-Kernarbeitsnormen ergebenen Mindeststandards und sind geeignet, deren vollständige Beachtung zu belegen.
– Die Anforderungen des Gütezeichens beruhen auf objektiv nachprüfbaren und nichtdiskriminierenden Kriterien.
– Das Gütezeichen wurde im Rahmen eines offenen und transparenten Verfahrens entwickelt, an dem alle Gruppen, die ein eigenes (wirtschaftliches oder ideelles) Interesse am Entwicklungsprozess des Gütezeichens haben, teilnehmen konnten.
– Alle an öffentlichen Aufträgen interessierten Unternehmen haben Zugang zum Gütezeichen.
– Die Anforderungen wurden von einem Dritten festgelegt, auf den das Unternehmen, das das Gütezeichen erwirbt, keinen maßgeblichen Einfluss ausüben konnte.

Insbesondere die Erfüllung der zweiten Voraussetzung ist mit kaum lösba- **74** ren Problemen verbunden. Kriterien sind nur dann **objektiv nachprüfbar,** wenn sie das Vorhandensein oder Nichtvorhandensein von Tatsachen belegen, die wiederum in festgelegten und reproduzierbaren Verfahrensschritten feststellbar sind. **Meinungen oder Werturteile** sind keine objektiv nachprüfbaren Kriterien. Dies ist insbesondere im Zusammenhang mit dem Übk. 182 zu beachten.

Es bleibt deshalb abzuwarten, ob und gegebenenfalls wie in den Anforderungen für ein ILO-Zertifikat z. B. für Natursteine aus Asien oder Südamerika die Grenze von schlimmer, aber vergaberechtlich unbedenklicher Kinderarbeit zu besonders schlimmer Kinderarbeit **objektiv nachprüfbar definiert** wird.

Zumindest in der ersten Zeit nach dem Inkrafttreten des § 7 TVgG NRW **75** dürfe das größte Problem sein, überhaupt ein geeignetes Zertifikat zu finden.

Es gibt zwar zahlreiche **Nachhaltigkeitszertifikate,** die sich auch mit den ILO-Kernarbeitsnormen befassen. Sie sind aber entweder nicht zum Nachweis geeignet, weil sie sich nur mit einem Teilaspekt wie der Kinderarbeit befassen, nicht aber z. B. mit den sich aus den Übk. 87 und 98 ergebenden Rechten (die im Übrigen, was oft übersehen wird, auch Rechte der Arbeitgeber einschließen). Oder ihre Anforderungen gehen über die ILO-Kernarbeitsnormen hinaus, indem sie z. b. auch ökologische Aspekte berücksichtigen oder gar in den Mittelpunkt stellen.

Zwar könnte der Auftraggeber ausdrücklich auf überschießende Anforderungen verzichten.[33] Das hilft aber niemandem weiter, solange die Organisationen, die Zertifikate ausstellen, nicht auch Teilzertifikate ausgeben. Es bleibt abzuwarten, ob sich im Laufe der Zeit ein Markt für reine ILO-Zertifikate entwickeln wird.

3. Mitgliedschaft in einer ILO-Initiative (Abs. 3)

76   Ein Unternehmen kann den nach § 7 TVgG NRW notwendigen Nachweis auch dadurch führen, dass es darlegt, **Mitglied** einer ILO-Initiative zu sein.

Es genügt also nicht, dass sich ein Unternehmen aktiv für eine möglichst breite Verwirklichung der in den ILO-Kernarbeitsnormen niedergelegten Ziele einsetzt. Es muss vielmehr **Mitglied einer Organisation** sein, die folgende Voraussetzungen erfüllt:
– Sie verlangt von ihren Mitgliedern die Einhaltung der ILO-Kernarbeitsnormen.
– Sie verfügt über ein effektives System zur Überprüfung der Beachtung der ILO-Kernarbeitsnormen.
– Ihre Anforderungen müssen objektiv nachprüfbar und nicht diskriminierend sein.
– Sie muss offen und transparent arbeiten.
– Sie muss ihrerseits jederzeit einer Überprüfung der Beachtung ihrer eigenen Regeln zugänglich sein.
– Sie muss sich verpflichten, Mitglieder auszuschließen, die ihrer Verpflichtung zur Einhaltung der ILO-Kernarbeitsnormen nicht nachkommen.

77   Unklar ist, was der Verordnungsgeber unter *„Einhaltung der ILO-Kernarbeitsnormen"* versteht. Von der Antwort auf diese Frage hängt u. a. ab, wer Adressat einer entsprechenden Forderung sein kann, was wiederum Bedeutung für die notwendige Zusammensetzung einer ILO-Initiative hat.

Gibt es keine Mitglieder, die zur Einhaltung der ILO-Kernarbeitsnormen angehalten werden können und bei Nichtbeachtung ausgeschlossen werden müssen, erfüllt eine Organisation auch dann nicht die Voraussetzungen des § 7 Abs. 3 RVO TVgG NRW, wenn sie sich für eine weltweite Verbesserung der Kinder- und Arbeitnehmerrechte einsetzt.

78   Unternehmen, die **in einem Mitgliedsstaat der Union tätig** werden, sind ohnehin verpflichtet, die (nationalen) Gesetze zu beachten, die der Umsetzung der ILO-Kernarbeitsnormen dienen. Von ihnen zusätzlich zu verlan-

---

[33] Siehe auch § 34 Abs. 3 VgV.

gen, im Rahmen ihrer Tätigkeit die in § 7 TVgG NRW aufgeführten Übereinkommen zu beachten, machte keinen Sinn.

Natürliche Adressaten der Forderung nach Einhaltung der ILO-Kernarbeitsnormen sind vielmehr Unternehmen, die als Rohstoffproduzenten und/oder Hersteller in Staaten tätig sind, in denen die ILO-Kernarbeitsnormen mehr oder weniger ein Schattendasein führen. In Staaten, in denen entweder die Gesetzeslage oder der Gesetzesvollzug die Einhaltung der ILO-Kernarbeitsnormen nicht gewährleistet, sind deren Ziele nur durch eine enge Zusammenarbeit mit den **Unternehmen vor Ort** möglich. **79**

Dies lässt den Schluss zu, dass die Voraussetzungen des § 7 Abs. 3 RVO TVgG NRW nur erfüllt sind, wenn einer ILO-Initiative auch **Unternehmen angehören, die in einem Listenstaat eine Listenware gewinnen oder herstellen** und deren Verpflichtung zur Einhaltung der ILO-Kernarbeitsnormen (auch) auf der bei Nichtbeachtung gefährdeten Mitgliedschaft beruht.

Allerdings muss ein Unternehmen nach dem Recht des Staates, in dem es tätig ist, auch in der Lage sein, die Anforderung zu erfüllen. So kann man, obwohl Indien dem Kinderschutzübereinkommen 182 nicht beigetreten ist, von einem indischen Unternehmen, das einen Steinbruch betreibt, durchaus verlangen, keine Kinder bei der Förderung einzusetzen. Demgegenüber stößt ein in der Volksrepublik China tätiges Unternehmen schnell an Grenzen, wenn es versuchen sollte, seinen Arbeitnehmern Rechte zuzubilligen, die sich aus den Übk. 87 und 98 ergeben.

Die Mitgliedschaft vom Herstellern und/oder Produzenten darf allerdings nicht dazu führen, dass die ILO-Initiative von ihnen abhängig wird. Die Organisation muss also eine Satzung und eine Struktur haben, die sicherstellen, dass die Entscheidungs- und Prüfungsgremien ihre Aufgaben **ohne Beeinflussung von außen** erfüllen können. **80**

Die Mitgliedschaft ist nicht auf Unternehmen beschränkt. Auch Organisationen wie Gewerkschaften oder NGOs können einer ILO-Initiative angehören. **81**

Angesicht des sibyllinischen Wortwahl des Verordnungsgebers ist allerdings nicht auszuschließen, dass er den Begriff *„Einhaltung der ILO-Kernarbeitsnormen"* überhaupt nicht im Wortsinne verstanden wissen will und nicht an die Mitgliedschaft „exotischer" Produzenten und Hersteller dachte, sondern dass ihm etwas anders vorschwebte: **Importeure** sollen sich verpflichten, nur Waren einzuführen, die von Anderen in andern Teilen der Welt unter Einhaltung der ILO-Kernarbeitsnomen gewonnen oder hergestellt wurden; **Veredlungsbetreibe** wie Schokoladenhersteller sollen eine vergleichbare Verpflichtung eingehen. **82**

Sollte dem so sein, was im Wortlaut des § 7 Abs. 3 RVO TVgG NRW jedoch nicht zum Ausdruck kommt, wäre **entgegen der hier vertreten Auffassung** eine Zusammenarbeit der ILO-Initiative und ihrer Mitglieder mit Produzenten und Herstellern zwar sinnvoll, deren **Mitgliedschaft** aber **keine notwendige Voraussetzung.**

Objektiv nachprüfbar sind Anforderungen, wenn sie mit **Tatsachen** definiert werden. **Meinungen oder Werturteile** sind nicht ausreichend, weil sie sich einer objektiven Nachprüfung entziehen. **83**

Die notwendigen Tatsachen ergeben sich weitgehend aus den ILO-Kernarbeitsnormen selbst. Deshalb dürfen die Anforderungen auch keine von den Übereinkommen nicht gedeckten **Ausnahmen** oder **Ausweichmöglichkeiten** zulassen. So bestimmt beispielsweise Art. 8 Abs. 2 Übk. 87, dass die in diesem Übereinkommen vorgesehenen Rechte weder durch die innerstaatliche Gesetzgebung noch durch die Art ihrer Anwendung geschmälert werden dürfen. Daraus folgt z. B., dass eine gesetzliche Beschränkung des Rechts auf Gründung von Organisationen mit Tarifautonomie eine Missachtung einer ILO-Kernarbeitsnorm beinhaltet, die nicht durch die Zulässigkeit der Bildung von Betriebs- oder Arbeiterräten mit hinter den Übk. 87 und 98 zurückbleibenden Befugnisse ausgeglichen werden kann. Zudem gewähren diese Übereinkommen, was oft übersehen wird, nicht nur **Arbeitnehmern,** sondern auch **Arbeitgebern** weitreichende Rechte.

Probleme dürfte insbesondere die Definition der **besonders schlimmen Kinderarbeit** im Sinne des Art. 3 lit. d) Übk. 182 bereiten. Für Waren, die aus Staaten stammen, die Art. 4 Übk. 182 umgesetzt haben, muss sich diese Umsetzung in den objektiven Anforderungen niederschlagen. Bei Staaten mit Umsetzungsdefiziten oder solchen, die dem Übk. 182 überhaupt nicht beigetreten sind, muss ein Katalog landestypischer Tätigkeiten von Kindern erarbeitet werden, die als ILO-schädlich angesehen werden. Möglich wäre eine Orientierung an der ILO-Empfehlung 190.

84   Alleiniger Maßstab für die Anforderungen sind die ILO-Kernarbeitsnormen. Es ist nicht erforderlich, dass sich die Initiative für darüber hinausgehende Sozialstandards einsetzt.

85   Selbstverständlich ist die Mitgliedschaft in irgendeiner ILO-Initiative allein nicht ausreichend sein. Erforderlich ist darüber hinaus, dass sich die Initiative dafür einsetzt, dass die Listenware, die in dem **konkreten Beschaffungsvorhaben** eine wesentliche Rolle spielt, sozialverträglich gewonnen oder hergestellt wird.

86   Es genügt nicht, dass ein Unternehmen eine Mitgliedschaft in einer Organisation darlegt, die sich als ILO-Initiative bezeichnet. Der Auftraggeber muss vielmehr prüfen, ob diese Organisation alle Voraussetzungen des § 7 Abs. 3 RVO TVgG NRW erfüllt und ein sachlicher Zusammenhang mit dem Leistungsgegenstand besteht.

Wenn und soweit allgemein zugängliche Informationsquellen nicht ausreichen, muss sich der Auftraggeber prüffähige Unterlagen wie die Satzung und das Organigramm der Organisation vorlegen lassen.

4. Gleichwertige Erklärungen Dritter (Abs. 4)

87   Der Nachweis im Sinne des § 7 TVgG NRW kann auch mit der Erklärung eines Dritten geführt werden, die allerdings ebenfalls hohen Anforderungen genügen muss. Sie gilt als gleichwertig, wenn
– bescheinigt wird, dass und wie ein Unternehmen dafür Sorge trägt, dass die im konkreten Auftrag beschafften Waren unter Beachtung der in den ILO-Kernarbeitsnormen festgelegten Mindeststandards gewonnen oder hergestellt worden sind,
– der Dritte unabhängig ist,

– der Dritte über die für die Ausstellung einer zuverlässigen Bescheinigung notwendige fachliche Befähigung verfügt.

Als Beweismittel ausreichend wäre demnach z. B. die Erklärung eines Drit- **88** ten, dass ein Unternehmen über ein **Einkaufsmanagement** bzw. **Lieferantenmanagement** verfügt, das nach menschlichem Ermessen sicherstellt, dass nur Waren eingekauft werden, die sozialverträglich im Sinne der ILO-Kernarbeitsnormen gewonnen oder hergestellt wurden.

Die Forderung nach **Unabhängigkeit des Dritten** hat zur Folge, dass ILO- **89** Konformitätsbescheinigungen von persönlichen oder juristischen Personen, die wie Produzenten, Hersteller, Importeure oder Lieferanten beim Handel mit der fraglichen Ware ein eigenes wirtschaftliches Interesse verfolgen, **nicht als gleichwertig** angesehen werden können.

Als unabhängige Dritte kommen (auch gewerbliche) Zertifizierungs- oder Prüfstellen wie DQS, TÜV oder DEKRA in Betracht, aber auch NGOs wie Clean Clothes, die sich die Verwirklichung der ILO-Kernarbeitsnormen zum Ziel gesetzt haben.

Organisationen, die **Nachhaltigkeitszertifikate mit überschießenden Anforderungen,** aber (noch) keine reinen ILO-Zertifikate ausstellen, könnten z. B. erklären, dass und warum bestimmte Waren ILO-konform sind.

Es obliegt dem Auftraggeber, die Erklärung eines Dritten auf seine Über- **90** einstimmung mit den Voraussetzungen des § 7 Abs. 4 Satz 1 RVO TVgG NRW zu überprüfen. Das gilt auch und gerade für die Unabhängigkeit und die fachliche Eignung.

§ 7 Abs. 4 Satz 2 RVO TVgG NRW enthält eine **Auffangregelung** für den **91** Fall, dass ein Unternehmen ein Zertifikat vorlegt oder eine Mitgliedschaft in einer ILO-Initiative darlegt, der Auftraggeber sich aber nicht in der Lage sieht, abschließend zu beurteilen, ob das Beweismittel allen Anforderungen des Abs. 2 oder des Abs. 3 genügt.

Dann muss er in einem zweiten Schritt prüfen, ob das Beweismittel von einem unabhängigen sowie sachkundigen Dritten stammt und geeignet ist zu belegen, dass das Unternehmen dafür Sorge trägt, dass die im konkreten Auftrag beschafften Waren unter Beachtung der in den ILO-Kernarbeitsnormen festgelegten Mindeststandards gewonnen oder hergestellt worden sind.

Aus unerfindlichen Gründen ist auch der Anwendungsbereich des § 7 **92** Abs. 4 RVO TVgG NRW auf **Liefer- und Dienstleistungen** beschränkt.

5. Verzicht auf Nachweise (Abs. 5)

a) Anlass. Nach § 7 Abs. 5 RVO TVgG NRW kann der Auftraggeber aus- **93** nahmsweise auf einen Nachweis im Sinne des § 7 TVgG NRW **verzichten,**
– wenn in einem Verfahren, in dem § 9 TVgG NRW anwendbar ist[34], nach dessen Abs. 6[35] eine Abweichung vom Bestbieterprinzip zulässig ist;

---

[34] Dies ist grundsätzlich nur bei Unterschwellenbereichsvergaben der Fall. Bei Oberschwellenwertvergaben richtet sich der Zeitpunkt der Vorlage von Nachweisen nach dem jeweils einschlägigen Regelungswerk. Nur wenn und soweit dieses die Vorlage von Nachweisen nur für den Bestbieter zulässt, kann auch ergänzend § 7 Abs. 5 RVO TVgG-NRW in Verbindung mit § 9 Abs. 6 TVgG-NRW Anwendung finden.

[35] Siehe dazu die Kommentierung zu § 9 Abs. 6 TVgG-NRW.

- wenn es den als Bietern in Frage kommenden Unternehmen im Einzelfall objektiv unmöglich ist, für eine bestimmte Ware den nach § 7 TVgG NRW erforderlichen Nachweis zu führen;
- wenn in Einzelfall die Beschaffung sozialpolitisch korrekt hergestellter Waren zu teuer wäre.

94   Als **Hauptanwendungsfall** benennt der Verordnungsgeber ein **Marktversagen.** Darunter versteht er, dass es entweder überhaupt keine Unternehmen gibt, die für eine bestimmte Ware den geforderten Nachweis führen können oder dass die Unternehmen, die den Nachweis führen könnten, viel zu teuer anbieten (würden).

     Ob eine wahrscheinlich sozialverträglich gewonnene oder hergestellte Ware viel zu teuer wäre, ist durch einen Vergleich mit dem durchschnittlichen, von der Gewinnung oder Herstellung unabhängigen **Marktpreis** zu ermitteln. Nach der Vorstellung der Landesregierung[36] ist die Beschaffung von Waren, an deren Gewinnung oder Herstellung z. B. auf übelste Weise ausgebeutete Kinder mitwirkten, dann vergaberechtlich unbedenklich, wenn der Preis für sozialverträglich gewonnene oder hergestellte Ware den Durchschnittspreis **um mehr als 25 %** übersteigt.[37]

95   Der Entscheidung des Auftraggebers muss eine **Markterkundung** vorausgehen. Zu diesem Zweck kann der Auftraggeber den Rat von Sachverständigen einholen, sich bei anderen Auftraggebern nach ihren Erfahrungen mit bestimmten Waren erkundigen und/oder Marktteilnehmer befragen. Selbstverständlich kommen allgemeinzugängliche Informationsquellen wie das Internet in Betracht.

     Die Entscheidung für oder gegen den Verzicht auf einen Nachweis steht **nicht im Ermessen** des Auftraggebers. Ein Verzicht ist nur zulässig, wenn die Markterkundung zu einer breiten, **verlässlichen und aussagekräftigen Tatsachengrundlage** führte, die den Schluss auf ein Marktversagen trägt. Insoweit kann dem Auftraggeber allenfalls ein kleiner Beurteilungsspielraum zugebilligt werden.

96   Erhebliche praktische Bedeutung dürfte § 7 Abs. 5 RVO TVgG NRW bei der Beschaffung von **lnformations- oder Kommunikationstechnik** (Hardware) haben.

97   Ein weiterer Anwendungsfall ist das **Versagen des Verordnungsgebers,** der Unternehmen, die **Bauleistungen** erbringen wollen, aus unerfindlichen Gründen eine Nachweisführung mit einem Zertifikat oder einer gleichwertigen Erklärung Dritter nicht erlaubt. Das einzige zulässige Nachweismittel ist die Mitgliedschaft in einer ILO-Initiative. Solange es aber keine ILO-Initiativen für **Baumaterialien wie Natursteine und Holz** aus Listenstaaten gibt, ist ein Nachweis im Sinne des § 7 TVgG NRW unmöglich.

98   Das Vorliegen eines Ausnahmetatbestands ist im Vergabevermerk mit der Angabe von Gründen zu **dokumentieren.**

---

[36] Vorlage 16/4298 S. 31.
[37] Im Konfliktfall ist der Landesregierung das Geld dann doch wichtiger als das soziale Gewissen.

b) Zeitpunkt. Nach § 7 Abs. 5 RVO TVgG NRW muss der Auftraggeber **99** die Entscheidung über den Verzicht immer **vor der Einleitung des Vergabeverfahrens** treffen.

Stellt er zu einem **späteren Zeitpunkt** fest, dass die Voraussetzungen für einen Verzicht vorliegen könnten, muss er nach dem Willen des Verordnungsgebers das Vergabeverfahren aufheben, eventuell noch notwendige Nachforschungen anstellen und eine Entscheidung treffen, die sich in der Neuausschreibung niederschlägt.

VI. Rechtsfolge der Nichterfüllung der Nachweisobliegenheit

Aus § 7 TVgG NRW folgt im Umkehrschluss ein **Zuschlagsverbot,** das **100** Unternehmen trifft, die den geforderten Nachweis nicht führen. Damit ist aber noch nichts darüber gesagt, wie dieses Zuschlagsverbot **vergaberechtskonform** umgesetzt werden kann.

Die erste Frage ist die nach dem anzuwendenden **Regelungswerk.** **101**

Das in § 9 TVgG NRW geregelte **Bestbieterprinzip,** wonach nur der voraussichtliche Ausschreibungsgewinner einen erforderlichen Nachweis vorzulegen hat, gilt grundsätzlich nur im **Unterschwellenwertbereich.** Insoweit steht § 9 TVgG NRW in der Normenhierarchie über der UVgO und dem Abschnitt 1 der VOB/A.

Bei **Oberschwellenwertvergaben**[38] hat zwar grundsätzlich das jeweils anzuwendende Regelungswerk des Bundes Vorrang. Allerdings gibt es weder in der VgV noch im Abschnitt 2 der VOB/A noch in einem anderen Regelungswerk des Bundes eine Norm, die es einem Auftraggeber verböte, entsprechend § 9 TVgG NRW zu verfahren und den Nachweis nach § 7 TVgG NRW nicht schon mit dem Angebot zu verlangen, sondern sich ausdrücklich vorzubehalten, nur den Bestbieter zur Vorlage aufzufordern.[39]

In einem zweiten Schritt ist danach zu fragen, woran der Nachweis schei- **102** terte. Insoweit gibt es zwei Möglichkeiten: Entweder wurde überhaupt kein Nachweismittel im Sinne des § 7 RVO TVgG NRW vorgelegt oder das vorgelegte Nachweismittel ist wegen materieller Unzulänglichkeiten nicht geeignet, das erforderliche Beweisergebnis zu belegen.

Fehlt das Nachweismittels als solches, ist das Angebot aus dem **formalen Grund** der **Unvollständigkeit** auszuschließen (z. B. nach § 9 Abs. 5 Satz 1 TVgG NRW, § 16 EU Nr. 4 Satz 1 VOB/A oder § 57 Abs. 1 Nr. 2 VgV).

Von dem Fehlen eines Nachweismittels zu unterscheiden sind **Unzuläng-** **103** **lichkeiten,** die bei einer sachlichen Prüfung eines vorliegenden Nachweismittels zu Tage treten und dazu führen, dass ihm der erforderliche Beweiswert abgesprochen werden muss. In Betracht kommen inhaltliche Mängel, aber z. B. auch durchgreifende Zweifel an der Fachkunde oder Unabhängigkeit

---

[38] Nach der hier vertretenen Auffassung (siehe Rn 9 f.) ist § 7 TVgG NRW eine Fehlkonstruktion, die bei Oberschwellenwertvergaben unanwendbar ist.

[39] Für Eignungsnachweise ist das Bestbieterprinzip in der Einheitlichen Europäischen Eigenerklärung angelegt; vgl. 50 Abs. 2 VgV.

des Austellers eines Zertifikats bzw. einer Dritterklärung oder an der Effektivität einer ILO-Initiative.

Diese Unzulänglichkeiten führen nicht zur Unvollständigkeit eines Angebots, sondern sind kommen bei einer **materiellrechtlichen Prüfung** zum Tragen.

104   Im **Unterschwellenwertbereich** lässt sich für diesen Fall aus § 7 TVgG NRW ein Zuschlagsverbot ableiten, das mit der Erwägung begründet werden kann, der notwendige Nachweis sei nicht gelungen.

105   Für **Oberschwellenwertvergaben** ist die Sache komplizierter – und zwar auch dann, wenn man abweichend von der hier vertretenden Meinung annimmt, § 7 TVgG NRW regele eine Ausführungsbedingung.

Das Vergaberecht des Bundes kennt unternehmensbezogene und angebotsbezogene Ausschlussgründe. Die **unternehmensbezogenen** Ausschlussgründe sind **abschließend** in den §§ 123, 124 GWB geregelt; das Scheitern eines Nachweises im Sinne des § 7 TVgG NRW ist unter keinen der dort aufgeführten Ausschlusstatbestände zu subsumieren. Die **angebotsbezogenen** Ausschlussgründe knüpfen, wie sich z. B. aus § 57 Abs. 1 VgV ergibt, an (formale) Unzulänglichkeiten des Angebots selbst an, nicht aber an das Scheitern eines Nachweises aus materiellen Gründen.

Das Erfinden weiterer Ausschlussgründe ist nicht von der Gesetzgebungskompetenz der Länder gedeckt.

106   Im Übrigen hat die Feststellung, dass einem vorgelegten Beweismittel die notwendige Aussagekraft fehlt, bei der **Eignungsprüfung** sowie dann Bedeutung, wenn der Auftraggeber den Nachweis verlangt hat, dass die Leistung bestimmte, in **der Leistungsbeschreibung geforderte Merkmale** aufweist.

Als **Eignungsnachweis** kommt der Nachweis im Sinne des § 7 TVgG NRW allerdings nicht in Betracht, weil es nicht um ein Eignungskriterium geht, das an eine der in § 122 Abs. 2 GWB abschließend aufgeführten Eignungskategorien anknüpft.

Dass § 7 TVgG NRW nichts mit einem Leistungsmerkmal zu tun hat, versteht sich von selbst.

Damit bleibt nur die Feststellung, dass das Scheitern der in § 7 TVgG NRW geforderten Nachweises – was auch immer Sinn und Zweck der Regelung sein mag – bei Vergabeverfahren, die unter die §§ 97 f. GWB fallen, **folgenlos** bleibt.

VII. Kontrollen und Sanktionen (§ 8 RVO TVgG NRW)

1. Überblick

107   § 8 RVO TVgG NRW enthält in erster Linie **verbindliche** Vorgaben für Auftraggeber für die **vertragliche** Ausgestaltung von Kontrollen und Sanktionen im Zusammenhang mit *„der Beachtung von Mindestanforderungen der ILO an die Arbeitsbedingungen"*.

Es geht um die Verknüpfung des Vergabeverfahrens mit der **Leistungsphase.** Der Auftraggeber soll im Vergabeverfahren sicherstellen, dass sich ein Unternehmen für den Fall, dass es den Zuschlag erhält, bestimmten Maßnahmen unterwirft, die naturgemäß erst nach Abschluss des Vergabeverfahrens zum Tragen kommen können.

Darüber hinaus regelt § 8 Abs. 1 Satz 3 RVO TVgG NRW, dass der Auftragnehmer verpflichtet werden soll, seinerseits seine **Nachunternehmer und Lieferanten** vertraglich zu verpflichten, die Kontrollmaßnahmen zu ermöglichen, die den Auftragnehmer in Anwendung des § 8 Abs. 1 Satz 2 und/oder Satz 3 RVO TVgG NRW treffen können.

Das dafür dem Auftraggeber zur Verfügung stehende Instrumentarium sind **108** die **Vertragsbedingungen,** die zu den Vergabeunterlagen gehören.[40]

Vertragsbedingungen werden zum Bestandteil des Vertrages, der mit dem Ausschreibungsgewinner geschlossen wird. Zur Vermeidung von Missverständnissen und späteren Meinungsverschiedenheiten über Inhalt und Tragweite müssen sie **klar und eindeutig** formuliert sein. So reicht es beispielsweise nicht aus, zu vereinbaren, dass der Auftragnehmer, wie es in § 8 Abs. 1 Satz 1 RVO TVgG NRW heißt, *„vollständige und prüffähige Unterlagen"* bereitzuhalten hat. Vielmehr ist dieser unbestimmte Begriff durch eine **genaue Bezeichnung der Unterlagen** zu konkretisieren.

2. Kontrollen (Abs. 1)

§ 8 Abs. 1 RVO TVgG NRW enthält **zwei Alternativen** im Zusammen- **109** hang mit Kontrollen.

Nach **Satz 1** *„ist zu vereinbaren, dass der Auftragnehmer vollständige und prüffähige Unterlagen zur Prüfung der Einhaltung der Vorgaben des § 7 des Tariftreue- und Vergabegesetzes Nordrhein-Westfalen bereitzuhalten und auf Verlangen dem öffentlichen Auftraggeber binnen einer vertraglich zu vereinbarenden angemessenen Frist vorzulegen und zu erläutern hat."*

Nach der **hier vertreten Auffassung** zur Rechtsnatur der Forderung nach § 7 TVgG NRW[41] hat die Regelung **keinen Anwendungsbereich,** weil es an einer Vorgabe fehlt, die in die Leistungsphase hineinreicht. Ein Unternehmen trifft nur die **Obliegenheit,** im Vergabeverfahren einen bestimmten Nachweis zu führen. Zum Auftragnehmer kann ein Unternehmen nur werden, wenn es die Obliegenheit erfüllt, andernfalls scheidet es aus dem Wettbewerb aus. Mit dem Zuschlag wird die Obliegenheit gegenstandslos.

Die nachfolgenden Ausführungen gelten somit nur für den Fall, dass man in **110** der Forderung nach § 7 TVgG NRW mehr sieht als eine auf das Vergabeverfahren beschränkte Nachweisobliegenheit und in die Norm doch das Verlangen nach einer in die **Leistungsphase hineinreichenden Verpflichtung** des Auftraggebers hineininterpretiert.

Der Auftraggeber kann sich mit der Prüfung von Unterlagen, die ihm der **111** Auftragnehmer vorlegt, begnügen, er muss es aber nicht. Nach § 8 Abs. 1 **Satz 2** RVO TVgG NRW steht es in seinem Ermessen, ein **Kontrollsystem** vorzugeben, das (auch) andere und weitergehende Prüfungen z.B. durch einen Dritten vorsieht.

---

[40] Siehe z. B. § 29 Abs. 1 Nr. 3 VgV.
[41] Siehe oben Rn. 9f.

Entscheidet sich ein Auftraggeber für diese Möglichkeit, muss er das Kontrollsystem **mit allen Einzelheiten** beschreiben, weil es nur so, wie es beschreiben wird, zum Vertragsbestandteil werden kann.

Auch die Vorgabe eines Kontrollsystems ist eine Vertragsbedingung, die selbstverständlich in die **Vergabeunterlagen** gehört.

112   **Satz 3** legt dem Auftraggeber auf, mit einer weiteren **Vertragsbedingung** sicherzustellen, dass der Auftragnehmer seinerseits seine **Nachunternehmer und Lieferanten** vertraglich verpflichtet, die Kontrollen zu ermöglichen, die ihn selbst treffen.

Bei **Lieferanten** gebietet der **Verhältnismäßigkeitsgrundsatz** allerdings eine Einschränkung. Verantwortlich gegenüber dem Auftraggeber ist allein der Auftragnehmer. Die Einbeziehung eines Nachunternehmers in eine Überprüfung oder in ein Kontrollsystem mag noch damit zu rechtfertigen sein, dass er unmittelbar in die Auftragsausführung eingebunden ist und im Lager des Auftragnehmers steht. Demgegenüber ist der Lieferant ein Außenstehender. Die Einbeziehung eines Lieferanten ist nur gerechtfertigt, wenn und soweit sich der Auftragnehmer im Rahmen einer Überprüfung oder eines Kontrollsystems auf Unterlagen wie Zertifikate des Lieferanten beruft.

Diese notwendige Einschränkung ist in die **Vertragsbedingungen** aufzunehmen.

3. Vertragsstrafe (Abs. 2)

113   Auch § 8 Abs. 2 RVO TVgG NRW hat nach der hier vertreten Auffassung zur Rechtsnatur der Forderung nach § 7 TVgG NRW[42] keinen Anwendungsbereich.

Die Vereinbarung einer Vertragsstrafe ist nur sinnvoll, wenn eine vertragliche Verpflichtung des Auftragnehmers abgesichert werden soll. Der Auftragnehmer müsste also **vertraglich verpflichtet** sein, nur Waren zu liefern oder zu verwenden, die unter Beachtung der Mindeststandards, die sich aus den ILO-Kernarbeitsnormen ergeben (sollen), gewonnen oder hergestellt wurden.

Eine derartige Verpflichtung könnte ein Auftraggeber zwar als Vertragsbedingung in die Vergabeunterlagen aufnehmen und damit zum Bestandteil des Vertrages mit dem Auftragnehmer machen. Dafür wäre aber allein die Forderung nach einem Nachweis im Sinne des § 7 TVgG NRW schon wegen ihrer **Unbestimmtheit** nicht ausreichend.

114   **Für den Fall,** dass sich die Auffassung durchsetzen sollte, es gebe *„Verpflichtungen nach § 7 des Tariftreue- und Vergabegesetzes Nordrhein-Westfalen"* in der Leistungsphase, müsste der Auftraggeber diese Verpflichtungen mit einer Vertragsstrafe absichern. Auch dies müsste durch die Aufnahme einer entsprechenden **Vertragsbedingung** in die Vergabeunterlagen geschehen.

Die Vertragsstrafe soll für jede **schuldhafte** Pflichtverletzung **1 % der Auftragssumme** betragen. Bei mehrfachen Verstößen darf die Summe der Vertragsstrafen **5 % der Auftragssumme** nicht übersteigen.

115   Die Pflichtverletzung muss nicht vom Auftragnehmer selbst begangen worden sein. Vielmehr haftet er grundsätzlich auch für ein schuldhaftes **Fehlver-**

---

[42] Siehe oben Rn. 9 f.

halten seines Nachunternehmers und – innerhalb der unter VII. 2.) dargestellten Grenzen (Stichwort: Verhältnismäßigkeit) – seines **Lieferanten.**

Allerdings muss dem Auftragnehmer insoweit eine **Exkulpationsmöglichkeit** eingeräumt werden: Wenn er das Fehlverhalten des Nachunternehmers oder des Lieferanten nicht kannte und unter Beachtung der Sorgfaltspflicht eines ordentlichen Kaufmanns auch nicht kennen musste, haftet er nicht.

Merkwürdigerweise soll die Exkulpationsmöglichkeit nur dann bestehen, wenn der Auftragnehmer den Verstoß bei **Beauftragung des Nachunternehmers** oder bei **Berufung auf Nachweise eines Lieferanten** nicht kannte oder kennen konnte.

Wenn aber entgegen der hier vertretenen Auffassung als Verpflichtung im Sinne des § 7 TVgG NRW angesehen wird, dass nur Waren geliefert bzw., verwendet werden dürfen, die unter Beachtung der Mindeststandards, die sich aus den ILO-Kernarbeitsnormen ergeben (sollen), gewonnen oder hergestellt wurden, kann ein Verstoß gegen diese Verpflichtung nur durch die Lieferung oder Verwendung einer Ware, die diesen Anforderungen nicht genügt, begangen werden. Dann wäre es allerdings folgerichtig, für die Frage den Kennens bzw. des Kennenmüssens auf den **Zeitpunkt des Verstoßes** abzustellen.

Eine **unmittelbare** Inanspruchnahme von Nachunternehmern oder Lieferanten durch den Auftraggeber ist nicht vorgesehen. Der Auftragnehmer kann mit diesen vertraglich eine **interne Schuldübernahme** vereinbaren.

Im Streitfall gelten die allgemeinen zivilverfahrensrechtlichen Grundsätze. Der Auftraggeber muss eine schuldhafte Pflichtverletzung darlegen und beweisen. Die Beweislast für eine Exkulpation liegt beim Auftragnehmer.

VIII. Hinweise:

1. Für Auftraggeber

Die hier vertretene Auffassung zur Rechtsnatur der Forderung nach § 7 **116** TVgG NRW hindert einen Auftraggeber selbstverständlich nicht daran, eine ILO-Klausel, die bestimmte oder alle ILO-Kernarbeitsnormen umfassen kann, als Vertragsklausel in Gestalt einer Ausführungsbedingung in die Vergabeunterlagen aufzunehmen und mit dem Instrumentarium des Zivilrechts wie Vertragsstrafe oder Kündigungsrecht abzusichern.

Allerdings sollte der Auftraggeber zunächst prüfen, ob es nicht sinnvoller wäre, soziale Aspekte als Leistungsmerkmale vorzugeben.

So oder so genügt es nicht, bloß auf die Existenz der acht Übereinkommen hinzuweisen oder diese aufzulisten. Da diese Übereinkommen nur Verpflichtungen von Staaten begründen, können sie nicht ohne weiteres zum Bestandteil eines zivilrechtlichen Vertrages werden. Der Auftraggeber muss vielmehr mitteilen, welche Mindeststandards er aus den ILO-Kernarbeitsnormen ableitet und diese verständlich umschreiben. Dies gilt insbesondere für die Abgrenzung von zwar schlimmer, aber trotzdem vergaberechtlich noch unbedenklicher Kinderarbeit zu solcher, die unter den Anwendungsbereich des Art. 3 Übk. 182 fällt.

2. Für Unternehmen

117   Unternehmen, die sich noch um öffentliche Aufträge in Nordrhein-Westfalen bewerben wollen, sollten immer, wenn die Vergabeunterlagen nicht aus
sich heraus verständlich sind, vom Instrument der **Bieterfrage** Gebrauch machen und den Auftraggeber z. B. um Auskunft bitten[43],
– was genau unter „Sorge tragen" zu verstehen ist;
– ob von ihm entgegen dem Wortlaut des § 7 TVgG NRW doch eine Verpflichtungserklärung verlangt wird;
– was genau wie bereits im Vergabeverfahren nachgewiesen werden soll;
– welche Bedeutung und welche Tragweite eine geforderte ILO-Erklärung
  oder ein geforderter ILO-Nachweises insbesondere mit Blick auf die Kinderarbeit hat;
– wie eine ILO-Initiative zusammengesetzt sein muss.
     Eine Bieterfrage nach dem Warum ist angezeigt, wenn der Auftraggeber
Informations- oder Kommunikationstechnik (Hardware) bestellt, ohne gemäß
§ 7 Abs. 5 RVO TVgG NRW auf einen ILO-Nachweis zu verzichten.
     Gleiches gilt, wenn der Auftraggeber in der Ausschreibung eines Bauauf-
trags, bei dessen Ausführung die Verwendung von Natursteinen oder Holz
ein wesentliches Element ist, einen ILO-Nachweis verlangt.
     Eine unbefriedigende Antwort sollte ein Unternehmen zum Anlass neh-
men, eine auf § 7 TVgG NRW gestützte Forderung unabhängig vom Auftragswert als unbestimmt bzw. unzumutbar zu **rügen** und bei Oberschwellenvergaben letztlich auch nicht den Weg zur Vergabekammer scheuen.

IX. ILO-Regelung in anderen Bundesländern im Überblick

1. Berlin

118   Gemäß § 8 Abs. 1 BerlAVG hat der Auftraggeber darauf hinzuwirken, dass
keine Waren Gegenstand der Leistung sind, die unter Missachtung der in den
ILO-Kernarbeitsnormen festgelegten Mindeststandards gewonnen oder hergestellt worden sind. Dies gilt sowohl für Lieferaufträge als auch für Waren,
die im Rahmen der Erbringung von Bau- oder Dienstleistungen verwendet
werden.
     Die Umsetzung erfolgt durch eine entsprechende vertragliche **Ausfüh-
rungsbedingung** (§ 8 Abs. 2 BerlAVG). Der Auftragnehmer soll sich verpflichten, nur Waren zu liefern bzw. zu verwenden, die nachweislich unter
bestmöglicher (?) Beachtung der ILO-Kernarbeitsnormen gewonnen oder
hergestellt worden sind.
     Dies gilt allerdings nur für Waren, die von der zuständigen Senatsverwaltung
in einer entsprechenden **Liste** aufgeführt werden (§ 8 Abs. 3 Satz 1 BerlAVG).

---

[43] Das gilt auch dann, wenn die Landesregierung wieder versuchen sollte, die von ihr
selbst geschaffenen Unklarheiten mit einer umfangreichen FAQ-Liste zu beseitigen. Vergaberechtlich relevant sind allenfalls die auftragsbezogenen Antworten des Auftraggebers.

Die Senatsverwaltung kann zudem in der Liste Nachweismittel wie Zertifikate aufführen, *„bei deren Vorlage die Erfüllung der Anforderungen nach Absatz 1 vermutet wird"* (§ 8 Abs. 3 Satz 2 BerlAVG).

2. Bremen

Gemäß § 18 Abs. 2 TariftVergabeG BR ist bei der Vergabe von Bau-, Lie- **119** fer- oder Dienstleistungen darauf hinzuwirken, dass keine Waren Gegenstand der Leistung sind, die unter Missachtung der in den Kernarbeitsnormen der Internationalen Arbeitsorganisation (ILO) festgelegten Mindeststandards gewonnen oder hergestellt worden sind.

Die Einzelheiten sind in der Bremischen Kernarbeitsnormenverordnung (BremKernV) geregelt. Auch in Bremen ist die Umsetzung durch eine vertragliche **Ausführungsbedingung** vorgegeben.

Allerdings geht die praktische Bedeutung gegen Null. Der Auftragnehmer und seine Nachunternehmern sind nämlich nur verpflichtet, die **nationalen** Rechtsnormen zu beachten, die der Umsetzung der ILO-Kernarbeitsnormen dienen (§ 2 Abs. 1 BremKernV). Maßgeblich sind dabei die Vorschriften des Landes, in dem der Auftragnehmer oder seine Unterauftragnehmer bei der **Ausführung des Auftrages** jeweils tätig werden.

3. Hamburg

§ 3a HmbVgG stimmt inhaltlich mit § 8 Abs. 1 BerlAVG überein. **120**

4. Mecklenburg-Vorpommern

Gemäß § 11 VgG M-V ist bei der Vergabe von Leistungen aller Art darauf **121** hinzuwirken, dass keine Waren Gegenstand der Leistung sind, die unter Missachtung der in den ILO-Kernarbeitsnormen festgelegten Mindeststandards gewonnen oder hergestellt worden sind.

Weitergehende Regelungen fehlen; es gibt auch keine Rechtsverordnung mit Ausführungsbestimmungen.[44]

Dem Auftraggeber steht es somit nach dem Gesetz frei, dem sozialen Aspekt „ILO-Kernarbeitsnormen" durch Aufnahme als Leistungsmerkmal in die Leistungsbeschreibung oder durch Ausgestaltung als Ausführungsbedingen Geltung zu verschaffen. Die dritte Möglichkeit, nämlich die Ausgestaltung als Zuschlagskriterium scheidet aus, weil sonst die Situation „Preis schlägt Soziales" eintreten kann mit der Folge, dass der Auftraggeber billige, aber nicht sozialverträglich gewonnene oder hergestellte Waren erhält.

5. Niedersachsen

Auch § 12 NTVergG gibt dem Auftraggeber auf, bei der Vergabe von Leis- **122** tungen aller Art darauf hinzuwirken, dass keine Waren Gegenstand der Leistung sind, die unter Missachtung der in den ILO-Kernarbeitsnormen festgelegten Mindeststandards gewonnen oder hergestellt worden sind.

---

[44] Es mag aber interne Verwaltungsvorschriften geben, die Einzelheiten regeln.

Die Ausführungsbestimmungen sind in der Niedersächsischen Kernarbeitsnormenverordnung (NKernVO) zu finden. Der Auftraggeber ist verpflichtet, die Einhaltung der ILO-Kernarbeitsnormen über eine vertragliche Ausführungsbedingung sicherzustellen. Eine den Auftragnehmer treffende Nachweisobliegenheit gibt es erst in der Leistungsphase. Gemäß § 2 Abs. 2 NKernVO kann der Auftraggeber unter engen Voraussetzungen auf einen Nachweis verzichten und stattdessen eine bereits mit dem Angebot abzugebende Eigenerklärung ausreichen lassen.

6. Rheinland–Pfalz

123 Auf der Grundlage des § 2 a LTTG RP entspricht die Rechtslage in Rheinland-Pfalz der in Mecklenburg-Vorpommern.

7. Saarland

124 Auf der Grundlage des § 11 STTG entspricht die Rechtslage im Saarland der in Mecklenburg-Vorpommern und Rheinland-Pfalz.

8. Sachsen–Anhalt

125 Nach § 12 Abs. 1 LVG LSA sollen keine Waren Gegenstand der Leistung sein, die unter Missachtung der in den ILO-Kernarbeitsnormen festgelegten Mindeststandards gewonnen oder hergestellt worden sind.

Aufträge dürfen nur an solche Bieter vergeben werden, die sich bei Angebotsabgabe schriftlich verpflichtet haben, den Auftrag gemäß der Leistungsbeschreibung ausschließlich mit Waren auszuführen, die nachweislich unter Beachtung der ILO-Kernarbeitsnormen gewonnen oder hergestellt worden sind (§ 12 Abs. 2 Satz 1 LVG LSA).

Im Übrigen heißt es lapidar, hierzu seien *„von den Bietern entsprechende Nachweise oder Erklärungen zu verlangen"* (§ 12 Abs. 2 Satz 2 LVG LSA).

9. Schleswig–Holstein

126 Gemäß § 18 Abs. 1 TTG SH ist bei der Vergabe von Leistungen aller Art ist darauf hinzuwirken, dass keine Waren Gegenstand der Leistung sind, die unter Missachtung der in den ILO-Kernarbeitsnormen festgelegten Mindeststandards gewonnen oder hergestellt worden sind. Aus § 3 Abs. 5 TTG SH folgt, dass der Auftraggeber soziale Anforderungen für die Auftragsausführung stellen darf, aber nicht in jedem Vergabeverfahren stellen muss.

Die Einzelheiten sind in § 6 SHVg-VO enthalten.

Ab einem geschätzten Auftragswert von 15.000 € muss der Auftraggeber zunächst prüfen, ob die zu beschaffende Leistung sensible Waren in Sinne des § 6 Abs. 2 SHVg-VO enthalten kann, die dem Hauptleistungsgegenstand der Beschaffung zuzurechnen und nicht nur unwesentlicher Bestandteil der Dienst-, Liefer- oder Bauleistung sind.

Gegebenenfalls muss er in einem zweiten Schritt feststellen, ob für diese Waren ein Zertifikat, ein Siegel oder ein sonstiges Bescheinigungsverfahren für die Einhaltung der ILO-Kernarbeitsnormen existiert.

Ist dies der Fall, ist den Vergabeunterlagen das Formblatt „Beachtung der ILO-Kernarbeitsnormen" beizufügen, das teilweise vom Auftraggeber insbesondere durch Vorgabe eines Zertifikats o. ä. ausgefüllt und von den Unternehmen vervollständigt werden muss.

Bereits mit dem Angebot soll ein Unternehmen erklären und beweisen, dass es für die Leistungserbringung ausschließlich Waren verwenden wird, die unter Beachtung der ILO Kernarbeitsnormen gewonnen oder herstellt worden sind – was mit Blick auf den Nachweis unmöglich sein dürfte.

10. Thüringen

§ 11 ThürVgG stimmt wörtlich mit § 12 LVG LSA überein, sodass die **127** Rechtslage in Thüringen der in Sachsen-Anhalt entspricht.

§ 8 Frauenförderung, Förderung der Vereinbarkeit von Beruf und Familie

(1) Öffentliche Aufträge sollen nur an solche Unternehmen vergeben werden, die sich schriftlich verpflichten, bei der Ausführung des Auftrags Maßnahmen zur Frauenförderung und zur Förderung der Vereinbarkeit von Beruf und Familie im eigenen Unternehmen durchzuführen oder einzuleiten sowie das geltende Gleichbehandlungsrecht zu beachten. Satz 1 gilt nur
1. für Unternehmen mit mehr als 20 Beschäftigten (ohne Auszubildende) und
2. für Aufträge über Leistungen ab einem geschätzten Auftragswert ohne Umsatzsteuer von 50 000 Euro und für Aufträge über Bauleistungen ab einem geschätzten Auftragswert ohne Umsatzsteuer von 150 000 Euro.

(2) § 11 ist insoweit entsprechend anzuwenden, als der öffentliche Auftraggeber mit dem Auftragnehmer für jeden schuldhaften Verstoß gegen die Durchführung der vertraglichen Verpflichtung zur Umsetzung der im Rahmen der Eigenerklärung festgelegten Maßnahmen nach Absatz 1 Satz 1 eine Vertragsstrafe nach § 11 Absatz 1 Satz 1 sowie die Möglichkeit einer fristlosen Kündigung entsprechend § 11 Absatz 2 vereinbaren soll. Dies umfasst auch die Vereinbarung von Informations-, Auskunfts- und Dokumentationspflichten des Auftragnehmers. § 11 Absatz 1 Satz 2 ist bei Maßnahmen nach Absatz 1 Satz 1 nicht anwendbar.

Berlin: § 9 BerlAVG i. V. m. § 13 LSG Berlin; **Bremen:** § 18 Abs. 3, 5 TtVG; **Hessen:** § 3 Nr. 4, 5 HVTG; **Niedersachsen:** § 11 Abs. 2 Nr. 2 NTVergG; **Sachsen-Anhalt:** § 4 Abs. 2 Nr. 2, 3 LVG LSA; **Schleswig-Holstein:** § 18 Abs. 3 TTG; **Thüringen:** § 13 Abs. 1 ThürVgG.

Literatur: Burgi, Die Förderung sozialer und technischer Innovationen durch das Vergaberecht, in NZBau 2011, S. 577 ff.; Burgi, Martin, Ökologische und soziale Beschaffung im künftigen Vergaberecht: Kompetenzen, Inhalte, Verhältnismäßigkeit, in NZBau

2016, S. 597 ff.; Frenz, Walter, Soziale Vergabekriterien, in NZBau 2007, S. 17 ff.; Immenga, Ulrich/Mestmäcker, Ernst-Joachim (Hrsg.), Wettbewerbsrecht, 5. Auflage 2014 [zitiert: Immenga/Mestmäcker/Bearbeiter]; Meißner, Barbara, Ökologische und soziale Aspekte der Landesvergabegesetze, in VergabeR 2012, S. 301 ff.; Müller-Glöge/Preis/ Schmidt (Hrsg.), Erfurter Kommentar zum Arbeitsrecht, 17. Aufl. 2017 [zitiert: ErfK/ Bearbeiter]; Müller-Wrede, Malte (Hrsg.), GWB-Kommentar, 2016 [zitiert: Müller-Wrede/Bearbeiter]; Schröder, Holger, Die Frauen- und Familienförderung bei der Vergabe öffentlicher Aufträge in NRW, in NWVbl 2013, S. 48 ff.

Übersicht

I. Allgemeines

1. Rechtliche Grundlagen

1   Die Gleichstellung von Frauen und Männern sowie der Schutz der Familie werden durch verschiedene Grundrechte auf europäischer Ebene gewährleistet. Auf EU-Ebene sind insbesondere Art. 157 AEUV (Gleichstellung von Mann und Frau im Erwerbsleben), Art. 23 GRC (Gleichheit von Frauen und Männern) und Art. 33 GRC (Schutz von Familien- und Berufsleben) hervorzuheben. Speziell die Europäische Union selbst wird von Art. 8 AEUV dazu angehalten, bei allen ihren Tätigkeiten darauf hinzuwirken, Ungleichheiten zu beseitigen und die Gleichstellung von Männern und Frauen zu fördern. Dies betrifft damit die Rechtsetzungsakte durch die Unionsorgane wie Parlament und Rat. Über Art. 33 Abs. 1 GRC wird der rechtliche, wirtschaftliche und soziale Schutz der Familie gewährleistet. Art. 33 Abs. 2 GRC konkretisiert hierzu spezielle Schutzrechte für Eltern wegen der Geburt eines Kindes, „um [das] Familien- und Berufsleben miteinander in Einklang bringen zu können". Art. 33 GRC steht in Zusammenhang mit Art. 7 GRC (Achtung des Privat- und Familienlebens) und Art. 9 GRC (Recht, eine Ehe einzugehen und eine Familie zu gründen). Die GRC gilt für die Organe, Einrichtungen und sonstigen Stellen der Union und für die Mitgliedstaaten ausschließlich bei der Durchführung des Rechts der Union, Art. 51 Abs. 1 GRC. Auf Ebene der Europäischen Menschenrechtskonvention sind Art. 8 (Recht auf Achtung des Privat- und Familienlebens) und das allgemeine Diskriminierungsverbot des Art. 14 EMRK zu nennen.

Auf bundesrechtlicher Ebene enthält Art. 3 Abs. 2 GG eine spezifische Konkretisierung des allgemeinen Gleichheitssatzes aus Art. 3 Abs. 1 GG und des Schutzes vor geschlechterbezogenen Diskriminierungen aus Art. 3 Abs. 3 GG. Insbesondere adressiert Art. 3 Abs. 2 S. 2 GG an den Staat ein Gebot, die tatsächliche Durchsetzung der Gleichberechtigung von Frauen und Männern zu fördern. Gemäß Art. 6 Abs. 1 GG stehen Ehe und Familie unter dem besonderen Schutze der staatlichen Ordnung. Neben der Funktion als Grundrecht und Institutsgarantie folgen hieraus hinsichtlich Ehe und Familie für den Staat auch ein Benachteiligungs- und Beeinträchtigungsverbot sowie ein Gebot, Ehe und Familie durch geeignete Maßnahmen zu fördern.[1] Auch die Verfassungen der Länder kennen Gewährleistungspflichten zur Gleichstellung von Männern und Frauen bzw. zur Familienförderung, beispielsweise Art. 5 NRW Verf.

Es ist seit einigen Jahren anerkannt, dass mit der öffentlichen Auftragsvergabe auch strategische, also eigentlich **vergabefremde Ziele** verfolgt werden können **(politikorientierte Vergabe).** Der Gesetzgeber unterstützt dies, da öffentliche Aufträge jährlich ein Volumen von ca. 18% des europäischen Bruttoinlandsprodukts ausmachen.[2] Folglich ergibt sich mit der Vergabe öffentlicher Aufträge erhebliches Potential für gesellschaftliche Effekte. Bereits in Art. 26 der Richtlinie 2004/18/EG des Europäischen Parlaments und des Rates vom 31. März 2004 über die Koordinierung der Verfahren zur Vergabe öffentlicher Bauaufträge, Lieferaufträge und Dienstleistungsaufträge[3] war vorgesehen, dass zusätzliche Bedingungen für die Ausführung des Auftrags insbesondere auch soziale Aspekte betreffen können.

Zu diesen sozialen Aspekten, die als Teil einer politikorientierten Vergabe zulässig sind, gehörte bereits vor der Vergaberechtsreform im Jahr 2014 die Frauenförderung.[4] Vor dem Hintergrund, dass die unions- und bundesrechtlichen Grundlagen, insbesondere § 97 Abs. 4 GWB, seinerzeit noch relativ allgemein formuliert waren, blieb das zulässige Maß der Berücksichtigung solcher Aspekte jedoch mit Unsicherheiten behaftet.[5] Dies galt insbesondere mit Blick auf die Frage, inwieweit schon bei der Leistungsbeschreibung oder erst bei der Auftragsausführung derartige Ziele zum Tragen kommen durften.[6] Mit der Vergaberechtsreform wurde aber die Möglichkeit für den Auftraggeber, mit der Auftragsvergabe die Gleichstellung der Geschlechter und die Vereinbarkeit von Beruf und Familie zu fördern, weiter gestärkt. In Art. 67 Abs. 2 Richtlinie 2014/24/EU des Europäischen Parlaments und des Rates vom 26. Februar 2014 über die öffentliche Auftragsvergabe und zur Aufhebung der Richtlinie 2004/18/EG[7] wurde nun hinsichtlich des Zuschlags festgelegt, dass

---

[1] BVerfGE 6, 55 (76) = NJW 1957, 417.
[2] Presseerklärung des Europäischen Parlaments v. 15.1.2014.
[3] ABl. L 134/114 v. 30.4.2004.
[4] Immenga/Mestmäcker/Dreher § 97 GWB Rn. 235.
[5] Burgi NZBau 2011, 577 [581].
[6] Frenz NZBau 2007, 17 [19ff.].
[7] ABl. L 94/65 v. 28.3.2014.

bei der Bestimmung des aus Sicht des öffentlichen Auftraggebers wirtschaftlich günstigsten Angebots auch **soziale Aspekte** einbezogen werden können. Zu den Bedingungen, die für die Auftragsausführung gemacht werden können, wird ausdrücklich ausgeführt, dass diese auch die Umsetzung von Maßnahmen zur **Förderung der Gleichstellung von Frauen und Männern am Arbeitsplatz,** zur verstärkten Beteiligung der Frauen am Erwerbsleben und zur Begünstigung der **Vereinbarkeit von Arbeit und Privatleben** betreffen können.[8]

5   Soziale und damit auch gleichstellungspolitische Aspekte konnten bereits nach § 97 Abs. 4 S. 2 GWB a. F. im Vergabeverfahren berücksichtigt werden. Im Zuge der Umsetzung der Vergaberichtlinien wurde § 97 Abs. 4 S. 2 GWB a. F. durch § 97 Abs. 3 GWB ersetzt. Danach werden bei der Vergabe Aspekte der Qualität und der Innovation sowie soziale und umweltbezogene Aspekte nach Maßgabe des Vierten Teils des GWB berücksichtigt. Die im neuen Abs. 3 genannten Aspekte stehen nunmehr in einem vergleichbaren Rang wie die in § 97 Abs. 1 GWB niedergelegten Grundsätze der Transparenz, der Verhältnismäßigkeit und des Wettbewerbs.[9]

6   Auf Landesebene stehen Vorgaben zur Familien- und Frauenförderung nicht zuletzt im Kontext mit Gleichstellungs- und Frauenförderungsgesetzen.[10]

7   Außer in Nordrhein-Westfalen sind Maßnahmen zur Frauenförderung und zur Förderung der Vereinbarkeit von Beruf und Familie in mehreren anderen Bundesländern entweder als zusätzliche Ausführungsbedingung oder als Zuschlagskriterium vorgesehen. In Baden-Württemberg, Hamburg, Mecklenburg-Vorpommern, Rheinland-Pfalz, Sachsen und im Saarland existiert keine vergleichbare Regelung.

2. Chancengleichheit im Beruf und Wirkung des TVgG NRW

8   Die Notwendigkeit, die Gleichstellung von Frauen und Männern im Berufsleben auch über das Recht der öffentlichen Auftragsvergabe zu gewährleisten, ist durch den Gesetzgeber zum ursprünglichen TVgG NRW nicht gesondert begründet worden, sie wurde vielmehr vorausgesetzt.[11] Dies erstaunt insofern, als es sich (unter Berücksichtigung der Normenzahl in der RVO zum TVgG NRW) um das mit am detailliertesten geregelte Vergabeziel des TVgG NRW handelt. Dass es bei der Chancengleichheit von Frauen und Männern im Beruf teilweise immer noch erhebliche Defizite gibt, steht gleichwohl außer Frage. Wie aus der „5. Bilanz Chancengleichheit" der Bundesregierung aus dem Jahr 2013 hervorgeht, ist die **Erwerbstätigenquote** von Frauen in Deutschland seit 2000 zwar deutlich gestiegen und lag

---

[8] Erwägungsgrund 98 der Richtlinie 2014/24/EU; siehe zur Novelle mit Blick auf soziale Kriterien auch ausführlich Burgi NZBau 2016, 597 [599ff.].

[9] Böer in Müller-Wrede/Fehns § 97 GWB Rn. 67.

[10] In NRW etwa das Gesetz zur Gleichstellung von Frauen und Männern für das Land Nordrhein-Westfalen (Landesgleichstellungsgesetz – LGG), GV. NRW. 1999 S. 590, in Kraft getreten am 20.11.1999, das gemäß § 1 Abs. 1 S. 2 auch dem Ziel dient, die Vereinbarkeit von Beruf und Familie für Frauen und Männer zu verbessern.

[11] Begründung zum TVgG NRW a. F., LT-Drs. 15/2379.

im Jahr 2011 bei 68% (EU-Durchschnitt: 59%). Die Erwerbstätigenquote von Männern in Deutschland lag aber bei 77%.[12] Auch der Anteil von Frauen in Führungspositionen lag mit 30% immer noch unter dem Anteil der Führungspositionen bei den Männern.[13] Männer befanden sich zudem im Jahr 2011 zu 73% in einer unbefristeten Vollzeitbeschäftigung, bei Frauen waren dies hingegen nur 43%. Die übrigen 57% befanden sich in sogenannten atypischen Beschäftigungsverhältnissen wie Teilzeit, befristeter Beschäftigung, geringfügiger Beschäftigung oder Ein-Personen-Selbstständigkeit.[14] Die Erwerbstätigenquote von Müttern mit Kindern unter 3 Jahren lag überdies nur bei knapp 32%. Auch wenn die Erwerbstätigkeit von Müttern mit zunehmendem Alter des Kindes wieder anstieg, liegt dagegen die Erwerbstätigenquote von Vätern unabhängig vom Alter des Kindes stets zwischen 83 und 86%.[15] Der Bericht der Bundesregierung kommt auch zu dem Schluss, dass viele Eltern in Deutschland Familie und Beruf nach wie vor nicht optimal vereinbaren können. Um dies zu ändern, sei es insbesondere auch erforderlich, dass Unternehmen und Betriebe familienfreundliche Arbeitszeiten und Maßnahmen zur Vereinbarkeit von Familie und Beruf zunehmend als Thema für Frauen und Männer verstehen und notwendige Maßnahmen umsetzen.[16]

Die **praktische Wirkung** von Vorgaben zur Familien- und Frauenförderung ist im Zuge der Evaluierung des TVgG NRW aufgrund von § 22 Abs. 2 TVgG NRW a. F. untersucht worden. Danach begegnet die Umsetzung insbesondere in solchen Betrieben Schwierigkeiten, die im Bereich des Ingenieur- und Bauwesens tätig sind oder nur wenige Mitarbeiterinnen und Mitarbeiter haben. Dies belegt der Endbericht der Firma Kienbaum.[17] Von 332 befragten Vergabestellen geht nur ein sehr geringer Teil (9%) davon aus, dass das TVgG NRW zu einer verbesserten Frauenförderung bei Auftragnehmern und Bietern beiträgt, wobei 42% in dieser Frage unschlüssig waren.[18] Deutlicher waren die Äußerungen der befragten 247 Unternehmen: hiervon gaben 15% an, dass es bei ihnen zu einer verbesserten Frauenförderung gekommen sei, während die übrigen 85% der Ansicht waren, dass dies bei ihnen eher nicht

9

---

[12] Fünfte Bilanz der Vereinbarung zwischen der Bundesregierung und den Spitzenverbänden der deutschen Wirtschaft zur Förderung der Chancengleichheit von Frauen und Männern in der Privatwirtschaft, Juni 2013, S. 43.

[13] Fünfte Bilanz der Vereinbarung zwischen der Bundesregierung und den Spitzenverbänden der deutschen Wirtschaft zur Förderung der Chancengleichheit von Frauen und Männern in der Privatwirtschaft, Juni 2013, S. 87.

[14] Fünfte Bilanz der Vereinbarung zwischen der Bundesregierung und den Spitzenverbänden der deutschen Wirtschaft zur Förderung der Chancengleichheit von Frauen und Männern in der Privatwirtschaft, Juni 2013, S. 49.

[15] Fünfte Bilanz der Vereinbarung zwischen der Bundesregierung und den Spitzenverbänden der deutschen Wirtschaft zur Förderung der Chancengleichheit von Frauen und Männern in der Privatwirtschaft, Juni 2013, S. 65.

[16] Fünfte Bilanz der Vereinbarung zwischen der Bundesregierung und den Spitzenverbänden der deutschen Wirtschaft zur Förderung der Chancengleichheit von Frauen und Männern in der Privatwirtschaft, Juni 2013, S. 113.

[17] Endbericht zur Evaluierung des TVgG NRW, Lt.-Vorl. 16/2771, S. 71.

[18] Endbericht zur Evaluierung des TVgG NRW, Lt.-Vorl. 16/2771, S. 94.

(40%) oder gar nicht (45%) der Fall sei.[19] Dafür stuften die befragten Unternehmen den durch die Frauenförderung ausgelösten, zusätzlichen Aufwand im Vergleich zu anderen Anforderungen nach dem TVgG NRW als vergleichsweise gering ein, da hauptsächlich Angaben zur Frauenförderung in der Verpflichtungserklärung gemacht, aber keine entsprechenden Nachweise erbracht werden mussten.[20] Als vorsichtiges Fazit lässt sich daher feststellen, dass durch das TVgG NRW angeregte Maßnahmen zur Frauenförderung und zur Förderung der Vereinbarkeit von Beruf und Familie bislang nur zu geringen, praktischen Erfolgen geführt haben dürften. Einerseits wirft dies die Frage nach der Zweckmäßigkeit entsprechender Regelungen im Landesvergaberecht auf, zumal die pauschale Anwendbarkeit solcher Vorgaben auf sämtliche öffentlichen Aufträge unberücksichtigt lässt, dass in bestimmten Branchen, wie dem Baugewerbe, der höhere Anteil von männlichen Angestellten zum Teil den körperlichen Anforderungen geschuldet sein könnte.[21] Andererseits können entsprechende Vorgaben aber, insbesondere mit Blick auf den häufig schon eingetretenen Fachkräftemangel, eine Initialzündung für solche Branchen darstellen, in denen noch ein entsprechender Nachholbedarf besteht.[22] So fördert gerade die Bauindustrie in Nordrhein-Westfalen durch Kooperationen mit Universitäten und Hochschulen bauspezifische Studiengänge und ermuntert dabei insbesondere junge Frauen, ein technisches Studium zu beginnen.[23] Die weitere Entwicklung in der Privatwirtschaft in den nächsten Jahren bleibt daher abzuwarten.

II. Regelungsgehalt und Zweck der Norm

10   § 8 TVgG NRW ist, bis auf bestimmte sprachliche Anpassungen, inhaltlich zum größten Teil identisch mit § 19 TVgG NRW a. F. Die Gesetzesbegründung zur Vorgängernorm führte aus: „Mit dieser Vorschrift wird das politische Ziel realisiert, bei der Vergabe öffentlicher Aufträge des Landes und seiner Behörden die Möglichkeiten zu nutzen, u. a. stärker auf Genderaspekte zu achten"[24]. Letztlich soll mit § 8 TVgG NRW bei der Vergabe öffentlicher Aufträge die Gleichstellung von Frauen und Männern im Berufsleben gefördert werden, soweit nicht die Lohngleichheit betroffen ist; letztere wird über § 4 TVgG NRW sichergestellt. Als einen der wesentlichsten Gesichtspunkte zur Verwirklichung einer tatsächlichen Gleichstellung betrifft § 8 TVgG NRW auch die Vereinbarkeit des Berufs mit dem Familienleben.

11   §§ 9 bis 13 der RVO TVgG NRW regeln die konkret möglichen Maßnahmen, die Anzahl der durchzuführenden oder einzuleitenden Maßnahmen abhängig von der Unternehmensgröße, die Mustererklärung, die Dokumentation durch den Auftragnehmer und die Auskunftsbefugnisse des

---

[19] Endbericht zur Evaluierung des TVgG NRW, Lt.-Vorl. 16/2771, S. 98.
[20] Endbericht zur Evaluierung des TVgG NRW, Lt.-Vorl. 16/2771, S. 121.
[21] Meißner VergabeR 2012, 301 [308].
[22] Schröder NWVbl 2013, 48 [51].
[23] Stellungnahme des Bauindustrieverbands NRW zum TVgG NRW vom 26. 10. 2016, LT-Stellungn. 16/4394, S. 5.
[24] NRW-LT-Drs. 15/2379, S. 51.

Auftraggebers. Die entsprechende Verordnungsermächtigung findet sich in § 16 Abs. 4 Nr. 4 TVgG NRW.

1. „Soll-„ Verpflichtung durch den Auftraggeber

Bestimmte öffentliche Aufträge sollen nach § 8 Abs. 1 S. 1 TVgG NRW nur **12** an solche Unternehmen vergeben werden, die sich verpflichten, bei der Ausführung des Auftrags[25] Maßnahmen zur Frauenförderung und zur Förderung der Vereinbarkeit von Beruf und Familie im eigenen Unternehmen durchzuführen oder einzuleiten sowie das geltende Gleichbehandlungsrecht zu beachten. Damit ist der öffentliche Auftraggeber nicht zwangsläufig dazu verpflichtet, bei jedem Auftrag von einem von § 8 TVgG NRW erfassten Unternehmen Maßnahmen zur Frauen- bzw. Familienförderung zu fordern. Wegen der „**Soll**"-Vorgabe ist er gleichwohl im Regelfall hierzu angehalten.[26] Zu den Ausnahmen siehe Nr. 3.

Gestrichen wurde gegenüber der Vorgängernorm die Tatbestandsvorausset- **13** zung, dass sich das Unternehmen „bei der Angebotsabgabe" in einer Erklärung zur Einleitung und Durchführung von Maßnahmen der Frauen- bzw. Familienförderung verpflichten muss. Hierdurch wird aber nur eine überflüssige Wiederholung gestrichen, da § 9 TVgG NRW regelt, wann und wie die nach diesem Gesetz erforderlichen Nachweise und Erklärungen zu erbringen sind. Öffentliche Auftraggeber sind nach § 9 Abs. 2 S. 1 TVgG NRW verpflichtet, in der Bekanntmachung des öffentlichen Auftrags und in den Vergabeunterlagen darauf hinzuweisen, dass die Bieter im Fall der beabsichtigten Zuschlagserteilung die nach diesem Gesetz erforderlichen Nachweise und Erklärungen nach Aufforderung innerhalb einer nach Tagen genau bestimmten Frist vorlegen müssen.

2. Verpflichtungserklärung des Unternehmens

Liegen die Tatbestandsvoraussetzungen des § 8 Abs. 1 TVgG NRW vor, erfolgt **14** die Verankerung von Maßnahmen zur Frauenförderung und zur Vereinbarkeit von Beruf und Familie durch die Einholung einer entsprechenden **Verpflichtungserklärung des Unternehmens,** deren Inhalt im Falle der Zuschlagserteilung zum Vertragsbestandteil wird. Die entsprechende Muster-Verpflichtungserklärung ist der RVO TVgG NRW als Anlage 2 beigefügt. Sie stellt den gesetzlichen Mindestinhalt dar. Der in § 8 Abs. 1 S. 1 TVgG NRW verwendete Wortlaut „schriftlich" ist kein Verweis auf die Schriftform i. S. d. § 126 BGB. Da § 9 Abs. 4 TVgG NRW die Abgabe auch in **Textform** zulässt, also auch die Übermittlung per Telefax, das Einscannen der Verpflichtungserklärungen und/oder die Übersendung per E-Mail, kann die Erklärung auch eigenständig gestaltet werden, solange der Mindestinhalt enthalten ist. Insbesondere muss der Auftragnehmer die Maßnahmen benennen, die er für sein Unternehmen ausgewählt hat.

Verpflichtungserklärungen zur Förderung von Beruf und Familie sind zu- **15** sätzliche Bedingungen (Anforderungen) an die Auftragsausführung, sie dürfen daher nicht zur Eignungsprüfung herangezogen werden.[27] Gibt der Auftrag-

---

[25] Zum Erfordernis des Leistungsbezugs siehe Frenz NZBau 2007, 17 [22f.].
[26] So auch Schröder NWVbl 2013, 48 [49].
[27] Schröder NWVbl 2013, 48 [50].

nehmer aber eine unrichtige Erklärung ab oder hält er eine abgegebene Erklärung später nicht ein, kann dies in zukünftigen Vergabeverfahren einen Ausschluss vom Vergabeverfahren wegen mangelnder Eignung nach sich ziehen.[28]

3. Ausnahmen

16   Sofern ein Bieter durch Zuschlag bereits zur Durchführung oder Einleitung von Maßnahmen der Frauenförderung oder der Vereinbarkeit von Beruf und Familie gemäß § 9 RVO TVgG NRW verpflichtet wurde, kann er sich hierauf in der Verpflichtungserklärung[29] bei einem weiteren Auftrag innerhalb von zwölf Monaten nach dem Tag des Zuschlags berufen, § 11 Abs. 2 S. 1 RVO TVgG NRW. Dies dient der Verfahrenserleichterung. Die Maßnahmen der Frauenförderung oder der Vereinbarkeit von Beruf und Familie, zu deren Durchführung oder Einleitung sich das Unternehmen verpflichtet hat, müssen ordnungsgemäß umgesetzt worden sein. Auf Verlangen des öffentlichen Auftraggebers hat der Bieter die Durchführung oder Einleitung der umgesetzten Maßnahmen zu belegen. Hat der Bieter bereits sämtliche in § 9 RVO TVgG NRW genannten Maßnahmen umgesetzt, braucht er nur dies zu erklären und auf Verlangen nachzuweisen.[30]

17   Weder § 8 TVgG NRW noch die §§ 9 ff. RVO TVgG NRW sehen ansonsten konkrete **Ausnahmetatbestände** vor, unter denen es einem an sich betroffenen Auftragnehmer – insbesondere aus Gründen der Verhältnismäßigkeit – erlassen werden kann, entsprechende Maßnahmen durchzuführen. Ob der Auftragnehmer ausnahmsweise von den entsprechenden Vorgaben nach § 8 Abs. 1 TVgG NRW absehen kann, liegt vielmehr im Ermessen des Auftraggebers, welches jedoch durch die „Soll"-Bestimmung zugunsten der Frauen- und Familienförderung intendiert ist.[31] Entsprechend bedarf es einer Begründung durch den Auftraggeber. Welche Aspekte er dabei im Einzelfall berücksichtigen kann, wird im Rückgriff auf die Muster-Verpflichtungserklärung deutlich. Sie sieht vor, dass der Auftragnehmer entsprechende Gründe darlegen kann. Zum einen kann der Bieter darlegen, dass er aus **objektiv belegbaren Gründen** nicht in der Lage ist, bei den im Rahmen der Durchführung dieses öffentlichen Auftrags eingesetzten Mitarbeiterinnen und Mitarbeitern Maßnahmen der Frauen- und Familienförderung durchzuführen. Zum anderen kann er darlegen, dass für ihn die Durchführung oder Einleitung von Maßnahmen der Frauen- oder Familienförderung im Hinblick auf das Volumen des öffentlichen Auftrags und/oder der Anzahl der konkret mit dem öffentlichen Auftrag eingesetzten Mitarbeiter im Verhältnis zum Gesamtumsatz des Betriebes und/oder der gesamten Belegschaft des Betriebes unverhältnismäßig und unzumutbar ist.[32] Die **Darlegungslast** liegt insofern beim Auftragnehmer. Der Auftraggeber hat bei einer entsprechenden Erklärung im Rahmen seines Ermessens zu prüfen, ob er die vom Auftragnehmer angeführt-

---

[28] OLG Düsseldorf ZfBR 2014, 815.
[29] Ziffer 2.3 der Anlage 2 RVO TVgG NRW.
[30] Ziffer 2.3 der Anlage 2 RVO TVgG NRW.
[31] Siehe 1.
[32] Ziffer 2.3 der Anlage 2 RVO TVgG NRW.

ten Gründe für überzeugend hält oder nicht. Es empfiehlt sich, dies zu dokumentieren.

III. Betroffene Auftragnehmer

Zu Maßnahmen der Frauen- und Familienförderung dürfen nur solche **18** Unternehmen verpflichtet werden, die **mehr als 20 Beschäftigte** (ohne Auszubildende) haben, § 8 Abs. 1 S. 2 Nr. 1 TVgG NRW. Die Unanwendbarkeit bei weniger als 20 Beschäftigten dient der Verhältnismäßigkeit[33], sie entspricht § 20 Abs. 1 LGG NRW, wonach die Pflicht zur Erstellung von Gleichstellungsplänen nur bei Dienststellen mit mindestens 20 Beschäftigten greift. Die bei der Durchführung dieses Auftrages eingesetzten Nachunternehmer und Verleiher von Arbeitskräften sind ebenfalls nicht verpflichtet, Maßnahmen der Frauenförderung oder der Vereinbarkeit von Beruf und Familie nach § 8 TVgG NRW umzusetzen.

Während es für die Berechnung der Unternehmensgröße nach § 10 Abs. 1 **19** und 2 RVO TVgG NRW in § 10 Abs. 4 S. 1 RVO TVgG NRW nunmehr einen ausdrücklichen Verweis auf § 5 des Betriebsverfassungsgesetzes in der Fassung der Bekanntmachung vom 25. September 2001[34] gibt, fehlt in § 8 Abs. 1 S. 2 Nr. 1 TVgG NRW wie schon in § 19 TVgG NRW a. F. ein Hinweis darauf, welcher **Beschäftigtenbegriff** für die Anwendungsschwelle zu Grunde zu legen ist. Mit Blick auf die Intention des Gesetzgebers, die Frauen- und Familienförderung in den Unternehmen zu verbessern und unter Berücksichtigung der besonderen Regelung in § 10 Abs. 4 S. 1 RVO TVgG NRW, die andernfalls wenig Sinn machen würde, liegt im Kontext der Anwendungsschwelle eine weite Auslegung nahe, so dass grundsätzlich alle nicht selbstständig tätigen Mitarbeiterinnen und Mitarbeiter des Auftragnehmers mit Ausnahme von Auszubildenden erfasst sind.[35] Die Zahl der Beschäftigten ist nach der **„Zahl der Köpfe"**, also unabhängig davon zu ermitteln, ob die Beschäftigung in Teil- oder Vollzeit erfolgt. Es erfolgt keine Umrechnung in Vollzeit-Äquivalente. Ebenfalls unerheblich ist, ob es sich um 450-Euro-Kräfte handelt.[36] In Grenzfällen erscheint eine Orientierung am Arbeitnehmerbegriff der Rechtsprechung angebracht. Schüler und Studierende zählen danach als Arbeitnehmer, wenn sie über einen Arbeitsvertrag als 450-Euro-Kraft, Werkstudent etc. verfügen, nicht aber, wenn sie im Betrieb ein Praktikum als Bestandteil ihrer Schulausbildung[37] bzw. ihrer Fachschul- oder Hochschulausbildung absolvieren.[38]

Verfügt ein Bieterunternehmen im Zeitpunkt der Angebotsabgabe im Er- **20** gebnis lediglich über 20 oder weniger Beschäftigte, erschöpft sich die abzuge-

---

[33] Zur Kritik an der niedrigen Schwelle Meißner VergabeR 2012, 301 [308].
[34] BGBl. I S. 2518.
[35] Schröder NWVbl 2013, 48 [49].
[36] So schon die FAQ zu § 18 Abs. 4 RVO TVgG NRW a. F., abrufbar unter https://www.vergabe.nrw.de/faq/tariftreue-und-vergabegesetz-nrw (Stand: 1.2.2015; abgerufen am 9.3.2017).
[37] BAG NZA 1990, 896.
[38] BAG Beschl. v. 15.3.2006 – 7 ABR 39/05.

bende Information auf der entsprechenden Verpflichtungserklärung in eben dieser Angabe.[39]

IV. Betroffene Aufträge

21   § 8 Abs. 1 TVgG NRW ist, wie auch durch die ausdrückliche Nennung von Liefer-, Dienst- und Bauleistungen in den Nummern 1 und 2 deutlich wird, nicht auf bestimmte Aufträge beschränkt. Gleichwohl wird nicht jeder öffentliche Auftrag von § 8 TVgG NRW erfasst. Für die Anwendbarkeit der Maßnahmen zur Frauen- und Familienförderung enthält § 8 Abs. 1 S. 2 Nr. 2 TVgG NRW – wie bereits § 19 Abs. 1 S. 2 Nr. 2 TVgG NRW a. F. – eigene **Schwellenwerte.** Dieser liegt für Liefer- und Dienstleistungen bei einem geschätzten Auftragswert von **50.000 Euro** und bei Bauleistungen bei einem geschätzten Auftragswert von **150.000 Euro,** jeweils ohne Umsatzsteuer. Auf diese Weise wird aus Gründen der Verhältnismäßigkeit neben der Beschäftigtenzahl der Bieter eine zusätzliche Einschränkung des Anwendungsbereichs von § 8 Abs. 1 S. 1 TVgG NRW aufgestellt.

22   Die Voraussetzungen des § 8 Abs. 1 S. 2 TVgG NRW müssen **kumulativ** vorliegen. Dementsprechend gilt § 8 Abs. 1 S. 1 TVgG NRW generell nicht bei Aufträgen unterhalb der für die Auftragsarten jeweils maßgeblichen Schwellenwerte von 50.000 bzw. 150.000 Euro, selbst wenn die notwendige Zahl der Beschäftigten nach § 8 Abs. 1 S. 2 Nr. 1 TVgG NRW erreicht oder überschritten wird. Umgekehrt werden Aufträge oberhalb der genannten Schwellen dann nicht erfasst, wenn vom Auftragnehmer die Zahl von mindestens 21 Beschäftigten nicht erreicht wird.

V. Geeignete Maßnahmen

1. Auswahl der Maßnahmen

23   § 9 RVO TVgG NRW enthält eine Auflistung **(Maßnahmenkatalog),** welche konkreten Maßnahmen zur Frauenförderung oder Förderung der Vereinbarkeit von Beruf und Familie als ergänzende vertragliche Ausführungsbedingungen verlangt werden dürfen. Diese sind:
1. Maßnahmen zur Gewinnung von Mädchen und Frauen für ein betriebliches Praktikum, insbesondere in den männerdominierten Berufen,
2. Untersagung und Unterbindung eines Verhaltens verbaler und nicht-verbaler Art, welches bezweckt oder bewirkt, dass weibliche Beschäftigte lächerlich gemacht, eingeschüchtert, angefeindet oder in ihrer Würde verletzt werden,
3. explizite Ermutigung von Frauen sich zu bewerben, wenn im Betrieb Ausbildungs- und Arbeitsplätze in männerdominierten Berufsbereichen zu besetzen sind,

---

[39] Vgl. Nr. 1 der Anlage 2 RVO TVgG NRW.

4. Berücksichtigung von weiblichen Auszubildenden bei der Übernahme in ein Arbeitsverhältnis zumindest entsprechend ihrem Anteil an den Auszubildenden,
5. Befragung von Beschäftigten zu ihren Arbeitszeitwünschen, Auswertung einschließlich Einleitung von Umsetzungsschritten,
6. Angebot von Teilzeitarbeit oder flexiblen Arbeitszeitmodellen als Maßnahme zur Vereinbarkeit von Beruf und Familie,
7. Entwicklung und Umsetzung von Modellen vollzeitnaher Teilzeitarbeit für die Beschäftigen,
8. Einrichtung beziehungsweise Ausbau von Telearbeit für die Beschäftigen,
9. Einrichtung von Eltern-Kind-Zimmern für die Beschäftigen,
10. Bereitstellung von Beratungs- und Vermittlungsangeboten, zum Beispiel durch ein Familienservicebüro, insbesondere zur Unterstützung bei der Suche nach Kinderbetreuungs- und Pflegemöglichkeiten,
11. Angebot betriebseigener Kinderbetreuungsplätze (Betriebskindertageseinrichtungen in alleiniger oder kooperativer Trägerschaft),
12. Angebot betrieblich finanzierter beziehungsweise unterstützter Kinderbetreuungsplätze, insbesondere durch
    a) den Erwerb von Belegplätzen in Kindertageseinrichtungen,
    b) Kooperationen mit Tagespflegepersonen oder
    c) die Übernahme der einem Einrichtungsträger entstandenen Mehrkosten für die Anpassung der Betriebsform der Einrichtung an die Bedürfnisse von berufstätigen Eltern
13. Angebot betrieblich organisierter beziehungsweise finanzierter Kontingente zur Notfallbetreuung,
14. Arbeitgeberleistungen zur Unterbringung und Betreuung von Kindern der Beschäftigten, soweit Angebote nach Nummer 11 bis 13 aus betrieblichen Gründen nicht möglich oder im Einzelfall nicht zielführend sind,
15. Angebot von Ferienprogrammen zur Überbrückung der Betreuungslücke für Kinder berufstätiger Eltern in Kindergarten- beziehungsweise Schulferien,
16. Unterstützung von Mitarbeitern mit pflegebedürftigen Angehörigen durch individuelle Betreuung und Hilfeleistung oder Abschluss einer Vereinbarung einer Familienpflegeteilzeit,
17. Kontakthalteangebote, Möglichkeit zur Teilnahme an betrieblicher Fortbildung, zu Vertretungseinsätzen und Rückkehrvereinbarungen für Beschäftigte in Elternzeit,
18. Bereitstellung von innerbetrieblichen Paten und Patinnen für Wiedereinsteigerinnen und Wiedereinsteiger,
19. Überprüfung der Entgeltgleichheit im Unternehmen mit Hilfe anerkannter und geeigneter Instrumente,
20. Analyse der Entwicklung der Leistungsvergütung in den letzten fünf Jahren nach Geschlecht oder
21. Angebot spezieller Personalentwicklungsprogramme oder Bildungsmaßnahmen für Frauen, die diese auf die Übernahme von höherwertigen und leitenden Positionen vorbereiten.

Der Katalog entspricht in großen Teilen § 17 RVO TVgG NRW a. F. Die **24** frühere Nr. 11 (Zahlung eines Kinderbetreuungszuschusses) ist mit der Novellierung als Nr. 14 nur noch eine subsidiär für den Auftragnehmer zulässige Möglichkeit, falls die Schaffung von Kinderbetreuungsangeboten nach den Nummern 11 bis 13 aus betrieblichen Gründen nicht möglich oder im Einzelfall nicht zielführend ist. Dagegen waren nach der früheren Fassung des Maßnahmenkatalogs noch alle Maßnahmen gleichrangig.

25   Die **Auswahlentscheidung** steht im Übrigen allein dem Bieterunternehmen zu. Weitergehende Vorgaben dürfen vom öffentlichen Auftraggeber nicht gemacht werden. Ein Großteil der vorgeschlagenen Maßnahmen betrifft die Verbesserung der Vereinbarkeit von Beruf und Familie; sie können damit geschlechtsneutral für die Beschäftigten im Unternehmen umgesetzt werden. Die Auflistung ist abschließend, dementsprechend darf der Auftraggeber vom Auftragnehmer keine nicht in der Aufzählung enthaltenen Maßnahmen verlangen oder akzeptieren, selbst wenn diese mit einer der im Maßnahmenkatalog genannten Handlungen vergleichbar sind. Dagegen ist die Durchführung von Maßnahmen, die über das in einer der Nummern von § 9 RVO TVgG NRW vorgesehene Mindestmaß hinausgehen, unproblematisch. Für die Unternehmenskultur sinnvoll und angemessen ist zum Beispiel die Untersagung und Unterbindung eines Verhaltens verbaler und nicht-verbaler Art, welches bezweckt oder bewirkt, dass irgendeine Person im Betrieb lächerlich gemacht, eingeschüchtert, angefeindet oder in ihrer Würde verletzt wird. Eine solche, über Nr. 2 hinausgehende Regelung würde natürlich zugleich die Vorgabe von § 9 Nr. 2 RVO TVgG NRW erfüllen.

26   Eine **Wertigkeit** zwischen den einzelnen Nummern, im Sinne eines Vorrangs bestimmter Maßnahmen, besteht mit Ausnahme der Nr. 14 nicht, auch wenn beispielsweise die explizite Ermutigung von Frauen, sich in männerdominierten Berufsbereichen zu bewerben (§ 9 Nr. 3 RVO TVgG NRW), prinzipiell einfacher umzusetzen sein dürfte als etwa die Einrichtung einer betrieblich organisierten Kinderbetreuung (§ 9 Nr. 11 RVO TVgG NRW).

2. Zahl der Maßnahmen

27   Die **Zahl** der durchzuführenden Maßnahmen nach § 9 RVO TVgG NRW ist in § 10 RVO TVgG NRW festgelegt. Materiell ergeben sich insoweit keine Änderungen im Vergleich zu § 18 RVO TVgG NRW a. F. Die Zahl der Maßnahmen ist an die Größe des Betriebs gekoppelt und in drei Gruppen gestaffelt. Demnach müssen von allen Unternehmen, die die Anwendungsschwelle des § 8 Abs. 1 S. 2 Nr. 1 TVgG NRW erreichen (mehr als 20 Beschäftigte ohne Auszubildende), mindestens zwei Maßnahmen aus § 9 RVO TVgG NRW ausgewählt und durchgeführt oder eingeleitet werden, § 10 Abs. 3 RVO TVgG NRW. Unternehmen mit regelmäßig mehr als 250, aber nicht mehr als 500 Beschäftigten haben drei der in § 9 der RVO genannten Maßnahmen auszuwählen sowie durchzuführen oder einzuleiten, § 10 Abs. 2 RVO TVgG NRW. Ab einer Zahl von regelmäßig mehr als 500 Beschäftigten sind vier Maßnahmen auszuwählen sowie durchzuführen oder einzuleiten, § 10 Abs. 1 RVO TVgG NRW. Ein bestimmtes Verhältnis, wonach z. B. ein bestimmter Anteil hiervon auf die Frauen- oder die Familienförderung entfallen muss, besteht nicht; die Maßnahmen können also auch ausschließlich aus einem der beiden Bereiche stammen.

Bei der für die Staffelung der Maßnahmen nach Unternehmensgröße maß- 28
gebenden Anzahl an Beschäftigten sind gem. § 10 Abs. 4 RVO TVgG NRW
§ 5 des Betriebsverfassungsgesetzes in der Fassung der Bekanntmachung vom
25. September 2001[40] und § 12 der Abgabenordnung in der Fassung der Bekanntmachung vom 1. Oktober 2002[41] zu berücksichtigen.

Zur Festlegung der Unternehmensgröße ist die Definition der **Betriebs-** 29
stätte nach 12 AO zugrunde zu legen. Da § 8 TVgG NRW Maßnahmen zur
Frauenförderung „bei der Ausführung des Auftrags" regelt, ist der Verweis in
§ 10 Abs. 4 S. 2 RVO TVgG NRW seinem Sinn und Zweck nach so zu verstehen, dass es für die Bestimmung der Unternehmensgröße auf diejenige Betriebsstätte des Unternehmens ankommt, die den Auftrag ausführen soll. Bei
Bietergemeinschaften erfolgt die Berechnung der Mitarbeiterzahlen für jedes
Unternehmen gesondert, eine Addition der Mitarbeiterzahlen der beteiligten
Unternehmen findet also nicht statt. Betriebsstätten sind nach § 12 AO neben
der Stätte der Geschäftsleitung insbesondere auch Zweigniederlassungen, Ge-
schäftsstellen, Fabrikations- oder Werkstätten, Warenlager, Ein- oder Ver-
kaufsstellen, Stätten zur Gewinnung von Bodenschätzen (wie Bergwerke und
Steinbrüche) sowie Bauausführungen oder Montagen, wenn die einzelne
Bauausführung oder Montage länger als sechs Monate dauert.

Wer an der Betriebsstätte beschäftigt ist, richtet sich gem. § 10 Abs. 4 S. 1 30
RVO TVgG NRW nach dem **Arbeitnehmerbegriff** des § 5 Abs. 1 BetrVG.
Arbeitnehmerinnen und Arbeitnehmer im Sinne des § 5 Abs. 1 S. 1 BetrVG
sind Arbeiter und Angestellte, unabhängig davon, ob sie im Betrieb, im Au-
ßendienst oder mit Telearbeit beschäftigt werden. Eine Ausnahme gilt für Fälle
der Arbeitnehmerüberlassung. Leiharbeitnehmer bleiben betriebsverfassungsrechtlich auch während ihres Einsatzes im entleihenden Betrieb gemäß § 14
Abs. 1 und 2 AÜG dem Vertragsarbeitgeber zugeordnet.[42] Ebenfalls nicht als
Arbeitnehmer zählen Leitende Angestellte, § 5 Abs. 3, 4 BetrVG. Unter den
Arbeitnehmerbegriff des § 5 BetrVG fallen dagegen die zu ihrer **Berufsaus-**
bildung Beschäftigten. Nach der Rechtsprechung gilt die Vermutung, dass
derjenige, der auf privatrechtlicher Grundlage in einem privaten Betrieb zur
Vermittlung beruflicher Kenntnisse und Fertigkeiten beschäftigt wird, in aller
Regel auch betriebsverfassungsrechtlich Auszubildender im Sinne von § 5
Abs. 1 BetrVG ist.[43] Dies kann dazu führen, dass z. B. neben Berufsausbil-
dungsverhältnissen nach § 10 BBiG auch Praktikantinnen und Praktikanten
unter den Arbeitnehmerbegriff fallen.[44]

Insoweit weicht die Berechnung der Beschäftigtenzahl zur Staffelung für die 31
Unternehmensgröße gem. § 10 Abs. 1 und 2 RVO TVgG NRW von der Berechnung der Zahl für die **Anwendungsschwelle** gem. § 8 S. 2 Nr. 1 TVgG
NRW ab. Berufsausbildungsverhältnisse im Sinne des § 5 Abs. 1 BetrVG müssen für die Staffelung bei der Zahl der Beschäftigten berücksichtigt werden,
während sie aufgrund der Regelung in § 8 S. 2 Nr. 1 TVgG NRW bei der

---

[40] BGBl. I S. 2518.
[41] BGBl. I S. 3866; 2003 I S. 61.
[42] BAG NZA 2005, 1006.
[43] BAG AP BetrVG 1972 § 5 Nr. 40.
[44] ErfK/Koch BetrVG § 5 Rn. 6.

Frage der Anwendbarkeit ausdrücklich herauszurechnen sind. Dies kann z. B. dazu führen, dass bei jeweils nur einem Auszubildenden das Unternehmen § 8 TVgG NRW insgesamt nicht unterfällt, wenn es nur 21 Beschäftigte hat, aber drei Maßnahmen nach § 10 Abs. 2 RVO TVgG NRW auswählen muss, wenn es im Übrigen 250 Beschäftigte hat. Gleichwohl dient die abweichende Berechnung bei der Staffelung der Praktikabilität, da bei einer entsprechend hohen Zahl von Beschäftigen nicht mehr zwischen Auszubildenden und anderen Arbeitnehmerinnen und Arbeitnehmern unterschieden werden muss, während dem Unternehmer die Berechnung in Fällen, bei denen die Anwendungsschwelle fraglich ist, aufgrund der Zahl der Beschäftigten noch deutlich leichter fallen wird.

VI. Dokumentation, Auskunftspflichten

32   Die durchgeführten beziehungsweise eingeleiteten Maßnahmen zur Frauenförderung und zur Förderung der Vereinbarkeit von Beruf und Familie sind zum Zwecke der Überprüfbarkeit durch den Auftragnehmer gem. § 12 RVO TVgG NRW zu dokumentieren. Die Norm entspricht weitgehend § 20 RVO TVgG NRW a. F. Die **Mindestanforderungen** ergeben sich aus § 12 Abs. 2 RVO TVgG NRW, wonach gemäß Nr. 1 die Bezeichnung der ausgewählten Maßnahmen und gemäß Nr. 2 Angaben zu Art und Umfang der geplanten Einleitung und Durchführung der jeweiligen Maßnahmen enthalten sein müssen. Weiter erforderlich sind nach Nr. 3 die Angabe des Zeitpunktes der Einleitung sowie der Dauer der Durchführung der jeweiligen Maßnahmen und gem. Nr. 4 Angaben zu den Auswirkungen und der Nachhaltigkeit der Wirkung der Maßnahmen, insbesondere zur Anzahl der von der jeweiligen Maßnahme betroffenen Beschäftigten in Relation zur Gesamtanzahl der im Unternehmen Beschäftigten (a.) und b., ob die Maßnahme über die Dauer der Durchführung des öffentlichen Auftrags im Betrieb weiter angeboten beziehungsweise fortgeführt wird. Dies entspricht inhaltlich im Wesentlichen § 20 Abs. 2 RVO TVgG NRW a. F., wobei hier in Nr. 2 noch von der „Durchführung oder Einleitung" der jeweiligen Maßnahmen die Rede war. Nr. 3 (zuvor: Angaben des Zeitpunktes der Einleitung sowie des Zeitpunktes der voraussichtlichen oder tatsächlichen Durchführung der jeweiligen Maßnahmen) wurde ebenfalls geringfügig umformuliert, wodurch aber die alte lit. b) in § 20 Abs. 2 RVO Nr. 4 TVgG NRW a. F. gestrichen werden konnte (Zeitpunkt der Einleitung beziehungsweise die Dauer der Durchführung der Maßnahmen). Hierbei handelte es sich letztlich um eine Doppelung zu Nr. 3.

33   Der Auftraggeber soll mit dem Auftragnehmer eine **Vereinbarung zu Informations-, Auskunfts- und Dokumentationspflichten** des Auftragnehmers abschließen. Dies geschieht zeitglich mit der Vereinbarung einer Vertragsstrafe nach § 11 TVgG NRW für den Fall eines schuldhaften Verstoßes gegen die Durchführung der vertraglich vorgesehenen Maßnahmen (§ 8 Abs. 2 S. 2 TVgG NRW). Die Dokumentation der Maßnahmen ist nach § 12 Abs. 3 RVO TVgG NRW mindestens ein Jahr lang aufzubewahren und im Unternehmen zu veröffentlichen. Auf Verlangen des öffentlichen Auftraggebers ist diese in einem weiteren Vergabeverfahren vorzulegen. Im Übrigen bestimmt § 13 RVO TVgG NRW, dass eine weitere Vertragsbedingung vorzusehen ist, wonach der Auftragnehmer auf Verlangen der Vergabestelle die Einhaltung der übernommenen vertraglichen Verpflichtung in geeigneter Form nachzuweisen und hierzu Informationen vorzulegen und Auskunft zu geben hat. Hierbei wird Bezug auf § 8 Abs. 2 S. 2 TVgG NRW Bezug genommen. Der Zusatz in § 21 RVO TVgG NRW a. F., wonach auch eine Abgrenzung zu der im Rahmen von anderen öffentlichen Aufträgen übernommenen und umgesetzten Maßnahmen zu erfolgen hatte, ist gestrichen worden. Dies erleichtert im Zweifelsfall die Nachweisführung. Im Übrigen kann für die Ausübung und Reichweite der **Kontrollbefugnisse** durch den Auftraggeber auf die gesetzliche Norm in § 10 Abs. 1 TVgG NRW abgestellt werden, wonach insbesondere – soweit vorhanden – personenbezogene Daten zu anonymisieren sind.[45]

VII. Sanktionen

Zur Durchsetzung der Maßnahmen nach § 8 TVgG NRW ist gem. Absatz 2 **34** § 11 TVgG NRW insoweit entsprechend anzuwenden, als der öffentliche Auftraggeber mit dem Auftragnehmer für jeden schuldhaften Verstoß gegen die Durchführung der vertraglichen Verpflichtung zur Umsetzung der im Rahmen der Eigenerklärung festgelegten Maßnahmen eine **Vertragsstrafe** nach § 11 Abs. 1 S. 1 TVgG NRW (ein Prozent, bei mehreren Verstößen bis zu fünf Prozent des Netto-Auftragswertes) sowie die Möglichkeit einer **fristlosen Kündigung** entsprechend § 11 Abs. 2 TVgG NRW vereinbaren soll. § 11 Absatz 1 Satz 2 ist bei Maßnahmen nach Absatz 1 Satz 1 nicht anwendbar, da insoweit keine Pflicht des Auftragnehmers besteht, die Vorgaben aus § 8 TVgG NRW auch gegenüber Nachunternehmern durchzusetzen.[46]

VIII. Frauenförderung, Förderung der Vereinbarkeit von Beruf und Familie in anderen Bundesländern im Überblick

In **Schleswig-Holstein** legt § 18 Abs. 3 S. 2 TTG fest, dass bei wirtschaft- **35** lich gleichwertigen Angeboten derjenige Bieter den Zuschlag erhält, der die Gleichstellung von Frauen und Männern, die Förderung der Vereinbarkeit von Beruf und Familie sowie die Gewährleistung der Gleichbehandlung von Beschäftigten im eigenen Unternehmen sicherstellt und das geltende Gleichbehandlungsrecht beachtet. Anders als in NRW handelt es sich also um keine Vertragsausführungsbedingungen, sondern um ein Zuschlagskriterium. Dafür ist der Handlungsauftrag für den Auftragnehmer, anders als nach dem TVgG NRW, nicht auf konkrete Maßnahmen gerichtet. Dementsprechend fehlt ein entsprechendes Muster für eine Verpflichtungserklärung. Als Nachweis der Voraussetzungen sind von den Bietern Bescheinigungen der jeweils zuständigen Stellen vorzulegen bzw. darzulegen, wie sie die Chancengleichheit von

---

[45] Zu Einzelheiten siehe die Kommentierung zu § 10 TVgG NRW.

[46] Wegen der Einzelheiten zu Vertragsstrafen und Kündigungsrechten siehe die Kommentierung zu § 11 TVgG NRW.

Frauen und Männern im Beruf fördern und das geltende Gleichbehandlungsrecht beachten (§ 18 Ab. 5 TTG). § 18 TTG gilt gem. § 2 Abs. 6 S. 2 TTG nur
für Aufträge ab einem geschätzten Auftragswert ohne Umsatzsteuer von
15.000 Euro. Eine wertmäßige Differenzierung zwischen Dienstleistungs-
und Bauaufträgen gibt es nicht.

36 **Bremen** enthält in § 18 Abs. 3 S. 2 TtVG eine der schleswig-holsteinischen
Regelung entsprechende Vorschrift. Auch in **Hessen** sind die Frauen- bzw.
Familienförderung Zuschlagskriterien (§ 3 Abs. 2 Nr. 4 und 5 HTVG).

37 In **Niedersachsen** bestimmt § 11 Abs. 1 S. 1 NTVergG, dass öffentliche
Auftraggeber soziale Kriterien als Anforderungen an die Unternehmen berücksichtigen können. Solche Anforderungen dürfen nur für die Auftragsausführung und nur an Unternehmen mit mindestens 20 Arbeitnehmerinnen
und Arbeitnehmern gestellt werden, § 11 Abs. 1 S. 1 NTVergG. Die FAQ-
Liste der Servicestelle des Landes Niedersachsen zum NTVergG weist darauf
hin, dass Auszubildende, Praktikanten oder ehrenamtlich Tätige gerade keine
Arbeitnehmerinnen und Arbeitnehmer seien und nicht zu den mindestens
20 Arbeitnehmerinnen und Arbeitnehmern dazu gerechnet werden können.[47]
Zu berücksichtigende soziale Kriterien können insbesondere die Förderung
der Chancengleichheit und Gleichstellung von Frauen und Männern im Beruf
sein (§ 11 Abs. 2 Nr. 2 NTVergG). Damit entscheidet im Unterschied zu § 8
TVgG NRW der jeweilige öffentliche Auftraggeber in eigener Zuständigkeit
darüber, welche sozialen Kriterien er als Anforderungen an die Unternehmen
stellt. Diese macht er vom jeweiligen Auftrag und Auftragsgegenstand im Einzelfall abhängig.[48]

38 In **Berlin** und **Brandenburg** ist die Frauenförderung durch öffentliche
Auftragsvergaben in eigenständigen Frauenförderverordnungen der jeweiligen
Länder geregelt (in Berlin die Verordnung über die Förderung von Frauen und
die Vereinbarkeit von Beruf und Familie bei der Vergabe öffentlicher Aufträge,
in Brandenburg die Verordnung über die bevorzugte Berücksichtigung von
Unternehmen bei der Vergabe öffentlicher Aufträge zur Förderung von
Frauen im Erwerbsleben vom 25. April 1996). Nach § 9 BerlAVG gilt für Auf-
tragsvergaben § 13 des Landesgleichstellungsgesetzes in der jeweils geltenden
Fassung. Bei allen Auftragsvergaben ist von den bietenden Unternehmen eine
Erklärung zur Förderung von Frauen entsprechend den dazu erlassenen Rege-
lungen in der jeweils geltenden Frauenförderverordnung abzugeben.

39 **Sachsen-Anhalt** legt in § 4 Abs. 2 Nr. 2 und 3 LVG LSA als zu berücksichtigende, im sachlichen Zusammenhang stehende soziale Belange zum einen
qualitative Maßnahmen zur Familienförderung und zum anderen die Sicherstellung der Entgeltgleichheit von Frauen und Männern fest.

40 In **Thüringen** ist wie in Schleswig-Holstein die Frauenförderung ein Zuschlagskriterium im Ermessen des Auftraggebers („*kann* berücksichtigen"),

---

[47] FAQ-Liste der Servicestelle des Landes Niedersachsen zum NTVergG, S. 15, http://
www.mw.niedersachsen.de/download/108568/FAQ-Liste_NTVergG-Novelle_ab_
01.07.16.pdf (Stand: 1.7.2016, zuletzt abgerufen am 10.3.2017).
[48] FAQ-Liste der Servicestelle des Landes Niedersachsen zum NTVergG, S. 15f.,
http://www.mw.niedersachsen.de/download/108568/FAQ-Liste_NTVergG-Novelle_
ab_01.07.16.pdf (Stand: 1.7.2016, zuletzt abgerufen am 10.3.2017).

§ 13 Abs. 1 ThürVgG. Dies gilt nach § 13 Abs. 3 ThürVgG für Betriebe mit mehr als 25 Beschäftigten, ohne Auszubildende. Im Unterschied zu anderen Landesgesetzen können nicht nur die Maßnahmen der Bieter zur Förderung der Chancengleichheit von Frauen und Männern im Beruf, sondern auch die angemessene Beteiligung an der beruflichen Erstausbildung berücksichtigt werden. Dabei kann gem. § 13 Abs. 2 ThürVgG unbeschadet des Unionsrechts und der nach anderem Recht vorausgehenden Wertungskriterien bei sonst gleichwertigen Angeboten das Angebot des Bieters bevorzugt werden, der gemessen an seiner Betriebsstruktur sich mehr als ein anderer Bieter mit gleichwertigem Angebot an der beruflichen Erstausbildung beteiligt oder Maßnahmen zur Förderung der Chancengleichheit von Frauen und Männern im Beruf durchführt.

§ 9 **Verfahrensanforderungen zu den Erklärungen und Bestbieterprinzip**

(1) **Die nach diesem Gesetz erforderlichen Nachweise und Erklärungen sind nur von demjenigen Bieter, dem der Zuschlag erteilt werden soll (Bestbieter), vorzulegen.**

(2) **Öffentliche Auftraggeber sind verpflichtet, in der Bekanntmachung des öffentlichen Auftrags und in den Vergabeunterlagen darauf hinzuweisen, dass die Bieter im Fall der beabsichtigten Zuschlagserteilung die nach diesem Gesetz erforderlichen Nachweise und Erklärungen nach Aufforderung innerhalb einer nach Tagen genau bestimmten Frist vorlegen müssen. Die Frist muss mindestens drei Werktage betragen und darf fünf Werktage nicht überschreiten.**

(3) **Der öffentliche Auftraggeber fordert den Bestbieter auf, die nach dem Gesetz erforderlichen Nachweise und Erklärungen innerhalb der Frist nach Absatz 2 vorzulegen. Die Frist beginnt an dem Tag, der auf die Absendung dieser Aufforderung folgt. Die Vergabestelle kann im Ausnahmefall die Frist verlängern, wenn die erforderlichen Erklärungen und Nachweise nicht innerhalb des in Satz 1 bestimmten Zeitraumes vorgelegt werden können oder dies im Hinblick auf Art und Umfang des Auftrages angemessen erscheint.**

(4) **Die Vorlage der nach diesem Gesetz erforderlichen Nachweise und Erklärungen hat in geeigneter Form zu erfolgen. Hierfür ist es grundsätzlich ausreichend, die Textform im Sinne des § 126 b des Bürgerlichen Gesetzbuchs zu verwenden.**

(5) **Werden die nach diesem Gesetz erforderlichen Nachweise und Erklärungen im Sinne des Absatzes 1 nicht innerhalb der in Absatz 3 bestimmten Frist rechtzeitig beim öffentlichen Auftraggeber vorgelegt, ist das Angebot von der Wertung auszuschließen. In diesem Fall ist das der Wertungsrangfolge nach nächste Angebot heranzuziehen. Auf dieses Angebot finden diese Vorschriften Anwendung.**

(6) **Bei nicht von dem öffentlichen Auftraggeber zu vertretener, objektiver Dringlichkeit kann dieser vom Bestbieterprinzip absehen.**

§§ 3, 4, 5 LTMG BaWü; §§ 1, 4, 8, 9 BerlAVG; §§ 4, 5, 6 BbgVergG; §§ 9, 10, 11, 15, 18 BremTVgG; §§ 3, 3a, 3b, 7 HmbVgG; §§ 4, 6, 7 HVTG; § 9 VgG M–V; §§ 4, 5, 12 NTVergG; §§ 3, 4 LTTG RP; §§ 2, 3, 4 STTG; §§ 10, 12, 15 LVG LSA; §§ 4, 8, 18 TTG SH; §§ 10, 11, 15 ThürVgG

I. Allgemeines

1   Die Evaluierung des TVgG NRW a. F. (vgl. Einführung) hat ergeben, dass es seitens der Unternehmen/Auftragnehmer sowie auf Seiten der Vergabestellen zu **Mehraufwänden** gekommen ist[1]. Viele Vergabestellen konstatierten eine Überforderung der Bieter und/oder Probleme bei der Einholung der notwendigen Erklärungen. Diesen Ergebnissen, denen sich sowohl die Vergabestellen als auch die Unternehmen/Bieter ausgesetzt sahen, soll § 9 TVgG NRW Rechnung tragen, indem das Vergabeverfahren im Hinblick auf die nach dem TVgG NRW erforderlichen Nachweise und für die beiden Gruppen **durch Einführung des Bestbieterprinzips entbürokratisiert und verschlankt** wird. Bestbieter im Sinne des TVgG NRW ist derjenige Bieter, dem nach Durchführung der Eignungsprüfung sowie der Angebotswertung der Zuschlag zu erteilen ist. Es wird **nur derjenige Bieter, dem der Zuschlag erteilt werden soll**, verpflichtet, die erforderlichen Unterlagen bei der Vergabestelle vorzulegen. Auf diese Art und Weise soll nicht nur der Kreis der Bieter entlastet werden, sondern auch die Vergabestelle, die nicht für jeden einzelnen Bieter die Einhaltung der Vorgaben des TVgG NRW überprüfen muss. Ob dies gelingt, wird die Praxis zeigen.

2   Vorbild in systematischer Hinsicht ist die „Einheitliche Europäische Eigenerklärung" (vgl. § 50 VgV). Eine weitere – etwas anders strukturierte – vergaberechtliche Regelung nach dem Bestbieterprinzip enthält § 19 Abs. 4 des Gesetzes zur Regelung eines allgemeinen Mindestlohns (Mindestlohngesetz – MiLoG), wonach der Auftraggeber ab einer Auftragshöhe von 30.000 Euro (nur) betr. den Bieter, der den Zuschlag erhalten soll, vor der Zuschlagserteilung eine Auskunft aus dem Gewerbezentralregister anfordert. Diese Pflicht nach MiLoG besteht im Übrigen zusätzlich zu den Nachweispflichten nach § 4 TVgG NRW bzw. entsprechenden Regelungen anderer Länder (vgl. hierzu oben § 4 Rn. 45 ff.).

II. Nachweise und Erklärungen, Bestbieterprinzip (Abs. 1)

3   Die „nach diesem Gesetz erforderlichen Nachweise und Erklärungen" sind die nach § 4 und § 5 (Tariftreue), § 7 (Mindeststandards der internationalen Arbeitsorganisation) und § 8 Abs. 1 (Frauenförderung, Förderung Vereinbarkeit Beruf und Familie) TVgG NRW **vorgesehenen spezifischen Erklärungen.** Nähere Einzelheiten zum Inhalt der Erklärungen sind in der RVO-TVgG NRW geregelt (vgl. die Kommentierung zu den genannten Vorschrif-

---

[1] Vgl. dazu und zum Folgenden: Begründung Gesetzentwurf Landesregierung NRW, LT-Drs. 16/12265, S. 24.

ten des TVgG NRW). Als Anlage zur RVO-TVgG NRW werden Mustererklärungen zur Verfügung gestellt.

Andere Erklärungen und Nachweise als die, die im TVgG benannt sind, (z. B. Eignungsnachweise nach §§ 44 ff. VgV) können nicht zum Gegenstand des Bestbieterprinzips gemacht werden bzw. dürfen nicht erst nur vom Bestbieter auf Aufforderung nach Angebotsschluss vorgelegt werden.

Nach Abs. 1 hat **nur der Bestbieter,** d. h. der Bieter, dem der Zuschlag erteilt werden soll, die nach dem TVgG NRW erforderlichen Erklärungen vorzulegen.

III. Bekanntmachung und Fristdauer (Abs. 2)

Der öffentliche Auftraggeber ist verpflichtet, **in der Bekanntmachung** **4** **der Vergabe und in den Vergabeunterlagen** (vgl. dazu §§ 29, 37, 40, 41 VgV bzw. § 21, 27, 28, 29 UVgO) darauf hinzuweisen, dass der Bestbieter die Erklärungen i. S. d. Abs. 1 nach Aufforderung innerhalb einer bestimmten Frist vorzulegen hat. In diesem Hinweis ist die Frist nach vollen Werktagen zu bemessen. Nach Abs. 2 Satz 2 hat der Auftraggeber die **Möglichkeit, eine** **Frist von drei, vier oder fünf Werktagen zu bestimmen.** Die Bestimmung kürzerer oder längerer Fristen ist unzulässig. Welche Frist der Auftraggeber konkret bestimmt, liegt in seinem pflichtgemäßen Ermessen. Im Zweifel sollte die längste Frist von fünf Werktagen bestimmt werden, um dem Risiko entgegenzuwirken, dass ein Bestbieter, dem der Auftraggeber den Zuschlag erteilen möchte, wegen nicht rechtzeitiger Vorlage ausgeschlossen werden muss (Abs. 5 Satz 1).

Der Auftraggeber muss in dem Hinweis angeben, **welche spezifischen** **5** **Erklärungen** (Abs. 1) der Bestbieter nach Aufforderung in der bestimmten Frist vorlegen muss. Beispiel: „Der Bieter muss im Fall der beabsichtigten Zuschlagserteilung die Verpflichtungserklärung zu Tariftreue und Mindestlohn gemäß § 4 Abs. 3 und Abs. 4 TVgG NRW (Formular Anlage …) nach Aufforderung durch den Auftraggeber innerhalb von vier Werktagen vorlegen."

Der Begriff „Bekanntmachung" stellt auf die **Vergabearten** des Offenen **6** Verfahrens sowie des Nichtoffenen Verfahrens und des Verhandlungsverfahrens mit Teilnahmewettbewerb bzw. der Öffentlichen Ausschreibung sowie der Beschränkten Ausschreibung und der Verhandlungsvergabe mit Teilnahmewettbewerb ab. In Vergabearten, in denen es mangels Veröffentlichung keine Bekanntmachung gibt, so bei dem Nichtoffenen Verfahren und dem Verhandlungsverfahren ohne Teilnahmewettbewerb bzw. der Beschränkten Ausschreibung und der Verhandlungsvergabe ohne Teilnahmewettbewerb sowie der Direktbeauftragung (oberhalb einem Auftragswert von 1.000 Euro netto), muss der Hinweis in der Aufforderung zur Abgabe eines Angebots an die Bieter und in den Vergabeunterlagen enthalten sein.

IV. Aufforderung des Bestbieters, Beginn, Ende und Verlängerung der Frist (Abs. 3)

7   Die **Aufforderung des Auftraggebers an den Bestbieter,** die Erklärungen vorzulegen, erfolgt gemäß Abs. 3 Satz 1 nach der Auswertung der Angebote und der Feststellung des Bieters, dem der Zuschlag erteilt werden soll. Das bedeutet auch, dass diese Aufforderung und die Einholung aller erforderlicher Unterlagen zu erfolgen hat, bevor die in § 134 GWB festgelegte Informations- und Wartefrist bzgl. der Bieter, die nicht berücksichtigt werden sollen, in Gang gesetzt wird[2].

Die **Form der Aufforderung** richtet sich mangels näherer Bestimmung nach den allgemeinen vergaberechtlichen Regeln. So dürfte auch hier eine Übermittlung der Aufforderung in Textform im Sinne des § 126 b des Bürgerlichen Gesetzbuchs[3] (z. B. per E-Mail oder über elektronische Vergabeplattformen wie etwa Vergabemarktplatz NRW) zulässig sein.

8   Die nach Abs. 2 bestimmte **Frist beginnt** gemäß Abs. 3 Satz 2 erst an dem Tag, der auf die Absendung folgt. Auf den Tag des Zugangs beim Bieter kommt es somit nicht an[4] (vgl. auch die Regelung in § 134 Abs. 2 Satz 2 GWB). Die **Frist endet** mit Ablauf des letzten Werktags der Frist (§ 188 Abs. 1 BGB), z. B. bei einer Frist von vier Werktagen mit Ablauf des vierten Werktags nach dem Tag der Absendung. Fällt das Fristende auf einen Sonnabend, Sonn- oder Feiertag, so tritt an die Stelle eines solchen Tags der nächste Werktag (§ 193 BGB)[5].

9   Die Vergabestelle kann gemäß Abs. 3 Satz 3 ausnahmsweise die Frist (auch von vornherein) **verlängern,** wenn die erforderlichen Erklärungen nicht innerhalb des bestimmten Zeitraumes vorgelegt werden können oder dies im Hinblick auf Art und Umfang des Auftrages angemessen erscheint. Der Verweis auf die Angemessenheit soll eine beliebig lange Verlängerung der Frist verhindern[6]. Mit der Verlängerungsoption ist auch der Fall abgedeckt, dass der Bieter um Verlängerung der Frist bittet. Der öffentliche Auftraggeber hat in diesem Fall nach pflichtgemäßem Ermessen über die Verlängerungsbitte zu entscheiden[7]. Eine **Höchstgrenze für die Verlängerung** ist abstrakt nur schwer zu bestimmen. Sinnvoll erscheint hier ein Rückgriff auf die allgemeineren vergaberechtlichen Regeln zur Nachforderung von Unterlagen in § 56 Abs. 4 VgV, wonach der Auftraggeber (ebenfalls) eine angemessene Frist festzulegen hat. Nach den dazu entwickelten Grundsätzen richtet sich die Angemessenheit insbesondere danach, um was für Unterlagen es sich handelt bzw. mit welchem Aufwand diese beschafft werden können[8]. Es sind auch das Inter-

---

[2] Begründung Gesetzentwurf Landesregierung NRW, LT-Drs. 16/12265, S. 25.
[3] Vgl. dazu allgemein nur Ellenberger in Palandt BGB, § 126b Rn. 1 ff.
[4] Begründung Gesetzentwurf Landesregierung NRW, LT-Drs. 16/12265, S. 25.
[5] Der Sonnabend ist hier nicht Werktag, weil gesetzliche Fristenregelung, vgl. Ellenberger in Palandt BGB, § 193 Rn. 4.
[6] Begründung Gesetzentwurf Landesregierung NRW, LT-Drs. 16/12265, S. 25.
[7] Begründung Gesetzentwurf Landesregierung NRW aaO.
[8] Vgl. Dittmann in Kulartz u. a. Kommentar zur VgV, § 56 Rn. 48 m. w. N.

esse des Auftraggebers an einer zügigen Vergabe und das Interesse des Unternehmers, ausreichend Zeit zu haben, die Nachweise zu besorgen, gegeneinander abzuwägen. Ein guter Anhaltspunkt für eine (noch) angemessene Frist könnte die Regelung in der Parallelvorschrift des § 16a Satz 2 VOB/A-EU sein, wonach ein Bieter sechs Kalendertage Zeit hat, sein Angebot auf Aufforderung zu vervollständigen[9]. Danach erscheint eine verlängerte Bestimmung der Vorlagefrist von vornherein bei Wahrung der Angemessenheit und entsprechender Abwägung in besonderen Fällen auf **zehn Werktage** bzw. eine Verlängerung der bereits bestimmten Frist z. B. auf Antrag um fünf Werktage vertretbar.

V. Form der Erklärungen (Abs. 4)

Abs. 4 Satz 1 sieht vor, dass die Vorlage der erforderlichen **Erklärungen in** **10** **geeigneter Form** zu erfolgen hat. Um der mitunter zeitlich anspruchsvollen Vorlagepflicht nach Abs. 3 hinreichend Rechnung zu tragen, bestimmt Abs. 4 Satz 2, dass es hierfür grundsätzlich ausreichend ist, wenn eine Übermittlung in **Textform im Sinne des § 126b BGB**[10] erfolgt. Damit sind insofern praxisgerechte Lösungen (Telefax oder auf elektronischem Weg, z. B. durch Einscannen der Erklärungen und Übersendung per E-Mail mit angehängter Datei) erfasst[11].

VI. Ausschluss (Abs. 5)

Abs. 5 Satz 1 bestimmt, dass das Angebot des Bieters, dem der Zuschlag erteilt werden soll, **von der Wertung auszuschließen** ist, wenn er nicht oder nicht rechtzeitig innerhalb der nach Abs. 3 Satz 1 und 2 i. V. m. Abs. 2 bestimmten bzw. nach Abs. 3 Satz 3 verlängerten Frist die erforderlichen Erklärungen bei dem Auftraggeber vorlegt. In Entsprechung der zu der allgemeinen vergaberechtlichen Ausschlussregelung in § 57 Abs. 1 VgV entwickelten Grundsätze dürfte weiter Folgendes gelten: Der Ausschluss ist aus Gründen der Gleichbehandlung **zwingend**[12]. Die materielle **Beweislast** für den Fall, dass die Rechtzeitigkeit bzw. ein Fristverstoß nicht von Amts wegen festgestellt werden kann und gesicherte Erkenntnisse fehlen, trägt grundsätzlich derjenige, dessen Verantwortungsbereich der nicht ermittelte Umstand zuzurechnen ist[13]. Daher trägt grundsätzlich der Bieter die Beweislast dafür, dass er die Erklärungen fristgerecht vorgelegt hat[14].

Nach diesen Grundsätzen dürfte indes von einem Ausschluss abzusehen **12** und/oder die Beweislast des Bieters zu verneinen sein, wenn der Bieter die

---

[9] Vgl. Dittmann aaO.
[10] Vgl. dazu allgemein nur Ellenberger in Palandt BGB, § 126b Rn. 1 ff.
[11] Begründung Gesetzentwurf Landesregierung NRW, LT-Drs. 16/12265, S. 26.
[12] Vgl. Dittmann in Kulartz u. a. Kommentar zur VgV, § 57 Rn. 20.
[13] Dittmann in Kulartz u. a. Kommentar zur VgV, § 57 Rn. 10 m. w. N.
[14] Vgl. Dittmann aaO.

Fristversäumnis nicht zu vertreten hat, z. B. wenn sie auf Naturereignissen oder anderen unabwendbaren Ereignissen beruht[15].

13   Auch die (ggf. rechtzeitige) Einreichung fehlerhafter Erklärungen zieht den Ausschluss nach sich. Sie steht der Nichteinreichung von Erklärungen gleich. Eine spezielle Regelung zur Nachreichung fehlerhafter Erklärungen, wie etwa in § 56 Abs. 2 Satz 1 VgV, fehlt hier. Der Ausschluss auch in diesen Fällen dürfte vor dem Hintergrund des Vorhandenseins von Vordrucken/Mustern in der Anlage zur RVO-TVgG NRW auch zumutbar sein.

14   Ein **Einreichen der Erklärungen vor der Aufforderung** durch den Auftraggeber, etwa zusammen mit dem Angebot, dürfte nicht zwingend zum Ausschluss führen. Der Bieter kann insofern auf seine Entlastung in der Angebotsphase gleichsam „verzichten". Der Auftraggeber kann gleichsam wiederum auf seine Entlastung von Unterlagen in der Angebotsphase ebenfalls verzichten und von einer späteren Aufforderung des Bieters, der sich später als Bestbieter herausstellt, absehen. Es dürfte aber auch zulässig sein, dass sich der Auftraggeber in so einem Fall dafür entscheidet, den Bestbieter nach der Angebotswertung „formgerecht" zu einer (erneuten) Einreichung der Erklärungen innerhalb der bereits in der Bekanntmachung und den Vergabeunterlagen bestimmten Vorlagefrist auffordert. Falls der Bestbieter dann nicht erneut und fristgerecht einreicht, ist er zwingend auszuschließen.

15   Die Nichteinreichung oder nicht rechtzeitige Einreichung der Erklärungen ermöglicht es übrigens dem Bestbieter **nicht, sich von seinem Angebot ohne weiteres lösen zu können**[16]. Schon durch die Teilnahme an dem Vergabeverfahren wird zwischen Auftraggeber und Bieter ein Vertrauensverhältnis nach Maßgabe der §§ 311 Abs. 2, 241 Abs. 2 BGB begründet. Daher übernimmt der Bieter durch die Abgabe eines Angebots die **vorvertragliche Pflicht**, die erforderlichen Unterlagen auch tatsächlich innerhalb des ihm zur Verfügung stehenden Zeitraumes vorzulegen. Durch die deutlichen Hinweise in Bekanntmachung und Vergabeunterlagen weiß der Bieter, dass ihn die Verpflichtung im Falle der beabsichtigten Zuschlagserteilung trifft. Kommt der Bieter dieser Pflicht nicht nach, kann er sich somit schadensersatzpflichtig machen.

VII. Absehen vom Bestbieterprinzip (Abs. 6)

16   Ein **Absehen vom Bestbieterprinzip** ist ausschließlich gemäß Abs. 6 zulässig und nur bei nicht vom Auftraggeber zu vertretener, objektiver Dringlichkeit möglich[17]. Absehen vom Bestbieterprinzip bedeutet, dass der Auftraggeber (bestimmt in Bekanntmachung und Vergabeunterlagen) die Vorlage der nach dem TVgG NRW erforderlichen Erklärungen bereits mit Abgabe des Angebots (von allen Bietern) verlangen darf. Die **Dringlichkeit** liegt dann vor, wenn das konkrete Vergabeverfahren aus objektiv nachvollziehbaren

---

[15] Vgl. Dittmann aaO und Rn. 20 f.

[16] Vgl. dazu und zum Folgenden Begründung Gesetzentwurf Landesregierung NRW, LT-Drs. 16/12265, S. 26 m. w. N.

[17] Vgl. Begründung Gesetzentwurf Landesregierung NRW, LT-Drs. 16/12265, S. 26

Gründen wegen besonderer Eilbedürftigkeit nur unter Verzicht auf das Bestbieterverfahren durchgeführt werden kann[18]. Dies dürfte wegen der im Raum stehenden Zeitersparnis von regelmäßig höchstens fünf Werktagen **nur in seltenen Ausnahmefällen** in Betracht kommen. Die Dringlichkeit ist vom Auftraggeber zu vertreten, wenn die Gründe in der Sphäre des Auftraggebers liegen (z. B. fehlerhafte Planung des Vergabeverfahrens); auf die subjektive Einschätzung des Auftraggebers kommt es nicht an[19].

VIII. § 9 TVgG NRW Verfahrensanforderungen zu den Erklärungen und Bestbieterprinzip in anderen Bundesländern im Überblick

Alle anderen Länderregelungen kennen Pflichten zur Vorlage von Erklä- **17** rungen nach dem Bestbieterprinzip wie in § 9 TVgG NRW nicht. Es werden **lediglich klassische „einfache" Nachweispflichten** statuiert, die – meist im Rahmen der Vorschrift zu dem jeweiligen materiellen Regelungsbereich, z. B. Tariftreue – die Abgabe von entsprechenden Nachweisen mit der Abgabe des Angebote durch alle Bieter vorschreiben.

Dabei gibt es **eigene Verfahrensregeln** für Erklärungen und Nachweise in **18** **Baden-Württemberg** (§ 5 LTMG BaWü: Pflicht zum Hinweis in Bekanntmachung und Vergabeunterlagen, im Internet Muster für Erklärungen, ggf. Nachforderung, Ausschluss des Bieters bei Nichtvorlage), **Bremen** (§§ 15, 18 Abs. 6 BremTVgG: Pflicht zum Hinweis in Vergabeunterlagen, Ausschluss des Bieters bei Nichtvorlage), **Hamburg** (§§ 3 Abs. 4, 7 HmbVgG: Ausschluss des Bieters bei Nichtvorlage), **Hessen** (§ 7 HVTG: Pflicht zum Hinweis in Bekanntmachung und Vergabeunterlagen, im Internet Muster für Erklärungen, ggf. Nachforderung, Ausschluss des Bieters bei Nichtvorlage), **Mecklenburg-Vorpommern** (§ 9 Abs. 1 VgG M-V: ggf. Nachforderung, Ausschluss des Bieters bei Nichtvorlage), **Niedersachsen** (§§ 4 Abs. 2, 5 Abs. 3: ggf. Nachforderung, Ausschluss des Bieters bei Nichtvorlage), **Rheinland–Pfalz** (§§ 3, 4 Abs. 6 LTTG RP: im Internet Muster für Erklärungen, ggf. Nachforderung, Ausschluss des Bieters bei Nichtvorlage), **Saarland** (§ 2 Abs. 4 STTG: ggf. Nachforderung, Ausschluss des Bieters bei Nichtvorlage), **Sachsen-Anhalt** (§ 15 Abs. 1 LVG LSA: ggf. Nachforderung, Ausschluss des Bieters bei Nichtvorlage), **Schleswig-Holstein** (§§ 8, 18 Abs. 6 TTG SH: Pflicht zum Hinweis in Bekanntmachung und Vergabeunterlagen, ggf. Nachforderung, Ausschluss des Bieters bei Nichtvorlage) und **Thüringen** (§ 15 Abs. 1 ThürVgG: ggf. Nachforderung, Ausschluss des Bieters bei Nichtvorlage).

---

[18] Vgl. zur sog. einfachen Dringlichkeit in § 3 Abs. 3 Nr. 3 VOB/A: Völlink in Ziekow/Völlink Vergaberecht, § 3 VOB/A Rn. 28.

[19] Vgl. Völlink aaO.

§ 10 Kontrolle durch den öffentlichen Auftraggeber,
Nachweise zur Beitragsentrichtung

(1) Öffentliche Auftraggeber sind berechtigt, Kontrollen durchzuführen, um die Einhaltung der dem Auftragnehmer sowie den Nachunternehmern und den Verleihern von Arbeitskräften auf Grund dieses Gesetzes auferlegten Verpflichtungen zu überprüfen. Sie dürfen sich zu diesem Zweck die Entgeltabrechnungen, die Unterlagen über die Abführung von Steuern, Abgaben und Beiträgen gemäß Absatz 3 sowie die abgeschlossenen Verträge in anonymisierter Form vorlegen lassen, diese prüfen und hierzu Auskünfte verlangen. Der Auftragnehmer sowie die Nachunternehmer und Verleiher von Arbeitskräften haben ihre jeweiligen Arbeitnehmerinnen und Arbeitnehmer auf die Möglichkeit solcher Kontrollen hinzuweisen. Die öffentlichen Auftraggeber haben den Auftragnehmer im Wege einer vertraglichen Vereinbarung zu verpflichten, ihm ein entsprechendes Auskunfts- und Prüfrecht bei der Beauftragung von Nachunternehmern und von Verleihern von Arbeitskräften einräumen zu lassen.

(2) Der Auftragnehmer hat vollständige und prüffähige Unterlagen zur Prüfung der Einhaltung der Vorgaben des § 4 bereitzuhalten und auf Verlangen dem öffentlichen Auftraggeber binnen einer vertraglich zu vereinbarenden angemessenen Frist vorzulegen und zu erläutern. Der Auftragnehmer ist vertraglich zu verpflichten, die Einhaltung dieser Pflicht durch die beauftragten Nachunternehmer und Verleiher von Arbeitskräften vertraglich sicherzustellen.

(3) Öffentliche Auftraggeber haben bei der Vergabe von Bauaufträgen im Sinne des § 103 Absatz 1 in Verbindung mit Absatz 3 des Gesetzes gegen Wettbewerbsbeschränkungen zum Nachweis der Eignung der Bieter deren Fachkunde und Leistungsfähigkeit zu prüfen. Bieter müssen nachweisen, dass sie die Beiträge zur gesetzlichen Sozialversicherung und der gemeinsamen Einrichtung der Tarifvertragsparteien im Sinne des § 5 Nummer 3 des Arbeitnehmer-Entsendegesetzes vollständig entrichten. Soweit dies nicht durch eine gültige Bescheinigung des Vereins für die Präqualifizierung von Bauunternehmen e. V. erfolgt, kann der Nachweis durch Unterlagen erbracht werden, die nicht älter als ein Jahr sind und die durch die ausstellende Stelle festgelegte Gültigkeit nicht überschreiten. Die Unterlagen müssen von dem zuständigen in- oder ausländischen Sozialversicherungsträger – im Inland der Einzugsstelle – oder der zuständigen in- oder ausländischen Sozialkasse ausgestellt sein, soweit der Betrieb des Bieters von dem Geltungsbereich eines Tarifvertrages über eine gemeinsame Einrichtung der Tarifvertragsparteien erfasst wird. Der Nachweis nach Satz 2 kann durch eine Bescheinigung des ausländischen Staates erbracht werden. Bei fremdsprachigen Bescheinigungen ist eine beglaubigte Übersetzung in die deutsche Sprache beizufügen.

(4) **Im Falle des Einsatzes von Nachunternehmern und Verleihern von Arbeitskräften muss der Bieter die Nachweise nach Absatz 3 Satz 2 auch für diese sowie alle weiteren Nachunternehmer erbringen.**

Baden-Württemberg: § 7 LTMG; **Berlin:** § 5 BerlAVG; **Brandenburg:** § 9 BbgVergG; **Bremen:** § 16 TtVG; **Hamburg:** § 10 HmbVgG; **Hessen:** § 9 HVTG; **Mecklenburg-Vorpommern:** § 10 VgG M-V; **Niedersachsen:** § 14 NTVergG; **Rheinland-Pfalz:** § 6 LTTG; **Saarland:** § 9 STTG; **Sachsen-Anhalt:** § 17 LVG LSA; **Schleswig-Holstein:** § 11 TTG; **Thüringen:** § 17 ThürVgG

Literatur: Conrad, Vergaberechtlicher Rechtsschutz auf landesrechtlicher Grundlage, in ZfBR 2016, S. 124 ff.; Herbst, Was sind personenbezogene Daten?, in NVwZ 2016, S. 902 ff.; Insam/Tacou/Theofanis, Der Mindestlohn für Arbeitnehmer von Werk- bzw. Dienstleistungsunternehmen – Haftung des Auftraggebers um jeden Preis?!, in NZA-RR 2014, S. 569 ff.; Kulartz/Kus/Portz/Prieß (Hrsg.), Kommentar zum GWB-Vergaberecht, 4. Aufl. 2016 [zitiert: Kulartz/Bearbeiter]; Meißner, Landesvergabegesetze und (k) ein Ende?, in ZfBR 2014, S. 453 ff.; Müller-Glöge/Preis/Schmidt (Hrsg.), Erfurter Kommentar zum Arbeitsrecht, 17. Aufl. 2017 [zitiert: ErfK/Bearbeiter]; Müller-Wrede (Hrsg.), GWB-Kommentar, 2016 [zitiert: Müller-Wrede/Bearbeiter]; Oltmanns/Fuhlrott, Die Auftraggeberhaftung bei Verstößen gegen das MiLoG, in NZA 2015, S. 392 ff.; Stelkens/Bonk/Sachs (Hrsg.), VwVfG-Kommentar, 8. Aufl. 2014 [zitiert: Stelkens/Bearbeiter]; Pünder/Schellenberg (Hrsg.), Vergaberecht, 2. Aufl. 2015 [zitiert: Pünder/Schellenberg/Bearbeiter]; Zilkens, Datenschutz in der Kommunalverwaltung, 4. Aufl. 2014.

Übersicht

I. Allgemeines

Regelungen über die Kontrollmöglichkeiten der öffentlichen Auftraggeber **1** dienen der wirksamen Umsetzung der Vorgaben der Tariftreue- und Vergabegesetze. Um die Einhaltung der Vorgaben zu gewährleisten, muss der Auftraggeber grundsätzlich das Recht haben, bei seinen Auftragnehmern, den Nachunternehmern oder Verleihern von Arbeitskräften Prüfungen durchzuführen. Dem Prüfrecht des öffentlichen Auftraggebers steht regelmäßig die Pflicht der Beauftragten zur Mitwirkung bei der Prüfung, insbesondere durch Erteilung von mündlichen und schriftlichen Auskünften sowie durch Bereithalten der für eine Prüfung erforderlichen Unterlagen und deren Vorlage beim öffentlichen Auftraggeber, gegenüber. In den meisten Ländern wird die Kontrollmöglichkeit seitens der öffentlichen Auftraggeber durch entsprechende Kompetenzen einer Prüfbehörde ergänzt, die regelmäßig bei einem landesrechtlich bestimmten Teil der Landesregierung angesiedelt wird. Die Überprüfung der Einhaltung der landesspezifischen Anforderungen durch die Prüfbehörden, die Auftraggeber selbst sowie die entsprechenden Sanktionsmöglichkeiten dienen als Ausgleich dafür, dass es einen Individualrechtsschutz zur Wahrung der vergaberechtlichen Vorschriften wie bei Oberschwellenvergaben im Bereich der Landesvergabegesetze grundsätzlich nicht gibt.[1] Die praktische Bedeutung von Überprüfungen durch die Auftraggeber ist jedoch eher fraglich. Begrenzte zeitliche und finanzielle Möglichkeiten sowie mangelnde personelle Ressourcen, gerade bei den Kommunen, nähren Zweifel an der Praktikabilität solcher Kontrollbefugnisse.[2]

II. Kontrolle durch den Auftraggeber

1. Kontrollrecht des Auftraggebers (Absatz 1)

2   **a) Ermessen des Auftraggebers.** Nach § 10 Absatz 1 Satz 1 sind öffentliche Auftraggeber berechtigt, Kontrollen durchzuführen, um die Einhaltung der ihren Auftragnehmern auf Grund dieses Gesetzes auferlegten Verpflichtungen zu überprüfen. Aus dem Wortlaut („sind berechtigt") folgt ein **Kontrollrecht** der Auftraggeber, aber − anders als in einigen anderen Bundesländern[3] − keine Kontrollpflicht. Anders als in § 14 Abs. 1 S. 3 TVgG NRW fehlt im Wortlaut eine Aussage dahingehend, ob Kontrollen nur anlass- oder grundsätzlich auch **stichprobenbezogen** erfolgen dürfen. Die Begründung zur wortgleichen Vorgängernorm in § 11 Abs. 1 TVgG NRW legte allerdings nahe, dass eine Kontrolle „anlassbezogen"[4] durchzuführen sei. Diese Einschränkung ließ sich dem Wortlaut jedoch schon damals nicht entnehmen. Auch in § 10 Absatz 1 TVgG NRW ist keine Beschränkung des Kontrollrechts (wie etwa nur bei Verdachtsmomenten) enthalten. Eine solche widerspräche zudem dem Gedanken, den Auftragnehmer durch die jederzeitige Möglichkeit von Kontrollen permanent zur Einhaltung der Verpflichtungen anzuhalten. Auch die Begründung zum jetzigen § 11 Abs. 1 TVgG NRW scheint von der jederzeitigen Kontrollmöglichkeit auszugehen: „Kontrollen müssen sich − ob mit oder ohne konkreten Verdacht der Missachtung der gesetzlichen Verpflichtungen − in jedem Falle nur auf die zur Erfüllung des Zwecks erforderlichen Daten beziehen"[5]. Im Übrigen kann für die Frage, wann der Auftraggeber eine Kontrolle durchzuführen hat, der allgemeine Grundsatz des

---

[1] Zu den Ausnahmen und den neueren Entwicklungen in Sachsen, Sachsen-Anhalt und Thüringen siehe Conrad, ZfBR 2016, 124.
[2] Meißner ZfBR 2014, 453 [459].
[3] Siehe im Einzelnen VI.
[4] LT-Drs. 15/2379, S. 47.
[5] LT-Drs. 16/12265, S. 27.

Verwaltungsverfahrensrechts zum pflichtgemäßen Entschließungs- und Auswahlermessen sinngemäß herangezogen werden. Dies schließt die Entscheidung ein, ob ein Tätigwerden erfolgen soll oder nicht.[6] Danach erscheint es zumindest möglich, dass hinreichende Anhaltspunkte über Verstöße zu einer Ermessensreduzierung führen können, die die Ausübung des Kontrollrechts durch den Auftraggeber erfordern.

Zu beachten ist ferner auch, dass die die Dokumentation der Maßnahmen 3 zur Förderung von Frauen sowie zur Vereinbarkeit von Beruf und Familie im Sinne des § 8 TVgG NRW mindestens ein Jahr lang aufzubewahren ist, § 12 Abs. 3 S. 1 RVO TVgG NRW. Sofern nicht zwischen Auftraggeber und Auftragnehmer eine längere Frist vereinbart ist, macht insoweit auch das Kontrollrecht des Auftraggebers nach Fristablauf nur noch wenig Sinn. In § 10 Abs. 1 TVgG NRW finden sich im Übrigen keine Angaben dazu, innerhalb welcher **Zeitspanne** der Auftraggeber zu Kontrollen berechtigt sein soll. Im Zweifel wird aus Sicht des Auftraggebers zu berücksichtigen sein, ob ein eventueller Verstoß überhaupt noch zu Konsequenzen führen kann, speziell zu einer Vertragsstrafe nach § 11 Abs. 1 S. 1 TVgG NRW oder eines Ausschlusses vom Vergabeverfahren nach § 126 GWB i. V. m. § 12 Abs. 1. S. 1 TVgG NRW, welcher nach § 126 Nr. 2 GWB für Verstöße im Sinne von § 124 Abs. 1 Nr. 1 GWB i. V. m. § 12 Abs. 1. S. 1 TVgG NRW maximal für drei Jahre zulässig ist.

b) Zuständigkeit. Die interne Verteilung der Zuständigkeit für Kontrol- 4 len nach § 10 TVgG NRW fällt, mangels speziellerer gesetzlicher Regelung, in die **Organisationshoheit** des öffentlichen Auftraggebers. Der öffentliche Auftraggeber ist zwar für die Durchführung der Kontrollen verantwortlich. Dies muss aber nicht bedeuten, dass etwa jeweils die ausschreibende Vergabestelle des öffentlichen Auftraggebers (z. B. der Fachbereich Bauen der Stadt bzw. Gemeinde) oder die Vergabesachbearbeiterinnen und -sachbearbeiter die Kontrolle selbst durchführen müssen. Lediglich die Beauftragung eines Dritten zu diesem Zweck dürfte nicht mit dem Wortlaut des § 10 Abs. 1 TVgG NRW zu vereinbaren sein.

c) Umfang des Kontrollrechts. Absatz 1 Satz 2 regelt den **Umfang** des 5 Kontrollrechts. Nach Satz 2 dürfen die Auftraggeber sich die Entgeltabrechnungen, die Unterlagen über die Abführung von Steuern, Abgaben und Beiträgen sowie die abgeschlossenen Verträge vorlegen lassen, diese prüfen und hierzu Auskünfte verlangen. Wie diese Aufzählung – insbesondere der Verweis auf Entgeltabrechnungen – zeigt, hat der Gesetzgeber hinsichtlich der Kontrollmöglichkeiten wohl in erster Linie die Tariftreue- und Mindestlohnvorgaben des § 4 TVgG NRW vor Augen gehabt. Anders als in anderen Bundesländern ist § 10 Abs. 1 TVgG NRW jedoch nicht auf diese Verpflichtungen beschränkt, sondern gilt für sämtliche Anforderungen nach dem TVgG NRW. Die Gesetzesbegründung verweist aber darauf, dass sich Kontrollen stets nur auf **die zur Erfüllung des Zwecks erforderlichen Daten** beziehen dürfen.[7] Zweck des § 10 Abs. 1 TVgG NRW

---

[6] Vgl. Stelkens/Bonk/Sachs/Schmitz § 22 VwVfG Rn. 6.
[7] LT-Drs. 16/12265, S. 27.

ist es, die Einhaltung der dem Auftragnehmer sowie den Nachunternehmern und den Verleihern von Arbeitskräften auf Grund dieses Gesetzes auferlegten Verpflichtungen zu überprüfen. Das Einsichtsrecht erstreckt sich
demnach nicht auf Unterlagen, Daten, Vorgänge etc., die nicht im Zusammenhang mit der konkreten Auftragsausführung für den Auftraggeber und
den Verpflichtungen aus dem TVgG NRW stehen. Sind etwa im Vergabeverfahren vom Auftraggeber weitergehende umweltbezogene Anforderungen gestellt worden, greift das gesetzliche Kontrollrecht nach § 10 Abs. 1
TVgG NRW nicht.

6   Das Einsichtsrecht nach Satz 2 wurde mit der Novellierung zum **Schutz
personenbezogener Daten** eingeschränkt und um den Zusatz ergänzt, dass
die Unterlagen nach Satz 2 in anonymisierter Form vorgelegt werden müssen.
Die neue Regelung des Satz 2 soll den datenschutzrechtlichen Belangen der
Mitarbeiterinnen und Mitarbeiter der Auftragnehmer Rechnung tragen.[8] Aus
datenschutzrechtlicher Sicht sind Passagen, die Aufschluss über die Identität
der Mitarbeiter geben, vom Auftragnehmer in geeigneter Form unkenntlich
zu machen. Dies gebietet bereits der Grundsatz der Datensparsamkeit nach
§ 3a S. 2 BDSG, wonach möglichst wenig personenbezogene Daten zu verar-
beiten und diese zu anonymisieren oder pseudonymisieren sind, soweit dies
nach dem Verwendungszweck möglich ist und im Verhältnis zu dem angestrebten Schutzzweck keinen unverhältnismäßigen Aufwand erfordert. **Anonymisieren** ist das Verändern personenbezogener Daten derart, dass die Ein-
zelangaben über persönliche oder sachliche Verhältnisse nicht mehr oder nur
mit einem unverhältnismäßig großen Aufwand an Zeit, Kosten und Arbeits-
kraft einer bestimmten oder bestimmbaren natürlichen Person zugeordnet
werden können, § 3 Abs. 6 BDSG, § 3 Abs. 7 DSG NRW. Demgegenüber
meint „pseudonymisieren" das Ersetzen des Namens und anderer Identifika-
tionsmerkmale durch ein Kennzeichen zu dem Zweck, die Bestimmung des
Betroffenen auszuschließen oder wesentlich zu erschweren, § 3 Abs. 6a
BDSG, § 3 Abs. 8 DSG NRW. Wegen des Wortlauts des § 10 Abs. 1 S. 2
TVgG NRW reicht eine solche Pseudonymisierung, bei der mit Kenntnis der
entsprechenden Zuordnung des Pseudonyms eine Identifikation leicht möglich ist[9], jedoch nicht aus. Im Zweifel sind Hinweise auf den Namen einer Person und andere, für die Kontrolle der Einhaltung des TVgG NRW nicht relevante Hinweise auf eine Person durch den Auftragnehmer zu schwärzen. Dies
kann, je nach Aussagekraft der Unterlagen, gegebenenfalls sogar dazu führen,
dass der Auftraggeber effektiv nicht nachprüfen kann, ob die im konkreten
Auftrag eingesetzten Personen tatsächlich das jeweils für sie maßgebliche Arbeitsentgelt nach § 4 TVgG NRW erhalten haben. Dieses Ergebnis ist aber
durch den Gesetzgeber offensichtlich so gewollt: Von dem Erfordernis der
Anonymisierung der Daten soll nach der Gesetzesbegründung nur in dem
Fall abgesehen werden können, in dem nur eine Person zur Auftragserfüllung
eingesetzt wird und diese Person dem Auftraggeber namentlich bekannt ist.[10]
In diesem Fall wäre eine Anonymisierung nutzlos. Die datenschutzrechtlichen

---

[8] LT-Drs. 16/12265, S. 27.
[9] Siehe hierzu Herbst NVwZ 2016, 902 [903].
[10] LT-Drs. 16/12265, S. 27.

Belange dieser Person müssen in diesem Ausnahmefall hinter den Zielen des TVgG NRW zurückstehen, damit effektive Kontrollen möglich sind.[11]

Entsprechend des oben genannten Grundsatzes, wonach sich das Einsichts- **7** recht des Auftraggebers auf das zur Erfüllung des Zwecks Erforderliche zu beschränken hat, ist der Auftragnehmer außerdem dazu berechtigt, andere Informationen, die er für geheimhaltungswürdig hält oder aus anderen Gründen nicht preisgeben möchte, wie insbesondere auch **Betriebs- und Geschäftsgeheimnisse,** in den auftragsbezogenen Unterlagen unkenntlich zu machen, soweit sie nicht für die Prüfung der Einhaltung der Pflichten nach dem TVgG NRW von Bedeutung sind. Zu den Betriebsgeheimnissen zählt das technische Wissen des Unternehmens im weitesten Sinne, wie etwa zu Produktions- und Verfahrensabläufen, zu den Geschäftsgeheimnissen gehören kaufmännische Aspekte wie Umsätze, Ertragslagen, Kundenlisten, Marktstrategien etc.[12]

d) Leiharbeit, Nachunternehmer. Der Auftragnehmer sowie die Nach- **8** unternehmer und Verleiher von Arbeitskräften haben nach Satz 3 ihre jeweiligen Arbeitnehmerinnen und Arbeitnehmer auf die Möglichkeit solcher Kontrollen hinzuweisen. Dies dient der effektiveren Durchführung der Prüfung.

Gemäß Satz 4 haben die öffentlichen Auftraggeber den Auftragnehmer im Wege einer vertraglichen Vereinbarung zu verpflichten, ihm ein entsprechendes Auskunfts- und Prüfrecht bei der Beauftragung von Nachunternehmern und von Verleihern von Arbeitskräften einräumen zu lassen. Andernfalls würde das Kontrollrecht des Auftraggebers im Falle von Nachunternehmern und Leiharbeitsfirmen leer laufen.

2. Mitwirkungspflicht des Auftragnehmers (Absatz 2)

§ 10 Abs. 2 TVgG NRW entspricht § 11 Abs. 3 TVgG – a. F. § 11 Abs. 2 **9** TVgG – a. F. (erneute Erklärung über die Zahlung des Mindestentgelts gem. § 4 TVgG NRW nach Ablauf von drei Jahren) ist gestrichen worden, da sich der Regelungsgehalt nach Auffassung der Gesetzesbegründung nunmehr aus § 5 TVgG NRW ergeben soll.[13]

Mit dem Prüfrecht des Auftraggebers korrespondiert die in Absatz 2 nor- **10** mierte Pflicht des Auftragnehmers zur Mitwirkung an der Prüfung, nämlich **vollständige und prüffähige Unterlagen** bereit zu halten und auf Verlangen des Auftraggebers mündliche und schriftliche **Auskünfte** zu erteilen.[14] Der Auftragnehmer ist vertraglich zu verpflichten, auch gegenüber dessen Nachunternehmern und Verleihern von Arbeitskräften vertraglich sicherzustellen, dass diese Pflicht eingehalten wird. Die Unterlagen sind prüffähig, wenn sie nachvollziehbar und damit auf ihre Richtigkeit hin kontrollierbar sind, ihr Inhalt muss nicht sachlich zutreffend sein.[15] Sie sind auf Verlangen dem öffentlichen Auftraggeber innerhalb einer angemessenen **Frist** vorzulegen und zu

---

[11] LT-Drs. 16/12265, S. 27.

[12] Zilkens Datenschutz in der Kommunalverwaltung, 4. Aufl. 2014, Rn. 85.

[13] LT-Drs. 16/12265, S. 27.

[14] Siehe auch das Muster der Verpflichtungserklärung, Anlage 1 zur RVO TVgG NRW, Ziffer 3.

[15] Vgl. BGH NJW 1999, 1867, 1868.

erläutern, wobei diese Frist vertraglich zu vereinbaren ist. Typischerweise wird sie vom Auftraggeber einheitlich gegenüber den Bietern vorgegeben. Dabei ist zu berücksichtigen, dass der Auftraggeber sowohl aufgrund der gesetzgeberischen Intention als auch im eigenen Interesse die Prüfung relativ kurzfristig durchführen und den Auftragnehmer die Prüfung aufgrund der vertraglichen Vereinbarung auch nicht unvorbereitet treffen sollte. Nach der früheren Rechtslage wurden in der Praxis oft fünf bis sechs Werktage, bei Nachunternehmern maximal der doppelte Zeitraum vereinbart. Nunmehr dürfte noch zu berücksichtigen sein, dass der Auftrag- bzw. Nachunternehmer die Unterlagen nach Abs. 1 S. 2 im Regelfall noch anonymisieren muss. Je nach Einzelfall sollten deshalb noch ein bis zwei zusätzliche Werktage eingeplant werden.

3. Verhältnis zu anderen Rechtsgrundlagen

11   In Bezug auf Maßnahmen der Frauenförderung oder der Vereinbarkeit von Beruf und Familie gemäß § 8 TVgG NRW sieht § 13 RVO TVgG NRW vor, dass betroffene Aufträge nur unter der weiteren Vertragsbedingung zu vergeben sind, dass der Auftragnehmer auf Verlangen der Vergabestelle, die Einhaltung der übernommenen vertraglichen Verpflichtung in geeigneter Form nachzuweisen und hierzu Informationen vorzulegen und Auskunft zu geben hat. Zivilrechtlich entsteht so ein zusätzliches Auskunftsrecht, das § 10 TVgG NRW als höherrangige Rechtsgrundlage jedoch nicht verdrängen kann und inhaltlich nicht über das gesetzliche Kontrollrecht hinausgeht.[16]

12   Das auftragsbezogene Kontrollrecht des Auftraggebers besteht auch losgelöst von den generellen Kompetenzen der **Prüfbehörde.** Für die Prüfung der Einhaltung der Pflichten eines Auftragnehmers nach § 4 Abs. 2 und 4 TVgG NRW und den entsprechenden Pflichten nach § 5 TVgG NRW eines Nachunternehmers oder Verleihers von Arbeitskräften enthält § 14 Abs. 1 S. 1 TVgG NRW eine spezielle Prüfzuständigkeit mit eigenen Verfahrensregelungen.[17]

IV. Bietereignung (Absatz 3 Satz 1)

13   Absatz 3 Satz 1 enthält Regelungen über den Nachweis der Bieter im Hinblick auf ihre Fachkunde und Leistungsfähigkeit. Damit wird der Regelungsgehalt des § 7 TVgG NRW a. F. übernommen. Systematisch erscheint die Unterordnung als Absatz 3 in der Vorschrift über die Kontrollmöglichkeiten des Auftraggebers gleichwohl nicht sehr naheliegend.

14   Die in Satz 1 genannten Bieteranforderungen der **Fachkunde und Leistungsfähigkeit** entsprechen § 122 Abs. 1 GWB. Damit wird die Vergaberechtsreform im Oberschwellenbereich auch in § 11 Abs. 3 TVgG NRW nachvollzogen, da im GWB die früheren Elemente des § 97 Abs. 4 S. 1 GWB a. F. – Fachkunde, Leistungsfähigkeit, Zuverlässigkeit und Gesetzestreue – auf die beiden erstgenannten reduziert wurden. Die **Leistungsfähigkeit** war nach früherer Definition anzunehmen, wenn der Bewerber in technischer,

---

[16] Siehe im Einzelnen die Kommentierung zu § 8 TVgG NRW.
[17] Siehe im Einzelnen die Kommentierung zu § 14 TVgG NRW.

kaufmännischer, personeller und finanzieller Hinsicht so ausgestattet ist, dass er den Auftrag ordnungsgemäß erledigen kann.[18] Ein Bewerber besaß nach der früheren Definition die erforderliche **Fachkunde,** wenn er Kenntnisse, Erfahrungen und Fertigkeiten besitzt, die für die Ausführung der zu vergebenden Leistungen erforderlich sind, um die jeweilige Leistung fachgerecht vorzubereiten und auszuführen.[19] Die Kriterien der Fachkunde und Leistungsfähigkeit sollen nach der Begründung zum Vergaberechtsmodernisierungsgesetz allerdings vollständig durch die Konkretisierungen in § 122 Abs. 2 GWB ausgefüllt werden.[20] Die Eignungskriterien dürfen nach § 122 Abs. 2 S. 2 GWB ausschließlich (1.) die Befähigung und Erlaubnis zur Berufsausübung, (2.) die wirtschaftliche und finanzielle Leistungsfähigkeit und (3.) die technische und berufliche Leistungsfähigkeit betreffen.[21] Ob daneben das Kriterium der „Fachkunde" überhaupt noch einen eigenständigen Gehalt aufweist, ist unklar.[22] Sie dürfte nach der oben genannten Definition von § 122 Abs. 2 S. 2 GWB mit umfasst sein. Die Eignungsbegriffe Zuverlässigkeit und Gesetzestreue sind Gegenstand der neuen §§ 123 f. GWB (zwingende und fakultative Ausschlussgründe), die über § 12 Abs. 1 S. 1 TVgG NRW auch unterhalb der Schwellenwerte nach § 106 GWB gelten. Insgesamt hat § 122 Abs. 1 GWB daher materiell-rechtlich keine eigenständige Bedeutung.[23]

Bei Bauleistungen kann der Nachweis der Eignung kann mit der vom Auftraggeber direkt abrufbaren Eintragung in die allgemein zugängliche Liste des Vereins für die Präqualifikation von Bauunternehmen e. V. **(Präqualifikationsverzeichnis)** erfolgen, § 6b Abs. 1 VOB/A bzw. § 6b (EU) Abs. 1 Nr. 1 VOB/A. Im Oberschwellenbereich muss der öffentliche Auftraggeber als vorläufigen Nachweis auch eine Einheitliche Europäische Eigenerklärung (EEE) akzeptieren. **15**

V. Nachweise zur Beitragsentrichtung (Absatz 3 Satz 2, Absatz 4)

Gemäß Satz 2 müssen Bieter nachweisen, dass sie die Beiträge zur gesetzlichen Sozialversicherung und der gemeinsamen Einrichtung der Tarifvertragsparteien im Sinne des § 5 Nr. 3 AEntG vollständig entrichten. Die Vorschrift gehört inhaltlich zu den Tariftreueregelungen (§§ 4 bis 10 TVgG NRW a. F.). Da sich die Pflicht zur Beitragsentrichtung für die Bieter bereits aus dem AEntG ergibt, dient Absatz 3 Satz 2 in erster Linie dem Schutz der Auftraggeber, wegen der Verbindlichkeit eines späteren Auftragnehmers über die verschuldensunabhängige **Haftung nach § 14 S. 1 AEntG** in Anspruch genommen zu werden. Danach haftet ein Unternehmer, der einen anderen Unternehmer mit der Erbringung von Werk- oder Dienstleistungen beauf- **16**

---

18 Pünder/Schellenberg/Fehling GWB § 97 Rn. 116.
19 OLG Saarbrücken ZfBR 2004, 714, 717.
20 BT-Drs. 18/6281, S. 100.
21 Vgl. Art. 58 Abs. 1 RL 2014/24/EU.
22 Kulartz/Hausmann/Von Hoff § 122 GWB Rn. 13.
23 Müller-Wrede/Gnittke/Hatting § 122 GWB Rn. 21.

tragt, für die Verpflichtungen dieses Unternehmers, eines Nachunternehmers oder eines von dem Unternehmer oder einem Nachunternehmer beauftragten Verleihers zur Zahlung des Mindestentgelts an Arbeitnehmer oder Arbeitnehmerinnen oder zur Zahlung von Beiträgen an eine gemeinsame Einrichtung der Tarifvertragsparteien nach § 8 AEntG wie ein Bürge, der auf die Einrede der Vorausklage verzichtet hat. Es ist allerdings strittig, ob auch öffentliche Auftraggeber **Unternehmer i. S. d. § 14 AEntG** sind. **Dagegen** spricht die fehlende Vergleichbarkeit der öffentlichen Hand mit gewerblich tätigen Unternehmen, sofern es sich nicht um ein privatwirtschaftlich organisiertes Tochterunternehmen handelt.[24] Nach einer anderen Auffassung soll die Unternehmereigenschaft zumindest nicht zu bejahen sein bei Aufträgen im Zusammenhang mit einer hoheitlichen Tätigkeit oder im Rahmen der öffentlichen Daseinsvorsorge.[25]

17   Der Nachweis gemäß Satz 2 geschieht nach Satz 3 in erster Linie durch eine gültige Bescheinigung des **Vereins für die Präqualifizierung von Bauunternehmen e. V. § 6 b Abs. 1 VOB/A bzw. § 6 b (EU) Abs. 1 Nr. 1 VOB/A** ermöglichen die Nachweisführung hinsichtlich der Zahlung von Steuern und Abgaben sowie der Beiträge zur gesetzlichen Sozialversicherung mittels der vom Auftraggeber direkt abrufbaren Eintragung in die allgemein zugängliche Liste des Vereins für die Präqualifikation von Bauunternehmen e. V. **(Präqualifikationsverzeichnis).** Für den Fall, dass das Unternehmen diesen gesetzlichen Zahlungspflichten nicht nachgekommen ist, kann das Angebot dieses Unternehmens nach § 16 Abs. 2 Nr. 4 VOB/A vom Wettbewerb ausgeschlossen werden.

18   Alternativ kann der Nachweis durch Unterlagen erbracht werden, die nicht älter als ein Jahr sind und die durch die ausstellende Stelle festgelegte Gültigkeit nicht überschreiten. Die Unterlagen müssen von dem zuständigen in- oder ausländischen Sozialversicherungsträger im Inland der Einzugsstelle – oder der zuständigen in- oder ausländischen Sozialkasse ausgestellt sein, soweit der Betrieb des Bieters von dem Geltungsbereich eines Tarifvertrages über eine gemeinsame Einrichtung der Tarifvertragsparteien erfasst wird. Der Nachweis nach Satz 2 kann durch eine Bescheinigung des ausländischen Staates erbracht werden. Bei fremdsprachigen Bescheinigungen ist eine beglaubigte Übersetzung in deutscher Sprache beizufügen.

19   Die Nachweise über die vollständige Leistung der Beiträge zur gesetzlichen Sozialversicherung und der gemeinsamen Einrichtung der Tarifvertragsparteien im Sinne des § 5 Nr. 3 AEntG muss der Bieter gemäß Absatz 4 im Falle des Einsatzes von Nachunternehmern und Verleihern von Arbeitskräften auch für diese sowie alle weiteren Nachunternehmer erbringen.

---

[24] Siehe für § 13 MiLoG, der auf § 14 AEntG verweist, ErfK/Franzen MiLoG § 13 Rn. 2.
[25] Insam/Hinrichs/Tacou NZA-RR 2014, 569, 571; wohl ebenso ErfK/Schlachter AEntG § 14 Rn. 3; für eine generelle Einbeziehung der öffentlichen Hand Oltmanns/Fuhlrott NZA 2015, 392, 394.

VI. Kontrolle durch den Auftraggeber in anderen Bundesländern im Überblick

In **Baden-Württemberg, Brandenburg, Bremen, Hessen** und **20** **Rheinland-Pfalz** bezieht sich das Kontrollrecht der Auftraggeber allein auf die jeweiligen Regelungen zur Tariftreuepflicht und zum Mindestentgelt (in **Mecklenburg-Vorpommern:** Mindestarbeitsbedingungen). In den anderen Landesgesetzen beziehen sich die Kontrollrechte, wie im TVgG NRW, auf grundsätzlich alle Vorgaben des jeweiligen Gesetzes. Von der inhaltlichen Ausgestaltung des Kontrollrechts und seiner Durchsetzung (vertragliche Vereinbarung) unterscheiden sich die einzelnen Landesgesetze dagegen kaum. Von der inhaltlichen Reichweite der Kontrollrechte abgesehen, ergeben sich in den einzelnen Ländern gegenüber dem TVgG NRW folgende Ähnlichkeiten oder Abweichungen:

In **Schleswig-Holstein** entspricht die Regelung in § 11 TTG in weiten **21** Teilen der nordrhein-westfälischen Regelung. Auch § 7 LTMG in **Baden-Württemberg** ist dem TVgG NRW grundsätzlich nachgebildet. In **Hamburg, Hessen** und im **Saarland** finden sich ebenfalls vergleichbare Regelungen (§ 10 HmbVgG, § 9 HTVG, § 9 STTG).

Die Vorschriften in **Rheinland-Pfalz** (§ 6 LTTG), **Sachsen-Anhalt** (§ 17 **22** LVG LSA) und **Thüringen** (§ 17 ThürVgG) sind in Bezug auf die Ausgestaltung des Kontrollrechts, wenn auch knapper formuliert, im Wesentlichen deckungsgleich zur Regelung in § 10 TVgG NRW.

In **Niedersachsen** sind die Vergabestellen gem. § 14 Abs. 1 NTVergG gehal- **23** ten, Kontrollen durchzuführen, um zu überprüfen, ob die beauftragten Unternehmen sowie die jeweiligen Nachunternehmen und Verleihunternehmen die von ihnen im Hinblick auf dieses Gesetz übernommenen vergaberechtlichen Verpflichtungen einhalten. Diese allgemeine Vorgabe verdichtet sich nach § 14 Abs. 3 NTVergG sogar zu einer **Kontrollpflicht,** wenn dem öffentlichen Auftraggeber Anhaltspunkte dafür vorliegen, dass die sich aus den Erklärungen nach § 4 Abs. 1 NTVergG (Mindestentgelt) oder § 5 Abs. 1 NTVergG (Tariftreue im ÖPNV) ergebenden Verpflichtungen nicht eingehalten werden. In der FAQ-Liste der Servicestelle des Landes Niedersachsen zum NTVergG wird klargestellt, dass auch keine Subsidiarität der Kontrollen durch die Auftraggeber wegen der Zuständigkeiten der Bundeszollverwaltung nach § 14 MiLoG, § 16 AEntG und § 17 Abs. 2 AÜG besteht, da sich der Gesetzgeber im Rahmen der Novellierung des NTVergG bewusst dafür entschieden habe, diese Regelung in § 14 Abs. 1 NTVergG auch nach dem 30. 6. 2016 weiterhin beizubehalten.[26]

In **Bremen** ist § 16 Abs. 1 TtVG als generelle Kontrollpflicht ausgestaltet. **24** Dazu ist jedoch eine Sonderkommission zu gründen (Sonderkommission Mindestlohn). Diese veröffentlicht alle zwei Jahre einen Tätigkeitsbericht.[27]

---

[26] FAQ-Liste der Servicestelle des Landes Niedersachsen zum NTVergG, S.18, http://www.mw.niedersachsen.de/download/108568/FAQ-Liste_NTVergG-Novelle_ ab_01.07.16.pdf (Stand: 1.7.2016, zuletzt abgerufen am 10.3.2017).
[27] Abrufbar unter http://www.wirtschaft.bremen.de (zuletzt abgerufen am 10.3.2017).

25 § 5 BerlAVG, wonach die öffentlichen Auftraggeber in **Berlin** stichproben-artig Kontrollen über Einhaltung der in § 1 Absatz 2 bis 4 und 6, §§ 4 und 7, § 8 Absatz 2 und 3 und § 9 vorgesehenen Auflagen und Pflichten – im Wesentlichen die gleichen Vorgaben wie nach dem TVgG NRW – durchzuführen haben, sieht für die Überprüfung die Unterstützung eine besondere Stelle vor. Hierzu ist durch den Senat eine zentrale Kontrollgruppe einzurichten. Der Senat hat durch Senatsbeschluss am 14.5.2013 die zentrale Kontrollgruppe eingerichtet[28], die im Rahmen freier Kapazitäten eine Unterstützung der Vergabestellen des Landes Berlin durch eine Übernahme von Stichprobenkontrollen oder auch bei Problemen mit der inhaltlichen Umsetzung bei eigenen Prüfungen (z.B. tarifrechtliche Fragestellungen, Auswertung der eingesandten Nachweise) anbietet.

26 Nach § 9 BbgVergG sind die Auftraggeber in **Brandenburg** verpflichtet, die Einhaltung der gemäß § 6 Absatz 2 und § 8 vereinbarten Vertragsbestimmungen zu überprüfen. Dies betrifft die Zahlung des vergabespezifischen Mindestlohns beim Auftragnehmer bzw. Nachunternehmern. Die Regelung über die Kontrollpflicht fällt an einigen Stellen deutlich detaillierter aus als in den anderen Bundesländern. Gemäß § 9 Abs. 1 BbgVergG erfolgt die Überprüfung als Bestandteil der Prüfung der Richtigkeit einer vom Auftragnehmer gestellten Rechnung und durch eine ausreichende Zahl von Stichproben. Zu diesem Zweck sind Nachweispflichten des Auftragnehmers und für den Auftraggeber Betretungsrechte für betriebliche Grundstücke und Räume des Auftragnehmers sowie das Recht zur Befragung von Beschäftigten des Auftragnehmers zu vereinbaren, soweit sie für die Durchführung von Kontrollen erforderlich sind. Bei der Überprüfung der Einhaltung der Vertragsbestimmungen über den Mindestlohn sind im Regelfall Bescheinigungen eines Steuerberaters oder Wirtschaftsprüfers über die Lohnhöhe oder darüber, dass alle Beschäftigten mindestens den jeweils einschlägigen Mindestlohn erhalten, ausreichend. Von der Überprüfung kann abgesehen werden, wenn der Auftraggeber annehmen kann, dass die Vertragsbestimmungen zum Mindestlohn eingehalten werden, insbesondere weil Leistungen in Branchen beschafft werden, die regelmäßig deutlich übertariflich zahlen, oder Leistungen durch einen Auftragnehmer erbracht werden, der dem Auftraggeber bereits aus einer dauerhaften Geschäftsbeziehung bekannt ist.

27 In **Mecklenburg-Vorpommern** statuiert § 10 VgG M-V ebenfalls eine Kontrollpflicht für die Auftraggeber, die sich aber auf die Einhaltung der Mindestarbeitsbedingungen nach § 9 Abs. 1 und 4 VgG M-V beschränkt (Tarifverträge im ÖPNV und vergabespezifischer Mindestlohn). Außerdem sind die die Auftraggeber gem. § 10 Abs. 1 S. 2 VgG M-V von der Pflicht nach Satz 1 befreit, soweit das Land die Kontrolle auf eine andere Stelle übertragen hat.

---

[28] Pressemitteilung der Berliner Senatskanzlei vom 14.5.2013.

§ 11 **Sanktionen durch den öffentlichen Auftraggeber**

(1) **Zwischen dem öffentlichen Auftraggeber und dem Auftragnehmer ist für jeden schuldhaften Verstoß gegen die Verpflichtungen aus einer Verpflichtungserklärung nach § 4 eine Vertragsstrafe zu vereinbaren, deren Höhe ein Prozent, bei mehreren Verstößen bis zu fünf Prozent des Auftragswertes (netto) betragen soll. Der Auftragnehmer ist zur Zahlung einer Vertragsstrafe nach Satz 1 auch für den Fall zu verpflichten, dass ein Verstoß gegen Verpflichtungen aus einer Verpflichtungserklärung nach § 5 durch einen von ihm eingesetzten Nachunternehmer oder einen von diesem eingesetzten Nachunternehmer oder von einem Verleiher von Arbeitskräften begangen wird, es sei denn, dass der Auftragnehmer den Verstoß bei Beauftragung des Nachunternehmers und des Verleihers von Arbeitskräften nicht kannte und unter Beachtung der Sorgfaltspflicht eines ordentlichen Kaufmanns auch nicht kennen musste.**

(2) **Der öffentliche Auftraggeber hat mit dem Auftragnehmer zu vereinbaren, dass die schuldhafte Nichterfüllung der Verpflichtungen aus einer Verpflichtungserklärung nach § 4 durch den Auftragnehmer, aus einer Verpflichtungserklärung nach § 5 durch seine Nachunternehmer und die Verleiher von Arbeitskräften sowie schuldhafte Verstöße gegen die Verpflichtungen des Auftragnehmers aus § 5 den Auftraggeber zur fristlosen Kündigung des Bau- oder Dienstleistungsvertrages oder zur Auflösung des Dienstleistungsverhältnisses berechtigen.**

§ 6 Abs. 1 und 2 BerlAVG, § 8 Abs. 1 und 2 LTMG BW, § 9 Abs. 1 und 2 BbgVergG, § 17 Abs. 1 und 2 HB TVgG, § 11 HmbVgG,§ 18 Abs. 1 HVTG, § 10 Abs. 2 Nr. 2 bis 4, Abs. 3 VgV MV, § 15 Abs. 1 und 2 NTVergG, § 7 Abs. 1 und 2 LTTG RP, § 10 Abs. 1 und 2 STTG, § 18 Abs. 1 und 2 LVA LSA, § 12 TTG SH, § 18 ThürVgG,

Literatur: Fandrey, Tariftreue und Vergabegesetz Nordrhein-Westfalen, 1. Aufl. 2014, Rn. 577; Geitel, Vertragsstrafen für die Verletzung von Nebenpflichten in Landesvergabegesetzen – Rechtliche Einordnung und deren Folgen, IBR 2013, 1130; Görlich/ Conrad, Die neuen Kündigungstatbestände für öffentliche Aufträge, VergabeR 2016, 567; Müller-Wrede/Fülling, GWB, 2016; Püstow/Meiners, EuZW 2016, 325; Rommelfanger, Das Hessische Vergabe- und Tariftreuegesetz verstehen und richtig anwenden, 2015; Zeiss, Landesvergaberecht NRW, 2015.

Übersicht

I. Allgemeines

1. Gegenstand

1   Regelungsgegenstand des § 11 TVgG NRW sind Sanktionsmechanismen zugunsten des öffentlichen Auftraggebers im Vertragsverhältnis zum Auftragnehmer, die die Erfüllung der Ziele des TVgG NRW sicherstellen sollen. Somit handelt es sich zunächst um **Pflichtinhalte von Verträgen,** um deren Berücksichtigung sich der öffentliche Auftraggeber bei der Gestaltung der Vertrags- und Vergabeunterlagen zu kümmern hat. Weil es sich um vertragliche Regelungen handelt, sind sie auch unter Berücksichtigung des § 41 VgV bereits in den bei der Bekanntmachung zu versendenden Vertragsunterlagen zu verankern. Bei den Sanktionen handelt es sich zum einen um eine Vertragsstrafenregelung für Verstöße gegen das TVgG NRW, zum anderen um ein Sonderkündigungsrecht. Der Katalog, für den solche Sanktionsmechanismen gelten sollen, wird auch durch § 8 Abs. 2 TVgG NRW sowie § 8 Abs. 2 RVO TVgG-NRW ergänzt und steht selbständig neben dem gesetzlichen Kündigungsrecht in § 133 Abs. 1 GWB im Oberschwellenbereich.

Ausweislich des Wortlauts des § 11 Abs. 1 und 2 TVgG sind die öffentlichen 2 Auftraggeber verpflichtet, entsprechende Regelungen in den Vertrag aufzunehmen. Ein **Ermessen** ist lediglich bzgl. der Höhe der zu vereinbarenden Vertragsstrafe bis zu einer Maximalhöhe von 5% der Auftragssumme vorgesehen. Damit unterscheidet sich die Regelung des § 11 Abs. 1 TVgG etwa von der Entsprechungsnorm im HVTG (§ 18 Abs. 1), bei der es sich bzgl. der Vertragsstrafenregelung um eine Soll-Vorschrift handelt.

Die Sanktionsmechanismen aus § 11 TVgG NRW wirken neben den **Aus-** 3 **schlussmöglichkeiten nach §§ 9 Abs. 5 und 12 TVgG NRW.** Während letztere vor dem Zuschlag, also während des Vergabeverfahrens greifen, zielt die Wirkung der Sanktionsmechanismen nach §§ 11, 8 Abs. 2 TVgG NRW und § 8 Abs. 2 RVO TVgG auf die Phase der Vertragsdurchführung nach dem Zuschlag.

2. Zweck

Der Gesetzesbegründung zu § 12 TVgG a. F., aus dem die Sanktionsrege- 4 lung nahezu unverändert übernommen wurde, ist zu entnehmen, dass die Regelung des § 11 TVgG NRW der **wirksamen Umsetzung der Vorgaben des Tariftreue- und Vergabegesetzes** und der Durchsetzung der vertraglich vereinbarten Rechte des öffentlichen Auftraggebers bzw. der Sanktion bei Verletzung der vertraglich vereinbarten Pflichten der Auftragnehmer, der Nachunternehmer und der Verleiher von Arbeitskräften dient.[1]

Gleiches ist auch der Begründung der Erweiterung der Sanktionstatbe- 5 stände in der Verordnung zur Durchführung des Tariftreue- und Vergabegesetzes Nordrhein-Westfalen zu entnehmen (RVO TVgG NRW)[2]. Dem Auftraggeber soll es möglich sein, bei Verstößen gegen die Verpflichtungen aus den verschiedenen Verpflichtungserklärungen zur Tariftreuepflicht und Mindestlohnzahlung (§ 4 TVgG NRW) auch in der **Nachunternehmerkette** bzw. Arbeitnehmerverleiherkette sowie bei der Nichteinhaltung der Mindestanforderungen der Internationalen Arbeitsorganisationen mit scharfem Schwert überwachen zu können. Voraussetzung dafür ist, dass auch eine hinreichende Kontrolle gewährleistet werden kann. Hierfür bieten § 10 TVgG NRW und § 8 RVO TVgG NRW weitere Anhaltspunkte.

3. Entwicklung

Bereits in § 12 TVgG NRW 2012 war die Vertragsstrafen- und Kündi- 6 gungsrechtsregelung enthalten. Nahezu unverändert wurde diese nun in § 11 TVgG NRW übernommen und durch die am 21. 1. 2017 erlassene Rechtsverordnung mit der Neuregelung des § 8 Abs. 2 RVO TVgG NRW ergänzt. Damit die Vertragsstrafe scharf gestellt werden kann, bedarf es zudem der **Kontrolle der Auftragnehmer,** was den öffentlichen Auftraggeber auf die in § 10 TVgG NRW geregelten Kontrollrechte verweist. Werden schwere Verstöße festgestellt, steht als weitere Sanktionsnorm § 12 TVgG NRW im

---

[1] LT-Drs. 15/2379, 47 f.
[2] Begründung zur RVO TVgG NRW, LT-Drs. 16/4298, S. 33.

Raum, in dem der Ausschluss im konkreten Vergabeverfahren sowie die Registrierung im **Vergaberegister** nach § 6 KorruptionsbG NRW geregelt ist.

7   Ebenfalls ist in diesem Zusammenhang § 15 TVgG NRW zu sehen, hier insbesondere Abs. 1 Nr. 1 und Abs. 2. In dieser Reglung wird ein Verstoß für unwahre Verpflichtungserklärungen nach § 4 Abs. 2, 4 TVgG NRW oder nach § 5 Abs. 1 TVgG NRW sowie die Nichterfüllung der mit der Verpflichtungserklärung übernommenen Verpflichtungen mit einer Geldbuße bis zu EUR 50.000,00 als **Ordnungswidrigkeit** unter Sanktion gestellt.

II. Europarecht

8   Die Verortung des Kündigungsrechtes in § 11 Abs. 2 TVgG NRW folgt der des **Kündigungsrechts nach § 133 GWB** im Oberschwellenbereich. Danach sind Reglungen, die auf die Abwicklung des Vertragsverhältnisses durchschlagen, auch im Vergabegesetz möglich. § 133 GWB wurde durch des VergRModG in Umsetzung der Art. 73 RL 2014/24/EU, Art. 44 RL 2014/23/EU und Art. 90 RL 2014/25/EU neu in das GWB eingefügt.[3]

III. Vertragsstrafe (§ 11 Abs. 1)

9   In § 11 Abs. 1 TVgG NRW wird dem öffentlichen Auftraggeber auferlegt, im Verhältnis zum Auftragnehmer eine Vertragsstrafe zu vereinbaren.

1. Rechtsnatur

10   Die Vertragsstrafe ist eine **Vertragsabrede,** die in die Vertragsunterlagen aufgenommen werden muss. Wie dem Wortlaut des § 11 Abs. 1 TVgG NRW zu entnehmen ist, wird es außerhalb des Ermessens des öffentlichen Auftraggebers gestellt, die Vertragsstrafe zu vereinbaren. Es handelt sich um keine Ermessens- oder Sollvorschrift. Eine Vertragsstrafe „ist für jeden schuldhaften Verstoß […] zu vereinbaren". Lediglich die Bestimmung der Höhe wird als Soll-Vorschrift geregelt. Ähnlich wie in dem Regelungskonstrukt des § 11 VOB/B ist somit davon auszugehen, dass, sollte der öffentliche Auftraggeber es **übersehen, eine Vertragsstrafe zu vereinbaren,** diese auch nicht als vereinbart gilt. Eine bloße Berufung auf § 11 TVgG NRW wird nicht genügen. Da es sich um eine vertragliche Vereinbarung handelt, muss die Vertragsstrafe sowohl dem Grunde wie auch der Höhe nach gemäß § 11 Abs. 1 TVgG NRW und auch § 8 Abs. 2 RVO TVgG NRW eindeutig vereinbart werden. Ausweislich des Formulierungsvorschlags auf S. 18 der Entwurfsbegründung zur RVO könnte dies etwa formuliert werden wie folgt:

> *„Ich/wir erkläre/n mich/uns darüber hinaus im Fall der konkreten Auftragsdurchführung mit folgenden Verpflichtungen einverstanden: [...] Für jeden schuldhaften Verstoß der Auftragnehmerin bzw. des Auftragnehmers gegen die Verpflich-*

---

[3] Siehe auch Erwägungsgrund 80 RL 2014/23/EU, 112 RL 2014/24/EU, 118 RL 2014/25/EU.

tung aus dieser Verpflichtungserklärung gilt eine Vertragsstrafe als vereinbart, deren Höhe 1%, bei mehreren Verstößen bis zu 5% des Auftragswertes beträgt. "

Ein weiterer Formulierungsvorschlag ist in den „Besondere Vertragsbedin- **11** gungen des Landes Nordrhein-Westfalen zur Kontrolle der Verpflichtungen zur Tariftreue und Mindestentlohnung nach dem Tariftreue- und Vergabege- setz Nordrhein-Westfalen und Sanktionen bei Verstößen gegen diese Ver- pflichtungen (BVB Tariftreue- und Vergabegesetz Nordrhein-Westfalen/ VOL) für die Vergabe von Dienstleistungen" enthalten:

„Für jeden schuldhaften Verstoß der Auftragnehmerin bzw. des Auftragnehmers gegen die Verpflichtungen aus einer Verpflichtungserklärung nach § 4 Tariftreue- und Vergabegesetz Nordrhein-Westfalen gilt zwischen dem Auftraggeber und Auf- tragnehmerin bzw. Auftragnehmer eine Vertragsstrafe vereinbart, deren Höhe eins von Hundert, bei mehreren Verstößen bis zu fünf von Hundert des Auftragswertes beträgt. Dies gilt auch für den Fall, dass der Verstoß gegen Verpflichtungen aus einer Verpflichtungserklärung nach § 5 Tariftreue- und Vergabegesetz Nordrhein-Westfa- len durch eine oder einen von der Auftragnehmerin bzw. vom Auftragnehmer einge- setzte(n) Nachunternehmerin bzw. Nachunternehmer oder eine oder einen von die- ser/diesem eingesetzte(n) Nachunternehmerin bzw. Nachunternehmer oder von einer Verleiherin bzw. einem Verleiher von Arbeitskräften begangen wird, es sei denn, dass die Auftragnehmerin bzw. der Auftragnehmer den Verstoß bei Beauftra- gung der Nachunternehmerin bzw. des Nachunternehmers und der Verleiherin bzw. des Verleihers von Arbeitskräften nicht kannte und unter Beachtung der Sorgfalts- pflicht eines ordentlichen Kaufmanns auch nicht kennen musste. "

Diese Regelung muss von dem Auftragnehmer unterzeichnet werden. **12**

Problematisch dabei ist, dass in dieser Formulierung nicht eindeutig geklärt ist, wann „mehrere Verstöße" vorliegen, welche die Addition der Vertrags- strafe auslösen. Es ist somit fraglich, ob die Reglung einer **AGB–Kontrolle** nach § 305c BGB standhält. Besser wäre, eine eindeutige Staffelreglung für die Vertragsstrafe zu treffen.[4]

Da es sich zudem um eine vertragliche Verpflichtung handelt, die von An- **13** fang an zu den Vertragsbedingungen gehört, müssen diese entsprechend der Vorgabe aus § 41 VgV im **Zeitpunkt der Bekanntmachung** der Vergabe in den Vergabeunterlagen ausgewiesen sein.

Dem Grunde nach handelt es sich somit auch um **AGB,** die der AGB-Kon- **14** trolle standhalten müssen. Dies berücksichtigt bereits die Soll-Vorschrift **zur Höhe der Vertragsstrafe,** nach der für jeden Verstoß 1%, bei mehreren Ver- stößen jedoch bis maximal 5% des Netto-Auftragswertes vereinbart werden soll. Dies trägt ausweislich der Begründung zur RVO TVgG-NRW[5] der BGH-Rechtsprechung Rechnung, wie sie zu den Vertragsstrafen nach § 11 VOB/B im Baubereich entwickelt wurde.[6] Mangels Rechtsprechung kann je- doch noch nicht abschließend beurteilt werden, ob auch die Höhe von 1% je

---

[4] Fandrey Tariftreue und Vergabegesetz Nordrhein-Westfalen, 1. Aufl. 2014, Rn. 577; Geitel Vertragsstrafen für die Verletzung von Nebenpflichten in Landesvergabegesetzen – Rechtliche Einordnung und deren Folgen, IBR 2013, 1130.
[5] Begründung zur RVO, LT-Drs. 16/4298, S. 33.
[6] BGH NJW 1998, 1493 (1494); BauR 2000, 1051 (1052).

Verstoß gegen eine Verpflichtung aus einer Verpflichtungserklärung nach §§ 4, 5 TVgG NRW oder § 8 Abs. 2 RVO TVgG NRW tatsächlich angemessen ist. Angesichts der Rechtsprechung zu Vertragsstrafen in Bauverträgen bestehen Zweifel,[7] wobei die Rspr. nicht einfach übertragbar ist, da es in den jeweiligen Entscheidungen um Strafen für den Verzug der Hauptpflicht je Tag ging. Hier geht es jedoch um die Frage der Erfüllung von Nebenpflichten in Einzelfällen.[8] Zusätzlich ergibt sich bereits aus den Anforderungen für eine AGB-Konformität, dass die Vereinbarungen über Vertragsstrafen hinreichend kenntlich gemacht werden müssen und nicht in den übrigen Vertragsbedingungen „versteckt" werden dürfen.

15   Das **Verfahren für die Vertragsstrafe** ergibt sich aus §§ 341 ff. BGB. Der Auftraggeber kann die verwirkte Vertragsstrafe wegen sogenannter nicht gehöriger Erfüllung (z. B. Verzug, Schlechtleistung) neben der Erfüllung fordern.[9] Zwar gehen Teile der Literatur davon aus, dass die Vertragsstrafe nach § 11 Abs. 1 TVgG NRW keine Vertragsstrafe i. S. d. § 339 BGB sei, weil diese ausschließlich an die Verletzung von Hauptpflichten anknüpfen.[10] Dabei wird jedoch übersehen, dass Vertragsstrafen nach § 339 BGB auch zur Sicherung gesetzlicher Pflichten vereinbart werden können.[11] Die einzuhaltenden gesetzlichen Verpflichtungen werden mit den Verweisen auf §§ 4 und 5 TVgG NRW explizit in § 11 Abs. 1 TVgG NRW genannt. Ein Vertragsstrafeversprechen kann ausweislich § 339 Abs. 1 BGB an Handeln und Unterlassen anknüpfen, solange dies schuldhaft ist; so auch in § 11 Abs. 1 TVgG NRW, der auf einen schuldhaften Verstoß oder eine Nichterfüllung abstellt.[12] Wie auch nach § 345 BGB die Beweislast für das Nichtvorliegen des Vertragsstrafengrundes beim Leistungspflichtigen liegt, so sieht dies die Gesetzbegründung für § 11 Abs. 1 TVgG NRW vor.[13]

2. Anknüpfungstatbestände für die Vertragsstrafe

16   Ausweislich des § 11 Abs. 1 Satz 1 TVgG NRW ist eine Vertragsstrafe für **Verstöße des Auftragnehmers** wegen eines schuldhaften Verstoßes gegen „Verpflichtungen aus einer Verpflichtungserklärung nach § 4" zu vereinbaren. In § 11 Abs. 1 Satz 2 TVgG NRW wird das gleiche für Verstöße „gegen Verpflichtungen aus einer Verpflichtungserklärung nach § 5" bestimmt, was die „Weitergabe der Tariftreue- und Mindestlohnpflichten" aus § 4 TVgG NRW

---

[7] BGH NJW 1999, 1108/09, NJW-RR 2008, 615.

[8] Ablehnend: Geitel Vertragsstrafen für die Verletzung von Nebenpflichten in Landesvergabegesetzen – Rechtliche Einordnung und deren Folgen, IBR 2013, 1130; Siegburg BauR 2004, 241, 244.

[9] Rommelfanger Das Hessische Vergabe- und Tariftreuegesetz verstehen und richtig anwenden, 2015, S. 34

[10] Geitel Vertragsstrafen für die Verletzung von Nebenpflichten in Landesvergabegesetzen – Rechtliche Einordnung und deren Folgen, IBR 2013, 1130; Siegburg BauR 2004, 241, 244.

[11] BGH NJW 1993, 1787; OLG Brandenburg BauR 07, 897.

[12] Vgl. Hakesbrik/Schoofs BauR 2010, 133; BGH NJW-RR 1986, 1160.

[13] LT-NRW Drs. 14/1859, 109.

an die **Nachunternehmer,** Nach-Nachunternehmer und Verleiher von Arbeitskräften betrifft.

Ein weiterer Anknüpfungstatbestand für die Vertragsstrafe ergibt sich aus § 8   **17** Abs. 2 RVO TVgG NRW für einen „Verstoß gegen die Verpflichtung nach § 7 des Tariftreue- und Vergabegesetzes NRW", was die Beachtung von Mindestanforderungen der Internationalen Arbeitsorganisation an die Arbeitsbedingungen angeht.[14]

Anders als die Ausschlusstatbestände nach §§ 12, 9 Abs. 5 TVgG NRW   **18** greift das Kündigungsrecht erst nach der **Erteilung des Zuschlags,** also während der Auftragsausführung.

a) Verpflichtung aus einer Verpflichtungserklärung nach § 4 TVgG   **19** **NRW.** Zunächst ist eine Vertragsstrafe im Verhältnis zwischen öffentlichem Auftraggeber und Auftragnehmer für den Fall vorzusehen, dass der Auftragnehmer eine **Verpflichtungserklärung** bzgl. der Einhaltung der Tariftvertragsgesetze bzw. des Mindestlohns und somit der Zahlung von Mindestentgelten abgibt. Nach der aufgrund der Ermächtigungsnorm in § 16 TVgG NRW erlassenen Rechtsverordnung regelt der Landesgesetzgeber in § 2 RVO TVgG, dass die Verpflichtungserklärung zu § 4 Abs. 1–4 TVgG NRW mindestens den in der Anlage 1 zur RVO TVgG-NRW abgedruckten **Formularvordruck** entsprechen muss. In diesem Formularvordruck findet sich jedoch keine Formulierung zur Vertragsstrafe. Hierzu kann auf Ziff. 3 der Anlage 2 der RVO zurückgegriffen werden, in der vorgeschlagen wird, wie folgt zu formulieren: „Weitere vertragliche Verpflichtungen

ich/wir erkläre/n mich/uns darüber hinaus im Fall der konkreten Auftragsdurchführung mit folgenden Verpflichtungen einverstanden: [...]. Für jeden schuldhaften Verstoß der Auftragnehmerin bzw. des Auftragnehmers gegen die Verpflichtungen aus dieser Verpflichtungserklärung gilt eine Vertragsstrafe als vereinbart, deren Höhe 1%, bei mehreren Verstößen bis zu 5% des Auftragswertes beträgt. "

Wie jede Vertragsstrafenregelung hat sich auch diese an den Grenzen von   **20** Treu und Glauben und Verhältnismäßigkeit zu orientieren. Daher wird ein Maßstab des schuldhaften Verstoßes angelegt. Der Maßstab des Schuldhaften ist i. S. d. § 276 Abs. 1 und 2 BGB zu beurteilen.

b) Verpflichtung aus einer Verpflichtungserklärung nach § 5 TVgG   **21** **NRW.** Nach § 5 TVgG NRW ist der Auftragnehmer verpflichtet, im Fall der Heranziehung von **Nachunternehmern,** Nach-Nachunternehmern bzw. **Verleihern von Arbeitskräften** gegenüber diesen sicherzustellen, dass auch sie für die Einhaltung der Tarifentgelte bzw. der Mindestlöhne Sorge tragen. Ausweislich § 5 Abs. 1 Satz 2 TVgG NRW gilt § 4 Abs. 3 Satz 2 und 3 TVgG NRW entsprechend. Diesbezüglich verlangt § 11 Abs. 1 Satz 2 TVgG, dass zu Lasten des Auftragnehmers eine Vertragsstrafe für jeden Verstoß gegen Verpflichtungen aus einer solchen Verpflichtungserklärung vereinbart wird. Anders als für den Fall der Verpflichtungserklärung nach § 4 TVgG ist jedoch vorzusehen, dass eine Vertragsstrafe dann nicht gilt, wenn der Auftragnehmer den Verstoß bei Beauftragung des Nachunternehmers und des Verleihers von

---

[14] Zeiss Landesvergaberecht NRW, 2015, S. 260

Arbeitskräften nicht kannte und unter Beachtung der Sorgfaltspflicht eines ordentlichen Kaufmanns auch nicht kennen musste. Der Wortlaut ist etwas schwammig, da auch interpretiert werden könnte, dass eine Vertragsstrafe nicht zu vereinbaren ist, wenn diese Ausnahmetatbestände eintreffen. Nach Sinn und Zweck der Norm ist jedoch davon auszugehen, dass die Ausnahmetatbestände ebenfalls Inhalt der Vertragsstrafenvereinbarung werden sollen.[15]

22   Ausweislich der Begründung zu § 12 TVgG NRW a. F. ist als Maßstab für die Ausnahmeregelung die Einhaltung der üblichen **Sorgfaltspflichten eines ordentlichen Kaufmanns gem. § 347 HGB**[16] gemeint.[17] Die Beweislast für die Einhaltung der Sorgfaltspflichten liegt beim Auftragnehmer bzw. im Verhältnis zwischen Auftragnehmer und Nachunternehmer oder Verleiher von Arbeitskräften bei dem jeweils Beauftragten.[18]

23   **c) Verstoß gegen die Pflichten zur Frauenförderung und Förderung von Beruf und Familie nach § 8 Abs. 2 TVgG NRW.** Gemäß § 8 Abs. 1 TVgG NRW sollen Aufträge nur an Unternehmen vergeben werden, die sich schriftlich verpflichten, bei der Ausführung des Auftrags **Maßnahmen zur Frauenförderung und zur Förderung der Vereinbarkeit von Beruf und Familie** im eigenen Unternehmen durchzuführen oder einzuleiten und das Gleichbehandlungsrecht zu beachten. Diese Soll-Vorschrift gilt nur für Unternehmen mit über 20 Beschäftigten für Aufträge über Leistungen mit einem geschätzten Netto-Auftragswert von EUR 50.000,00 bzw. EUR 150.000,00 bei Bauleistungen (vgl. § 8 Abs. 1 TVgG NRW).

24   Nach § 8 Abs. 2 TVgG NRW soll der öffentliche Auftraggeber eine Vertragsstrafe auch für schuldhafte Verstöße gegen die Durchführung der vertraglichen Verpflichtung zur Umsetzung der im Rahmen der Eigenerklärung festgelegten Maßnahmen nach Absatz 1 Satz 1 vereinbaren. Dies gilt ausweislich § 8 Abs. 2 Satz 2 TVgG NRW auch für die Vereinbarung von **Information-, Auskunfts- und Dokumentationspflichten** des Auftragnehmers. Nach § 8 Abs. 2 S. 3 TVgG NRW ist § 11 Abs. 1 S. 2 TVgG NRW nicht anwendbar, also der Durchgriff der Vertragsstrafe auf Verstöße gegen Verpflichtungserklärungen der Nachunternehmer und Arbeitnehmerverleiher gemäß § 5 TVgG NRW.

25   **d) Mindestanforderungen der ILO, § 8 Abs. 2 RVO TVgG NRW.** Gemäß § 8 RVO TVgG-NRW ist auch für schuldhafte Verstöße gegen die Verpflichtung nach § 7 TVgG NRW, also der Mindestanforderungen der ILO an die Arbeitsbedingungen, eine Vertragsstrafe zu vereinbaren und zwar sowohl für das direkte Verhältnis von öffentlichem Auftraggeber und Auftragnehmer, als auch für die Erfüllungsgehilfen des Auftragnehmers. § 7 TVgG NRW verpflichtet den Auftragnehmer, wie auch seine Erfüllungsgehilfen, zur Beachtung der Mindestanforderungen der internationalen Arbeitsorganisationen an die Arbeitsbedingungen, wie sie u. a. in der ILO-Kernarbeitsnorm vorgesehen sind. Nach § 8 Abs. 2 Satz 2 RVO TVgG NRW muss der Hauptauf-

---

[15] Zeiss Landesvergaberecht NRW, 2015, S. 260
[16] Baumbach/Haupt HGB, 37. Aufl. 2016, § 347 Rn. 1–4.
[17] LT-NRW Drs. 14/1859, 108.
[18] Vgl. LT-NRW Drs. 14/1859, 109.

tragnehmer bei Beauftragung von Nachunternehmern die Vorlage von Nachweisen nach § 7 Abs. 1 RVO TVgG NRW erbringen. Dies betrifft insbesondere die Einhaltung der ILO-Kernarbeitsnormen. Ein **Formularvordruck**
ist in Anlage 2 zur RVO TVgG NRW abgedruckt.

§ 8 Abs. 2 Satz 3 RVO TVgG NRW zieht zudem die Grenze bei Verstößen **26**
von Nachunternehmern oder Lieferanten, wenn der Auftragnehmer den Verstoß bei Beauftragung des Nachunternehmers oder bei Beauftragung auf
Nachweise eines Lieferanten nicht kannte und unter Beachtung der Sorgfaltspflicht eines ordentlichen Kaufmanns auch nicht kennen musste. Der **Maßstab des ordentlichen Kaufmanns** wird an § 347 HGB[19] angelegt.[20]

Die **Beweislast** gegenüber dem öffentlichen Auftraggeber obliegt dem
Auftragnehmer.[21]

3. Höhe der Vertragsstrafe

Ausweislich § 11 Abs. 1 Satz 1 TVgG NRW und § 8 Abs. 2 Satz 1 RVO **27**
TVgG-NRW ist die Bestimmung der Höhe der Vertragsstrafe als **„Soll-Vorschrift"** ausgestaltet. Es handelt sich somit um eine intendierte Ermessensvor-
schrift, folgt man dem Wortlaut. Wann eine Abweichung vorgenommen werden und keine Vertragsstrafe bzw. eine geringere Vertragsstrafe vereinbart
werden kann oder soll, ist der Gesetzesbegründung nicht zu entnehmen. Der
Gesetzesbegründung zum HVTG, in dem die Vertragsstrafenregelung in § 18
Abs. 1 HVTG insgesamt als Soll-Vorschrift formuliert ist, ist zu entnehmen,
dass keine oder eine geringe Vertragsstrafe dann vereinbart werden kann und
soll, wenn die Vereinbarung nach „Beurteilung der Umstände des Einzelfalls"
als nicht zumutbar anzusehen ist.[22] Welche Fälle hierfür in Betracht kommen,
bleibt dennoch fraglich.

Dem Grunde nach wird für *einen* einzelnen Verstoß eine Vertragsstrafe in **28**
Höhe von einem Prozent der Netto-Auftragssumme vorgegeben. Bei **mehreren Verstößen** wird die Vertragsstrafe auf 5% der Netto-Auftragssumme
begrenzt. Dies folgt der BGH-Rechtsprechung zur Vertragsstrafe nach § 11
VOB/B.[23]

Da die Höhe der Vertragsstrafe als AGB vorgegeben wird, ist sie auch der
Höhe nach am **AGB-Recht, § 305 c BGB,** zu messen. Von Teilen der Literatur wird die Regelung nach § 305 c BGB für unwirksam gehalten, weil nicht
klar sei, wann „mehrere Verstöße" vorliegen.[24] Dieses Problem wäre nur durch
eine eindeutige Staffelreglung in den bei Bekanntmachung zu veröffentlichen-
den Vertragsbedingungen zu lösen. Die Formulierung in der Anlage 2 der
RVO TVgG NRW löst dieses Problem nicht.

---

[19] Baumbach/Haupt HGB, 37. Aufl. 2016, § 347 Rn. 1–4.
[20] Begründung zur RVO, LT-Drs. 16/4298, S., S. 33.
[21] Vgl. Begründung zur RVO, LT-Drs. 16/4298, S., S. 33 f.
[22] Gesetzesbegründung LT Hessen-Drs. 19/401, S. 24.
[23] BGH NJW 1998, 1493 (1494); BauR 2000, 1051 (1052).
[24] Fandrey Tariftreue und Vergabegesetz Nordrhein-Westfalen, 1. Aufl. 2014,
Rn. 577; Geitel Vertragsstrafen für die Verletzung von Nebenpflichten in Landesvergabegesetzen – Rechtliche Einordnung und deren Folgen, IBR 2013, 1130.

4. Ergänzende Regelungen

29   Die Vertragsstrafe nach § 11 Abs. 1 TVgG NRW und § 8 Abs. 2 RVO TVgG-NRW können parallel zu den **übrigen Vertragsstrafen** nach § 11 VOB/B sowie § 11 VOL/B vereinbart werden.

III. Kündigungsrecht (§ 11 Abs. 2)

30   § 11 Abs. 2 TVgG verlangt vom öffentlichen Auftraggeber zudem, in den Vertragsbedingungen ein **Kündigungsrecht** für den Fall vorzusehen, dass eine schuldhafte Nichterfüllung der Verpflichtung aus einer Verpflichtungserklärung nach § 4 TVgG NRW oder § 5 TVgG NRW oder schuldhafte Verstöße gegen solche Verpflichtungserklärungen vorliegen.

31   Das Kündigungsrecht nach § 11 Abs. 2 TVgG NRW steht gleichberechtigt neben den **Kündigungsrechten nach § 8 VOB/B, § 8 VOL/B** sowie den gesetzlichen Kündigungsrechten des BGB.

1. Rechtsnatur

32   Das Kündigungsrecht muss **vertraglich vereinbart** werden. Da es einseitig vom öffentlichen Auftraggeber für diverse Verträge vorgegeben wird, handelt es sich um **Allgemeine Geschäftsbedingungen,** die der AGB-Kontrolle standhalten müssen. Sie dürfen daher nicht „versteckt" in den sonstigen Vertragsbedingungen untergehen, sondern müssen auch als Sonderkündigungsrecht kenntlich gemacht werden.[25] Ausweislich der Gesetzesbegründung zu § 12 Abs. 2 TVgG NRW a. F. ist zwischen dem öffentlichen Auftraggeber und dem Auftragnehmer zu vereinbaren, dass das gleiche Kündigungsrecht auch im Verhältnis vom Auftragnehmer zu seinen übrigen Erfüllungsgehilfen vereinbart wird.[26] Wird das Sonderkündigungsrecht nicht vereinbart, so gelten die gesetzlichen Kündigungsrechte bzw. die in den Vertragswerken der VOB/B und VOL/B geregelten, wobei letztere wirksam in den Vertrag einbezogen werden müssen. Da der Wortlaut des § 11 Abs. 2 TVgG NRW expressis verbis vorgibt, dass die Vertragsstrafe zu vereinbaren ist, wird ein bloßer Verweis, dass die Reglungen des TVgG NRW Bestandteil des Vertrages werden, nicht genügen. Wegen § 41 VgV muss diese Vertragsstrafe bereits bei Bekanntmachung der Vergabeunterlagen in diesen enthalten sein.

33   Im Oberschwellenbereich wird zudem der **Kündigungsgrund nach § 133 GWB**[27] zu berücksichtigen sein, der ein Kündigungsrecht des öffentlichen Auftraggebers dann vorsieht, wenn wesentliche Änderungen vorgenommen wurden, die nach § 132 GWB ein neues Vergabeverfahren erfordert hätten, zum Zeitpunkt der Zuschlagserteilung ein zwingender Ausschlussgrund nach § 123 Abs. 1 bis 4 GWB vorlag oder der öffentliche Auftrag aufgrund einer schweren Verletzung der Verpflichtung aus dem Vertrag über die

---

[25] LT-Drs. 15/2379, 47 f.
[26] LT-Drs. 15/2379, 48.
[27] Siehe dazu Görlich/Konrad Die neuen Kündigungstatbestände für öffentliche Aufträge, VergabeR 2016, 567.

Arbeitsweise der EU oder aus den Vorschriften dieses Teils, die der EuGH in einem Verfahren nach Art. 258 AEUV festgestellt hat, nicht an den Auftragnehmer hätte vergeben werden dürfen.[28]

Anders als die Ausschlusstatbestände nach §§ 12, 9 Abs. 5 TVgG NRW **34** greift das Kündigungsrecht erst nach der **Zuschlagserteilung,** also während der Auftragsausführung.

2. Anknüpfungstatbestand

§ 11 Abs. 2 TVgG NRW unterscheidet zwischen „Nichterfüllung der Ver- **35** pflichtungen aus einer Verpflichtungserklärung nach § 4 durch den Auftragnehmer, aus einer Verpflichtungserklärung nach § 5 durch seine Nachunternehmer und die Verleiher von Arbeitskräften sowie **schuldhafte Verstöße gegen die Verpflichtung** des Auftragnehmers aus § 5". Inwieweit zwischen Nichterfüllung und schuldhaftem Verstoß zu unterscheiden ist, ist mangels Rechtsprechung noch fraglich. Als Anknüpfungstatbestände sind die §§ 4 und 5 TVgG NRW, also die Verpflichtungen zur Tarifentgelt- bzw. Mindestlohnzahlung, zu verstehen.

a) Schuldhafter Verstoß gegen eine Verpflichtung. Ein **schuldhafter 36 Verstoß** liegt dann vor, wenn nach den Maßstäben nach § 276 BGB schuldhaft etwa der Mindestlohn oder das Tarifentgelt nicht gezahlt wurde, obwohl die Verpflichtungen durch die Abgabe der Verpflichtungserklärungen nach §§ 4 und 5 TVgG NRW abgegeben wurden.

b) Nichterfüllung einer Verpflichtung. Eine **Nichterfüllung** einer **37** durch die Erklärungen nach §§ 4 und 5 TVgG NRW übernommenen Verpflichtung liegt vor, wenn bereits von Anfang an die wesentlichen Angaben nicht gemacht wurden. Hier kommt ggf. die Frage auf, ob eine Ordnungswidrigkeit wegen der Angabe täuschender Erklärungen vorliegt (vgl. § 15 Abs. 1 TVgG NRW).

Anders als für die Vertragsstrafe sieht § 8 Abs. 2 RVO TVgG NRW **kein be- 38 sonderes Kündigungsrecht** für Verstöße gegen die Verpflichtung nach § 7 TVgG NRW vor.

IV. Einschränkungen

Während bei der „Nichterfüllung" der Verpflichtung keinerlei Grenzen ge- **39** setzt sind, werden die „Verstöße" auf das **Maß des § 276 BGB** begrenzt. Der Auftragnehmer oder seine Erfüllungsgehilfen müssen daher schuldhaft gegen die Verpflichtung des § 5 TVgG NRW verstoßen haben. Für die weitere Ausdeutung des Maßstabes kann auch auf die obigen Ausführungen zu § 11 Abs. 1 TVgG NRW verwiesen werden.

---

[28] Vgl. auch EuGH Urteil vom 10.4.2003 – RS. C-20/01 und C-28/01; Urteil vom 9.9.2004 – Rs. C-125/03; siehe dazu auch: VK Schleswig-Holstein 2.2.2005 – VK-SH01/05.

V. Rechtsschutz der Auftragnehmer

40   Weil die Sanktionsmechanismen des § 11 TVgG NRW (wie auch des § 8
Abs. 5 TVgG NRW und § 8 Abs. 2 RVO TVgG NRW) erst in der **Phase der
Vertragsumsetzung,** also nach Zuschlag greifen, ist die Wirksamkeit einer
Abrede zur Vertragsstrafe oder zum Kündigungsrecht bzw. das Vorliegen der
Voraussetzungen durch die Rechtsmittel der Zivilgerichtsbarkeit überprüfbar.
Auf eventuelle Unwirksamkeiten einzelner Vertragsabreden muss der Bieter
nicht bereits im Vergabeverfahren hinweisen.[29]

41   Dennoch können Verstöße eines öffentlichen Auftraggebers gegen das Gesetz wird bei Vergaben oberhalb der Schwellenwerte nach § 106 GWB im
Nachprüfungsverfahren vor den Vergabekammern durch den Bieter ange-
griffen werden.

42   Zudem unterliegt die Einhaltung von gesetzlichen Vorgaben durch die
Kommunen der allgemeinen **Rechtsaufsicht** i. S. d. der Kommunalaufsicht
gem. § 119 GO NRW.

VI. Ergänzende Reglungen

43   Ergänzend zu den Regelungen des § 11 TVgG NRW und § 8 Abs. 2 RVO
TVgG NRW ist die Regelung zu den **Ordnungswidrigkeitstatbeständen,**
insbesondere § 15 Abs. 1 Nr. 1 i. V. m. Abs. 2 TVgG NRW zu berücksichtigen.
Danach wird mit einer Geldbuße von bis zu 50.000 € (vgl. Abs. 2) bestraft, wer
eine unwahre Verpflichtungserklärung nach § 4 Abs. 2, 4 TVgG oder nach § 5
Abs. 1 TVgG NRW abgibt oder trotz Abgabe der Verpflichtungserklärung die
hierin eingegangenen Verpflichtungen während der Durchführung des öffentlichen Auftrags nicht erfüllt, soweit nicht eine Ordnungswidrigkeit nach dem
Arbeitnehmerüberlassungsgesetz gegeben ist. Im Übrigen gelten dazu die Vorgaben zu den Ordnungswidrigkeitsverfahren aus dem OWiG (vgl. hierzu Erl.
zu § 15 TVgG NRW).

44   Ergänzt wird das Kündigungsrecht nach § 11 Abs. 2 TVgG NRW für Vergaben oberhalb des Schwellenwertes nach § 106 GWB durch das **Kündigungsrecht nach § 133 GWB.**[30]

1. Allgemeines

45   Erstmals wird im GWB nach der Umsetzung der RL 2014/24/EU
(Art. 73), RL 2014/23/EU (Art. 44) und RL 2014/25/EU (Art. 90) durch das
VergRModG in § 133 GWB ein Kündigungsrecht verankert. Es wurde ein
dringendes Bedürfnis gesehen, für den öffentlichen Auftraggeber ein ge-
setzliches Kündigungsrecht für den Fall zu schaffen, dass er ein Auftragsverhältnis nach dem Zuschlag vorzeitig beenden muss, um die europarechtlichen Ver-

---

[29] OLG München Beschluss vom 4. 4. 2013 – Verg 4/13.
[30] Siehe dazu Görlich/Konrad Die neuen Kündigungstatbestände für öffentliche Aufträge, VergabeR 2016, 567.

pflichtungen einzuhalten.[31] Wäre § 133 GWB nicht eingeführt worden, so hätte nach Art. 258 AEUV ein Vertragsverletzungsverfahren eingeleitet werden können. Eine Kündigung nach § 133 GWB ist stets außerordentlich und fristlos. Die Reglung folgt dem Gedanken, dass ein Zuschlag nicht erteilt worden wäre, hätte der öffentliche Auftraggeber Kenntnis von den wahren Umständen gehabt. Denn Anknüpfungspunkt der Kündigungsgründe ist vor allem die (Un-) Zuverlässigkeit des Auftragnehmers.

2. Kündigungsgründe (§ 133 Abs. 1)

Die in § 133 Abs. 1 GWB genannten Kündigungsgründe regeln die Fälle, in 46 denen eine Kündigung regelmäßig **aus europarechtlichen Gründen geboten** ist und ein Festhalten am Vertrag der Gesetzmäßigkeit der Verwaltung widersprechen würde.[32] Die Kündigungsgründe wurden ohne Änderung aus Art. 73 RL 2014/24/EU, Art. 44 RL 2014/23/EU (Art. 44) und Art. 90 RL 2014/25/EU übernommen. Nach Nr. 1 ist eine außerordentliche fristlose Kündigung möglich, wenn eine wesentliche Änderung vorgenommen wurde, die nach § 132 GWB ein neues Vergabeverfahren erfordert hätte. Nach Nr. 2 ist eine solche möglich, wenn zum Zeitpunkt der Zuschlagserteilung ein zwingender Ausschlussgrund nach § 123 Abs. 1 bis 4 GWB vorlag. Nach Nr. 3 ist der öffentliche Auftraggeber zur außerordentlichen fristlosen Kündigung berechtigt, wenn der öffentliche Auftrag aufgrund einer schweren Verletzung der Verpflichtungen aus dem AEUV oder aus den Vorschriften dieses Teils, die der Europäische Gerichtshof in einem Verfahren nach Art. 258 AEUV festgestellt hat, nicht an den Auftragnehmer hätte vergeben werden dürfen.

a) Unzulässige Auftragsänderung (Nr. 1). Eine Kündigung ist nach 47 § 133 Abs. 1 Nr. 1 GWB dann geboten, wenn eine **wesentliche Auftragsänderung** unzulässigerweise erfolgte.[33] Wann eine Auftragsänderung unzulässig ist, ergibt sich aus § 132 GWB (z. B. wesentliche Änderungen der Vertragsbedingungen, des wirtschaftlichen Gleichgewichts oder des Umfangs des Leistungssolls).

Ist die geänderte Leistung vom Hauptauftrag abgrenzbar, so darf sich die 48 Kündigung nur auf diesen Teil beziehen. Eine **Neuausschreibung** ist dann ebenfalls erforderlich.[34] Betrifft die Auftragsänderung die inhaltliche Ausgestaltung der grundlegenden Rechte und Pflichten im Synallagma, so ist der Vertrag als Ganzes zu kündigen.[35]

Eine **Beschränkung des Kündigungsrechtes** auf die Vertragsänderung 49 ist dann hinreichend, wenn der Kündigungsgrund nur abgrenzbare Leistungsteile betrifft, die herausgenommen werden können, ohne dass der Vertrag als

---

[31] Erwägungsgrund 80 RL 2014/23/EU; Erwägungsgrund 112 RL 2014/24/EU; Erwägungsgrund 118 RL 2014/25/EU.
[32] Gesetzesbegründung BT-Drs 18/6281, 120.
[33] Siehe zur Auftragsänderung EuGH Urteil vom 7.9.2016 – C-549/16, VergabeR 2017, 35 Nr. 28; Ziekow Auftragsänderungen nach der Auftragsvergabe, VergabeR 2016, 278.
[34] Püstow/Meiners EuZW 2016, 325 (329).
[35] Fülling in Müller-Wrede GWB, 2016, § 133 Rdnr. 25.

Ganzes darunter litte. Etwa wie es bei dem Blue-Pencil-Test[36] bei der Wirksamkeitsprüfung von AGBs der Fall ist. Der Vertrag muss auch ohne die Änderung fortbestehen können.[37]

50   Selbst wenn die Auftragsänderung vom öffentlichen Auftraggeber ausging, ist ihm die Berufung auf das Kündigungsrecht nicht abgeschnitten.[38]

51   **b) Zwingender Ausschlussgrund nach § 123 Abs. 1 bis 4 GWB (§ 133 Abs. 1 Nr. 2).** Für die Darlegung zu den **Ausschlussgründen** nach § 123 Abs. 1 bis 4 GWB darf auf die Erläuterungen zu § 12 Abs. 1 Satz 1 TVgG NRW verwiesen werden.[39]

52   Das Kündigungsrecht nach § 133 Abs. 1 Nr. 2 GWB wurde insbesondere für den Fall geschaffen, dass der öffentliche Auftraggeber erst **nach Zuschlagserteilung** davon Kenntnis erlangt, dass bereits für den relevanten Zeitpunkt des laufenden Vergabeverfahrens, insbesondere für den Zeitpunkt der Zuschlagserteilung, ein zwingender Ausschlussgrund vorlag. Dies wird also unter die Prämisse gestellt, hätte der öffentliche Auftraggeber bereits im Zeitpunkt der Zuschlagserteilung Kenntnis von dem Ausschlussgrund gehabt, wäre der Zuschlag nicht erteilt worden.[40] Neben dem Kündigungsrecht besteht die Möglichkeit der Anfechtung fort.[41]

53   Bislang ungeklärt ist, ob von einer Kündigung abgesehen werden „kann", wenn die Voraussetzung des § 123 Abs. 5 GWB erfüllt sind, also mittels einer **Selbstreinigung**[42] die zwingenden Ausschlussgründe ausgeräumt wurden. Aus einer Gesamtschau der Rechtslage ist davon auszugehen, dass dies tatsächlich der Fall ist, da auch im Fall des § 125 GWB der Zuschlag erteilt werden durfte.[43]

54   **c) Schwere Verletzung des Unionsrechts (§ 133 Abs. 1 Nr. 3 GWB).** Dieser Regelungstatbestand betrifft den Fall, dass im Rahmen eines Vertragsverletzungsverfahrens nach Art. 258 AEUV vor dem EuGH ein **Verstoß gegen Unionsrecht** festgestellt wurde. Es kommt somit auf die formelle Feststellung eines Verstoßes durch den EuGH an. Unerheblich dagegen ist, ob die Verletzung das Primär- oder Sekundärrecht betrifft. Es muss sich aber um eine Verletzung mit gewisser Schwere handeln. Es ist davon auszugehen, dass jegliche Verletzung, die erfolgreich im Vertragsverletzungsverfahren nach Art. 258 AEUV festgestellt wurde, eine schwerwiegende Verletzung ist. Bekannt sind hierzu die Fälle vor dem EuGH zur

---

[36] BGH, Beschluss vom 27.11.2013 –VII ZR 237/12.

[37] Gesetzesbegründung BT-Drs 18/6281, 121; 14.1.1999 – VII ZR 73/98.

[38] Fülling in Müller-Wrede GWB, 2016, § 133 Rdnr. 26.

[39] Siehe zum Ausschluss wegen Nichtentrichtung von Sozialversicherungsbeiträgen EuGH, Urteil vom 10.11.2016 – C-199/15, VergabeR 2017, 44 = NZBau 2017, 173.

[40] Gesetzesbegründung BT-Drs 18/6281, 121.

[41] Ebd.

[42] Zur Selbstreinigung siehe Gabriel/Ziekow Die Selbstreinigung von Unternehmen nach dem neuen Vergaberecht, VergabeR 2017, 119; Ulshöfer Kartell- und Submissionsabsprachen von Bietern – Selbstreinigung und Schadenswiedergutmachung, VergabeR 2016, 327.

[43] Fülling in Müller-Wrede GWB, 2016, § 133 Rdnr. 30.

Aufhebung von Verträgen, die aufgrund einer **de-facto-Vergabe** zustande kamen.[44]

3. Bieterschutz

Das Kündigungsrecht nach § 133 Abs. 1 GWB dient der Sicherung eines **55** fairen und transparenten Wettbewerbs. Insbesondere sollen jene Bieter sanktioniert werden, die trotz Vorliegens von zwingenden Ausschlussgründen den Zuschlag erhielten. Dennoch haben die übrigen Bieter **keinen Anspruch auf die Kündigung** eines vergaberechtswidrig zustande gekommenen Vertrages.[45]

4. Kündigungsfolgen

Die Kündigungsfolgen sind in § 133 Abs. 2 und 3 GWB geregelt. Ange- **56** lehnt an die Kündigungsrechten nach § 628 Abs. 1 S. 1 BGB oder § 8 VOB/B kommt es zu einem **Abrechnungsverhältnis** für bereits erbrachte Leistungen; die Regelung wurde bewusst vom Gesetzgeber getroffen.[46] Der Gesetzgeber wollte bewusst einen Ausgleich zwischen den Interessen des Auftragnehmers an der Erfüllung einerseits und den öffentlichen Interessen an einer effektiven Beendigung des Vertrages schaffen. Denn der Auftragnehmer würde auch im Fall einer de-facto-Vergabe von dem Verstoß gegen Vergaberecht profitieren, weil er den Auftrag ohne Vergabeverfahren erhält und wegen der Umgebung des Wettbewerbs höhere Preise durchsetzen kann.[47] Daraus ergibt sich, dass öffentliche Auftraggeber und Auftragnehmer in einer gewissen Schicksalsgemeinschaft stehen, wenn sie Vergabevorschriften verletzen.[48]

Eines besonderen Hinweises bedarf die Reglung des § 133 Abs. 2 Satz 2 **57** GWB. Denn nach diesem steht dem Auftragnehmer auch für die bereits erbrachten Leistungen **kein Vergütungsanspruch** zu, wenn im Zeitpunkt des Zuschlags ein Ausschlussgrund nach § 123 Abs. 1 bis 4 GWB vorlag und der öffentliche Auftraggeber kein Interesse mehr an den gezogenen Vorteilen hat. Die Gesetzesbegründung stellt darauf ab, dass das Interesse infolge der Kündigung verloren geht und begründet die „Härte" damit, dass die Ausschlussgründe eine Verurteilung voraussetzen, wodurch dokumentiert wird, dass der Auftragnehmer nicht schützenswert ist.[49]

Nach § 133 Abs. 3 GWB bleiben eventuelle **Schadensersatzansprüche** **58** des Auftraggebers unberührt. Da die Kündigungsgründe stets ein „Verschulden" des Auftragnehmers voraussetzen, versteht es sich von selbst, dass Schadensersatzansprüche des Auftragnehmers nicht bestehen werden. Ein gesonderter Hinweis war im Gesetz dafür nicht erforderlich.

---

[44] EuGH Urteil vom 10.4.2003 – RS. C-20/01 zbd C-28/01; Urteil vom 9.9.2004 – Rs. C-125/03; siehe dazu auch: VK Schleswig-Holstein 2.2.2005 – VK-SH01/05.
[45] Vgl. nach altem Recht OLG Schleswig Beschluss vom 4.11.2014 – 1 Verg 1/14; OLG Düsseldorf Beschluss vom 30.4.2009 – VII Verg 50/08.
[46] Gesetzesbegründung BT-Drs 18/6281, 121.
[47] LG München Urteil vom 20.12.2005 – 33 O 16465/05.
[48] Fülling in Müller-Wrede GWB, 2016, § 133 Rdnr. 33.
[49] BT-Drs 18/6281, 121.

5. Rechtsschutz

59 Eine besondere Rechtswegzuständigkeit ist § 133 GWB nicht zu entnehmen. Da es sich bei der Kündigung um eine Sache der Vertragsabwicklung im **Zivilrecht** handelt, sind auch die Zivilgerichte zuständig,[50] zumal eine Zuständigkeit der Vergabekammern nicht mehr in Betracht kommt, wenn der Zuschlag bereits erteilt wurde.[51] Weil dem Auftraggeber eine freie Kündigung stets unbenommen ist, wird sich das Rechtsmittel nur in Ausnahmefällen auf die Feststellung richten, dass der Vertrag fortbesteht. Dies wäre im Fall eines fehlenden Zugangs oder einer fehlenden Vollmacht der Kündigung der Fall. Im Übrigen wird sich das Rechtsmittel des Auftragnehmers drauf richten, die im Fall der Kündigung vom Aufraggeber zu zahlende Vergütung dem Grunde wie der Höhe nach einzufordern.[52]

VII. Sanktionen durch den öffentlichen Auftraggeber in anderen Bundesländern im Überblick

1. Vertragsstrafen

60 Zu § 12 Abs. 1 TVgG NRW **inhaltsgleiche Vertragsstrafenreglungen** enthalten § 6 Abs. 1 und 2 BerlAVG, § 11 Abs. 1 HmbgVgG, § 18 Abs. 1 LVG LSA, § 12 TTG SH.

61 In Baden-Württemberg werden ähnliche Reglungen getroffen, jedoch sind auch Weiterungen in § 8 Abs. 1 S. 4 bis 6 LTMG BW enthalten. So wird klargestellt, dass diese Vertragsstrafe neben Vertragsstrafen aus anderen Gründen geltend gemacht werden kann und der Auftraggeber auch im Fall der Verwirkung nochmals den **Verhältnismäßigkeitsmaßstab** ansetzen muss. Zugleich wird explizit auf die BGH-Rechtsprechung zur Vereinbarkeit mit AGB-Recht[53] verwiesen.[54] Gleiches regelt § 18 HB TVgG, § 7 Abs. 1 LTTG RP und § 10 Abs. 1 STTG. § 9 Abs. 1 S. 5 BbgVergG geht noch weiter, in dem er vorschreibt, dass die Vertragsstrafe für Verstöße gegen §§ 3 und 5 Abs. 1 je beschäftigter Person je Monat zu berechnen ist, in anderen Fällen jedoch nur insgesamt einmal berechnet wird.[55]

62 Die **Vertragsstrafenhöhe wird auf bis zu 10%** in § 9 Abs. 1 BbgVergG, § 15 Abs. 1 NTVergG und § 17 Abs. 1 HB TVgG begrenzt. Im Falle des § 9 Abs. 1 BbgVergG wurde die Grenze von 5%, wie sie noch im Gesetzentwurf vorgesehen war, auf 10% im Gesetzgebungsverfahren angehoben. Dies soll die Obergrenze für individualvertragliche Vereinbarungen sein, während für eine Vertragsstrafenregelung in den AGB auf die 5% Grenze verwiesen wird.[56] Frag-

---

[50] BGH Urteil vom 19.12.2000 – X ZB 14/00.

[51] vgl. § 156 GWB; EuGH Urteil vom 13.4.2010 – Rs. C-91/08; KG, Beschluss vom 19.4.2012 – 1 Verg 7/11.

[52] Fülling in Müller-Wrede GWB, 2016, § 133 Rdnr. 43.

[53] BGH Urt. v. 23.1.2003 – VII ZR 210/01.

[54] Gesetzesbegründung LT BW-Drs. 15/2742, S. 22.

[55] Gesetzbegründung http://vergabe.brandenburg.de/cms/detail.php/bb1.c.265140. de.

[56] http://vergabe.brandenburg.de/cms/detail.php/bb1.c.265140.de.

lich ist in Ansehung der BGH-Rechtspr.[57] zu den werkvertraglichen Vertragsstrafen bei Verzug, ob diese Reglungen einer **AGB-Kontrolle** nach § 305 c BGB standhalten. Auch die Einschränkung in § 15 Abs. 1 S. 3 NTVergG, dass eine andere Regelung zu treffen sei, wenn die Vertragsstrafe der Höhe nach unangemessen sei, hilft darüber nicht vollständig hinweg. Da jedoch Anknüpfungspunkt für die Vertragsstrafen die Sanktion eines schuldhaften Verstoßes gegen gesetzliche Pflichten ist, sollte eine Strafe von 10% angemessen sein.[58]

§ 18 Abs. 1 HVTG stellt zwar klar, dass eine Vertragsstrafe zu vereinbaren **63** und bereits in der Vergabebekanntmachung anzukündigen ist, jedoch **fehlen Begrenzungen zur Höhe** der Vertragsstrafe. Dies gibt in Ansehung der Rspr. des OLG Brandenburg Bedenken auf, da das OLG Brandenburg richtigerweise forderte, dass die Vertragsstrafe auch wegen Sanktionen des Einsatzes von Schwarzarbeitern der Höhe nach begrenzt sein muss.[59] § 18 Abs. 1 HVTG ist als Soll-Vorschrift geregelt. Die Gesetzesbegründung verlangt, dass die Vertragsstrafe vereinbart werden müsse, wenn dies zumutbar ist. Für Verfahren und Grenzen wird auf § 341 BGB verwiesen.[60] Es sollte somit genügen, dass in der jeweiligen Vertragsabrede die Höhe in angemessener Weise begrenzt wird. Im Gesetz wird dies nicht zwingend gefordert.

Während § 10 Abs. 2 Nr. 2 VgG M-V eine zu § 11 Abs. 1 TVgG NRW **64** ähnliche Regelung enthält, wird in § 10 Abs. 2 Nr. 2 VgG M-V zugleich das **intendierte Ermessen** des öffentlichen Auftraggebers kodifiziert. Der Auftraggeber soll im Fall des Vorliegens der Voraussetzungen der Verwirkung der Vertragsstrafe diese auch verlangen. Dies dient der „Bereinigung des Marktes" und Durchsetzung der Ziele des VgV M-V. Auch darf der öffentliche Auftraggeber Vertragsstrafen aus anderem Grund geltend machen. Jedoch entfällt das Recht zur Ziehung der Vertragsstrafe, wenn für den gleichen Verstoß bereits eine Sanktionierung durch eine rechtskräftige straf- oder ordnungswidrigkeitsrechtliche Maßnahme ergriffen wurde. Dann ist die Sanktion bereits eingetreten und der Zweck der Vertragsstrafe erfüllt.[61] Auch scheint das Gesetz durch die Formulierung in § 10 Abs. 3 VgG M-V, die Vereinbarung der Vertragsstrafe nach § 10 Abs. 2 Nr. 1, 2 und 4 VgG M-V werde mit Zuschlag geschlossen, von der Systematik der anderen Gesetze abzuweichen. Die Vertragsabrede für die Vertragsstrafe ist in die bekannt zu machenden **Vergabeunterlagen** aufzunehmen, die mit Erteilung des Zuschlags auf das verbindlich vom Auftragnehmer angegebene Angebot als vereinbart gelten.[62] Dies erübrigt nicht, dass die Vertragsstrafe in die Vergabe- bzw. Vertragsunterlagen unter Beachtung der Anforderungen an AGB-konforme Klauseln aufgenommen werden muss.

---

[57] BGH NJW 1998, 1493 (1494); BauR 2000, 1051 (1052).

[58] Geitel Vertragsstrafen für die Verletzung von Nebenpflichten in Landesvergabegesetzen – Rechtliche Einordnung und deren Folgen, IBR 2013, 1130; OLG Brandenburg, Urt. v. 8.11.2006 – 4 U 54/06, BauR 2007, 897.

[59] OLG Brandenburg Urt. v. 8.11.2006 – 4 U 54/06, BauR 2007, 897.

[60] LT HE-Drs. 18/6492, 23.

[61] Vgl. § 10 Abs. 2 Nr. 3 VgG M-V.

[62] Vgl. § 41 VgV.

65   § 18 Abs. 1 ThürVgG begrenzt zwar auch die Maximalhöhe der Vertragsstrafe auf 5 %, setzt jedoch **keine Mindesthöhe** der Vertragsstrafe fest. Der Auftraggeber muss also stets sein Ermessen ausüben.

2. Kündigungsrechte

66   Zu § 11 Abs. 2 TVgG NRW **inhaltsgleiche Kündigungsreglungen** enthalten § 6 Abs. 2 BerlAVG, § 9 Abs. 3 BbgVergG, § 15 Abs. 2 NTVergG, § 10 Abs. 2 Nr. 4 VgG MV, § 7 Abs. 2 LTTG RP, § 10 Abs. 2 STTG, § 11 Abs. 2 LVG LSA, § 12 Abs. 2 TTG SH, § 18 Abs. 2 ThürVgG.

67   Auch Baden-Württemberg sieht ein Kündigungsrecht vor; zugleich wird klargestellt, dass dem Auftraggeber auch **Anspruch auf Schadensersatz** für die aus der Kündigung herrührenden Schäden zusteht (z. B. Mehrkosten). Ein Vergütungsanspruch wird nicht geregelt, vgl. § 8 Abs. 2 LMTG BW.[63] Entsprechendes regelt § 17 Abs. 2 HB TVgG und § 10 Abs. 2 Nr. 4 VgG M-V.

68   Im Wesentlichen stimmt die Regelung in § 11 Abs. 2 HmbgVgG mit dem in § 11 Abs. 1 TVgG NRW überein. Jedoch sieht die Reglung in Hamburg zugleich ein **Rücktrittsrecht** vor.

69   Im HVTG ist **kein Kündigungsrecht** vorgesehen, so dass der Auftraggeber auf die übrigen gesetzlichen Kündigungsrechte verwiesen bleibt.

§ 12   **Ausschluss von der Vergabe öffentlicher Aufträge**

(1) **Auch unterhalb der Schwellenwerte nach § 106 des Gesetzes gegen Wettbewerbsbeschränkungen gelten die Ausschlussgründe nach den §§ 123 und 124 des Gesetzes gegen Wettbewerbsbeschränkungen sowie die Möglichkeit der Selbstreinigung nach § 125 des Gesetzes gegen Wettbewerbsbeschränkungen. Ein Verstoß gegen sozial- oder arbeitsrechtliche Verpflichtungen im Sinne des § 124 Absatz 1 Nummer 1 des Gesetzes gegen Wettbewerbsbeschränkungen liegt insbesondere dann vor, wenn der Auftragnehmer nachweislich gegen Pflichten aus einer Verpflichtungserklärung nach § 4, der Nachunternehmer oder der Verleiher nachweislich gegen Pflichten aus einer Verpflichtungserklärung nach § 5 schuldhaft verstoßen haben.**

(2) **Ein Ausschluss nach Absatz 1 ist dem Vergaberegister nach § 6 des Korruptionsbekämpfungsgesetzes vom 16. Dezember 2004 (GV. NRW. 2005 S. 8), das zuletzt durch Artikel 1 des Gesetzes vom 19. Dezember 2013 (GV. NRW. S. 875) geändert worden ist, mitzuteilen.**

§ 8 Abs. 3 und 4 LTMG BW, §§ 3 S. 3, 6 Abs. 3 BlnAVG, §§ 9 Abs. 3, 10, 11, 12 BbgVergG, § 17 Verg HB, §§ 6 bis 8 HmbVgG, § 18 Abs. 2 bis 5 HVTG, § 15 Abs 3 und 4 NTVergG, § 10 Abs. 4 VgG M-V, § 8 Abs. 3 und 4 LTTG RP, § 10 Abs. 3 und 4 STTG, § 5 SächsVergabeG, § 18 Abs. 3 und 4 LVG LSA, §§ 10 Abs. 3, 13 TTG SH, § 18 Abs. 3 und 4 ThürVgG

---

[63] Gesetzesbegründung LT BW-Drs. 15/2742, S. 22.

Literatur: Dieckmann/Hauff/Wagner-Cardenal, VOL/A, 2015; Fandrey, Tariftreue und Vergabegesetz Nordrhein-Westfalen, 1. Aufl. 2014, Rn. 577; Gabriel/Krohn/Neun, Handbuch des Vergaberechts, 2016; Gabriel/Ziekow, Die Selbstreinigung von Unternehmen nach dem neuen Vergaberecht, VergabeR 2016, 119; Geitel, Vertragsstrafen für die Verletzung von Nebenpflichten in Landesvergabegesetzen – Rechtliche Einordnung und deren Folgen, IBR 2013, 1130; Görlich/Conrad, Die neuen Kündigungstatbestände für öffentliche Aufträge, VergabeR 2016, 567; Kulartz/Marx/Portz/Prieß, VOL/A, 2015; Müller-Wrede/Fülling, GWB, 2016; Püstow/Meiners, EuZW 2016, 325; Rommelfanger, Das Hessische Vergabe- und Tariftreuegesetz verstehen und richtig anwenden, 2015; Ulshöfer, Kartell- und Submissionsabsprachen von Bietern – Selbstreinigung und Schadenswiedergutmachung, VergabeR 2016, 327; Ziekow/Völlink, Vergaberecht, 3. Aufl. 2017; Zeiss, Landesvergaberecht NRW, 2015, S. 274.

Übersicht

I. Allgemeines

1. Gegenstand

1   § 12 TVgG NRW regelt unter der Überschrift „ **Ausschluss von der Ver-**
gabe öffentlicher Aufträge", bei welchen Tatbeständen bzw. unter welchen
Voraussetzungen ein Bieter von dem Vergabeverfahren auszuschließen ist. Dabei werden maßgeblich die Veränderungen im Vergaberecht oberhalb der
Schwellenwerte nach § 106 GWB aufgegriffen und die bisherige Regelungs-
technik verlassen.

2   Dem Grunde nach enthält § 12 TVgG NRW **zwei Regelungskomplexe.**
Nämlich zum einen wird in Abs. 1 oberhalb wie unterhalb der Schwellenwerte nach § 106 GWB der Ausschluss von Bietern geregelt. Zum anderen
wird in Abs. 2 festgesetzt, dass jegliche Ausschlüsse dem Vergaberegister nach
§ 6 Korruptionsbekämpfungsgesetz mitzuteilen sind. Es bleibt abzuwarten,
wie sich die neuesten Bestrebungen zur Errichtung eines bundesweiten Anti-
Korruptionsregisters[1] mit der entsprechenden Gesetzgebung auf diese Regelung auswirken wird.

3   § 12 TVgG NRW regelt nicht nur, dass die **Ausschlussgründe** aus §§ 123
und 124 GWB im Ober- wie im Unterschwellenbereich gelten. Für den Unterschwellenbereich werden auch die Ausschlussgründe konkretisiert. Im Übrigen werden auch die Regelungen zu § 125 GWB zur Selbstreinigung aufgenommen. Dies versteht sich von selbst, da der Gesetzgeber auch regeln muss,
wie sich Bieter „exkulpieren" können.

4   Abweichend von dem bisherigen Recht wird nicht detailliert geregelt, für
welche Zeiträume die Bieter im Vergaberegister registriert werden sollen bzw.
eine Sperre für Vergabeverfahren aufrecht erhalten werden soll. Dies geschieht
in Abweichung etwa zu § 18 Abs. 3 LVG LSA. Für Vergaben oberhalb der
Schwellenwerte von § 106 GWB regelt § 126 GWB die **„Sperrzeit".** Diese
wurde nicht in den Wortlaut des § 12 Abs. 1 TVgG NRW aufgenommen. Da
es sich dabei um eine Konkretisierung der Ausschlusstatbestände und Vorgaben aus §§ 123 und 124 GWB handelt, ist anzunehmen, dass der Anwendungsbefehl des § 12 Abs. 1 TVgG NRW so auszulegen ist, dass auch § 126
GWB im Ober- wie im Unterschwellenbereich gelten soll.

2. Zweck

5   Ähnlich wie § 11 TVgG NRW, der die Sanktionen im Sinne einer Vertragsstrafe und eines Kündigungsrechtes regelt, dient auch § 12 TVgG NRW
der Durchsetzung der **Ziele** des TVgG NRW.[2] Bereits durch die präventive
Abschreckungswirkung des Ausschlusses sollen die Bieter dazu angehalten
werden, nur gesetzeskonforme Angebote abzugeben. Auch die öffentlichen
Auftraggeber werden dazu angehalten, konsequent im Vergabeverfahren bestimmte Sachverhalte vorab zu prüfen und bestimmte Bieter aus dem Vergabeverfahren auszuschließen. Dem oberschwelligen Vergaberecht folgend wird

---

[1] BT-Drs. 17/11415.
[2] Gesetzesbegründung LT-Drs. 16/12265, S. 27.

zwischen zwingenden (§ 123 GWB) und fakultativen (§ 124 GWB) Ausschlussgründen differenziert, so dass bei den zwingenden Ausschlussgründen nach § 123 GWB den öffentlichen Auftraggebern kein Ermessensspielraum bleibt (vorbehaltlich der Reglung in § 123 Abs. 5 GWB). Um den Abschreckungscharakter zu erhöhen und die öffentliche Wirtschaft „von schwarzen Schafen zu bereinigen", wird weiterhin vorgesehen, dass Verstöße gegen die gesetzlich geregelten Pflichten beim Vergaberegister angemeldet werden müssen, so dass sich die Nachverfolgung für die öffentlichen Auftraggeber erleichtert.

3. Entwicklung

§ 12 TVgG NRW unterscheidet sich nach der Novelle deutlich vom § 13 **6** TVgG NRW a. F.

Die Norm war als **Soll-Vorschrift** für die öffentlichen Auftraggeber ausgestaltet. Den Auftraggebern bleibt also ein beschränkter Ermessenspielraum übrig. Insbesondere wurde auch geregelt, dass eine Sperre von Bietern bis zu fünf Jahren erfolgen konnte und diese Sperre in die Korruptionsregister aufzunehmen war.

Mit dem neuen Wortlaut verweist § 12 Abs. 1 TVgG NRW für den Ober- **7** schwellenbereich auf die §§ 123 bis 125 GWB und folgt somit den europarechtlichen Vorgaben aus der RL 2014/24/EU. Das bedeutet zugleich, dass **sowohl eine gebundene als auch eine Ermessensentscheidung** geregelt ist. In der Gesetzesbegründung wird hierzu klargestellt, dass im Oberschwellenbereich die §§ 124 ff. GWB die Ausschlussgründe, seien sie zwingend oder fakultativ, wie auch die Selbstreinigung, abschließend regeln. Daher seien Ergänzungen, Abänderungen oder Erweiterungen durch den Landesgesetzgeber nicht zulässig.[3] Anders sei dies im Unterschwellenbereich, da der 4. Teil des GWB nur für die denjenigen Vergaben gilt, die oberhalb der Schwellenwerte nach § 106 GWB liegen. Konkretisierend durfte daher der Landesgesetzgeber die Ergänzung vornehmen, dass ausweislich des § 12 Abs. 1 S. 2 TVgG NRW „bei einem Verstoß gegen die Pflichten nach § 4 und 5 TVgG – E ein Verstoß gegen sozial- und arbeitsrechtliche Vorschriften im Sinne des § 124 Absatz 1 Nr. 1 GWB vorliegt". Es wird in der Gesetzesbegründung klargestellt, dass diese Konkretisierung explizit nicht auf den Oberschwellenbereich Anwendung findet.[4]

II. Europarecht

Für den Ausschluss von Bietern für Vergaben oberhalb der Schwellenwerte **8** nach § 106 GWB regelt das GWB abschließend die **fakultativen und zwingenden Ausschlussgründe** sowie die Möglichkeit der **Selbstreinigung** nach §§ 123 bis 125 GWB. Dies geht zurück auf die auf eine umfängliche Harmonisierung abzielende RL 2014/24/EU (Art. 57). Wie auch der Landesgesetzgeber in der Gesetzesbegründung feststellt, werden für den Oberschwel-

---

[3] Ebd.
[4] Gesetzesbegründung LT-Drs. 16/12265, S. 27.

lenbereich die Ausschlusstatbestände und Selbstreinigung abschließend geregelt (LT-Drs. 16/12265, Seite 27 f.).

9   Wie bei den zahlreichen Normierungsvorhaben in der jüngeren Zeit, etwa die Novellierungen der UVgO und VOB/A, wird auch im Unterschwellenbereich weitgehend eine **Harmonisierung** mit und die Ausschlusstatbestände aus dem GWB zu übernehmen versucht. Das TVgG NRW bewerkstelligt dies mit § 12 Abs. 1. Dies gelingt jedoch nicht ganz sauber. Der Landesgesetzgeber übersieht im Wortlaut, dass auch § 126 GWB zu diesem Regelungskomplex zwingend hinzuzuziehen ist. Dieser regelt den zulässigen **Zeitraum für Ausschlüsse.** § 126 GWB legt fest, dass ein Unternehmen bei Vorliegen eines Ausschlussgrundes nach § 123 GWB höchstens fünf Jahre ab dem Tag der rechtskräftigen Verurteilung von der Teilnahme am Vergabeverfahren ausgeschlossen werden kann, bei Vorliegen eines Ausschlussgrundes nach § 124 GWB höchstens für drei Jahre. Da der Landesgesetzgeber keine Regelung für eine „**Sperre**" im TVgG trifft, für welche Zeithorizonte die jeweiligen Ausschlüsse oder Sperrungen gelten, wäre es sinnvoll gewesen, die Anwendung des § 126 GWB auch in den Wortlaut zu übernehmen. Da § 126 GWB die Rechtsfolgen der Ausschlusstatbestände aus §§ 123 und 124 GWB konkretisiert, kann im Rahmen der Auslegung davon ausgegangen werden, dass auch § 126 GWB nicht nur für den Oberschwellenbereich, sondern auch für den Unterschwellenbereich gelten soll und vom Anwendungsbefehl des § 12 TVgG NRW im Wege einer **Analogie** erfasst ist.

10   Dies steht nicht in Widerspruch zu § 12 Abs. 2 TVgG NRW, der für die Eintragung im Vergaberegister auf das Gesetz zur Korruptionsbekämpfung NRW verweist. Gemäß § 7 Abs. 3 KorruptionsbG NRW muss spätestens mit dem Ablauf von fünf Jahren die **Löschung** von eventuellen Eintragungen herbeigeführt werden.

III. Ausschluss von der Vergabe öffentlicher Aufträge (Abs. 1)

11   Der Ausschluss eines Bieters von der Teilnahme am Vergabeverfahren bedeutet einen **Grundrechtseingriff.** Somit war zwingend erforderlich, dies auf Gesetzesebene zu regeln.[5] Eine Verlagerung in die RVO TVgG NRW wäre unzureichend gewesen.

1. Adressat

12   Der **Adressat** der Regelung in § 12 TVgG NRW ist der öffentliche Auftraggeber. Ihn treffen die Pflichten, zum einen festzustellen, ob ein fakultativer oder zwingender Ausschlussgrund vorliegt und zum anderen bei einem fakultativen Ausschlussgrund, das Ermessen auszuüben, ob ein Ausschluss stattfinden soll. Schließlich trifft den öffentlichen Auftraggeber nach § 12 Abs. 2 TVgG NRW die Pflicht, entsprechende Ausschlussentscheidungen dem **Vergaberegister** zu melden.

---

[5] Rommelfanger Das Hessische Vergabe- und Tariftreuegesetz verstehen und richtig anwenden, 2015, Erl. zu § 11.

Belasteter des § 12 Abs. 1 TVgG NRW ist der Auftragnehmer. Ihn treffen **13** ohne weitere Regelung etwa in den Vertragsbedingungen die Ausschlussgründe, sofern die Tatbestandsvoraussetzungen erfüllt sind und der öffentliche Auftraggeber im Falle der fakultativen Ausschlussgründe (§ 124 GWB) das Ermessen zu seinen Lasten ausgeübt hat.

Lediglich in Bezug auf die Verweisung nach § 125 GWB, nämlich die **14** **Selbstreinigungsmöglichkeit,** also die Möglichkeit, die Ausschlusstatbestände nachhaltig zu beseitigen und wieder aktiv am Verfahren teilnehmen zu dürfen, trifft den Auftragnehmer direkt als Adressaten.

Die Ausschlussgründe können auch auf die **Nachunternehmer** bzw. **Verleiher von Arbeitnehmern** durchschlagen. Dies ist explizit in § 12 Abs. 1 S. 2 **15** TVgG NRW geregelt. Dort heißt es, dass auch dann ein Verstoß gegen sozial- und arbeitsrechtliche Verpflichtungen des § 124 Abs. 1 Nr. 1 GWB vorliegt, wenn der Auftragnehmer nachweislich gegen Pflichten aus der Verpflichtungserklärung nach § 4, der Nachunternehmer oder der Verleiher nachweislich gegen Pflichten aus einer Verpflichtungserklärung nach § 5 schuldhaft verstoßen haben. Zwar stellt der Landesgesetzgeber in der Gesetzesbegründung fest, dass Satz 2 lediglich für die unterschwelligen Vergaben gilt. Jedoch ergibt sich dies auch für den Oberschwellenbereich daraus, dass die Ausschlussgründe die Eignung betreffen, die im Wege einer **Eignungsleihe** durch einen Unterauftragnehmer herbeigeführt wurde (vgl. § 47 Abs. 2 Sätze 3 und 4 VgV und § 36 Abs. 5 VgV). Entsprechendes gilt gemäß §§ 6 e f. VOB/A(EU).

2. Ausschluss nach § 123 GWB

a) Ausschlussgründe. aa) Anknüpfungstatbestände. § 123 GWB re- **16** gelt die **zwingenden Ausschlussgründe,** also jene Ausschlussgründe, die ohne jede weitere Ermessensausübung zum Ausschluss des Bieters vom Vergabeverfahren führen. Der Ausschluss kann „zu jedem Zeitpunkt des Vergabeverfahrens" erklärt werden (vgl. § 123 Abs. 1 S. 1 GWB). Erforderlich ist lediglich, dass ein Verhalten dem Bieter selbst oder aber einer Person **zuzurechnen** ist, dessen Verhalten dem Bieter zuzurechnen ist (§ 123 Abs. 3 GWB), wenn diese Person rechtskräftig verurteilt worden ist.

Voraussetzung ist eine rechtskräftig festgesetzte Geldbuße nach § 30 OWiG **17** oder die Verurteilung wegen einer Straftat nach §§ 129, 129a oder 129b StGB (dies sind insbesondere Straftatbestände für die Bildung krimineller oder terroristischer Vereinigungen im Inland oder Ausland); § 89c (Terrorismusfinanzierung); § 261 StGB (Geldwäsche; Verschleierung unrechtmäßig erlangter Vermögenswerte), § 263 StGB (Betrug), jedoch nur soweit sich die Straftat gegen den Haushalt der Europäischen Union oder gegen Haushalte richtet, die von der Europäischen Union oder in ihrem Auftrag verwaltet werden, § 264 StGB (Subventionsbetrug mit der gleichen Beschränkung wie zu § 263 StGB); § 299 StGB (Bestechlichkeit und Bestechung im geschäftlichen Verkehr); § 108 e StGB (Bestechlichkeit und Bestechung von Mandatsträgern); §§ 333 und 334 sowie 335 a StGB (Vorteilsgewährung, Bestechung, aus inländischer oder ausländischer internationaler Bediensteter); Art. 2 § 2 des Gesetzes zur Bekämpfung internationaler Bestechung (Bestechung ausländischer Abgeordneten zusammen mit internationalem Geschäftsverkehr) oder den §§ 232, 232a Abs. 1

bis 5, §§ 232b bis 233a StGB (Menschenhandel, Förderung des Menschen-
handels etc.). Die **Aufzählung** der Straftatbestände in § 123 Abs. 1 GWB ist
abschließend.

18   Wegen anderer Verfehlungen ist ein Ausschlussgrund nur nach § 124 Abs. 1
Nr. 1 oder 3 GWB möglich. Bei der Prüfung der jeweiligen Straftatbestände ist
auf die Eingrenzungen zu achten, die sich etwa auf die jeweiligen Geschädig-
ten beziehen. Allen Straftatbeständen gleich ist die Stoßrichtung, dass es sich
um Straftatbestände handelt, die die Annahme der **Zuverlässigkeit bei der
Auftragsausführung** betreffen.[6]

19   **bb) Verurteilung.** Der bloße Verdacht der Begehung oder Ermöglichung
solcher Straftaten genügt nicht. Vielmehr stellt § 123 Abs. 1 GWB klar, dass
eine **rechtskräftige Verurteilung** oder eine **bestandskräftige Geldbuße**
nach § 30 OWiG erforderlich ist. Dies soll der Unschuldsvermutung genügen,
so dass der Ausschluss nur rechtskräftig oder bestandskräftig festgestellte Straftaten bzw. Ordnungswidrigkeiten betrifft. Die rechtskräftige Verurteilung liegt
dann vor, wenn die formelle Rechtskraft eines Urteils eingetreten ist, also
keine Rechtsmittelfristen mehr laufen bzw. keine Rechtsmittel eingelegt worden sind. Hieraus ergibt sich, dass ein Ausschluss wegen eines **laufenden Ermittlungsverfahrens** nicht ausgesprochen werden darf.

20   Der Systematik folgend wird auch ein **Strafbefehl** genügen, gegen den
kein Einspruch erhoben worden ist, so dass dessen Rechtskraft eingetreten ist.[7]

21   Wird **nachträglich** im Oberschwellenbereich ein **zwingender Ausschlussgrund** festgestellt, so verbleibt es bei der Kündigungsmöglichkeit
nach § 133 GWB während der Ausführungsphase des Vertragsverhältnisses.

22   Nicht nur Verurteilungen von deutschen Gerichten sind maßgeblich, sondern auch die Verurteilung nach vergleichbaren Vorschriften anderer Staaten,
vgl. § 123 Abs. 2 GWB. Dies geht zurück auf Art. 57 Abs. 2 Unterabs. 1 RL
2014/24/EU. Es muss sich nicht um Verurteilungen in Mitgliedsstaaten der
EU handeln. Vielmehr sind auch Verurteilungen in **Drittländern** von Be-
lang.[8]

23   **cc) Kenntnis des öffentlichen Auftraggebers und Nachweisanforde-
rungen.** Voraussetzung für den Ausschluss eines Bieters vom laufenden Vergabeverfahren ist, dass der öffentliche Auftraggeber Kenntnis von dem Ausschlussgrund erhalten hat. Gemeint ist hierbei die **positive Kenntnis** eines
Ausschlussgrundes und nicht lediglich der bloße Verdacht. Art. 57 Abs. 1 RL
2014/24/EU fordert sogar die Feststellung durch eine Überprüfung gem.
Art. 59, 60 und 61 RL 2014/24/EU. Damit ist die Überprüfung mittels der
Angaben der **Einheitlichen Europäischen Eigenerklärung** (EEE), der
Nachweise in Form von Eigenerklärungen und Belegen für das Nichtvorliegen von Ausschlussgründen und der Überprüfung im Online-Dokumentenar-
chiv e-certes meint.

---

[6] Krohn in Gabriel/Krohn/Neun Handbuch des Vergaberechts, 2016, § 14 Rn. 32.
[7] Wagner-Cardenal in Dieckmann/Hauff/Wagner-Cardenal VOL/A, 2015, § 6 EG
Rn. 32
[8] Gnittke/Hattig in Müller-Wrede GWB, 2016, § 123 Rn. 42.

Der öffentliche Auftraggeber hat bereits bei Gestaltung der **Vergabeunter-** 24
lagen zu bestimmen, welche Nachweise er für eine solche Überprüfung benötigt, da er diese Nachweise nach § 48 Abs. 1 VgV in den Vergabeunterlagen anfordern muss (vgl. §§ 43 – 47 VgV). Zunächst sind Eigenerklärungen nach § 48 Abs. 2 VgV zu fordern. Nach § 48 Abs. 3 VgV muss der öffentliche Auftraggeber zunächst akzeptieren, dass das Nichtvorliegen von Ausschlussgründen im Rahmen der Einheitlichen Europäischen Eigenerklärung i. S. d. § 50 VgV erfolgt. Sofern er keine Anhaltspunkte für eine Falschangabe hat, muss der öffentliche Auftraggeber davon ausgehen, dass die Angaben in der EEE und den sonstigen Eigenerklärungen zutreffend sind.[9] Erst wenn ein Bieter in die engere Wahl kommt, verlangt der öffentliche Auftraggeber nähere Belege für die angegebenen Sachverhalte. So kann er nach § 48 Abs. 4 VgV für das Nichtvorliegen von Ausschlussgründen nach § 123 Abs. 1–3 GWB etwa Registerauszüge, Führungszeugnisse aus dem Bundeszentralregister, gleichwertige Bescheinigungen von Gerichts- und Verwaltungsbehörden etc. verlangen.[10]

Neben diesen Eigenerklärungen kann der öffentliche Auftraggeber auch 25
positive Kenntnis „auf anderem Wege" erlangen. Nicht geregelt ist, ob der öffentliche Auftraggeber eigene Nachforschungen anstellen muss. Dagegen spricht, dass dies dem Interesse aller Beteiligten an einem zügigen und einfachen Beschaffungsvorgang widersprechen würde.[11] Allenfalls aus Spezialgesetzen können sich Nachforschungspflichten für die öffentlichen Auftraggeber ergeben (z. B. Korruptionsregistergesetze einzelner Bundesländer). Öffentliche Auftraggeber müssen Anhaltspunkten für die Verwirklichung von Straftaten nachgehen.[12] Der öffentliche Auftraggeber darf sich der Kenntniserlangung nicht verschließen, sollte er etwa durch Pressemitteilungen oder Informationen anderer Behörden Anhaltspunkte für Ausschlussgründe nach § 123 Abs. 1 GWB erhalten haben.

Stellt sich im Rahmen des Vergabeverfahrens heraus, dass der Bieter **un-** 26
wahre oder irreführende Angaben gemacht hat, so kommt ein Ausschluss nach § 124 Abs. 1 Nr. 8 und 9 GWB in Betracht. Stellt sich erst **nach Zuschlagserteilung** heraus, dass zwingende Ausschlussgründe i. S. d. § 123 GWB vorliegen, kommt die Kündigung nach § 133 Abs. 1 Nr. 2 GWB in Betracht.

dd) Ausnahme von dem Ausschlusszwang. In **Ausnahmefällen** *kann* 27
der öffentliche Auftraggeber trotz des Vorliegens eines zwingenden Ausschlussgrundes nicht nur von dem Ausschluss absehen. Er *muss* unter bestimmten Voraussetzungen von einem Ausschluss absehen.[13] Nach § 123 Abs. 5 GWB kann der öffentliche Auftraggeber von einem Ausschluss absehen, wenn Gründe des öffentlichen Interesses dies verbieten. Schließlich verbietet sich ein Ausschluss, wenn eine erfolgreiche **Selbstreinigung** nach § 125 GWB bzw. § 123 Abs. 4 Satz 2 GWB durchgeführt wurde.

---

[9] OLG Düsseldorf Beschluss v. 2.12.2009 – VII Verg 39/09.
[10] Müller-Wrede GWB Vergaberechtskommentar, 2016 § 123 Rn. 32.
[11] OLG Düsseldorf Beschluss v. 2.12.2009 – VII Verg 39/09.
[12] Hausmann in Kulartz/Marx/Portz/Prieß VOL/A, § 6 EG Rn. 68, 69.
[13] Gesetzesbegründung BT-Drs. 18/6281, 102.

28   Wurde der **Zuschlag bereits erteilt** und wurde erst im Nachhinein bekannt, dass ein Ausschlussgrund nach § 123 GWB vorliegt, so ist ein Kündigungsgrund nach § 133 Abs. 1 Nr. 2 GWB gegeben. Die Kündigung ist nur dann möglich, wenn der öffentliche Auftraggeber zum **Zeitpunkt der Zuschlagserteilung** Kenntnis vom Vorliegen des zwingenden Ausschlussgrundes erlangt hat.[14] Alternativ muss zum Zeitpunkt der Zuschlagserteilung bereits ein zwingender Ausschlussgrund nach § 123 Abs. 1 – 4 GWB vorgelegen haben, welcher dem öffentlichen Auftraggeber erst später zur Kenntnis gelangt ist. Auch die Kündigung ist nur in dem begrenzten **Zeitraum von fünf Jahren** nach § 126 Nr. 1 GWB möglich.

29   **b) Zurechnung (§ 123 Abs. 3 GWB).** In Umsetzung des Art. 57 Abs. 1 Unterabs. 2 RL 2014/24/EU wird in § 123 Abs. 3 GWB klargestellt, dass dem bietenden Unternehmen bzgl. des Vorliegens von Ausschlussgründen das Verhalten einer wegen einer Straftat verurteilten natürlichen Person **zugerechnet** werden kann.[15] Maßgeblich ist nicht nur die Verurteilung, sondern etwa auch ein rechtskräftiger Bußgeldbescheid nach dem OWiG.

30   Eine Zurechenbarkeit liegt etwa dann vor, wenn die Person für die Leitung des Unternehmens zuständig war. Nach der Gesetzesbegründung wurde die Formulierung an § 30 Abs. 1 Nr. 5 OWiG angelehnt, welcher wiederum auf die Unterfälle in § 30 Abs. 1 Nr. 1–4 OWiG zurückgreift.[16] Gemeint sind hier vertretungsberechtigte Organe einer juristischen Person oder Mitglieder eines solchen Organs, **Vorstände** eines nicht rechtsfähigen Vereins oder Mitglieder eines solchen Vorstandes, vertretungsberechtigte **Gesellschafter** einer rechtskräftigen Personengesellschaft oder **Generalbevollmächtigte** und **Prokuristen** in leitender Stellung, **Handlungsbevollmächtigte** einer juristischen Person sowie eines nicht rechtsfähigen Vereins oder einer nicht rechtsfähigen Personengesellschaft. Maßgeblich ist, dass die erfassten Personen die Geschäftsführung überwachen oder die Kontrollbefugnisse in leitender Position ausüben und damit das **Organisationsverschulden** tragen.[17] Die VK Niedersachsen weitete die Zurechnungsnorm auf verbundene Gesellschaften aus und zwar für den Fall, dass die verbundenen Gesellschaften beide auf dem Markt tätig sind, auf dem die Verfehlung begangen wurde und eine Personenidentität bei verantwortlichen Personen sowie eine gesellschaftsstrafrechtliche Beherrschung vorlag.[18] Die zurechenbaren Straftaten müssen aus dem Katalog des § 123 Abs. 1 GWB stammen.

3. Ausschlussgründe nach § 123 Abs. 4 GWB

31   Weitere Ausschlussgründe sind in § 123 Abs. 4 GWB enthalten, die in Umsetzung von Art. 57 RL 2014/24/EU den Ausschluss wegen **Verfehlungen bei Verpflichtungen zur Zahlungen von Steuern, Abgaben und Bei-**

---

[14] Gesetzesbegründung BT-Drs. 18/6281, 121.
[15] Gesetzesbegründung BT-Drs. 18/6281, 103
[16] Gesetzesbegründung BT-Drs. 18/6281, 103.
[17] Völlink in Ziekow/Völlink Vergaberecht, § 6 EG VOB/A Rn. 16; Wagner-Cardenal in Diekmann/Scharff/Wagner-Cardenal VOL/A, § 6 EG Rn. 36.
[18] VK Niedersachen Beschluss v. 24.3.2011 – VGK 4/2011.

trägen zur Sozialversicherung betreffen. Vor der Vergaberechtsmodernisierung waren dies noch fakultative Ausschlussgründe, nun sind es zwingende Ausschlussgründe geworden. Demnach ist ein Bieter zwingend auszuschließen, wenn mittels rechtskräftiger Gerichts- oder bestandskräftiger Verwaltungsentscheidung (Satz 1 Nr. 1) oder aufgrund sonstigen Nachweises (Satz 1 Nr. 2) feststeht, dass die Verpflichtung zur Zahlung von Steuern, Abgaben und Beiträgen zur gesetzlichen Sozialversicherung verletzt wurde und der Bieter in zurechenbarer Weise wegen Steuerhinterziehung nach § 370 AO oder wegen Vorenthaltung und Veruntreuung von Sozialversicherungsbeiträgen nach § 266a StGB verurteilt wurde.[19]

Steuern sind i. S. d. § 3 Abs. 1 AO gemeint. Gesetzliche **Sozialversiche-** 32 **rungsbeiträge** meinen die Rentenversicherung, Pflegeversicherung, Krankenversicherung, Arbeitslosenversicherung und Unfallversicherung. Maßgeblich ist somit das Bestehen von Versicherungspflichten, wie sie sich aus den SGB-Büchern ergeben. Abgaben ist der Oberbegriff für Steuern und sonstige Beiträge. Jedoch ergibt sich aus europarechtskonformer Auslegung, dass davon nicht sonstige **Kommunalbeiträge,** wie Straßenausbaubeiträge etc. gemeint sind. Schließlich zielt Art. 57 Abs. 2 RL 2014/24/EU und der Erwägungsgrund 100 RL 2014/24/EU auf das Nichtabführen von Steuern und Sozialversicherungsbeiträgen ab.

Es muss mittels rechtskräftiger Gerichtsentscheidung oder bestandskräftiger 33 Verwaltungsentscheidung feststehen, dass der Bieter trotz Fälligkeit nicht gezahlt hat und die **Forderung noch offen** ist. Der Tatbestand des § 123 Abs. 4 GWB liegt dagegen nicht vor, wenn ein Verstoß in der Vergangenheit vorlag und zum Zeitpunkt der Angebotsabgabe bzw. des Zuschlages die Steuer- und Beitragsschuld beglichen ist (vgl. § 123 Abs. 4 Satz 2 GWB). § 123 Abs. 4 GWB ist bezüglich der Sozialversicherungsbeiträge lex specialis zu den fakultativen Ausschlussgründen nach § 124 Abs. 1 Nr. 1 GWB. Bloßes Hörensagen kann dabei nicht genügen. Anderes gilt, erhält der öffentliche Auftraggeber Anhaltspunkte über die nach § 48 Abs. 5 VgV vorzulegenden Belege, Bescheinigungen von Finanzämtern oder Sozialversicherungsträgern etc.

Nach § 123 Abs. 4 Satz 2 GWB kann von dem Ausschluss abgesehen wer- 34 den, wenn das bietende Unternehmen seinen **Verpflichtungen nachträglich nachgekommen** ist. Dies setzt eine Zahlung oder die Übernahme einer Verpflichtung zur Zahlung einschließlich Zinsen, Säumnis- und Strafzuschlägen voraus. In Umsetzung von Art. 57 Abs. 2 Unterabs. 3 RL 2014/24/EU stellt dies eine Sonderregelung zur Selbstreinigung nach § 125 GWB dar.

Nach Ausfassung des EuGH steht es den jeweiligen Mitgliedsländern offen, 35 in einer weiteren Regelung vorzusehen, dass die **„Selbstreinigung"** auch noch nach dem Abschluss des Vergabeverfahrens möglich sein soll.[20] Besteht keine Regelung, ist davon auszugehen, dass die Zahlung bzw. Zahlungsverpflichtung bei Ende der Angebotsfrist vorliegen muss.

---

[19] Gesetzesbegründung BT-Drs.18/6281, 104.
[20] EuGH Urteil v. 9.2.2006 – Rs. C 226-04.

4. Selbstreinigung und Ermessen nach § 123 Abs. 5 GWB

36   § 123 Abs. 5 GWB stellt es in das Ermessen des öffentlichen Auftraggebers, ob er vom zwingenden Ausschluss absieht, sofern zwingende Gründe des **öffentlichen Interesses** gegen den Ausschluss sprechen, der Ausschluss zu einer offensichtlichen Unverhältnismäßigkeit führen würde oder eine **ordnungsgemäße Selbstreinigung** nach § 125 GWB durchgeführt wurde. Beispiele für die zwingenden Gründe des öffentlichen Interesses sind in Art. 57 Abs. 3 Unterabs. 1 RL 2014/24/EU aufgeführt.

Beispiel: Die Beschaffung dringend benötigter Impfstoffe oder Notfallausrüstungen muss zügig erfolgen (Erwägungsgrund 100 RL 2014/24/EU).

37   Eine detaillierte Definition der zwingenden Gründe ist weder in der RL 2014/24/EU noch in § 123 GWB enthalten. Grundsätzlich ist davon auszugehen, dass der Begriff restriktiv auszulegen ist.

Beispiele: Eine **offensichtliche Unverhältnismäßigkeit** liegt vor, wenn nur geringfügige Beträge nicht gezahlt wurden. Oder der öffentliche Auftraggeber hat das Unternehmen so spät über den genauen geschuldeten Betrag unterrichtet, dass es keine Möglichkeit hatte, die nachträgliche Zahlung vor dem Ablauf der Frist für die Beantragung der Teilnahme bzw. Frist für die Einreichung der Angebote durchzuführen (Art. 57 Abs. 3 Unterabs. 2 RL 2014/24/EU).[21]

38   Für die Selbstreinigung wird auf die unten stehenden Anmerkungen zu § 125 verwiesen.

Eine weitere Ausnahme ist für den Fall anzusehen, dass nach § 126 Nr. 1 GWB die **Frist von fünf** Jahren seit Vorliegen des Ausschlussgrundes verstrichen ist.

IV. Ausschluss nach § 124 GWB

1. Ausschlussgründe

39   **a) Anknüpfungstatbestände.** Gem. § 124 Abs. 1 GWB darf der öffentliche Auftraggeber nach einer ordnungsgemäßen **Ermessensentscheidung** unter Beachtung des Grundsatzes der Verhältnismäßigkeit ein Unternehmen zu jedem Zeitpunkt des Vergabeverfahrens von der Teilnahme ausschließen, wenn einer der folgenden Gründe vorliegt:
1. Nachweislich liegt ein Verstoß gegen geltende umwelt-, sozial- oder arbeitsrechtliche Verpflichtungen vor.
2. Das Unternehmen ist zahlungsunfähig, über sein Vermögen wurde ein Insolvenzverfahren oder ein vergleichbares Verfahren beantragt oder eröffnet, die Eröffnung eines solchen Verfahrens wurde mangels Masse abgelehnt, das Unternehmen befindet sich im Verfahren der Liquidation oder hat seine Tätigkeit eingestellt.
3. Der Bieter hat im Rahmen der beruflichen Tätigkeit nachweislich eine schwere Verfehlung begangen, durch die die Integrität des Unternehmens (Zuverlässigkeit) in Frage gestellt wird.

---

[21] Gesetzesbegründung BT-Drs. 18/6281, 104.

4. Der Bieter hat nach hinreichenden Anhaltspunkten mit einem Unternehmen Vereinbarungen zur Verhinderung, Einschränkung oder Verfälschung des Wettbewerbs getroffen.

5. Bei der Durchführung des Vergabeverfahrens besteht ein Interessenkonflikt, der die Unparteilichkeit und Unabhängigkeit eines Amtsträgers des öffentlichen Auftraggebers beeinträchtigen könnte und durch andere, weniger einschneidende Maßnahmen nicht wirksam beseitigt werden kann **(Projektantenregelung),**

6. Bei der Vorbereitung des Vergabeverfahrens haben **Projektanten** mitgewirkt, die nun am Vergabeverfahren teilnehmen, ohne dass eine Wettbewerbsverzerrung hinreichend durch weniger einschneidende Maßnahmen beseitigt werden kann.

7. Der Bieter hat wesentliche Anforderungen bei der Ausführung eines früheren öffentlichen Auftrags oder Konzessionsvertrags nicht ordnungsgemäß ausgeführt. Vielmehr hat der Bieter diesen früheren Auftrag erheblich oder vorwiegend mangelhaft erfüllt. Dies hat zu einer vorzeitigen Beendigung, zu Schadensersatz oder zu einer vergleichbaren Rechtsfolge geführt.

8. Das Unternehmen hat in Bezug auf Ausschlussgründe und Eignungskriterien eine **schwerwiegende Täuschung** begangen oder Auskünfte zurückgehalten oder ist nicht in der Lage, die erforderlichen Nachweise zu übermitteln,

9. Das Unternehmen hat in unzulässiger Weise versucht, die Entscheidungsfindung des öffentlichen Auftraggebers zu beeinflussen. Oder es hat versucht, vertrauliche Informationen zu erhalten, durch die unzulässige Vorteile beim Vergabeverfahren erlangt werden könnten, oder es hat fahrlässig oder vorsätzlich **irreführende Informationen** übermittelt, die die Vergabeentscheidung erheblich beeinflussen könnten oder versucht, solche Informationen zu übermitteln.

Nach § 124 Abs. 2 GWB bleiben von diesen Ausschlussgründen § 21 des **40** Arbeitnehmer-Entsendegesetzes, § 98 c des Aufenthaltsgesetzes, § 19 des Mindestlohngesetzes und § 21 des Schwarzarbeitsbekämpfungsgesetzes unberührt.

b) Grenzen des Ausschlusses. Als Grenze für die Ausschlussentscheidung **41** wird die **Verhältnismäßigkeit** benannt, die zugleich intendiert, dass bei der Beabsichtigung eines Ausschlusses zunächst eine Anhörung des betroffenen Bieters durchzuführen ist.[22] Im Rahmen der Anhörung sind dann die letzten Ermittlungen für eine ordnungsgemäße Ermessensentscheidung anzustellen. Im Rahmen der Ermessensausübung sind die Interessen an einer ordnungsgemäßen Durchführung des zu vergebenden Auftrags und die Interessen des Bieters mit denen des öffentlichen Auftraggebers und der übrigen Konkurrenten in Einklang zu bringen.

Der Ausschlussgrund des § 124 Abs. 1 Nr. 1 GWB wurde neu in Umset- **42** zung des Art. 57 Abs. 4 *lit.* a) und Art. 18 Abs. 2 RL 2014/24/EU in das Gesetz eingefügt.[23] Die Auslegung hat grundsätzlich weit zu erfolgen, um *sämtliche*

---

[22] OLG München Beschluss v. 27.1.2005 – Verg 2/05, VergabeR 2005, 391 (393); OLG Frankfurt Beschluss v. 20.7.2004 – 11 Verg 6/04; VergabeR 2004, 642 (645).
[23] Gesetzesbegründung, BT-Drs.18/6281, 105.

Umweltvorschriften, aber auch **Tarifvertragsvorschriften** etc. zu erfassen. Sie steht lediglich im untergeordneten Verhältnis zu § 123 Abs. 4 GWB.

43   Das Erfordernis der Zahlungsfähigkeit bzw. die Ausschlussmöglichkeit wegen **Zahlungsunfähigkeit,** Insolvenz etc., geregelt in § 124 Abs. 1 Nr. 2 GWB, geht auf die Umsetzung des Art. 57 Abs. 4 *lit.* b) RL 2014/24/EU zurück. Diese trägt dem Bedürfnis des öffentlichen Auftraggebers nach leistungsfähigen Bietern Rechnung. Die Zahlungsunfähigkeit ist unter Rückgriff auf § 17 Abs. 2 Satz 1 InsO zu interpretieren. Die Bewertung des Insolvenzverfahrens richtet sich ebenso nach der InsO. Damit ein Ausschluss mit der Einstellung der Tätigkeit begründet werden kann, muss entweder die Tätigkeit, die im Vergabeverfahren abgefragt ist, eingestellt werden oder aber die Tätigkeit des Unternehmens im Ganzen.[24]

44   Die **Darlegungs- und Beweislast** für das Vorliegen der Ausschlussgründe liegt beim öffentlichen Auftraggeber. Liegen jedoch hinreichende Anhaltspunkte vor, muss der Bieter darlegen und beweisen, dass die Ausschlussgründe bei ordnungsgemäßer Ermessensausübung seinen Ausschluss nicht rechtfertigen.

45   Eine **schwere Verfehlung** im Rahmen der beruflichen Tätigkeit nach § 124 Abs. 1 Nr. 3 GWB liegt vor, wenn etwa durch ein schuldhaftes Verhalten die Zuverlässigkeit des Unternehmens in Frage gestellt wurde. Eine solche Verfehlung ist schwerwiegend, wenn sie schuldhaft begangen worden ist und erhebliche Auswirkungen hat.[25] Dies ist insbesondere der Fall, wenn schützenswerte Rechtsgüter verletzt wurden und ein erheblicher Schaden entstanden ist oder zu entstehen droht.[26] Eine Eingrenzung erlangt der Ausschlussgrund dadurch, dass die schwere Verfehlung im Rahmen seiner beruflichen Tätigkeit erfolgt sein muss. Die Norm setzt Art. 57 Abs. 4 *lit.* c) RL 2014/24/EU um.

46   Die primäre **Darlegungs- und Beweislast** für das Vorliegen von Ausschlussgründen trägt der öffentliche Auftraggeber. Dieser muss nach § 48 Abs. 1 VgV in der Auftragsbekanntmachung oder Aufforderung zur Interessenbestätigung diejenigen Unterlagen anfordern, die er für die Überprüfung benötigt. Dabei handelt es sich insbesondere um die Eigenerklärungen, Angaben, Bescheidungen und sonstige Nachweise, insbesondere aber die einheitliche Europäische Eigenerklärung. Ergeben sich aus diesen Unterlagen Anhaltspunkte für das Vorliegen von Ausschlussgründen, muss der öffentliche Auftraggeber weiter nachfordern. Tut er dies bei einem Bieter, so hat er dies grundsätzlich auch bei den Übrigen zu tun. Dies ist dem Grundsatz der Gleichbehandlung geschuldet.

47   **c) Ermessensentscheidung.** Bei Vorliegen der fakultativen Ausschlussgründe ist der öffentliche Auftraggeber verpflichtet, sein Ermessen auszuüben. Übt er sein Ermessen nicht aus, ob er weiter nachforschen will bzw. wie er den Ausschlussgrund behandelt und **dokumentiert** er diese Entscheidung nicht

[24] Anders Conrad in Müller-Wrede GWB, 2016 § 124 Rn. 37.
[25] VK Bund Beschluss v. 15.5.2009 – VK 2-21/09.
[26] VK Niedersachsen Beschluss v. 24.3.2011 – VGK-04/2011.

hinreichend gem. § 8 VgV, so wird ein Ermessensausfall festgestellt, der die Vergabeentscheidung fehlerhaft macht.

Bei der Ausschlussentscheidung ist eine **Prognoseentscheidung** dahinge- 48 hend zu treffen, ob der Bieter trotz des Vorliegens eines fakultativen Ausschlussgrundes den zu vergebenden Auftrag gesetzestreu, ordnungsgemäß und sorgfältig ausführen wird.[27] Wie bei jeder Ermessensentscheidung ist die Ausübung durch die jeweiligen Nachprüfungsinstanzen, im Oberschwellenbereich die Vergabekammer, nur **eingeschränkt überprüfbar.** Die eingeschränkte Überprüfung enthält die Frage, ob das Verfahren ordnungsgemäß eingehalten, die maßgeblichen Umstände hinreichend ermittelt und eine ordnungsgemäße Abwägung stattgefunden hat.[28]

Bei der Ermessensentscheidung ist insbesondere der Grundsatz der **Ver-** 49 **hältnismäßigkeit** zu beachten, mit der Folge, dass **kleinere Unregelmäßig-keiten** in der Regel nicht zum Ausschluss führen sollen. Werden jedoch kleinere Unregelmäßigkeiten mehrmals festgestellt, so rechtfertigt dies wiederum standardmäßig einen Ausschluss.[29] Das Ermessen ist dann auf Null reduziert, wenn durch den fehlenden Ausschluss eine Ungleichbehandlung der übrigen Bieter droht, die vor den Verfahrensgrundsätzen nicht weiter zu vertreten ist.[30]

Eine **Ausnahme** sieht § 123 Abs. 5 GWB für den Fall vor, dass der öffent- 50 liche Auftraggeber durch zwingende Gründe des **öffentlichen Interesses** die Beibehaltung eines Bieters für erforderlich hält, etwa wenn eine Beschaffung von dringend benötigten Heilungsstoffen erforderlich ist.

Der Ausschluss ist nach § 124 GWB unzulässig, wenn eine erfolgreiche 51 **Selbstreinigung** nach § 125 GWB durchgeführt wurde. Dazu sogleich.

Schließlich ist die **Zeitgrenze** des § 126 Nr. 2 GWB zu berücksichtigen. 52 Ausschlussgründe nach § 124 Abs. 1 GWB können nur für die Dauer von drei Jahren einen Ausschluss rechtfertigen.

Sofern ein Eintrag in das **Vergaberegister** nach § 6 Korruptionsb NRW 53 stattgefunden hat, muss der öffentliche Auftraggeber sein Ermessen darüber ausüben, ob der eingetragene Verstoß einen Ausschlussgrund i. S. d. §§ 123 oder 124 GWB darstellt und im Falle des § 124 GWB, ob ein Ausschluss gerechtfertigt ist.[31]

d) Zeitpunkt des Ausschlusses. Grundsätzlich kann ein Ausschluss zu je- 54 dem Zeitpunkt des Vergabeverfahrens bis zu seiner **Beendigung** auf der Basis des § 124 GWB ausgesprochen werden. Nach Zuschlagserteilung ist eine Kündigung gem. § 133 GWB möglich.

---

[27] Gesetzesbegründung BT-Drs. 18/6281, 104.
[28] VK Sachsen-Anhalt Beschlüsse v. 27.7.2013 – 3 VK LSA 20/13 bis 3 VK LSA 32/13.
[29] Erwägungsgrund 101 RL 2014/24/EU; Zeiss, GWB, 2016, § 124 Rn. 204.
[30] Gesetzesbegründung BT-Drs. 18/6281, 104.
[31] Zeiss GWB, 2016, § 124 Rn. 209.

2. Weitere Ausschlussgründe nach § 124 Abs. 2 GWB

55   § 124 Abs. 2 GWB stellt klar, dass von der Regelung des § 124 GWB die Ausschlussgründe nach § 21 Arbeitnehmer-Entsendegesetz, § 98 c AufenthG, § 19 Mindestlohngesetz und § 21 SchwarzArbG unberührt bleiben.

56   Für den Unterschwellenbereich stellt § 12 Abs. 1 Satz 2 TVgG NRW klar, dass als fakultative Ausschlussgründe i. S. d. § 124 Abs. 1 Nr. 1 GWB auch **nachweisliche Verstöße gegen Pflichten aus einer Verpflichtungserklärung** nach § 4 und seitens der Nachunternehmer oder Arbeitnehmerverleiher nach § 5 TVgG NRW sind. Der Verstoß muss gemäß § 276 BGB schuldhaft erfolgt sein.

V. Rechtsschutz

57   Im Oberschwellenbereich kann eine Ausschlussentscheidung im Rahmen des **Vergabenachprüfungsverfahrens** überprüft werden. Im Unterschwellenbereich ist dies mangels Regelung eines Unterschwellenrechtsschutzes im TVgG nicht möglich. Es bleibt der Weg über die **Rechtsaufsicht** in Gestalt der Kommunalaufsicht (109 GO NRW) oder ein Antrag auf Erlass einer **einstweiligen Verfügung** vor dem Landgericht mit dem Inhalt, den ausgeschlossenen Bieter vorläufig zum weiteren Vergabeverfahren zuzulassen.

VI. Selbstreinigung (§ 125 GWB), § 7 Abs. 4 Korruptionsb NRW

58   Nach § 12 Abs. 1 TVgG NRW ist sowohl für den Ober- als auch den Unterschwellenbereich die Möglichkeit der **Selbstreinigung** nach § 125 GWB zu berücksichtigen. Dies ist aus dem Gesichtspunkt rechtsstaatlichen Handelns zwingend erforderlich. Ein weiterer Grund ist der Erhalt der Leistungsfähigkeit des Marktes.

59   Neben der Selbstreinigungsmöglichkeit nach § 125 GWB besteht zudem die Möglichkeit der Selbstreinigung und der **vorzeitigen Löschung** aus dem Vergaberegister nach § 7 Abs. 4 Korruptionsb NRW.

1. Selbstreinigung nach § 125 GWB

60   Gem. § 125 GWB darf der öffentliche Auftraggeber Bieter nicht vom Vergabeverfahren ausschließen, selbst wenn **Ausschlussgründe** nach § 123 oder § 124 GWB vorliegen, wenn (Nr. 1) für jeden durch eine Straftat oder ein Fehlverhalten verursachten Schaden ein Ausgleich gezahlt oder sich der Bieter zur Zahlung eines Ausgleichs verpflichtet hat (Nr. 2), die Tatsachen und Umstände, die mit der Straftat oder dem Verhalten oder dem dadurch verursachten Schaden in Zusammenhang stehen, durch eine aktive Zusammenarbeit mit den Ermittlungsbehörden und dem öffentlichen Auftraggeber umfassend geklärt und (Nr. 3) der Bieter konkrete technische, organisatorische und personelle Maßnahmen ergriffen hat, die geeignet sind, weitere Straftaten oder weiteres Fehlverhalten zu vermeiden.

Das kumulative „und" am Ende der Nr. 2 macht deutlich, dass sämtliche **61** Voraussetzungen für die Reinigung gleichzeitig vorliegen müssen.

a) Allgemeines. Mit Umsetzung des Art. 57 Abs. 6 Richtlinie 2014/24/ **62** EU wurde erstmals eine gesetzliche Regelung der Selbstreinigung vorgenommen. Bis dato war die Selbstreinigung lediglich *in praxi* anerkannt. Der Bieter besitzt einen **Anspruch auf Selbstreinigung** aus Art. 57 Abs. 6 Unterabs. 1 RL 2014/24/EU (§ 125 Abs. 1 Satz 1 GWB).

In § 125 Abs. 2 GWB finden die Vorgaben für die **Prüfung der Selbstrei- 63 nigungsmaßnahmen** nach Art. 57 Abs. 6 Unterabs. 3 RL 2014/214/EU Eingang. Eine Beschränkung des Selbstreinigungsanspruchs nach Art. 57 Abs. 6 Unterabs. 4 RL 2014/24/EU wurde nicht in deutsches Recht umgesetzt. Der deutsche Gesetzgeber begründete dies damit, dass es im deutschen Rechtsraum keine Ausschlüsse von Vergabeverfahren gäbe, die durch gerichtliche Entscheidung verhängt würden.[32]

Neben den in § 125 GWB geregelten Selbstreinigungsmaßnahmen ist zu- **64** dem § 123 Abs. 4 Satz 2 GWB als Sonderregelung zu berücksichtigen, der durch die **„Nachzahlung"** bei dem Vorwurf der Nichtzahlung von Steuern, Abgaben oder Beiträgen die Selbstreinigung zulässt. § 47 VgV regelt eine „unechte Selbstreinigungsmaßnahme" für den Fall, dass im Rahmen der Eignungsleihe ein adäquater Ersatz für ein weggefallenen Eignungsleihgeber gefunden werden muss.[33]

b) Voraussetzung für die Selbstreinigung. Ausweislich § 125 Abs. 1 **65** Satz 1 GWB bedarf es des Nachweises von Selbstreinigungsmaßnahmen eines Unternehmens in einem *anhängigen* **Vergabeverfahren** bei ansonsten drohendem Ausschluss. Somit muss das Vergabeverfahren laufen und darf noch nicht durch Zuschlag beendet worden sein. Außerdem muss ein Ausschluss wegen Vorliegen eines Ausschlussgrundes nach § 123 GWB oder § 124 GWB drohen. Hiervon erfasst sind ebenso die besonderen Ausschlussgründe nach § 123 Abs. 2 GWB, nämlich § 21 Arbeitnehmer-Entsendegesetz, § 98c AufenthG, § 19 Mindestlohngesetz und § 21 SchwarzArbG.

Sind die **Fristen** nach § 126 GWB abgelaufen, also fünf Jahre für zwingende **66** Ausschlussgründe nach § 123 GWB und drei Jahre für Ausschlussgründe nach § 124 GWB, ist der Ausschluss eines Bieters ebenfalls nicht mehr gerechtfertigt.

c) Selbstreinigungsmaßnahmen. § 125 Abs. 1 Satz 1 GWB enthält mit **67** den Nr. 1 – 3 einen abschließenden Katalog von Selbstreinigungsmaßnahmen, die kumulativ vorliegen müssen. Da bei § 125 Abs. 1 Satz 1 GWB grundsätzlich kein Zeitraum für die Selbstreinigungsmaßnahmen vorgibt, ergibt sich dieser aus dem Erfordernis eines laufenden Vergabeverfahrens. Bis zum Abschluss müssen daher die Selbstreinigungsmaßnahmen vorgenommen sein. Die bisherige Rechtsprechung ging davon aus, dass Selbstreinigungsmaßnahmen auch während eines laufenden Nachprüfungsverfahrens noch zu berücksichtigen seien.[34] Wenn die

---

[32] Gesetzbegründung BT-Drs. 18/6281 108.
[33] Vgl. Radu in Müller-Wrede GWB, 2016, § 125 Rn. 8.
[34] OLG Düsseldorf Beschl. v. 18.1.2001 – Verg 16/01; Wimmer Zuverlässigkeit im Vergaberecht, S. 206.

Maßnahmen eingeleitet sind, kann dies dennoch genügen, sofern eine ordnungsgemäße **Prognose** ergibt, dass im Zeitpunkt der Auftragsdurchführung die Selbstreinigungsmaßnahmen wirksam durchgeführt wurden.[35] Maßstab muss sein, ob mit einer für das Vergabeverfahren hinreichenden Prognose sichergestellt wird, dass die Eignung i. S. d. Zuverlässigkeit des Bieters hinreichend gewährleistet sein kann.[36] Die wesentlichen Komplexe der Selbstreinigungsmaßnahmen sind (Nr. 1) die **Schadenswiedergutmachung,** (Nr. 2) die Mitwirkung bei der **Aufklärung** und (Nr. 3) **präventive Maßnahmen** i. S. v. technischen, organisatorischen und personellen Maßnahmen, welche sicherstellen sollen, dass die bisherigen Fehler im Vertragsausführungsmanagement nicht wiederholt werden. Bzgl. der Mitwirkung bei der Aufklärung nach § 125 Abs. 1 Satz 1 Nr. 2 GWB hat der betroffene Bieter aktiv, eigenständig, aus eigenem Antrieb und bereitwillig mit den Ermittlungsbehörden und den öffentlichen Auftraggebern zusammenzuarbeiten.[37] Ermittlungsbehörden sind dabei die üblichen Behörden wie Staatsanwaltschaft, Polizei- und Ordnungsbehörden. Der Bieter hat für die Zusammenarbeit bei der Sachaufklärung sämtliche Tatsachen und Umstände beizutragen, die zur Ausräumung des Fehlverhaltens dienen.[38]

68   Die präventiven Maßnahmen zielen nach Erwägungsgrund 102 RL 2014/24/EU auf personal- und organisatorische Maßnahmen ab. Diese Maßnahmen sollen bei einer Prognose hinreichend sicherstellen, dass das begangene Fehlverhalten nicht erneut auftritt. Insofern müssen etwa hinreichende **Controllingsysteme** eingepflegt, das Qualitätsmanagement geprüft und evtl. Personal ausgetauscht werden.[39]

69   Die **Darlegungslast** für erfolgreiche Selbstreinigungsmaßnahmen obliegt dem Bieter bzw. Unternehmer.[40] Der Amtsermittlungsgrundsatz greift nicht. Vielmehr muss der Bieter einen schriftlichen Bericht für die ergriffenen Maßnahmen vorlegen. Im Rahmen der ordnungsgemäßen Ermessensausübung hat der öffentliche Auftraggeber anschließend zu entscheiden, ob der Bieter die Maßnahmen und den Erfolg hinreichend glaubhaft gemacht hat.

70   Die **Prüfung der Selbstreinigungsmaßnahmen** ist in § 125 Abs. 2 GWB in Umsetzung des Art. 57 Abs. 6 Unterabs. 3 RL 2014/24/EU normiert. § 125 Abs. 2 Satz 1 GWB fordert eine Bewertung der Selbstreinigungsmaßnahmen durch den öffentlichen Auftraggeber. Er setzt voraus, dass zuvor festgestellt wurde, welche Selbstreinigungsmaßnahmen erfolgt sind. Dies kann ggf. durch Einsichtnahme in die Geschäftsunterlagen etc. erfolgen. Der öffentliche Auftraggeber ist bei Anhaltspunkten für falsche Angaben dazu an-

---

[35] Dreher/Hoffmann NZBau 2014, 67 (79). Anders VK Bund Beschluss v. 12.6.2015 – 2-31/15 zum alten Recht.

[36] EuGH Urteil v. 9.2.2006 – Rs. C – 226/04 und C – 228/04.

[37] VK Niedersachsen Beschl. v. 24.3.2011 – VGK 4/2011 zum alten Recht; OLG Düsseldorf Beschl. v. 9.4.2003 – VII Verg 43/02.

[38] Dreher/Hoffmann NZBau 2014, 150 (152); Radu in Müller/Wrede GWB, 2016, § 125, Rn. 34ff.

[39] Vgl. zum Ganzen Radu in Müller-Wrede GWB, 2016, § 125 Rn. 42ff.

[40] Gesetzesbegründung BT-Drs. 18/6281, 108; Dreher/Hoffmann NZBau 2014, 150 (154).

gehalten, entsprechende Aufklärung zu betreiben.[41] Die Anforderungen für die Selbstreinigungsmaßnahmen müssen zudem auftragsbezogen bleiben. Es muss also geprüft werden, welcher Grad an Zuverlässigkeit für den Beschaffungsgegenstand erforderlich ist.[42] Der öffentliche Auftraggeber hat bei der Bewertung festzustellen, ob die Sicherungsmaßnahmen als zureichend oder unzureichend für die Wiederherstellung der vergaberechtlichen Eignung zu bewerten sind.

Bzgl. des Schadensausgleichs nach Nr. 1 und der Sachaufklärung nach Nr. 2 **71** ist dieser **Bewertungsmaßstab** darauf begrenzt, ob die nachgewiesenen Maßnahmen die tatbestandlichen Voraussetzungen nach § 125 Abs. 1 Satz 1 Nr. 1 und Nr. 2 GWB erfüllen.

In Satz 2 des § 125 Abs. 2 GWB ist z. T. das Bewertungsverfahren darge- **72** stellt. Demnach muss der öffentliche Auftraggeber ein negatives Ergebnis seiner Bewertung gegenüber dem Betroffenen begründen. Die **Begründung** hat gemäß den verwaltungsrechtlichen Grundsätzen in Textform zu erfolgen und ist in dem jeweiligen Vergabevermerk gem. § 8 Abs. 2 Satz 1 Nr. 3 VgV zu hinterlegen. Will ein Bieter gegen die negative Entscheidung vorgehen, so muss er sie unverzüglich rügen. Bei einer positiven Entscheidung liegt eine Selbstbindung der Verwaltung für das weitere Verfahren vor. Nicht geregelt ist das Verfahren, wie der öffentliche Auftraggeber die Bewertung oder Entscheidung vornehmen muss oder die Nachweise einzuholen hat.

Im Oberschwellenbereich sind die Entscheidungen der nachprüfenden **73** Stelle durch ein **Nachprüfungsverfahren** vor den Vergabekammern überprüfbar. Im Unterschwellenbereich ist dies mangels Regelung nicht möglich. Es bleibt allein der Weg über die **Rechtsaufsicht** in Form der Kommunalaufsicht (§ 109 GO NRW) oder ein Antrag auf Erlass einer **einstweiligen Verfügung** an das Landgericht.

2. Selbstreinigung nach § 7 Abs. 4 Korruptionsb NRW

Als weitere Selbstreinigungsregelung ist § 7 Abs. 4 Korruptionsb NRW zu **74** berücksichtigen. Dort heißt es:

> *„Eine vorzeitige Löschung kann durch die meldende Stelle auf schriftlichen Antrag der von der Meldung betroffenen natürlichen oder juristischen Person oder Personenvereinigung veranlasst werden, wenn diese/dieser durch geeignete organisatorische und personelle Maßnahmen **Vorsorge gegen die Wiederholung** der Verfehlung getroffen hat und der durch die Verfehlung entstandene Schaden ersetzt wurde oder eine verbindliche Anerkennung der Schadensersatzverpflichtung dem Grunde und der Höhe nach – z. B. verbunden mit der Vereinbarung eines Zahlungsplans – vorliegt. Bei dieser Entscheidung über die vorzeitige Löschung sind die Besonderheiten des Einzelfalls zu berücksichtigen."*[43]

---

[41] Vgl. OLG Celle Beschl. v. 13.12.2007 – 13 Verg 10/07; Summa in Heiermann/ Zeiss Vergaberecht, § 97 GWB Rn. 168.

[42] OLG München Beschl. v. 22.11.2012 – Verg 22/12; Dreher/Hoffmann NZBau 2014, 67/68.

[43] Zeiss Landesvergaberecht NRW, 2015, S. 274.

75   Auf der Internetseite http://www.vergabe.nrw.de/vergaberegister-nrw ist
ein entsprechender **Vordruck** abrufbar, mittels dessen der Bieter die Selbstreinigung anzeigen und die **Löschung beantragen** kann. Dieser Vordruck ist
auch im Anhang dieses Kommentars abgedruckt. Ausweislich § 7 Abs. 4 KorruptionsbG NRW ist dafür erforderlich, dass der Bieter geeignete organisatorische und personelle Maßnahmen getroffen hat, die die Wiederholung einer
Verfehlung nach einer Prognoseentscheidung verhindern bzw. dass der entstandene Schaden ersetzt bzw. dessen Schadensersatzverpflichtung anerkannt
wurde. Der Inhalt von § 7 Abs. 4 KorruptionsbG NRW ist zu großen Teilen
gleichlautend mit der Selbstreinigungsregelung in § 125 GWB. Insofern kann
auf die dortigen Ausführungen verwiesen werden.

VII. Eintragung ins Vergaberegister (Abs. 2)

76   Gemäß § 11 Abs. 2 TVgG NRW muss der öffentliche Auftraggeber den
Ausschluss entsprechend § 11 Abs. 1 TVgG NRW dem Vergaberegister mitteilen.

1. Allgemeines

77   Das Korruptionsbekämpfungsgesetz NRW ist eine **landesspezifische Besonderheit.** Zwar gibt es auch in anderen Bundesländern Korruptionsregister
(vgl. Korruptionsregistergesetz Berlin–KRG). Jedoch sind die Regelungen der
anderen Bundesländer nicht mit dem Umfang des Korruptionsbekämpfungsgesetzes NRW vergleichbar. In diesem sind etwa das 4-Augen-Prinzip im Vergabeverfahren oder eine Stellenrotation nach § 21 für die Vergabestellen festgelegt. In § 4 ff. ist das Vergaberegister geregelt. In dieses sollen die
Ausschlüsse bzw. di Ausschlussgründe eingetragen werden.

78   Die das Vergaberegister führende Stelle ist das **Finanzministerium,** welches nicht mit der Prüfbehörde nach § 15 TVgG NRW gleichgesetzt ist. Prüfbehörde ist das Ministerium für Wirtschaft, Energie, Industrie, Mittelstand
und Handwerk.

2. Eintragungstatbestände

79   Neben den Ausschlussgründen in § 12 TVgG NRW sind „**Verfehlungen**"
gem. § 5 Abs. 1 Nr. 6 KorruptionsbG NRW zu melden. Die Verantwortung
für die Richtigkeit der Eintragungen trägt die meldende Stelle (§ 6 Abs. 4 KorruptionsbG NRW) Die Meldung erfolgt gemäß dem **Vordruck,** der auf der
Internetseite http://www.vergabe.nrw.de/vergaberegister-nrw abrufbar ist.
Dieser Vordruck ist auch im Anhang dieses Kommentars abgedruckt. Der Vordruck enthält Angaben zur meldenden Stelle, des Ansprechpartners und der
Kontaktdaten, das Datum der Meldung und die Angaben der betroffenen
Unternehmen bzw. zur Person.

80   Jeder öffentliche Auftraggeber kann dann nach § 8 Abs. 1 Satz 1 KorruptionsbG NRW eine **Anfrage an das Register** richten, wenn die Auftragswerte für Liefer- und Dienstleistungen über EUR 25.000,00 und für Bauleistungen über EUR 50.000,00 liegen. Unterhalb dieser Wertgrenzen darf sich

der öffentliche Auftraggeber ohne weiteres auf die Eigenerklärung der Bieter verlassen. Oberhalb dieser Wertgrenzen muss der öffentliche Auftraggeber nicht für jedes Angebot eine Abfrage starten, sondern nur dann, wenn Anhaltspunkte vorliegen. Für diese Anfrage liegt ein **Vordruck** auf der Internetseite http://www.vergabe.nrw.de/vergaberegister-nrw bereit. Dieser Vordruck ist auch im Anhang dieses Kommentars abgedruckt.

3. Rechtsschutz

Während des laufenden Verfahrens geht der Rechtsweg über die **Vergabe-** **81** **kammer** bei oberschwelligen Vergaben bzw. über die **Zivilgerichte** bei unterschwelligen Vergaben. Unterhalb der Schwellenwerte ist der Rechtsschutz während des Vergabeverfahrens als relativ zu betrachten, da es an einer **Vorabinformationspflicht** nach § 134 Abs. 1 GWB fehlt. Unabhängig hiervon muss das betroffene Unternehmen über die Meldung an das Vergaberegister informiert werden.[44]

Richtet sich das Rechtsschutzziel gegen die generelle Registrierung außer- **82** halb eines konkreten Vergabeverfahrens, sind die **Verwaltungsgerichte** zuständig da die Eintragung in das Vergaberegister eine unmittelbare Außenwirkung entfaltet[45] und somit Verwaltungshandeln i.S.d. § 35 LVwVfG ist.

Die Eintragung in das Vergaberegister kommt zuweilen einer **Vergabe-** **83** **sperre** gleich. Die **Maximalfrist** ist § 6 Abs. 3 KorruptionsbG NRW zu entnehmen. Danach müssen die Eintragungen spätestens fünf Jahre nach Vorliegen des jeweiligen Ausschluss- bzgl. Registrierungsgrundes gelöscht werden. In europarechtskonformer Auslegung muss dies für Ausschlussgründe nach § 124 GWB bereits nach drei Jahren erfolgen (vgl. § 126 Nr. 2 GWB).

Örtlich zuständig ist das Gericht, in dessen Bezirk die meldende Stelle, also **84** der öffentliche Auftraggeber, der den Ausschluss nach § 12 Abs. 1 TVgG NRW vorsieht, seinen Sitz hat.[46] Dies ist dadurch begründet, dass die **inhaltliche Verantwortung** für die gemeldeten Umstände bei der Meldestelle liegen (§ 6 Abs. 4 KorruptionsbG NRW).

VIII. Ausschluss von der Vergabe öffentlicher Aufträge in anderen Bundesländern

Nahezu alle Landestariftreue- und -vergabegesetze treffen Reglungen zum **85** Ausschluss von Bietern oder Auftragnehmern vom Vergabeverfahren. Die **Systematik** ähnelt sich stark. Da die Auftragssperre einen tiefen Eingriff bedeutet, muss sie stets durch ein (z. T. mehrfaches) schuldhaftes, also grob fahrlässiges oder vorsätzliches Handeln des Bieters/Auftragnehmers gerechtfertigt sein.

---

[44] § 6 Abs. 2 Korruptionsbekämpfungsgesetz NRW.
[45] Vgl. Zeiss Landesvergaberecht NRW, S. 276; a. A. LG Düsseldorf Urteil v. 16.3.2005 – 12 O 225/04; Fandrey Tariftreue- und Vergabegesetz NRW, 1. Aufl. 2014, Rn. 588.
[46] Fandrey Tariftreue- und Vergabegesetz NRW, 1. Aufl. 2014, Rn. 588

86   In folgenden Reglungen werden schuldhafte Verstöße etwa gegen die Pflichten aus den Verpflichtungserklärungen zur Tariftreue etc. mit einer **Auftragssperre** von **bis zu 3 Jahren** bestraft, wobei näheres dem Ermessen der Behörde oder einer RVO vorbehalten bleibt: § 8 Abs. 3 LTMG BW, § 6 Abs. 3 BlnAVg, § 9 Abs. 3 BbgVerG (§ 11 Verfahren), § 17 Abs. 3 VergHB, § 10 Abs. 4 S. 2 VgG M-V, § 15 Abs. 3 NTVergG, § 7 Abs. 3 LTTG RP, § 18 Abs. 3 LVG LSA, § 13 Abs. 2 (Verfahren Abs. 3) TTG SH, § 18 Abs. 3 ThürVgG. In § 10 Abs. 3 STTG wird die Höchstgrenze für die Auftragssperre auf **5 Jahre** festgelegt. Differenziertere Angaben zu der Länge der Vertragsstrafe enthalten § 18 Abs. 2, 3 HVTG, § 15 LVG LSA, § 15 ThürVgG.

87   Über die Ausschlussgründe wegen Nichterfüllung oder Verstößen gegen Verpflichtungserklärungen hinaus wird ein Ausschluss nach § 3 S. 3 BlnAVG, § 14 Abs. 3 VergG HB, § 6 HmbgVgG, § 7 NTVergG, § 14 LVG LSA, § 10 Abs. 3 TTG SH unter bestimmten Voraussetzungen auch bei **unauskömmlichen Angebotspreisen** vorgesehen.

88   Da die Wirksamkeit der Auftragssperre voraussetzt, dass der öffentliche Auftraggeber Kenntnis von Ausschlussgründen hat, wird die **Pflicht zur Abfrage des Registers** in § 12 BbgVergG (respektive Wertgrenzen aus § 1 Abs. 1), § 18 Abs. 2 HVTG kodifiziert.

89   Nähere Angaben zur **Errichtung des jeweiligen Registers** bzw. zum Verfahren der Eintragung in das Register enthalten § 17 Abs. 4 VergG HB, § 8 HmbgVgG, § 10 Abs. 4 S. 2 ff. VgG M-V, § 7 Abs. 4 STTG. In anderen Bundesländern gibt es zudem entsprechende Rechtsverordnungen.

§ 13 Bietergemeinschaft, Bewerber beim Teilnahmewettbewerb

Beteiligt sich eine Bietergemeinschaft an einem Vergabeverfahren oder wird ihr der Zuschlag erteilt, so gelten die Verpflichtungen der Bieter und Auftragnehmer nach diesem Gesetz für die Bietergemeinschaft und für deren Mitglieder. § 12 Absatz 2 ist für die Mitglieder der Bietergemeinschaft mit der Maßgabe entsprechend anzuwenden, dass das jeweilige Mitglied den Verstoß kannte oder unter Beachtung der Sorgfaltspflicht eines ordentlichen Kaufmanns kennen musste. Satz 1 gilt entsprechend für Bewerber im Rahmen von Teilnahmewettbewerben.

§ 14 TTG Schleswig-Holstein

Literatur: Burbulla, Die Beteiligung von Objektgesellschaften an Vergabeverfahren, NZBau 2010, 145; Ingenstau/Korbion (Hrsg. Leupertz/v. Wietersheim); VOB Teile A und B, Kommentar, §§ 6 Abs. 3 Nr. 2; 6d Abs. 4 VOB/A-EU, 20. Aufl. 2017; Kulartz/Kus/Marx/Portz/Prieß, Kommentar zur VgV, §§ 43, 47, 53 VgV, 2017; Terwiesche, Ausschluss und Marktzutritt des Newcomers, VergabeR 2009, 26

Übersicht

I. Allgemeines

§ 13 verhält sich über die Anwendbarkeit des TVgG NRW auf eine Bieter- **1**
gemeinschaft und ihre Mitglieder (Sätze 1 und 2). Satz 3 bezieht sich auf Teilnehmer eines Teilnahmewettbewerbes, also insbesondere bei nicht offenen
Verfahren (§ 14 Abs. 2 VgV) und bei Verhandlungsverfahren mit Teilnahmewettbewerb (§ 14 Abs. 3 VgV). Die amtliche Begründung verweist auf die
amtliche Begründung zu § 14 TVgG a. F.[1] **Zweck** des § 13 ist es, die Mitglieder einer Bietergemeinschaft mit denen eines Einzelbewerbers gleichzustellen.
§ 13 erstreckt die entsprechenden Verpflichtungen auf alle Bieter einer
Gemeinschaft. Gleiches gilt für Bewerber eines Teilnahmewettbewerbs.[2]

II. Zulässigkeit einer Bietergemeinschaft

Bietergemeinschaften sind gem. Art. 19 Abs. 2 RL 2014/24/EU, §§ 43; 47 **2**
Abs. 4, 53 Abs. 9 VgV; §§ 6 Abs. 3 Nr. 2; 6 d Abs. 4 VOB/A-EU grundsätzlich
zulässig.[3] Bei einer Bewerber- bzw. Bietergemeinschaft handelt es sich grundsätzlich um eine Gesellschaft bürgerlichen Rechts gem. §§ 705 ff. BGB. In ihr
haben sich mehrere Unternehmen zusammengeschlossen, um ein gemeinsa-
mes Angebot abzugeben und im Auftragsfall den Auftrag gemeinsam als Ar-
beitsgemeinschaft **(ARGE)** auszuführen. Bewerber bzw. Bieter ist in diesem
Fall die Bewerber- bzw. Bietergemeinschaft und nicht die einzelnen darin zu-
sammengeschlossenen Unternehmen. Die GbR ist bei der Teilnahme am
Rechtsverkehr Trägerin von Rechten und Pflichten und in diesem Rahmen
auch rechtsfähig.[4]

Bietergemeinschaften und Arbeitsgemeinschaften zwischen Unternehmen **3**
unterschiedlicher Branchen sind in der Regel vergaberechtlich unbedenklich,
weil unter ihnen **regelmäßig kein Wettbewerb** herrscht.

Auch **Bietergemeinschaften gleichartiger Unternehmen,** die sich z. B. **4**
beide auf dem Entsorgungssektor gewerblich betätigen und zueinander in
einem potentiellen Wettbewerbsverhältnis stehen, sind regelmäßig wettbe-
werbsunschädlich, wenn – objektiv betrachtet – die beteiligten Unternehmen

---

¹ LT-Drs. 16/12265, S. 27.
² LT-Drs. 15/2379, S. 48.
³ EuGH Urteil vom 7.4.2016 – C-324/14, VergabeR 2016, 462 Nr. 33–36; OLG
Karlsruhe Beschluss vom 16.11.2016 – 15 Verg 5/16, VergabeR 2017, 165 (180).
⁴ Kulartz/Kus/Marx/Portz/Prieß, Kommentar zur VgV, 2017, § 43 Rn. 12.

ein jedes für sich zu einer Teilnahme an der Ausschreibung mit einem eigenständigen Angebot aufgrund ihrer betrieblichen oder geschäftlichen Verhältnisse (z. B. mit Blick auf Kapazitäten, technische Einrichtungen und/oder fachliche Kenntnisse) nicht leistungsfähig sind, und erst der Zusammenschluss zu einer Bietergemeinschaft sie in die Lage versetzt, sich daran zu beteiligen.[5]

5   Auch sind Bietergemeinschaften aus **konzernangehörigen Tochter- und Enkelgesellschaften,** deren Geschäftsanteile zu jeweils 100 % der Muttergesellschaft gehören, kein Verstoß gegen das Wettbewerbs- oder das Kartellrecht.[6]

6   Allerdings kann die Bildung einer Bietergemeinschaft und die Abgabe eines gemeinsamen Angebotes ausnahmsweise gegen § 1 GWB a. F. verstoßen, wenn hiermit eine Verhinderung, Einschränkung oder **Verfälschung des Wettbewerbs** bezweckt oder bewirkt wird. Dies kann der Fall sein, wenn besondere Umstände auf eine Absicht der an der Bietergemeinschaft beteiligten Unternehmen schließen lassen, sich unberechtigte Wettbewerbsvorteile zu verschaffen. Dagegen liegt eine unzulässige Bietergemeinschaft dann nicht vor, wenn der Zusammenschluss dem Zweck dient, überhaupt die Möglichkeit der Teilnahme an dem Wettbewerb zu schaffen, etwa weil die Mitglieder der Bietergemeinschaft für sich betrachtet keine ausreichenden Kapazitäten zur Erbringung der Leistung haben.[7]

7   Die Darlegung einer Bietergemeinschaft, dass ihre Bildung und ihr Angebot nicht gegen § 1 GWB verstößt, muss nicht schon mit der Abgabe des Angebotes erfolgen, sondern erst auf eine entsprechende gesonderte **Aufforderung des Auftraggebers.**[8] Eine solche Aufforderung durch den Auftraggeber muss erfolgen, wenn es zureichende Anhaltspunkte dafür gibt, dass es sich bei dem Bieter um eine unzulässige Bietergemeinschaft handelt. Solche Anhaltspunkte können beispielsweise vorliegen, wenn die beteiligten Unternehmer gleichartige, in derselben Branche tätige Wettbewerber sind. Es spricht nichts dafür, dass sie mangels Leistungsfähigkeit (§ 6 Abs. 1 VOB/A-EU) objektiv nicht in der Lage gewesen wären, unabhängig voneinander ein Angebot zu machen. Wenn sie allerdings nicht in der Lage sind, unabhängig voneinander ein Angebot zu machen, würde die Entscheidung zur Zusammenarbeit auf einer wirtschaftlich zweckmäßig und kaufmännisch vernünftigen Unternehmensentscheidung beruhen.[9] Dabei steht den beteiligten Unternehmen eine **Einschätzungsprärogative** zu.[10]

---

[5] OLG Celle Beschluss vom 12.4.2016 – 13 Verg 1/16, VergabeR 2016, 502; OLG Düsseldorf Beschluss vom 9.11.2011 – VII-Verg 35/11, NZBau 2012, 252 (254) = VergabeR 2012, 628; OLG Saarbrücken Beschluss vom 27.6.2016 – 1 Verg 2/16, VergabeR 2016, 786 (794).

[6] OLG Düsseldorf Beschluss vom 29.7.2015 – Verg 5/15, VergabeR 2016, 251

[7] OLG Karlsruhe Beschluss vom 16.11.2016 – 15 Verg 5/16, VergabeR 2017, 165 (180).

[8] OLG Saarbrücken Beschluss vom 27.6.2016 – 1 Verg 2/16, VergabeR 2016, 786 (794).

[9] OLG Düsseldorf Beschluss vom 17.12.2014 – VII-Verg 22/14, NZBau 2015, 176 (177); OLG Karlsruhe Beschluss vom 16.11.2016 – 15 Verg 5/16, VergabeR 2017, 165 (180).

[10] OLG Saarbrücken Beschluss vom 22.6.2016 – 1 Verg 2/16, VergabeR 2016, 657 (666); Beschluss vom 27.6.2016 – 1 Verg 2/16, VergabeR 2016, 786 (794).

Praxistipp: Im Beschluss des OLG Celle vom 8.7.2016 – 13 Verg 2/16, NZBau 2016, 783 ist eine Zusammenfassung der aktuellen Rechtsprechung und Literatur zur Zulässigkeit von Bietergemeinschaften enthalten.

III. Bieterwechsel bei Bietergemeinschaften, Auflösung einer Bietergemeinschaft

Problematisch bei Bietergemeinschaften ist häufig der sogenannten **Bieterwechsel.** Ein solcher Bieterwechsel kommt bei Bietergemeinschaften häufig vor, weil sich diese aus mehreren natürlichen oder juristischen Personen zusammensetzt. Angebote, die bei Ablauf der Angebotsfrist nicht im Sinne von § 16 Abs. 1 Nr. 1 VOB/A-EU vorgelegen haben, sind auch solche Angebote, die sich durch nachträgliche Umstände geändert haben. Hierzu gehören grundsätzlich auch Änderungen in der Person des Bieters. **8**

Wenn beispielsweise ein Bieter oder eine Bietergemeinschaft erst im Laufe des Vergabeverfahrens eine **Objektgesellschaft bilden,** um mit dieser das Verfahren fortzuführen oder mit ihr nach Erteilung des Zuschlags den Auftrag auszuführen, kann darin ein Verstoß gegen den Grundsatz der **Bieteridentität,** eine Umgehung einer bereits erfolgten Eignungsprüfung, eine unzulässige de-facto-Vergabe oder eine wesentliche Vertragsänderung gesehen werden.[11] **9**

Die rechtliche Identität des Bieters zwischen dem Submissionstermin und der Erteilung des Zuschlags darf nicht verändert werden.[12] Ein unzulässiger **Bieterwechsel** liegt auch vor, wenn sich die Identität des Bieters nach erfolgtem Teilnahmewettbewerb und Angebotsaufforderung ändert. Ein solches Angebot muss von der Wertung ausgeschlossen werden.[13] Im Verhandlungsverfahren ist dagegen ein Bieterwechsel während der Verhandlungsphase zulässig, weil die Verhandlungen auch über die Person des Auftragnehmers geführt werden können. Hier gilt das Nachverhandlungsverbot des § 15 Abs. 2 VOB/A-EU nicht.[14] **10**

Ein unzulässiger Bieterwechsel liegt bei einer **Umwandlung durch Verschmelzung** eines anderen Unternehmens auf den Bieter nicht vor. In einem solchen Fall ist lediglich erforderlich, dass der jetzige Bieter mit seinem Angebot eine **verbindliche Erklärung** des Unternehmens beibringt, welches auf den Bieter verschmolzen wird. Inhalt dieser Erklärung muss sein, dass dem jetzigen Bieter im Falle der Erteilung des Zuschlags die personellen und sachlichen Mittel für die Ausführung des Auftrags zur Verfügung stehen.[15] **11**

---

[11] Burbulla Die Beteiligung von Objektgesellschaften an Vergabeverfahren, NZBau 2010, 145.

[12] OLG Celle Beschluss vom 17.8.2007 – 13 Verg 9/07, VergabeR 2007, 765 (767).

[13] OLG Karlsruhe Beschluss vom 15.10.2008 – 15 Verg 9/08, VergabeR 2009, 164 (168).

[14] OLG Düsseldorf Beschluss vom 3.8.2011 – VII Verg 16/11, VergabeR 2012, 227 (231).

[15] VK Nordbayern Beschluss vom 16.2.2016 – 21 VK 3194–01/16, VPRRS 2016, 0151 Seite 7; OLG Düsseldorf Beschluss vom 18.10.2006 – VII-Verg 30/06, VergabeR 2007, 92 (95)

12   Schließlich liegt kein unzulässiger Bieterwechsel vor, wenn *ein* Teilnehmer einer Bietergemeinschaft nach deren Auflösung an deren Stelle tritt und im eigenen Namen am Verhandlungsverfahren weiter teilnimmt. Voraussetzung dafür ist der Nachweis, dass dieses Unternehmen die Eignungsanforderungen allein erfüllt und seine weitere Teilnahme nicht zu einer Beeinträchtigung der Wettbewerbssituation der übrigen Bieter führt.

> **Beispiel:** Zwei Unternehmen gründen eine Bietergemeinschaft. Am Tag der Gründung eröffnet ein Gericht das **Insolvenzverfahren** über das Vermögen *eines* Unternehmens. Dennoch reicht diese Bietergemeinschaft das Erstangebot im Sinne von § 17 Abs. 4 VgV ein. Das andere Unternehmen will sich weiter im Verhandlungsverfahren beteiligen und reicht ein Zweitangebot ein.[16]

13   Wird eine **Bietergemeinschaft aufgelöst,** kann der öffentliche Auftraggeber einem der beiden Unternehmen, die die Bietergemeinschaft gebildet haben, gestatten, nach deren Auflösung an deren Stelle zu treten und im eigenen Namen ein Angebot abzugeben. Dazu muss erwiesen sein, dass dieses Unternehmen die von dem Auftraggeber festgelegten Eignungsanforderungen allein erfüllt und dass seine weitere Teilnahme an diesem Verfahren nicht zu einer Beeinträchtigung der Wettbewerbssituation der übrigen Bieter führt.[17]

IV. Generelle Pflichten der Bietergemeinschaft (Satz 1)

14   Satz 1 stellt die Mitglieder einer Bietergemeinschaft mit Einzelbietern gleich.[18] Er hat daher denselben Regelgehalt wie Art. 19 Abs. 2 UA 3 RL 2014/24/EU, § 43 Abs. 2 S. 1 VgV, § 6 Abs. 3 Nr. 2 VOB/A-EU, nämlich dass Bietergemeinschaften Einzelbietern gleichzustellen sind. Daraus folgt vor allem, dass ein Angebot nicht deswegen ausgeschlossen werden darf, weil es von einer Bietergemeinschaft und nicht von einem einzelnen Unternehmen stammt. Bietergemeinschaften sind zulässig und müssen Einzelbewerbern gem. Art. 19 Abs. 2 UA 3 RL 2014/24/EU in jeglicher Hinsicht gleichgestellt werden, es sei denn, ein sachlicher Grund liegt für die Ungleichbehandlung vor.[19]

15   Nach Satz 1 sollen die Verpflichtungen des TVgG nicht nur für die *Mitglieder* einer Bietergemeinschaft gelten, sondern auch für die *Bietergemeinschaft* selbst. Soweit der Gesetzgeber damit meinte, dass die Bietergemeinschaft gemeinschaftlich z. B. den Tariflohn zahlt (§ 4) oder Frauen fördert (§ 8), wäre eine solche Forderung rechtswidrig. Für Bietergemeinschaften gilt das Verbot der Schlechterstellung (Art. 19 Abs. 2 RL 2014/24/EU; § 43 Abs. 2 S. 1 VgV). Dementsprechend würde etwa eine Forderung *gemeinsamer* Bezahlung des Tariflohns oder *gemeinsamer* Frauenförderung einen Verstoß gegen dieses Verbot

---

[16] EuGH Urteil vom 25.5.2016 – C-396/14, Hojgaard/Züblin VergabeR 2016, 590 Nr. 48.

[17] EuGH Urteil vom 24.5.2016 – C-396/14, Hojgaard/Züblin VergabeR 2016, 590 Nr. 44.

[18] LT-Drs. 15/2379, S. 48.

[19] Kulartz/Kus/Marx/Portz/Prieß Kommentar zur VgV, 2017, § 43 Rn. 8.

und eine unzulässige Beschränkung des Wettbewerbs für Bietergemeinschaften (§ 97 Abs. 1 und Abs. 4 GWB) darstellen.[20]

Für die Eignungsprüfung einer Bietergemeinschaft ist zu beachten, dass **16** jedes Mitglied einer Bietergemeinschaft **„zuverlässig"** sein muss. Das bedeutet, dass bei keinem Mitglied einer Bietergemeinschaft ein **Ausschlussgrund** vorliegen darf. Hinsichtlich der wirtschaftlichen und finanziellen bzw. beruflichen und technischen Leistungsfähigkeit kommt es hingegen auf die der Bietergemeinschaft insgesamt zur Verfügung stehende Kapazität an.[21] Aufgrund des Charakters einer Bietergemeinschaft als gesamtschuldnerisch haftende Gesellschaft bürgerlichen Rechts wird die **Eignung** eines Mitglieds der Bietergemeinschaft dieser insgesamt **zugerechnet.**[22] Damit es im Oberschwellenbereich nicht zu einem Verstoß von Landes- gegen Bundesrecht (Art. 31 GG) kommt, bedarf es bei § 13 Satz 1 einer **bundesrechtskonformen Auslegung.** Bei der Zahlung des Tarif- bzw. Mindestlohns (§ 4 TVgG), der Einhaltung von Arbeitsbedingungen (§ 7) und Maßnahmen der Frauenförderung sowie zur Vereinbarkeit von Familie und Beruf (§ 8) handelt es sich um Aspekte der wirtschaftlichen oder finanziellen Leistungsfähigkeit. Umweltschutz und Energieeffizienz (§ 6) betreffen die technische Leistungsfähigkeit. Demnach ist ausreichend, wenn zumindest *ein* Mitglied der Bietergemeinschaft diese Anforderungen erfüllt. Anderenfalls würde eine Bietergemeinschaft keinen Sinn machen. Denn **Zweck einer Bietergemeinschaft** ist es, dass insbesondere kleine und mittlere Unternehmen eine ernsthafte Chance erhalten sollen, sich durch partnerschaftlichen Zusammenschluss mit anderen Unternehmen auch um größere Aufträge bewerben zu können.[23]

V. Mitteilung des Ausschlusses eines Mitglieds einer Bietergemeinschaft (Satz 2)

§ 13 S. 2 betrifft den Ausschluss von Unternehmen vom weiteren Verga- **17** beverfahren, wenn einer der zwingenden bzw. fakultativen Ausschlussgründe der §§ 123; 124 GWB erfüllt ist. Der öffentliche Auftraggeber muss einen solchen Ausschluss gem. § 12 Abs. 2 TVgG dem Vergaberegister nach § 6 KorruptionsbG NRW mitteilen. Satz 2 stellt dabei auf das *einzelne* Mitglied einer Bietergemeinschaft ab, nicht auf die Bietergemeinschaft als solche. Das hat zur Folge, dass der öffentliche Auftraggeber nur dasjenige Mitglied (Unternehmen) der Bietergemeinschaft dem Vergaberegister melden muss, dass den Verstoß kannte oder unter Beachtung der Sorgfaltspflicht eines or-

---

[20] So OLG Celle Beschluss vom 12.4.2016 – 13 Verg 1/16, VergabeR 2016, 502 (505) für die Forderung gemeinsam erarbeiteter Referenzen.

[21] Kulartz/Kus/Marx/Portz/Prieß Kommentar zur VgV, 2017, § 43 Rn. 29 mwN aus der Rechtsprechung; OLG Celle Beschluss vom 12.4.2016 – 13 Verg 1/16, VergabeR 2016, 502 (505).

[22] OLG Celle Beschluss vom 12.4.2016 – 13 Verg 1/16, VergabeR 2016, 502 (505).

[23] Kulartz/Kus/Marx/Portz/Prieß Kommentar zur VgV, 2017, § 43 Rn. 7; OLG Celle Beschluss vom 12.4.2016 – 13 Verg 1/16, VergabeR 2016, 502 (506).

dentlichen Kaufmanns kennen musste, nicht jedoch die gesamte Bietergemeinschaft.

18   Damit stellt sich die Frage, was Satz 2 mit den Worten „das jeweilige Mitglied den Verstoß kannte" meint, also ob es sich dabei um eigene Verstöße oder um die **Verstöße anderer Mitglieder der Bietergemeinschaft** handelt. Bei *eigenen* Verstößen ist ein Ausschluss vom Vergabeverfahren und dessen Mitteilung an das Vergaberegister bereits nach § 12 TVgG möglich. Entsprechend dem Grundsatz, dass jede Norm einen eigenen Anwendungsbereich hat, ist § 13 Satz 2 daher dahingehend zu verstehen, dass damit Verstöße anderer Mitglieder der Bietergemeinschaft gemeint sind.

19   Bei der **Sorgfaltspflicht eines ordentlichen Kaufmanns** ist auf § 347 HGB abzustellen. In § 347 HGB wird der Sorgfaltsmaßstab eines ordentlichen Kaufmanns nicht näher beschrieben. Die Vorschrift ergänzt den Begriff der im Verkehr erforderlichen Sorgfalt gem. § 276 Abs. 2 BGB und geht vom Idealtyp aus, der durch die Art des Geschäfts spezialisiert wird. Die Sorgfaltspflichten sind im Ansatz höher als beim Normalbürger. Dies ergibt sich aus der Definition eines ordentlichen Kaufmanns.[24] Der anzulegende Sorgfaltsmaßstab ist maßgeblich geprägt durch das jeweilige Fachgebiet, in dem der Berufsträger auftritt. Insoweit sind Differenzierungen aufgrund der Verkehrserwartung geboten.[25] Ein ordentlicher Kaufmann hat sich grundsätzlich an höheren Sorgfaltsmaßstäben zu orientieren als Angehörige von nicht-kaufmännischen Verkehrskreisen. Dabei ist auch zu berücksichtigen, in welchem Umfang das Handelsgewerbe betrieben wird.[26]

VI. Bewerber im Rahmen von Teilnahmewettbewerben (Satz 3)

20   Satz 3 hat folgenden Hintergrund: Das Vergaberecht unterscheidet zwischen einstufigen und zweistufigen Vergabeverfahren. **Einstufige Vergabeverfahren** sind dadurch gekennzeichnet, dass der öffentliche Auftraggeber in einer Bekanntmachung seine Beschaffungsabsicht bekanntmacht und interessierte Unternehmen die geforderten Eignungsnachweise beibringen sowie ein Angebot einreichen. Dazu zählt das offene Verfahren im Sinne von § 119 Abs. 3 GWB; § 15 VgV. **Zweistufige Vergabeverfahren** sind dadurch gekennzeichnet, dass der öffentliche Auftraggeber zunächst einen **Teilnahmewettbewerb** durchführt. In dieser 1. Stufe prüft er gemäß § 42 Abs. 2 VgV deren Eignung. In der 2. Stufe fordert er eine beschränkte Anzahl von Unternehmen, deren Eignung er bejaht hat, zum Einreichen eines Angebotes auf, § 52 VgV. Derartige zweistufige Vergabeverfahren sind das nicht offene Verfahren (§ 16 Abs. 1 VgV), das Verhandlungsverfahren (§ 17 Abs. 1 VgV), der wettbewerbliche Dialog (§ 18 Abs. 2 VgV) sowie die Innovationspartnerschaft (§ 19 Abs. 2 VgV).

---

[24] OLG Schleswig Urteil vom 23.4.2009 – 16 U 76/08, BeckRS 2013, 15204.
[25] OLG München Urteil vom 20.3.2014 – 14 U 764/12, IBBRS 2014, 2453 Seite 6.
[26] LG Köln Urteil vom 28.9.2002 – 2 O 457/08, GRUR-RR 2012, 444 (447).

Dementsprechend unterscheidet man zwischen **Bietern** (im offenen Ver- 21
gabeverfahren) und **Bewerbern** (bei allen anderen Vergabeverfahren).[27]
Satz 3 stellt die Konsequenz dieser Unterscheidung dar.

VII. Bietergemeinschaften und Bewerber beim Teilnahmewettbewerb in anderen Bundesländern

§ 14 S. 1 Tariftreue- und VergabeG Schleswig-Holstein ist identisch mit 22
§ 13 S. 1 TVgG NRW. § 14 S. 2 entspricht § 13 S. 3 TVgG NRW. Auf die obigen Ausführungen wird daher verwiesen.

§ 14 Prüfbehörde

(1) **Für die Prüfung der Einhaltung der Pflichten nach § 4 Absatz 2
und 4 eines Auftragnehmers und den entsprechenden Pflichten nach
§ 5 eines Nachunternehmers oder Verleihers von Arbeitskräften (Betroffene) ist das für Arbeit zuständige Ministerium zuständig. Die Zuständigkeit kann durch Rechtsverordnung gemäß § 16 Absatz 3 auf
eine nachgeordnete Behörde übertragen werden. Die Prüfung kann
sowohl anlass- als auch stichprobenbezogen erfolgen.**

(2) **Betroffene haben den Beauftragten der Prüfbehörde auf Verlangen die für die Prüfung nach Absatz 1 erforderlichen mündlichen und
schriftlichen Auskünfte zu erteilen.**

(3) **Die Beauftragten der Prüfbehörde sind befugt, zum Zwecke der
Prüfung nach Absatz 1 Grundstücke und Geschäftsräume der Betroffenen während der üblichen Geschäftszeit zu betreten, dort Prüfungen
und Besichtigungen vorzunehmen, sich die geschäftlichen Unterlagen
vorlegen zulassen und in diese Einsicht zu nehmen. Zur Verhütung
dringender Gefahren für die öffentliche Sicherheit oder Ordnung können die Grundstücke und Geschäftsräume tagsüber auch außerhalb der
in Satz 1 genannten Zeit sowie tagsüber auch dann betreten werden,
wenn sie zugleich Wohnzwecken des Betroffenen dienen. Das Grundrecht der Unverletzlichkeit der Wohnung(Artikel 13 des Grundgesetzes) wird insofern eingeschränkt.**

(4) **Die Betroffenen können die Auskunft auf solche Fragen verweigern, deren Beantwortung sie selbst oder einen der in § 383 Absatz 1
Nummer 1 bis 3 der Zivilprozessordnung in der Fassung der Bekanntmachung vom 5. Dezember 2005 (BGBl. I S. 3202; 2006 I S. 431; 2007 I
S. 1781) in der jeweils geltenden Fassung bezeichneten Angehörigen
der Gefahr strafgerichtlicher Verfolgung oder eines Verfahrens nach
dem Gesetz über Ordnungswidrigkeiten in der Fassung der Bekanntmachung vom 19. Februar 1987 (BGBl. I S. 602) in der jeweils geltenden Fassung aussetzen würde. Die Betroffenen sind darauf hinzuweisen.**

---

[27] Ähnlich Kulartz/Kus/Marx/Portz/Prieß Kommentar zur VgV, 2017, § 43 Rn. 10.

(5) Die Prüfbehörde unterrichtet die jeweils zuständigen Stellen, wenn sich bei der Durchführung ihrer Aufgaben nach diesem Gesetz Anhaltspunkte ergeben für Verstöße gegen

1. dieses Gesetz,
2. das Arbeitnehmer-Entsendegesetz,
3. das Mindestlohngesetz,
4. das Arbeitnehmerüberlassungsgesetz,
5. Bestimmungen des Vierten Buches Sozialgesetzbuch – Gemeinsame Vorschriften für die Sozialversicherung – in der Fassung der Bekanntmachung vom 12. November 2009 (BGBl. I S. 3710, 3973; 2011 I S. 363) in der jeweils geltenden Fassung zur Zahlung von Beiträgen und Meldepflichten,
6. die Steuergesetze,
7. das Aufenthaltsgesetz in der Fassung der Bekanntmachung vom 25. Februar 2008 (BGBl. I S.162) in der jeweils geltenden Fassung,
8. die Handwerksordnung in der Fassung der Bekanntmachung vom 24. September 1998 (BGBl. I S. 3074; 2006 I S. 2095) und die Gewerbeordnung in der Fassung der Bekanntmachung vom 22. Februar 1999 (BGBl. I S. 202), jeweils in der jeweils geltenden Fassung,
9. das Güterkraftverkehrsgesetz vom 22. Juni 1998 (BGBl. I S. 1485) in der jeweils geltenden Fassung,
10. das Personenbeförderungsgesetz in der Fassung der Bekanntmachung vom 8. August 1990 (BGBl. I S. 1690) und das Allgemeine Eisenbahngesetz vom 27. Dezember 1993 (BGBl. I S. 2378, 2396; 1994 I S. 2439) jeweils in der jeweils geltenden Fassung und dazu gehörende Verordnungen,
11. das Arbeitsschutzgesetz vom 7. August 1996 (BGBl. I S. 1246), das Arbeitszeitgesetz vom 6. Juni 1994 (BGBl. I S. 1170, 1171) und das Jugendarbeitsschutzgesetz vom 12. April 1976 (BGBl. I S. 965), jeweils in der jeweils geltenden Fassung oder
12. sonstige Strafgesetze.

§ 7 LTMG BaWü; § 5 BerlAVG; § 8 BbgVergG; § 16 Bremisches TVgG; § 10 HmbVgG; § 9 HVTG; § 10 VgG M-V; § 14 NTVergG; § 6 LTTG R-P; § 9 Abs. 4 Saarländisches Tariftreuegesetz (STTG) i. V. m. Tariftreuekontrollsystemverordnung (TtKontrVO); § 17 LVG LSA; § 11 SH-TTG; § 17 ThürVgG

Übersicht

I. Allgemeines

Die Prüfbehörde ist nicht für den gesamten **Anwendungsbereich** des 1
TVgG NRW relevant, sondern nur für **den tariftreuespezifischen Regelungsinhalt.** Die Einrichtung der bereits im TVgG NRW 2012 vorgesehenen
Behörde entspricht vor allem einer Forderung der Gewerkschaften, insbesondere der Baugewerkschaft IG BAU. Diese haben im Wesentlichen beim Einsatz von Nachunternehmern auf Baustellen Kontrolldefizite beanstandet, die
schon vor Inkrafttreten des TVgG NRW dazu geführt haben sollen, dass die
seinerzeit in NRW allein relevanten Lohnuntergrenzen sichernden Regelungen des Arbeitnehmerentsendegesetzes und der allgemeinverbindlichen Tarifverträge vielfach, behauptet wurde flächendeckend, kaum beachtet wurden.
Dieses Defizit war während des Gesetzgebungsverfahrens durch die Finanzkontrolle Schwarzarbeit (FKS) zumindest institutionell behoben.[1] Die Gewerkschaften befürchteten, dass eine bloße Wiedereinführung des vom Landtag der vorangegangenen Legislaturperiode abgeschafften Tariftreuegesetz
NRW[2] ohne eine vergleichbare Kontrollinstanz leerlaufen würde. Der Gesetzgeber hat diesen Gedanken aufgenommen und mit der Einrichtung einer
Prüfbehörde die Erwartung verbunden, dass mit ihr die Kontroll- und Sanktionsmechanismen des Gesetzes wirksam umgesetzt werden können.[3] Zugleich sollten die Kommunen von diesen ihnen als öffentlichen Auftraggebern
obliegenden Aufgaben entlastet werden.[4]

Das TVgG NRW 2017 hält an dieser Behörde fest, hat den **Anwendungs-** 2
bereich jedoch deutlich reduziert. Nach der Einführung des Mindestlohngesetzes[5] und der damit verbundenen Erweiterung der Kompetenzen der Finanzkontrolle Schwarzarbeit[6] beschränkt sich der inhaltliche gesetzliche
Auftrag der Prüfbehörde auf die Überwachung der Einhaltung der sich aus
§ 4 Abs. 2 ergebenden Sonderregelung für den öffentlichen Personenverkehr
auf Straße und Schiene.

Institutionell wird die Prüfbehörde von dem für Wirtschaft zuständigen 3
Ministerium auf das für Arbeit zuständige Ministerium verlagert. Diese Verlagerung ist wegen des sozialpolitischen Inhalts des Prüfauftrags sachgerecht.

Die **Kompetenzen** der Prüfbehörde sind denjenigen der Finanzkontrolle 4
Schwarzarbeit nachgebildet.[7]

---

[1] Ambs in Erbs/Kohlhaas Strafrechtliche Nebengesetze, § 2 SchwarzArbG Rn. 11.
[2] Gesetz zur tariflichen Entlohnung bei öffentlichen Aufträgen im Land Nordrhein-
Westfalen (Tariftreuegesetz Nordrhein-Westfalen – TariftG NRW)vom 17. Dezember
2002.
[3] Gesetzentwurf TVgG 2012, LT-Drs. 15/2379, B Lösung, S.2.
[4] Gesetzentwurf TVgG 2012, LT-Drs. 15/2379, B Lösung, S.2 Begründung A Allgemeines, S. 38 f.
[5] Gesetz über die Festsetzung von Mindestarbeitsbedingungen in der Neufassung vom
22. 4. 2009 (BGBl. I 818).
[6] Ambs in Erbs/Kohlhaas Strafrechtliche Nebengesetze, § 2 SchwarzArbG Rn. 11.
[7] Gesetzentwurf TVgG 2012, LT-Drs.15/2379, B Einzelbegründung zu § 14, S.49;
Schwarzarbeitsbekämpfungsgesetz-SchwarzArbG vom 23. Juli 2004 (BGBl. I S.1842),
Abschnitt 2.

II. Zuständige Behörde (Abs. 1)

5 Absatz 1 bestimmt den Pflichtenkreis der Behörde und benennt den zuständigen Rechtsträger.

1. Sachliche Zuständigkeit

6 Aufgabe der Prüfbehörde ist es, die sich aus § 4 Abs. 2 und 4 ergebenden Pflichten sowie „entsprechende" Pflichten aus § 5 zu überprüfen. Auf der Grundlage systematischer Auslegung sind damit die folgenden Kontrollaufgaben der Prüfbehörde zugewiesen:

- Verpflichtung des mit Aufgaben des öffentlichen Personenverkehrs auf Straße und Schiene beauftragten Unternehmens, seinen Beschäftigten (ohne Auszubildende) bei der Ausführung des Auftrags jeweils das Entgelt zu zahlen, das sich aus dem durch Rechtsverordnung nach § 16 Abs. 1 bestimmten repräsentativen Tarifvertrag für den maßgeblichen Zeitpunkt der Leistungserbringung ergibt (§ 4 Abs. 2),
- vor Zuschlagserteilung gegenüber dem öffentlichen Auftraggeber abgegebene Verpflichtung, Leiharbeitnehmerinnen und Leiharbeitnehmern in die Verpflichtung zur Entlohnung nach dem repräsentativen Tarifvertrag einzubeziehen (§ 4 Abs. 4) und Nachunternehmer entsprechend zu verpflichten (§ 5 Abs. 1 S. 1).

7 Die **Pflichten der Prüfbehörden** sind im Gesetzgebungsverfahren reduziert worden. Sah der Gesetzentwurf der Landesregierung noch vor, dass die Prüfbehörde auch die Einhaltung des vergabespezifischen Mindestlohns (§ 4 Abs. 3) zu überprüfen hatte,[8] ist diese Aufgabe im Ausschussverfahren entfallen. Stattdessen wurde zusätzlich die Erstreckung der Pflichten auf **leiharbeitnehmerrelevante Erklärungen** aufgenommen.[9] In dieser Fassung ist das Gesetz dann angenommen worden. Mit diesen Änderungen hat der Gesetzgeber zum einen berücksichtigt, dass für eine Überprüfung des Mindestlohns nach der Anpassung der Höhe des vergabespezifischen Mindestlohns an den sich aus dem Mindestlohngesetz ergebenden Mindestlohn angesichts der parallelen Prüfkompetenz der Finanzkontrolle Schwarzarbeit kein Bedürfnis mehr bestanden hat. Zum anderen wurde eine Kontrolllücke beseitigt, weil sich aus dem Gesetzentwurf der Landesregierung zumindest nicht eindeutig ergeben hatte, dass auch die Erklärungen zu Leiharbeitnehmerinnen und Leiharbeitnehmern hätten überprüft werden können. Insoweit wies der Gesetzentwurf der Landesregierung auch einen **Wertungswiderspruch** auf, weil hinsichtlich der Nachunternehmerverpflichtung eine solche Überprüfungskompetenz vorgesehen war.

8 Ein eigenständiges Prüfbedürfnis für den **vergabespezifischen Mindestlohn** könnte allerdings dann wieder aufleben, wenn der sich aus dem Mindestlohngesetz ergebende Mindestlohn unter den in § 4 Abs. 3 festgelegten

---

[8] Gesetzentwurf TVgG 2012, LT-Drs. 15/2379, § 14 Abs. 1.
[9] Gegenüberstellung des Gesetzentwurfs der Landesregierung und der Beschlüsse des federführenden Ausschusses, § 14, LT-Drs. 16/14037.

Mindestlohn von 8,84 Euro sinken sollte. Auch in einem solchen Fall hätte die Prüfbehörde allerdings keine automatische Prüfkompetenz, vielmehr bedürfte es einer Initiative für eine entsprechende Gesetzesänderung.

Der pauschale Verweis auf § 4 Abs. 4 führt hinsichtlich des Umfangs der **9** Pflichten der Prüfbehörde insoweit zu Unklarheiten, als § 4 Abs. 4 seinerseits auf § 4 Abs. 1 bis 3 und damit auch auf die Mindestlohnregelung des § 4 Abs. 3 verweist. Bei einer allein am Wortlaut ausgerichteten Auslegung könnte hieraus geschlossen werden, dass die Prüfung auch die Verpflichtung zur Zahlung des vergabespezifischen Mindestlohns (nicht allerdings zur Einhaltung der diesbezüglichen Mindestlohnvorgabe) enthält. Unter Einbeziehung der historischen Auslegungsmethode spricht viel dafür, dass eine solche Interpretation abzulehnen ist. Aus der Streichung der Mindestlohnüberprüfungskompetenz kann geschlossen werden, dass der Gesetzgeber den Pflichtenkatalog der Prüfbehörde insgesamt auf die Regelungen des **öffentlichen Personennahverkehrs** beschränken wollte.

Hinsichtlich der **Nachunternehmer** drängt sich diese Einschränkung **10** wegen des nur für „ die entsprechenden Pflichten" aufgenommenen Verweises auf § 5 noch mehr auf.

2. Instanzielle Zuständigkeit

Die Aufgabe der Prüfbehörde wäre durch das TVgG NRW 2017 nunmehr **11** dem für Arbeit zuständigen Ministerium zu übertragen.[10] § 14 Abs. 1 i. V. m. § 16 Abs. 3 verleiht dem Ministerium die Befugnis der Weiterdelegation auf eine Behörde in seinem Geschäftsbereich. Insoweit wird die in § 21 Abs. 4 Nr. 4 TVgG 2012 enthaltene weitergehende Delegationsermächtigung auf eine nachgeordnete Behörde eingeschränkt oder präzisiert. Auf Grund des eindeutigen Wortlauts der Vorschrift dürfte eine Übertragung auf die **Bezirksregierungen** als allgemeine Landesmittelbehörden nicht in Betracht kommen.

Die Landesregierung hat bei der Einbringung des Gesetzentwurfs im Land- **12** tag im Hinblick auf die beabsichtigte Ausstattung der Behörde auf den Gesetzentwurf des TVgG 2012 verwiesen.[11] Nach den Vorstellungen des Gesetzentwurfs für das TVgG 2012 sollte die Behörde mit zwölf Stellen, davon zwei im höheren und zehn im gehobenen Dienst besetzt werden.[12]. Ob dies vor dem Hintergrund der deutlich eingeschränkten Sachkompetenz geboten und realisierbar ist, erscheint fraglich.

3. Anlass- und stichprobenbezogene Prüfung

Absatz 1 S. 3 enthält eine Ermächtigung der Prüfbehörde zur anlass- und stich- **13** probenbezogenen Kontrolle. Die Vorschrift ermöglicht es den Prüfbehörden, alle in den folgenden Absätzen konkretisierten Prüfungshandlungen auch **ohne konkrete Anhaltspunkte** für das Vorliegen von Verstößen vorzunehmen.

Der Gesetzentwurf zum TVgG 2012 sah insoweit auch **branchenbezo-** **14** **gene Stichproben** vor, etwa wenn in einer Branche besondere Auffälligkei-

---

[10] Gesetzentwurf TVgG 2017, Einzelbegründung zu § 14, LT-Drs. 16/12265, S. 28.
[11] Gesetzentwurf TVgG 2017, LT-Drs. 16/12265, D Kosten, S. 3.
[12] Gesetzentwurf TVgG 2012, D Kosten S.3, LT-Drs. 15/2379.

ten für Verstöße gegen die überprüften Maßnahmen bekannt werden.[13] Wegen der Einschränkung des sachlichen Zuständigkeitsbereichs auf den öffentlichen Personenverkehr kommt eine solche branchenabhängige Prüfung außerhalb dieser Branche nicht mehr in Betracht.

15   Soweit solche Maßnahmen belastenden, vor allem **grundrechtseinschränkenden Charakter** haben, sind sie im Einzelfall an der Bedeutung des eingeschränkten Rechts zu prüfen. Dies wird bei den einzelnen Prüfungshandlungen näher ausgeführt.

III. Pflichten Betroffener (Abs. 2)

16   Absatz 2 sichert den Anspruch der Prüfbehörde, die erforderlichen schriftlichen und mündlichen Auskünfte zu erhalten. Adressaten dieser Pflichten sind die „Betroffenen". Hierunter sind gem. § 14 Abs. 1 S. 1 TVgG NRW Auftragnehmer, Nachunternehmer und Verleiher von Arbeitskräften zu verstehen.[14]

17   Bei diesen Verpflichtungen handelt es sich um übliche Regelungen zur Sicherung ordnungsbehördlicher Überwachung. Die Formulierung in § 14 Abs. 2 TVgG NRW lehnt sich an die Regelung in § 29 GewO an.[15] Ein **konkreter Verdacht** des Verstoßes gegen die relevanten Vorschriften des TVgG NRW 2017 muss für diesen geringfügigen Eingriff in das **allgemeine Persönlichkeitsrecht** nicht[16] und im Falle eines Eingriffs in die **Berufsfreiheit** ebenfalls nicht vorliegen. Die Auskunftspflicht unterliegt aber den allgemeinen Grenzen der **Verhältnismäßigkeit.**[17] So ist ein Auskunftsverlangen nicht erforderlich, wenn der Adressat eindeutig nicht in den Anwendungsbereich des TVgG NRW 2017 fällt.[18]

IV. Prüfrechte und Grundrechtsbeschränkungen (Abs. 3)

18   In Absatz 3 sind die Befugnisse der Prüfbehörde geregelt. **Beauftragte der Prüfbehörde** sind die mit der Prüfung beauftragten Personen.[19]

19   Bei dem sehr detailliert geregelten **Betretungsrecht** handelt es sich um die Kernvorschrift zur Überwachung des TVgG NRW 2012. Vor allem für Baustellen wurde dieses Recht als unverzichtbar zur Sicherung der Effektivität der Mindestlohnvorgaben angesehen.[20]

20   Durch den eingeschränkten Zuständigkeitskatalog des TVgG NRW 2017 erscheint das sehr umfassende Betretungsrecht nicht mehr derart zwingend. Gleichwohl stellt es eine notwendige ordnungsbehördliche Ergänzung zu den

---

[13] Gesetzentwurf TVgG 2012 Einzelbegründung zu § 15, LT-Drs. 15/2379, S. 49.

[14] Gesetzentwurf TVgG 2017 Einzelbegründung zu § 14, LT-Drs. 16/12265, S. 28.

[15] Gesetzentwurf TVgG 2017 Einzelbegründung zu § 14, LT-Drs. 16/12265, S. 28.

[16] Vgl. BVerwG NVwZ-RR 2011, 314 (317f.).

[17] Vgl. LSG Bayern Urteil vom 24.5.2016-L 5 KR 442/13; Ambs in Erbs/Kohlhaas Strafrechtliche Nebengesetze, § 3 SchwarzArbG Rn. 11.

[18] Vgl. BVerwG NVwZ-RR 2011, 314.

[19] Gesetzentwurf TVgG 2017 Einzelbegründung zu § 14, LT-Drs. 16/12265, S. 28.

[20] Vgl. Gesetzentwurf TVgG 2012 Einzelbegründung zu § 15, LT-Drs. 15/2379, S. 49.

Auskunftspflichten dar. Fraglich ist allerdings, ob es bei Abwägung der geschützten Interessen angemessen ist, das Betretungsrecht in Satz 2 auf solche Gebäude zu erstrecken, die **Wohnzwecken** dienen und damit dem nur durch Gesetz einschränkbaren Grundrechtsschutz des Art. 13 GG unterfallen.[21]

Voraussetzung für das Recht zum Betreten einer Wohnung ist gemäß Absatz 3 Satz 2, dass eine **dringende Gefahr für die öffentliche Sicherheit oder Ordnung verhütet** werden muss. Damit hat der Gesetzgeber dieselbe Formulierung gewählt wie in Art. 13 Abs. 7 GG. Eine dringende Gefahr für die öffentliche Sicherheit und Ordnung muss daher noch nicht *eingetreten* sein. Der Begriff der öffentlichen Sicherheit und Ordnung ist ebenso wie im **Polizeirecht** auszulegen. Das heißt, dass die **öffentliche Sicherheit** an die Einhaltung der objektiven Rechtsordnung, der subjektiven Rechte und der Individualrechtsgüter einschließlich der Institutionen und Veranstaltungen staatlicher und sonstiger Träger der Hoheitsgewalt anknüpft. Die **öffentliche Ordnung** wird geprägt von der Gesamtheit aller ungeschriebenen Verhaltensregeln des Einzelnen im öffentlichen Bereich, die nach der allgemein herrschenden Anschauung notwendige Voraussetzung für ein geordnetes staatsbürgerliches Gemeinschaftsleben bilden.[22] Bei den Regeln der öffentlichen Ordnung handelt es sich also um **außerrechtliche Sozialnormen.**[23] 21

Aus dem systematischen Zusammenhang des Rechts aus Absatz 3 Satz 3 zum Betreten von Grundstücken und Geschäftsräumen, wenn sie zugleich Wohnzwecken dienen, mit Absatz 3 Satz 1 sowie Absatz 1 folgt daher, dass die Prüfbehörde diese Räume betreten darf, wenn dieses Betreten zur Verhütung eines Verstoßes gegen die Verpflichtungen aus § 4 Abs. 2 und 4 sowie § 5 dringend erforderlich ist. 22

Der Gesetzgeber hat in Satz 3 erkannt, dass es hierfür eines das Grundrecht einschränkenden Gesetzes bedarf. Bei § 14 Abs. 3 S. 3 TVgG handelt es sich um das in Art. 13 Abs. 7 GG erwähnte Gesetz. 23

Betretungsrechte zu allgemein zugänglichen Gebäuden während der üblichen Geschäftszeiten sind demgegenüber auch ohne die strengen Voraussetzungen eines grundrechteinschränkenden Gesetzes zulässig.[24] Zu Recht hat der Gesetzgeber die Anforderungen des Gesetzesvorbehalts erkannt und das Grundrecht auf Unverletzlichkeit der Wohnung eingeschränkt. Dieses nimmt auch die hier relevanten Geschäftsräume von Unternehmen in den Schutzbereich auf.[25] 24

Nur zur Klarstellung wird erwähnt, dass Absatz 3 keine **Durchsuchungsrechte** einräumt. Durchsuchungen dürfen auch bei Verletzungen des TVgG NRW 2017 nur auf Grund richterlicher Anordnung vorgenommen werden. 25

---

[21] Vgl. Papier in Maunz/Dürg Grundgesetzkommentar, Art. 13 Rn. 15.

[22] Schmidt-Bleibtreu/Hofmann/Henneke Grundgesetz Kommentar, 13. Aufl. 2014, Art. 13 Rn. 42;

[23] Dietlein/Burgi/Hellermann Öffentliches Recht in Nordrhein-Westfalen, 5. Aufl. 2014, S. 313.

[24] BVerfG NVwZ 2007,1049; LMRR 1971,11; Papier, in Maunz/Dürg Grundgesetzkommentar, Art. 13 Rn. 15.

[25] BVerfG NVwZ 2007,1049; LMRR 1971,11; Papier, in Maunz/Dürg Grundgesetzkommentar, Art. 13 Rn. 10.

Soweit sich der Betroffene weigert, der Prüfbehörde die **Einsicht in Geschäftsunterlagen** zu ermöglichen, kann die Behörde dies als Ordnungswidrigkeit ahnden (§ 15 Abs. 1 Nr. 2 TVgG NRW 2017). Absatz 3 erlaubt aber nicht das ziel- und zweckgerichtete **Suchen** durch Amtswalter der Prüfbehörde.[26]

V. Auskunftsverweigerungsrecht (Abs. 4)

26   Das in Absatz 4 geregelte Auskunftsverweigerungsrecht ist der Vorschrift des § 5 Abs. 1 SchwarzArbG nachgebildet. Es trägt dem rechtsstaatlichen Grundsatz Rechnung, dass sich niemand selbst belasten muss. Dieses Auskunftsverweigerungsrecht erstreckt sich auch auf die Angehörigen, die in Zivilprozessen von ihrem Aussageverweigerungsrecht Gebrauch machen können. Um die Aussagen solcher Personen für verwaltungsrechtliche Zwecke oder im Gerichtsverfahren verwenden zu können, bestimmt Satz 2, dass die Betroffenen bzw. ihre Angehörigen auf das Auskunftsverweigerungsrecht hinzuweisen sind.

27   Dem Wortlaut nach schränkt Absatz 4 nur die Auskunftspflicht ein. Danach greift das Selbstbelastungsverbot nicht bei sonstigen Prüfungshandlungen, selbst wenn sich aus ihnen, etwa vorzulegenden Unterlagen, eine Selbstbelastung ergibt. Eine grundrechtskonforme Auslegung dürfte es nahelegen, die sich aus Absatz 4 ergebenden Rechte auch gegenüber den anderen Prüfungshandlungen zu erlauben.[27]

VI. Pflichten der Prüfbehörde (Abs. 5)

28   Die Unterrichtungspflichten der Prüfbehörde sind § 6 Abs. 3 SchwarzArbG nachgebildet. Damit werden wie in zahlreichen neueren sozialrechtlichen Gesetzen zur Stärkung der Bekämpfung als sozialrechtswidrig sanktionierter Verhaltensweisen[28] aus Mitteilungsmöglichkeiten Mitteilungspflichten der Behörden begründet.

29   Die Mitteilungspflicht der Prüfbehörde wird bei „Anhaltspunkten" für Verstöße begründet. Hierfür genügt kein vager Verdacht. Aus dem Wortlaut wird man jedoch umgekehrt auch keinen Anfangsverdacht fordern können.[29] **Auffälligkeiten und Ungereimtheiten** dürften grundsätzlich für das Auslösen der Mitteilungspflicht ausreichen.

VII. Prüfbehörden in anderen Bundesländern im Überblick

30   Die Tariftreue- und Vergabegesetze der Länder enthalten in ihren Bestimmungen über Kontrollen Regelungen über diejenigen Stellen und ihre Befugnisse, die die Einhaltung der Verpflichtungen des jeweiligen Gesetzes überprü-

---

[26] Zum Durchsuchungsbegriff: BVerfG NVwZ 2007,1049 (1050).

[27] Vgl. Ambs in Erbs/Kohlhaas Strafrechtliche Nebengesetze, § 5 SchwarzArbG Rn. 5.

[28] Ambs in Erbs/Kohlhaas Strafrechtliche Nebengesetze, § 6 SchwarzArbG Rn. 7.

[29] Ambs in Erbs/Kohlhaas Strafrechtliche Nebengesetze, § 6 SchwarzArbG Rn. 7.

fen müssen. Im Folgenden wird daher neben der Kommentierung zu § 10 TVgG NRW auch auf diese „Kontroll"-Paragraphen eingegangen.

In **Baden-Württemberg** weist § 7 LTMG Ba-Wü den öffentlichen Auf- 31 traggebern die Verpflichtung zu, die Einhaltung der Verpflichtungen des Landestariftreue- und Mindestlohngesetzes zu überwachen. Eine **Kontrollbehörde,** die unabhängig von den öffentlichen Auftraggebern agiert, existiert in Baden-Württemberg nicht. Die **Auskunftspflicht** beauftragter Unternehmen aus § 7 Abs. 1 beschränkt sich entsprechend dem Gesetzeszweck in § 1 auf die Einhaltung der Verpflichtungen aus § 3 (Tariftreue) und § 4 (Mindestentgelt). Den öffentlichen Auftraggebern steht im Gegensatz zu der NRW-Regel in § 14 Abs. 3 TVgG NRW **kein Betretensrecht** zu. Ein Betretensrecht hätte angesichts Art. 12 Abs. 1 S. 2; 14 Abs. 1 S. 2 GG gesetzlich geregelt werden müssen. Die in § 7 Abs. 1 S. 4 LTMG geregelte vertragliche Verpflichtung des Auftragnehmers, dem öffentlichen Auftraggeber ein Auskunfts- und Prüfungsrecht auch bei der Beauftragung von Nachunternehmern und Verleihstellen einzuräumen, ist eine **Ausführungsbedingung** im Sinne von § 129 GWB.

In **Berlin** weist § 5 BerlAVG die Kontrolltätigkeit dem öffentlichen Auf- 32 traggeber zu. Neben dem öffentlichen Auftraggeber existiert noch eine **zentrale Kontrollgruppe.** Die Arbeit dieser Kontrollgruppe ist sehr detailliert in dem Vergabebericht 2014 des Senates vom 31.3.2015 unter Nr. 9.5 beschrieben.[30] In Nr. 9.3 dieses Vergabeberichts heißt es: „Die Einrichtung der zentralen Kontrollgruppe entbindet die öffentlichen Auftraggeber Berlins nicht von den eigenen Kontrollverpflichtungen." Daraus ergibt sich, dass diese Kontrollgruppe im Gegensatz zu den in Absatz 1 Satz 1 genannten öffentlichen Auftraggebern keine eigenen Kontrollbefugnisse hat.

In **Brandenburg** regelt § 8 BbgVergG die Zuständigkeit für die Überprü- 33 fung der Einhaltung der Vertragsbestimmungen zum Mindestarbeitsentgelt, zur Tariftreue und zu Nachunternehmern. Zuständig sind die öffentlichen Auftraggeber. Eine von diesen Auftraggebern separate Prüfbehörde existiert nicht. Da Absatz 1 keinen Hinweis auf **Wohnräume** des Auftragnehmers enthält, sind diese Räume gem. Art. 19 Abs. 1 S. 2 GG vom Betretungsrecht des öffentlichen Auftraggebers ausgenommen.

Bremen bestimmt in § 16 Bremisches TVgG, dass neben dem öffentlichen 34 Auftraggeber auch die sogenannte Sonderkommission Kontrollbefugnisse hat. Allerdings handelt es sich dabei um eine **mittelbare Befugnis.** Die „Richtlinie für die Vornahme von Mindestlohnkontrollen im Sinne des § 16 Absätze 1 und 4 des Tariftreue- und Vergabegesetzes vom 21.8.2012", Brem.Abl. S. 719 regelt im Detail die Einzelheiten dieser Kontrolle.

§ 10 HmbVgG stellt für **Hamburg** die Vornahme von Kontrollen in das 35 **Ermessen** des Auftraggebers. In § 10 Abs. 1 heißt es ausdrücklich „ist berechtigt" und nicht „ist verpflichtet". Eine Prüfbehörde wie in NRW existiert nicht.

Für **Hessen** enthält § 9 Abs. 1 S. 2 HVTG die Besonderheit, dass der öffent- 36 liche Auftraggeber bzw. der Besteller lediglich **„anlassbezogen"** Einsicht in die Entgeltabrechnungen etc. verlangen darf. Diese Einschränkung hat zur

---

[30] https://www.parlament-berlin.de/ados/17/IIIPlen/vorgang/d17–2206.pdf.

Folge, dass es einen Anlass für die Kontrolle geben muss. Ein solcher Anlass könnten beispielsweise Verdachtsmomente sein, die der öffentliche Auftraggeber nach Erteilung des Zuschlags aufgrund von Informationen Dritter (Mitarbeiter des beauftragten Unternehmens, unterlegener Wettbewerber) erhalten hat, dass das beauftragte Unternehmen gegen §§ 4; 6 verstößt.

37   In **Mecklenburg-Vorpommern** sind die Kontrollmöglichkeiten in § 10 Abs. 2 Nr. 1 VgG M-V geregelt. Mittel zur Umsetzung der Kontrollrechte ist eine entsprechende **vertragliche Vereinbarung** mit dem zu beauftragenden Unternehmen. Für den Inhalt dieser vertraglichen Vereinbarung bietet es sich an, den Wortlaut von § 10 Abs. 2 Nr. 1 komplett 1:1 abzuschreiben. Hält sich das beauftragte Unternehmen nicht an diese vertragliche Vereinbarung, muss der öffentliche Auftraggeber vor **ordentlichen Gerichten**[31] diese **Verpflichtung einklagen.** Ein Verwaltungsakt zur Durchsetzung dieser vertraglichen Pflichten steht dem öffentlichen Auftraggeber nicht zur Verfügung. Die Behörde hat sich mit dem Abschluss des Vertrags auf die Ebene der Gleichordnung mit dem Privaten gestellt. Damit hat sie sich selbst der Möglichkeit begeben, die Verhältnisse, die Gegenstand des Vertrags sind, mit hoheitlichen Mitteln zu regeln.[32] Ein **Betretensrecht** steht dem öffentlichen Auftraggeber nicht zu.

38   In **Niedersachen** sind öffentliche Auftraggeber nur § 14 Abs. 1 S. 1 NTVergG „gehalten" Kontrollen durchzuführen. Damit scheint der Gesetzgeber etwas anderes gemeint zu haben als „verpflichtet", da er dieses Wort in § 14 Abs. 1 S. 2 und Abs. 3 verwendet. Eine systematische Auslegung von § 14 Abs. 1 S. 1 mit Abs. 3 ergibt daher, dass die Durchführung von Kontrollen ohne **Anhaltspunkte** in das Ermessen des öffentlichen Auftraggebers gestellt ist. Liegen allerdings Anhaltspunkte dafür vor, dass der Auftragnehmer seine Verpflichtungen aus §§ 4; 5 nicht eingehalten hat, sind die öffentlichen Auftraggeber zu Kontrollen verpflichtet.

39   Das Kontrollrecht in **Rheinland-Pfalz** ist in § 6 LTTG geregelt. Im Gegensatz etwa zu § 10 Abs. 2 Nr. 1 VgG M-V hat der öffentliche Auftraggeber die Verpflichtung des beauftragten Unternehmens zur Beibringung der Nachweise und Duldung der Kontrolle durch eine **Vertragsstrafe** gem. § 7 LTTG durchzusetzen. Insofern wird auf die Kommentierung zu § 11 TVgG NRW verwiesen.

40   Im **Saarland** enthält die Tariftreuekontrollsystemverordnung (TtKontrVO) detaillierte Regelungen für das Kontrollsystem. Ihre Rechtsgrundlage ist § 9 Abs. 4 Saarländisches Tariftreuegesetz (STTG).

41   In **Sachsen-Anhalt** ist § 17 LVG LSA die Rechtsgrundlage für die Kontrollen. Ebenso wie in Mecklenburg-Vorpommern wird gem. § 17 Abs. 1 S. 2 LVG das Kontrollsystem durch eine vertragliche Vereinbarung zwischen Auftraggeber und Auftragnehmer geregelt. Gemäß § 17 Abs. 1 S. 3 LVG ist der Auftragnehmer verpflichtet, seine **Arbeitnehmer auf die Möglichkeit dieser Kontrollen hinzuweisen.** Damit stellt sich die Frage, welche Rechtsfolgen eine Verletzung dieser Hinweispflicht auslöst. Hier ist zu empfehlen, dass

---

[31] BVerwG Beschluss vom 2.5.2007 – 6 B 10/07, NZBau 2007, 389 = NVwZ 2007, 820 = VergabeR 2007, 337.
[32] BVerwG Urteil vom 13.2.1976 – IV C 44/74, NJW 1976, 1516 (1517); VGH München NVwZ 1987, 815.

der öffentliche Auftraggeber eine Verpflichtung zum Erteilen dieses Hinweises in die vertragliche Vereinbarung aus § 17 Abs. 1 S. 2 LVG aufnimmt. Dann kann er diese Verpflichtung vor den ordentlichen Gerichten durchsetzen. Unterlässt er eine solche vertragliche Regelung und erteilt der Auftragnehmer diesen Hinweis nicht, verhält sich der Auftragnehmer gesetzes- und damit rechtswidrig. Hier könnte der öffentliche Auftraggeber gegebenenfalls einen nach § 888 ZPO zu vollstreckenden Titel erwirken. Ein **Kündigungsrecht** gemäß § 133 GWB[33] oder analog für den Unterschwellenbereich besteht nicht.

Für **Schleswig-Holstein** enthält § 11 Abs. 2 SH-TTG eine Besonderheit 42 für öffentliche Dienstleistungsaufträge. Diese Regelung ist mit § 11 Abs. 2 TVgG NRW vergleichbar. Auf die dortige Kommentierung wird verwiesen.

§ 17 Abs. 1 S. 3 ThürVgG enthält für Thüringen die Besonderheit, dass das 43 Thüringer **Datenschutzgesetz** zu beachten ist. Dass Gesetze anzuwenden sind, stellt eine Selbstverständlichkeit dar. Der Hinweis ist daher überflüssig.

§ 15 Ordnungswidrigkeiten

(1) Ordnungswidrig handelt, wer vorsätzlich oder fahrlässig
1. eine unwahre Verpflichtungserklärung nach § 4 Absatz 2, 4 oder nach § 5 Absatz 1 abgibt oder trotz Abgabe der Verpflichtungserklärung die hierin eingegangenen Verpflichtungen während der Durchführung des öffentlichen Auftrages nicht erfüllt, soweit nicht eine Ordnungswidrigkeit nach dem Arbeitnehmerüberlassungsgesetz gegeben ist, oder
2. entgegen § 14 Absatz 3 eine Prüfung oder das Betreten eines Geschäftsgrundstückes, eines Geschäftsraumes oder eines Beförderungsmittels nicht duldet, bei der Prüfung nicht mitwirkt oder die genannten Dokumente oder Daten nicht, nicht rechtzeitig oder nicht vollständig vorlegt.

Eine Ordnungswidrigkeit liegt nur dann vor, wenn sie nicht bereits vom Mindestlohngesetz als solche erfasst ist.

(2) Die Ordnungswidrigkeit kann in den Fällen des Absatzes 1 Nummer 1 mit einer Geldbuße bis zu fünfzigtausend Euro und in den Fällen der Nummer 2 mit einer Geldbuße von bis zu eintausend Euro geahndet werden.

(3) Verwaltungsbehörde im Sinne des § 36 Absatz 1 Nummer 1 des Gesetzes über Ordnungswidrigkeiten ist die Prüfbehörde gemäß § 14 Absatz 1. Die Geldbußen fließen in die Kasse der Verwaltungsbehörde, die den Bußgeldbescheid erlassen hat. Die nach Satz 2 zuständige Kasse trägt abweichend von § 105 Absatz 2 des Gesetzes über Ordnungswidrigkeiten die notwendigen Auslagen. Sie ist auch ersatzpflichtig im Sinne des § 110 Absatz 4 des Gesetzes über Ordnungswidrigkeiten.

---

[33] Siehe Stumpf/Götz Die neuen Kündigungstatbestände für öffentliche Aufträge, VergabeR 2016, 567.

(4) Die Prüfbehörde unterrichtet das Gewerbezentralregister über rechtskräftige Bußgeldbescheide nach Absatz 1, sofern die Geldbuße mehr als 200 Euro beträgt. Sie meldet dies außerdem als Verfehlung an das Vergaberegister. Die §§ 5 ff. des Korruptionsbekämpfungsgesetzes finden entsprechende Anwendung.

(5) § 19 des Mindestlohngesetzes gilt entsprechend.

(6) Die für die Verfolgung und Ahndung der Ordnungswidrigkeiten nach Absatz 3 zuständige Behörde darf öffentlichen Auftraggebern und solchen Stellen, die durch Auftraggeber zugelassene Präqualifikationsverzeichnisse oder Unternehmer- und Lieferantenverzeichnisse führen, auf Verlangen die erforderlichen Auskünfte geben.

16 TTG SH[1]

Übersicht

I. Allgemeines

1 Nach der höchstrichterlichen Rechtsprechung[2] handelt ein öffentlicher Auftraggeber bei der Beschaffung von Gütern und Leistungen nicht als Träger öffent-

---

[1] Stand: 28.1.2017
[2] BVerfG Beschl. v. 13.6.2006 – 1 BvR 1160/03, NZBau 2006, 791; BVerwG, Beschl. v. 2.5.2007 – 6 B 10.07 – NZBau 2007, 389.

licher Gewalt, sondern wird als Nachfrager am Markt tätig. In dieser Rolle unterscheidet er sich nicht grundlegend von anderen Marktteilnehmern. Mit der Einleitung eines förmlichen Vergabeverfahrens entsteht deshalb zwischen dem öffentlichen Auftraggeber und den am Auftrag interessierten Unternehmen ein **privatrechtliches Schuldverhältnis** im Sinne des § 311 Abs. 2 Nr. 1 BGB, das im Regelfall in einen Vertrag mit einem der beteiligten Unternehmen einmündet. Auftraggeber und Unternehmen stehen sich in allen Stadien des Verfahrens **als gleichberechtigte Beteiligte auf Augenhöhe** gegenüber; ein hoheitliches Verhältnis der Über- und Unterordnung besteht nicht.

Dies hielt die Landesgesetzgeber in Nordrhein-Westfalen und Schleswig-Holstein allerdings nicht davon ab, **obrigkeitsstaatliches Gedankengut** preußischer Prägung aufzugreifen und unbotmäßiges Verhalten eines (potentiellen) Vertragspartners des Staates und seiner Ableger im Rahmen eines (vorvertraglichen) Schuldverhältnisses von oben herab mit der Keule des Ordnungswidrigkeitenrechts zu bedrohen. Insbesondere § 15 Abs. 1 Satz 1 Nr. 1 TVgG NRW ist exemplarisch für eine von missionarischem Eifer geprägte **Überregulierung**. **2**

Alle anderen Bundesländer beschränken sich vernünftigerweise auf Sanktionen, die wie die Vertragsstrafe zu der Rechtsnatur des Vergabeverfahrens passen oder wie der Angebotsausschluss wegen Unvollständigkeit im Vergaberecht angelegt sind.

In Nordrhein-Westfalen ist demgegenüber für bestimmte Regelverstöße eine **Doppelbestrafung** durch eine Vertragsstrafe (§ 11 TVgG NRW) und ein Bußgeld vorgesehen, was auch die Frage aufwirft, ob dabei dem **Übermaßverbot** bzw. dem Grundsatz der Verhältnismäßigkeit hinreichend Rechnung getragen wurde.

II. Rechtlicher Rahmen

Ein Bußgeldverfahren, das einen der in § 15 Abs. 1 TVgG NRW aufgeführten Tatbestände zum Gegenstand hat, ist ein „normales" Verfahren, auf das grundsätzlich das Gesetz über Ordnungswidrigkeiten (OWiG) anwendbar ist (§ 2 OWiG). Das bedeutet u. a.: **3**

- Die Prüfbehörde gemäß § 14 Absatz 1 TVgG NRW hat als Bußgeldbehörde im Sinne des § 36 OWiG die Verfahrensvorschriften der §§ 46 f. OWiG zu beachten. Dazu gehört insbesondere die Gewährung **rechtlichen Gehörs** vor Erlass eines Bußgeldbescheids.
- Ein Bußgeldbescheid muss den Anforderungen des § 66 OWiG genügen. Unerlässlich ist insbesondere eine **genaue Bezeichnung der Tat** (§ 66 Abs. 1 Nr. 3 OWiG).
- Ein Bußgeldbescheid kann mit einem **Einspruch** angefochten werden (§ 67 OWiG).
- Durch einen zulässigen Einspruch wird aus der vorläufigen Entscheidung der Bußgeldbehörde eine **Art Anklageschrift,** über die vor dem Amtsgericht verhandelt wird (§ 71 f. OWiG).
- Die Entscheidung des Amtsgerichts ist mit der **Rechtsbeschwerde** anfechtbar, die bei einer Geldbuße bis 250 € der Zulassung bedarf (§§ 79 f. OWiG). Über das Rechtsmittel entscheidet das Oberlandesgericht.

4   Der **Bußgeldrahmen** ergibt aus § 17 Abs. 1 OWiG (mindestens fünf Euro) in Verbindung mit § 15 Abs. 2 TVgG NRW.

5   § 16 TVgG NRW ist nur anwendbar, wenn der geschätzte Auftragswert **mindestens 20.000 €** beträgt (§ 2 Abs. 4 TVgG NRW). **Weitere Ausnahmen** vom Anwendungsbereich der Bußgeldvorschriften ergeben sich aus § 2 Abs. 5 TVgG NRW.

6   Es kann und soll nicht der Anspruch eines Kommentars zu einem vergaberechtlichen Regelungswerk sein, auf alle Fragen einzugehen, die sich anlässlich eines Bußgeldverfahrens stellen können. Insoweit wird auf die Standardwerke zum OWiG[3] verwiesen.

III. Die einzelnen Tatbestände

1. Abgabe einer unwahren Verpflichtungserklärung (Abs. 1 Satz 1 Nr. 1, 1. Alt.)

7   Nach § 15 Abs. 1 Satz 1 Nr. 1, 1. Alt. TVgG NRW handelt ordnungswidrig, wer **vorsätzlich oder fahrlässig** eine unwahre Verpflichtungserklärung nach § 4 Absatz 2, 4 oder nach § 5 Absatz 1 abgibt. Es handelt sich um kraft Gesetzes abzugebende Erklärungen betreffend

– die Verpflichtung eines Unternehmens, als **Auftragnehmer eines ÖPNV-Auftrags** auf Straße oder Schiene den Beschäftigten bei der Ausführung des Auftrags mindestens das in einem sog. repräsentativen Tarifvertrag vereinbarte Entgelt zu zahlen und Änderungen während der Ausführungslaufzeit nachzuvollziehen (§ 4 Abs. 2 TVgG NRW);[4]

– die Verpflichtung eines Unternehmens, als Auftragnehmer bei der Ausführung eines öffentlichen Auftrags gleich welcher Art dafür zu sorgen, dass von ihm eingesetzte **Leiharbeitnehmer** für die gleiche Tätigkeit genauso entlohnt[5] werden wie die eigenen Betriebsangehörigen (§ 4 Abs. 4 TVgG NRW);[6]

– die sich aus § 5 Abs. 1 TVgG NRW ergebende Verpflichtung eines Unternehmens, seinerseits von seinen Nachunternehmern und/oder den Verleihern[7] im Sinne des AÜG Verpflichtungserklärungen nach § 4 TVgG NRW einzuholen[8]

– die Verpflichtungen, die Nachunternehmer und/oder Verleiher gemäß § 5 Abs. 1 TVgG NRW gegenüber ihrem Vertragspartner eingehen.

---

[3] Z. B. Karlsruher Kommentar zum OWiG, 4. Auflage 2014 (auch Beck online).

[4] Zu den Einzelheiten siehe die Kommentierung zu § 4 Abs. 2 TVgG NRW.

[5] Die Verpflichtung umfasst nicht sonstige Arbeitsbedingungen.

[6] Zu den Einzelheiten siehe die Kommentierung zu § 4 Abs. 4 TVgG NRW.

[7] Warum dies auch für Verleiher gilt, erschließt sich nicht, weil diese das **Equal-Pay-Prinzip** beachten sollen. Danach müssen sie ihren Arbeitnehmern das zahlen, was der Auftragnehmer seinen Stammkräften zahlt, und das ist zumindest der Tariflohn (ÖPNV-Aufträge) bzw. der gesetzliche oder vergabespezifische Mindestlohn.

[8] Zu den Einzelheiten siehe die Kommentierung zu § 5 Abs. 1 TVgG NRW.

Bei **allen Tatbeständen** ist Voraussetzung, dass die Erklärung **unwahr** ist. **8** Da es sich bei allen in Frage kommenden Erklärungen um **zukunftsorientierte Ansichtserklärungen** handelt, ist fraglich, was unwahr sein könnte.

In Betracht kommen zunächst einmal **weitergehende Angaben,** die der **9** Gesetzgeber im Rahmen der Verpflichtungserklärung verlangt. Solche ergeben sich allerdings nur aus § 4 Abs. 3 Satz 2 TVgG NRW. Danach muss ein Unternehmen die Art der tariflichen Bindung sowie die Höhe der gezahlten Mindeststundenentgelte für die im Rahmen der Leistungserbringung eingesetzten Beschäftigten angeben. Insoweit sind falsche Angaben denkbar.

Unwahr kann eine Erklärung aber auch dann sein, wenn der Erklärende **10** zwar nach außen objektiv die vom Gesetz geforderte Erklärung abgibt, sich **zum Zeitpunkt ihrer Abgabe** gegenüber dem Erklärungsempfänger aber **insgeheim vorbehält** (§ 116 BGB), die Verpflichtung nicht zu erfüllen. **Insgeheim** bedeutet, dass der Vorbehalt von anderen Personen nicht zu erkennen ist und der Erklärende dies auch genau so will, weshalb eine **fahrlässige Begehung ausscheidet.**

Ob ein derartiges Fehlverhalten aber jemals nachzuweisen sein wird, steht auf einem anderen Blatt.

2. Nichterfüllung einer Verpflichtung (Abs. 1 Satz 1 Nr. 1, 2. Alt.)

a) Überblick. § 15 Abs. 1 Satz 1 Nr. 1, 2. Alt. TVgG NRW knüpft zwar an **11** verschiedene Verpflichtungen an, die Unternehmen regelmäßig bereits im Vergabeverfahren eingehen, deren Erfüllung aber in die Phase der Auftragsausführung fällt. Die tatbestandsmäßige Handlung kann somit nur *„während der Durchführung des öffentlichen Auftrages"* vom **Auftragnehmer** sowie von dessen in die Ausführung der Leistung eingebundenen **Vertragspartnern** begangen werden.

Nach dem Wortlaut der Norm handelt ordnungswidrig, wer vorsätzlich **12** oder fahrlässig

- als **Auftragnehmer** eines ÖPNV-Auftrags auf Straße oder Schiene den Beschäftigten bei der Ausführung des Auftrags nicht mindestens das in einem sog. repräsentativen Tarifvertrag vereinbarte Entgelt zahlt bzw. Änderungen des Tarifvertrags nicht nachvollzieht (**1. Tatbestandsunteralternative**);
- als **Auftragnehmer** nicht dafür sorgt, dass Zeitarbeitsunternehmen, mit denen er zusammenarbeitet, das Equal-Pay-Prinzip umsetzen (**2. Tatbestandsunteralternative**);
- als **Auftragnehmer** keine Verpflichtungserklärungen von seinen Nachunternehmern oder Verleihern einholt (**3. Tatbestandsunteralternative**);
- als **Nachunternehmer oder Verleiher** nicht die Verpflichtungen erfüllt, die er gemäß § 5 Abs. 1 TVgG NRW gegenüber dem Auftragnehmer eingeht (**4. Tatbestandsunteralternative**).

Nicht mit einem Bußgeld bedroht ist ein Verstoß gegen eine der sich **13** aus § 5 Abs. 2 TVgG NRW ergebenden Verpflichtungen.

Die im Entwurf der Landesregierung noch vorgesehene Sanktionierung eines Verstoßes gegen die sich aus § 4 Abs. 3 TVgG NRW abgeleitete Verpflichtung zur Zahlung eines Mindestlohns wurde im Gesetzgebungsverfahren

gestrichen. Dies war vernünftig, weil nach der Anpassung des vergabespezifischen Mindestlohns an den Mindestlohn nach § 1 Abs. 2 MiLoG insoweit
ohnehin kein Raum mehr für eine landesrechtliche Bußgeldbestimmung
blieb.

14   Die Einbeziehung von **Nachunternehmern und Zeitarbeitsunternehmen** in den möglichen Täterkreis ist zwar fragwürdig, weil diese sich gegenüber dem Staat zu überhaupt nichts verpflichten, sondern lediglich gegenüber
einem anderen Unternehmen – dem (späteren) Hauptunternehmer – eine
privatrechtliche Verpflichtung eingehen. Diese Verfahrensweise entspricht
aber dem Willen des obrigkeitsstaatlich denkenden und handelnden Gesetzgebers in Düsseldorf.
  § 5 Abs. 1 TVgG NRW kennt **zwei Arten von Verpflichtungen,** nämlich die des Bieters und die der Unternehmen, die ihn bei er Auftragsausführung unterstützen sollen. Die zweite Alternative des § 15 Abs. 1 Satz 1 Nr. 1
TVgG NRW knüpft am die erste an. Dort ist **ohne irgendeine Differenzierung** von einer Verpflichtungserklärung *„nach § 5 Absatz 1 "* die Rede. Dies
rechtfertigt den Schluss, dass **beide Arten von Verpflichtungserklärungen**
unter den Anwendungsbereich des § 15 Abs. 1 Nr. 1, 2. Alt. TVgG NRW fallen sollen und sich somit auch Nachunternehmer und Verleiher einer Ordnungswidrigkeit schuldig machen können.

15   Handwerkliche Mängel des Gesetzes werfen die Fragen nach den Anwen-
dungsbereichen der 2. und 3. Tatbestandsunteralternative auf.

16   **b) 1. Tatbestandsunteralternative.** Der Anwendungsbereich der **1. Tatbestandsunteralternative** (ÖPNV-Auftrag) ist hinreichend deutlich beschrieben und deshalb **unproblematisch.** Ordnungswidrig handelt, wer als
Auftragnehmer eines ÖPNV-Auftrags auf Straße oder Schiene den Beschäftigten bei der Ausführung des Auftrags nicht mindestens das in einem sog. repräsentativen Tarifvertrag vereinbarte Entgelt zahlt bzw. Änderungen des Tarifvertrags nicht nachvollzieht

17   **c) 2. Tatbestandsunteralternative.** Fraglich ist der **Anwendungsbereich der 2. Tatbestandsunteralternative.** Ein Unternehmen, das mit
einem Zeitunternehmen zusammenarbeitet, hat nur begrenzte Möglichkeiten, dafür **zu sorgen,** dass sein Vertragspartner das **Equal-Pay-Prinzip** beachtet. Es kann den Verleiher nicht wirklich zwingen, sondern sich nur **ernsthaft bemühen,** ihn zur Beachtung des Equal-Pay-Prinzips zu veranlassen.[9]
Folglich kann man ein Unternehmen auch nicht allein deshalb über § 15
Abs. 1 Nr. 1, 2. Alt. TVgG NRW als Täter einer Ordnungswidrigkeit haftbar
machen, weil der mit § 4 Abs. 4 TVgG NRW angestrebte Erfolg nicht einge-

---

[9] Nach dem von der Servicestelle TVgG NRW veröffentlichten Formblatt „Verpflichtungserklärung zu Tariftreue und Mindestentlohnung" soll sich der Bieter verpflichten,
dass „Leiharbeitnehmer im Sinne des Arbeitnehmerüberlassungsgesetzes bei der Ausführung der Leistung, die auf Grundlage dieses Vergabeverfahrens erbracht wird, für die gleiche Tätigkeit ebenso entlohnt werden wie meine/unsere reguläre Beschäftigten." Diese
weitgehende Verpflichtung hat **keine gesetzliche Grundlage.**

treten ist. Auch in Nordrhein-Westfalen ist allein der Arbeitgeber für die Bezahlung seiner Mitarbeiter zuständig und verantwortlich.

Verlangen kann man von einem an einem öffentlichen Auftrag interessierten Unternehmen redlicherweise nur, dass es die ihm möglichen und zumutbaren Anstrengungen unternimmt, um dem Equal-Pay-Prinzip Geltung zu verschaffen, Das bedeutet, es muss das Equal-Pay-Prinzip **vertraglich vereinbaren** und mit dem Instrumentarium des Zivilrechts (insbesondere Vertragsstrafe) **absichern.** **18**

Um dem Equal-Pay-Prinzip Rechnung tragen zu können, benötigt auch ein gutwilliger Verleiher **Informationen** über die im Unternehmen seines Vertragspartners gezahlten **Entgelte.** Zwar sollen diese Angaben bereits in dem Vertrag zwischen Verleiher und Entleiher enthalten sein (§ 12 Abs. 1 Satz 4 AÜG 2017). Dies gilt aber nicht, wenn und soweit Tarifverträge gemäß § 8 Abs. 2, 4 AÜG 2017 Ausnahmen vom Equal-Pay-Prinzip zulassen.

Ein Unternehmen trägt somit nicht hinreichend Sorge, wenn es, **19**
– das Equal-Pay-Prinzip nicht vertraglich vereinbart und absichert;
– trotz eines gegeben Anlasses davon absieht, von den zivilrechtlichen Druckmitteln Gebrauch zu machen;
– dem Verleiher nicht die notwendigen wahrheitsgemäßen Informationen über die Entgelte der Stammbelegschaft und etwaige Änderungen zukommen lässt.

Allerdings leidet die Regelung unter einem handwerklichen Mangel. Nach **20** dem insoweit eindeutigen Wortlaut des Gesetzes ist nur ein **Fehlverhalten in der Ausführungsphase** tatbestandsmäßig. Der Tatbestand erfasst nicht Versäumnisse des Auftragnehmers **vor Zuschlagserteilung** oder in der Phase **zwischen Zuschlag und Ausführungsbeginn.**

Das Erfordernis, dass der Verstoß gegen eine Verpflichtung *„während der Durchführung des öffentlichen Auftrages"* begangen worden sein muss, ergibt einen Sinn, soweit es um die **Bezahlung** selbst geht, also beispielsweise bei einem Verstoß gegen die Verpflichtung, den für einen ÖPNV-Auftrag maßgeblichen repräsentativen Tarifvertrag anzuwenden (1. Tatbestandsunteralternative).

Vereinbarungen zwischen dem Auftragnehmer und dem Zeitarbeitsunternehmen können aber auch schon früher getroffen werden. **21**

Beispiel: Ein Bieter und ein Zeitarbeitsunternehmen schließen schon während des Vergabeverfahrens einen bedingten Vertrag, der mit dem Zuschlag an den Bieter wirksam wird. In diesem Vertrag überlasst es der Bieter seinem Vertragspartner, wie dieser die Leiharbeiter bezahlt. Dieses „Fehlverhalten" ist nicht tatbestandsmäßig, weil es nicht in die Ausführungsphase fällt.
Die Bußgeldbehörde könnte zwar prüfen, ob sich der Auftragnehmer in der Ausführungsphase eines Unterlassens (§ 8 OWiG) schuldig macht, etwa wenn er erfährt, dass der Verleiher die Leiharbeitnehmer schlechter bezahlt als die Stammbelegschaft und nichts unternimmt. Allerdings sind die Möglichkeiten der Einflussnahme sehr beschränkt.

Mit Blick auf § 4 Abs. 4 TVgG NRW müsste es eigentlich heißen: „*Ord-* **22** *nungswidrig handelt, wer vorsätzlich oder fahrlässig nicht* **spätestens vor dem Einsatz** *eines Leiharbeiters dafür Sorge trägt, dass …"* Ob es allerdings mit dem **Bestimmtheitsgrundsatz** zu vereinbaren wäre, das geschriebene Recht so zu lesen, ist mehr als fraglich.

23   Nach dem **Wortlaut der Norm** kommt die Begehung einer Ordnungswidrigkeit nur in Betracht, wenn der Auftragnehmer *„während der Durchführung des öffentlichen Auftrages"*
  – vorher vertraglich vereinbarte Druckmittel nicht anwendet, ob wohl dazu
    Anlass bestünde;
  – den Verleiher wechselt und dabei keine „Sorge trägt";
  – den Verleiher nicht über entgeltrelevante Änderungen informiert.

24   Nach dem Sinn und Zweck des Bußgeldtatbestandes muss als eine **objektive Bedingung der Ahndung** hinzukommen, dass das Zeitarbeitsunternehmen die Leiharbeiter **tatsächlich schlechter bezahlt** als der Auftragnehmer
seine Stammbeschäftigten. Wenn diese Voraussetzung nicht erfüllt ist, fehlt
jegliche Rechtfertigung, um den Auftragnehmer (Entleiher) dafür zu „bestra-
fen", dass er selbst nicht genug für die Erreichung dieses trotzdem erreichten
Ziels getan hat.

25   Außerdem ist darauf hinzuweisen, dass nach § 9 Abs. 1 Nr. 2 AÜG eine Vereinbarung, **die ohne tarifvertragliche Grundlage** für den Leiharbeitnehmer
für die Zeit der Überlassung an einen Entleiher eine schlechtere als die im Betrieb des Entleihers geltende Bezahlung vorsieht, unwirksam ist. Dies hat gemäß § 10 Abs. 1 AÜG zur Folge, dass der Entleiher für die Dauer der Leihe
zum Arbeitgeber des Leiharbeitnehmers wird und diesen entsprechend bezahlen muss. In einem solchen Fall wird das **Equal-Pay-Prinzip,** wenn auch über
einen Umweg, erreicht. Eine Sanktionierung des Entleihers (Auftragnehmers)
wäre mit Blick auf das **Übermaßverbot** zumindest sehr fragwürdig.

26   **d) 3. Tatbestandsunteralternative**

Hinweis:
Die nachfolgenden Ausführungen stehen unter dem **Vorbehalt,** dass es die
3. Tatbestandsunteralternative überhaupt gibt. Auf den ersten Blick
scheint alles klar zu sein. Ordnungswidrig handelt, wer eine Verpflichtung
nicht erfüllt, die sich aus einer Verpflichtungserklärung im Sinne des § § 5
Abs. 1 TVgG NRW ergibt. Diese Norm kennt **zwei Arten von Verpflichtungserklärungen,** nämlich die des Bieters und die der Unternehmen, die
ihn bei er Auftragsausführung unterstützen sollen. Es wäre also konsequent anzunehmen, dass **beide Verpflichtungen** unter den Anwendungsbereich des
§ 15 Abs. 1 Nr. 1, 2. Alt. fallen sollen.
Zweifel weckt insoweit allerdings § 14 Abs. 1 Satz 1 TVgG NRW. Danach
obliegt die Prüfung der Einhaltung der Pflichten nach § 4 Absatz 2 und 4 eines
Auftragnehmers **und den entsprechenden Pflichten nach § 5 eines Nachunternehmers oder Verleihers von Arbeitskräften** dem für Arbeit zuständigen Ministerium. Eine Prüfung dahingehend, ob auch der Hauptunternehmer seine Verpflichtung aus § 5 Abs. 1 TVgG NRW erfüllt, ist demgegenüber
nicht vorgesehen. Daraus könnte man schließen, dass auch die Ahndung einer
Nichterfüllung nicht gewollt war – was allerdings in § 15 TVgG NRW selbst
nirgends zum Ausdruck kommt.

27   Geht man von der Existenz der **3. Tatbestandunteralternative** aus, wonach es dann ordnungswidrig wäre, wenn es das beauftragte Unternehmen
versäumt, seinerseits von seinen Nachunternehmern und/oder den Zeitarbeitsunternehmen Verpflichtungserklärungen nach § 4 TVgG NRW einzuho-

len, stellen sich ähnliche Fragen wie bei der **2. Tatbestandsunteralternative.** Auch insoweit wäre das Erfordernis, dass der Verstoß *„während der Durchführung des öffentlichen Auftrages"* begangen worden sein muss, nicht sinnvoll.

Der (spätere) Hauptunternehmer geht seine Verpflichtung aus § 5 Abs. 1 **28** TVgG NRW bereits im Vergabeverfahren ein. Davon zu unterscheiden ist aber der **Zeitpunkt der Erfüllung** dieser Verpflichtung. Das TVgG NRW enthält keine Regelung aus der sich ergäbe, ein Unternehmen müsse diese Verpflichtung vor Erteilung des Zuschlags erfüllen oder gar die Erfüllung in Vergabeverfahren nachweisen. Die Erfüllung kann also auch in die Zeit der Ausführung fallen, was grundsätzlich für eine Anwendbarkeit des § 15 Abs. 1 Nr. 1, 2. Alt. TVgG NRW spricht.

Es ist allerdings sinnvoll und wohl auch üblich, die notwendigen Vereinba- **29** rungen mit Nachunternehmern und Zeitarbeitsunternehmen **vor Ausführungsbeginn** zu treffen. Versäumte es der Auftragnehmer aber, in dieser Zeitspanne seine Verpflichtung aus § 5 Abs. 1 TVgG NRW zu erfüllen, handelte er nach dem **eindeutigen Wortlaut** des § 15 Abs. 1 Nr. 1, 2. Alt. TVgG NRW nicht tatbestandsmäßig.

Andererseits würde der Auftragnehmer nach dem Wortlaut der Norm auch nicht ordnungswidrig handeln, wenn er seine Verpflichtung erst gegen Ende der Arbeiten und damit möglicherweise erst erfüllte, wenn der Nachunternehmer überhaupt nicht mehr tätig ist und dessen Verpflichtungserklärung ins Leere ginge. Unsinnigerweise fiele unter den **Wortlaut der Norm** nur der Auftragnehmer, der seine Verpflichtung vor, aber nicht während der Durchführung des öffentlichen Auftrages erfüllt.

Um § 15 Abs. 1 Nr. 1, 2. Alt. TVgG NRW einen sinnvollen Anwendungs- **30** bereich zu geben, müsste man ihn wie folgt lesen: Ordnungswidrig handelt, wer als Auftragnehmer vorsätzlich oder fahrlässig nicht **spätestens vor dem Einsatz** eines Nachunternehmers oder eines Leiharbeiters die nach § 5 Abs. 1 TVgG NRW notwendige(n) Verpflichtungserklärung(en) einholt.

Ob dies allerdings mit dem **Bestimmtheitsgrundsatz** zu vereinbaren wäre, ist mehr als fraglich. Auch dies spricht dafür, die Existenz dieser 3. Tatbestandsunteralternative ernsthaft in Frage zu stellen.

e) 4. Tatbestandsunteralternative. Der Anwendungsbereich der **4. Tat- 31 bestandsunteralternative** ist beispielsweise eröffnet, wenn ein **Nachunternehmer** im Rahmen eines ÖPNV-Auftrags seine Arbeitnehmer untertariflich bezahlt.

Voraussetzung für die Anwendbarkeit dieser Tatbestandsunteralternative ist allerdings, dass sich das Unternehmen in einer klaren und eindeutigen Erklärung gegenüber dem (späteren) Hauptunternehmer zu einen bestimmten Handeln verpflichtet hatte.

f) Subsidiaritätsklauseln. Nach § 15 Abs. 1 **Satz 2** TVgG NRW hängt **32** die Anwendbarkeit eines landesrechtlichen Bußgeldtatbestandes, der an eine **zu niedrige Bezahlung** von Arbeitnehmern anknüpft, von der Höhe der tatsächlich gezahlten Entlohnung an. Liegt diese auch **unter dem Mindestlohn** nach § 1 Abs. 2 MiLoG, kann das Fehlverhalten des Unternehmens nur als Ordnungswidrigkeit nach § 20 Abs. 1 Nr. 9 MiLoG geahndet werden.

Beispiel: Nach dem anwendbaren repräsentativen Tarifvertrag müsste der Auftragnehmer bei der Erbringung einer Verkehrsdienstleistung bestimmten Arbeitnehmern 9,37 €/h zahlen. Tatsächlich führen verschiedene Berechnungstricks dazu, dass er nur 8,54 €/h zahlt. Es liegt zwar eine Ordnungswidrigkeit nach § 15 Abs. 1 Satz 1 Nr. 1, 2. Alt. TVgG NRW vor. Diese kann aber nicht verfolgt werden, weil der Stundenlohn auch unter dem gesetzlichen Mindestlohn liegt und die Tat deshalb als Ordnungswidrigkeit nach § 20 Abs. 1 Nr. 9 MiLoG zu verfolgen ist.

33   Im Zusammenhang mit der **Arbeitnehmerüberlassung** ist noch eine **zweite Subsidiaritätsklausel** zu beachten, die im Zuge des Gesetzgebungsverfahrens ungeschickt in § 15 Abs. 1 Satz 1 Nr. 1 TVgG NRW eingeflickt wurde. Danach sind die dort aufgeführten Bußgeldtatbestände nur anwendbar, *„soweit nicht eine Ordnungswidrigkeit nach dem Arbeitnehmerüberlassungsgesetz gegeben ist."* Diese Subsidiaritätsklausel greift somit ein, wenn das vergabespezifische Fehlverhalten, dass dem Täter angelastet wird, auch unter einen Bußgeldtatbestand des § 16 AÜG zu subsumieren ist.

In Frage kommt beispielsweise § 16 Nr. 7a AÜG, der einschlägig ist, wenn der Verleiher das Equal-Pay-Prinzip missachtet ohne dass dies durch einen Tarifvertrag gerechtfertigt wäre.

34   Für die Anwendbarkeit einer der beiden Subsidiaritätsklauseln ist es nicht notwendig, dass bereits ein auf § 20 Abs. 1 Nr. 9 MiLoG oder § 16 AÜG gestützter Bußgeldbescheid vorliegt. Die insoweit zuständige Bundesbehörde muss noch nicht einmal tätig geworden sein.

Vielmehr muss die nach § 14 Abs. 1 TVgG NRW zuständige Prüfbehörde **in eigener Verantwortung** die Anwendbarkeit der landesrechtlichen Bußgeldtatbestands prüfen. Über diese Prüfung hinausgehende Maßnahmen nach dem OWiG darf sie erst ergreifen, wenn sie festgestellt hat, dass die **Subsidiaritätsklausel nicht eingreift.** Andernfalls muss sie nach § 14 Abs. 5 TVgG NRW verfahren und die zuständige Bundesbehörde (Zollverwaltung oder Bundesagentur für Arbeit) informieren.

3. Nichterfüllung von Mitwirkungspflichten bei Prüfungen (Abs. 1 Nr. 2)

35   Gemäß § 14 Abs. 1 TVgG NRW unterhält das Land eine Prüfbehörde, deren Aufgabe es ist, die Einhaltung der Verpflichtungen der Auftragnehmer nach § 4 Abs. 2, 4 TVgG NRW und der Nachunternehmer bzw. Verleiher nach § 5 TVgG NRW zu überwachen. Damit die Prüfbehörde ihre Aufgaben erfüllen kann, hat ihr der Gesetzgeber in § 14 Abs. 3 TVgG NRW bestimmte Befugnisse eingeräumt.[10] Daran anknüpfend handelt gemäß § 15 Abs. 1 Satz 1 Nr. 2 TVgG NRW ordnungswidrig, wer als Betroffener (Auftragnehmer, Nachunternehmer oder Verleiher) schuldhaft

– eine Prüfung nicht duldet;
– das Betreten eines Geschäftsgrundstückes, eines Geschäftsraumes oder eines Beförderungsmittels nicht duldet,
– bei der Prüfung nicht mitwirkt

---

[10] Zu den Einzelheiten siehe die Kommentierung zu § 14 TVgG NRW.

– die geforderten Dokumente oder Daten nicht, nicht rechtzeitig oder nicht
vollständig vorlegt.

§ 15 Abs. 1 Satz 1 Nr. 2 TVgG NRW und § 14 Abs. 3 TVgG NRW sind lei- **36**
der nicht vollständig deckungsgleich. Beim Vergleich fällt vielmehr auf, dass in
§ 14 Abs. 3 TVgG NRW **Beförderungsmittel** – gemeint sein dürften Fir-
menfahrzeuge u. ä. – überhaupt nicht erwähnt sind.

Betreten werden dürfen danach nur **Grundstücke und Geschäftsräume,**
also Immobilien; ein Recht zum Betreten von Fahrzeugen haben Mitarbeiter
der Prüfbehörde danach nicht. Folglich kann es auch nicht ordnungswidrig
sein, wenn ein Betroffener den Zugang zu einen Fahrzeug verweigert.

IV. Subjektive Tatseite und Irrtum

1. Vorsatz und Fahrlässigkeit

Eine Ahndung eines Verhaltens als Ordnungswidrigkeit setzt voraus, dass **37**
der Täter **schuldhaft** handelte. Für § 15 Abs. 1 TVgG NRW gelten die allgemeinen Grundsätze des Ordnungswidrigkeitenrechts.

Für alle Tatbestände reicht **Eventualvorsatz** (dolus eventualis) aus; direkter **38**
Vorsatz oder gar Absicht ist nicht erforderlich. Eventualvorsatz liegt vor, wenn
der Täter die Verwirklichung des Tatbestandes für möglich hält und mit der
Tatbestandsverwirklichung in dem Sinne einverstanden ist, dass er sie billigend
in Kauf nimmt oder sich um des erstrebten Zieles willen wenigstens mit ihr ab-
findet, mag ihm auch der Erfolgseintritt an sich unerwünscht sein.[11]

Vom Eventualvorsatz muss die **bewusste Fahrlässigkeit** abgegrenzt wer- **39**
den. Beide Schuldformen setzen das Bewusstsein der möglichen Tatbestandsverwirklichung voraus. Der Unterschied liegt beim „Wollen". Bei der bewuss-
ten Fahrlässigkeit ist der Täter mit der Tatbestandsverwirklichung nicht
einverstanden; vielmehr vertraut er ernsthaft darauf, es werde schon alles gut
gehen und der tatbestandliche Erfolg werde nicht eintreten. Bei den Tatbeständen des § 15 Abs. 1 TVgG NRW ist bewusste Fahrlässigkeit allerdings
kaum vorstellbar.

Im Übrigen handelt **fahrlässig,** wer die **Sorgfalt** außer Acht lässt, zu der er **40**
nach den Umständen und nach seinen persönlichen Kenntnissen und Fähigkeiten verpflichtet und imstande ist und deshalb die Möglichkeit der Tat-
standsverwirklichung nicht erkennt, aber erkennen könnte (unbewusste Fahrlässigkeit).

Bei den meisten Tatbeständen ist zwar Fahrlässigkeit theoretisch denkbar;
praktisch dürfte aber in vielen Fällen hinter der Erfüllung des objektiven Tatbestands zumindest bedingter Vorsatz stehen – es sei denn, es liegt ein Tatbestandsirrtum vor.

2. Irrtum

Auf einen **Irrtum** des Täters ist § 11 Abs. 1 OWiG (Tatbestandsirrtum) **41**
bzw. § 11 Abs. 2 OWiG (Verbotsirrtum) anwendbar.

---

[11] BGH Urteil v. 4.11.1988 – 1 StR 262/88 – NJW 1989, 781.

42   Die Annahme eines **Tatbestandsirrtums** hindert die Verurteilung wegen **vorsätzlichen Verhaltens,** lässt aber die Möglichkeit der Ahndung wegen **fahrlässigen Handelns** unberührt (§ 11 Abs. 1 Satz 2 OWiG). Der Tatbestandsirrtum kann als **Tatsachen- oder Rechtsirrtum** vorliegen.

Ein **Tatsachenirrtum** liegt vor, wenn der Täter nicht alle Tatsachen kennt, die das Vorliegen des objektiven Tatbestands begründen.

Beispiel: Ein Verleiher verstößt objektiv gegen das Equal-Pay-Prinzip, ist sich dessen aber nicht bewusst und hält es auch nicht für möglich, weil er von seinem Vertragspartner (Auftragnehmer) falsche oder irreführende Informationen über die Entgelte in dessen Betrieb erhalten hat. Allerdings kommt eine Ahndung wegen Fahrlässigkeit in Betracht, wenn allzu leichtgläubig gewesen war.

43   Ein unter § 11 Abs. 1 OWiG fallender **Rechtsirrtum** liegt vor, wenn der Täter zwar alle Tatsachen kennt, die ein normatives (= erst durch eine Bewertung oder Interpretation erkennbares) Tatbestandsmerkmal begründen, er aber laienhaft einen falschen Schluss zieht.

Beispiel: Die Mitarbeiter der Prüfbehörde sind grundsätzlich nur befugt, die Geschäftsräume während der üblichen Geschäftszeit zu betreten. Unter bestimmten Voraussetzungen (§ 14 Abs. 3 Satz 2 TVgG NRW) besteht diese Befugnis auch außerhalb der üblichen Geschäftszeit, allerdings nur **tagsüber.** Wann „tagsüber" beginnt oder endet, ist im TVgG NRW nicht geregelt.
Am 2. April morgens um fünf Uhr weigert sich ein Unternehmer unter Hinweis auf die Nachtzeit, eine Prüfung über sich ergehen zu lassen, obwohl er weiß, dass die übrigen Voraussetzungen des § 14 Abs. 3 Satz 2 TVgG NRW vorliegen.
Objektiv verhält sich der Unternehmer falsch. Das Gegenteil von „tagsüber" ist „nachts". Die Nachtzeit ist in § 104 Abs. 3 StPO definiert; sie umfasst in dem Zeitraum vom 1. April bis 30. September die Stunden von neun Uhr abends bis vier Uhr morgens und in dem Zeitraum vom 1. Oktober bis 30. März die Stunden von neun Uhr abends bis sechs Uhr morgens. Diese Definition kann man auch zur Auslegung des Begriffs „tagsüber" heranziehen.
Die Mitarbeiter der Prüfbehörde kamen danach also „tagsüber". Da der Unternehmer die Uhrzeit kannte, waren ihm auch die Tatsachen bekannt, die seine Weigerung objektiv zu einer Ordnungswidrigkeit nach § 15 Abs. 1 Satz 1 Nr. 2 TVgG NRW machen. Er muss aber § 104 Abs. 3 StPO nicht unbedingt kennen. Weil am 2. April die Sonne erst gegen sieben Uhr aufgeht, ist es um fünf Uhr noch dunkel, so dass jemand bei einer sog. **Parallelwertung in der Laiensphäre** durchaus zu dem Schluss kommen kann, für „tagsüber" sei es noch zu früh gewesen.

44   Ein **Verbotsirrtum** liegt vor, wenn der Täter zwar genau weiß, was er tut, ihm aber das Bewusstsein fehlt, etwas Unerlaubtes zu tun, insbesondere weil er das Bestehen oder die Anwendbarkeit einer Rechtsvorschrift nicht kennt.

Beispiel: Ausgeschrieben ist ein „kleiner" Auftrag. Die Angebotssumme eines Bieters beträgt 18.500 €. Weil ihm nicht bekannt ist, dass der Auftraggeber den Auftragswert auf 21.000 € geschätzt hatte, ist er der Meinung, das TVgG NRW sei nicht anwendbar.

Ein Verbotsirrtum entlastet den Täter allerdings nur, wenn er **unvermeidbar** war. Es ist immer zu fragen, ob dem konkreten Betroffenen auf Grund der an seine Person, seine Stellung und seinen Bildungsgrad zu stellenden Anforderungen nach Lage der Dinge Bedenken hinsichtlich der Zulässigkeit seines Handelns kommen mussten. Bestehende oder erkennbare Zweifel lösen Prüfungs- und Erkundigungspflicht aus. Dabei muss der Täter alle zumutbaren Anstrengungen unternehmen, die ihm Gewissheit bringen können. Bei unklarer Rechtslage darf man nicht den Kopf in den Sand stecken, sondern muss rechtskundigen Rat einholen.

Beispiel: Den Bieter, der wegen seiner Angebotssumme unter 20.000 € irrtümlich annimmt, das TVgG NRW sei nicht anwendbar, hätte gegebenenfalls stutzig machen müssen, dass der Auftraggeber unter Hinweis auf dieses Gesetz Erklärungen verlangt. Folglich hätte er sich erkundigen müssen.

V. Täter

Täter einer Ordnungswidrigkeit nach § 15 Abs. 1 TVgG NRW kann nur eine natürliche Person (Mensch) sein. Davon zu unterscheiden ist die sich aus § 30 OWiG ergebende Möglichkeit der Verhängung einer (zusätzlichen) sog. Verbandsgeldbuße gegen eine juristische Person oder Personenvereinigung, die einen Täter in führender Position in ihren Reihen hat. **45**

Handelt es sich bei dem Bieter oder Auftragnehmer um ein **Einzelunternehmen,** kommt als Täter in erster Linie dessen **Inhaber** (Betreiber) in Betracht. **46**

Arbeitnehmer scheiden grundsätzlich als Täter aus, weil sie weder Bieter noch Auftragnehmer sind. Eine Ausnahme ist die **Substitutenhaftung** nach § 9 Abs. 2 OWiG. Danach kann auch Täter sein, wer vom Inhaber des Einzelunternehmens (oder einem sonst dazu Befugten) entweder beauftragt wurde, den Betrieb **ganz oder zum Teil zu leiten,** oder den ausdrücklichen Auftrag hat, in eigener Verantwortung eine **bestimmte Aufgabe** wahrzunehmen, die an sich dem Inhaber obliegt.

Beispiel: Der Inhaber eines Zeitarbeitsunternehmens hat den Leiter der Lohnbuchhaltung damit beauftragt, eigenverantwortlich sicherzustellen, dass die Arbeitnehmer, die an einen bestimmten Auftragnehmer verliehen werden, den gleichen Lohn erhalten wie die dortige Stammbelegschaft.

Handelt es sich bei dem Bieter oder Auftragnehmer um eine **juristische Person** (z.B. GmbH oder AG) oder eine **rechtsfähige Personengesellschaft** (z.B. KG oder GbR), gilt in erster Linie die in § 9 Abs. 1 OWiG geregelte **Organ- und Vertreterhaftung.** Danach kommt als Täter in Betracht **47**
– ein **vertretungsberechtigtes Organ** einer juristischen Person oder ein Mitglied eines solchen Organs (Vorstand, Geschäftsführer);
– ein **vertretungsberechtigter Gesellschafter** einer rechtsfähigen Personengesellschaft;
– ein sonstiger **gesetzlicher** Vertreter.

Selbstverständlich können diese Personen nur dann haftbar gemacht werden, wenn und soweit sie auch **persönlich** in ihrer Rolle als gesetzliche Vertreter gehandelt haben. Der gesetzliche Vertreter eines Bieters oder Auftragnehmers tritt somit nur dann an die Stelle des Unternehmens, wenn er selbst die mit Bußgeld bedrohte Handlung begangen hat.

Ein Vorstand oder Geschäftsführer kann also nicht allein deshalb zum Betroffenen eines Bußgeldverfahrens gemacht werden, weil irgendjemand im

Unternehmen einen Fehler gemacht hat, der objektiv unter einen der Tatbestände des § 15 Abs. 1 TVgG NRW zu subsumieren ist.

48 Die **Substitutenhaftung** (§ 9 Abs. 2 OWiG) gilt unabhängig von der Rechtsform eines Bieters oder Auftragnehmers, also auch für juristische Personen und rechtsfähige Personengesellschaften.

Sie führt allerdings nicht zu einer vollständigen Entlastung derjenigen, die die Aufgabe delegiert haben. Diese können sich vielmehr im Einzelfall einer **Verletzung der Aufsichtspflicht** schuldig gemacht haben (§ 130 OWiG).

VI. Bußgeldbemessung (Abs. 2)

49 § 15 Abs. 2 TVgG NRW enthält zwei Bußgeldrahmen. Eine Ordnungswidrigkeit nach Abs. 1 Satz 1 **Nr. 1** kann mit einer Geldbuße **bis zu 50.000 €,** eine Tat nach Abs. 1 Satz 1 Nr. 2 mit **höchstens 1.000 €** geahndet werden.

Weil beide Bußgeldrahmen keine Differenzierung nach dem Grad der Schuld vorsehen, gilt ergänzend § 17 Abs. 2 OWiG. Danach reduziert sich bei **Fahrlässigkeit** das Höchstmaß auf die **Hälfte** des angedrohten Höchstbetrages der Geldbuße; die „Höchststrafe" beträgt also **25.000 €** bzw. **500 €.**

50 Grundlagen für die Zumessung der Geldbuße sind die Bedeutung der Ordnungswidrigkeit und der Vorwurf, der den Täter trifft (§ 17 Abs. 3 Satz 1 OWiG).

Hat sich der Täter durch die Tat **bereichert,** soll die Geldbuße den wirtschaftlichen Vorteil wertmäßig übersteigen. In Ausnahmefällen kann dafür auch der Höchstbetrag überschritten werden (§ 17 Abs. 4 OWiG).

Soll eine Geldbuße > 250 € verhängt werden, sind auch die wirtschaftlichen Verhältnisse des Täters zu berücksichtigen.[12] Maßgeblich ist nicht der Tatzeitpunkt, sondern der Zeitpunkt der Ahndung.

Hat der Täter für eine juristische Person oder Personenvereinigung gehandelt, ist dieser häufig auch der wirtschaftliche Vorteil aus der Tat zugeflossen und kann über die Bemessung der Geldbuße gegen den Täter nicht (vollständig) abgeschöpft werden. Dann sollte die Bußgeldbehörde die Anwendung der §§ 29a, 30 OWiG in Betracht ziehen.

VII. Zuständigkeit (Abs. 3)

51 Zuständig für die Aufklärung und Ahndung bis hin zum Erlass eines Bußgeldbescheids ist die in § 14 Abs. 1 TVgG NRW bezeichnete Prüfstelle als Bußgeldbehörde im Sinne des § 36 OWiG. Dies ist das Ministerium für Arbeit, Integration und Soziales des Landes Nordrhein-Westfalen. Von der Möglichkeit der Übertragung auf eine nachgeordnete Behörde hat die Landesregierung bisher[13] keinen Gebrauch gemacht.

Geldbußen fließen nicht in den allgemeinen Landeshaushalt, sondern in die Kasse der Bußgeldbehörde. Im Gegenzug sind aus dieser Kasse Leistungen an freigesprochene Betroffene im Sinne der §§ 105, 110 OWiG zu bestreiten.

---

[12] OLG Koblenz Beschluss v. 12.9.2016 – 2 OWi 4 SsBs 50/16 – ZfSch 2016, 652.
[13] Stand: 24.3.2017.

VIII. Mitteilungspflichten (Abs. 4)

Die Bußgeldstelle ist **verpflichtet,**   52
– das Gewerberegister
– das Vergaberegister NRW[14]
über rechtskräftige Bußgeldbescheide zu unterrichten, wenn die im konkreten
Fall verhängte Geldbuße **200 € übersteigt.**

Eine derartige Ahndung gilt über § 15 Abs. 4 Satz 3 TVgG NRW als (weitere) Verfehlung im Sinne des § 5 Abs. 1 KorruptionsbG NRW.

Aus dem für entsprechend anwendbar erklärten § 5 Abs. 2 Satz 1 Nr. 6 KorruptionsbG NRW folgt, dass eine Meldung auch schon dann erfolgen soll, wenn das Verfahren zwar noch nicht rechtskräftig abgeschlossen ist, die Beweislage im Einzelfall aber so eindeutig ist, dass vernünftige Zweifel an der Tat und deren schuldhafter Begehung durch den Betroffenen nicht aufkommen können.

Die Einzelheiten zur Datenübermittlung und -verarbeitung sowie zu Auskünften aus dem Vergaberegister sind ebenfalls im KorruptionsbG NRW geregelt.

IX. Ausschluss von Unternehmen (Abs. 5)

Nach § 15 Abs. 5 TVgG NRW in Verbindung mit § 19 Abs. 1 MiLoG **sollen** 53
Unternehmen „*für eine angemessene Zeit bis zur nachgewiesenen Wiederherstellung ihrer Zuverlässigkeit*" von Vergabeverfahren ausgeschlossen werden, wenn sie bzw. ihre Vertreter (§ 9 OWiG) wegen einer Ordnungswidrigkeit nach § 15 Abs. 1 TVgG NRW mit einer Geldbuße von wenigstens **2.500 €** belegt worden sind.

Der Ausschluss ist also nicht zwingend, sondern steht im **Ermessen des Auftraggebers.**

Der Gesetzestext ist etwas irreführend. Hat ein Unternehmen durch geeig- 54
nete Maßnahmen seine Zuverlässigkeit wieder hergestellt, gibt es keinen Grund mehr, es weiterhin für ein in der Vergangenheit liegendes Fehlverhalten zu betrafen. Der Ausschluss für eine „angemessene Zeit" kommt somit nur bei Unternehmen in Betracht, die **keine ausreichenden Selbstreinigungsmaßnahmen** ergriffen haben; auch bei ihnen wächst irgendwann einmal so viel Gras über die Sache, dass ein Ausschluss nicht mehr gerechtfertigt ist.

Einen konkreten Anhaltspunkt für die mögliche **Höchstdauer** bietet z. B. § 21 SchwarzArbG: **drei Jahre.**

§ 15 Abs. 5 TVgG NRW ist nur auf **Unterschwellenwertvergaben** an- 55
wendbar.

Für **Oberschwellenwertvergaben** enthalten die §§ 123–126 GWB **abschließende Regelungen.** Folglich muss geprüft werden, ob die mit einen Bußgeld gleich in welcher Höhe geahndete Tat unter § 124 Abs. 1 Nrn. 1 oder 3 GWB zu subsumieren ist.

Des Weiteren ist die „Verjährungsregelung" des § 126 Nr. 1 GWB zu beachten.

---

[14] § 4 KorruptionsbG NRW.

Die in § 124 GWB aufgeführten Ausschlussgründe sind nicht zwingend; ihre Anwendung steht vielmehr im Ermessen des Auftraggebers. Zudem muss jeder Ausschluss mit dem Verhältnismäßigkeitsgrundsatz zu vereinbaren sein.[15]

X. Auskünfte (Abs. 6)

56   Grundsätzlich sind die Stellen, die das Gewerberegister bzw. das Vergaberegister führen, die richtigen Adressaten für Auskunftsersuchen von Auftraggebern.

§ 15 Abs. 6 TVgG NRW ermächtigt die Bußgeldbehörde, öffentlichen Auftraggebern oder Präqualifizierungsstellen „die erforderlichen Auskünfte" zu geben.

Dieses Recht schließt insbesondere eine Informationslücke zwischen dem rechtskräftigen Abschluss eines Bußgeldverfahrens und dessen Aufnahme in das Gewerbe- oder Vergaberegister. Deshalb geht das Recht der Bußgeldstelle, Auskünfte zu erteilen, inhaltlich nicht über das hinaus, was sie nach § 15 Abs. 4 TVgG NRW melden muss.

Folglich ist es der Bußgeldbehörde grundsätzlich verwehrt, Auskünfte über laufende Verfahren zu erteilen. Eine Ausnahme besteht nur dann, wenn die Voraussetzungen des § 5 Abs. 2 Satz 1 Nr. 6 KorruptionsbG NRW vorliegen.

XI. Regelung in Schleswig-Holstein

57   § 16 TTG SH weist große Ähnlichkeiten mit § 15 TVgG NRW auf.

Allerdings ist der Kreis der **bußgeldbewährten Verpflichtungserklärungen** kleiner. Erfasst werden nur Erklärungen nach § § 4 Abs. 2 und 3 TTG SH (ÖPNV-Aufträge und vergabespezifischer Mindestlohn).

Bußgeldbehörde ist das für Wirtschaft zuständige Ministerium (§ 12 GRfW[16]).

Der Ausschluss von Unternehmen ist in § 13 TTG SH geregelt.

§ 16   Rechtsverordnungen

(1) **Das für Arbeit zuständige Ministerium wird ermächtigt, durch Rechtsverordnung festzustellen, welcher Tarifvertrag oder welche Tarifverträge im Bereich des öffentlichen Personenverkehrs gemäß § 2 Absatz 2 repräsentativ im Sinne von § 4 Absatz 2 sind.**

(2) **Bei der Feststellung der Repräsentativität eines oder mehrerer Tarifverträge nach Absatz 1 ist auf die Bedeutung des oder der Tarifverträge für die Arbeitsbedingungen der Arbeitnehmer abzustellen. Hierbei kann insbesondere auf**

---

[15] Zudem Einzelheiten siehe Summa in Heiermann/Zeiss/Summa jurisPK-VergR, 5. Aufl. 2016, § 124 GWB (nur online).

[16] Gesetz zur Einrichtung eines Registers zum Schutz fairen Wettbewerbs.

1. die Zahl der von den jeweils tarifgebundenen Arbeitgebern unter den Geltungsbereich des Tarifvertrags fallenden Beschäftigten oder
2. die Zahl der jeweils unter den Geltungsbereich des Tarifvertrags fallenden Mitglieder der Gewerkschaft, die den Tarifvertrag geschlossen hat,

Bezug genommen werden. Das für Arbeit zuständige Ministerium errichtet einen beratenden Ausschuss für die Feststellung der Repräsentativität der Tarifverträge. Es bestellt für die Dauer von vier Jahren je drei Vertreter von Gewerkschaften und von Arbeitgebern oder Arbeitgeberverbänden im Bereich des öffentlichen Personenverkehrs auf deren Vorschlag als Mitglieder. Die Beratungen koordiniert und leitet eine von dem für Arbeit zuständigen Ministerium beauftragte Person, die kein Stimmrecht hat. Der Ausschuss gibt eine schriftlich begründete Empfehlung ab. Kommt ein mehrheitlicher Beschluss über eine Empfehlung nicht zustande, so ist dies unter ausführlicher Darstellung der unterschiedlichen Positionen schriftlich mitzuteilen. Das für Arbeit zuständige Ministerium wird ermächtigt, das Nähere zur Bestellung des Ausschusses, zu Beratungsverfahren und Beschlussfassung, zur Geschäftsordnung und zur Vertretung und Entschädigung der Mitglieder durch Rechtsverordnung zu regeln.

(3) Das für Arbeit zuständige Ministerium wird ermächtigt, in seinem Geschäftsbereich durch Rechtsverordnung eine andere Behörde zur Verwaltungsbehörde im Sinne des §36 Absatz 1 Nummer 1 des Gesetzes über Ordnungswidrigkeiten zu bestimmen.

(4) Die Landesregierung wird ermächtigt, durch Rechtsverordnung folgendes zu regeln:
1. Mustervordrucke für die Verpflichtungserklärungen nach §4 Absatz 1, 2, 3 und 4 sowie §5,
2. Konkretisierungen hinsichtlich der Art und Weise der Berücksichtigung der in §6 genannten Kriterien im Vergabeverfahren vorzunehmen,
3. auf welche Produktgruppen oder Herstellungsverfahren §7 anzuwenden ist; die Verordnung trifft im Anwendungsbereich des §7 auch Bestimmungen zur Nachweiserbringung sowie zur vertraglichen Ausgestaltung von Kontrollen und Sanktionen,
4. den Inhalt der Maßnahmen zur Frauenförderung und zur Förderung der Vereinbarkeit von Beruf und Familie sowie den Kreis der betroffenen Unternehmen und
5. ein Siegelsystem, bei dem an Stelle der nach diesem Gesetz erforderlichen Nachweise und Erklärungen jeweils ein Siegel vorgelegt werden kann. Die konkrete Ausgestaltung des Siegelverfahrens, Aufgaben und Befugnisse etwaiger einzurichtender Siegelvergabestellen sowie die Regelungen zum Erhalt oder Entzug eines Siegels sind ebenfalls in der Rechtsverordnung zu regeln.

§16 TVgG – NRW, §14 BbgVergG Bbg, §20 TTG SchlH

Literatur: Dieterich/Ulber, Zur Verfassungsmäßigkeit von Tariftreuepflicht und Repräsentativerfordernis, ZTR 2013, 179; Faber, Rechtsfragen zum Tariftreue- und Vergabegesetz NRW unter Berücksichtigung des verfassungs- und europarechtlichen Rahmens sowie des Rechtsschutzes, NWVBl. 2012, 255; ders, Die Reichweite der Tariftreuepflichten im öffentlichen Personennahverkehr – Eine Untersuchung vor dem Hintergrund der Tariftreue- und Vergabegesetze in den Bundesländern, DVBl. 2015, 149; ders., Die verfassungs- und europarechtliche Bewertung von Tariftreue- und Mindestentgeltregelungen in Landesvergabegesetzen, NVwZ 2015, 257; Greiner, Repräsentativität des Tarifvertrags als Vergabekriterium?, ZfA 2012, 483; ders., Vergaberegeln im öffentlichen Personennahverkehr – ein Angriff auf die Tarifautonomie, ZTR 2013, 647; Halm, Das Tariftreue- und Vergabegesetz Nordrhein-Westfalen (TVgG NRW) – Überblick und Kritik, GewArch 2013, 63; Köster, Das Tariftreue- und Vergabegesetz Nordrhein-Westfalen, DÖV 2012, 474; Liebschwager, Das neue Tariftreue- und Vergabegesetz NRW, NWVBl. 2012, 249; Pöttering, Neues Tariftreue- und Vergabegesetz NRW, PuR 2012, 51; Schröder, Die Frauen- und Familienförderung bei der Vergabe öffentlicher Aufträge in NRW, NWVBl. 2013, 48.

Übersicht

I. Allgemeines

1   Aufgrund der Komplexität der Materie und dem in NRW bestehenden rechtspolitischen Willen, dass Tariftreue- und Vergaberecht möglichst detailliert zu regeln, war sowohl unter dem TVgG NRW vom 10.1.2012 als auch unter dem novellierten TVgG NRW vom 31.1.2017 dem Gesetzgeber von Anfang an bewusst, dass für verschiedene Regelungen **ausführende Rechtsverordnungen** erforderlich sein werden. Dies betrifft insbesondere die Entscheidung, welcher Tarifvertrag oder welche Tarifverträge im Bereich des öffentlichen Personenverkehrs repräsentativ im Sinne von § 4 Abs. 2 TVgG NRW sind, konkretisierende Regelungen im Bereich des Umweltschutzes und der Energieeffizienz sowie die in Betracht kommenden Maßnahmen der Frauenförderung bzw. der Vereinbarkeit von Familie und Beruf (§ 8 TVgG NRW).

Rechtsverordnungen, die aufgrund des § 16 TVgG NRW erlassen werden, **2** sind für alle öffentlichen Auftraggeber im Anwendungsbereich des TVgG NRW (vgl. § 2 TVgG NRW) bindend. Die Möglichkeit zum Erlass von Verwaltungsvorschriften zum TVgG NRW ist im Gegensatz zur Fassung des TVgG NRW vom 10.1.2012 im novellierten TVgG NRW nicht mehr geregelt. Landesseitige Verwaltungsvorschriften und Erlasse können daher unter dem novellierten TVgG NRW nur noch Landesbehörden unmittelbar binden, für die übrigen öffentlichen Auftraggeber können landesseitige Verwaltungsvorschriften oder Erlasse nur norminterpretierenden Charakter ohne rechtliche Bindungswirkung einnehmen.

1. Bedeutung der Vorschrift

Aufgrund der vom Gesetzgeber im Lande NRW angestrebten hohen De- **3** tailliertheit der Regelungen zur Tariftreue, zu Umweltstandards und sonstigen Sozialstandards im TVgG NRW kommt den **ausführenden Rechtsverordnungen eine hohe Bedeutung** zu. Auch – und das soll aufgrund der bisherigen Erfahrungen mit dem TVgG NRW an dieser Stelle nicht unerwähnt bleiben – dienen die Verordnungsermächtigungen und entsprechend die ausführenden Verordnungen vielfach den verschiedenen Ressorts in der Landesregierung NRW als Projektionsfläche für die Umsetzung ihrer grundsatzpolitischen Intentionen.

Im Bereich der Festlegung **des repräsentativen Tarifvertrages** oder **der** **4** **repräsentativen Tarifverträge** i. S. v. § 4 Abs. 2 TVgG NRW sowie der in Betracht kommenden **Maßnahmen zur Frauenförderung** und **der Förderung der Vereinbarkeit von Familie und Beruf** i. S. v. § 8 TVgG NRW ist eine Umsetzung in einer Rechtsverordnung notwendig, damit die entsprechenden Normen des Gesetzes überhaupt angewendet werden können: §§ 4 Abs. 2 und 8 TVgG NRW entfalten ohne ausführende Rechtsverordnungen keine Bindungswirkung.

Rechtsverordnungen nach § 16 TVgG NRW erfüllen die Anforderungen **5** nach § 129 GWB. Nach dieser Vorschrift dürfen Ausführungsbedingungen, die der öffentliche Auftraggeber dem beauftragten Unternehmen verbindlich vorzugeben hat, nur aufgrund eines Bundes- oder Landesgesetzes festgelegt werden (zur str. Frage, ob hierfür ein formelles Gesetz erforderlich ist → § 3 Rn. 29).

2. Verfassungsrechtlicher Rahmen der Verordnungsermächtigungen in § 16 TVgG NRW

Der **verfassungsrechtliche Rahmen für den Erlass einer Rechtsver-** **6** **ordnung** in NRW ergibt sich aus Art. 70 LVerf NRW. Die Ermächtigung zum Erlass einer Rechtsverordnung kann nur durch Gesetz erteilt werden.

Das formelle Gesetz selbst muss **Inhalt, Zweck** und **Ausmaß** der erteilten Ermächtigung bestimmen. In der Verordnung ist die Rechtsgrundlage anzugeben. Damit entsprechen die materiellen Voraussetzungen für die Ermächtigung zum Erlass einer Rechtsverordnung im Wesentlichen dem Art. 80 GG.

7   In materieller Hinsicht ist entscheidend, dass Inhalt, Zweck und Ausmaß der erteilten Ermächtigung im Gesetz bestimmt werden. Dieses Bestimmtheitsgebot soll dem (ministeriellen) Verordnungsgeber Grenzen setzen und zugleich gewährleisten, dass sich der parlamentarische Gesetzgeber seiner Verantwortung nicht durch Delegation entziehen kann. In der Judikatur des BVerfG haben sich verschiedene Formen für die Auffüllung dieses Bestimmtheitsgebotes etabliert: Nach der „Selbstentscheidungsformel" hat der Gesetzgeber die Entscheidungen selbst zu treffen, welche Fragen durch die Rechtsverordnung geregelt werden sollen, wo die Grenzen einer solchen Regelung liegen und welchem Ziel die Regelung dienen soll[1]. Nach der „Programmformel" muss sich aus dem Gesetz ermitteln lassen, welches vom Gesetzgeber gesetztes Programm durch die Rechtsverordnung erreicht werden soll[2]. Die Anforderungen an die Bestimmtheit der Ermächtigungsgrundlage sind höher, wenn von der Rechtsverordnung eine starke Eingriffsintensität ausgeht oder schwerwiegende Auswirkungen zu erwarten sind. Dagegen sind geringere Anforderungen an die Bestimmtheit vertretbar, wenn die Dynamik von Entwicklungsprozessen zu berücksichtigen ist, Änderungen der tatsächlichen Verhältnisse zu erwarten sind oder vielschichtige Sachverhalte mit besonderen fachbezogenen Hintergründen vorliegen[3].

8   Vor dem Hintergrund der genannten Kriterien ist für den Bereich des TVgG NRW grundsätzlich von einem relativ weiten Spielraum für die ermächtigten Landesministerien bzw. die ermächtigt der Landesregierung auszugehen. Zwar ist nicht zu verkennen, dass es durch die Ausübung der Verordnungsermächtigungen in § 16 TVgG NRW im Hinblick auf Art. 12 und 14 GG, im Falle des § 16 Abs. 1, 2 TVgG NRW auch im Hinblick auf Art. 9 Abs. 3 GG, zu grundrechtsrelevanten Belastungen kommt, auf der anderen Seite muss jedoch berücksichtigt werden, dass die Normierung der ausführenden Rechtsverordnungen meist umfassende tatsächliche Kenntnisse voraussetzt, und zudem die oft schnellen Änderungen unterworfene Materie des Vergaberechts eine Möglichkeit zur flexiblen Rechtsanpassung auf der Ebene des Verordnungsrechts rechtfertigt. Die Grenzen des Spielraumes des Verordnungsgebers sind indes dort erreicht, wo sich eine Regelung auf Ebene einer Rechtsverordnung selbst bei weiter Interpretation des Zwecks der Verordnungsermächtigung nicht mehr mit dem in § 16 TVgG NRW niedergelegten Wortlaut vereinbaren lässt.

3. Rechtsentwicklung

9   **§ 16 TVgG NRW in der novellierten Fassung vom 31.1.2017** ist **im Vergleich zum entsprechenden § 21 TVgG NRW i.d.F vom 10.1.2012**

---

[1] BVerfGE 2, 307 (334); BVerfGE 23, 62 (72).
[2] BVerfGE 5, 71 (77); BVerfGE 111, 143 (150).
[3] Insg. hierzu Pieroth in Jarass/Pieroth Grundgesetz, Art. 80 Rn. 12f.

in einigen Punkten verändert worden. Weggefallen ist insb. die Ermächtigung, den vergabespezifischen Mindestlohn gem. § 4 Abs. 3 TVgG NRW durch Rechtsverordnung anzupassen (bislang § 21 Abs. 1 Nr. 2, Abs. 3 TVgG NRW i.d.F vom 10.1.2012). Weggefallen ist ebenfalls eine Ermächtigung, einen Kostenausgleich für die Mehrkosten für die kommunalen öffentlichen Auftraggeber in Folge der Anwendung des TVgG NRW durch Rechtsverordnung zu regeln (bislang § 21 Abs. 3 Nr. 4 TVgG NRW i.d.F vom 10.1.2012); ein solcher Kostenausgleich für die kommunalen öffentlichen Auftraggeber vor dem Hintergrund des Konnexitätsprinzips aus Art. 78 Abs. 3 LVerf NRW i.V.m. KonnexAG NRW ist im novellierten TVgG NRW an keiner Stelle mehr vorgesehen.

Ebenfalls geschwächt worden ist im Vergleich zur vorherigen Fassung des **10** TVgG NRW die Stellung der Landtags NRW. Während nach § 21 Abs. 4 TVgG NRW i.d.F vom 10.1.2012 das Einvernehmen mit dem für Wirtschaft zuständigen Ausschuss des Landtages erforderlich war, fällt das Erfordernis eines solchen Einvernehmens nun in § 16 Abs. 4 TVgG NRW weg. Die Mitwirkung eines Ausschusses des Landtages NRW oder des Landtages NRW insgesamt ist nunmehr in keiner Variante des § 16 TVgG NRW erforderlich.

II. Inhalt der Norm

1. Festlegung eines oder mehrerer repräsentativer Tarifverträge im ÖPNV (Abs. 1 und 2)

Nach § 16 Abs. 1 TVgG NRW wird das für Arbeit zuständige Ministerium **11** ermächtigt, durch Rechtsverordnung festzustellen, **welcher Tarifvertrag** oder **welche Tarifverträge** im Bereich des öffentlichen Personenverkehrs gem. § 2 Abs. 2 TVgG NRW repräsentativ im Sinne von § 4 Abs. 2 TVgG NRW sind. Nur durch die Feststellung eines oder mehrerer solcher repräsentativer Tarifverträge wird die vergabespezifische Entgeltverpflichtung nach § 4 Abs. 2 TVgG NRW überhaupt umgesetzt. Ohne entsprechende Feststellung durch eine Rechtsverordnung besteht keine Pflicht der Auftraggeber, den Auftragnehmer gem. § 4 Abs. 2 TVgG NRW zu verpflichten, seinen Arbeitnehmern wenigstens das für diese Leistung in einem einschlägigen und repräsentativen mit einer tariffähigen Gewerkschaft vereinbarten Tarifvertrag vorgesehene Entgelt nach den tarifvertraglich festgelegten Modalitäten zu zahlen; der Auftraggeber kann nicht selbst die Feststellung der Repräsentativität vornehmen. Auch im Wege eines Nachprüfungsverfahrens oder einer Vergabebeschwerde kann die fehlende Feststellung der Repräsentativität eines Tarifvertrages in einer Rechtsverordnung nicht ersetzt werden.

Der Verordnungsgeber hat bei der Feststellung der Repräsentativität von **12** Tarifverträgen **einen Gestaltungsspielraum,** der durch den von der Verordnungsermächtigung intendierten gesetzlichen Zweck beschränkt ist[4]. Gleiches muss auch für die verfassungs- und europarechtlichen Grenzen der Ausübung des Gestaltungsspielraums gelten. Die gerichtliche Kontrolle ist darauf be-

---

[4] OLG Düsseldorf NZBau 2016, 50 (52).

schränkt, ob bei der Ausübung des Gestaltungsspielraums die dem Verordnungsgeber auferlegten Beschränkungen beachtet und ob von der Ermächtigung in einer zweckentsprechenden Weise vertretbar Gebrauch gemacht worden ist[5]. Allerdings kommt dem für Arbeit zuständigen Ministerium auch kein politischer Handlungsauftrag zu, was auch dem Art. 70 LVerf NRW mit den darin normierten Grundsätzen für die Reichweite einer Verordnungsermächtigung widersprechen würde; vielmehr entspricht der Spielraum des Verordnungsgebers hier im Wesentlichen dem Abwägungsspielraum einer dem Planungsrecht unterliegenden Behörde.

13   In § 4 Abs. 2 und § 16 Abs. 1, 2 TVgG NRW wird mittlerweile ausdrücklich eine Singular- und eine Pluralformulierung hinsichtlich der repräsentativen Tarifverträge verwendet. Damit will der Gesetzgeber klarstellen, dass es im Bereich des öffentlichen Personenverkehres mehrere repräsentative Tarifverträge geben kann, und zwar auch auf einzelnen Teilmärkten (straßengebundener ÖPNV, schienengebundener ÖPNV, Subunternehmermarkt). Der Gesetzgeber wollte gerade keine zwingende Monopolisierung auf nur einen in Betracht kommenden repräsentativen Tarifvertrag. Dies war unter dem TVgG NRW vom 10.1.2012 zunächst umstritten[6], wurde dann aber vom OLG Düsseldorf bereits für das TVgG NRW i.d.F 10.1.2012 zutreffend bestätigt[7].

14   **Materiellrechtlich** will der Gesetzgeber in § 16 Abs. 2 TVgG NRW im Grundsatz auf die „Bedeutung des Tarifvertrages für die Arbeitsbedingungen der Arbeitnehmer" abstellen (S. 1). Die Bedeutung eines Tarifvertrags ist also der vor die Klammer gesetzte Oberbegriff bei der Entscheidung zur Feststellung der Repräsentativität eines Tarifvertrags. In S. 2 normiert der Gesetzgeber nun zwei nicht abschließende Regelfallbeispiele für die Repräsentativität eines Tarifvertrages: Nach § 16 Abs. 2 S. 2 Nr. 1 TVgG NRW wird zum Einen eine arbeitgeberbezogene Betrachtung herangezogen, bei der auf die Zahl der von den entsprechenden tarifgebundenen Arbeitgebern angestellten Beschäftigten, die unter den Geltungsbereich des Tarifvertrags fallen, abgestellt wird. Nach § 16 Abs. 2 S. 2 Nr. 2 TVgG NRW wird eine arbeitnehmerbezogene Betrachtung herangezogen, wonach auf die Zahl der jeweils unter den Geltungsbereich des Tarifvertrages fallenden Mitglieder einer Gewerkschaft, die den Tarifvertrag geschlossen hat, abgestellt wird. Für die Bewertung muss ausreichen, wenn die Beschäftigten in den sachlichen Anwendungsbereich des jeweiligen Tarifvertrags fallen, ohne dass eine unmittelbare Bindung des jeweiligen Arbeitsverhältnisses an den Tarifvertrag erforderlich ist.

15   Im Rahmen des **Gestaltungsspielraums** des für Arbeit zuständigen Ministeriums besteht grundsätzlich die Pflicht, dass sich das Ministerium umfassend Klarheit über die tatsächlichen Grundlagen einer Entscheidung zur Feststellung der Repräsentativität eines Tarifvertrages oder mehrerer Tarifverträge verschafft. Hierzu ist es in der Regel zunächst geboten, sich das Votum des beratenden Ausschusses gem. § 16 Abs. 2 S. 3, 4 TVgG NRW einzuholen. Allerdings dürfte dies in der Regel nicht ausreichen, hinreichende Erkennt-

[5] OLG Düsseldorf NZBau 2016, 50 (52).
[6] Vgl. VG Düsseldorf NZBau 2015, 643 (646).
[7] OLG Düsseldorf NZBau 2016, 50 (52).

nisse über die tatsächlichen Grundlagen einer Entscheidung zur Feststellung der Repräsentativität einzuholen; vielmehr ist eine umfassende Markerkundung unter Beteiligung der Akteure im ÖPNV-Sektor (relevante Tarifvertragsparteien, Unternehmensverbände des Verkehrsgewerbes, kommunale Spitzenverbände, Aufgabenträgerorganisationen im Sektor des öffentlichen Personenverkehrs) erforderlich. Ggf. ist auch eine gutachterliche Sachverhaltsaufklärung der Marktgegebenheiten einschließlich der (zahlenmäßigen) Größenverhältnisse gem. § 16 Abs. 2 S. 1 und insbesondere 2 TVgG NRW erforderlich. Ebenfalls ist es geboten, bei Auslegung des Begriffes der „Bedeutung des Tarifvertrages" die besondere (regionale und strukturelle) teilmarktbezogene Bedeutung eines Tarifvertrages (z. B. für den Markt für eigenwirtschaftlich konzessionierte Verkehrsunternehmen oder den Subunternehmermarkt) zu berücksichtigen[8]. Hier ist kann auch eine örtliche und sachliche Marktabgrenzung unterhalb der Landesebene NRW erforderlich sein. Im Zweifel wird man hier eher eine Mehrzahl von Tarifverträgen als repräsentativ feststellen müssen, um den von der Verordnungsermächtigung intendierten gesetzlichen Zweck hinreichend abzubilden.

Das für Arbeit zuständige Ministerium errichtet einen beratenden Aus- **16** schuss für die Feststellung der Repräsentativität der Tarifverträge (§ 16 Abs. 2 S. 3 ff. TVgG NRW). Der Ausschuss gibt eine schriftlich begründete Empfehlung ab. Diese Empfehlung ist rechtlich nicht bindend, ist aber i. d. R. im Rahmen der Abwägungsentscheidung des Verordnungsgebers, welche Tarifverträge als repräsentativ festgestellt werden, zu berücksichtigen. Das für Arbeit zuständige Ministerium wird gem. § 16 Abs. 2 S. 8 TVgG NRW ermächtigt, das Nähere zur Bestellung des Ausschusses, zu Beratungsverfahren und Beschlussfassung, zur Geschäftsordnung und zur Vertretung und Entschädigung der Mitglieder durch Rechtsverordnung zu regeln.

In der **Verordnung zur Feststellung der Repräsentativität von Tarif-** **17** **verträgen im Bereich des öffentlichen Personennahverkehrs** (Repräsentative Tarifverträge Verordnung – RepTVVO) vom 5. 4. 2016[9] hat der Verordnungsgeber in Anlage 1 insgesamt 25[10] verschiedene Tarifverträge, differenziert nach straßengebundenen und schienengebundenen Personennahverkehr, für repräsentativ erklärt.

2. Andere Behörde als Verwaltungsbehörde im Sinne des § 36 Abs. 1 Nr. 1 des Gesetzes über Ordnungswidrigkeiten (Abs. 3)

§ 16 Abs. 3 TVgG NRW entspricht im Wesentlichen § 21 Abs. 4 Nr. 4 des **18** TVgG NRW i. d. F vom 10. 1. 2012 und ist im Zusammenhang mit § 15 Absatz 3 TVgG NRW zu sehen[11]. Im Vergleich zur früheren Fassung ist das Einvernehmen mit dem für Wirtschaft zuständigen Ausschuss des Landtags nicht mehr erforderlich.

---

[8] Vgl. hierzu die Ausführungen OLG Düsseldorf NZBau 2016, 50 (52).
[9] GV. NRW. S. 195.
[10] Hierbei sind jedoch einige Tarifverträge, die von denselben Tarifvertragsparteien abgeschlossen worden sind (z. B. Manteltarifverträge, Lohntarifverträge für verschiedene Beschäftigtengruppen).
[11] Vgl. Begründung LT-Drs. 16/12265, S. 29.

19   Die **bestimmte andere Behörde als Verwaltungsbehörde im Sinne des § 36 Abs. 1 Nr. 1 des Gesetzes über Ordnungswidrigkeiten** muss im Geschäftsbereich des für Arbeit zuständigen Ministeriums liegen. Damit kommt eine Übertragung auf kommunale bzw. kreisliche Behörden nicht in Betracht.

3. Verordnungsermächtigungen nach Absatz 4

20   § 16 Abs. 4 TVgG NRW sieht vor, dass die **Landesregierung** einheitliche **Rechtsverordnungen zu unterschiedlichen Regelungsbereichen** des Gesetzes erlassen kann. Hintergrund ist, dass der Gesetzgeber in vielen Einzelfragen der Umsetzung des TVgG NRW eine einheitliche Anwendung des Gesetzes erreichen will, andererseits die dafür notwendige hohe Detaillierung nicht bereits im Gesetzestext selbst regeln wollte, zumal es sich hierbei zum Teil auch um Fragen mit starkem technischen Bezug handelt

21   **a) Mustervordrucke für die Verpflichtungserklärungen nach § 4 Absatz 1, 2, 3 und 4 sowie § 5 (Nr. 1).** Für die Verpflichtungserklärungen nach § 4 Abs. 1, 2, 3 und 4 TVgG NRW sowie § 5 TVgG NRW kann die Landesregierung **Mustervordrucke durch Rechtsverordnung** vorgeben. Dies war im TVgG NRW i.d.F vom 10.1.2012 noch nicht ausdrücklich in den Verordnungsermächtigungen des § 21 TVgG NRW geregelt (was aber in den Anlagen 1 – 6 zur RVO TVgG NRW i.d.F vom 14.5.2013 dennoch praeter legem so gehandhabt wurde).

22   Die Ermächtigung, **Mustervordrucke** für die Verpflichtungserklärungen nach § 4 Abs. 1, 2, 3 und 4 TVgG NRW sowie § 5 TVgG NRW durch Rechtsverordnung vorzugeben, erstreckt sich auf die zivilrechtlichen notwendigen Erklärungen im Verhältnis zwischen öffentlichen Auftraggebern und Auftragnehmern zur Umsetzung der materiellen Regelungen aus § 4 Abs. 1, 2, 3 und 4 TVgG NRW sowie § 5 TVgG NRW. Keinesfalls kann der Verordnungsgeber zusätzliche materielle Vorgaben für die Mustervordrucke machen, die sich nicht bereits aus den Regelungen der § 4 Abs. 1, 2, 3 und 4 TVgG NRW sowie § 5 TVgG NRW ergeben.

23   Der Verordnungsgeber kann nur Vorgaben für Mustervordrucke für Verpflichtungserklärungen im Rahmen der § 4 Abs. 1, 2, 3 und 4 TVgG NRW sowie § 5 TVgG NRW machen. Für weitergehende (Verpflichtungs-)Erklärungen, z.B. über die gesetzlichen Regelungen des TVgG NRW hinausgehenden Vorlage- und Nachweisverpflichtungen, fehlt dem Verordnungsgeber insoweit eine einschlägige Ermächtigungsgrundlage; auch im Wege von Annexkompetenzen kann die Ermächtigungsgrundlage nach § 16 Abs. 4 Nr. 1 TVgG NRW nicht ausgeweitet werden.

24   In der **novellierten RVO TVgG NRW vom 21.2.2017**[12] sind in den Anlagen 1 und 2 Mustervordrucke betreffend die Tariftreueregelungen in § 4 TVgG NRW und die Nachunternehmerregelung in § 5 TVgG NRW sowie die Maßnahmen zur Frauenförderung und der Förderung der Vereinbarkeit von Familie und Beruf aus § 8 TVgG NRW vorgesehen.

---

[12] GV. NRW. S. 293.

b) Konkretisierungen hinsichtlich der Art und Weise der Berück- 25
sichtigung der in § 6 genannten Kriterien (Nr. 2). Eine verhältnismäßig
weit reichende Ermächtigungsgrundlage hat der Verordnungsgeber für
die Konkretisierungen hinsichtlich der Art und Weise der Berücksichtigung
der in § 6 TVgG NRW genannten Kriterien vorgesehen. Dies umfasst auch
materielle Anforderungen an die **Berücksichtigung des Umweltschutzes**
und der Aspekte der Energieeffizienz. Hier lag bereits unter dem TVgG
NRW i.d.F vom 10.1.2012 ein Schwerpunkt der Tätigkeit des Verordnungsgebers.

Bei der Formulierung „Art und Weise der Berücksichtigung" besteht die 26
Gefahr, dass der Verordnungsgeber hier extensiv Vorgaben für Aspekte des
Umweltschutzes und der Energieeffizienz regelt, und damit die Ermächtigungsgrundlage des §§ 16 Abs. 4 Nr. 2 i. V. m. § 6 TVgG NRW überschreitet.
Deshalb ist grundsätzlich eine Auslegung der Verordnungsermächtigung eng
am Regelungsgehalt des § 6 TVgG NRW geboten. Zur Konkretisierung des
§ 6 Abs. 2 TVgG NRW kann der Verordnungsgeber z. B. Methoden zur Berücksichtigung der Betriebs-, Wartung- und Entsorgungskosten zur Ermittlung des wirtschaftlichsten Gebotes vorgeben (Nr. 1), Vorgaben hinsichtlich
des Umweltschutzes und der Energieeffizienz für das Leistungsverzeichnis
oder der Bekanntmachung regeln (Nr. 2) oder Konkretisierungen der Fall-
gruppen vorgeben, in denen vom Bieter zum Nachweis ihrer Leistungsfähigkeit verlangt werden kann, dass das zu beauftragende Unternehmen bestimmte
Normen für das Umweltmanagement erfüllt (Nr. 3). Ein vom Wortlaut her
sehr weiter Spielraum des Verordnungsgebers ergibt sich insbesondere bei
Konkretisierungen der Vorgaben aus § 6 Abs. 2 Nr. 2 TVgG NRW. Hier ist
eine einschränkende Auslegung geboten, die es dem Verordnungsgeber verwehrt, jeden in Betracht kommenden Beschaffungsvorgang im Hinblick auf
Kriterien des Umweltschutzes und Aspekte der Energieeffizienz durch eine
Rechtsverordnung umfassend zu normieren; die Verordnungsermächtigung
in § 6 Abs. 2 Nr. 2 TVgG NRW darf nicht dazu führen, dass die öffentlichen
Auftraggeber zu reinen Vollzugsinstanzen bei der Umsetzung der Kriterien
des Umweltschutzes und der Energieeffizienz werden.

Zudem muss auch bei der Normierung einer solchen Rechtsverordnung 27
das **Leistungsbestimmungsrecht der öffentlichen Auftraggeber grund-**
sätzlich gewahrt bleiben. Daher darf der Verordnungsgeber i. d. R. keine
Einschränkung auf nur ein in Betracht kommendes Produkt oder eine Produktgruppe vornehmen, er muss die Verordnung so ausgestalten, dass der Verhältnismäßigkeitsgrundsatz und die haushaltsrechtlichen Grundsätze der Wirtschaftlichkeit und Sparsamkeit gewahrt werden und er darf aus der
gesetzlichen „Soll-Vorgabe" in § 6 Abs. 2 Nr. 2 TVgG NRW keine generelle
„Muss-Vorgabe" machen (der Verordnungsgeber darf das intendierte Ermessen in § 6 Abs. 2 Nr. 2 TVgG NRW aber konkretisieren und dabei Regelfälle
normieren, in denen aus der „Soll-Vorgabe" eine Pflicht zur Umsetzung er-
wächst).

c) Regelung, auf welche Produktgruppen oder Herstellungsverfah- 28
ren § 7 anzuwenden ist (Nr. 3). Die Verordnungsermächtigung in 16 Abs. 4
Nr. 3 TVgG NRW umfasst die Befugnis, **Produktgruppen** oder **Herstel-**

lungsverfahren zu definieren, für die die Anforderungen des § 7 TVgG
NRW Anwendung finden. Mit dieser Ermächtigungsgrundlage möchte der
Gesetzgeber die Möglichkeit schaffen, zu differenzieren, für welche Produkt-
gruppen oder Herstellungsverfahren überhaupt Nachweise i. S. d. § 7 TVgG
NRW erbracht werden müssen.

29   Der Begriff der Produktgruppen kann sich sowohl auf sachliche Produktgruppen beziehen als auch auf Produkte aus bestimmten Herkunftsländern
(z. B. DAC-Liste der Entwicklungsländer und Entwicklungsgebiete). Der Bezug auf Herstellungsverfahren umfasst die Möglichkeit, bestimmte Produk-
tionsmethoden zu definieren, bei denen eine Gefährdung der durch die ILO-
Kernarbeitsnormen vermittelten Standards verstärkt in Betracht kommen
kann. Bei der Definition der Produktgruppen und Herstellungsverfahren
kommt dem Verordnungsgeber ein weiter Beurteilungsspielraum zu; außen-
und entwicklungspolitische Erkenntnisse sind bei einer solchen Entscheidung
zu berücksichtigen.

30   Unter die Ermächtigungsgrundlage gem. § 16 Abs. 4 Nr. 3 TVgG NRW
fällt auch die Befugnis, zu definieren, welche Art von Nachweisen gefordert
werden können. Dies können z. B. Zertifikate, Mitgliedschaften in einer Initiative, die sich für die Beachtung der ILO-Mindestanforderungen einsetzt, oder
gleichwertige Erklärungen Dritter sein[13]. Gerade bei den Anforderungen zur
Nachweiserbringung ist jedoch vom Verordnungsgeber in besonderer Weise
der Verhältnismäßigkeitsgrundsatz zu berücksichtigen: So müssen insbesondere auch kleine und mittelständische Bieter eine im Verhältnis zum Darle-
gungsaufwand angemessene Möglichkeit erhalten, nachzuweisen, dass sie dafür Sorge tragen, dass die im konkreten Auftrag beschafften Waren unter
Beachtung der in den Kernarbeitsnormen der ILO festgelegten Mindeststandards gewonnen oder hergestellt worden sind. Der Verordnungsgeber kann
auch unter dem novellierten TVgG NRW für einen solchen Nachweis Eigenerklärungen genügen lassen; dies müsste aber in der entsprechenden Rechtsverordnung geregelt werden.

31   Schließlich dient die Erwähnung der vertraglichen Ausgestaltung der Möglichkeit, eine entsprechende Vertragsklausel oder den Mindestinhalt einer entsprechenden vertraglichen Regelung in der Verordnung zu verankern[14]. Zudem können Kontroll- und Sanktionsregelungen vorgesehen werden; auch
hier hat der Verordnungsgeber jedoch wiederum im besonderen Umfang den
Verhältnismäßigkeitsgrundsatz zu berücksichtigen.

32   **d) Inhalt der Maßnahmen zur Frauenförderung und zur Förderung
der Vereinbarkeit von Beruf und Familie (Nr. 4).** Eine Besonderheit ergibt sich bei der Verordnungsermächtigung nach § 16 Abs. 4 Nr. 4 TVgG
NRW zur Festlegung des Inhalts der Maßnahmen zur **Frauenförderung** und
zur **Förderung der Vereinbarkeit von Beruf und Familie.** Erst durch die
Festlegung in einer Rechtsverordnung sind die öffentlichen Auftraggeber gebunden (als „Soll-Vorgabe"), von den Auftragnehmern die Verpflichtungserklärung zur Durchführung von Maßnahmen zur Frauenförderung und zur

---

[13] Vgl. Begründung LT-Drs. Nr. 16/12265, S. 29.
[14] LT-Drs. 16/12265, S. 30.

Förderung der Vereinbarkeit von Beruf und Familie im eigenen Unternehmen bei der Ausführung des Auftrags zu verlangen. Ohne entsprechende ausführende Verordnungsregelung kann der § 8 TVgG NRW nicht umgesetzt werden.

Der Verordnungsgeber hat einen grundsätzlich weiten Gestaltungsspiel- 33 raum, Inhalte der Maßnahmen zur Frauenförderung und zur Förderung der Vereinbarkeit von Beruf und Familie zu regeln. Er muss dabei aber die allgemeinen vergaberechtlichen Grundsätze, insbesondere den Verhältnismäßigkeitsgrundsatz und das Diskriminierungsverbot, beachten. Daher müssen die zur Auswahl vorgegeben Maßnahmen so gestaltet sein, dass sie für sämtliche in Betracht kommenden Größenklassen von Unternehmen (oberhalb der in § 8 Abs. 1 S. 2 TVgG NRW genannten Schwellenwerte) ohne unverhältnismäßigen Aufwand umgesetzt werden können.

e) Rechtsverordnungen zum Siegelsystem (Nr. 5). § 16 Absatz 4 Nr. 5 34 TVgG NRW stellt die Ermächtigungsgrundlage für die Landesregierung dar, eine Rechtsverordnung zu erlassen, die das **Nähere zum gesamten Siegelverfahren regelt.** Dazu ist die Möglichkeit vorgesehen, die konkrete Ausgestaltung des Siegelverfahrens, Aufgaben und Befugnisse etwaiger einzurichtender Siegelvergabestellen sowie die Regelungen zum Erhalt oder Entzug eines Siegels in einer Rechtsverordnung zu festzulegen[15]. Ziel dieser Regelung ist es, mit Standardisierungen und Vereinfachungen bei den einzureichenden Erklärungen Aufwände weiter zu reduzieren[16]. Nach Etablierung eines Siegelsystems ist es dem Bestbieter dann freigestellt, die Nachweise und Erklärungen einzeln vorzulegen, oder alternativ ein entsprechendes Siegel von einer dafür zuständigen Siegelstelle[17].

In der Praxis dürfte es schwierig werden, ein entsprechendes Siegelsystem 35 für die Nachweise nach dem TVgG NRW zu implementieren. Die einzuhaltenden Verpflichtungen nach dem TVgG NRW (§§ 4 Abs. 1 – 3, 5, 6 Abs. 1, 2 Nr. 1 sowie 2, 7 und 8 TVgG NRW) stellen in der Regel besondere Ausführungsbedingungen dar und müssen einen Auftragsbezug aufweisen. Ein Siegelverfahren mit Standardisierungen kann aber in der Regel nicht die Anforderungen bei Ausführung eines bestimmten Auftrages erfassen. Dies gilt zumal dann, wenn ein solches Siegelverfahren (nur) unternehmensbezogene Anforderungen abdeckt. Lediglich wenn darauf abgestellt wird, dass ein unternehmensbezogenes Siegelsystem implizit auch die Einhaltung der Anforderungen gerade bei der Ausführung eines bestimmten Auftrages mit umfasst, wäre ein Nachweis der Einhaltung besondere Ausführungsbedingungen bei Ausführung eines Auftrags möglich. Ob eine solche faktische Einführung der Unternehmensbezogenheit der Einhaltung der Anforderungen des TVgG NRW über ein Siegelsystem jedoch unionsrechtlich und besonders vor dem Hintergrund des Verhältnismäßigkeitsgrundsatzes Bestand haben könnte, darf bezweifelt werden.

---

[15] Vgl. Begründung LT-Drs. Nr. 16/12265, S. 30.
[16] Begründung LT-Drs. Nr. 16/12265, S. 30.
[17] Begründung LT-Drs. Nr. 16/12265, S. 30.

III. Umsetzung im Landesrecht NRW

36   Unter dem **TVgG NRW vom 10.1.2012** wurden insgesamt sechs
Rechtsverordnungen erlassen:
- Die *Verordnung zur Durchführung des § 4 Absatz 2 in Verbindung mit § 21 Absatz 2 Satz 3 Tariftreue- und Vergabegesetz Nordrhein-Westfalen* (VgTarifFAVO)
  vom 23.4.2012[18],
- die *Verordnung zur Durchführung des § 4 Absatz 3 in Verbindung mit § 21 Absatz 3 Tariftreue- und Vergabegesetz Nordrhein-Westfalen* (VgMinAVO) vom
  23.4.2012[19],
- die *Verordnung zur Feststellung der Repräsentativität von Tarifverträgen im Bereich
  des öffentlichen Personennahverkehrs* (RepTVVO) vom 31.10.2012 (GV.
  NRW. S. 552), ersetzt durch die *Verordnung zur Feststellung der Repräsentativität von Tarifverträgen im Bereich des öffentlichen Personennahverkehrs*
  (RepTVVO) vom 5.4.2016[20],
- die *Verordnung zur Regelung von Verfahrensanforderungen in den Bereichen umweltfreundliche und energieeffiziente Beschaffung, Berücksichtigung sozialer Kriterien und Frauenförderung sowie Förderung der Vereinbarkeit von Beruf und Familie
  bei der Anwendung des Tariftreue- und Vergabegesetzes Nordrhein-Westfalen*
  (RVO TVgG – NRW) vom 14.5.2013[21],
- die *Verordnung zur Anpassung des Mindeststundenentgelts* (VgMinVO) vom
  19.11.2014[22] und
- die *Verordnung über eine Kostenausgleichsregelung für durch das Tariftreue- und
  Vergabegesetz Nordrhein-Westfalen entstandene kommunale Belastungen* (TVgG-KoV NRW) vom 13.12.2016[23].

37   Unter dem novellierten TVgG NRW i.d.F. 31.1.2017 ist am 21.2.2017
eine Rechtsverordnung zur Regelung von Verfahrensanforderungen in den
Bereichen umweltfreundliche und energieeffiziente Beschaffung, sozialer Kriterien (insb. Mindestanforderungen der ILO an die Arbeitsbedingungen) und
Frauenförderung sowie Förderung der Vereinbarkeit von Beruf und Familie als
Nachfolgeverordnung zur RVO TVgG NRW mit Wirkung zum 1.4.2017 erlassen worden[24]. Diese novellierte Verordnung trägt den Titel: „Verordnung
zur Durchführung des Tariftreue- und Vergabegesetzes Nordrhein-Westfalen
(Verordnung Tariftreue- und Vergabegesetz Nordrhein-Westfalen – RVO
TVgG NRW)".

38   Nach § 18 Abs. 1 S. 3 TVgG NRW treten die Verordnung Tariftreue- und
Vergabegesetz Nordrhein-Westfalen vom 14.5.2013[25], die Vergabe-Mindest-

---

[18] GV. NRW. S. 175.
[19] GV. NRW. S. 176.
[20] GV. NRW. S. 196.
[21] GV. NRW. S. 254.
[22] GV. NRW. S. 927.
[23] GV. NRW. S. 1074.
[24] GV. NRW. S. 293.
[25] GV. NRW. S. 254.

entgelt-Verordnung vom 19.11.2014[26] sowie die Vergabe-Mindestentgeltausschuss-Verordnung vom 23.4.2012[27] zum 1.4.2017 außer Kraft.

Im Übrigen gilt der verfassungsrechtliche Grundsatz, dass eine Rechtsver- **39**
ordnung grundsätzlich die Aufhebung ihrer Ermächtigungsgrundlage über-
dauert, solange kein Widerspruch zum höherrangigen Recht besteht oder die
Rechtsverordnung anderweitig aufgehoben wird. Dies gilt insbesondere für
die Verordnung zur Feststellung der Repräsentativität von Tarifverträgen im
Bereich des öffentlichen Personennahverkehrs (RepTVVO) vom 5.4.2016.

IV. Ermächtigungsgrundlagen für Rechtsverordnungen in anderen Bundesländern

Nur in zwei anderen Bundesländern gibt es in den Tariftreue und Vergabe- **40**
gesetzen eine eigene Norm für die Ermächtigung zum Erlass von Rechtsverordnungen. Dies ist § 14 des BbgVergG **(Brandenburg)** und § 20 TTG
(Schleswig-Holstein). Die Regelungsgehalte dieser beiden landesrechtlichen Vorschriften unterscheiden sich jedoch z.T. deutlich vom nordrhein-
westfälischen Landesrecht. In Brandenburg umfasst § 14 BbgVergG Verordnungsermächtigungen zur Ausgestaltung von Verfahrensregelungen und bestimmten Sanktionsregelungen. Zudem ermächtigt in Brandenburg § 4 Abs. 1
Satz 6 BbgVergG zur Feststellung eines repräsentativen Tarifvertrags im öffentlichen Personenverkehr (ÖPNV). In Schleswig-Holstein umfasst § 20 TTG in
Abs. 1 Ermächtigungsgrundlagen zum Erlass von Rechtsverordnungen zur
Regelung der Anwendung der Vergabe- und Vertragsordnungen im Unterschwellenbereich, der Abs. 2 enthält eine Verordnungsermächtigung zur Feststellung, welche Tarifverträge im ÖPNV repräsentativ sind (Nr. 1), und eine
Verordnungsermächtigung zur Anpassung der Höhe des in § 4 Abs. 3 Satz 1
bestimmten Mindeststundenentgeltes (Nr. 2); § 20 Abs. 2 Nr. 1 TTG entspricht dabei in weiten Teilen dem § 16 Abs. 1, 2 TVgG NRW zum Erlass von
Rechtsverordnungen zur Feststellung repräsentativer Tarifverträge in ÖPNV.

Darüber hinaus enthalten auch die Tariftreue- und Vergabegesetze ver- **41**
schiedener weiterer Bundesländer Verordnungsermächtigungen, die jedoch
im Zusammenhang mit der jeweiligen Sachregelung normiert sind. Dies betrifft überwiegend die Bereiche des vergabespezifischen Mindestentgeltes und
der Feststellung repräsentativen Tarifverträge im ÖPNV. In **Baden-Württemberg** enthält § 3 Abs. 4 Satz 1 LTMG eine Verordnungsermächtigung zur
Regelung der Art und Weise der Feststellung repräsentativer Tarifverträge im
ÖPNV. In **Niedersachsen** existiert mit § 5 Abs. 4 NTVergG eine Ermächtigung zum Erlass einer Rechtsverordnung, in der festgestellt wird, welche Tarifverträge repräsentativ sind und zudem eine Ermächtigung zur Einsetzung
eines paritätisch besetzten Beirates, sowie mit § 12 Abs. 2 NTVergG eine Ermächtigung zum Erlass einer Verordnung zur Festlegung von Produktgruppen
und Herstellungsverfahren für die Geltung der ILO-Kernarbeitsnormen. In
Rheinland-Pfalz ermächtigt 4 Abs. 4 LTTG zum Erlass einer Verordnung

---

[26] GV. NRW. S. 927.
[27] GV. NRW. S. 176.

zur Regelung des Verfahrens, in dem festgestellt wird, welche Tarifverträge im
ÖPNV repräsentativ sind, sowie zur Regelung eines paritätischen Beirats dies-
bezüglich. Im **Saarland** ermächtigt § 3 Abs. 5 STTG zum Erlass einer Rechts-
verordnung zur Anpassung des vergabespezifischen Mindestentgeltes und der
Bildung einer Kommission hierzu. In **Sachsen-Anhalt** ermächtigt § 10
Abs. 2 S. 3 LVG LSA zur Feststellung repräsentativer Tarifverträge im ÖPNV.

42   In Baden-Württemberg (§ 3 Abs. 4 Satz 1 LTMG), in Niedersachsen (§ 5
Abs. 4 NTVergG), in Rheinland-Pfalz (§ 4 Abs. 4 LTTG), in Sachsen-Anhalt
(§ 10 Abs. 2 Satz 3 LVG LSA) und Schleswig Holstein (§ 20 Abs. 3 TTG) enthalten die Verordnungsermächtigung zum Erlass einer Rechtsverordnung zur
Feststellung eines oder mehrerer repräsentativer Tarifverträge materielle Kriterien, die, zumindest in Teilen, den Kriterien in § 16 Abs. 2 TVgG NRW entsprechen; insoweit kann auf die entsprechenden Ausführungen zu § 16 Abs. 1,
2 TVgG NRW verwiesen werden (→ Rn. 11 ff.).

§ 17 **Servicestelle zum Tariftreue- und Vergabegesetz NRW**

**Das für Wirtschaft zuständige Ministerium nimmt die Funktion
einer Servicestelle für dieses Gesetz wahr. Die Servicestelle steht jedermann zur Verfügung und informiert unentgeltlich über die praktische Anwendung dieses Gesetzes.**

**§ 3 Abs. 5 LTMG Baden Württemberg, § 5 Abs. 5 NTVergG Nieder-
sachsen, § 4 Abs. 5 LTTG Rheinland Pfalz**

I. Allgemeines

1   Die Vorschrift gibt dem für Wirtschaft zuständigen Ministerium auf, in Bezug auf den praktischen Umgang mit dem Tariftreue- und Vergabegesetzes
Beratungsleistungen anzubieten und eine entsprechende Servicestelle einzurichten. Die Servicestelle hat dafür zu sorgen, dass *„jedermann unentgeltlich Beratung zu Anwendungsbereich oder zu vergaberechtlichen Anwendungsfragen dieses Gesetzes in Anspruch nehmen kann"*.[1] Die Einrichtung der Servicestelle findet
ihren Ursprung in dem Ergebnis der Evaluation des TVgG – a. F. Dort hatten
sowohl Vergabestellen als auch Unternehmen den Wunsch nach verbesserten
Informationsangeboten geäußert. Von dem Pflichten- und Zuständigkeitsum-
fang der Servicestelle ist die Zurverfügungstellung von Tarif- und Mindestentgeltregelungen der einschlägigen Tarifverträge nach der Gesetzesbegründung
ausdrücklich ausgeklammert. Ziel war es, dadurch die Tätigkeit von Kontrolle
(Prüfbehörde) und Beratung (Servicestelle) organisatorisch und personell zu
trennen, um potentielle Interessenüberschneidungen zu vermeiden. Die personelle Trennung wird dadurch erreicht, dass die Servicestelle und die Prüfbehörde bei unterschiedlichen Ministerien bzw. Geschäftsbereichen angesiedelt
werden.

---

[1] Amtliche Begründung des Gesetzentwurfs vom 15.6.2016, LT NRW Drucksache
16/12265.

Praxistipp: Auf der Internetseite der Servicestelle des für Wirtschaft zuständigen Ministeriums (https://www.wirtschaft.nrw/servicestelle-zum-ta riftreue-und-vergabegesetz) verweist ein Link auf die Seite https://www. vergabe.nrw.de/servicestelle-tvgg-nrw, auf der eine Vielzahl hilfreicher Merkblätter und Formulare zusammengestellt wurden.

Folgende von der Servicestelle bereit gestellte Merkblätter und Formulare finden Sie als Anlagen im Anhang abgedruckt:

1. Merkblätter:
- Merkblatt Allgemeine Vorgaben
- Merkblatt Frauenförderung Vereinbarkeit Beruf und Familie
- Merkblatt ILO
- Merkblatt Umweltschutz
- DAC-Liste Berichtsjahre 2014–2016

2. Formulare:
- Verpflichtungserklärung Tariftreue und Mindestlohn
- Verpflichtungserklärung zur Berücksichtigung Familie/Frauen/Beruf
- Besondere Vertragsbedingungen Tariftreue und Mindestentlohnung Dienstleistung
- Besondere Vertragsbedingungen Tariftreue und Mindestentlohnung Bauleistung
- Besondere Vertragsbedingungen Berücksichtigung ILO Normen

II. Servicestellen in den Tariftreue- und Vergabegesetzen anderer Bundesländer im Überblick

Auch in Baden-Württemberg, Niedersachsen und Rheinland-Pfalz sind **2** Regelungen für Servicestellen, die sich mit dem praktischen Umgang des Tariftreue- und Vergabegesetzes des Landes befassen, vorhanden (vgl. § 3 Abs. 5 LTMG Baden Württemberg, § 5 Abs. 5 NTVergG Niedersachsen, § 4 Abs. 5 LTTG Rheinland Pfalz).

Das Servicecenter von Baden-Württemberg ist gemäß § 3 Abs. 5 LTMG **3** BW beim Regierungspräsidium in Stuttgart verortet. Im Gegensatz zu der Regelung in NRW informiert die Servicestelle in Baden-Württemberg nicht nur über das Tariftreue- und Mindestlohngesetz, sondern stellt auch die Entgeltregelungen aus den einschlägigen und repräsentativen Tarifverträgen zur Verfügung und nimmt die Aufgaben einer Geschäftsstelle des Beirats wahr (vgl. https://rp.baden-wuerttemberg.de/Themen/Wirtschaft/Tariftreue/Sei ten/Ansprechpartner.aspx).

In dem für Niedersachsen geltenden § 5 Abs. 5 NTVergG wird die Service- **4** stelle im Gegensatz zur Regelung in NRW nicht bei dem für Wirtschaft zuständigen Ministerium, sondern bei dem für Öffentliches Auftragswesen zuständigen Ministerium eingerichtet. Der Pflichtenkreis der Servicestelle entspricht dem der Servicestelle in Baden-Württemberg (vgl. http://www.mw.nieder sachsen.de/startseite/themen/aufsicht_und_recht/servicestelle_zum_nieder saechsischen_tariftreue_und_vergabegesetz_ntvergg/servicestelle-zum-nie dersaechsischen-tariftreue–und-vergabegesetz-ntvergg–120418.html).

5   Im Gegensatz dazu stellt in Rheinland-Pfalz gemäß § 4 Abs. 5 LTTG RP das Landesamt für Soziales, Jugend und Versorgung eine entsprechende Servicestelle zur Verfügung. Diese ist auch für Prüfungen zuständig, ob die Entgeltregelungen aus den Tarifverträgen bei einem Beschäftigtenübergang aus den übergeleiteten Arbeitsbedingungen zum Vertragsgegenstand gemacht und eingehalten wurden. Diesbezügliche Prüfungen können sowohl anlassbezogen als auch stichprobenweise erfolgen. (vgl: https://lsjv.rlp.de/de/unsereaufgaben/arbeit/landestariftreuegesetz-lttg/).

§ 18   Inkrafttreten

(1) § 16 Abs. 4 sowie § 17 treten am Tag nach der Verkündung in Kraft. Im Übrigen tritt dieses Gesetz am 1. April 2017 in Kraft. Am 1. April 2017 treten das Tariftreue- und Vergabegesetz Nordrhein-Westfalen vom 10. Januar 2012 (GV. NRW. Seite 17), die Verordnung Tariftreue- und Vergabegesetz Nordrhein-Westfalen vom 14. Mai 2013 (GV.NRW. Seite 254), die Vergabemindestentgelt-Verordnung vom 19. November 2014 (GV.NRW. Seite 927) und die Vergabe-Mindestentgeltausschuss-Verordnung vom 23. April 2012 (GV. NRW. Seite 176) außer Kraft.

(2) Dieses Gesetz tritt im zehnten Jahr nach Inkrafttreten gemäß Abs. 1 Satz 2 mit Ablauf des Monats außer Kraft, der kalendermäßig dem Monat, in dem es in Kraft getreten ist, voran geht. Dieses Gesetz gilt für alle Verfahren zur Vergabe öffentlicher Aufträge im Sinne dieses Gesetzes, die nach Inkrafttreten gemäß Abs. 1 Satz 2 begonnen wurden.

§ 18 TVgG-NRW; § 10 LTMG Baden-Württemberg; § 12 LTMG Baden-Württemberg; § 16 NTVergG; § 18 NTVergG; § 22 ThürVgV; § 23 ThürVgV

Literatur: Stockmann, in Immenga/Mestmäcker, Wettbewerbsrecht, § 131 GWB, Randnr. 1); Fandrey in Kulartz/Kus/Portz/Prieß, § 186 Randnr. 4ff.).

Übersicht

I. Allgemeines

§ 18 Abs. 1 TVgG NRW regelt den Zeitpunkt des Inkrafttreten des gelten- **1** den Gesetzes sowie das Außerkrafttreten des bis zum 1.4.2017 geltenden Gesetzes und der entsprechenden Durchführungsverordnungen. Regelungen zum Zeitpunkt des Inkrafttretens eines Gesetzes sehen alle Landesvergabegesetze vor.

Allerdings sieht § 18 Abs. 1 TVgG NRW ein zeitlich versetztes Inkrafttreten **2** vor. Abweichend von den übrigen materiellen Regelungen treten die Regelungen über die Verordnungsermächtigung, § 16 Abs. 4 TVgG NRW sowie die Errichtung der Servicestelle, § 17 TVgG NRW, früher in Kraft. Als Zeitpunkt ist der Tag nach der Verkündung des Gesetzes und damit der 18.2.2017 genannt.

Durch dieses getrennte Inkrafttreten sollte eine gleichzeitige Anwendbar- **3** keit von Gesetz und Rechtsverordnung zu einem späteren, aber fixen Datum erreicht werden. Die damit verbundene Erleichterung der Vorbereitung auf die neue Rechtslage sollte für die öffentlichen Auftraggeber und Unternehmen zudem durch die Aufnahme der Tätigkeit der Servicestelle zum TVgG NRW unterstützt werden.

II. Befristung des Gesetzes

Gemäß § 18 Abs. 2 Satz 1 TVgG NRW ist das TVgG NRW auf zehn Jahre **4** befristet und tritt am 31.3.2027 außer Kraft.

1. Pflicht zur Befristung

Die Pflicht zur Befristung der Gesetze ergibt sich in NRW aus § 39 der ge- **5** meinsamen Geschäftsordnung für die Ministerien des Landes NRW (NW GGO) (Bek. des Ministerium für Inneres und Kommunales v.19.12.2014, – MBl.NRW.2014 S.826).

2. Dauer der Befristung

Nach § 39 Abs. 1 NW GGO ist die Befristung im Zeitrahmen von mindes- **6** tens fünf bis maximal zehn Jahren flexibel zu gestalten. Der Landesgesetzgeber hat somit seinen Gesetzgebungsrahmen voll ausgeschöpft.

3. Formen der Befristung

Es sind zwei Formen der Befristung zu unterscheiden: Anordnung eines **7** Verfalldatums oder Berichtspflicht zu einem bestimmten Stichtag, § 39 Abs. 2 Satz 1 NW GGO.

8   **a) Anordnung eines Verfalldatums.** Bei der Anordnung eines Verfalldatums tritt das Gesetz automatisch mit Ablauf des Verfalldatums außer Kraft, wenn es nicht rechtzeitig verlängert wird. Für den Fall der Verlängerung sieht § 39 Abs. 4 NW GGO vor, dass dem Kabinett rechtzeitig nach einer Evaluierung der Entwurf eines geänderten Gesetzes vorgelegt wird. Dieser kann sich auch auf die Verlängerung des geltenden Gesetzes ohne Änderungen beschränken.

9   **b) Berichtspflicht.** Bei der Befristung mit einer Berichtspflicht ist dem Kabinett zur Entscheidung über mögliche Änderungen ein Evaluierungsbericht vorzulegen, § 39 Abs. 5 NW GGO.

10   **c) Evaluierung.** Die Evaluierung dient der Sammlung und Bewertung relevanter Informationen über den Zielerreichungsgrad sowie die intendierten und nicht-intendierten Wirkungen des Gesetzes. Dadurch trägt sie dazu bei, die Informationsbasis für politische Entscheidungsträger zu verbessern. Gesetzesevaluierungen sind durch einen interdisziplinären Ansatz ausgezeichnet, der sowohl rechts- als auch sozialwissenschaftliche Methoden miteinander verknüpft.

11   Der Landesgesetzgeber hat sich für die Anordnung des Verfalldatums entschieden. Für dieses Konzept hatte er sich zunächst auch in dem Gesetzentwurf zum alten TVgG NRW entschieden und eine Befristung auf fünf Jahre vorgesehen. Kurz vor der Verabschiedung des Gesetzes hat er sich allerdings für die Evaluierung nach vier Jahren entschieden. Als Begründung wurde angegeben, dass „bei einem Gesetz wie dem Vergabe-und Tariftreuegesetz eine Befristung nicht nötig sei".[1]

III. Übergangsbestimmung

1. Allgemeines

12   § 18 Abs. 2 Satz 2 TVgG NRW stellt klar, ab welchem Zeitpunkt das neue Gesetz anzuwenden ist. Insofern ist diese Vorschrift, die unter der Überschrift „Inkrafttreten" angesiedelt ist, aber eigentlich eine Übergangsbestimmung darstellt, von ihrer Struktur falsch. Logischerweise hätte es, wie in den übrigen Landesvergabegesetzen umgesetzt, zweier getrennter Vorschriften bedurft.

2. Ziel der Übergangsbestimmung

13   Die Übergangsbestimmung soll die Rechtsunsicherheit beseitigen, die durch den Wechsel der gesetzlichen Vorgaben entsteht. Diejenigen, die den Vorschriften des TVgG NRW sowie anderen Landesvergabegesetzen unterliegen, sollen und müssen rechtssicher bestimmen können, welchen Vorschriften sie unterliegen. Dies dient dem Vertrauensschutz.[2]

14   Es ermöglicht zudem den öffentlichen Auftraggebern, eine Planung der Vergabeverfahren, welche damit unabhängig von gesetzgeberischen Entschei-

---

[1] So die Änderungsbegründung, LT-Drs.15/3546, Anlage 3.
[2] Stockmann, in Immenga/Mestmäcker, Wettbewerbsrecht, § 131 GWB, Randnr. 1.

dungen zwischen Beginn und Abschluss der Vergabeverfahren sind. Der Auftraggeber braucht das neue geltende Recht nicht auf laufende Verfahren anzuwenden mit der möglichen Folge, gegebenenfalls alte Verfahren umstellen zu müssen.

3. Regelungsinhalt

§ 18 Abs. 2 Satz 2 TVgG NRW fordert die Anwendung des Gesetzes auf **15** alle neuen Vergabeverfahren, die ab dem 1.4.2017 und damit dem Inkrafttreten des geltenden Gesetzes begonnen haben. Andere Landesvergabegesetze wiederum, so auch die oben dargestellten, grenzen nach dem Beginn der laufenden Verfahren bis zum Inkrafttreten des geltenden Gesetzes, ab. Das Ergebnis ist aber das Gleiche und damit die unterschiedliche Herangehensweise rechtlich unbeachtlich.

a) Beginn des Vergabeverfahrens. Leider findet sich in der Gesetzesbe- **16** gründung zum TVgG NRW keine Definition dazu, wann vom Beginn eines Vergabeverfahrens auszugehen ist. Deshalb kann auf die entsprechenden Auslegungen im Rahmen des § 186 GWB zurückgegriffen werden. Dieser sieht allerdings auch keine entsprechende Definition in § 186 Abs. 2 GWB vor. Laut Gesetzesbegründung ist ein Vergabeverfahren im Sinne dieser Übergangsregelung auch begonnen, wenn eine Aufforderung zum Teilnahmewettbewerb oder zur Angebotsabgabe ohne vorherigen Teilnahmewettbewerb erfolgt ist (vgl. Gesetzesbegründung, BT-Drs.18/6381,137).

Da die Klarstellung nicht alle Sachverhalte umfasst, sondern lediglich die **17** erwähnten Konstellationen ausdrücklich aufführt, ist der Beginn des Vergabeverfahrens nach allgemeinen Erwägungen zu bestimmen. Hierbei ist ein materielles Verständnis anzunehmen, bei dem neben einem internen Beschaffungsentschluss eine externe Umsetzung vorausgesetzt wird.[3] Vor diesem Hintergrund erscheint es sinnvoll, eine Differenzierung vorzunehmen.[4]

b) Verfahren mit Bekanntmachung. Relativ einfach ist eine Bestim- **18** mung des Beginns bei Verfahren mit Bekanntmachung vorzunehmen. Diese Verfahren (Offenes Verfahren/Öffentliche Ausschreibung bzw. Verfahren mit vorgeschaltetem Teilnahmewettbewerb) werden mit der Bekanntmachung eingeleitet. Dabei ist auf den zu dokumentierenden Zeitpunkt des Versands der Bekanntmachung abzustellen, nicht auf den der Veröffentlichung. Denn der öffentliche Auftraggeber kann lediglich auf den Versand, nicht aber auf den Zugang Einfluss, nehmen.

Bloße Vorbereitungshandlungen, wie Markterkundungen, Machbarkeits- **19** studien und interne Beratungen fallen nicht darunter. Denn Maßnahmen, die einem ordentlich vorbereiteten Vergabeverfahren vorgehen und zeitlich vorgelagert sind, bleiben für die Bestimmung des anwendbaren Rechtsregimes außer Betracht.[5]

---

[3] OLG Düsseldorf, Beschluss vom 1.8.2012-VII-Verg., 10/12, Randnr. 18ff. m.w.N.
[4] So auch Fandrey in Kulartz/Kus/Portz/Prieß, § 186 Randnr. 4ff.
[5] OLG Schleswig Beschluss vom 1.4.2010- 1 Verg 5/09; OLG Düsseldorf Beschluss vom 20.6.2001 – Verg 3/01; OLG Naumburg Beschluss vom 8.10.2009 – 1 Verg 9/09.

20   Auch der Bekanntmachung einer Vorinformation oder vergleichbarer Ankündigungen im Vorfeld der eigentlichen Verfahren kommt ebenfalls keine verfahrenseinleitende Wirkung zu.[6]

21   **c) Verfahren ohne Bekanntmachung.** Schwieriger zu beurteilen ist der Zeitpunkt des Beginns bei Verfahren ohne Bekanntmachung. Zu denken ist dabei zum Beispiel an Nicht offene Verfahren oder Verhandlungsverfahren ohne Teilnahmewettbewerb. Auch hier ist auf den Beginn abzustellen. Bloße Vorbereitungshandlungen fallen nicht darunter. Vielmehr ist der Moment maßgeblich, in dem der Auftraggeber zwischen mehreren Wirtschaftsteilnehmern den Wettbewerb eröffnet, indem er etwa die Vergabeunterlagen versendet. Es ist also darauf abzustellen, wann er bereits nach außen wahrnehmbar auftritt, um einen Wirtschaftsteilnehmer für den Vertragsabschluss auszuwählen.[7]

IV. Bieterschützende Wirkung

22   Da die Norm einen allgemeinen Grundsatz des Vergaberechts enthält, hat sie bieterschützende Wirkung. Bieter haben damit einen Anspruch auf Einhaltung dieser Bestimmung im Vergabeverfahren und können einen Verstoß im Wege des Vergaberechtsschutzes geltend machen.

---

[6] OLG Düsseldorf Beschluss vom 17.7.2013-VII-Verg 10/13; OLG München Beschluss vom 13.10.2010 – Verg 21/10; OLG Naumburg Beschluss vom 8.10.2009 – 1 Verg 9/09.
[7] Fandrey in Kulartz/Kus/Portz/Prieß, § 186 GWB, Rdnr. 8.

Anhang

Inhaltsübersicht

14. Meldung über Vergabeausschlüsse nach §§ 6 und 7 des Gesetzes zur Verbesserung der Korruptionsbekämpfung und zur Errichtung und Führung eines Vergaberegisters in Nordrhein-Westfalen vom 16. 12. 2004 (Korruptionsbekämpfungsgesetz (KorruptionsbG) SMBl. NRW. 20020)
15. Meldung zur Veranlassung einer Löschung (Vorzeitige Löschung) nach § 7 Abs. 3 – 5 des Gesetzes zur Verbesserung der Korruptionsbekämpfung und zur Errichtung und Führung eines Vergaberegisters in Nordrhein-Westfalen vom 16. 12. 2004 (Korruptionsbekämpfungsgesetz (KorruptionsbG) SMBl. NRW. 20020)
16. Anfrage nach § 8 des Gesetzes zur Verbesserung der Korruptionsbekämpfung und zur Errichtung und Führung eines Vergaberegisters in Nordrhein-Westfalen vom 16. 12. 2004 (Korruptionsbekämpfungsgesetz (KorruptionsbG) SMBl. NRW. 20020)

1. Gesetz über die Sicherung von Tariftreue und Sozialstandards sowie fairen Wettbewerb bei der Vergabe öffentlicher Aufträge (Tariftreue- und Vergabegesetz Nordrhein-Westfalen – TVgG NRW)

Vom 31. Januar 2017
(GV. NRW. S. 273)

SGV. NRW. 701

Nichtamtliche Inhaltsübersicht

Der Landtag hat das folgende Gesetz beschlossen, das hiermit verkündet wird:

§ 1 Zweck des Gesetzes

Zweck dieses Gesetzes ist es, einen fairen Wettbewerb um das wirtschaftlichste Angebot bei der Vergabe öffentlicher Aufträge unter gleichzeitiger Berücksichtigung von Sozialverträglichkeit, Umweltschutz und Energieeffizienz (Nachhaltigkeitskriterien) sowie Qualität und Innovation der Angebote zu fördern und zu unterstützen.

§ 2 Anwendungsbereich, Begriffsbestimmungen

(1) Dieses Gesetz gilt für die Vergabe öffentlicher Aufträge über die Beschaffung von Leistungen, die die Ausführung von Bauleistungen oder die Erbringung von Dienstleistungen im Sinne des § 103 Absatz 1 des Gesetzes gegen Wettbewerbsbeschränkungen in der Fassung der Bekanntmachung vom 26. Juni 2013 (BGBl. I S. 1750, 3245), das zuletzt durch Artikel 1 des Gesetzes vom 17. Februar 2016 (BGBl. I S. 203) geändert worden ist, zum Gegenstand haben. Die §§ 3 und 6 bis 8 gelten auch für Verträge im Sinne des § 103 Absatz 1 des Gesetzes gegen Wettbewerbsbeschränkungen, die die Lieferung von Waren zum Gegenstand haben. Das Gesetz gilt nicht für öffentliche Aufträge, die im Namen oder im Auftrag des Bundes ausgeführt werden.

(2) Im Bereich des öffentlichen Personenverkehrs gelten die Regelungen dieses Gesetzes für alle öffentlichen Aufträge im Sinne des Absatzes 1, die Dienstleistungsaufträge im Sinne der Verordnung (EG) Nr. 1370/2007 des Europäischen Parlaments und des Rates vom 23. Oktober 2007 über öffentliche Personenverkehrsdienste auf Schiene und Straße und zur Aufhebung der Verordnungen (EWG) Nr. 1191/69 und (EWG) Nr. 1107/70 des Rates (ABl. L 315 vom 3.12.2007, S. 1) sind. Dieses Gesetz gilt auch für Verkehre im Sinne von § 1 Freistellungs-Verordnung in der im Bundesgesetzblatt Teil III, Gliederungsnummer 9240-1-1, veröffentlichten bereinigten Fassung, die zuletzt durch Artikel 1 der Verordnung vom 4. Mai 2012 (BGBl. I S. 1037) geändert worden ist.

(3) Öffentliche Auftraggeber im Sinne dieses Gesetzes sind die nordrhein-westfälischen Auftraggeber nach § 99 des Gesetzes gegen Wettbewerbsbeschränkungen.

(4) Dieses Gesetz gilt ab einem geschätzten Auftragswert von 20 000 Euro (ohne Umsatzsteuer). Die §§ 6 und 7 gelten bereits ab einem geschätzten Auftragswert von 5 000 Euro (ohne Umsatzsteuer). Für die Schätzung des Auftragswerts gilt § 3 der Vergabeverordnung vom 12. April 2016 (BGBl. I S. 624).

(5) Für Verträge von Sektoren- und Konzessionsauftraggebern im Sinne der §§ 100 und 101, für verteidigungs- und sicherheitsspezifische öffentliche Aufträge im Sinne des § 104, für Konzessionen im Sinne des § 105, für Vergaben im Sinne der §§ 107, 108, 109, 110, 111, 112, 116 und 117 jeweils des Gesetzes gegen Wettbewerbsbeschränkungen gilt dieses Gesetz nicht.

(6) Sollen öffentliche Aufträge gemeinsam mit Auftraggebern anderer Bundesländer oder mit Nachbarstaaten der Bundesrepublik Deutschland vergeben werden, soll mit diesen eine Einigung über die Einhaltung der Bestimmungen dieses Gesetzes angestrebt werden. Kommt keine Einigung zustande, kann von den Bestimmungen dieses Gesetzes abgewichen werden.

§ 3 Grundsätze für die Vergabe öffentlicher Aufträge

(1) Die vergaberechtlichen Regelungen und Erfordernisse des primären und sekundären Unionsrechts, der bundeseinheitlichen Regelungen sowie des Landeshaushaltsrechts bleiben unberührt. Ebenfalls unberührt bleiben die Haushaltsgrundsätze und der Verhältnismäßigkeitsgrundsatz.

(2) Auch unterhalb der Schwellenwerte nach § 106 des Gesetzes gegen Wettbewerbsbeschränkungen sowie § 2 Absatz 4 dieses Gesetzes können öffentliche Auftraggeber zur Ermittlung des wirtschaftlichsten Angebots neben dem Preis oder den Kosten auch qualitative, umweltbezogene, innovative oder soziale Aspekte berücksichtigen. Dabei müssen die Zuschlagskriterien mit dem Auftragsgegenstand in Verbindung stehen. Die öffentlichen Auftraggeber können über die in den §§ 6 und 7 festgelegten Mindeststandards hinausgehende besondere Bedingungen für die Ausführung eines Auftrags (Ausführungsbedingungen) festlegen, wie z. B. Kriterien des Fairen Handels und weitergehende Regelungen zur Arbeitsorganisation (beispielsweise zu Gesundheits- und Sozialstandards), sofern diese mit dem Auftragsgegenstand in Verbindung stehen. Die Ausführungsbedingungen müssen sich aus der Auftragsbekanntmachung oder den Vergabeunterlagen ergeben. Sie können wirtschaftliche, innovationsbezogene, umweltbezogene, soziale oder beschäftigungspolitische Belange umfassen.

§ 4 Tariftreuepflicht, Mindestlohn

(1) Öffentliche Aufträge für Leistungen, deren Erbringung dem Geltungsbereich

1. eines nach dem Tarifvertragsgesetz in der Fassung der Bekanntmachung vom 25. August 1969 (BGBl. I S. 1323) in der jeweils geltenden Fassung für allgemein verbindlich erklärten Tarifvertrages,
2. eines nach dem Tarifvertragsgesetz mit den Wirkungen des Arbeitnehmer-Entsendegesetzes vom 20. April 2009 (BGBl. I S. 799) in der jeweils geltenden Fassung für allgemein verbindlich erklärten Tarifvertrages oder
3. einer nach den §§ 7, 7a oder 11 des Arbeitnehmer-Entsendegesetzes oder nach § 3a des Arbeitnehmerüberlassungsgesetzes in der Fassung der Bekanntmachung vom 3. Februar 1995 (BGBl. I S. 158) in der jeweils geltenden Fassung erlassenen Rechtsverordnung unterfällt,

dürfen nur an ein Unternehmen vergeben werden, wenn sich dieses gegenüber dem öffentlichen Auftraggeber schriftlich verpflichtet hat, seinen Beschäftigten (ohne Auszubildende) bei der Ausführung des Auftrags wenigstens diejenigen Mindestarbeitsbedingungen einschließlich des Mindestentgelts zu gewähren, die in dem Tarifvertrag oder der Rechtsverordnung verbindlich vorgegeben werden.

(2) Öffentliche Aufträge im Sinne des § 2 Absatz 2 Satz 1 im Bereich des öffentlichen Personenverkehrs auf Straße und Schiene dürfen nur an ein Unternehmen vergeben werden, wenn sich dieses gegenüber dem öffentlichen Auftraggeber schriftlich verpflichtet hat, seinen Beschäftigten (ohne Auszubildende) bei der Ausführung des Auftrags wenigstens das in Nordrhein-Westfalen für diese Leistung in einem einschlägigen und repräsentativen mit einer tariffähigen Gewerkschaft vereinbarten Tarifvertrag vorgesehene Entgelt nach den tarifvertraglich festgelegten Modalitäten zu zahlen und während der Ausführungslaufzeit Änderungen nachzuvollziehen. Das für Arbeit zuständige Ministerium bestimmt durch Rechtsverordnung gemäß § 16 Absatz 1, welcher Tarifvertrag, beziehungsweise welche Tarifverträge als reprä-

sentativ im Sinne des Satzes 1 anzusehen sind. Der öffentliche Auftraggeber führt diese in der Bekanntmachung und den Vergabeunterlagen des öffentlichen Auftrags auf.

(3) Öffentliche Aufträge über Leistungen dürfen nur an ein Unternehmen vergeben werden, wenn sich dieses durch Erklärung gegenüber dem öffentlichen Auftraggeber schriftlich verpflichtet hat, seinen Beschäftigten (ohne Auszubildende) bei der Ausführung der Leistung wenigstens ein Entgelt zu zahlen, das den Vorgaben des Mindestlohngesetzes vom 11. August 2014 (BGBl. I S. 1348) in der jeweils geltenden Fassung entspricht, mindestens aber ein Mindeststundenentgelt von 8,84 Euro. Das Unternehmen muss im Rahmen der Verpflichtungserklärung die Art der tariflichen Bindung sowie die Höhe der gezahlten Mindeststundenentgelte für die im Rahmen der Leistungserbringung eingesetzten Beschäftigten angeben. Die Sätze 1 und 2 gelten nur, sofern die ausgeschriebene Leistung im Hoheitsgebiet der Bundesrepublik Deutschland erbracht wird.

(4) Öffentliche Aufträge und Leistungen im Sinne der Absätze 1 bis 3 dürfen nur an Unternehmen vergeben werden, wenn sich diese gegenüber dem öffentlichen Auftraggeber vor Zuschlagserteilung schriftlich verpflichtet haben, dafür zu sorgen, dass Leiharbeitnehmerinnen und Leiharbeitnehmer im Sinne des Arbeitnehmerüberlassungsgesetzes bei der Ausführung der Leistung für die gleiche Tätigkeit ebenso entlohnt werden wie ihre regulär Beschäftigten.

(5) Auf bevorzugte Bieter gemäß den § 224 Absatz 1 Satz 1 und Absatz 2 sowie § 226 des Neunten Buches Sozialgesetzbuch – Rehabilitation und Teilhabe behinderter Menschen (Artikel 1 des Gesetzes vom 23. Dezember 2016, BGBl. I S. 3234) finden die Absätze 3 und 4 keine Anwendung.

(6) Erscheint ein Angebotspreis ungewöhnlich niedrig, so dass begründete Zweifel an der Einhaltung der Vorgaben der vorstehenden Absätze bestehen, kann sich der öffentliche Auftraggeber die Kalkulationsgrundlagen des Bieters innerhalb einer von ihm zu bestimmenden angemessenen Frist vorlegen lassen. Begründete Zweifel können vorliegen, wenn der Angebotspreis (netto) mehr als 10 Prozent unter dem nächsthöheren Angebotspreis (netto) liegt. Legt der Bieter die Kalkulationsgrundlagen nicht fristgerecht vor oder werden die Zweifel aufgrund der vorgelegten Unterlagen nicht ausgeräumt, muss das Angebot von der Wertung ausgeschlossen werden.

(7) Erfüllt die Vergabe eines öffentlichen Auftrages die Voraussetzungen von mehr als einer der in den Absätzen 1 bis 3 getroffenen Regelungen, so gilt die für die Beschäftigten jeweils günstigste Regelung. Absatz 3 Satz 2 gilt entsprechend.

§ 5 Nachunternehmer und Verleiher von Arbeitskräften

(1) Für den Fall der Ausführung übernommener Leistungen durch Nachunternehmer oder bei Beschäftigung von entliehenen Arbeitskräften hat sich der Bieter in der Verpflichtungserklärung nach § 4 zu verpflichten, auch von seinen Nachunternehmern und den Verleihern von Arbeitskräften eine Ver-

pflichtungserklärung nach § 4 ihm gegenüber abgeben zu lassen. § 4 Absatz 3 Satz 2 und 3 gelten für Nachunternehmer und Verleiher von Arbeitskräften entsprechend. Die Sätze 1 und 2 gelten entsprechend für alle weiteren Nachunternehmer des Nachunternehmers.

(2) Die Unternehmen haben ihre Nachunternehmer und Verleiher von Arbeitskräften sorgfältig auszuwählen. Dies schließt die Pflicht ein, die Angebote der Nachunternehmer und Verleiher von Arbeitskräften daraufhin zu überprüfen, ob die Kalkulation unter Beachtung der Vorgaben des § 4 zustande gekommen sein kann.

§ 6 Berücksichtigung von Aspekten des Umweltschutzes und der Energieeffizienz

(1) Bei der Konzeption des Bedarfs für die Beschaffung ist verpflichtend folgendes zu berücksichtigen:
1. Lebenszykluskosten; dazu gehören Betriebs- und Wartungskosten (insbesondere Energiekosten), Entsorgungskosten, Preis-Leistungs-Verhältnis über die Nutzungsdauer,
2. das Ziel einer möglichst hohen Energieeffizienz und
3. Leistungs- oder Funktionsanforderungen sowie technische Spezifikationen zur Berücksichtigung von Umweltaspekten und Umweltzeichen.

(2) Im Bereich unterhalb der Schwellenwerte nach § 106 des Gesetzes gegen Wettbewerbsbeschränkungen gilt:
1. Zur Bestimmung des wirtschaftlichsten Angebots sind neben dem Preis auch die Betriebs- und Wartungs- sowie die Entsorgungskosten zu berücksichtigen.
2. Im Leistungsverzeichnis oder in der Bekanntmachung sollen Leistungs- oder Funktionsanforderungen hinsichtlich des Umweltschutzes und der Energieeffizienz ausdrücklich genannt werden. Dabei kann auf geeignete Umweltzeichen wie „Blauer Engel" verwiesen werden. Der Nachweis kann durch das entsprechende Umweltzeichen, ein anderes gleichwertiges Siegel oder durch andere geeignete und gleichwertige Mittel erbracht werden. Beim Kauf, der Ersetzung oder der Nachrüstung technischer Geräte und Ausrüstungen sind mit der Leistungsbeschreibung im Rahmen der technischen Anforderungen von den Bietern Angaben zum Energieverbrauch von technischen Geräten und Ausrüstungen zu fordern. Dabei ist in geeigneten Fällen eine Analyse minimierer Lebenszykluskosten oder eine vergleichbare Methode zur Gewährleistung der Wirtschaftlichkeit vom Bieter zu fordern.
3. Im Rahmen der Eignungsprüfung soll der öffentliche Auftraggeber von den Bietern und Bewerbern zum Nachweis ihrer Leistungsfähigkeit in geeigneten Fällen verlangen, dass das zu beauftragende Unternehmen bestimmte Normen für das Umweltmanagement erfüllt. Diese können bei umweltrelevanten öffentlichen Bau- und Dienstleistungsaufträgen in der Angabe der Umweltmanagementmaßnahmen bestehen, die bei der Ausführung des Auftrags zur Anwendung kommen sollen. Zum Nachweis dafür, dass der Bieter bestimmte Normen für das Umweltmanagement erfüllt, kann der

Auftraggeber die Vorlage von Bescheinigungen unabhängiger Stellen verlangen. Die Teilnahme am „Eco-Management and Audit Scheme (EMAS)" als europäische Auszeichnung für betriebliches Umweltmanagement ist einer der geeigneten Nachweise zur Erfüllung von bestimmten Normen für das Umweltmanagement.

§ 7 Beachtung von Mindestanforderungen der Internationalen Arbeitsorganisation an die Arbeitsbedingungen

Öffentliche Aufträge dürfen nur an Unternehmen vergeben werden, die nachweislich dafür Sorge tragen, dass die im konkreten Auftrag beschafften Waren unter Beachtung der in den Kernarbeitsnormen der Internationalen Arbeitsorganisation festgelegten Mindeststandards gewonnen oder hergestellt worden sind. Diese Mindeststandards ergeben sich aus:
1. dem Übereinkommen Nr. 29 vom 28. Juni 1930 über Zwangs- oder Pflichtarbeit (BGBl. 1956 II S. 640, 641),
2. dem Übereinkommen Nr. 87 vom 9. Juli 1948 über die Vereinigungsfreiheit und den Schutz des Vereinigungsrechtes (BGBl. 1956 II S. 2072, 2073),
3. dem Übereinkommen Nr. 98 vom 1. Juli 1949 über die Anwendung der Grundsätze des Vereinigungsrechtes und des Rechtes zu Kollektivverhandlungen (BGBl. 1955 II S. 1122, 1123),
4. dem Übereinkommen Nr. 100 vom 29. Juni 1951 über die Gleichheit des Entgelts männlicher und weiblicher Arbeitskräfte für gleichwertige Arbeit (BGBl. 1956 II S. 23, 24),
5. dem Übereinkommen Nr. 105 vom 25. Juni 1957 über die Abschaffung der Zwangsarbeit (BGBl. 1959 II S. 441, 442),
6. dem Übereinkommen Nr. 111 vom 25. Juni 1958 über die Diskriminierung in Beschäftigung und Beruf (BGBl. 1961 II S. 97, 98),
7. dem Übereinkommen Nr. 138 vom 26. Juni 1973 über das Mindestalter für die Zulassung zur Beschäftigung (BGBl. 1976 II S. 201, 202) und
8. dem Übereinkommen Nr. 182 vom 17. Juni 1999 über das Verbot und unverzügliche Maßnahmen zur Beseitigung der schlimmsten Formen der Kinderarbeit (BGBl. 2001 II S. 1290, 1291).

§ 8 Frauenförderung, Förderung der Vereinbarkeit von Beruf und Familie

(1) Öffentliche Aufträge sollen nur an solche Unternehmen vergeben werden, die sich schriftlich verpflichten, bei der Ausführung des Auftrags Maßnahmen zur Frauenförderung und zur Förderung der Vereinbarkeit von Beruf und Familie im eigenen Unternehmen durchzuführen oder einzuleiten sowie das geltende Gleichbehandlungsrecht zu beachten. Satz 1 gilt nur
1. für Unternehmen mit mehr als 20 Beschäftigten (ohne Auszubildende) und
2. für Aufträge über Leistungen ab einem geschätzten Auftragswert ohne Umsatzsteuer von 50 000 Euro und für Aufträge über Bauleistungen ab einem geschätzten Auftragswert ohne Umsatzsteuer von 150 000 Euro.

(2) § 11 ist insoweit entsprechend anzuwenden, als der öffentliche Auftraggeber mit dem Auftragnehmer für jeden schuldhaften Verstoß gegen die Durchführung der vertraglichen Verpflichtung zur Umsetzung der im Rahmen der Eigenerklärung festgelegten Maßnahmen nach Absatz 1 Satz 1 eine Vertragsstrafe nach § 11 Absatz 1 Satz 1 sowie die Möglichkeit einer fristlosen Kündigung entsprechend § 11 Absatz 2 vereinbaren soll. Dies umfasst auch die Vereinbarung von Informations-, Auskunfts- und Dokumentationspflichten des Auftragnehmers. § 11 Absatz 1 Satz 2 ist bei Maßnahmen nach Absatz 1 Satz 1 nicht anwendbar.

§ 9 Verfahrensanforderungen zu den Erklärungen und Bestbieterprinzip

(1) Die nach diesem Gesetz erforderlichen Nachweise und Erklärungen sind nur von demjenigen Bieter, dem der Zuschlag erteilt werden soll (Bestbieter), vorzulegen.

(2) Öffentliche Auftraggeber sind verpflichtet, in der Bekanntmachung des öffentlichen Auftrags und in den Vergabeunterlagen darauf hinzuweisen, dass die Bieter im Fall der beabsichtigten Zuschlagserteilung die nach diesem Gesetz erforderlichen Nachweise und Erklärungen nach Aufforderung innerhalb einer nach Tagen genau bestimmten Frist vorlegen müssen. Die Frist muss mindestens drei Werktage betragen und darf fünf Werktage nicht überschreiten.

(3) Der öffentliche Auftraggeber fordert den Bestbieter auf, die nach dem Gesetz erforderlichen Nachweise und Erklärungen innerhalb der Frist nach Absatz 2 vorzulegen. Die Frist beginnt an dem Tag, der auf die Absendung dieser Aufforderung folgt. Die Vergabestelle kann im Ausnahmefall die Frist verlängern, wenn die erforderlichen Erklärungen und Nachweise nicht innerhalb des in Satz 1 bestimmten Zeitraumes vorgelegt werden können oder dies im Hinblick auf Art und Umfang des Auftrages angemessen erscheint.

(4) Die Vorlage der nach diesem Gesetz erforderlichen Nachweise und Erklärungen hat in geeigneter Form zu erfolgen. Hierfür ist es grundsätzlich ausreichend, die Textform im Sinne des § 126b des Bürgerlichen Gesetzbuchs zu verwenden.

(5) Werden die nach diesem Gesetz erforderlichen Nachweise und Erklärungen im Sinne des Absatzes 1 nicht innerhalb der in Absatz 3 bestimmten Frist rechtzeitig beim öffentlichen Auftraggeber vorgelegt, ist das Angebot von der Wertung auszuschließen. In diesem Fall ist das der Wertungsrangfolge nach nächste Angebot heranzuziehen. Auf dieses Angebot finden diese Vorschriften Anwendung.

(6) Bei nicht von dem öffentlichen Auftraggeber zu vertretener, objektiver Dringlichkeit kann dieser vom Bestbieterprinzip absehen.

§ 10 Kontrolle durch den öffentlichen Auftraggeber, Nachweise zur Beitragsentrichtung

(1) Öffentliche Auftraggeber sind berechtigt, Kontrollen durchzuführen, um die Einhaltung der dem Auftragnehmer sowie den Nachunternehmern und den Verleihern von Arbeitskräften auf Grund dieses Gesetzes auferlegten Verpflichtungen zu überprüfen. Sie dürfen sich zu diesem Zweck die Entgeltabrechnungen, die Unterlagen über die Abführung von Steuern, Abgaben und Beiträgen gemäß Absatz 3 sowie die abgeschlossenen Verträge in anonymisierter Form vorlegen lassen, diese prüfen und hierzu Auskünfte verlangen. Der Auftragnehmer sowie die Nachunternehmer und Verleiher von Arbeitskräften haben ihre jeweiligen Arbeitnehmerinnen und Arbeitnehmer auf die Möglichkeit solcher Kontrollen hinzuweisen. Die öffentlichen Auftraggeber haben den Auftragnehmer im Wege einer vertraglichen Vereinbarung zu verpflichten, ihm ein entsprechendes Auskunfts- und Prüfrecht bei der Beauftragung von Nachunternehmern und von Verleihern von Arbeitskräften einräumen zu lassen.

(2) Der Auftragnehmer hat vollständige und prüffähige Unterlagen zur Prüfung der Einhaltung der Vorgaben des § 4 bereitzuhalten und auf Verlangen dem öffentlichen Auftraggeber binnen einer vertraglich zu vereinbarenden angemessenen Frist vorzulegen und zu erläutern. Der Auftragnehmer ist vertraglich zu verpflichten, die Einhaltung dieser Pflicht durch die beauftragten Nachunternehmer und Verleiher von Arbeitskräften vertraglich sicherzustellen.

(3) Öffentliche Auftraggeber haben bei der Vergabe von Bauaufträgen im Sinne des § 103 Absatz 1 in Verbindung mit Absatz 3 des Gesetzes gegen Wettbewerbsbeschränkungen zum Nachweis der Eignung der Bieter deren Fachkunde und Leistungsfähigkeit zu prüfen. Bieter müssen nachweisen, dass sie die Beiträge zur gesetzlichen Sozialversicherung und der gemeinsamen Einrichtung der Tarifvertragsparteien im Sinne des § 5 Nummer 3 des Arbeitnehmer-Entsendegesetzes vollständig entrichten. Soweit dies nicht durch eine gültige Bescheinigung des Vereins für die Präqualifizierung von Bauunternehmen e. V. erfolgt, kann der Nachweis durch Unterlagen erbracht werden, die nicht älter als ein Jahr sind und die durch die ausstellende Stelle festgelegte Gültigkeit nicht überschreiten. Die Unterlagen müssen von dem zuständigen in- oder ausländischen Sozialversicherungsträger – im Inland der Einzugsstelle – oder der zuständigen in- oder ausländischen Sozialkasse ausgestellt sein, soweit der Betrieb des Bieters von dem Geltungsbereich eines Tarifvertrages über eine gemeinsame Einrichtung der Tarifvertragsparteien erfasst wird. Der Nachweis nach Satz 2 kann durch eine Bescheinigung des ausländischen Staates erbracht werden. Bei fremdsprachigen Bescheinigungen ist eine beglaubigte Übersetzung in die deutsche Sprache beizufügen.

(4) Im Falle des Einsatzes von Nachunternehmern und Verleihern von Arbeitskräften muss der Bieter die Nachweise nach Absatz 3 Satz 2 auch für diese sowie alle weiteren Nachunternehmer erbringen.

§ 11   Sanktionen durch den öffentlichen Auftraggeber

(1) Zwischen dem öffentlichen Auftraggeber und dem Auftragnehmer ist für jeden schuldhaften Verstoß gegen die Verpflichtungen aus einer Verpflichtungserklärung nach § 4 eine Vertragsstrafe zu vereinbaren, deren Höhe ein Prozent, bei mehreren Verstößen bis zu fünf Prozent des Auftragswertes (netto) betragen soll. Der Auftragnehmer ist zur Zahlung einer Vertragsstrafe nach Satz 1 auch für den Fall zu verpflichten, dass ein Verstoß gegen Verpflichtungen aus einer Verpflichtungserklärung nach § 5 durch einen von ihm eingesetzten Nachunternehmer oder einen von diesem eingesetzten Nachunternehmer oder von einem Verleiher von Arbeitskräften begangen wird, es sei denn, dass der Auftragnehmer den Verstoß bei Beauftragung des Nachunternehmers und des Verleihers von Arbeitskräften nicht kannte und unter Beachtung der Sorgfaltspflicht eines ordentlichen Kaufmanns auch nicht kennen musste.

(2) Der öffentliche Auftraggeber hat mit dem Auftragnehmer zu vereinbaren, dass die schuldhafte Nichterfüllung der Verpflichtungen aus einer Verpflichtungserklärung nach § 4 durch den Auftragnehmer, aus einer Verpflichtungserklärung nach § 5 durch seine Nachunternehmer und die Verleiher von Arbeitskräften sowie schuldhafte Verstöße gegen die Verpflichtungen des Auftragnehmers aus § 5 den Auftraggeber zur fristlosen Kündigung des Bau- oder Dienstleistungsvertrages oder zur Auflösung des Dienstleistungsverhältnisses berechtigen.

§ 12   Ausschluss von der Vergabe öffentlicher Aufträge

(1) Auch unterhalb der Schwellenwerte nach § 106 des Gesetzes gegen Wettbewerbsbeschränkungen gelten die Ausschlussgründe nach den §§ 123 und 124 des Gesetzes gegen Wettbewerbsbeschränkungen sowie die Möglichkeit der Selbstreinigung nach § 125 des Gesetzes gegen Wettbewerbsbeschränkungen. Ein Verstoß gegen sozial- oder arbeitsrechtliche Verpflichtungen im Sinne des § 124 Absatz 1 Nummer 1 des Gesetzes gegen Wettbewerbsbeschränkungen liegt insbesondere dann vor, wenn der Auftragnehmer nachweislich gegen Pflichten aus einer Verpflichtungserklärung nach § 4, der Nachunternehmer oder der Verleiher nachweislich gegen Pflichten aus einer Verpflichtungserklärung nach § 5 schuldhaft verstoßen haben.

(2) Ein Ausschluss nach Absatz 1 ist dem Vergaberegister nach § 6 des Korruptionsbekämpfungsgesetzes vom 16. Dezember 2004 (GV. NRW. 2005 S. 8), das zuletzt durch Artikel 1 des Gesetzes vom 19. Dezember 2013 (GV. NRW. S. 875) geändert worden ist, mitzuteilen.

§ 13   Bietergemeinschaft, Bewerber beim Teilnahmewettbewerb

Beteiligt sich eine Bietergemeinschaft an einem Vergabeverfahren oder wird ihr der Zuschlag erteilt, so gelten die Verpflichtungen der Bieter und Auftragnehmer nach diesem Gesetz für die Bietergemeinschaft und für deren Mitglieder. § 12 Absatz 2 ist für die Mitglieder der Bietergemeinschaft mit der Maßgabe entsprechend anzuwenden, dass das jeweilige Mitglied den Verstoß kannte oder unter Beachtung der Sorgfaltspflicht eines ordentlichen Kaufmanns kennen musste. Satz 1 gilt entsprechend für Bewerber im Rahmen von Teilnahmewettbewerben.

§ 14 Prüfbehörde

(1) Für die Prüfung der Einhaltung der Pflichten nach § 4 Absatz 2 und 4 eines Auftragnehmers und den entsprechenden Pflichten nach § 5 eines Nachunternehmers oder Verleihers von Arbeitskräften (Betroffene) ist das für Arbeit zuständige Ministerium zuständig. Die Zuständigkeit kann durch Rechtsverordnung gemäß § 16 Absatz 3 auf eine nachgeordnete Behörde übertragen werden. Die Prüfung kann sowohl anlass- als auch stichprobenbezogen erfolgen.

(2) Betroffene haben den Beauftragten der Prüfbehörde auf Verlangen die für die Prüfung nach Absatz 1 erforderlichen mündlichen und schriftlichen Auskünfte zu erteilen.

(3) Die Beauftragten der Prüfbehörde sind befugt, zum Zwecke der Prüfung nach Absatz 1 Grundstücke und Geschäftsräume der Betroffenen während der üblichen Geschäftszeit zu betreten, dort Prüfungen und Besichtigungen vorzunehmen, sich die geschäftlichen Unterlagen vorlegen zu lassen und in diese Einsicht zu nehmen. Zur Verhütung dringender Gefahren für die öffentliche Sicherheit oder Ordnung können die Grundstücke und Geschäftsräume tagsüber auch außerhalb der in Satz 1 genannten Zeit sowie tagsüber auch dann betreten werden, wenn sie zugleich Wohnzwecken des Betroffenen dienen. Das Grundrecht der Unverletzlichkeit der Wohnung (Artikel 13 des Grundgesetzes) wird insofern eingeschränkt.

(4) Die Betroffenen können die Auskunft auf solche Fragen verweigern, deren Beantwortung sie selbst oder einen der in § 383 Absatz 1 Nummer 1 bis 3 der Zivilprozessordnung in der Fassung der Bekanntmachung vom 5. Dezember 2005 (BGBl. I S. 3202; 2006 I S. 431; 2007 I S. 1781) in der jeweils geltenden Fassung bezeichneten Angehörigen der Gefahr strafgerichtlicher Verfolgung oder eines Verfahrens nach dem Gesetz über Ordnungswidrigkeiten in der Fassung der Bekanntmachung vom 19. Februar 1987 (BGBl. I S. 602) in der jeweils geltenden Fassung aussetzen würde. Die Betroffenen sind darauf hinzuweisen.

(5) Die Prüfbehörde unterrichtet die jeweils zuständigen Stellen, wenn sich bei der Durchführung ihrer Aufgaben nach diesem Gesetz Anhaltspunkte ergeben für Verstöße gegen
1. dieses Gesetz,
2. das Arbeitnehmer-Entsendegesetz,
3. das Mindestlohngesetz,
4. das Arbeitnehmerüberlassungsgesetz,
5. Bestimmungen des Vierten Buches Sozialgesetzbuch – Gemeinsame Vorschriften für die Sozialversicherung – in der Fassung der Bekanntmachung

vom 12. November 2009 (BGBl. I S. 3710, 3973; 2011 I S. 363) in der jeweils geltenden Fassung zur Zahlung von Beiträgen und Meldepflichten,

6. die Steuergesetze,

7. das Aufenthaltsgesetz in der Fassung der Bekanntmachung vom 25. Februar 2008 (BGBl. I S. 162) in der jeweils geltenden Fassung,

8. die Handwerksordnung in der Fassung der Bekanntmachung vom 24. September 1998 (BGBl. I S. 3074; 2006 I S. 2095) und die Gewerbeordnung in der Fassung der Bekanntmachung vom 22. Februar 1999 (BGBl. I S. 202), jeweils in der jeweils geltenden Fassung,

9. das Güterkraftverkehrsgesetz vom 22. Juni 1998 (BGBl. I S. 1485) in der jeweils geltenden Fassung,

10. das Personenbeförderungsgesetz in der Fassung der Bekanntmachung vom 8. August 1990 (BGBl. I S. 1690) und das Allgemeine Eisenbahngesetz vom 27. Dezember 1993 (BGBl. I S. 2378, 2396; 1994 I S. 2439) jeweils in der jeweils geltenden Fassung und dazu gehörende Verordnungen,

11. das Arbeitsschutzgesetz vom 7. August 1996 (BGBl. I S. 1246), das Arbeitszeitgesetz vom 6. Juni 1994 (BGBl. I S. 1170, 1171) und das Jugendarbeitsschutzgesetz vom 12. April 1976 (BGBl. I S. 965), jeweils in der jeweils geltenden Fassung oder

12. sonstige Strafgesetze.

§ 15 Ordnungswidrigkeiten

(1) Ordnungswidrig handelt, wer vorsätzlich oder fahrlässig

1. eine unwahre Verpflichtungserklärung nach § 4 Absatz 2, 4 oder nach § 5 Absatz 1 abgibt oder trotz Abgabe der Verpflichtungserklärung die hierin eingegangenen Verpflichtungen während der Durchführung des öffentlichen Auftrages nicht erfüllt, soweit nicht eine Ordnungswidrigkeit nach dem Arbeitnehmerüberlassungsgesetz gegeben ist, oder

2. entgegen § 14 Absatz 3 eine Prüfung oder das Betreten eines Geschäftsgrundstückes, eines Geschäftsraumes oder eines Beförderungsmittels nicht duldet, bei der Prüfung nicht mitwirkt oder die genannten Dokumente oder Daten nicht, nicht rechtzeitig oder nicht vollständig vorlegt.

Eine Ordnungswidrigkeit liegt nur dann vor, wenn sie nicht bereits vom Mindestlohngesetz als solche erfasst ist.

(2) Die Ordnungswidrigkeit kann in den Fällen des Absatzes 1 Nummer 1 mit einer Geldbuße bis zu fünfzigtausend Euro und in den Fällen der Nummer 2 mit einer Geldbuße von bis zu eintausend Euro geahndet werden.

(3) Verwaltungsbehörde im Sinne des § 36 Absatz 1 Nummer 1 des Gesetzes über Ordnungswidrigkeiten ist die Prüfbehörde gemäß § 14 Absatz 1. Die Geldbußen fließen in die Kasse der Verwaltungsbehörde, die den Bußgeldbescheid erlassen hat. Die nach Satz 2 zuständige Kasse trägt abweichend von § 105 Absatz 2 des Gesetzes über Ordnungswidrigkeiten die notwendigen Auslagen. Sie ist auch ersatzpflichtig im Sinne des § 110 Absatz 4 des Gesetzes über Ordnungswidrigkeiten.

(4) Die Prüfbehörde unterrichtet das Gewerbezentralregister über rechtskräftige Bußgeldbescheide nach Absatz 1, sofern die Geldbuße mehr als 200 Euro beträgt. Sie meldet dies außerdem als Verfehlung an das Vergaberegister. Die §§ 5 ff. des Korruptionsbekämpfungsgesetzes finden entsprechende Anwendung.

(5) § 19 des Mindestlohngesetzes gilt entsprechend.

(6) Die für die Verfolgung und Ahndung der Ordnungswidrigkeiten nach Absatz 3 zuständige Behörde darf öffentlichen Auftraggebern und solchen Stellen, die durch Auftraggeber zugelassene Präqualifikationsverzeichnisse oder Unternehmer- und Lieferantenverzeichnisse führen, auf Verlangen die erforderlichen Auskünfte geben.

§ 16   Rechtsverordnungen

(1) Das für Arbeit zuständige Ministerium wird ermächtigt, durch Rechtsverordnung festzustellen, welcher Tarifvertrag oder welche Tarifverträge im Bereich des öffentlichen Personenverkehrs gemäß § 2 Absatz 2 repräsentativ im Sinne von § 4 Absatz 2 sind.

(2) Bei der Feststellung der Repräsentativität eines oder mehrerer Tarifverträge nach Absatz 1 ist auf die Bedeutung des oder der Tarifverträge für die Arbeitsbedingungen der Arbeitnehmer abzustellen. Hierbei kann insbesondere auf
1. die Zahl der von den jeweils tarifgebundenen Arbeitgebern unter den Geltungsbereich des Tarifvertrags fallenden Beschäftigten oder
2. die Zahl der jeweils unter den Geltungsbereich des Tarifvertrags fallenden Mitglieder der Gewerkschaft, die den Tarifvertrag geschlossen hat,

Bezug genommen werden. Das für Arbeit zuständige Ministerium errichtet einen beratenden Ausschuss für die Feststellung der Repräsentativität der Tarifverträge. Es bestellt für die Dauer von vier Jahren je drei Vertreter von Gewerkschaften und von Arbeitgebern oder Arbeitgeberverbänden im Bereich des öffentlichen Personenverkehrs auf deren Vorschlag als Mitglieder. Die Beratungen koordiniert und leitet eine von dem für Arbeit zuständigen Ministerium beauftragte Person, die kein Stimmrecht hat. Der Ausschuss gibt eine schriftlich begründete Empfehlung ab. Kommt ein mehrheitlicher Beschluss über eine Empfehlung nicht zustande, so ist dies unter ausführlicher Darstellung der unterschiedlichen Positionen schriftlich mitzuteilen. Das für Arbeit zuständige Ministerium wird ermächtigt, das Nähere zur Bestellung des Ausschusses, zu Beratungsverfahren und Beschlussfassung, zur Geschäftsordnung und zur Vertretung und Entschädigung der Mitglieder durch Rechtsverordnung zu regeln.

(3) Das für Arbeit zuständige Ministerium wird ermächtigt, in seinem Geschäftsbereich durch Rechtsverordnung eine andere Behörde zur Verwaltungsbehörde im Sinne des § 36 Absatz 1 Nummer 1 des Gesetzes über Ordnungswidrigkeiten zu bestimmen.

(4) Die Landesregierung wird ermächtigt, durch Rechtsverordnung folgendes zu regeln:

1. Mustervordrucke für die Verpflichtungserklärungen nach § 4 Absatz 1, 2, 3 und 4 sowie § 5,
2. Konkretisierungen hinsichtlich der Art und Weise der Berücksichtigung der in § 6 genannten Kriterien im Vergabeverfahren vorzunehmen,
3. auf welche Produktgruppen oder Herstellungsverfahren § 7 anzuwenden ist; die Verordnung trifft im Anwendungsbereich des § 7 auch Bestimmungen zur Nachweiserbringung sowie zur vertraglichen Ausgestaltung von Kontrollen und Sanktionen,
4. den Inhalt der Maßnahmen zur Frauenförderung und zur Förderung der Vereinbarkeit von Beruf und Familie sowie den Kreis der betroffenen Unternehmen und
5. ein Siegelsystem, bei dem an Stelle der nach diesem Gesetz erforderlichen Nachweise und Erklärungen ein Siegel vorgelegt werden kann. Die konkrete Ausgestaltung des Siegelverfahrens, Aufgaben und Befugnisse etwaiger einzurichtender Siegelvergabestellen sowie die Regelungen zum Erhalt oder Entzug eines Siegels sind ebenfalls in der Rechtsverordnung zu regeln.

§ 17 Servicestelle zum Tariftreue- und Vergabegesetz

Das für Wirtschaft zuständige Ministerium nimmt die Funktion einer Servicestelle für dieses Gesetz wahr. Die Servicestelle steht Jedermann zur Verfügung und informiert unentgeltlich über die praktische Anwendung dieses Gesetzes.

§ 18 Inkrafttreten, Außerkrafttreten

(1) § 16 Absatz 4 sowie § 17 treten am Tag nach der Verkündung in Kraft. Im Übrigen tritt dieses Gesetz am 1. April 2017 in Kraft. Am 1. April 2017 treten das Tariftreue- und Vergabegesetz Nordrhein-Westfalen vom 10. Januar 2012 (GV. NRW. S. 17), die Verordnung Tariftreue- und Vergabegesetz Nordrhein-Westfalen vom 14. Mai 2013 (GV. NRW. S. 254), die Vergabe-Mindestentgelt-Verordnung vom 19. November 2014 (GV. NRW. S. 927) sowie die Vergabe-Mindestentgeltausschuss-Verordnung vom 23. April 2012 (GV. NRW. S. 176) außer Kraft.

(2) Dieses Gesetz tritt im zehnten Jahr nach Inkrafttreten gemäß Absatz 1 Satz 2 mit Ablauf des Monats außer Kraft, der kalendermäßig dem Monat, in dem es in Kraft getreten ist, vorangeht. Dieses Gesetz gilt für alle Verfahren zur Vergabe öffentlicher Aufträge im Sinne dieses Gesetzes, die nach Inkrafttreten gemäß Absatz 1 Satz 2 begonnen werden.

2. Verordnung zur Durchführung des Tariftreue- und Vergabegesetzes Nordrhein-Westfalen (Verordnung Tariftreue- und Vergabegesetz Nordrhein-Westfalen – RVO TVgG NRW)

Vom 21. Februar 2017
(GV. NRW. S. 294)

SGV. NRW. 701

Auf Grund des § 16 Absatz 4 Nummern 1 bis 4 des Tariftreue- und Vergabegesetzes Nordrhein-Westfalen vom 31.1.2017 (GV. NRW. S. 273) verordnet die Landesregierung:

§ 1 Zweck der Verordnung

Zweck dieser Verordnung ist die Konkretisierung und Umsetzung der Vorgaben des Tariftreue- und Vergabegesetzes Nordrhein-Westfalen vom 31.1.2017 (GV. NRW. S. 273). Sie ergänzt dabei neben den Vorschriften für die einzelnen Regelungsbereiche die Grundsätze der Vergabe gemäß § 3 des Tariftreue- und Vergabegesetzes Nordrhein-Westfalen.

§ 2 Verpflichtungserklärungen Tariftreuepflicht und Mindestlohn

Die Verpflichtungserklärungen zu § 4 Absatz 1 bis 4 und § 5 des Tariftreue- und Vergabegesetzes Nordrhein-Westfalen müssen inhaltlich mindestens dem in dieser Verordnung als Anlage 1 beigefügten Formularvordruck entsprechen. Werden in dem Vergabeverfahren elektronische Mittel verwandt, sind die Vorgaben des § 9 Absatz 4 des Tariftreue- und Vergabegesetzes Nordrhein-Westfalen zu beachten.

§ 3 Berücksichtigung abfallrechtlicher Vorgaben, Holz- und Papierprodukte

(1) Bei der Konzeption der Beschaffung nach § 6 Absatz 1 des Tariftreue- und Vergabegesetzes Nordrhein-Westfalen sind die abfallrechtlichen Vorgaben, insbesondere im Hinblick auf Abfallvermeidung und Wiederverwendung, Recycling sowie sonstige Verwertung zu berücksichtigen. Die Anforderungen, die bei der Beschaffung von Arbeitsmaterialien, Ge- und Verbrauchsgütern, bei Bauvorhaben und sonstigen Aufträgen zu berücksichtigen sind, ergeben sich insbesondere aus § 2 des Landesabfallgesetzes vom 21. Juni 1988 (GV. NRW. S. 250), das zuletzt durch Artikel 4 des Gesetzes vom 25. Oktober 2016 (GV. NRW. S. 868) geändert worden ist. Bei der Vergabe von Entsorgungsdienstleistungen sind die unionsrechtlichen Vorgaben hinsichtlich der abfallrechtlichen Grundsätze der Autarkie und Nähe entsprechend zu berücksichtigen.

(2) Entsprechend der Vorgaben des Landesabfallgesetzes ist grundsätzlich nur Papier und Karton mit einem Altpapieranteil von 100 Prozent zu beschaffen. Ausnahmen im Sinne von § 2 des Landesabfallgesetzes, zum Beispiel für Papier, welches einen repräsentativen Charakter hat, sind entsprechend zu begründen. Das in Holzprodukten (einschließlich Papier und Karton) verarbeitete Rohholz muss nachweislich aus legaler und nachhaltiger Waldbewirtschaftung stammen. Der Nachweis ist vom Bieter durch Vorlage eines Zertifikates des PEFC (Programme for the Endorsement of Forest Certification Schemes), des FSC (Forest Stewardship Council) oder durch gleichwertige Siegel, Zertifikate oder Nachweise, wie technische Unterlagen des Herstellers oder Prüfberichte anerkannter Stellen, zu erbringen.

§4   Umweltverträgliches und nachhaltiges Bauen

(1) Bei Bauvergaben kann der öffentliche Auftraggeber im Rahmen der Konzeption der Beschaffung in Erfüllung der sich aus § 6 Absatz 1 des Tariftreue- und Vergabegesetzes Nordrhein-Westfalen ergebenden Verpflichtungen Aspekte des Umweltschutzes und der Energieeffizienz hinsichtlich ökologischer und gesundheitsrelevanter Anforderungen an Bauwerk und Materialien berücksichtigen.

(2) Bei der Konzeption der Beschaffung können sich Aspekte des Umweltschutzes und der Energieeffizienz bei Dienstleistungen insbesondere auf die Art der Durchführung und auf die zu verwendenden Stoffe beziehen. Bei Bauaufträgen kann der öffentliche Auftraggeber Aspekte des nachhaltigen Bauens in die Bauplanungsphase einbeziehen. Hierbei sind insbesondere die Vorgaben des § 2 des Landesabfallgesetzes zu beachten. Bei Bauvorhaben soll demnach Erzeugnissen der Vorzug gegeben werden, die mit rohstoffschonenden und abfallarmen Produktionsverfahren oder aus Abfällen hergestellt sind, sofern diese für den vorgesehenen Verwendungszweck geeignet sind und keine anderen Rechtsvorschriften entgegenstehen. Ersatzbaustoffe wie zum Beispiel Recyclingbaustoffe und der Baustoff Holz sind, ihren jeweiligen technischen und ökologischen Eigenschaften entsprechend, gleichberechtigt in die Planungsüberlegungen einzubeziehen.

(3) Die Berücksichtigung von Aspekten des Umweltschutzes und der Energieeffizienz bei der Konzeption der Beschaffung kann die ökologische, gesundheitsrelevante, funktionale und technische Bauwerksqualität erhöhen. Die Umweltverträglichkeit der Baustoffe soll dabei ein wesentlicher Bestandteil der Konzeption sein. So können gewerkespezifische Vorgaben hinsichtlich der Dauerhaftigkeit, Instandhaltungsfreundlichkeit, Rückbaufähigkeit, Reinigungsfreundlichkeit, Gesundheits- und Umweltverträglichkeit von Bauprodukten unter Berücksichtigung der Bau-, Nutzungs- und Rückbauphase einbezogen werden.

(4) Die öffentlichen Auftraggeber können das Bewertungssystem Nachhaltiges Bauen (BNB) für den Neubau von Büro- und Verwaltungsgebäuden sowie Außenanlagen oder ein gleichwertiges System zur Bewertung der Umsetzung der Aspekte des Umweltschutzes und der Energieeffizienz bei Bauvergaben vorgeben.

§ 5 **Besondere Regelungen für die Vergaben unterhalb der Schwellenwerte im Rahmen der Berücksichtigung von Aspekten des Umweltschutzes und der Energieeffizienz**

(1) Bei der Beschaffung energieverbrauchsrelevanter Liefer- oder Dienstleistungen ist § 67 der Vergabeverordnung vom 12. April 2016 (BGBl. I S. 624) entsprechend anzuwenden. Dies gilt auch, wenn die Lieferung von energieverbrauchsrelevanten Waren, technischen Geräten oder Ausrüstungen wesentlicher Bestandteil einer Bauleistung ist.

(2) Von einem „energieverbrauchsrelevanten Produkt" gemäß § 67 Absatz 1 der Vergabeverordnung ist auszugehen, wenn ein Gegenstand, dessen Nutzung den Verbrauch an Energie beeinflusst und der in der Europäischen Union in Verkehr gebracht und/oder in Betrieb genommen wird, einschließlich Teilen, die zum Einbau in ein „energieverbrauchsrelevantes Produkt" bestimmt sind, als Einzelteil für Endverbraucher in Verkehr gebracht und/oder in Betrieb genommen werden und getrennt auf seine Umweltverträglichkeit geprüft werden kann.

(3) Die Vorgabe des „höchsten Leistungsniveaus an Energieeffizienz" bedeutet, dass bei der Auswahl des Leistungsgegenstandes die „höchste auf dem Markt verfügbare Energieeffizienz" anzusetzen ist, das heißt die mit dem niedrigsten auf dem Markt verfügbaren Energieverbrauch im Verhältnis zur Leistung. Führt die Vorgabe des „höchsten Leistungsniveaus an Energieeffizienz" und der höchsten Energieeffizienzklasse im Sinne der Energieverbrauchskennzeichnungsverordnung vom 30. Oktober 1997 (BGBl. I S. 2616), die zuletzt durch Artikel 1 der Verordnung vom 8. Juli 2016 (BGBl. I S. 1622) geändert worden ist, zu unangemessenen Leistungseinschränkungen oder Mehrkosten, kann ausnahmsweise hiervon abgewichen werden. In diesem Fall ist der öffentliche Auftraggeber verpflichtet, die höchstmöglichen Anforderungen zu stellen. Die Ermessensentscheidung ist zu dokumentieren.

(4) Bei der Beschaffung von Straßenfahrzeugen ist § 68 der Vergabeverordnung entsprechend anzuwenden.

(5) Verweist der Auftraggeber hinsichtlich bestimmter Leistungs- und Funktionsanforderungen beziehungsweise hinsichtlich ihres Nachweises gemäß § 6 Absatz 2 Nummer 2 des Tariftreue- und Vergabegesetzes Nordrhein-Westfalen auf Umweltzeichen, gilt § 34 Absatz 5 der Vergabeverordnung entsprechend.

§ 6 **Sensible Produkte im Rahmen der Beachtung von Mindestanforderungen der Internationalen Arbeitsorganisation an die Arbeitsbedingungen**

(1) Bieter und Bewerber haben zur Erfüllung der Vorgaben der vertraglichen Ausführungsbedingungen des § 7 des Tariftreue- und Vergabegesetzes Nordrhein-Westfalen die in § 7 dieser Verordnung aufgeführten Nachweise zu erbringen, sofern sensible Produkte aus bestimmten Herkunftsländern oder -gebieten beschafft werden.

(2) Als sensible Produkte gelten:

1. Bekleidung, insbesondere Arbeitsbekleidung und Uniformen sowie Stoffe und Textilwaren,
2. Naturkautschuk-Produkte (zum Beispiel Einmal- oder Arbeitshandschuhe, Reifen, Gummibänder),
3. Landwirtschaftliche Produkte (zum Beispiel Kaffee, Kakao, Orangensaft, Pflanzen, Tropenfrüchte wie Bananen und Ananas),
4. Büromaterialien, die die Rohstoffe Holz, Gesteinsmehl und Kautschuk enthalten,
5. Holz,
6. Lederwaren, Gerbprodukte,
7. Natursteine,
8. Spielwaren,
9. Sportartikel (Bekleidung, Geräte),
10. Teppiche und
11. Informations- oder Kommunikationstechnik (Hardware).

(3) Die bestimmten Herkunftsländer oder -gebiete ergeben sich aus der für den Zeitpunkt der Angebotsabgabe maßgeblichen DAC-Liste der Entwicklungsländer und -gebiete. Die Liste wird von der Organisation für wirtschaftliche Zusammenarbeit und Entwicklung (OECD) als Liste des Ausschusses für Entwicklungshilfe (DAC) im Internet unter www.oecd.org bereitgestellt. Als Herkunftsland oder -gebiet gilt der Staat oder das Gebiet, in dem eine Ware im Sinne von Artikel 60 Absatz 1 der Verordnung (EU) Nummer 952/2013 des Europäischen Parlaments und des Rates vom 9. Oktober zur Festlegung des Zollkodex der Union (ABl. L 269 vom 10.10.2013, S. 1, L 287 vom 29.10.2013, S. 90) vollständig gewonnen oder hergestellt worden ist oder im Sinne von Artikel 60 Absatz 2 der Verordnung (EU) Nr. 952/2013 der letzten wesentlichen und wirtschaftlich gerechtfertigten Be- oder Verarbeitung unterzogen worden ist.

§ 7 Nachweiserbringung im Rahmen der Beachtung von Mindestanforderungen der Internationalen Arbeitsorganisation an die Arbeitsbedingungen

(1) Der Nachweis, dass die Bieter beziehungsweise Bewerber dafür Sorge tragen, dass die im konkreten Auftrag beschafften Waren unter Beachtung der in den Kernarbeitsnormen der Internationalen Arbeitsorganisation (ILO-Kernarbeitsnormen) festgelegten Mindeststandards gewonnen oder hergestellt worden sind, kann wahlweise erbracht werden durch

1. Zertifikate gemäß Absatz 2,
2. Mitgliedschaften in einer Initiative, die sich für die Beachtung der ILO-Kernarbeitsnormen einsetzt, gemäß Absatz 3 oder
3. gleichwertige Erklärungen Dritter gemäß Absatz 4.

Werden in dem Vergabeverfahren elektronische Mittel verwandt, sind die Vorgaben des § 9 Absatz 4 des Tariftreue- und Vergabegesetzes Nordrhein-Westfalen zu beachten.

(2) Zertifikate nach Absatz 1 Nummer 1 sind Gütezeichen nach § 34 Absatz 2 der Vergabeverordnung, die geeignet sind, die in § 7 des Tariftreue- und

Vergabegesetzes Nordrhein-Westfalen geforderten Merkmale für Liefer- und Dienstleistungen nachzuweisen.

(3) Initiativen nach Absatz 1 Nummer 2 müssen folgenden Bedingungen genügen:

1. Sie müssen von ihren Mitgliedern die Einhaltung der ILO-Kernarbeitsnormen verlangen und ein effektives System zur Prüfung von deren Einhaltung aufgebaut haben,
2. ihre Anforderungen müssen sich auf objektiv nachprüfbare und nichtdiskriminierende Kriterien beziehen,
3. sie müssen offen und transparent arbeiten,
4. sie müssen vollständige und prüffähige Unterlagen zur Einhaltung dieser Bedingungen bereithalten und
5. sie müssen sich verpflichten, Mitglieder auszuschließen, die ihrer Verpflichtung zur Einhaltung der ILO-Kernarbeitsnormen nicht nachkommen.

(4) Eine Erklärung Dritter nach Absatz 1 Nummer 3 ist gleichwertig, wenn daraus deutlich wird,

1. dass und wie der Bieter beziehungsweise Bewerber dafür Sorge trägt, dass die im konkreten Auftrag beschafften Waren unter Beachtung der in den ILO-Kernarbeitsnormen festgelegten Mindeststandards gewonnen oder hergestellt worden sind und
2. dass die oder der Erklärende von dem Unternehmen, dessen Zulieferern und dem Hersteller der Waren unabhängig sowie fachlich geeignet ist, die in § 7 des Tariftreue- und Vergabegesetzes Nordrhein-Westfalen geforderten Merkmale für Liefer- und Dienstleistungen zu bestätigen.

Sofern die Einordnung von eingereichten Unterlagen als Nachweis nach Absatz 2 oder nach Absatz 3 nicht abschließend möglich ist, können diese Unterlagen als gleichwertige Erklärung Dritter angesehen werden, wenn die inhaltlichen Voraussetzungen des Satzes 1 vorliegen.

(5) Auf die Forderung der Vorlage von Nachweisen nach Absatz 1 kann der öffentliche Auftraggeber ausnahmsweise verzichten, wenn die Voraussetzungen für eine Ausnahme vom Bestbieterprinzip nach § 9 Absatz 6 des Tariftreue- und Vergabegesetzes Nordrhein-Westfalen, ein Marktversagen in der relevanten Produktgruppe oder andere vergleichbare Ausnahmegründe vorliegen, die es aus objektiv belegbaren Gründen unmöglich machen, ein geeignetes Produkt mit Nachweisen nach Absatz 1 zu beschaffen. Ein Marktversagen liegt dann vor, wenn nach einer Markterkundung kein Anbieter erkundet werden kann, der die benötigten Produkte mit Nachweisen nach Absatz 1 anbietet, oder nur Anbieter erkundet werden können, deren Angebotspreise erheblich über dem Durchschnittspreis für Standardprodukte der jeweiligen Produktgruppe liegen. Der öffentliche Auftraggeber hat zu dokumentieren, dass nach seinen Markterkundungsmaßnahmen ein solches Marktversagen oder andere Ausnahmegründe vorliegen. Die Entscheidung über den Verzicht kann lediglich vor der Einleitung des Vergabeverfahrens getroffen werden.

§8 Vertragliche Ausgestaltung von Kontrollen und Sanktionen im Rahmen der Beachtung von Mindestanforderungen der Internationalen Arbeitsorganisation an die Arbeitsbedingungen

(1) Es ist zu vereinbaren, dass der Auftragnehmer vollständige und prüffähige Unterlagen zur Prüfung der Einhaltung der Vorgaben des § 7 des Tariftreue- und Vergabegesetzes Nordrhein-Westfalen bereitzuhalten und auf Verlangen dem öffentlichen Auftraggeber binnen einer vertraglich zu vereinbarenden angemessenen Frist vorzulegen und zu erläutern hat. Darüber hinaus kann auch ein Kontrollverfahren zwecks Überprüfung der Einhaltung der Vorgaben des § 7 des Tariftreue- und Vergabegesetzes Nordrhein-Westfalen vertraglich vereinbart werden, sofern es sich aus der Auftragsbekanntmachung oder den Vergabeunterlagen ergibt. Auftragnehmer sind vertraglich zu verpflichten, die Einhaltung dieser Pflichten durch beauftragte Nachunternehmer oder Lieferanten vertraglich sicherzustellen.

(2) Zwischen dem öffentlichen Auftraggeber und dem Auftragnehmer ist für jeden schuldhaften Verstoß gegen die Verpflichtungen nach § 7 des Tariftreue- und Vergabegesetzes Nordrhein-Westfalen eine Vertragsstrafe zu vereinbaren, deren Höhe ein Prozent, bei mehreren Verstößen bis zu 5 Prozent des Auftragswertes (netto) betragen soll. Hauptauftragnehmer müssen sich bei Beauftragung von Nachunternehmern die Vorlage von Nachweisen nach § 7 Absatz 1 dieser Verordnung vertraglich zusichern lassen. Bei Verstößen von Nachunternehmern oder Lieferanten ist eine Vertragsstrafe nicht zu erheben, wenn der Auftragnehmer den Verstoß bei Beauftragung des Nachunternehmers oder bei Berufung auf Nachweise eines Lieferanten nicht kannte und unter Beachtung der Sorgfaltspflicht eines ordentlichen Kaufmanns auch nicht kennen musste.

§9 Maßnahmenkatalog im Rahmen der Frauenförderung und Förderung der Vereinbarkeit von Beruf und Familie

Als ergänzende vertragliche Ausführungsbedingungen sollen Maßnahmen zur Frauenförderung oder Förderung der Vereinbarkeit von Beruf und Familie im Sinne des § 8 des Tariftreue- und Vergabegesetzes Nordrhein-Westfalen verlangt werden. Dies sind folgende Maßnahmen:

1. Maßnahmen zur Gewinnung von Mädchen und Frauen für ein betriebliches Praktikum, insbesondere in den männerdominierten Berufen,
2. Untersagung und Unterbindung eines Verhaltens verbaler und nicht-verbaler Art, welches bezweckt oder bewirkt, dass weibliche Beschäftigte lächerlich gemacht, eingeschüchtert, angefeindet oder in ihrer Würde verletzt werden,
3. explizite Ermutigung von Frauen sich zu bewerben, wenn im Betrieb Ausbildungs- und Arbeitsplätze in männerdominierten Berufsbereichen zu besetzen sind,
4. Berücksichtigung von weiblichen Auszubildenden bei der Übernahme in ein Arbeitsverhältnis zumindest entsprechend ihrem Anteil an den Auszubildenden,

5. Befragung von Beschäftigten zu ihren Arbeitszeitwünschen, Auswertung einschließlich Einleitung von Umsetzungsschritten,
6. Angebot von Teilzeitarbeit oder flexiblen Arbeitszeitmodellen als Maßnahme zur Vereinbarkeit von Beruf und Familie,
7. Entwicklung und Umsetzung von Modellen vollzeitnaher Teilzeitarbeit für die Beschäftigen,
8. Einrichtung beziehungsweise Ausbau von Telearbeit für die Beschäftigen,
9. Einrichtung von Eltern-Kind-Zimmern für die Beschäftigen,
10. Bereitstellung von Beratungs- und Vermittlungsangeboten, zum Beispiel durch ein Familienservicebüro, insbesondere zur Unterstützung bei der Suche nach Kinderbetreuungs- und Pflegemöglichkeiten,
11. Angebot betriebseigener Kinderbetreuungsplätze (Betriebskindertageseinrichtungen in alleiniger oder kooperativer Trägerschaft),
12. Angebot betrieblich finanzierter beziehungsweise unterstützter Kinderbetreuungsplätze, insbesondere durch
    a) den Erwerb von Belegplätzen in Kindertageseinrichtungen,
    b) Kooperationen mit Tagespflegepersonen oder
    c) die Übernahme der einem Einrichtungsträger entstandenen Mehrkosten für die Anpassung der Betriebsform der Einrichtung an die Bedürfnisse von berufstätigen Eltern
13. Angebot betrieblich organisierter beziehungsweise finanzierter Kontingente zur Notfallbetreuung,
14. Arbeitgeberleistungen zur Unterbringung und Betreuung von Kindern der Beschäftigten, soweit Angebote nach Nummer 11 bis 13 aus betrieblichen Gründen nicht möglich oder im Einzelfall nicht zielführend sind,
15. Angebot von Ferienprogrammen zur Überbrückung der Betreuungslücke für Kinder berufstätiger Eltern in Kindergarten- beziehungsweise Schulferien,
16. Unterstützung von Mitarbeitern mit pflegebedürftigen Angehörigen durch individuelle Betreuung und Hilfeleistung oder Abschluss einer Vereinbarung einer Familienpflegeteilzeit,
17. Kontakthalteangebote, Möglichkeit zur Teilnahme an betrieblicher Fortbildung, zu Vertretungseinsätzen und Rückkehrvereinbarungen für Beschäftigte in Elternzeit,
18. Bereitstellung von innerbetrieblichen Paten und Patinnen für Wiedereinsteigerinnen und Wiedereinsteiger,
19. Überprüfung der Entgeltgleichheit im Unternehmen mit Hilfe anerkannter und geeigneter Instrumente,
20. Analyse der Entwicklung der Leistungsvergütung in den letzten fünf Jahren nach Geschlecht oder
21. Angebot spezieller Personalentwicklungsprogramme oder Bildungsmaßnahmen für Frauen, die diese auf die Übernahme von höherwertigen und leitenden Positionen vorbereiten.

§ 10 Staffelung der Maßnahmen nach Unternehmensgröße im Rahmen der Frauenförderung und Förderung der Vereinbarkeit von Beruf und Familie

(1) Unternehmen mit regelmäßig mehr als 500 Beschäftigten haben vier der in § 9 dieser Verordnung genannten Maßnahmen auszuwählen sowie durchzuführen oder einzuleiten.

(2) Unternehmen mit regelmäßig mehr als 250, aber nicht mehr als 500 Beschäftigten haben drei der in § 9 dieser Verordnung genannten Maßnahmen auszuwählen sowie durchzuführen oder einzuleiten.

(3) Alle übrigen Unternehmen, die aufgrund ihrer Beschäftigtenzahl (mehr als 20 Beschäftigte, ohne Auszubildende) die Anwendungsschwelle des § 8 Absatz 1 Satz 2 Nummer 1 des Tariftreue- und Vergabegesetzes Nordrhein-Westfalen erreichen, haben zwei der in § 9 dieser Verordnung genannten Maßnahmen auszuwählen sowie durchzuführen oder einzuleiten.

(4) Die für die Staffelung der Maßnahmen nach Unternehmensgröße maßgebende Anzahl an Beschäftigten ist nach dem Arbeitnehmerbegriff des § 5 des Betriebsverfassungsgesetzes in der Fassung der Bekanntmachung vom 25. September 2001 (BGBl. I S. 2518), das zuletzt durch Artikel 3 Absatz 4 des Gesetzes vom 20. April 2013 (BGBl. I S. 868) geändert worden ist, zu bestimmen. Zur Festlegung der Unternehmensgröße ist die Definition der Betriebsstätte nach § 12 der Abgabenordnung in der Fassung der Bekanntmachung vom 1. Oktober 2002 (BGBl. I S. 3866; 2003 I S. 61), die zuletzt durch Artikel 3 des Gesetzes vom 20. Juli 2016 (BGBl. I S. 1824) geändert worden ist, zugrunde zu legen.

§ 11 Verpflichtungserklärung im Rahmen der Frauenförderung und Förderung der Vereinbarkeit von Beruf und Familie

(1) Die Bieter sind verpflichtet, in einer Verpflichtungserklärung entsprechend § 8 des Tariftreue- und Vergabegesetzes Nordrhein-Westfalen zu erklären, welche und wie viele Maßnahmen sie aus dem Maßnahmenkatalog nach § 9 dieser Verordnung für den Fall der Beauftragung während der Durchführung des öffentlichen Auftrages durchführen oder einleiten werden. Hierzu wird die Mustererklärung (Anlage 2) zu dieser Verordnung zur Verfügung gestellt. Werden in dem Vergabeverfahren elektronische Mittel verwandt, sind die Vorgaben des § 9 Absatz 4 des Tariftreue- und Vergabegesetzes Nordrhein-Westfalen zu beachten.

(2) Sofern ein Bieter durch Zuschlag bereits zur Durchführung oder Einleitung von Maßnahmen der Frauenförderung oder der Vereinbarkeit von Beruf und Familie gemäß § 9 verpflichtet wurde, kann er sich hierauf zwölf Monate lang nach dem Tag des Zuschlags berufen. Die Maßnahmen der Frauenförderung oder der Vereinbarkeit von Beruf und Familie nach § 9, zu deren Durchführung oder Einleitung sich das Unternehmen verpflichtet hat, müssen ordnungsgemäß umgesetzt worden sein. Auf Verlangen des öffentlichen Auftraggebers hat der Bieter die Durchführung oder Einleitung der umgesetzten Maßnahmen zu belegen.

§ 12 **Dokumentation im Rahmen der Frauenförderung und Förderung der Vereinbarkeit von Beruf und Familie**

(1) Die durchgeführten beziehungsweise eingeleiteten Maßnahmen zur Frauenförderung und zur Förderung der Vereinbarkeit von Beruf und Familie sind zum Zwecke der Überprüfbarkeit vom Auftragnehmer zu dokumentieren.

(2) Diese Dokumentation muss mindestens enthalten:
1. die Bezeichnung der ausgewählten Maßnahmen,
2. Angaben zu Art und Umfang der geplanten Einleitung und Durchführung der jeweiligen Maßnahmen,
3. Angabe des Zeitpunktes der Einleitung sowie der Dauer der Durchführung der jeweiligen Maßnahmen und
4. Angaben zu den Auswirkungen und der Nachhaltigkeit der Wirkung der Maßnahmen, insbesondere
   a) zur Anzahl der von der jeweiligen Maßnahme betroffenen Beschäftigten in Relation zur Gesamtanzahl der im Unternehmen Beschäftigten und
   b) ob die Maßnahme über die Dauer der Durchführung des öffentlichen Auftrags im Betrieb weiter angeboten beziehungsweise fortgeführt wird.

(3) Die Dokumentation der Maßnahmen im Sinne des § 8 des Tariftreue- und Vergabegesetzes Nordrhein-Westfalen ist mindestens ein Jahr aufzubewahren und im Unternehmen zu veröffentlichen. Auf Verlangen des öffentlichen Auftraggebers ist diese in einem weiteren Vergabeverfahren vorzulegen.

§ 13 **Weitere vertragliche Verpflichtung im Rahmen der Frauenförderung und Förderung der Vereinbarkeit von Beruf und Familie**

Aufträge, die bezüglich Beschäftigtenzahl und Auftragswert dem § 8 Absatz 1 des Tariftreue- und Vergabegesetzes Nordrhein-Westfalen unterfallen, sind nur unter der weiteren Vertragsbedingung zu vergeben, dass der Auftragnehmer auf Verlangen der Vergabestelle, die Einhaltung der übernommenen vertraglichen Verpflichtung in geeigneter Form nachzuweisen und hierzu Informationen vorzulegen und Auskunft zu geben hat.

§ 14 **Inkrafttreten, Außerkrafttreten**

(1) Diese Verordnung tritt am 1. April 2017 in Kraft.

(2) Diese Verordnung tritt im zehnten Jahr nach Inkrafttreten mit Ablauf des Monats außer Kraft, der kalendermäßig dem Monat, in dem es in Kraft getreten ist, vorangeht. Diese Verordnung gilt für alle Verfahren zur Vergabe öffentlicher Aufträge im Sinne des Tariftreue- und Vergabegesetzes Nordrhein-Westfalen, die nach Inkrafttreten begonnen werden.

Anlage 1

**Verpflichtungserklärung
zu Tariftreue und Mindestentlohnung für Dienst- und Bauleistungen
unter Berücksichtigung der Vorgaben des Tariftreue- und Vergabegesetzes Nordrhein-Westfalen (Tariftreue- und Vergabegesetz
Nordrhein-Westfalen – TVgG NRW)**

1. Ich verpflichte mich/Wir verpflichten uns,
   *(Eine der nachfolgenden Auswahlmöglichkeiten 1.1. bis 1.3. ist zwingend anzu-
   kreuzen; zu Ausnahmen von 1.3. siehe dort. Danach weiter mit 2.)*
   ☐ **1.1.** meinen/unseren Beschäftigten (ohne Auszubildende) bei der Ausführung einer Leistung, die auf Grundlage dieses Vergabeverfahrens erbracht wird und die dem Geltungsbereich
   a) eines nach Tarifvertragsgesetz in der Fassung der Bekanntmachung
   vom 25. August 1969 (BGBl. I S. 1323) in der jeweils geltenden Fassung für allgemeinverbindlich erklärten Tarifvertrages,
   b) eines nach dem Tarifvertragsgesetz mit den Wirkungen des Arbeitnehmer-Entsendegesetzes in der Fassung vom 3. Februar 1995
   (BGBl. I S. 158) in der jeweils geltenden Fassung für allgemeinverbindlich erklärten Tarifvertrages oder
   c) einer nach § 7, § 7a oder § 11 des Arbeitnehmer-Entsendegesetzes
   oder nach § 3a des Arbeitnehmerüberlassungsgesetzes in der Fassung
   der Bekanntmachung vom 3. Februar 1995 (BGBl. I S. 158) in der jeweils geltenden Fassung erlassenen Rechtsverordnung

   unterfällt, wenigstens diejenigen Mindestarbeitsbedingungen zu gewähren, die in dem Tarifvertrag oder der Rechtsverordnung verbindlich vorgegeben werden.

   Unterschreitet das nach dem Tarifvertrag oder der Rechtsverordnung zu
   zahlende Mindeststundenentgelt das Entgelt, das den Vorgaben des Mindestlohngesetzes in der Fassung der Bekanntmachung vom 11. August
   2014 (BGBl. I S. 1348) in der jeweils geltenden Fassung entspricht (allgemeiner Mindestlohn), zahle ich/zahlen wir meinen/unseren Beschäftigten (ohne Auszubildenden) bei der Ausführung einer Leistung, die auf
   Grundlage dieses Vergabeverfahrens erbracht wird, wenigstens ein Entgelt in Höhe des allgemeinen Mindestlohns.
   ☐ **1.2.** meinen/unseren Beschäftigten (ohne Auszubildende) bei der Ausführung einer Leistung im Bereich des öffentlichen Personenverkehrs
   auf Straße und Schiene, die auf Grundlage dieses Vergabeverfahrens erbracht wird, wenigstens das in Nordrhein-Westfalen für diese Leistung
   in einem einschlägigen und repräsentativen mit einer tariffähigen Gewerkschaft vereinbarten Tarifvertrag vorgesehene Entgelt nach den tarifvertraglich festgelegten Modalitäten zu zahlen und Änderungen während der Ausführungszeit nachzuvollziehen.

Ich erkläre/Wir erklären,

☐ bevorzugter/bevorzugte Bieter gemäß § 224 Absatz 1 Satz 1 und Absatz 2 sowie § 226 des Neunten Buches Sozialgesetzbuch – Rehabilitation und Teilhabe behinderter Menschen (Artikel 1 des Gesetzes vom 23. Dezember 2016, BGBl. I S. 3234) zu sein.

☐ dass die Leistung, die auf Grundlage dieses Vergabeverfahrens erbracht wird, nicht im Hoheitsgebiet der Bundesrepublik Deutschland erbracht wird.

(Liegt eine der oben stehenden Erklärungen vor, ist keine weitere Angabe unter 1.3 erforderlich.)

Ich verpflichte mich/Wir verpflichten uns,

☐ **1.3.** meinen/unseren Beschäftigten (ohne Auszubildende) bei der Ausführung einer Leistung, die auf Grundlage dieses Vergabeverfahrens erbracht wird, wenigstens ein Entgelt in Höhe des allgemeinen Mindestlohns, nach den Vorgaben des Mindestlohngesetzes in der Fassung der Bekanntmachung vom 11. August 2014 (BGBl. I S. 1348) in der jeweils geltenden Fassung zu zahlen.

Ich erkläre/Wir erklären,

☐ **1.3.1** dass keine tarifliche Bindung vorliegt und dass dabei folgende Mindeststundenentgelte für die bei der Ausführung der Leistung, die auf Grundlage dieses Vergabeverfahrens erbracht wird, eingesetzten Beschäftigten (ohne Auszubildende) gezahlt werden:

☐ **1.3.2** dass eine tarifliche Bindung vorliegt wie folgt:

(Die Art der tariflichen Bindung ist anzugeben.)

und dass dabei folgende Mindeststundenentgelte für die bei der Ausführung der Leistung, die auf Grundlage dieses Vergabeverfahrens erbracht wird, eingesetzten Beschäftigten (ohne Auszubildende) gezahlt werden.

2. Ich verpflichte mich/Wir verpflichten uns,

dass Leiharbeitnehmer im Sinne des Arbeitnehmerüberlassungsgesetzes bei der Ausführung der Leistung, die auf Grundlage dieses Vergabeverfahrens erbracht wird, für die gleiche Tätigkeit ebenso entlohnt werden wie meine/unsere regulär Beschäftigten.

Ich erkläre/Wir erklären,

☐ **2.1.** bevorzugter/bevorzugte Bieter gemäß § 224 Absatz 1 Satz 1 und Absatz 2 sowie § 226 des Neunten Buches Sozialgesetzbuch – Rehabilitation und Teilhabe behinderter Menschen (Artikel 1 des Gesetzes vom 23. Dezember 2016, BGBl. I S. 3234) zu sein.

(Liegt eine Erklärung nach 2.1. vor, entfällt die Verpflichtung unter 2.)

3. Ich verpflichte mich/Wir verpflichten uns,

auch von meinen/unseren Nachunternehmern und Verleihern von Arbeitskräften eine gleichlautende Verpflichtungserklärung mir/uns gegenüber abgeben zu lassen, die Nachunternehmer und Verleiher von Arbeitskräften sorgfältig auszuwählen und ihre Angebote daraufhin zu überprüfen, ob die Kalkulation unter Beachtung der Vorgaben des § 4 TVgG NRW zustande gekommen sein kann. Diese Verpflichtung besteht nicht, sofern die von dem Nachunternehmer oder entliehenen Leiharbeitnehmerinnen und Leiharbeitnehmern zu erbringende Leistung nicht im Hoheitsgebiet der Bundesrepublik Deutschland erbracht wird.

(Ort, Datum)	(Unterschrift/en, Firmenstempel)

Anlage 2

Verpflichtungserklärung nach § 8 TVgG NRW zur Frauenförderung und Förderung der Vereinbarkeit von Beruf und Familie

Ich erkläre/Wir erklären:
– Zutreffendes bitte ankreuzen –
1. Anwendbarkeit von § 8 TVgG NRW
   Im Unternehmen sind in der Regel mehr als 20 Arbeitnehmer/-innen beschäftigt (ohne Auszubildende)
   ☐ Ja, weiter mit 2.
   ☐ Nein (es sind keine weiteren Angaben erforderlich).
2. 2.1 Unternehmensgröße
   Im Unternehmen sind in der Regel beschäftigt:
   ☐ über 500 Beschäftigte
     (Es sind mindestens vier der im Katalog unter 2.2 aufgeführten Maßnahmen auszuwählen und im Rahmen dieses öffentlichen Auftrages durchzuführen oder einzuleiten, sofern nicht die unter 2.3 genannten Ausnahmen zutreffen).
   ☐ über 250 bis 500 Beschäftigte
     (Es sind mindestens drei der im Katalog unter 2.2 aufgeführten Maßnahmen auszuwählen und im Rahmen dieses öffentlichen Auftrages durchzuführen oder einzuleiten, sofern nicht die unter 2.3 genannten Ausnahmen zutreffen).
   ☐ über 20 bis 250 Beschäftigte
     (Es sind mindestens zwei der im Katalog unter 2.2 aufgeführten Maßnahmen auszuwählen und im Rahmen dieses öffentlichen Auftrages durchzuführen oder einzuleiten, sofern nicht die unter 2.3 genannten Ausnahmen zutreffen).
   2.2 Maßnahmenkatalog zur Frauenförderung oder Förderung der Vereinbarkeit von Beruf und Familie
     In meinem/unserem Unternehmen wird/werden für die bei der Abwicklung dieses öffentlichen Auftrages eingesetzten Mitarbeiter/-innen folgende Maßnahme/-n umgesetzt:
     ☐ Maßnahmen zur Gewinnung von Mädchen und Frauen für ein betriebliches Praktikum, insbesondere in den männerdominierten Berufen,
     ☐ Untersagung und Unterbindung eines Verhaltens verbaler und nicht-verbaler oder physischer Art, welches bezweckt oder bewirkt, dass weibliche Beschäftigte lächerlich gemacht, eingeschüchtert, angefeindet oder in ihrer Würde verletzt werden,

☐ explizite Ermutigung von Frauen sich zu bewerben, wenn im Betrieb Ausbildungs- und Arbeitsplätze in männerdominierten Berufsbereichen zu besetzen sind,

☐ Berücksichtigung von weiblichen Auszubildenden bei der Übernahme in ein Arbeitsverhältnis zumindest entsprechend ihrem Ausbildungsanteil,

☐ Befragung von Beschäftigten zu ihren Arbeitszeitwünschen, Auswertung einschließlich Einleitung von Umsetzungsschritten betreffend ihrer Tätigkeit,

☐ Angebot von Teilzeitarbeit oder flexiblen Arbeitszeitmodellen als Maßnahme zur Vereinbarkeit von Beruf und Familie,

☐ Entwicklung und Umsetzung von Modellen vollzeitnaher Teilzeitarbeit für die Beschäftigten,

☐ Einrichtung bzw. Ausbau von Telearbeit für die Beschäftigten,

☐ Einrichtung von Eltern-Kind-Zimmern für die Beschäftigten,

☐ Bereitstellung von Beratungs- und Vermittlungsangeboten, z.B. durch ein Familienservicebüro, insbesondere zur Unterstützung bei der Suche nach Kinderbetreuungs- und Pflegemöglichkeiten,

☐ Angebot betriebseigener Kinderbetreuungsplätze (Betriebskindertageseinrichtungen in alleiniger oder kooperativer Trägerschaft),

☐ Angebot betrieblich finanzierter beziehungsweise unterstützter Kinderbetreuungsplätze, insbesondere durch

- den Erwerb von Belegplätzen in Kindertageseinrichtungen,
- Kooperationen mit Tagespflegepersonen oder
- die Übernahme der einem Einrichtungsträger entstandenen Mehrkosten für die Anpassung des Betriebsform der Einrichtung an die Bedürfnisse von berufstätigen Eltern

☐ Angebot betrieblich organisierter beziehungsweise finanzierter Kontingente zur Notfallbetreuung,

☐ Arbeitgeberleistungen zur Unterbringung und Betreuung von Kindern der Beschäftigten, da Angebote nach den vorgenannten Maßnahmen (§ 9 Nummern 11 bis 13 RVO TVgG NRW) aus betrieblichen Gründen nicht möglich oder im Einzelfall nicht zielführend sind,

☐ Angebot von Ferienprogrammen zur Überbrückung der Betreuungslücke für Kinder berufstätiger Eltern in Kindergarten- bzw. Schulferien,

☐ Unterstützung von Mitarbeitern mit pflegebedürftigen Angehörigen durch individuelle Betreuung und Hilfeleistung oder Abschluss einer Vereinbarung einer Familienpflegeteilzeit,

☐ Kontakthalteangebote, Möglichkeit zur Teilnahme an betrieblicher Fortbildung, zu Vertretungseinsätzen und Rückkehrvereinbarungen für Beschäftigte in Elternzeit,

☐ Bereitstellung von innerbetrieblichen Paten und Patinnen für Wiedereinsteigerinnen und Wiedereinsteiger,

☐ Überprüfung der Entgeltgleichheit im Unternehmen mit Hilfe anerkannter und geeigneter Instrumente,

☐ Analyse der Entwicklung der Leistungsvergütung in den letzten 5 Jahren nach Geschlecht sowie

☐ Angebot spezieller Personalentwicklungsprogramme oder Bildungsmaßnahmen für Frauen, die diese auf die Übernahme von höherwertigen und leitenden Positionen vorbereiten.

2.3 Ausnahmen (ggf. anzugeben)

☐ Ich/wir werden keine Verpflichtungserklärung nach § 8 TVgG
NRW zur Umsetzung weiterer im Maßnahmenkatalog zu 2.2 genannten Maßnahmen abgeben, da mein/unser Unternehmen in
den letzten 12 Monaten bereits durch Zuschlag zur Umsetzung von
Maßnahmen der Frauenförderung oder der Vereinbarkeit von Beruf
und Familien im Rahmen des TVgG NRW verpflichtet worden ist.
Auf Verlangen des öffentlichen Auftraggebers werde/-n ich/wir die
Durchführung oder Einleitung der Maßnahmen der Frauenförderung oder der Vereinbarkeit von Beruf und Familie vor Zuschlagserteilung nachweisen.

☐ Ich/wir haben bereits alle der im Maßnahmenkatalog zu 2.2 genannten Maßnahmen der Frauenförderung oder der Vereinbarkeit
von Beruf und Familien durchgeführt oder eingeleitet. Auf Verlangen des öffentlichen Auftraggebers werde/-n ich/wir die Durchführung der umgesetzten Maßnahmen der Frauenförderung oder der
Vereinbarkeit von Beruf und Familie nachweisen.

☐ Ich/wir sind aus nachfolgend aufgeführten objektiv belegbaren
Gründen nicht in der Lage, bei den im Rahmen der Durchführung
dieses öffentlichen Auftrags eingesetzten Mitarbeiterinnen und Mitarbeitern Maßnahmen der Frauen- und Familienförderung durchzuführen.
Angabe der Gründe (ggf. gesonderte Anlage verwenden):

☐ Für mich/uns ist die Durchführung oder Einleitung von Maßnahmen der Frauen- oder Familienförderung im Hinblick auf das Volumen des öffentlichen Auftrags und/oder der Anzahl der konkret mit
dem öffentlichen Auftrag eingesetzten Mitarbeiter im Verhältnis
zum Gesamtumsatz des Betriebes und/oder der gesamten Belegschaft des Betriebes unverhältnismäßig und unzumutbar.
Erläuterungen (ggf. gesonderte Anlage verwenden):

3. Weitere vertragliche Verpflichtungen

Ich/Wir erkläre/-n mich/uns darüber hinaus im Fall der konkreten Auftragsdurchführung mit folgenden Verpflichtungen einverstanden:

– Auf Verlangen des öffentlichen Auftraggebers weise/-n ich/wir die Einhaltung der übernommenen vertraglichen Verpflichtungen in geeigneter
Form nach und erteilen schriftlich und mündlich Auskunft und Informationen.

– Ich/Wir werde/-n die durchgeführten bzw. eingeleiteten Maßnahmen
zur Frauenförderung und zur Förderung der Vereinbarkeit von Beruf
und Familie zum Zwecke der Überprüfbarkeit dokumentieren und im
Betrieb bekanntgeben.

– Für jeden schuldhaften Verstoß der Auftragnehmerin bzw. des Auftragnehmers gegen die Verpflichtungen aus dieser Verpflichtungserklärung
gilt eine Vertragsstrafe als vereinbart, deren Höhe ein Prozent, bei mehreren Verstößen bis zu fünf Prozent des Auftragswertes beträgt.

Ich bin mir/Wir sind uns bewusst,
dass Falschangaben im Rahmen dieser Erklärung oder Verstöße gegen darin
übernommene Verpflichtungen den Auftraggeber zu einer außerordentlichen
Kündigung oder zur Auflösung des Dienstleistungsverhältnisses berechtigen.

(Ort, Datum)	(Unterschrift/en, Firmenstempel)

3. Merkblatt
der Servicestelle zum Tariftreue- und Vergabegesetz

Allgemeine Vorgaben des TVgG NRW und der RVO TVgG NRW

Anwendungsbereich

- Das TVgG NRW gilt für nordrhein-westfälische öffentliche Auftraggeber nach § 99 GWB sowohl ober- als auch unterhalb der Schwellenwerte des § 106 GWB.
- Das TVgG NRW ist für die Bereiche Umweltschutz, Energieeffizienz und ILO-Nachweise ab einem geschätzten Auftragswert von 5.000 Euro (ohne Umsatzsteuer) anwendbar. Für den Bereich Mindestlohn und Tariftreue gelten 20.000 Euro (ohne Umsatzsteuer) und für den Bereich Frauenförderung und Förderung der Vereinbarkeit von Beruf und Familie 50.000 Euro bei Liefer- und Dienstleistungen (ohne Umsatzsteuer) bzw. 150.000 Euro bei Bauleistun- gen (ohne Umsatzsteuer) geschätzter Auftragswert.
- Bei gemeinsamen Vergaben mit Auftraggebern anderer Bundesländer oder mit Nachbarstaaten der Bundesrepublik Deutschland kann von den Regelun- gen abgewichen werden (vgl. § 2 Abs. 6 TVgG NRW).

Bestbieterprinzip

- Die nach dem TVgG NRW erforderlichen Nachweise und Erklärungen sind nur von demjenigen Bieter, dem der Zuschlag erteilt werden soll (Bestbieter), vor- zulegen (vgl. § 9 TVgG NRW).
- Der öffentliche Auftraggeber hat in der Auftragsbekanntmachung und in den Vergabeunterlagen darauf sowie auf die damit verbundenen Fristen (§ 9 Abs. 2 TVgG) hinzuweisen; dies begründet ein vorvertragliches Schuldverhältnis, welches entsprechende Verpflichtungen der Bieter- bzw. Bewerber auslöst.
- Ausnahme vom Bestbieterprinzip gem. § 9 Abs. 6 TVgG NRW: Bei nicht von dem öffentlichen Auftraggeber zu vertretener, objektiver Dringlichkeit kann dieser vom Bestbieterprinzip absehen.

Soziale Kriterien als Auftragsausführungsbedingungen

Die Vorgaben des TVgG NRW zu den Bereichen Mindestlohn und Tariftreue, ILO- Kernarbeitsnormen sowie Frauenförderung und Förderung der Vereinbarkeit von Beruf und Familie sind zwingend zu berücksichtigende Ausführungsbedingungen i. S. v. §§ 128 Abs. 2 i. V. m. 129 GWB.

Sie müssen von den öffentlichen Auftraggebern zum Gegenstand des Verfahrens gemacht werden. Das bedeutet:
- die sozialen Kriterien müssen sich aus der Auftragsbekanntmachung oder denVergabeunterlagen ergeben und Gegenstand des Vertrages werden,

- die Verpflichtungserklärungen in Anlage 1 und 2 der RVO TVgG NRW bilden die entsprechenden (Mindest-)Vorgaben ab und sollen verwandt werden.

Die Möglichkeit zur Berücksichtigung weiterer sozialer Kriterien neben den Anforderungen des TVgG NRW liegt im Ermessen jeder Vergabestelle.

Umweltbezogene Kriterien:

Die Anforderungen im Bereich des Umweltschutzes und der Energieeffizienz sind bei der Konzeption des Bedarfs relevant (§ 6 Abs. 1 TVgG NRW i. V. m. §§ 3 und 4 RVO TVgG NRW). Für die Vergaben unterhalb der Schwellenwellenwerte gelten darüber hinaus die Anforderungen aus der Oberschwelle (§ 6 Abs. 2 TVgG NRW i. V. m. § 5 RVO TVgG NRW).

Die Möglichkeit zur Berücksichtigung weiterer umweltbezogener Kriterien neben den Anforderungen des TVgG-NRW liegt im Ermessen jeder Vergabestelle.

Hinweis

Dieses Merkblatt ersetzt keine einzelfallbezogene Prüfung der rechtlichen Vorgaben für das jeweilige Vergabeverfahren.

Auf die Merkblätter zu den einzelnen Bereichen sowie die entsprechenden Verpflichtungserklärungen und Besonderen Vertragsbedingungen wird hingewiesen.

4. Verpflichtungserklärung
zu Tariftreue und Mindestentlohnung für Dienst- und Bauleistungen
unter Berücksichtigung der Vorgaben des Tariftreue- und Vergabegesetzes Nordrhein-Westfalen (Tariftreue- und Vergabegesetz Nordrhein-Westfalen – TVgG-NRW)

1. Ich verpflichte mich/Wir verpflichten uns,

(Eine der nachfolgenden Auswahlmöglichkeiten 1.1. bis 1.3. ist zwingend anzukreuzen; zu Ausnahmen von 1.3. siehe dort. Danach weiter mit 2.)

☐ **1.1.** meinen/unseren Beschäftigten (ohne Auszubildende) bei der Ausführung einer Leistung, die auf Grundlage dieses Vergabeverfahrens erbracht wird und die dem Geltungsbereich

a) eines nach Tarifvertragsgesetz in der Fassung der Bekanntmachung vom 25. August 1969 (BGBl. I S. 1323) in der jeweils geltenden Fassung für allgemeinverbindlich erklärten Tarifvertrages,

b) eines nach dem Tarifvertragsgesetz mit den Wirkungen des Arbeitnehmer-Entsendegesetzes in der Fassung vom 3. Februar 1995 (BGBl. I S. 158) in der jeweils geltenden Fassung für allgemeinverbindlich erklärten Tarifvertrages oder

c) einer nach § 7, § 7a oder § 11 des Arbeitnehmer-Entsendegesetzes oder nach § 3a des Arbeitnehmerüberlassungsgesetzes in der Fassung der Bekanntmachung vom 3. Februar 1995 (BGBl. I S. 158) in der jeweils geltenden Fassung erlassenen Rechtsverordnung

unterfällt, wenigstens diejenigen Mindestarbeitsbedingungen zu gewähren, die in dem Tarifvertrag oder der Rechtsverordnung verbindlich vorgegeben werden.
Unterschreitet das nach dem Tarifvertrag oder der Rechtsverordnung zu zahlende Mindeststundenentgelt das Entgelt, das den Vorgaben des Mindestlohngesetzes in der Fassung der Bekanntmachung vom 11. August 2014 (BGBl. I S. 1348) in der jeweils geltenden Fassung entspricht (allgemeiner Mindestlohn), zahle ich/zahlen wir meinen/unseren Beschäftigten (ohne Auszubildenden) bei der Ausführung einer Leistung, die auf Grundlage dieses Vergabeverfahrens erbracht wird, wenigstens ein Entgelt in Höhe des allgemeinen Mindestlohns.

☐ **1.2.** meinen/unseren Beschäftigten (ohne Auszubildende) bei der Ausführung einer Leistung im Bereich des öffentlichen Personenverkehrs auf Straße und Schiene, die auf Grundlage dieses Vergabeverfahrens erbracht wird, wenigstens das in Nordrhein-Westfalen für diese Leistung in einem einschlägigen und repräsentativen mit einer tariffähigen Gewerkschaft vereinbarten Tarifvertrag vorgesehene Entgelt nach den tarifvertraglich festgelegten Modalitäten zu zahlen und Änderungen während der Ausführungszeit nachzuvollziehen.

Ich erkläre/Wir erklären,

– bevorzugter/bevorzugte Bieter gemäß §§ 224 Absatz 1 Satz 1 und Absatz 2 sowie § 226 des Neunten Buches Sozialgesetzbuch – Rehabilitation und Teilhabe behinderter Menschen (Artikel 1 des Gesetzes vom 23. Dezember 2016, BGBl. I S. 3234) zu sein.

– dass die Leistung, die auf Grundlage dieses Vergabeverfahrens erbracht wird, nicht im Hoheitsgebiet der Bundesrepublik Deutschland erbracht wird.

(Liegt eine der oben stehenden Erklärungen vor, ist keine weitere Angabe unter 1.3 erforderlich.)

Ich verpflichte mich/Wir verpflichten uns,

☐ **1.3.** meinen/unseren Beschäftigten (ohne Auszubildende) bei der Ausführung einer Leistung, die auf Grundlage dieses Vergabeverfahrens erbracht wird, wenigstens ein Entgelt in Höhe des allgemeinen Mindestlohns, nach den Vorgaben des Mindestlohngesetzes in der Fassung der Bekanntmachung vom 11. August 2014 (BGBl. I S. 1348) in der jeweils geltenden Fassung zu zahlen.

Ich erkläre/Wir erklären,

☐ **1.3.1.** dass keine tarifliche Bindung vorliegt und dass dabei folgende Mindeststundenentgelte für die bei der Ausführung der Leistung, die auf Grundlage dieses Vergabeverfahrens erbracht wird, eingesetzten Beschäftigten (ohne Auszubildende) gezahlt werden:

_____

☐ **1.3.2.** dass eine tarifliche Bindung vorliegt wie folgt:

_____

(Die Art der tariflichen Bindung ist anzugeben.)
und dass dabei folgende Mindeststundenentgelte für die bei der Ausführung der Leistung, die auf Grundlage dieses Vergabeverfahrens erbracht wird, eingesetzten Beschäftigten (ohne Auszubildende) gezahlt werden.

_____

2. Ich verpflichte mich/Wir verpflichten uns,

dass Leiharbeitnehmer im Sinne des Arbeitnehmerüberlassungsgesetzes bei der Ausführung der Leistung, die auf Grundlage dieses Vergabeverfahrens erbracht wird, für die gleiche Tätigkeit ebenso entlohnt werden wie meine/unsere regulär Beschäftigten.

Ich erkläre/Wir erklären,

☐ **2.1.** bevorzugter/bevorzugte Bieter gemäß §§ 224 Absatz 1 Satz 1 und Absatz 2 sowie § 226 des Neunten Buches Sozialgesetzbuch – Rehabilitation und Teilhabe behinderter Menschen (Artikel 1 des Gesetzes vom 23. Dezember 2016, BGBl. I S. 3234) zu sein.
(Liegt eine Erklärung nach 2.1 vor, entfällt die Verpflichtung unter 2.)

3. Ich verpflichte mich/Wir verpflichten uns,

auch von meinen/unseren Nachunternehmern und Verleihern von Arbeitskräften eine gleichlautende Verpflichtungserklärung mir/uns gegenüber abgeben zu lassen, die Nachunternehmer und Verleiher von Arbeitskräften sorgfältig auszuwählen und ihre Angebote daraufhin zu überprüfen, ob die Kalkulation unter Beachtung der Vorgaben des § 4 TVgG NRW zustande gekommen sein kann. Diese Verpflichtung besteht nicht, sofern die von dem Nachunternehmer oder entliehenen Leiharbeitnehmerinnen und Leiharbeitnehmern zu erbringende Leistung nicht im Hoheitsgebiet der Bundesrepublik Deutschland erbracht wird.

(Ort, Datum, Unterschrift, Firmenstempel)

5. Besondere Vertragsbedingungen des Landes Nordrhein-Westfalen zur Kontrolle der Verpflichtungen zur Tariftreue und Mindestentlohnung nach dem Tariftreue- und Vergabegesetz Nordrhein-Westfalen und Sanktionen bei Verstößen gegen diese Verpflichtungen (BVB Tariftreue- und Vergabegesetz Nordrhein-Westfalen/ VOB) für die Vergabe von Bauleistungen

Die Auftragnehmerin bzw. der Auftragnehmer ist zur Einhaltung der Vorgaben des Tariftreue- und Vergabegesetz Nordrhein-Westfalen entsprechend der Verpflichtungserklärung[1] im Hinblick auf die Mindestentgelte sowie die Nachunternehmerinnen bzw. Nachunternehmern und die Verleiherinnen bzw. Verleiher von Arbeitskräften verpflichtet. Daneben gelten folgende Verpflichtungen:

1) Nachunternehmerinnen bzw. Nachunternehmer

Die Auftragnehmerin bzw. der Auftragnehmer verpflichtet sich, bei der Weitergabe von Bauleistungen die Vergabe- und Vertragsordnung für Bauleistungen (VOB), Teil B, zum Vertragsbestandteil zu machen.

2) Kontrolle

Die Auftragnehmerin bzw. der Auftragnehmer verpflichtet sich,

(1) dem Auftraggeber bei einer Kontrolle Entgeltabrechnungen, die Unterlagen über die Abführung von Steuern und Abgaben sowie die zwischen Auftragnehmer und Nachunternehmern abgeschlossenen Verträge zum Zwecke der Prüfung der Einhaltung des Tariftreue- und Vergabegesetz Nordrhein-Westfalen vorzulegen,

(2) seine bzw. ihre Arbeitnehmerinnen und Arbeitnehmer auf die Möglichkeit solcher Kontrollen hinzuweisen,

(3) dem Auftraggeber ein Auskunfts- und Prüfrecht i. S. d. § 10 Tariftreue- und Vergabegesetz Nordrhein-Westfalen bei der Beauftragung von Nachunternehmern und Verleihern von Arbeitskräften einräumen zu lassen,

(4) vollständige und prüffähige Unterlagen (die Vorlage erfolgt grundsätzlich in anonymisierter Form) zur Prüfung der Einhaltung der Vorgaben des § 4 Tariftreue- und Vergabegesetz Nordrhein-Westfalen bereitzuhalten, auf Verlangen dem Auftraggeber vorzulegen und zu erläutern sowie die Einhaltung dieser Pflicht durch die beauftragten Nachunternehmerinnen bzw. Nachunternehmerinnen und Verleiherinnen und Verleiher von Arbeitskräften vertraglich sicherzustellen.

---

[1] Verpflichtungserklärung zu Tariftreue und Mindestentlohnung für Dienst- und Bauleistungen unter Berücksichtigung der Vorgaben des Tariftreue- und Vergabegesetzes Nordrhein-Westfalen (Tariftreue- und Vergabegesetz Nordrhein-Westfalen – TVgG NRW)

3) Sanktionen

Für jeden schuldhaften Verstoß der Auftragnehmerin bzw. des Auftragnehmers gegen die Verpflichtungen aus einer Verpflichtungserklärung nach § 4 Tariftreue- und Vergabegesetz Nordrhein-Westfalen gilt zwischen dem Auftraggeber und Auftragnehmerin bzw. Auftragnehmer eine Vertragsstrafe vereinbart, deren Höhe eins von Hundert, bei mehreren Verstößen bis zu fünf von Hundert des Auftragswertes beträgt. Dies gilt auch für den Fall, dass der Verstoß gegen Verpflichtungen aus einer Verpflichtungserklärung nach § 5 Tariftreue- und Vergabegesetz Nordrhein-Westfalen durch eine oder einen von der Auftragnehmerin bzw. vom Auftragnehmer eingesetzte(n) Nachunternehmerin bzw. Nachunternehmer oder eine oder einen von dieser/diesem eingesetzte(n) Nachunternehmerin bzw. Nachunternehmer oder von einer Verleiherin bzw. einem Verleiher von Arbeitskräften begangen wird, es sei denn, dass die Auftragnehmerin bzw. der Auftragnehmer den Verstoß bei Beauftragung der Nachunternehmerin bzw. des Nachunternehmers und der Verleiherin bzw. des Verleihers von Arbeitskräften nicht kannte und unter Beachtung der Sorgfaltspflicht eines ordentlichen Kaufmanns auch nicht kennen musste.

Die schuldhafte Nichterfüllung der Verpflichtungen aus einer Verpflichtungserklärung nach § 4 Tariftreue- und Vergabegesetz Nordrhein-Westfalen durch die Auftragnehmerin bzw. den Auftragnehmer, aus einer Verpflichtungserklärung nach § 5 Tariftreue- und Vergabegesetz Nordrhein-Westfalen durch seine Nachunternehmerinnen bzw. Nachunternehmer und die Verleiherinnen bzw. Verleiher von Arbeitskräften sowie schuldhafte Verstöße gegen die Verpflichtungen der Auftragnehmerin bzw. des Auftragnehmers aus § 5 Tariftreue- und Vergabegesetz Nordrhein-Westfalen berechtigen den Auftraggeber zur fristlosen Kündigung des Bauvertrages.

Die Bestimmungen des § 11 VOB/B bleiben hiervon unberührt.

6. Besondere Vertragsbedingungen des Landes Nordrhein-Westfalen zur Kontrolle der Verpflichtungen zur Tariftreue und Mindestentlohnung nach dem Tariftreue- und Vergabegesetz Nordrhein-Westfalen und Sanktionen bei Verstößen gegen diese Verpflichtungen (BVB Tariftreue- und Vergabegesetz Nordrhein-Westfalen/ VOL) für die Vergabe von Dienstleistungen

Die Auftragnehmerin bzw. der Auftragnehmer ist zur Einhaltung der Vorgaben des Tariftreue- und Vergabegesetz Nordrhein-Westfalen entsprechend der Verpflichtungserklärung[1] im Hinblick auf die Mindestentgelte sowie die Nachunternehmerinnen bzw. Nachunternehmern und die Verleiherinnen bzw. Verleiher von Arbeitskräften verpflichtet. Die Verpflichtungen der Auftragnehmerin bzw. des Auftragnehmers aus den Zusätzlichen Vertragsbedingungen des Landes NRW zu § 4 Nummer 4 VOL/B bleiben unberührt. Daneben gelten folgende Verpflichtungen:

1) Kontrolle

Die Auftragnehmerin bzw. der Auftragnehmer verpflichtet sich,

(1) dem Auftraggeber bei einer Kontrolle Entgeltabrechnungen, die Unterlagen über die Abführung von Steuern und Abgaben sowie die zwischen Auftragnehmer und Nachunternehmern abgeschlossenen Verträge zum Zwecke der Prüfung der Einhaltung des Tariftreue- und Vergabegesetz Nordrhein-Westfalen vorzulegen,

(2) seine bzw. ihre Arbeitnehmerinnen und Arbeitnehmer auf die Möglichkeit solcher Kontrollen hinzuweisen,

(3) dem Auftraggeber ein Auskunfts- und Prüfrecht i. S. d. § 10 Tariftreue- und Vergabegesetz Nordrhein-Westfalen bei der Beauftragung von Nachunternehmern und Verleihern von Arbeitskräften einräumen zu lassen,

(4) vollständige und prüffähige Unterlagen (die Vorlage erfolgt grundsätzlich in anonymisierter Form) zur Prüfung der Einhaltung der Vorgaben des § 4 Tariftreue- und Vergabegesetz Nordrhein-Westfalen bereitzuhalten, auf Verlangen dem Auftraggeber vorzulegen und zu erläutern sowie die Einhaltung dieser Pflicht durch die beauftragten Nachunternehmerinnen bzw. Nachunternehmerinnen und Verleiherinnen und Verleiher von Arbeitskräften vertraglich sicherzustellen.

2) Sanktionen

Für jeden schuldhaften Verstoß der Auftragnehmerin bzw. des Auftragnehmers gegen die Verpflichtungen aus einer Verpflichtungserklärung nach § 4

---

[1] Verpflichtungserklärung zu Tariftreue und Mindestentlohnung für Dienst- und Bauleistungen unter Berücksichtigung der Vorgaben des Tariftreue- und Vergabegesetzes Nordrhein-Westfalen (Tariftreue- und Vergabegesetz Nordrhein-Westfalen – TVgG NRW)

Tariftreue- und Vergabegesetz Nordrhein-Westfalen gilt zwischen dem Auftraggeber und Auftragnehmerin bzw. Auftragnehmer eine Vertragsstrafe vereinbart, deren Höhe eins von Hundert, bei mehreren Verstößen bis zu fünf von Hundert des Auftragswertes beträgt. Dies gilt auch für den Fall, dass der Verstoß gegen Verpflichtungen aus einer Verpflichtungserklärung nach § 5 Tariftreue- und Vergabegesetz Nordrhein-Westfalen durch eine oder einen von der Auftragnehmerin bzw. vom Auftragnehmer eingesetzte(n) Nachunternehmerin bzw. Nachunternehmer oder eine oder einen von dieser/diesem eingesetzte(n) Nachunternehmerin bzw. Nachunternehmer oder von einer Verleiherin bzw. einem Verleiher von Arbeitskräften begangen wird, es sei denn, dass die Auftragnehmerin bzw. der Auftragnehmer den Verstoß bei Beauftragung der Nachunternehmerin bzw. des Nachunternehmers und der Verleiherin bzw. des Verleihers von Arbeitskräften nicht kannte und unter Beachtung der Sorgfaltspflicht eines ordentlichen Kaufmanns auch nicht kennen musste.

Die schuldhafte Nichterfüllung der Verpflichtungen aus einer Verpflichtungserklärung nach § 4 Tariftreue- und Vergabegesetz Nordrhein-Westfalen durch die Auftragnehmerin bzw. den Auftragnehmer, aus einer Verpflichtungserklärung nach § 5 Tariftreue- und Vergabegesetz Nordrhein-Westfalen durch seine Nachunternehmerinnen bzw. Nachunternehmer und die Verleiherinnen bzw. Verleiher von Arbeitskräften sowie schuldhafte Verstöße gegen die Verpflichtungen der Auftragnehmerin bzw. des Auftragnehmers aus § 5 Tariftreue- und Vergabegesetz Nordrhein-Westfalen berechtigen den Auftraggeber zur fristlosen Kündigung des Dienstleistungsvertrages oder zur Auflösung des Dienstleistungsverhältnisses.

Die Bestimmungen des § 11 VOL/B bleiben hiervon unberührt.

7. Merkblatt
der Servicestelle zum Tariftreue- und Vergabegesetz

Vorgaben zur Beachtung von Aspekten des Umweltschutzes und der Energieeffizienz im TVgG NRW und der RVO TVgG NRW

1. Anwendungsbereich

- Die Vorgaben zum Bereich Umweltschutz und Energieeffizienz gelten ab einem geschätzten Auftragswert von 5.000 Euro (ohne Umsatzsteuer).
- Oberhalb und unterhalb der Schwellenwerte nach § 106 GWB gilt § 6 Abs. 1 TVgG NRW i. V. m. §§ 3 und 4 RVO TVgG NRW.
- Unterhalb der Schwellenwerte nach § 106 GWB gilt § 6 Abs. 2 TVgG NRW i. V. m. § 5 RVO TVgG NRW.

2. Ober- und unterhalb der Schwellenwerte des § 106 GWB

- Bei der **Konzeption** des Bedarfs, das heißt im Vorfeld der Erstellung der konkreten Ausschreibung, sind nach § 6 Abs. 1 TVgG NRW zu berücksichtigen:
  1. Lebenszykluskosten,
  2. das Ziel einer möglichst hohen Energieeffizienz,
  3. Leistungs- oder Funktionsanforderungen sowie technische Spezifikationen zur Berücksichtigung von Umweltaspekten und Umweltzeichen.

  Der öffentliche Auftraggeber entscheidet in Ausübung seines Ermessens im Rahmen der Vorbereitung der Ausschreibung, wie und in welchem Umfang die Umwelt- und Energieeffizienzaspekte bei der Eignung, in der Leistungsbeschreibung, beim Zuschlag oder bei Auftragsausführungsbelangen festgelegt werden sollen. Leitend bei der Ermessensausübung kann die Frage sein, in welchem Verhältnis diese Aspekte zu anderen Kriterien stehen.

- Bei der Bedarfskonzeption sind abfallrechtliche Vorgaben (Abfallvermeidung und Wiederverwendung, Recycling sowie sonstige Verwertung, Grundsätze der Autarkie und Nähe) zu berücksichtigen (§ 3 RVO TVgG NRW; vgl. dazu insbesondere § 2 Landesabfallgesetz).
- Bei Bauvergaben können bei der Bedarfskonzeption Umweltschutz- und Energieeffizienzaspekte hinsichtlich ökologischer und gesundheitsrelevanter Anforderungen an Bauwerk und Materialien berücksichtigt werden (§ 4 RVO TVgG NRW).

3. Unterhalb der Schwellenwerte des § 106 GWB

- Im Rahmen der **Eignungsprüfung** soll der Auftraggeber in geeigneten Fällen die Einhaltung von Normen für das Umweltmanagement (z. Bsp. EMAS) verlangen (§ 6 Abs. 2 Ziff. 3 TVgG).

- Im Rahmen der **Leistungsbeschreibung** sollen Umwelt- und Energie-effizienzanforderungen gestellt werden, zum **Nachweis** können geeignete Umweltzeichen (z. Bsp.: „Blauer Engel") dienen; (§ 6 Abs. 2 Ziff. 2 TVgG und § 5 RVO TVgG, s. auch § 34 VgV).
- Bei der **Ermittlung des wirtschaftlichsten Angebotes** sind Betriebs-Wartungs- und Entsorgungskosten neben dem Preis zu berücksichtigen (§ 6 Abs. 2 Ziff. 1 TVgG).
- Gemäß § 5 RVO TVgG sind in der Leistungsbeschreibung und/oder bei den Zuschlagskriterien folgende Vorschriften der **Vergabeverordnung (VgV)** zu berücksichtigen:
    - o bei energieverbrauchsrelevanten Liefer- und Dienstleistungen § 67 VgV;
    - o bei Straßenfahrzeugen § 68 VgV.

Der öffentliche Auftraggeber entscheidet in Ausübung seines Ermessens, wie und in welchem Umfang die Umwelt- und Energieeffizienzaspekte in den jeweiligen Stufen des Vergabeverfahrens gewertet/umgesetzt werden sollen und wie die Anforderungen der VgV im Einzelfall umgesetzt werden. Leitend bei der Ermessensausübung kann die Frage sein, in welchem Verhältnis die Umweltaspekte zu anderen Kriterien stehen.

Weiterführende Links:

- Kompass Nachhaltigkeit: http://www.kompass-nachhaltigkeit.de
- Kompetenzstelle für nachhaltige Beschaffung – Portal für nachhaltige Beschaffung des Beschaffungsamtes des Bundesministeriums des Innern: http://www.nachhaltige-beschaffung.info/DE/Home/home_node.html
- Themenportal des Umweltbundesamtes zur umweltfreundlichen Beschaffung: http://www.umweltbundesamt.de/themen/wirtschaft-konsum/umwelt freundliche-beschaffung
- Kompetenzzentrum innovative Beschaffung des Bundesverbandes Materialwirtschaft, Einkauf und Logistik e. V.: http://de.koinno-bmwi.de/
- Informationsangebot der Europäischen Kommission zur umweltfreundlichen öffentlichen Beschaffung: http://ec.europa.eu/environment/gpp/in dex_en.htm

Hinweis

Dieses Merkblatt ersetzt keine einzelfallbezogene Prüfung der rechtlichen Vorgaben für das jeweilige Vergabeverfahren.

8. Besondere Vertragsbedingungen des Landes Nordrhein-Westfalen zur Beachtung von Mindestanforderungen der Internationalen Arbeitsorganisation an die Arbeitsbedingungen unter Berücksichtigung der Vorgaben des Tariftreue- und Vergabegesetzes Nordrhein-Westfalen (Tariftreue- und Vergabegesetz Nordrhein-Westfalen)[1]

Die folgenden Besonderen Vertragsbedingungen sind ergänzende vertragliche Regelungen zu den Ausführungsbedingungen nach § 7 Tariftreue- und Vergabegesetz Nordrhein-Westfalen. Sie gelten nur für sensible Produkte aus bestimmten Herkunftsländern oder –gebieten gemäß § 6 Verordnung zur Durchführung des Tariftreue- und Vergabegesetzes Nordrhein-Westfalen. Sie gelten nicht, wenn Produkte aus anderen Herkunftsländern oder –gebieten Leistungsgegenstand sind (vgl. § 6 Absatz 3 Verordnung zur Durchführung des Tariftreue- und Vergabegesetzes Nordrhein-Westfalen zu den Herkunftsländern oder -gebieten).

Die Verpflichtung zum Sorgetragen gemäß § 7 Tariftreue- und Vergabegesetz Nordrhein-Westfalen bleibt bei sensiblen Produkten aus den vorgesehenen Herkunftsländern- oder gebieten auch dann bestehen, wenn der öffentliche Auftraggeber in der Auftragsbekanntmachung oder den Vergabeunterlagen keine Nachweise gemäß § 7 Verordnung zur Durchführung des Tariftreue- und Vergabegesetzes Nordrhein-Westfalen in der Auftragsbekanntmachung oder den Vergabeunterlagen einfordert.

1. Sorgetragen zur Einhaltung der ILO Kernarbeitsnormen

Die Auftragnehmerin bzw. der Auftragnehmer verpflichtet sich,

(1) dafür Sorge zu tragen, dass die im konkreten Auftrag beschafften Waren unter Beachtung der in den Kernarbeitsnormen der Internationalen Arbeitsorganisation festgelegten Mindeststandards gewonnen oder hergestellt worden sind (§ 7 Tariftreue- und Vergabegesetz Nordrhein-Westfalen).

(2) sich in den Fällen, in denen nach der Auftragsbekanntmachung oder den Vergabeunterlagen Nachweise nach § 7 Absatz 1 Verordnung zur Durchführung des Tariftreue- und Vergabegesetzes Nordrhein-Westfalen vorzulegen sind, bei Beauftragung von Nachunternehmerinnen und Nachunternehmern auch die Vorlage dieser Nachweisen vertraglich zusichern zu lassen.

---

[1] Die Besonderen Vertragsbedingungen sind als Ausdruck der entsprechenden Ausführungsbedingungen des § 7 Tariftreue- und Vergabegesetz Nordrhein-Westfalen den Vergabeunterlangen beizufügen, sofern ein sensibles Produkt i. S. v. § 6 Absatz 2 Verordnung zur Durchführung des Tariftreue- und Vergabegesetzes Nordrhein-Westfalen beschafft werden soll.

2. Kontrolle

Die Auftragnehmerin bzw. der Auftragnehmer verpflichtet sich,

(1) vollständige und prüffähige Unterlagen zur Prüfung der Einhaltung der Vorgaben des § 7 Tariftreue- und Vergabegesetz Nordrhein-Westfalen bereitzuhalten und auf Verlangen dem öffentlichen Auftraggeber binnen einer vertraglich zu vereinbarenden angemessenen Frist vorzulegen und zu erläutern und

(2) die Einhaltung dieser Pflichten durch beauftragte Nachunternehminnen bzw. Nachunternehmer oder Lieferanten vertraglich sicherzustellen.

3. Sanktionen

Für jeden schuldhaften Verstoß gegen die Verpflichtungen nach § 7 Tariftreue- und Vergabegesetz Nordrhein-Westfalen gilt zwischen dem Auftraggeber und der Auftragnehmerin bzw. dem Auftragnehmer eine Vertragsstrafe vereinbart, deren Höhe ein Prozent, bei mehreren Verstößen bis zu 5 Prozent des Auftragswertes (netto) betragen soll.

Bei Verstößen von Nachunternehmerinnen bzw. Nachunternehmern oder Lieferanten ist eine Vertragsstrafe nicht zu erheben, wenn die Auftragnehmerin bzw. der Auftragnehmer den Verstoß bei Beauftragung der Nachunternehmerin bzw. des Nachunternehmers oder bei Berufung auf Nachweise eines Lieferanten nicht kannte und unter Beachtung der Sorgfaltspflicht eines ordentlichen Kaufmanns auch nicht kennen musste.

9. Merkblatt
der Servicestelle zum Tariftreue- und Vergabegesetz

Vorgaben zur Beachtung von Mindestanforderungen der Internationalen Arbeitsorganisation an die Arbeitsbedingungen im TVgG NRW und der RVO TVgG NRW

Anwendungsbereich

- Die Vorgaben zum Bereich ILO gelten ab einem geschätzten Auftragswert von 5.000 Euro (ohne Umsatzsteuer).
- Die Vorgaben sind für die Lieferung oder Verwendung von Waren, Geräten oder Ausrüstungen nur dann zwingend anzuwenden, wenn diese Hauptleis- tungsgegenstand der Beschaffung oder wesentlicher Bestandteil einer Dienst- oder Bauleistung sind.

Allgemeine Vorgaben

- Die Vorgaben zum Bereich ILO müssen als Auftragsausführungsbedingungen in der Auftragsbekanntmachung oder den Vergabeunterlagen bekannt gemacht werden, sofern es sich bei den im konkreten Auftrag beschafften Waren um ein sensibles Produkt i. S. v. § 6 Abs. 2 RVO TVgG NRW handelt.

  Als sensible Produkte gelten:
  1. Bekleidung, insbesondere Arbeitsbekleidung und Uniformen sowie Stoffe und Textilwaren,
  2. Naturkautschuk-Produkte (zum Beispiel Einmal- oder Arbeitshandschuhe, Reifen, Gummibänder),
  3. Landwirtschaftliche Produkte (zum Beispiel Kaffee, Kakao, Orangensaft, Pflanzen, Tropenfrüchte wie Bananen und Ananas),
  4. Büromaterialien, die die Rohstoffe Holz, Gesteinsmehl und Kautschuk enthalten,
  5. Holz,
  6. Lederwaren, Gerbprodukte,
  7. Natursteine,
  8. Spielwaren,
  9. Sportartikel (Bekleidung, Geräte),
  10. Teppiche und
  11. Informations- oder Kommunikationstechnik (Hardware).

Denkbar sind drei Fallkonstellationen:

Variante 1: Es handelt sich um die Beschaffung sensibler Produkte, für die eine Nachweiserbringung bei Ländern/Gebieten der DAC-Liste erforderlich und möglich ist.

- Ein Nachweis gem. § 7 RVO TVgG NRW ist für Produkte i. S. v. § 6 Abs. 2 RVO TVgG NRW aus Herkunftsländern oder –gebieten i. S. v. § 6 Abs. 3 RVO TVgG NRW zu fordern, da für die im konkreten Auftrag beschafften Waren ein Nachweis geführt werden kann (hierzu Recherche auf den vorgesehenen In- ternetportalen; derzeit http://oeffentliche beschaffung.kompass-nachhaltigkeit.de/):
  Formulierungsvorschlag:
  „Der Auftragnehmer ist verpflichtet, dafür Sorge zu tragen, dass die im konkreten Auftrag beschafften Waren unter Beachtung der in den Kern- arbeitsnormen der Internationalen Arbeitsorganisation festgelegten Mindeststandards gewonnen oder hergestellt worden sind (§ 7 TVgG NRW). Sofern es sich um ein sensibles Produkt aus bestimmten Herkunftsländern bzw. -gebieten i. S. v. § 6 RVO TVgG NRW handelt, ist ein Nachweis i. S. v. § 7 RVO TVgG NRW zu führen. (Optional: Der Nachweis kann nicht durch eine Erklärung Dritter gemäß § 7 Absatz 4 RVO TVgG NRW geführt werden, die zielführende Maßnahmen zum Gegenstand hat.) Bei Produkten aus anderen Herkunftsländern bzw. -gebieten (vgl. § 6 Absatz 3 RVO TVgG NRW) ist die o. g. Anforderung des § 7 TVgG NRW nicht anwendbar. "
- Mögliche Nachweise gem. § 7 Abs. 1 RVO TVgG NRW:
  o Zertifikat gem. § 7 Abs. 2 RVO TVgG NRW, welches den Anforderungen gem. § 34 Abs. 2 VgV entspricht.
  o Mitgliedschaft in einer Initiative, die sich für die Beachtung der ILO- Mindestanforderungen einsetzt (§ 7 Abs. 3 TVgG NRW)
  o Erklärung eines Dritten entsprechend der Voraussetzungen gem. § 7 Abs. 4 RVO TVgG NRW

Variante 2: Es handelt sich um die Beschaffung sensibler Produkte, für die eine Nachweiserbringung bei Ländern/Gebieten der DAC-Liste aufgrund eines Verzichts nach § 7 Abs. 5 RVO TVgG NRW nicht erforderlich ist.

- Kommt der öffentliche Auftraggeber im Rahmen der Prüfung zu dem Ergebnis, dass ein Verzicht auf den Nachweis gem. § 7 Abs. 5 RVO TVgG NRW gerechtfertigt ist, nimmt er das Erfordernis der Nachweisführung nicht in die Auftragsbekanntmachung oder den Vergabeunterlagen auf:
  Formulierungsvorschlag
  „Der Auftragnehmer ist verpflichtet, dafür Sorge zu tragen, dass die im konkreten Auftrag beschafften Waren unter Beachtung der in den Kernarbeitsnormen der Internationalen Arbeitsorganisation festgelegten Mindeststandards ge- wonnen oder hergestellt worden sind (§ 7

*TVgG NRW). Bei Produkten aus Herkunftsländern bzw. -gebieten,
die nicht unter § 6 Absatz 3 RVO TVgG NRW fallen, ist die o. g.
Anforderung des § 7 TVgG NRW nicht anwendbar. "*

Variante 3: Bei den im konkreten Auftrag beschafften Waren handelt es sich
<u>nicht</u> um sensible Produkte.

- Sofern es sich bei den im konkreten Auftrag beschafften
  Waren nicht um sensible Produkte i. S.v § 6 Abs. 2 RVO
  TVgG NRW handelt, ist keine Berücksichtigung in der Be-
  kanntmachung oder den Vergabeunterlagen erforderlich.

Weitere Vorgaben

- § 8 RVO TVgG NRW: bei den Varianten 1 und 2 müssen Regelungen
  bzgl. Kontrolle (Abs. 1) und Sanktionen (Abs. 2) vertraglich vereinbart werden (vgl. hierzu *BVB ILO*). Eine Sanktion setzt neben der Verletzung der in
  den ILO- Kernarbeitsnormen festgelegten Mindeststandards ein fehlendes
  ernsthaftes Bemühen (Sorgetragen) voraus.
- § 12 TVgG NRW: Ausschluss bei Verstoß gegen sozial- und arbeitsrechtliche Verpflichtungen.

Hinweis

Dieses Merkblatt ersetzt keine einzelfallbezogene Prüfung der rechtlichen
Vorgaben für das jeweilige Vergabeverfahren.

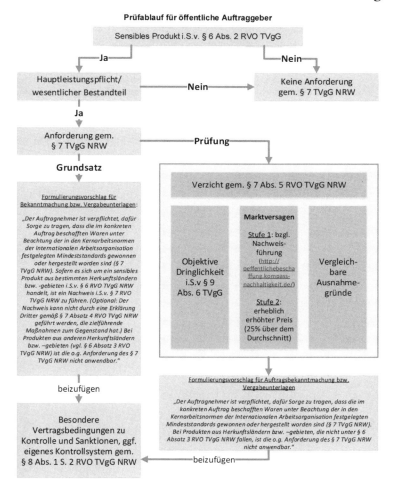

Prüfablauf für öffentliche Auftraggeber

Für Unternehmen

- Die Nachweispflicht des TVgG NRW und der RVO TVgG NRW bezieht sich in erster Linie auf das Sorgetragen zur Erreichung eines ILO-konformen Zu- stands. Dieses ernsthafte Bemühen zur Verwendung von unter Beachtung der in den Kernarbeitsnormen der Internationalen Arbeitsorganisation festgelegten Mindeststandards gewonnenen oder hergestellten Produkten muss durch die entsprechenden Nachweise belegt werden können.

- Sofern der öffentliche Auftraggeber auf die Nachweisführung gem. § 7 Abs. 5 RVO TVgG NRW verzichtet und die Bieter bzw. Bewerber unabhängig davon keinen der Nachweise gem. § 7 Abs. 1 bis 4 RVO TVgG NRW vorhalten, müssen in anderer Weise vollständige und prüffähige Unterlagen bereitgehalten werden (vgl. § 8 Abs. 1 TVgG NRW). Diese können beispielsweise aus Unterlagen zu den Bemühungen gegenüber Lieferanten und Herstellern der Produkte (z. B. Vertragsbedingungen, intensive Recherchen), zur Zusammenarbeit mit um die Einhaltung der ILO-Kernarbeitsnormen bemühten Organisa- tionen oder CSR-Konzepten zu den ILO-Kernarbeitsnormen bestehen.
- Fehlt das ernsthafte Bemühen als Ausdruck des Sorgetragens i. S. v. § 7 TVgG NRW, kann es bei Verletzung der ILO-Kernarbeitsnormen zu Sanktionen nach § 8 Abs. 2 RVO TVgG NRW kommen.

10. DAC-Liste der Entwicklungsländer und -gebiete (gültig für die Berichtsjahre 2014−2016)[1])

Europa	Afrika	Amerika	Asien	Ozeanien
Albanien	**nördlich der Sahara**	**Nord- und Mittelamerika**	**Naher und Mittlerer Osten**	Cookinseln
Belarus				Fidschi
Bosnien und Herzegowina	Ägypten	Antigua und Barbuda[3]	Irak	Kiribati
Kosovo[2]	Algerien	Belize	Iran	Marshallinseln
Mazedonien	Libyen	Costa Rica	Jemen	Mikronesien
Moldau	Marokko	Dominica	Jordanien	Nauru
Montenegro	Tunesien	Dominikanische Republik	Libanon	Niue
Serbien[2]		El Salvador	Palästinensische Gebiete	Palau
Türkei	**südlich der Sahara**	Grenada	Syrien	Papua-Neuguinea
Ukraine		Guatemala		Salomonen
	Angola	Haiti	**Süd- und Zentralasien**	Samoa
	Äquatorialguinea	Honduras		Tokelau
	Äthiopien	Jamaika	Afghanistan, Islamische Republik	Tonga
	Benin	Kuba	Armenien	Tuvalu
	Botsuana	Mexiko	Aserbaidschan	Vanuatu
	Burkina Faso	Montserrat	Bangladesch	Wallis und Futuna
	Burundi	Nicaragua	Bhutan	
	Cabo Verde	Panama	Georgien	
	Côte d'Ivoire	St. Lucia	Indien	
	Dschibuti	St. Vincent und die Grenadinen	Kasachstan	
	Eritrea		Kirgisistan	
	Gabun	**Südamerika**	Malediven	
	Gambia		Myanmar	
	Ghana	Argentinien	Nepal, Dem. Bundesrepublik	
	Guinea	Bolivien	Pakistan	
	Guinea-Bissau	Brasilien	Sri Lanka	
	Kamerun	Chile[3]	Tadschikistan	
	Kenia	Ecuador	Turkmenistan	
	Komoren	Guyana	Usbekistan	
	Kongo	Kolumbien		
	Kongo, Dem. Republik	Paraguay	**Ostasien**	
	Lesotho	Peru		
	Liberia	Suriname	China	
	Madagaskar	Uruguay[3]	Indonesien	
	Malawi	Venezuela	Kambodscha	
	Mali		Korea, Dem. Volksrepublik	
	Mauretanien		Laos	
	Mauritius		Malaysia	
	Mosambik		Mongolei	
	Namibia		Philippinen	
	Niger		Thailand	
	Nigeria		Timor-Leste	
	Ruanda		Vietnam	
	Sambia			
	São Tomé und Principe			
	Senegal			
	Seychellen			
	Sierra Leone			
	Simbabwe			
	Somalia			
	St. Helena			
	Sudan			
	Südafrika			
	Südsudan			
	Swasiland			
	Tansania			
	Togo			
	Tschad			
	Uganda			
	Zentralafrikanische Republik			

[1] Anpassungen aufgrund aktueller politischer Ereignisse (EU-Beitritte, Staatsneugründungen und/oder Zusammenschlüsse)
   sind auch innerhalb des angegebenen Zeitraums möglich.

[2] Dies impliziert keine rechtliche Position der OECD zum Status von Kosovo.

[3] Antigua und Barbuda, Chile und Uruguay haben 2012 and 2013 die Einkommensgrenze für Hocheinkommensländer überschritten.
   Wenn sich daran bis 2016 nichts ändert, werden sie 2017 von der Liste der Empfängerländer gestrichen.

Quelle: OECD/DAC

11. Verpflichtungserklärung nach § 8 TVgG – NRW zur Frauenförderung und Förderung der Vereinbarkeit von Beruf und Familie

Ich erkläre/Wir erklären[1]:
– Zutreffendes bitte ankreuzen –

1. Anwendbarkeit von § 8 TVgG – NRW

Im Unternehmen sind in der Regel mehr als 20 Arbeitnehmer/-innen beschäftigt (ohne Auszubildende)
☐ Ja, weiter mit 2.
☐ Nein (es sind keine weiteren Angaben erforderlich).

2.

2.1 Unternehmensgröße. Im Unternehmen sind in der Regel beschäftigt:

☐ über 500 Beschäftigte
(Es sind mindestens vier der im Katalog unter 2.2 aufgeführten Maßnahmen auszuwählen und im Rahmen dieses öffentlichen Auftrages durchzuführen oder einzuleiten, sofern nicht die unter 2.3 genannten Ausnahmen zutreffen).

☐ über 250 bis 500 Beschäftigte
(Es sind mindestens drei der im Katalog unter 2.2 aufgeführten Maßnahmen auszuwählen und im Rahmen dieses öffentlichen Auftrages durchzuführen oder einzuleiten, sofern nicht die unter 2.3 genannten Ausnahmen zutreffen).

☐ über 20[2] bis 250 Beschäftigte
(Es sind mindestens zwei der im Katalog unter 2.2 aufgeführten Maßnahmen auszuwählen und im Rahmen dieses öffentlichen Auftrages durchzuführen oder einzuleiten, sofern nicht die unter 2.3 genannten Ausnahmen zutreffen).

2.2 Maßnahmenkatalog zur Frauenförderung oder Förderung der Vereinbarkeit von Beruf und Familie. In meinem/unserem Unternehmen wird/werden für die bei der Abwicklung diesen öffentlichen Auftrages eingesetzten Mitarbeiter/-innen folgende Maßnahme/-n umgesetzt:

☐ Maßnahmen zur Gewinnung von Mädchen und Frauen für ein betriebliches Praktikum, insbesondere in den männerdominierten Berufen,

☐ Untersagung und Unterbindung eines Verhaltens verbaler und nicht-verbaler oder physischer Art, welches bezweckt oder bewirkt, dass weibliche Be-

---

[1] Die bei der Durchführung diesen Auftrages eingesetzten Nachunternehmer und Verleiher von Arbeitskräften sind nicht verpflichtet, Maßnahmen der Frauenförderung oder der Vereinbarkeit von Beruf und Familie nach § 8 TVgG – NRW umzusetzen.

[2] Ohne Auszubildende.

schäftigte lächerlich gemacht, eingeschüchtert, angefeindet oder in ihrer Würde verletzt werden,[3]

☐ explizite Ermutigung von Frauen sich zu bewerben, wenn im Betrieb Ausbildungs- und Arbeitsplätze in männerdominierten Berufsbereichen zu besetzen sind,

☐ Berücksichtigung von weiblichen Auszubildenden bei der Übernahme in ein Arbeitsverhältnis zumindest entsprechend ihrem Ausbildungsanteil,

☐ Befragung von Beschäftigten zu ihren Arbeitszeitwünschen, Auswertung einschließlich Einleitung von Umsetzungsschritten betreffend ihrer Tätigkeit,

☐ Angebot von Teilzeitarbeit oder flexiblen Arbeitszeitmodellen als Maßnahme zur Vereinbarkeit von Beruf und Familie,

☐ Entwicklung und Umsetzung von Modellen vollzeitnaher Teilzeitarbeit für die Beschäftigten,

☐ Einrichtung bzw. Ausbau von Telearbeit für die Beschäftigten,

☐ Einrichtung von Eltern-Kind-Zimmern für die Beschäftigten,

☐ Bereitstellung von Beratungs- und Vermittlungsangeboten, z. B. durch ein Familienservicebüro, insbesondere zur Unterstützung bei der Suche nach Kinderbetreuungs- und Pflegemöglichkeiten,

☐ Angebot betriebseigener Kinderbetreuungsplätze (Betriebskindertagesstätten in alleiniger oder kooperativer Trägerschaft),

☐ Angebot betrieblich finanzierter beziehungsweise unterstützter Kinderbetreuungsplätze, insbesondere durch

  o den Erwerb von Belegplätzen in Einrichtungen gemeinnütziger oder privatgewerblicher Träger,

  o Kooperationen mit Tagespflegepersonen oder

  o die Übernahme der einem Einrichtungsträger entstandenen Mehrkosten für die Anpassung der Betriebsform der Einrichtung an die Bedürfnisse von berufstätigen Eltern,

☐ Angebot betrieblich organisierter beziehungsweise finanzierter Kontingente zur Notfallbetreuung,

☐ Arbeitgeberleistungen zur Unterbringung und Betreuung von Kindern der Mitarbeiter, da Angebote nach den vorgenannten Maßnahmen (§ 9 Nummern 11 bis 13 RVO TVgG – NRW) nicht möglich oder nicht zielführend sind,

☐ Angebot von Ferienprogrammen zur Überbrückung der Betreuungslücke für Kinder berufstätiger Eltern in Kindergarten- bzw. Schulferien,

☐ Unterstützung von Mitarbeitern mit pflegebedürftigen Angehörigen durch individuelle Betreuung und Hilfeleistung oder Abschluss einer Vereinbarung einer Familienpflegeteilzeit,

☐ Kontakthalteangebote, Möglichkeit zur Teilnahme an betrieblicher Fortbildung, zu Vertretungseinsätzen und Rückkehrvereinbarungen für Beschäftigte in Elternzeit,

---

[3] Diese Verpflichtung wird auch dann erfüllt, wenn das Unternehmen Regelungen trifft, die ein Verhalten nach § 9 Abs. 1 S. 2 Nr. 2 RVO TVgG – NRW (hier. Spiegelstrich Nummer 2) für sämtliche Beschäftigte untersagen und unterbinden.

☐ Bereitstellung von innerbetrieblichen Paten und Patinnen für Wiedereinsteigerinnen und Wiedereinsteiger,

☐ Überprüfung der Entgeltgleichheit im Unternehmen mit Hilfe anerkannter und geeigneter Instrumente,

☐ Analyse der Entwicklung der Leistungsvergütung in den letzten 5 Jahren nach Geschlecht sowie

☐ Angebot spezieller Personalentwicklungsprogramme oder Bildungsmaßnahmen für Frauen, die diese auf die Übernahme von höherwertigen und leitenden Positionen vorbereiten.

2.3 Ausnahmen (ggf. anzugeben)

☐ Ich/wir werden keine Verpflichtungserklärung nach § 8 TVgG – NRW zur Umsetzung weiterer im Maßnahmenkatalog zu 2.2 genannten Maßnahmen abgeben, da mein/unser Unternehmen in den letzten 12 Monaten bereits durch Zuschlag zur Umsetzung von Maßnahmen der Frauenförderung oder der Vereinbarkeit von Beruf und Familien im Rahmen des TVgG – NRW verpflichtet worden ist. Auf Verlangen des öffentlichen Auftraggebers werde/-n ich/wir die Durchführung oder Einleitung der Maßnahmen der Frauenförderung oder der Vereinbarkeit von Beruf und Familie vor Zuschlagserteilung nachweisen.

☐ Ich/wir haben bereits alle der im Maßnahmenkatalog zu 2.2 genannten Maßnahmen der Frauenförderung oder der Vereinbarkeit von Beruf und Familien durchgeführt oder eingeleitet. Auf Verlangen des öffentlichen Auftraggebers werde/-n ich/wir die Durchführung der umgesetzten Maßnahmen der Frauenförderung oder der Vereinbarkeit von Beruf und Familie nachweisen.

☐ Ich/wir sind aus nachfolgend aufgeführten objektiv belegbaren Gründen nicht in der Lage, bei den im Rahmen der Durchführung dieses öffentlichen Auftrags eingesetzten Mitarbeiterinnen und Mitarbeitern Maßnahmen der Frauen- und Familienförderung durchzuführen.
Angabe der Gründe (ggf. gesonderte Anlage verwenden):

_____

☐ Für mich/uns ist die Durchführung oder Einleitung von Maßnahmen der Frauen- oder Familienförderung im Hinblick auf das Volumen des öffentlichen Auftrags und/oder der Anzahl der konkret mit dem öffentlichen Auftrag eingesetzten Mitarbeiter im Verhältnis zum Gesamtumsatz des Betriebes und/oder der gesamten Belegschaft des Betriebes unverhältnismäßig und unzumutbar.
Erläuterungen (ggf. gesonderte Anlage verwenden):

_____

3. Weitere vertragliche Verpflichtungen

Ich/Wir erkläre/-n mich/uns darüber hinaus im Fall der konkreten Auftragsdurchführung mit folgenden Verpflichtungen einverstanden:

– Auf Verlangen des öffentlichen Auftraggebers weise/-n ich/wir die Einhaltung der übernommenen vertraglichen Verpflichtungen in geeigneter Form nach und erteilen schriftlich und mündlich Auskunft und Informationen.

- Ich/Wir werde/-n die durchgeführten bzw. eingeleiteten Maßnahmen zur Frauenförderung und zur Förderung der Vereinbarkeit von Beruf und Familie zum Zwecke der Überprüfbarkeit[4] dokumentieren und im Betrieb bekanntgeben.
- Für jeden schuldhaften Verstoß der Auftragnehmerin bzw. des Auftragnehmers gegen die Verpflichtungen aus dieser Verpflichtungserklärung gilt eine Vertragsstrafe als vereinbart, deren Höhe ein Prozent, bei mehreren Verstößen bis zu fünf Prozent des Auftragswertes beträgt.

Ich bin mir/Wir sind uns bewusst,
dass Falschangaben im Rahmen dieser Erklärung oder Verstöße gegen darin übernommene Verpflichtungen den Auftraggeber zu einer außerordentlichen Kündigung oder zur Auflösung des Dienstleistungsverhältnisses berechtigen.

(Ort, Datum, Unterschrift, Firmenstempel)

---

[4] Der Inhalt der Dokumentation sowie die Aufbewahrungsfrist ergeben sich aus § 12 der RVO TVgG – NRW.

12. Gesetz zur Verbesserung der Korruptionsbekämpfung und zur Errichtung und Führung eines Vergaberegisters in Nordrhein-Westfalen (Korruptionsbekämpfungsgesetz – KorruptionsbG)

Vom 16. Dezember 2004
(GV. NRW. S. 8)

SGV. NRW. 20020

geänd. durch Art. 4 BefristungsÄndG IM v. 18.11.2008 (GV. NRW. S. 706), Art. 3 DienstrechtsÄndG v. 21.4.2009 (GV. NRW. S. 224), Art. 1 BefristungsÄndG MfIK v. 16.11.2010 (GV. NRW. S. 600), Art. 2 Fünftes G zur Änd. gesetzlicher Befristungen v. 23.10.2012 (GV. NRW. S. 474), Art. 1 Sechstes ÄndG v. 1.10.2013 (GV. NRW. S. 566), Art. 1 ÄndG v. 19.12.2013 (GV. NRW. S. 875), Art. 4 G zur Änd. des Landesminister-gesetzes und weiterer Gesetze v. 8.7.2016 (GV. NRW. S. 619)

Der Landtag hat das folgende Gesetz beschlossen, das hiermit verkündet wird:

Abschnitt 1 Einleitende Vorschriften

§ 1 Geltungsbereich

(1) Dieses Gesetz regelt, soweit im Einzelnen nichts anderes bestimmt ist, die Korruptionsbekämpfung und die Errichtung und Führung eines Vergaberegisters für:

1. öffentliche Stellen und für die in diesen Stellen Beschäftigten, auf die das Beamtenrecht, das Tarifrecht des öffentlichen Dienstes oder Dienstvertragsrecht Anwendung findet,

2. die Mitglieder der Landesregierung,

3. die Mitglieder in den Organen und Ausschüssen der Gemeinden und Gemeindeverbände, die Mitglieder in den Bezirksvertretungen, die Ortsvorsteherinnen und Ortsvorsteher sowie die sachkundigen Bürgerinnen und Bürger gemäß § 58 Absatz 3 Gemeindeordnung, § 41 Absatz 5 Kreisordnung oder § 13 Absatz 3 Landschaftsverbandsordnung,

4. die Mitglieder der Organe der sonstigen der Aufsicht des Landes unterstellten Körperschaften, Anstalten und Stiftungen des öffentlichen Rechts,

5. die juristischen Personen und Personenvereinigungen, bei denen die absolute Mehrheit der Anteile oder die absolute Mehrheit der Stimmen den öffentlichen Stellen zusteht oder deren Finanzierung zum überwiegenden Teil durch Zuwendungen solcher Stellen erfolgt,

6. die natürlichen und juristischen Personen und Personenvereinigungen, die sich um öffentliche Aufträge bei öffentlichen Stellen oder den Stellen nach Nummer 5 bewerben.

(2) Öffentliche Stellen sind

1. die Behörden, Einrichtungen, Landesbetriebe und Sondervermögen des Landes, soweit sie Verwaltungsaufgaben wahrnehmen auch der Landesrechnungshof, die oder der Landesbeauftragte für Datenschutz und Informationsfreiheit sowie die Organe der Rechtspflege (Gerichte, Staatsanwaltschaften, Vollzugsanstalten, Jugendarrestanstalten und Gnadenstellen),

2. die Gemeinden und Gemeindeverbände sowie die sonstigen der Aufsicht des Landes unterstellten Körperschaften, Anstalten und Stiftungen des öffentlichen Rechts.

(3) Die Regelungen gelten nicht für die Kirchen, Religionsgemeinschaften und Weltanschauungsgemeinschaften und die ihnen zugehörigen Körperschaften, Anstalten und Stiftungen.

§ 2 Prüfeinrichtungen

Prüfeinrichtungen im Sinne dieses Gesetzes sind der Landesrechnungshof einschließlich seiner staatlichen Rechnungsprüfungsämter, die kommunalen Rechnungsprüfungsämter, die Gemeindeprüfungsanstalt, die Innenrevisionen in ihrem jeweiligen Zuständigkeitsbereich sowie für die landesunmittelbaren Träger der Sozialversicherung die jeweils zuständige Aufsichtsbehörde.

Abschnitt 2 Informationsstelle und Vergaberegister

§ 3 Informationsstelle

In dem für das Finanzwesen zuständigen Ressort wird eine Informationsstelle eingerichtet, bei der zwischen öffentlichen Stellen Informationen über die Zuverlässigkeit von natürlichen Personen, juristischen Personen und Personenvereinigungen bei der Vergabe öffentlicher Aufträge ausgetauscht werden können. Zu diesem Zweck führt die Informationsstelle ein Vergaberegister.

§ 4 Vergaberegister

(1) Das Register enthält Informationen über Vergabeausschlüsse und Hinweise auf Verfehlungen, die nicht zu einem Vergabeausschluss geführt haben (Vergaberegister).

(2) Die Informationen aus dem Vergaberegister dienen der Vorbereitung und Prüfung von Vergabeentscheidungen öffentlicher Stellen.Die Informationen dienen ferner der Unterstützung von Strafverfolgungsbehörden sowie der Landeskartellbehörde.

(3) In dem Vergaberegister werden zu diesem Zweck Daten
1. über natürliche Personen gespeichert und verarbeitet (§ 7),
   – die von der Vergabe öffentlicher Aufträge ausgeschlossen worden sind oder
   – bei denen im Sinne des § 5 Abs. 2 ein Eintrag erfolgt ist,
2. über juristische Personen und Personenvereinigungen oder deren Teile gespeichert und verarbeitet (§ 7),
   – die von der Vergabe öffentlicher Aufträge ausgeschlossen worden sind oder
   – deren Beschäftigte im Rahmen des Dienstverhältnisses eine Verfehlung begangen haben, die im Sinne des § 5 Abs. 2 einzutragen ist.

§5 Verfehlung

(1) Eine Verfehlung im Sinne dieses Gesetzes liegt vor, wenn durch eine natürliche Person im Rahmen einer unternehmerischen Betätigung

1. Straftaten nach §§ 331–335 (Vorteilsannahme, Bestechlichkeit, Vorteilsgewährung, Bestechung), 261 (Geldwäsche; Verschleierung unrechtmäßig erlangter Vermögenswerte), 263 (Betrug), 264 (Subventionsbetrug), 265b (Kreditbetrug), 266 (Untreue), 266a (Vorenthalten und Veruntreuen von Arbeitsentgelt), 298 (Wettbewerbsbeschränkende Absprachen bei Ausschreibungen), 299 (Bestechlichkeit und Bestechung im geschäftlichen Verkehr), 108e (Abgeordnetenbestechung) StGB und nach § 370 der Abgabenordnung.

2. Straftaten nach §§ 19, 20, 20a und 22 des Gesetzes über die Kontrolle von Kriegswaffen,

3. Verstöße gegen § 81 des Gesetzes gegen Wettbewerbsbeschränkungen (GWB),

4. Verstöße gegen § 16 des Arbeitnehmerüberlassungsgesetzes,

5. Verstöße, die zu einem Ausschluss nach § 21 des Gesetzes zur Bekämpfung der Schwarzarbeit und illegalen Beschäftigung (Schwarzarbeitsbekämpfungsgesetz – SchwarzArbG) oder nach § 21 Arbeitnehmer-Entsendegesetz führen können oder geführt haben,

6. Verstöße, die zu einem Ausschluss nach § 13 Absatz 1 und 2 oder § 16 Absatz 1 Tariftreue- und Vergabegesetz Nordrhein-Westfalen führen,

von Bedeutung, insbesondere in Bezug auf die Art und Weise der Begehung oder den Umfang des materiellen oder immateriellen Schadens, begangen worden sind.

(2) Ein Eintrag erfolgt bei einer Verfehlung im Sinne des Absatzes 1 Nummer 1 bis 5

1. bei Zulassung der Anklage,

2. bei strafrechtlicher Verurteilung,

3. bei Erlass eines Strafbefehls,

4. bei Einstellung des Strafverfahrens nach § 153a Strafprozessordnung (StPO),

5. nach Rechtskraft eines Bußgeldbescheids oder

6. für die Dauer der Durchführung eines Straf- oder Bußgeldverfahrens, wenn im Einzelfall angesichts der Beweislage bei der meldenden Stelle kein vernünftiger Zweifel an einer schwerwiegenden Verfehlung besteht, und die Ermittlungs- bzw. die für das Bußgeldverfahren zuständige Verwaltungsbehörde den Ermittlungszweck nicht gefährdet sieht.

Ein Eintrag im Sinne des Absatzes 1 Nummer 6 richtet sich nach §§ 13 Absatz 3, 16 Absatz 4 Satz 2 und 3 Tariftreue- und Vergabegesetz Nordrhein-Westfalen.

§6 Datenübermittlung an die Informationsstelle

(1) Öffentliche Stellen und Stellen nach § 1 Absatz 1 Nummer 5 melden dem Vergaberegister die in § 7 Abs. 1 genannten Daten, sobald sie in Bezug auf natürliche Personen, juristische Personen oder Personenvereinigungen einen Vergabeausschluss aussprechen oder ihnen einzutragende Verfehlungen im Sinne von § 5 im Rahmen ihrer Aufgabenwahrnehmung bekannt werden.

(2) Öffentliche Stellen des Bundes und der anderen Länder können, soweit nicht anderweitige Rechtsvorschriften entgegenstehen, die in § 7 Abs. 1 genannten Daten melden, sobald sie in Bezug auf natürliche Personen, juristische Personen oder Personenvereinigungen einen Vergabeausschluss aussprechen oder ihnen einzutragende Verfehlungen im Sinne von § 5 bekannt werden.

(3) Die meldende Stelle gibt der natürlichen Person, juristischen Person oder Personenvereinigung Gelegenheit zur Äußerung zur Datenverarbeitung nach Absatz 1; § 4 Abs. 5 DSG NRW findet entsprechende Anwendung. Die meldende Stelle dokumentiert ihre Entscheidungsgründe. Sie unterrichtet die Betroffenen nach Satz 1 vor der Meldung über deren Wortlaut.

(4) Die meldende Stelle trägt die Verantwortung für die Richtigkeit der gemeldeten Daten nach § 7.

§7 Datenverarbeitung bei der Informationsstelle

(1) Die Informationsstelle erhebt und verarbeitet zu Verfehlungen im Sinne dieses Gesetzes folgende Daten:
1. Name, Adresse, Aktenzeichen, Ansprechperson der meldenden Stelle,
2. Name und Adresse der gemeldeten natürlichen oder juristischen Person oder Personenvereinigung, bei natürlichen Personen auch Geburtsdatum und Geburtsort,
3. vertretungsberechtigte Personen der natürlichen Person oder juristischen Person oder Personenvereinigung,
4. Datum der Meldung,
5. die im Zusammenhang mit der Meldung stehende Art der wirtschaftlichen Tätigkeit oder des Gewerbes der gemeldeten natürlichen Person oder juristischen Person oder Personenvereinigung,
6. Handelsregisternummer,
7. im Fall des Ausschlusses von der öffentlichen Auftragsvergabe durch die meldende Stelle Datum und Dauer des Ausschlusses,
8. sofern kein Ausschluss erfolgt ist, Beginn und Dauer der vorzunehmenden Eintragung,
9. Art der Verfehlung nach § 5 Abs. 1,
10. das Verfahrensstadium der Verfehlung nach § 5 Abs. 2.

Sind nur Teile (Filialen) eines Unternehmens betroffen, so erfolgt nur die Speicherung der Daten dieses Unternehmensteils.

Wurde eine Verfehlung von einzelnen Personen begangen, die keinen bestimmenden Einfluss auf ihr Unternehmen bzw. auf ihren Unternehmensteil hatten und weist das Unternehmen nach, dass die Verfehlung nicht auf strukturelle oder organisatorische Mängel in dem Unternehmen zurückzuführen ist, so erfolgt nur eine Speicherung der Daten der verantwortlich handelnden Personen.

(2) Erweisen sich einzelne Angaben als falsch, veranlasst die ursprünglich meldende Stelle die unverzügliche Löschung oder Berichtigung.

(3) Eine Eintragung im Vergaberegister ist zu löschen

1. bei einer befristeten Eintragung mit Ablauf der Frist, spätestens jedoch am Ende des fünften Jahres vom Zeitpunkt der Eintragung an,

2. wenn die Stelle, die den Ausschluss oder den Hinweis nach§ 6 Absatz 1 mitgeteilt hat, die Wiederherstellung der Zuverlässigkeit meldet,

3. wenn eine Mitteilung gemäß Absatz 5 eingeht und die Stelle, die den Ausschluss oder den Hinweis gemeldet hat, nicht innerhalb eines Monats nach Übermittlung der Mitteilung durch die Informationsstelle widerspricht. Für die Dauer dieser Frist ist der Eintrag zu sperren und mit einem Sperrvermerk zu versehen,

4. bei Einstellung des eingeleiteten Ermittlungs- oder Strafverfahrens mit Ausnahme einer Einstellung nach § 153 a StPO oder

5. bei Freispruch nach einer Meldung nach § 5 Abs. 2 Nr. 1, 3 und 6.

(4) Eine vorzeitige Löschung kann durch die meldende Stelle auf schriftlichen Antrag der von der Meldung betroffenen natürlichen oder juristischen Person oder Personenvereinigung veranlasst werden, wenn diese/dieser durch geeignete organisatorische und personelle Maßnahmen Vorsorge gegen die Wiederholung der Verfehlung getroffen hat und der durch die Verfehlung entstandene Schaden ersetzt wurde oder eine verbindliche Anerkennung der Schadensersatzverpflichtung dem Grunde und der Höhe nach – z. B. verbunden mit der Vereinbarung eines Zahlungsplans – vorliegt.

Bei der Entscheidung über die vorzeitige Löschung sind die Besonderheiten des Einzelfalles zu berücksichtigen.

(5) Erhält eine Stelle im Sinne von § 6 Abs. 1 Kenntnis von Umständen, die eine weitere Speicherung im Vergaberegister ausschließen, so ist dies der Informationsstelle unverzüglich mitzuteilen. Andere öffentliche Stellen gemäß § 6 Abs. 2 haben insofern ein Melderecht.

Die Informationsstelle leitet diese Meldung unverzüglich an die ursprünglich meldende Stelle zur Entscheidung über die endgültige Löschung aus dem Vergaberegister weiter.

§ 8 Anfrage an die Informationsstelle

(1) Anfragen, ob Eintragungen hinsichtlich der Bieterin oder des Bieters oder der Bewerberin oder des Bewerbers, die/der den Zuschlag erhalten soll, vorliegen, sind bei Vergabeverfahren von Liefer- und Dienstleistungen mit einem Gesamtauftragswert über 25.000,– € oder bei Bauleistungen 50.000,– €, jeweils ohne Umsatzsteuer, von der Vergabestelle vor Erteilung eines öffentlichen Auftrages – bei Vergabeverfahren oberhalb der EU-Schwellenwerte bereits vor Absendung der Information nach § 101 a des Gesetzes gegen Wettbewerbsbeschränkungen – an die Informationsstelle zu richten.

Unterhalb der genannten Wertgrenzen steht die Anfrage im pflichtgemäßen Ermessen der Vergabestelle oder öffentlichen Stelle.

(2) Berechtigt, Anfragen an die Informationsstelle zu richten, sind Vergabestellen, Prüfeinrichtungen, Staatsanwaltschaften, die Landeskartellbehörde und das Landeskriminalamt NRW. Zu Anfragen an die Informationsstelle berechtigt sind auch die Zuwendungsempfänger, die hierzu durch Nebenbestimmung zum Bewilligungsbescheid verpflichtet worden sind.

(3) Zu Anfragen an die Informationsstelle sind ferner berechtigt die Vergabestellen des Bundes und der Länder, sofern das Auftragsvolumen mehr als 50.000,– € ohne Umsatzsteuer beträgt, sowie die Generalstaatsanwaltschaften der Länder.

(4) Die Anfrage erfolgt unter Angabe der in § 7 Absatz 1 Nummer 2, 3 und 6 benannten Daten.

§ 9 Datenübermittlung an die anfragende Stelle

(1) Liegt eine berechtigte Anfrage nach § 8 vor, so werden der anfragenden Stelle von der Informationsstelle die Daten nach § 7 Abs. 1 Nr. 1 bis 10 übermittelt. Jede insoweit erteilte Auskunft ist sowohl bei der Informationsstelle als auch bei der anfragenden Stelle zu dokumentieren. Die anfragende Stelle entscheidet in ihrer Zuständigkeit, ob auf Grund der übermittelten Daten ein Ausschluss bei der Vergabe eines öffentlichen Auftrages erfolgt.

(2) Die anfragende Stelle ist darauf hinzuweisen, dass sie die übermittelten Daten nur zur Erfüllung des in § 4 genannten Zieles verwenden darf.

§ 10 Sicherheit der Datenübermittlung

(1) Datenübermittlungen durch das Register und an das Register erfolgen schriftlich. Das Telefax gilt als Schriftform.

(2) Im Rahmen der Zweckbestimmung des § 4 Absatz 2 können abweichend von Absatz 1 Anfragen nach § 8 auch im automatisierten Abrufverfahren verarbeitet werden, soweit sie die Auskunft betreffen, dass keine Eintragungen vorliegen. Das für das Finanzwesen zuständige Ministerium wird ermächtigt, im Einvernehmen mit dem für Inneres und Kommunales zuständigen Ministerium durch Rechtsverordnung die Übermittlung der in den §§ 8 und 9 genannten Daten zuzulassen, soweit die dort genannten Voraussetzungen erfüllt sind. Es hat hierbei die Form der zu übermittelnden Daten und das bei der Übermittlung einzuhaltende Verfahren festzulegen.

(3) Abweichend von § 3a Abs. 2 Satz 2 Verwaltungsverfahrensgesetz NRW bedarf es für die elektronische Datenübermittlung zwischen öffentlichen Stellen und der Informationsstelle über das Landesverwaltungsnetz oder andere entsprechend sichere Verwaltungsnetze keiner Signatur.

§ 11 Anwendbarkeit des Datenschutzgesetzes NRW und des Informationsfreiheitsgesetzes NRW

Das Datenschutzgesetz NRW gilt sinngemäß auch, soweit von diesem Gesetz andere als natürliche Personen betroffen sind. Das Informationsfreiheitsgesetz NRW findet auf die Regelungen des 2. Abschnitts keine Anwendung.

Abschnitt 3 Anzeige-, Unterrichtungs-, Beratungs- und Auskunftspflichten

§ 12 Anzeigepflicht

(1) Liegen Tatsachen vor, die Anhaltspunkte für die Begehung einer der in § 5 Absatz 1 Nummer 1 bezeichneten Straftaten durch eine natürliche Person oder im Zusammenhang mit der Dienstausübung durch eine bei einer öffentlichen Stelle beschäftigten Person darstellen können, zeigt die für die Leitung der öffentlichen Stelle (§ 1 Absatz 2) verantwortliche Person diese dem Landeskriminalamt an. Das Gleiche gilt für das für die Prüfung zuständige Mitglied des Landesrechnungshofs, die Leiterinnen oder Leiter der kommunalen Rechnungsprüfungsämter, die Leiterin oder den Leiter der Gemeindeprüfungsanstalt und die von der nach § 90 SGB IV zuständigen Aufsichtsbehörde für die Prüfung benannte Person, wenn bei den Prüfungen Anhaltspunkte nach Satz 1 festgestellt werden; in diesem Fall ist in der Regel die Leiterin oder der Leiter der betroffenen Behörde oder Einrichtung über die Anzeige unverzüglich zu unterrichten.

Richten sich die Anhaltspunkte für Verfehlungen gegen die in Satz 1 bezeichneten, für die Leitung der öffentlichen Stellen verantwortlichen Personen, obliegt der dienstvorgesetzten Stelle die Anzeigepflicht gegenüber dem Landeskriminalamt.

Bei Hauptverwaltungsbeamten und Vorständen von Anstalten des öffentlichen Rechts nach § 114a Gemeindeordnung und von gemeinsamen Kommunalunternehmen nach den §§ 27, 28 des Gesetzes über kommunale Gemeinschaftsarbeit sowie den Organen der landesunmittelbaren Träger der Sozialversicherung im Sinne von § 31 SGB IV ist dienstvorgesetzte Stelle die zuständige Aufsichtsbehörde.

(2) Soll eine Unterrichtung nach Absatz 1 Satz 2 letzter Satzteil nicht erfolgen, weil Zweifel an der Unbefangenheit der Leiterin oder des Leiters vorliegen und diese/dieser für Aussagegenehmigungen zuständig wäre, ist die oberste Aufsichtsbehörde für die Erteilung der Aussagegenehmigung zuständig.

§ 13 Beratungspflicht

Die Prüfeinrichtungen sind verpflichtet, auf Anfrage der Behörden des Landes, der Gemeinden und Gemeindeverbände, der sonstigen der Aufsicht des Landes unterstehenden Körperschaften, Anstalten und Stiftungen des öffentlichen Rechts, diese über die Aufdeckungsmöglichkeiten und Verhinderungen von Verfehlungen nach § 5 Abs. 1 zu beraten. Die Prüfeinrichtungen entscheiden über Art und Umfang der Beratung.

§14 Personalakten

Für die uneingeschränkte Auskunft aus und den Zugang zu Personalakten für die Prüfeinrichtungen ist § 84 Abs. 2 Satz 3 Landesbeamtengesetz (LBG) entsprechend anzuwenden. § 95 Landeshaushaltsordnung bleibt unberührt.

§15 Auskunftspflicht

Die Personen nach § 1 Absatz 1 Nummer 2 bis 4 geben, soweit es für die jeweilige Einzelfallprüfung notwendig ist, der Prüfeinrichtung uneingeschränkt Auskunft über ihre Vermögensverhältnisse wie Beteiligung an Unternehmen, Wertpapiervermögen, treuhänderisch gehaltenem Vermögen und Grundbesitz. Art und Weise des Verfahrens, wie Mitglieder der Landesregierung einer Auskunftspflicht entsprechend Satz 1 genügen können, regelt die Landesregierung in ihrer Geschäftsordnung.

Abschnitt 4 Vorschriften zur Herstellung von Transparenz

§16 Veröffentlichungspflicht

Die Mitglieder nach § 1 Abs. 1 Nummer 2 geben gegenüber der Ministerpräsidentin oder dem Ministerpräsidenten, die Mitglieder nach § 1 Abs. 1 Nummer 3 geben gegenüber der Hauptverwaltungsbeamtin oder dem Hauptverwaltungsbeamten, Hauptverwaltungsbeamtinnen oder Hauptverwaltungsbeamte und Leiterinnen oder Leiter von sonstigen der Aufsicht des Landes unterstellten Körperschaften, Anstalten und Stiftungen des öffentlichen Rechts geben gegenüber der Leiterin oder dem Leiter der Aufsichtsbehörde und die Mitglieder nach § 1 Abs. 1 Nummer 4 gegenüber der Leiterin oder dem Leiter der Einrichtung schriftlich Auskunft über

1. den ausgeübten Beruf und Beraterverträge,
2. die Mitgliedschaften in Aufsichtsräten und anderen Kontrollgremien im Sinne des § 125 Abs. 1 Satz 5 des Aktiengesetzes,
3. die Mitgliedschaft in Organen von verselbstständigten Aufgabenbereichen in öffentlich-rechtlicher oder privatrechtlicher Form der in § 1 Abs. 1 und Abs. 2 des Landesorganisationsgesetzes genannten Behörden und Einrichtungen,
4. die Mitgliedschaft in Organen sonstiger privatrechtlicher Unternehmen,
5. die Funktionen in Vereinen oder vergleichbaren Gremien.

Abweichend von Satz 1 sind die Mitglieder des Verwaltungsrates einer Anstalt öffentlichen Rechts nach § 114a Gemeindeordnung und eines gemeinsamen Kommunalunternehmens nach den §§ 27, 28 des Gesetzes über kommunale Gemeinschaftsarbeit gegenüber der Leiterin oder dem Leiter der Aufsichtsbehörde auskunftspflichtig. Die Angaben sind in geeigneter Form jährlich zu veröffentlichen.

§ 17 Anzeigepflicht von Nebentätigkeiten

(1) Die Hauptverwaltungsbeamtin oder der Hauptverwaltungsbeamte zeigt ihre/seine Tätigkeiten nach § 49 Abs. 1 LBG vor Übernahme dem Rat oder dem Kreistag an. Satz 1 gilt für diese Beamtinnen und Beamten nach Eintritt in den Ruhestand innerhalb eines Zeitraums von fünf Jahren entsprechend.

(2) Die Aufstellung nach § 53 LBG ist dem Rat oder Kreistag bis zum 31. März des dem Rechnungsjahr folgenden Jahres vorzulegen.

§ 18 Anzeigepflicht nach Beendigung des Beschäftigungsverhältnisses

(1) Für ehemalige Beschäftigte des öffentlichen Dienstes, soweit sie aus ihrer früheren Tätigkeit Versorgungsbezüge, gesetzliche oder betriebliche Renten oder ähnliches erhalten, gilt § 41 Beamtenstatusgesetz und § 52 Abs. 5 Landesbeamtengesetz entsprechend.

(2) Bei Ausscheiden aus dem öffentlichen Dienst ist die Beschäftigte oder der Beschäftigte schriftlich auf die Anzeigepflicht nach Absatz 1 hinzuweisen. Die Unterrichtung ist aktenkundig zu machen.

Abschnitt 5 Vorschriften zur Vorbeugung

§ 19 Grundsatz der Vorbeugung; korruptionsgefährdete Bereiche

(1) Die Leiterinnen und Leiter der öffentlichen Stellen sind verpflichtet, dem Grad der jeweils gegebenen Korruptionsgefährdung entsprechende Maßnahmen zur Prävention zu treffen.

(2) Dazu sind die korruptionsgefährdeten Bereiche in den öffentlichen Stellen und die entsprechenden Arbeitsplätze intern festzulegen. Korruptionsgefährdete Bereiche sind insbesondere dort anzunehmen, wo auf Aufträge, Fördermittel oder auf Genehmigungen, Gebote oder Verbote Einfluss genommen werden kann.

§ 20 Vieraugenprinzip

Die Entscheidung über die Vergabe von Aufträgen, deren Wert 500 € ohne Umsatzsteuer übersteigt, ist von mindestens zwei Personen innerhalb der öffentlichen Stelle zu treffen. In sonstigen korruptionsgefährdeten Arbeitsgebieten soll entsprechend verfahren werden.

§ 21 Rotation

(1) Beschäftigte der öffentlichen Stellen sollen in besonders korruptionsgefährdeten Bereichen gemäß § 19 Absatz 2 Satz 2 in der Regel nicht länger als fünf Jahre ununterbrochen eingesetzt werden. Das Rotationsgebot findet auf kreisangehörige Gemeinden, die nicht große oder mittlere kreisangehörige Städte sind, keine Anwendung.

(2) Von Absatz 1 darf nur aus zwingenden Gründen abgewichen werden. Soweit eine Rotation aus tatsächlichen oder rechtlichen Gründen im Einzelfall nicht möglich ist, sind diese Gründe sowie die zur Kompensation getroffenen Maßnahmen zu dokumentieren und der zuständigen Aufsichtsbehörde mitzuteilen.

Abschnitt 6 Schlussvorschriften

§ 22 **Inkrafttreten**

Dieses Gesetz tritt am 1. März 2005 in Kraft.

13. [Runderlass:] Verhütung und Bekämpfung von Korruption in der öffentlichen Verwaltung

RdErl. d. Ministeriums für Inneres und Kommunales

v. 20.8.2014

– IR 12.02.02 –(MBl. NRW. S. 486)

SMBl. NRW 20020

RdErl. d. Ministeriums für Inneres und Kommunales, zugleich im Namen der Ministerpräsidentin und aller Landesministerien – IR 12.02.02 – v. 20.8.2014

1 Allgemeines

1.1 Geltungsbereich

Dieser Erlass gilt für die in § 1 Korruptionsbekämpfungsgesetz (KorruptionsbG – GV. NRW. 2005 S. 8/SGV. NRW. 20020) vom 16. Dezember 2004 – zuletzt geändert durch Artikel 1 des Gesetzes vom 19.12.2013 **(GV. NRW. S. 875),** in Kraft getreten am 31.12.2013 – genannten Stellen mit Ausnahme der Gemeinden und Gemeindeverbände und des ihnen zuzuordnenden Bereichs. Für bestimmte Bereiche getroffene restriktivere Regelungen bleiben unberührt.

1.2 Korruption

Kennzeichnend für korruptive Praktiken sind vor allem der Missbrauch einer amtlichen Funktion und die Erlangung bzw. das Anstreben von (persönlichen) Vorteilen unter in der Regel gleichzeitiger Verschleierung dieser Handlungsweisen.

Das Strafrecht kennt keine übergreifende Korruptionsstrafvorschrift, sondern sanktioniert das mit Korruption verbundene Unrecht in verschiedenen Straftatbeständen.

Relevante strafrechtliche Korruptionsdelikte sind insbesondere
– § 331 StGB Vorteilsannahme
– § 332 StGB Bestechlichkeit
– § 333 StGB Vorteilsgewährung
– § 334 StGB Bestechung
– § 335 StGB Besonders schwere Fälle der Bestechlichkeit und Bestechung
– § 108e StGB Abgeordnetenbestechung
– § 299f StGB Bestechung/Bestechlichkeit im geschäftlichen Verkehr (Angestelltenbestechung).
Damit gehen in der Regel Straftatbestände einher nach
– § 261 StGB Geldwäsche, Verschleierung illegalen Vermögens
– § 263 StGB Betrug
– § 264 StGB Subventionsbetrug

- § 265 b StGB Kreditbetrug
- § 266 StGB Untreue
- § 298 StGB Wettbewerbsbeschränkende Absprachen bei Ausschreibungen
- § 353 b Verletzung von Dienstgeheimnissen.

1.3 Korruptionsgefährdete Bereiche

Gefährdet durch unrechtmäßige oder unlautere Einflüsse sind insbesondere die Bereiche (auch in rechtlich selbständigen Organisationen wie Tochtergesellschaften), in denen

- Aufträge vergeben werden,
- Subventionen, Fördermittel oder Zuwendungen bewilligt werden,
- über Konzessionen, Genehmigungen, Gebote oder Verbote entschieden wird oder andere Verwaltungsakte erlassen werden,
- Abgaben, Gebühren etc. festgesetzt oder erhoben werden,
- Kontrolltätigkeiten ausgeübt werden,
- Vermögensgegenstände (z. B. Immobilien) veräußert oder erworben werden,
- häufige Außenkontakte stattfinden.

Wird im Rahmen der nach § 19 KorruptionsbG im Einzelfall vorzunehmenden Gefährdungsanalyse festgestellt, dass eine der oben aufgeführten abstrakt korruptionsgefährdeten Tätigkeiten tatsächlich wahrgenommen wird, liegt die Zuordnung einer „mittleren Korruptionsgefährdung" nahe.

Führt die Entscheidung zu erheblichen Vor- oder Nachteilen für Dritte und ist ein Handlungsspielraum im Sinne eines Ermessens- und Beurteilungsspielraums gegeben, kann eine „besondere Korruptionsgefährdung" anzunehmen sein.

1.4 Korruptions-Indikatoren

Eine Reihe von Indikatoren können Warnsignale im Hinblick auf Korruptionsgefährdung sein, z. B. wenn sie stark ausgeprägt sind oder häufiger oder in Kombination mit anderen auftreten. Für sich alleine betrachtet haben sie nur eine geringe Aussagekraft, sie lassen nicht zwangsläufig auf ein Fehlverhalten schließen. Die Bewertung von Indikatoren ist daher im Einzelfall mit größter Sorgfalt durchzuführen. Die vielfältigen Erscheinungsformen der Korruption führen dazu, dass Indikatorenkataloge, wie im Folgenden beispielhaft dargestellt, nicht den Anspruch auf Vollständigkeit erheben und in unterschiedlichen Gefährdungsbereichen voneinander abweichen können.

Personenbezogene Indikatoren:

- persönliche Probleme (Sucht, Überschuldung, Frustration, etc.),
- Geltungssucht,
- Jobdenken, mangelnde Identifikation mit der Aufgabe,
- gezielte Umgehung von Kontrollen, Abschottung einzelner Aufgabenbereiche,
- Inanspruchnahme von betrieblichen Einrichtungen, Freizeitanlagen, Ferienwohnungen oder Veranstaltungen der Antragstellerin oder des Antragstellers oder der Bieterin oder des Bieters,
- unerklärlich hoher Lebensstandard.

Systembezogene Indikatoren:
- zu große Aufgabenkonzentration auf eine Person,
- unzureichende Kontrollen, zu schwach ausgeprägte Dienst- und Fachaufsicht,
- zu große unkontrollierte Entscheidungsspielräume,
- fehlende oder schwer verständliche Vorschriften.

Passive Indikatoren:
- Ausbleiben von Bürgerbeschwerden, obwohl mit Widerspruch zu rechnen wäre,
- Ausbleiben von behördlichen Aktionen oder Reaktionen.

2 Personalwesen

2.1 Führungsverantwortung, Personalrotation

Vorgesetzte üben ihre Führungsverantwortung und Dienst- und Fachaufsicht konsequent aus und achten auf Korruptionsindikatoren. Sie sind sich ihrer Vorbildfunktion bewusst und wirken darauf hin, dass ein „Klima" verhindert wird, das die einen Korruptionsverdacht anzeigenden Beschäftigten in eine Abseitsposition drängt.

Sie kennen die Dienstposten, die einer Korruptionsgefährdung (§ 19 KorruptionsbG) unterliegen.

Für Dienstposten, die einer besonderen Korruptionsgefährdung unterliegen, sollen im Rahmen von Personalentwicklungskonzepten feste Verwendungszeiten festgelegt werden, die den Zeitraum von fünf Jahren in der Regel nicht überschreiten. Muss aus zwingenden Gründen hiervon abgewichen werden, liegen also im Einzelfall rechtliche oder tatsächliche Gründe vor, die eine Rotation unmöglich machen, so sind diese Gründe sowie die zur Kompensation getroffenen Maßnahmen aktenkundig zu machen und der zuständigen Aufsichtsbehörde gemäß § 21 Absatz 2 KorruptionsbG mitzuteilen. In diesen Fällen ist für eine besonders ausgeprägte Dienstaufsicht und die Anwendung der in Ziffer 2.2–2.4 aufgezeigten Kontrollmechanismen zu sorgen.

Tatsächliche und/oder rechtliche Gründe i. S. d. § 21 Absatz 2 KorruptionsbG sind insbesondere personalwirtschaftliche Gründe, die z. B. in
- einer eingeschränkten Verwendungsmöglichkeit aufgrund einer auf bestimmte Tätigkeiten ausgerichteten Vor- und Ausbildung der bediensteten Person,
- der mangelnden Möglichkeit zur Durchführung der Rotationsmaßnahme aufgrund der Größe der Dienststelle und eines entsprechend kleinen Personalkörpers oder
- besoldungs- oder tarifrechtlichen Hindernissen

liegen können. Diese Aufzählung ist nicht abschließend.

2.2 Kontrollmechanismen

In korruptionsgefährdeten Arbeitsgebieten sind geeignete Kontrollmechanismen umzusetzen, wie z. B.:

- Stärkung der Dienst- und Fachaufsicht bzw. Führungsverantwortung durch z. B.:
- intensive Vorgangskontrolle (z. B. Durchführen von Kontrollen an vorher festgeschriebenen „Meilensteinen" im Vorgangsablauf),
- Wiedervorlagen,
- Überprüfung der Ermessensausübung,
- Einrichtung von Innenrevisionen,
- Herausgabe von Prüfrastern, Checklisten o. ä. zum ordnungsgemäßen Vorgangsablauf,
- Standardisierung von wiederkehrenden Vorgangsabläufen unter Einsatz der IT (automatische Erfassung von Auffälligkeiten),
- Einhaltung des Vier-Augen-Prinzips (Nummer 3.6 des Runderlasses) auch über den Vergabebereich hinaus,
- Transparenz der Entscheidungsfindung in korruptionsgefährdeten Arbeitsbereichen durch organisatorische Maßnahmen (z. B. Trennung der Verfahrensabläufe – Planung, Vergabe, Abrechnung –, rechnergestützte Vorgangskontrolle, Berichtswesen, eindeutige Zuständigkeitsregelungen, genaue und vollständige Dokumentation).

2.3 Dienst- und arbeitsrechtliche Maßnahmen

In allen Fällen von Korruption, auch unterhalb der Strafbarkeitsschwelle, sind disziplinar- und arbeitsrechtliche Mittel mit Nachdruck anzuwenden.

2.4 Sensibilisierung der Beschäftigten

Korruption kommt auf allen hierarchischen Ebenen vor.

Um die Bereitschaft der Beschäftigten zu fördern, Korruption offen anzusprechen oder aufzudecken und um Korruptionsanfälligkeit zu mindern, sind Maßnahmen erforderlich, die auch die wahrzunehmenden Aufgaben, organisatorischen Gegebenheiten etc. berücksichtigen.

Dazu gehören unter anderem:

- Stärkung des Problem- und Verantwortungsbewusstseins der Beschäftigten,
- Stärkung des Unrechtsbewusstseins für korruptive Handlungen,
- umfassende und ggf. regelmäßige Unterrichtung der Beschäftigten aller Hierarchieebenen über die einschlägigen Regelungen, wie z. B. über das Verbot der Annahme von Belohnungen und Geschenken, die Genehmigung von Nebentätigkeiten und die bei Verstößen zu erwartenden Sanktionen,
- Information der Vorgesetzten über die verfügbaren Kontroll- und Aufsichts-, aber auch Sanktionsmöglichkeiten.

Insbesondere bieten sich dazu folgende Möglichkeiten an:

- Aushändigung dieses Erlasses im Zusammenhang mit der Ablegung des Diensteides bzw. der Verpflichtung,
- ausführliche, praxisnahe Information der Beschäftigten in korruptionsgefährdeten Bereichen durch die Führungskräfte oder besonders fortgebildete Beschäftigte,
- interne Öffentlichkeitsarbeit, z. B. durch Rundschreiben, Broschüren mit geltenden Regelungen und Praxisbeispielen,

– Behandlung des Themas „Korruption" in Mitarbeiterbesprechungen und Personalversammlungen.

2.5 Aus- und Fortbildung

Korruptionsprävention und -bekämpfung sollen Bestandteil der Aus- und Fortbildung sein; Formen der Korruption und die Maßnahmen der Korruptionsprävention und -bekämpfung sind angemessen zu behandeln.

2.6 Verhalten bei Auftreten eines Korruptionsverdachtes

Um eine erfolgreiche Korruptionsbekämpfung zu gewährleisten, müssen alle Stellen zusammenwirken, denen Verhütung, Aufdeckung und Verfolgung korruptiver Praktiken möglich ist.

Bei konkretem Korruptionsverdacht sind die Leiterin oder der Leiter einer Stelle nach § 1 Abs. 2 KorruptionsbG unverzüglich zu unterrichten. Stattdessen kann ein Verdacht auch der von der obersten Landesbehörde für den jeweiligen Geschäftsbereich benannten Stelle unmittelbar mitgeteilt werden (siehe **Anlage 1**).

Die Leiterin oder der Leiter einer Stelle nach § 1 Abs. 2 KorruptionsbG hat frühestmöglichst – ggf. mit Information der vorgesetzten Behörde oder Einrichtung – dem Landeskriminalamt anzuzeigen, wenn Anhaltspunkte vorliegen, die Verfehlungen nach § 5 Abs. 1 KorruptionsbG darstellen können. Die gleichzeitige Anzeige an die zuständige Schwerpunktstaatsanwaltschaft (Bielefeld, Bochum, Köln, Wuppertal) bleibt unbenommen.

Die Anhaltspunkte müssen es als möglich erscheinen lassen, dass eine verfolgbare Straftat vorliegt, bloße Vermutungen reichen hierfür nicht aus. An diese Anhaltspunkte können allerdings keine übertriebenen Anforderungen gestellt werden, weil die Erforschung des Sachverhalts gerade die Aufgabe des Ermittlungsverfahrens ist.

§ 77 e StGB (Ermächtigung und Strafverlangen) bleibt unberührt.

Alle Stellen nach Nr. 1.1 haben die Strafverfolgungsbehörden auf deren Ersuchen hin, insbesondere bei der Vorbereitung von Durchsuchungen und Beschlagnahmen, sowie bei Bedarf einzelfallorientiert und unter Berücksichtigung der Belange der ersuchten Dienststelle auch mit fachkundigem und geeignetem Personal, zu unterstützen. Die durch die Landesverfassung zugewiesene Stellung des Landesrechnungshofs bleibt unberührt.

Wird wegen Anzeichen von Korruption zunächst verwaltungsintern ermittelt, ist darauf zu achten, dass spätere Ermittlungen der Strafverfolgungsbehörden nicht gefährdet werden, etwa dadurch, dass Tatbeteiligte gewarnt werden. Nach Unterrichtung der Strafverfolgungsbehörden obliegt diesen ausschließlich die weitere Aufklärung des Sachverhalts. Maßnahmen im Rahmen des Dienst- bzw. Arbeitsrechts gegen betroffene Beschäftigte sind von der zuständigen Stelle zu prüfen und ggf. durchzuführen.

Soweit Geheimnisträgerinnen oder Geheimnisträger betroffen sind, haben die zuständigen Dienstvorgesetzten auch die Geheimschutzbeauftragten zu informieren.

Die zuständigen Vorgesetzten haben in Korruptionsfällen umgehend die zur Vermeidung eines drohenden Schadens erforderlichen Maßnahmen einzuleiten. Eine verwaltungsgerechte Abwicklung sowie die rechtzeitige Geltendmachung von Schadenersatz- und Entschädigungsleistungen sind sicherzustellen.

2.7 Hinweise auf weitere Regelungen

Besonderes Augenmerk ist in korruptionsgefährdeten Bereichen auf folgende Vorschriften zu richten:

2.7.1 Annahme von Belohnungen und Geschenken. Gemäß § 59 LBG und den dazu ergangenen Verwaltungsvorschriften dürfen Beamtinnen und Beamte – auch nach Beendigung des Beamtenverhältnisses – in Bezug auf ihr Amt kein Geld oder andere Belohnungen oder Geschenke annehmen. Generell erlauben die VV zu § 59 LBG die Annahme von geringwertigen Aufmerksamkeiten wie z. B. Massenwerbeartikeln oder die sozialadäquate Bewirtung. Ausnahmen vom Verbot bedürfen der Zustimmung der oder des Dienstvorgesetzten bzw. der oder des vor der Beendigung des Beamtenverhältnisses zuletzt zuständigen Dienstvorgesetzten. Schon der Anschein einer Beeinträchtigung dienstlicher Interessen bzw. der Eindruck der Befangenheit ist zu vermeiden.

Entsprechendes gilt für Tarifbeschäftigte (siehe im Einzelnen § 3 Absatz 3 TV-L).

2.7.2 Nebentätigkeiten. Bereits im Rahmen des Verfahrens zur erstmaligen Genehmigung einer Nebentätigkeit von Beamtinnen oder Beamten (siehe im Einzelnen §§ 48 ff. LBG und die dazu ergangene Rechtsverordnung) muss geprüft werden, ob der Anschein entstehen kann, dass sich durch die Ausübung der beantragten Nebentätigkeit dienstliche und private Interessen überschneiden und damit eine objektive, gerechte und sachliche Erledigung der Dienstgeschäfte nicht mehr gewährleistet ist.

Entsprechendes gilt gemäß § 3 Absatz 4 TV-L im Hinblick auf die Untersagungsmöglichkeiten bzw. Auflagen für entgeltliche Tätigkeiten von Tarifbeschäftigten.

Für Nebentätigkeitsgenehmigungen von Beamtinnen oder Beamten gilt:
– Zeitliche Begrenzung (max. 5 Jahre),
– Auflagen und Bedingungen möglich,
– Erlöschen bei Versetzung zu einer anderen Dienststelle.

Die Genehmigung ist zu versagen, wenn die Nebentätigkeit dienstliche Interessen beeinträchtigen kann. Ergibt sich nach der Erteilung der Genehmigung eine Beeinträchtigung dienstlicher Interessen, so ist die Genehmigung zu widerrufen.

3 Vergabeverfahren

3.1 Informationsstelle und Vergaberegister

Beim Finanzministerium des Landes Nordrhein-Westfalen ist eine Informationsstelle eingerichtet, die ein Vergaberegister führt.

Anschrift:
Informationsstelle und Vergaberegister
Koordinierungs- und Beratungsstelle des Landes für Vergaben nach der
VOL (KBSt-VOL)
40190 Düsseldorf
Tel.: 0211/4972-2537 oder 2327
Fax: 0211/4972-1231
E-Mail: kbst-vergabe@fm.nrw.de
Die Einzelheiten des Verfahrens sind in Abschnitt 2 des KorruptionsbG
NRW geregelt.
Der erforderliche Datenaustausch soll in der Regel auf elektronischem
Wege erfolgen. Weitergehende Informationen zum Verfahren und Datenaus-
tausch sind im Internetportal der KBSt-VOL unter www.vergabe.nrw.de ab-
rufbar.

3.2 Aufklärung der Bietenden; Eigenerklärung

Potentielle Bieterinnen und Bieter sind zum frühestmöglichen Zeitpunkt
von der Vergabestelle über die Meldeverpflichtung und Anfragemöglichkeit
gemäß KorruptionsbG aufzuklären.

Bei allen Vergabeverfahren, ausgenommen Freihändige Vergaben bis
15.000,– Euro netto, ist von den (auch gemeinschaftlich) Bietenden oder Bewerbenden mit dem Angebot jeweils eine Erklärung gemäß **Anlage 2** (Eigenerklärung) abzugeben.

Bis zum Zeitpunkt der Übermittlung der Antwort der Informationsstelle
nach § 9 Abs. 1 KorruptionsbG kann sich die Vergabestelle auf die Richtigkeit
der Eigenerklärung verlassen.

3.3 Ausschluss vom Vergabeverfahren/Meldung an die Informa-
tionsstelle

Die mit der Durchführung des Vergabeverfahrens befasste Dienststelle entscheidet in jedem Einzelfall, ob eine Bewerberin oder ein Bewerber oder eine
Bieterin oder ein Bieter wegen Unzuverlässigkeit von der Teilnahme am Vergabeverfahren ausgeschlossen werden soll. Bei schweren Verfehlungen gemäß
§ 5 KorruptionsbG ist die Bewerberin oder der Bewerber oder die Bieterin
oder der Bieter in der Regel auszuschließen.

Bei Verfehlungen, durch die der Auftrag gebenden Stelle kein oder nur ein
geringer Schaden entstanden ist, kann unter dem Gesichtspunkt der Verhältnismäßigkeit von einem Ausschluss abgesehen werden. Auch in diesen Fällen
erfolgt aber eine Meldung an die Informationsstelle.

Bei der Ausschlussentscheidung sind die Auskünfte der Informationsstelle
sowie die der Dienststelle bekannten Feststellungen anderer Stellen, etwa der
Rechnungsprüfung, der Strafverfolgungsbehörden oder der Landeskartellbehörde und die Besonderheiten des Einzelfalls einzubeziehen. Bei den Letz-
teren können u. a. Schadensumfang, „Selbstreinigung" im Unternehmen,
Umfang und Dauer des strafbaren Verhaltens, Wiederholungstäterschaft, Zeit-

ablauf seit der letzten Tat und Mitverantwortung in der Sphäre der Auftrag gebenden Stelle erheblich sein.

Bei einem Ausschluss ist unter Beachtung des Verhältnismäßigkeitsprinzips im Regelfall eine Mindestsperrfrist von sechs Monaten vorzusehen.

Vor der Meldung an die Informationsstelle ist der oder dem Betroffenen Gelegenheit zur Äußerung zu den Tatsachen, die für die Meldung relevant sind, sowie nach § 4 Abs. 5 Datenschutzgesetz NRW zu geben, im Falle eines Vergabeausschlusses vor der Entscheidung über den Ausschluss.

Wer von der Teilnahme am Vergabeverfahren ausgeschlossen ist, darf auch nicht als Nachunternehmer oder Nachunternehmerin oder in Arbeitsgemeinschaften zugelassen werden.

3.4 Vergaben des Landes für den Bund oder Dritte

Die Regelungen der Nrn. 3.1, 3.2, 3.3, 3.7 und ggf. 3.5 sind auch anzuwenden bei Vergaben des Landes, die für den Bund oder Dritte ausgeführt werden, sofern sich aus den Vorschriften der Auftrag gebenden Stelle nichts anderes ergibt.

3.5 Förmliche Verpflichtung von Personen, die nicht Amtsträger im Sinne des § 11 StGB sind

Werden Aufgaben der öffentlichen Verwaltung, insbesondere im Zusammenhang mit der Ausschreibung, Vergabe, Überwachung und Abrechnung, nicht von einer Stelle im Sinne von Nr. 1.1 wahrgenommen, sondern Dritte damit beauftragt, soll die beauftragte Person gemäß dem Gesetz über die förmliche Verpflichtung nichtbeamteter Personen – Verpflichtungsgesetz – vom 2. März 1974 (BGBl. I S. 469, S. 545), geändert durch Gesetz vom 15. August 1974 (BGBl. I S. 1942) auf die gewissenhafte Erfüllung der Obliegenheiten verpflichtet werden. Damit werden unter anderem die Strafandrohungen der §§ 331 und 332 StGB (Vorteilsannahme und Bestechlichkeit) sowie § 353b StGB (Verletzung des Dienstgeheimnisses und einer besonderen Geheimhaltungspflicht) auch gegenüber diesen Personen wirksam.

3.6 Vier-Augen-Prinzip

§ 20 Satz 1 KorruptionsbG schreibt bei der Entscheidung über die Vergabe von Aufträgen, deren Auftragswert 500 Euro netto übersteigt, die Anwendung des Vier-Augen-Prinzips vor. Unterhalb dieses Auftragswertes ist die Anwendung dieser Sicherungsmaßnahme freigestellt. Gemeint ist die Beteiligung einer weiteren Person (in der Regel auf gleicher Hierarchieebene), die fachlich geeignet ist, den zu prüfenden Sachverhalt zu beurteilen, ohne Vorgesetzteneigenschaft zu besitzen. Darüber hinaus ist das Vier-Augen-Prinzip in Bezug auf die Zulässigkeit der gewählten Vergabeart in Nr. 1.4 VV zu § 55 Landeshaushaltordnung NRW (Beteiligung des Beauftragten für den Haushalt bei Aufträgen über 50.000 Euro netto sowie bei Abweichungen von den Beschaffungsgrundsätzen) geregelt.

Bei Beschränkten Ausschreibungen oder Nichtoffenen Verfahren bzw. Freihändiger Vergabe oder Verhandlungsverfahren kann die zu beteiligende Person die Bewerbervorschlagslisten ergänzen; über Ergänzungen dürfen die Verfasserin oder der Verfasser der Listen nur in Ausnahmefällen informiert werden.

3.7 Sicherungskopie der Angebote

Auf folgende weitere Möglichkeit zur Verhütung von Korruption wird hingewiesen:

Bei Vergaben mit ausschließlich schriftlicher Angebotsabgabe kann eine Sicherungskopie des Angebotes bzw. von genau bezeichneten preisrelevanten Teilen des Angebotes vom Bieter verlangt werden, um nachträgliche Manipulationen der Preise oder anderer preisrelevanter Angaben erkennen zu können.

Das Verfahren kann in geeigneten Fällen wie folgt durchgeführt werden:

Die Bieterin oder der Bieter fügt den Angebotsunterlagen in einem gesonderten verschlossenen Umschlag eine selbstgefertigte Kopie oder einen Abdruck des Angebotes bzw. der geforderten Teile des Angebotes – jeweils ggf. mit Nebenangeboten oder Änderungsvorschlägen –, alternativ entsprechende Aufzeichnungen auf elektronischen Datenträgern, bei.

In der Öffnungsverhandlung bzw. im Eröffnungstermin wird das Vorliegen dieser Sicherungskopie in der Niederschrift vermerkt. Sie wird unmittelbar nach Ende der Verhandlung ungeöffnet bei einer von der Auftragsvergabe nicht betroffenen Stelle in Verwahrung gegeben.

Soll der Zuschlag auf ein Angebot erteilt werden, das von der in der Öffnungsverhandlung vorliegenden bzw. im Eröffnungstermin verlesenen Angebotsendsumme abweicht (z. B. Rechenfehler oder Einbeziehung eines Nebenangebotes), sind die Gründe für die Abweichung zusammenfassend aktenkundig zu machen.

Das geöffnete Angebot ist von einer an der Auftragsvergabe nicht beteiligten Stelle auf Übereinstimmung mit der Sicherungskopie zu prüfen.

Wird eine Sicherungskopie verlangt, ist in den Vergabeunterlagen hervorgehoben darauf hinzuweisen, dass

– diese gleichzeitig mit dem Angebot abzugeben ist, und zwar mit der Erklärung, dass die Sicherungskopie mit dem Original übereinstimmt und keine Manipulationen vorgenommen worden sind,

– deren nicht gleichzeitige Abgabe zum Ausschluss des Angebots von der Wertung führt und

– im Laufe der Wertung festgestellte Abweichungen der Sicherungskopie vom geöffneten Original den Ausschluss des Angebots von der weiteren Wertung zur Folge haben, wenn die Abweichungen der Bieterin oder dem Bieter zuzurechnen sind.

Es wird empfohlen, das vorstehend beschriebene Verfahren in geeigneten Fällen bei Ausschreibungen mit einem Auftragswert über 25.000 Euro netto und bei Bauleistungen mit einem Auftragswert über 50.000 Euro netto durchzuführen. Die Intention der Korruptionsprävention ist dabei mit Belangen der Ökonomie und Effizienz von Verwaltung und Bietenden abzuwägen.

3.8 Hinweise auf weitere Vergaberegelungen

Bei der Vergabe von Aufträgen sind die einschlägigen Vorschriften des Haushalts- und Vergabewesens zu beachten (§ 55 LHO und die dazu ergangenen VV sowie die Regelungen der Vergabehandbücher), soweit nicht im Rahmen von Experimentierklauseln hiervon befreit wurde. Die damit verbundene Formstrenge soll ein Höchstmaß an Sicherheit für die Vergabe der Leistungen an fachkundige, leistungsfähige und zuverlässige Bietende im Wettbewerb zu angemessenen Preisen gewährleisten. Sie schützt die Bietenden vor wettbewerbsverfälschenden Manipulationen der Auftrag gebenden Stelle und die Auftrag gebende Stelle vor ungerechtfertigten Vorhaltungen der Bieterin oder des Bieters.

4 Sponsoring

Unter Sponsoring versteht man im Allgemeinen die Zuwendung von Finanzmitteln, Sach- und/oder Dienstleistungen durch Private (Sponsorinnen oder Sponsoren) an eine Einzelperson, eine Gruppe von Personen, eine Organisation oder Institution (Gesponserte), mit der regelmäßig auch eigene (unternehmensbezogene) Ziele der Werbung oder Öffentlichkeitsarbeit verfolgt werden. Auf die konkrete Bezeichnung „Sponsoring" kommt es indes nicht an.

Die öffentliche Verwaltung darf sich nicht unbeschränkt dem Sponsoring öffnen, in manchen Bereichen (z. B. Polizei oder Staatsanwaltschaft) wird Sponsoring nur sehr zurückhaltend oder gar nicht stattfinden können. Sponsoring kann aber in geeigneten Fällen zur Erreichung von Verwaltungszielen beitragen.

Mit dem Sponsoring dürfen keine rechtswidrigen Ziele verfolgt werden. Sponsoring muss mit dem Verwaltungszweck vereinbar sein. Bei der Anwendung von Sponsoring sind daher folgende Aspekte zu beachten:

– Sponsoring muss für die Öffentlichkeit erkennbar sein. Eine vollständige Transparenz des Umfangs, der Art von Sponsoring und der Sponsorinnen oder Sponsoren ist zur Vermeidung der Befangenheit der öffentlichen Hand unentbehrlich.
– Es darf nicht der Eindruck entstehen, die Dienststellen oder ihre Beschäftigten ließen sich bei ihren Aufgaben oder bei der Vergabe öffentlicher Aufträge von den Interessen der Sponsorin oder des Sponsors leiten.
– Es ist auszuschließen, dass die Sponsorin oder der Sponsor Vorgaben für die Erledigung der öffentlichen Aufgabe macht oder sonst hierauf Einfluss nimmt (Regelung zur Wahrung der Objektivität und Neutralität der öffentlichen Verwaltung).
– Das Ansehen des Staates in der Öffentlichkeit darf keinen Schaden nehmen.
– Liegen mehrere Angebote für Sponsoring vor, ist auf Neutralität zu achten.
– Sollen die Sponsorleistungen einem bestimmten oder einer konkreten Mehrzahl von Beschäftigten zugute kommen, sind die Vorschriften zum Verbot der Annahme von Belohnungen und Geschenken zu beachten.

Bei der Entscheidung, ob Sponsoring im Einzelfall vertretbar ist, sind folgende weitere Aspekte zu berücksichtigen:
- Im Zusammenhang mit Sponsoring dürfen keine Zusatzausgaben entstehen, die dem Willen des Haushaltsgesetzgebers zuwiderlaufen.
- Wenn die Sponsorin oder der Sponsor erbrachte Leistungen als Betriebsausgaben steuerlich geltend machen kann, finanzieren letztlich alle staatlichen Ebenen über Steuermindereinnahmen die gesponserten Leistungen mit.
- Je nach Art und Umfang kann Sponsoring eine wirtschaftliche Tätigkeit darstellen, die der Körperschafts-, Gewerbe- und Umsatzsteuerpflicht unterliegt.

Die vorstehenden Aspekte zum Sponsoring lassen die auf die verfassungsrechtlichen Besonderheiten des staatlichen Hochschulbereichs (Art. 16 LVerf NRW) abgestimmten ergänzenden Regelungen des hierfür zuständigen Ressorts unberührt.

Die Leistungen der Sponsorin oder des Sponsors sind in einer vertraglichen Vereinbarung zwischen der Sponsorin oder dem Sponsor und der Empfängerin oder dem Empfänger der Leistung (Sponsoringvertrag), in der Art und Umfang der Leistungen der Sponsorin oder des Sponsors und der Empfängerin oder des Empfängers geregelt sind, festzulegen.
- Für den Sponsoringvertrag ist grundsätzlich die Schriftform zu wählen. Soweit dies im Einzelfall aus besonderen Gründen nicht angemessen ist, sind die Gründe hierfür und der Inhalt des mündlich geschlossenen Vertrages in einem Aktenvermerk darzulegen.
- Die Beziehungen zwischen den Sponsorinnen oder Sponsoren und der Landesregierung bzw. unmittelbarer Landesverwaltung werden aus Gründen der öffentlichen Transparenz im Internetangebot des für Inneres zuständigen Ministeriums listenartig und jeweils über einen Zeitraum von in der Regel einem Jahr veröffentlicht.
- Im Sponsoringvertrag ist deshalb darauf hinzuweisen, dass im Folgejahr der Sponsorenleistung der Name der Sponsorin oder des Sponsors, die jeweilige Art der Sponsoringleistung (Sachleistung, Dienstleistung, Geldleistung), ihr Wert in Euro und der konkrete Verwendungszweck durch das für Inneres zuständige Ministerium veröffentlicht werden.
- Durch Unterzeichnung des Sponsoringvertrages stimmt die Sponsorin oder der Sponsor der Veröffentlichung zu. Die Zustimmung zur Veröffentlichung erfolgt unbeachtlich der tatsächlichen Veröffentlichung ab einer Bagatellgrenze von 1 000 Euro.
- Erfolgt der Sponsoringvertrag mündlich, ist im Aktenvermerk auf die Unterrichtung der Sponsorin oder des Sponsors und ihre oder seine ausdrückliche Zustimmung hinsichtlich der Veröffentlichung hinzuweisen. Ein Exemplar des Vermerkes ist der Sponsorin oder dem Sponsor vor ihrer oder seiner Leistungserbringung auszuhändigen bzw. zu übersenden.
- Lehnt die Sponsorin oder der Sponsor die Veröffentlichung ab, so kommt ein Sponsoringvertrag nicht zustande.
- Der Sponsoringvertrag unterliegt dem Zustimmungsvorbehalt der obersten Landesbehörde. Diese kann die Befugnis delegieren.
- Die Staatskanzlei und Ministerien melden jährlich die für die Veröffentlichung jeweils erforderlichen Vertragsinformationen der einzelnen Spon-

soringmaßnahmen in ihrem Geschäftsbereich dem für Inneres zuständigen Ministerium jeweils zum 15. Februar des folgenden Jahres.

5 Anwendungsempfehlung

Den Gemeinden und Gemeindeverbänden und den ihnen zuzuordnenden Bereichen wird – soweit hierzu nicht bereits eine Verpflichtung besteht – empfohlen, diesen Runderlass entsprechend anzuwenden.

6 Aufhebungsvorschrift

Der RdErl. des Innenministeriums vom 26.4.2005 (SMBl. NRW. 20020) in der Fassung vom 9.7.2009 wird aufgehoben.

Anlage 1
(zu Nr. 2.6 des Erlasses)

[Ansprechpartner Korruptionsverdacht]

Staatskanzlei des Landes Nordrhein-Westfalen
Stabsstelle Innenrevision/Korruptionsprävention
40190 Düsseldorf
Tel. 0211 837-1243 oder -1618

Finanzministerium des Landes Nordrhein-Westfalen
Innenrevision
40190 Düsseldorf
Tel. 0211 4972–0
E-Mail: V-Innenrevision@fm.nrw.de

Ministerium für Inneres und Kommunales des Landes Nordrhein-Westfalen
Innenrevision
40190 Düsseldorf
Tel. 0211 871-2440
E-Mail: Innenrevision@mik.nrw.de

Justizministerium des Landes Nordrhein-Westfalen
Innenrevision
40190 Düsseldorf
Tel. 0211 8792-379 oder -393

Ministerium für Arbeit, Integration und Soziales des Landes Nordrhein-Westfalen
Innenrevision
40190 Düsseldorf
Tel. 0211 855-3202

Ministerium für Bauen, Wohnen, Stadtentwicklung und Verkehr des Landes Nordrhein-Westfalen
Referat I.4 Organisation des Ministeriums und des Geschäftsbereichs, Verwaltungsmodernisierung
40190 Düsseldorf
Tel. 0211 3843−0

Ministerium für Familie, Kinder, Jugend, Kultur und Sport des Landes Nordrhein-Westfalen
Referat 113
40190 Düsseldorf
Tel. 0211 837−02

Ministerium für Innovation, Wissenschaft und Forschung des Landes Nordrhein-Westfalen
Referat 115
40190 Düsseldorf
Tel. 0211 896-4383

Ministerium für Schule und Weiterbildung des Landes Nordrhein-Westfalen
Organisationsreferat
40190 Düsseldorf
Tel. 0211 5867−3241

Ministerium für Klimaschutz, Umwelt, Landwirtschaft, Natur- und Verbraucherschutz des Landes Nordrhein-Westfalen
Stabsstelle Innenrevision
40190 Düsseldorf
Tel. 0211 4566−763

Ministerium für Wirtschaft, Energie, Industrie, Mittelstand und Handwerk des Landes Nordrhein-Westfalen
Referat I B 4
40190 Düsseldorf
Tel. 0211 61772−0

Ministerium für Gesundheit, Emanzipation, Pflege und Alter des Landes Nordrhein-Westfalen
Referat 112
40190 Düsseldorf
Tel. 0211 8618−4579

Anlage 2
(zu Nr. 3.2 des Erlasses)

[Eigenerklärung Vergabeverfahren]

Mir ist bekannt, dass seitens der Vergabestelle noch keine Informationen hinsichtlich etwaiger früherer Ausschlüsse meines Unternehmens von Vergabeverfahren oder Verfehlungen, die zu Eintragungen in das Vergaberegister des Landes NRW führen können, eingeholt wurden.

Ich versichere hiermit, dass keine Verfehlungen vorliegen, die meinen Ausschluss von der Teilnahme am Wettbewerb rechtfertigen könnten oder zu einem Eintrag in das Vergaberegister führen könnten.

Mir ist bekannt, dass die Unrichtigkeit vorstehender Erklärung zu meinem Ausschluss vom Vergabeverfahren sowie zur fristlosen Kündigung eines etwa erteilten Auftrages wegen Verletzung einer vertraglichen Nebenpflicht aus wichtigem Grunde führen und eine Meldung des Ausschlusses und der Ausschlussdauer an die Informationsstelle nach sich ziehen kann.

Ich verpflichte mich, die vorstehende Erklärung auch von Nachunternehmern zu fordern und vor Vertragsschluss bzw. spätestens vor Zustimmung des Auftraggebers zur Weiterbeauftragung vorzulegen.

Ort, Datum   Unterschrift
                                    Firmenstempel

14. Meldung über Vergabeausschlüsse

nach §§ 6 und 7 des Gesetzes zur Verbesserung der Korruptionsbekämpfung
und zur Errichtung und Führung eines Vergaberegisters
in Nordrhein-Westfalen
vom 16.12.2004
(Korruptionsbekämpfungsgesetz (KorruptionsbG) SMBl. NRW. 20020)

Vordruck 1

An die Informationsstelle für Vergabeausschlüsse beim
Finanzministerium des Landes Nordrhein-Westfalen   **Fax: 0211/4972 1231**

1. • Meldende Stelle
    • Adresse

    • Name des Ansprechperson
      o Telefonnummer   o Telefaxnummer
    • E-mail Adresse
    • Aktenzeichen

2. • Datum der Meldung

3. • Name des betroffenen Unternehmens bzw. Unternehmensteils oder der natürlichen Person bzw.
      Personenvereinigung

    • Adresse

    • bei natürlichen Personen:
      o Geburtsdatum   o Geburtsort

4. • vertretungsberechtigte Person/Personen

5. • Art der wirtschaftlichen Tätigkeit,
      des Gewerbes oder der Branche

6. • Handelsregister-Nr.

7. • Im Falle des Ausschlusses
      o Datum des Ausschlusses   o Dauer der Ausschlussfrist
                                               (Ablaufdatum)

8. • sofern kein Ausschluss erfolgt ist
      o Beginn der   o Dauer der Eintragungsfrist
        Eintragungsfrist (Datum)   (Ablaufdatum)

9. • Art der Verfehlung nach § 5 Abs. 1 *)

10. • Verfahrensstadium der Verfehlung nach
      § 5 Abs. 2 **)

Ort,	Datum	Stempel	Unterschrift

*) Fußnote zu 9):

(Eine Verfehlung im Sinne dieses Gesetzes liegt vor, wenn durch eine natürliche Person im Rahmen einer unternehmerischen Betätigung

1. Straftaten nach §§ 331 – 335 (Vorteilsannahme, Bestechlichkeit, Vorteilsgewährung, Bestechung), 261 (Geldwäsche, Verschleierung unrechtmäßig erlangter Vermögenswerte), 263 (Betrug), 264 (Subventionsbetrug), 265 b (Kreditbetrug), 266 (Untreue), 266 a (Vorenthalten und Veruntreuen von Arbeitsentgelt), 298 (wettbewerbsbeschränkende Absprachen bei Ausschreibungen), 299 (Bestechlichkeit und Bestechung im geschäftlichen Verkehr), 108e (Abgeordnetenbestechung) StGB und nach § 370 der Abgabenordnung,

2. nach §§ 19, 20, 20 a und 22 des Gesetzes über die Kontrolle von Kriegswaffen,

3. Verstöße gegen § 81 des Gesetzes gegen Wettbewerbsbeschränkungen (GWB),

4. Verstöße gegen § 16 des Arbeitnehmerüberlassungsgesetzes,

5. Verstöße, die zu einem Ausschluss nach § 21 des Gesetzes zur Bekämpfung der Schwarzarbeit und illegalen Beschäftigung (Schwarzarbeitsbekämpfungsgesetz - SchwarzArbG) oder nach § 21 Arbeitnehmer-Entsendegesetz führen können oder geführt haben,

6. Verstöße, die zu einem Ausschluss nach § 13 Absatz 1 und 2 oder § 16 Absatz 1 Tariftreue- und Vergabegesetz Nordrhein-Westfalen führen,

von Bedeutung, insbesondere in Bezug auf die Art und Weise der Begehung oder den Umfang des materiellen oder immateriellen Schadens, begangen worden sind)

**) Fußnote zu 10):

(Ein Eintrag erfolgt bei einer Verfehlung im Sinne des § 5 Absatz 1 Nr. 1 – 5 KorruptionsbG (s.a. Fußnote zu 9))

1. bei Zulassung der Anklage

2. bei strafrechtlicher Verurteilung

3. bei Erlass eines Strafbefehls

4. bei Einstellung des Strafverfahrens nach § 153 a Strafprozessordnung (StPO)

5. nach Rechtskraft eines Bußgeldbescheids oder

6. für die Dauer der Durchführung eines Straf- oder Bußgeldverfahrens, wenn im Einzelfall angesichts der Beweislage bei der meldenden Stelle kein vernünftiger Zweifel an einer schwerwiegenden Verfehlung besteht, und die Ermittlungs- bzw. die für das Bußgeldverfahren zuständige Verwaltungsbehörde den Ermittlungszweck nicht gefährdet sieht.

Ein Eintrag im Sinne des § 5 Absatz 1 Nr. 6 KorruptionsbG (s.a. Fußnote zu 9) richtet sich nach §§ 13 Absatz 3, 16 Absatz 4 Satz 2 und 3 Tariftreue- und Vergabegesetz Nordrhein-Westfalen.)

15. Meldung zur Veranlassung einer Löschung (Vorzeitige Löschung)

nach § 7 Abs. 3–5 des Gesetzes zur Verbesserung der Korruptionsbekämpfung und zur Errichtung und Führung eines Vergaberegisters in Nordrhein-Westfalen vom 16.12.2004 (Korruptionsbekämpfungsgesetz (KorruptionsbG) SMBl. NRW. 20020)

Vordruck 2

An die
Informationsstelle für Vergabeausschlüsse beim
Finanzministerium des Landes Nordrhein-Westfalen   **Fax: 0211/4972 1231**
                                                      Datum: _____

40190 Düsseldorf

- Meldende Stelle
- Adresse

- Name des Ansprechperson
  - Telefonnummer   o Telefaxnummer
- E-mail Adresse
- Aktenzeichen

Folgende Eintragung im Vergaberegister soll gelöscht werden:

- Name des betroffenen Unternehmens bzw. Unternehmensteils oder der natürlichen Person bzw. Personenvereinigung

- Adresse

- bei natürlichen Personen:
  - Geburtsdatum   o Geburtsort
- vertretungsberechtigte Person/Personen
- Art der wirtschaftlichen Tätigkeit, des Gewerbes oder der Branche
- Handelsregister-Nr.
- Löschung ist vorzunehmen   ☐ ab sofort   ☐ ab Datum

Begründung (§ 7 Abs. 3, 4 und 5) (ggf. gesondertes Blatt beifügen):

Unterschrift:

(3) Eine Eintragung im Vergaberegister ist zu löschen
1. bei einer befristeten Eintragung mit Ablauf der Frist, spätestens jedoch am Ende des fünften Jahres vom Zeitpunkt der Eintragung an,
2. wenn die Stelle, die den Ausschluss oder den Hinweis mitgeteilt hat, die Wiederherstellung der Zuverlässigkeit meldet,
3. wenn eine Mitteilung gemäß § 7 Absatz 5 KorruptionsbG eingeht und die Stelle, die den Ausschluss oder den Hinweis gemeldet hat, nicht innerhalb eines Monats nach Übermittlung der Mitteilung durch die Informationsstelle widerspricht. Für die Dauer dieser Frist ist der Eintrag zu sperren und mit einem Sperrvermerk zu versehen,
4. bei Einstellung des eingeleiteten Ermittlungs- oder Strafverfahrens mit Ausnahme einer Einstellung nach § 153 a StPO,
5. bei Freispruch nach einer Meldung nach § 5 Abs. 2 Nr. 1, 3 und 6.
(4) Eine vorzeitige Löschung kann durch die meldende Stelle auf schriftlichen Antrag der von der Meldung betroffenen natürlichen oder juristischen Person oder Personenvereinigung veranlasst werden, wenn diese/dieser durch geeignete organisatorische und personelle Maßnahmen Vorsorge gegen die Wiederholung der Verfehlung getroffen hat und der Schaden ersetzt wurde oder eine verbindliche Anerkennung der Schadensersatzverpflichtung dem Grunde und der Höhe nach - z.B. verbunden mit der Vereinbarung eines Zahlungsplans - vorliegt.
Bei der Entscheidung über die vorzeitige Löschung sind die Besonderheiten des Einzelfalles zu berücksichtigen.
(5) Erhält eine Stelle im Sinne von § 6 Abs. 1 KorruptionsbG Kenntnis von Umständen, die eine weitere Speicherung im Vergaberegister ausschließen, so ist dies der Informationsstelle unverzüglich mitzuteilen. Andere öffentliche Stellen gemäß § 6 Abs. 2 KorruptionsbG haben insofern ein Melderecht.
Die Informationsstelle leitet diese Meldung unverzüglich an die ursprünglich meldende Stelle zur Entscheidung über die endgültige Löschung aus dem Vergaberegister weiter.

16. Anfrage

nach § 8 des Gesetzes zur Verbesserung der Korruptionsbekämpfung
und zur Errichtung und Führung eines Vergaberegisters in Nordrhein-Westfalen
vom 16.12.2004
(Korruptionsbekämpfungsgesetz (KorruptionsbG) SMBl. NRW. 20020)

Vordruck 3

An die
Informationsstelle für Vergabeausschlüsse beim
Finanzministerium des Landes Nordrhein-Westfalen   **Fax: 0211/4972 1231**

40190 Düsseldorf

- Datum
- anfragende Stelle
- Adresse

- Name der Ansprechperson
  o Telefonnummer   o Telefaxnummer
- E-mail Adresse
- Aktenzeichen

Im Rahmen unserer dienstlichen Aufgaben bitten wir nach § 8 des KorruptionsbG um Mitteilung ob Eintragungen bzgl. des folgenden Unternehmens/ der folgenden Person vorliegen:

- Name des betroffenen Unternehmens bzw. Unternehmensteils oder der natürlichen Person bzw. Personenvereinigung

- Adresse

- bei natürlichen Personen:
  o Geburtsdatum   o Geburtsort
- vertretungsberechtigte Person/Personen
- Art der wirtschaftlichen Tätigkeit,
  des Gewerbes oder der Branche
- Handelsregister-Nr.

Wichtiger Hinweis (§ 9 Abs. 2 i.V.m. § 4 KorruptionsbG NRW):
Die Informationen aus dem Vergaberegister dürfen nur zur Vorbereitung und Prüfung von Vergabeentscheidungen öffentlicher Stellen und zur Unterstützung von Strafverfolgungsbehörden sowie der Landeskartellbehörde verwendet werden. Wegen ihrer besonderen Sensibilität sind diese Daten vertraulich zu behandeln. Jede unbefugte Weitergabe stellt ein Dienstvergehen dar und kann disziplinarrechtliche Konsequenzen nach sich ziehen.

Ich versichere, nach § 8 Abs. 2 oder 3 des KorruptionsbG NRW zur Anfrage berechtigt zu sein

Ort,	Datum	Unterschrift

Nur von der Informationsstelle für Vergabeausschlüsse auszufüllen:

□ Es liegen keine Eintragungen vor			
	Datum	Name	Unterschrift

401

☐ Es liegen folgende Eintragungen vor:

| Datum | Name | Unterschrift |

Stichwortverzeichnis

Die fett gesetzten Ziffern bezeichnen den Paragraphen, die mageren die Randnummern.
Die Stichworte aus der Einleitung sind mit Einl. versehen.

Stichwortverzeichnis

Stichwortverzeichnis